·大企业税收管理专业岗位提升好帮手·

大企业税收管理
政策法规应用指南

刘慧平　安慰·编著

图书在版编目(CIP)数据

大企业税收管理政策法规应用指南 / 刘慧平,安慰编著. —上海:立信会计出版社,2019.5
ISBN 978-7-5429-6159-4

Ⅰ.①大… Ⅱ.①刘…②安… Ⅲ.①大型企业—企业所得税—财政政策—中国—指南 ②大型企业—企业所得税—税法—中国—指南 Ⅳ.①F812.424-62 ②D922.22-62

中国版本图书馆 CIP 数据核字(2019)第 096562 号

策划编辑　　张巧玲
责任编辑　　张巧玲

大企业税收管理政策法规应用指南

出版发行	立信会计出版社		
地　　址	上海市中山西路 2230 号	邮政编码	200235
电　　话	(021)64411389	传　真	(021)64411325
网　　址	www.lixinaph.com	电子邮箱	lxaph@sh163.net
网上书店	www.shlx.net	电　话	(021)64411071
经　　销	各地新华书店		
印　　刷	河北鑫兆源印刷有限公司		
开　　本	787 毫米×1092 毫米	1/16	
印　　张	26		
字　　数	649 千字		
版　　次	2019 年 5 月第 1 版		
印　　次	2019 年 5 月第 1 次		
书　　号	ISBN 978-7-5429-6159-4/F		
定　　价	98.00 元		

如有印订差错,请与本社联系调换

前　言

根据国家税务总局素质提升"115"工程总体部署,2019年全国税务系统"岗位大练兵、业务大比武"活动已经如火如荼地展开。在专业提升环节,侧重检测税务干部专业化能力。测试内容包括岗位胜任力及国税地税征管体制改革后新业务知识。国家税务总局在行政管理、征管评估和税务稽查3个专业类别下,细分综合文秘、货物和劳务税、个人所得税、大企业税收管理以及税务稽查5个专业岗位开展专业化能力测试。

大企业税收管理岗位是全国省市两级大企业税收管理部门实体化机构全面到位后,第一次全条线的练兵比武活动,是贯彻改革精神、推进改革落实的重要举措。本次大企业税收管理专业学习范围包括：大企业税收管理综合知识、大企业税收管理专业知识、税收经济分析专业知识。

为便于全国税务系统大企业税收管理部门工作人员全面了解大企业税收管理工作情况、准确把握大企业税收管理工作思路,我们整理了截至2019年3月底,国家税务总局发布的关于大企业税收管理的163个重要文件,并汇编成册,以供大家复习。其中：综合制度类文件6个,纳税服务类文件2个,数据保障类文件14个,风险管理类文件5个,减税降费类文件136个。

编者

2019年5月

目　　录

一、综合制度 ………………………………………………………………………… 1

1. 国家税务总局关于印发《千户集团税收风险管理工作规程(试行)》的通知
   （税总发〔2017〕128号） ………………………………………………………… 1
2. 国家税务总局关于转变税收征管方式提高税收征管效能的指导意见
   （税总发〔2017〕45号） …………………………………………………………… 11
3. 国家税务总局关于进一步加强税收风险管理工作的通知
   （税总发〔2016〕54号） …………………………………………………………… 16
4. 国家税务总局关于印发《深化大企业税收服务与管理改革实施方案》的通知
   （税总发〔2015〕157号） ………………………………………………………… 20
5. 国家税务总局关于加强税收风险管理工作的意见
   （税总发〔2014〕105号） ………………………………………………………… 24
6. 国家税务总局关于印发《国家税务总局大企业税收服务和管理规程(试行)》的通知
   （国税发〔2011〕71号） …………………………………………………………… 28

二、纳税服务 ………………………………………………………………………… 35

1. 国家税务总局办公厅关于印发《深化大企业纳税服务若干工作措施》的通知
   （税总办发〔2017〕170号） ……………………………………………………… 35
2. 国家税务总局办公厅关于建立大企业重组涉税事项纳税服务工作机制的通知
   （税总办发〔2017〕139号） ……………………………………………………… 37

三、数据保障 ………………………………………………………………………… 39

1. 国家税务总局大企业税收管理司关于分行业开展千户集团电子财务数据采集有关工作的通知
   （税总企便函〔2018〕7号） ……………………………………………………… 39
2. 国家税务总局大企业税收管理司关于做好千户集团扩围名册采集核实工作的通知
   （税总企便函〔2017〕142号） …………………………………………………… 40
3. 国家税务总局大企业税收管理司关于明确千户集团按月(季)度报送相关基础涉税数据相关口径的紧急通知
   （税总企便函〔2017〕107号） …………………………………………………… 42
4. 国家税务总局大企业税收管理司关于调整千户集团按月(季)度报送相关基础涉税数据时间有关事宜的通知
   （税总企便函〔2017〕104号） …………………………………………………… 42
5. 国家税务总局大企业税收管理司关于开展2017年千户集团成员企业名册采集核实工作的通知
   （税总企便函〔2017〕90号） ……………………………………………………… 43
6. 国家税务总局大企业税收管理司关于进一步做好按月(季)度报送相关基础涉

  税数据工作的通知

  （税总企便函〔2017〕62号） ………………………………………… 45

7. 国家税务总局关于发布《千户集团名册管理办法》的公告

  （国家税务总局公告2017年第7号） ……………………………… 46

8. 国家税务总局大企业税收管理司关于加强千户集团数据管理工作的意见

  （税总企便函〔2017〕23号） ………………………………………… 48

9. 国家税务总局大企业税收管理司关于印发《千户集团数据联络员管理办法》的通知

  （税总企便函〔2017〕9号） …………………………………………… 52

10. 国家税务总局关于规范全国千户集团及其成员企业纳税申报时附报财务会计报表有关事项的公告

  （国家税务总局公告2016年第67号） ……………………………… 53

11. 国家税务总局大企业税收管理司关于开展2016年千户集团成员企业名册采集工作的通知

  （税总企便函〔2016〕76号） ………………………………………… 54

12. 国家税务总局大企业税收管理司关于答复千户集团电子财务数据采集工作有关问题的通知

  （税总企便函〔2016〕32号） ………………………………………… 56

13. 国家税务总局大企业税收管理司关于统一处理千户集团电子财务数据采集工作若干问题的通知

  （税总企便函〔2016〕30号） ………………………………………… 57

14. 国家税务总局大企业税收管理司关于核实确认千户集团税收快报报送范围有关事项的通知

  （税总企便函〔2016〕13号） ………………………………………… 59

四、风险管理 …………………………………………………………………… 61

1. 国家税务总局大企业税收管理司关于下发分行业、分事项税收风险分析应对指引的通知

  （税总企便函〔2015〕71号） ………………………………………… 61

2. 国家税务总局大企业税收管理司关于规范使用千户集团税收风险分析文书报表的通知

  （税总企便函〔2016〕94号） ………………………………………… 149

3. 国家税务总局大企业税收管理司关于印发部分行业风险分析应对指引的通知

  （税总企便函〔2016〕101号） ………………………………………… 152

4. 国家税务总局大企业税收管理司关于加强大企业税务审计软件数据安全管理的通知

  （税总企便函〔2014〕53号） ………………………………………… 205

5. 国家税务总局关于印发《大企业税务风险管理指引（试行）》的通知

  （国税发〔2009〕90号） ……………………………………………… 206

五、减税降费 …………………………………………………………………… 210

第一部分　综合篇 ……………………………………………………… 210

1. 国家税务总局关于坚决查处第三方借减税降费服务巧立名目乱收费行为的通知

  （税总发〔2019〕44号） ……………………………………………… 210

2. 国家税务总局关于深入贯彻落实减税降费政策措施的通知
   (税总发〔2019〕13号) ……………………………………………………………… 211
3. 国家税务总局关于进一步落实好简政减税降负措施更好服务经济社会发展有关工作的通知
   (税总发〔2018〕150号) …………………………………………………………… 214
4. 国家税务总局关于实施进一步支持和服务民营经济发展若干措施的通知
   (税总发〔2018〕174号) …………………………………………………………… 216

第二部分 服务篇 ………………………………………………………………………… 220
5. 国家税务总局关于2019年开展"便民办税春风行动"的意见
   (税总发〔2019〕19号) ……………………………………………………………… 220
6. 国家税务总局关于发布《办税事项"最多跑一次"清单》的公告
   (国家税务总局公告2018年第12号) ……………………………………………… 222
7. 国家税务总局关于推行办税事项"最多跑一次"改革的通知
   (税总发〔2018〕26号) ……………………………………………………………… 223
8. 国家税务总局关于取消20项税务证明事项的公告
   (国家税务总局公告2018年第65号) ……………………………………………… 224
9. 关于《国家税务总局关于取消20项税务证明事项的公告》的解读 …………………… 225
10. 国家税务总局关于明确跨区域涉税事项报验管理相关问题的公告
    (国家税务总局公告2018年第38号) ……………………………………………… 226
11. 关于《国家税务总局关于明确跨区域涉税事项报验管理相关问题的公告》的解读 …………………………………………………………………………………… 227
12. 国家税务总局关于发布财务报表数据转换参考标准及完善网上办税系统的通知
    (税总发〔2018〕32号) …………………………………………………………… 228

第三部分 增值税篇 …………………………………………………………………… 229
(一) 大企业直接相关的减税降费政策 ……………………………………………… 229
13. 国家税务总局关于调整增值税纳税申报有关事项的公告
    (国家税务总局公告2019年第15号) ……………………………………………… 229
14. 国家税务总局关于深化增值税改革有关事项的公告
    (国家税务总局公告2019年第14号) ……………………………………………… 229
15. 财政部 税务总局 海关总署关于深化增值税改革有关政策的公告
    (财政部 税务总局 海关总署公告2019年第39号) ……………………………… 232
16. 国家税务总局关于做好2019年深化增值税改革工作的通知
    (税总发〔2019〕32号) …………………………………………………………… 234
17. 国家税务总局关于进一步做好纳税人增值税发票领用等工作的通知
    (税总函〔2019〕64号) …………………………………………………………… 237
18. 财政部 海关总署 税务总局 药监局关于罕见病药品增值税政策的通知
    (财税〔2019〕24号) ……………………………………………………………… 238
19. 财政部 税务总局 中央宣传部关于继续实施文化体制改革中经营性文化事业单位转制为企业若干税收政策的通知
    (财税〔2019〕16号) ……………………………………………………………… 239

20. 财政部 税务总局关于明确养老机构免征增值税等政策的通知
   （财税〔2019〕20号） ……………………………………………………… 240
21. 财政部 税务总局关于冬奥会和冬残奥会企业赞助有关增值税政策的通知
   （财税〔2019〕6号） ……………………………………………………… 241
22. 财政部 税务总局关于调整增值税税率的通知
   （财税〔2018〕32号） ……………………………………………………… 242
23. 国家税务总局关于明确中外合作办学等若干增值税征管问题的公告
   （国家税务总局公告2018年第42号） …………………………………… 243
24. 关于《国家税务总局关于明确中外合作办学等若干增值税征管问题的公告》的解读 …………………………………………………………………… 244
25. 财政部 税务总局关于2018年退还部分行业增值税留抵税额有关税收政策的通知
   （财税〔2018〕70号） ……………………………………………………… 246
26. 财政部 税务总局关于境外机构投资境内债券市场企业所得税 增值税政策的通知
   （财税〔2018〕108号） …………………………………………………… 248
27. 国家税务总局关于大连商品交易所铁矿石期货保税交割业务增值税管理问题的公告
   （国家税务总局公告2018年第19号） …………………………………… 248
28. 财政部 税务总局关于延续动漫产业增值税政策的通知
   （财税〔2018〕38号） ……………………………………………………… 249
29. 财政部 税务总局关于延续宣传文化增值税优惠政策的通知
   （财税〔2018〕53号） ……………………………………………………… 250
30. 财政部 海关总署 税务总局 国家药品监督管理局关于抗癌药品增值税政策的通知
   （财税〔2018〕47号） ……………………………………………………… 252
31. 财政部 税务总局关于全国社会保障基金有关投资业务税收政策的通知
   （财税〔2018〕94号） ……………………………………………………… 252
32. 财政部 税务总局关于基本养老保险基金有关投资业务税收政策的通知
   （财税〔2018〕95号） ……………………………………………………… 253
33. 财政部 税务总局关于中国邮政储蓄银行三农金融事业部涉农贷款增值税政策的通知
   （财税〔2018〕97号） ……………………………………………………… 253
34. 财政部 税务总局关于金融机构小微企业贷款利息收入免征增值税政策的通知
   （财税〔2018〕91号） ……………………………………………………… 254

（二）大企业间接相关的减税降费政策 ……………………………………… 256
35. 财政部 税务总局关于实施小微企业普惠性税收减免政策的通知
   （财税〔2019〕13号） ……………………………………………………… 256
36. 国家税务总局关于小规模纳税人免征增值税政策有关征管问题的公告
   （国家税务总局公告2019年第4号） …………………………………… 257

37. 关于《国家税务总局关于小规模纳税人免征增值税政策有关征管问题的公告》的解读 ·········· 258

38. 财政部 税务总局关于统一增值税小规模纳税人标准的通知（财税〔2018〕33号） ·········· 261

39. 国家税务总局关于统一小规模纳税人标准等若干增值税问题的公告（国家税务总局公告2018年第18号） ·········· 261

40. 关于《国家税务总局关于统一小规模纳税人标准等若干增值税问题的公告》的解读 ·········· 263

41. 财政部 税务总局 科技部 教育部关于科技企业孵化器大学科技园和众创空间税收政策的通知（财税〔2018〕120号） ·········· 265

第四部分 消费税篇 ·········· 266

大企业直接相关的减税降费政策 ·········· 266

42. 财政部 税务总局关于延长对废矿物油再生油品免征消费税政策实施期限的通知（财税〔2018〕144号） ·········· 266

第五部分 进出口税收篇 ·········· 266

（一）大企业直接相关的减税降费政策 ·········· 266

43. 国家税务总局关于发布出口退税率文库2019A版的通知（税总函〔2019〕53号） ·········· 266

44. 财政部 海关总署 税务总局关于完善启运港退税政策的通知（财税〔2018〕5号） ·········· 267

45. 国家税务总局关于发布《启运港退（免）税管理办法（2018年12月28日修订）》的公告（国家税务总局公告2018年第66号） ·········· 269

46. 关于《国家税务总局关于发布〈启运港退（免）税管理办法（2018年12月28日修订）〉的公告》的解读 ·········· 271

47. 财政部 税务总局关于提高机电文化等产品出口退税率的通知（财税〔2018〕93号） ·········· 273

48. 国家税务总局关于外贸综合服务企业办理出口货物退（免）税有关事项的公告（国家税务总局公告2018年第25号） ·········· 273

49. 关于《国家税务总局关于外贸综合服务企业办理出口货物退（免）税有关事项的公告》的解读 ·········· 274

50. 国家税务总局关于加快出口退税进度有关事项的公告（国家税务总局公告2018年第48号） ·········· 274

51. 关于《国家税务总局关于加快出口退税进度有关事项的公告》的政策解读 ·········· 275

52. 国家税务总局关于出口退（免）税申报有关问题的公告（国家税务总局公告2018年第16号） ·········· 277

53. 财政部 海关总署 税务总局关于调整天然气进口税收优惠政策有关问题的通知（财关税〔2018〕36号） ·········· 279

54. 财政部 海关总署 税务总局关于调整享受税收优惠政策天然气进口项目的通知
   （财关税〔2018〕35号） 280
（二）大企业间接相关的减税降费政策 281
55. 财政部 税务总局 商务部 海关总署关于跨境电子商务综合试验区零售出口货物税收政策的通知
   （财税〔2018〕103号） 281

第六部分 企业所得税篇 281
（一）大企业直接相关的减税降费政策 281
56. 国家税务总局关于责任保险费企业所得税税前扣除有关问题的公告
   （国家税务总局公告2018年第52号） 281
57. 关于《国家税务总局关于责任保险费企业所得税税前扣除有关问题的公告》的解读 282
58. 财政部 税务总局关于企业职工教育经费税前扣除政策的通知
   （财税〔2018〕51号） 282
59. 财政部 税务总局 证监会关于支持原油等货物期货市场对外开放税收政策的通知
   （财税〔2018〕21号） 283
60. 财政部 税务总局 商务部 科技部 国家发展改革委关于将服务贸易创新发展试点地区技术先进型服务企业所得税政策推广至全国实施的通知
   （财税〔2018〕44号） 283
61. 财政部 税务总局关于保险保障基金有关税收政策问题的通知
   （财税〔2018〕41号） 285
62. 财政部 税务总局关于设备器具扣除有关企业所得税政策的通知
   （财税〔2018〕54号） 285
63. 国家税务总局关于设备器具扣除有关企业所得税政策执行问题的公告
   （国家税务总局公告2018年第46号） 286
64. 关于《国家税务总局关于设备器具扣除有关企业所得税政策执行问题的公告》的解读 287
65. 财政部 税务总局 科技部关于提高研究开发费用税前加计扣除比例的通知
   （财税〔2018〕99号） 289
66. 财政部 税务总局 科技部关于企业委托境外研究开发费用税前加计扣除有关政策问题的通知
   （财税〔2018〕64号） 289
67. 财政部 税务总局关于延长高新技术企业和科技型中小企业亏损结转年限的通知
   （财税〔2018〕76号） 290
68. 国家税务总局关于延长高新技术企业和科技型中小企业亏损结转弥补年限有关企业所得税处理问题的公告
   （国家税务总局公告2018年第45号） 291
69. 财政部 税务总局 国家发展改革委 工业和信息化部关于集成电路生产企业有

关企业所得税政策问题的通知

（财税〔2018〕27号） ··· 292

70. 国家税务总局关于企业所得税资产损失资料留存备查有关事项的公告

（国家税务总局公告2018年第15号） ··· 293

71. 关于《国家税务总局关于企业所得税资产损失资料留存备查有关事项的公告》的

解读 ··· 293

（二）大企业间接相关的减税降费政策 294

72. 国家税务总局关于实施小型微利企业普惠性所得税减免政策有关问题的公告

（国家税务总局公告2019年第2号） ··· 294

73. 关于《国家税务总局关于实施小型微利企业普惠性所得税减免政策有关问题的

公告》的解读 ·· 295

74. 国家税务总局关于修订《中华人民共和国企业所得税月（季）度预缴纳税申报表

（A类2018年版）》等部分表单样式及填报说明的公告

（国家税务总局公告2019年第3号） ··· 298

75. 关于《国家税务总局关于修订〈中华人民共和国企业所得税月（季）度预缴纳税申

报表（A类，2018年版）〉等部分表单样式及填报说明的公告》的解读 ··········· 299

76. 国家税务总局关于简化小型微利企业所得税年度纳税申报有关措施的公告

（国家税务总局公告2018年第58号） ··· 300

77. 关于《国家税务总局关于简化小型微利企业所得税年度纳税申报有关措施的公

告》的解读 ··· 301

第七部分　国际税收篇 302

　　大企业直接相关的减税降费政策 ·· 302

78. 国家税务总局关于哈萨克斯坦超额利润税税收抵免有关问题的公告

（国家税务总局公告2019年第1号） ··· 302

79. 关于《国家税务总局关于哈萨克斯坦超额利润税税收抵免有关问题的公告》的

解读 ··· 303

80. 财政部　税务总局　国家发展改革委　商务部关于扩大境外投资者以分配利润直

接投资暂不征收预提所得税政策适用范围的通知

（财税〔2018〕102号） ··· 303

81. 国家税务总局关于扩大境外投资者以分配利润直接投资暂不征收预提所得税

政策适用范围有关问题的公告

（国家税务总局公告2018年第53号） ··· 305

82. 关于《国家税务总局关于扩大境外投资者以分配利润直接投资暂不征收预提所

得税政策适用范围有关问题的公告》的解读 ······································ 306

83. 国家税务总局关于税收协定执行若干问题的公告

（国家税务总局公告2018年第11号） ··· 307

84. 关于《国家税务总局关于税收协定执行若干问题的公告》的解读 ··············· 310

85. 国家税务总局关于税收协定中"受益所有人"有关问题的公告

（国家税务总局公告2018年第9号） ··· 312

86. 关于《国家税务总局关于税收协定中"受益所有人"有关问题的公告》的解读 ······ 314

87. 国家税务总局关于明确同期资料主体文档提供及管理有关事项的公告
   （国家税务总局公告2018年第14号） …… 320

88. 关于《国家税务总局关于明确同期资料主体文档提供及管理有关事项的公告》的解读 …… 321

89. 国家税务总局关于适用中智税收协定利息条款最惠国待遇的公告
   （国家税务总局公告2018年第37号） …… 321

90. 关于《国家税务总局关于适用中智税收协定利息条款最惠国待遇的公告》的解读 …… 322

第八部分　财产和行为税篇 …… 323

(一)大企业直接相关的减税降费政策 …… 323

91. 财政部　税务总局关于继续实施企业改制重组有关土地增值税政策的通知
   （财税〔2018〕57号） …… 323

92. 财政部　税务总局关于继续支持企业事业单位改制重组有关契税政策的通知
   （财税〔2018〕17号） …… 324

93. 财政部　国家税务总局关于易地扶贫搬迁税收优惠政策的通知
   （财税〔2018〕135号） …… 326

94. 财政部　税务总局关于物流企业承租用于大宗商品仓储设施的土地城镇土地使用税优惠政策的通知
   （财税〔2018〕62号） …… 327

95. 财政部　税务总局关于去产能和调结构房产税城镇土地使用税政策的通知
   （财税〔2018〕107号） …… 327

96. 财政部　税务总局关于对营业账簿减免印花税的通知
   （财税〔2018〕50号） …… 328

97. 财政部　税务总局关于对页岩气减征资源税的通知
   （财税〔2018〕26号） …… 328

98. 财政部　税务总局　工业和信息化部　交通运输部关于节能新能源车船享受车船税优惠政策的通知
   （财税〔2018〕74号） …… 328

99. 财政部　税务总局关于增值税期末留抵退税有关城市维护建设税教育费附加和地方教育附加政策的通知
   （财税〔2018〕80号） …… 330

(二)大企业间接相关的减税降费政策 …… 331

100. 国家税务总局关于增值税小规模纳税人地方税种和相关附加减征政策有关征管问题的公告
   （国家税务总局公告2019年第5号） …… 331

101. 关于《国家税务总局关于增值税小规模纳税人地方税种和相关附加减征政策有关征管问题的公告》的解读 …… 332

102. 财政部　税务总局　科技部　教育部关于科技企业孵化器大学科技园和众创空间税收政策的通知
   （财税〔2018〕120号） …… 333

第九部分 环境保护税篇 ... 334
大企业直接相关的减税降费政策 ... 334
103. 财政部 税务总局 生态环境部关于明确环境保护税应税污染物适用等有关问题的通知
（财税〔2018〕117号） ... 334

第十部分 车辆购置税篇 ... 336
大企业直接相关的减税降费政策 ... 336
104. 财政部 税务总局 工业和信息化部关于对挂车减征车辆购置税的公告
（财政部 税务总局 工业和信息化部公告2018年第69号） ... 336

第十一部分 个人所得税篇 ... 337
大企业直接相关的减税降费政策 ... 337
105. 中华人民共和国个人所得税法 ... 337
106. 中华人民共和国个人所得税法实施条例 ... 340
107. 国务院关于印发个人所得税专项附加扣除暂行办法的通知
（国发〔2018〕41号） ... 345
108. 财政部 税务总局关于2018年第四季度个人所得税减除费用和税率适用问题的通知
（财税〔2018〕98号） ... 348
109. 国家税务总局关于严格按照5 000元费用减除标准执行税收政策的公告
（国家税务总局公告2018年第51号） ... 350
110. 财政部 税务总局关于个人所得税法修改后有关优惠政策衔接问题的通知
（财税〔2018〕164号） ... 350
111. 财政部 税务总局关于继续有效的个人所得税优惠政策目录的公告
（财政部 税务总局公告2018年第177号） ... 354
112. 国家税务总局关于发布《个人所得税专项附加扣除操作办法（试行）》的公告
（国家税务总局公告2018年第60号） ... 359
113. 关于《国家税务总局关于发布〈个人所得税专项附加扣除操作办法（试行）〉公告》的解读 ... 363
114. 国家税务总局关于发布《个人所得税扣缴申报管理办法（试行）》的公告
（国家税务总局公告2018年第61号） ... 364
115. 关于《国家税务总局关于发布〈个人所得税扣缴申报管理办法（试行）〉的公告》的解读 ... 367
116. 国家税务总局关于个人所得税自行纳税申报有关问题的公告
（国家税务总局公告2018年第62号） ... 370
117. 关于《国家税务总局关于个人所得税自行纳税申报有关问题的公告》的政策解读 ... 372
118. 国家税务总局关于将个人所得税《税收完税证明》（文书式）调整为《纳税记录》有关事项的公告
（国家税务总局公告2018年第55号） ... 375
119. 关于《国家税务总局关于将个人所得税〈税收完税证明〉（文书式）调整为〈纳税记录〉有关事项的公告》的解读 ... 376

120. 国家税务总局关于全面实施新个人所得税法若干征管衔接问题的公告
（国家税务总局公告2018年第56号） ······ 377

121. 关于《国家税务总局关于全面实施新个人所得税法若干征管衔接问题的公告》的政策解读 ······ 378

122. 国家税务总局关于自然人纳税人识别号有关事项的公告
（国家税务总局公告2018年第59号） ······ 380

123. 关于《国家税务总局关于自然人纳税人识别号有关事项的公告》的解读 ······ 381

124. 财政部 税务总局 证监会关于继续执行内地与香港基金互认有关个人所得税政策的通知
（财税〔2018〕154号） ······ 382

125. 财政部 税务总局 发展改革委 证监会关于创业投资企业个人合伙人所得税政策问题的通知
（财税〔2019〕8号） ······ 382

126. 财政部 税务总局关于创业投资企业和天使投资个人有关税收政策的通知
（财税〔2018〕55号） ······ 384

127. 关于《财政部 税务总局关于创业投资企业和天使投资个人有关税收政策的通知》的解读 ······ 386

128. 国家税务总局关于创业投资企业和天使投资个人税收政策有关问题的公告
（国家税务总局公告2018年第43号） ······ 389

129. 财政部 税务总局 证监会关于个人转让全国中小企业股份转让系统挂牌公司股票有关个人所得税政策的通知
（财税〔2018〕137号） ······ 392

130. 财政部 税务总局 人力资源社会保障部 中国银行保险监督管理委员会 证监会关于开展个人税收递延型商业养老保险试点的通知
（财税〔2018〕22号） ······ 392

131. 国家税务总局关于开展个人税收递延型商业养老保险试点有关征管问题的公告
（国家税务总局公告2018年第21号） ······ 395

132. 财政部 税务总局 科技部关于科技人员取得职务科技成果转化现金奖励有关个人所得税政策的通知
（财税〔2018〕58号） ······ 396

133. 国家税务总局关于科技人员取得职务科技成果转化现金奖励有关个人所得税征管问题的公告
（国家税务总局公告2018年第30号） ······ 397

134. 关于《国家税务总局关于科技人员取得职务科技成果转化现金奖励有关个人所得税征管问题的公告》的解读 ······ 398

第十二部分 社会保险费和非税收收入篇 ······ 399

135. 国家税务总局办公厅关于稳妥有序做好社会保险费征管有关工作的通知
（税总办发〔2018〕142号） ······ 399

136. 国家税务总局关于贯彻落实降低残疾人就业保障金征收标准政策的通知
（税总函〔2018〕175号） ······ 400

一、综合制度

  国家税务总局关于印发《千户集团税收风险管理工作规程(试行)》的通知

税总发〔2017〕128号

各省、自治区、直辖市和计划单列市国家税务局、地方税务局:

现将《千户集团税收风险管理工作规程(试行)》印发给你们,请遵照执行。执行中如有问题,请及时报告税务总局(大企业税收管理司)。

附件: 1. 千户集团数据需求查询申请单
   2. 千户集团税收风险分析报告
   3. 税务事项通知书
   4. 千户集团税收风险应对工作底稿
   5. 移交税务稽查情况表
   6. 移交反避税情况表
   7. 千户集团税收风险应对工作报告
   8. 千户集团税收风险应对情况表

国家税务总局
2017年10月31日

千户集团税收风险管理工作规程(试行)

第一章 总 则

第一条 为了规范千户集团税收风险管理,依据《中华人民共和国税收征收管理法》及其实施细则、《国家税务总局关于进一步深化税务系统"放管服"改革 优化税收环境的若干意见》(税总发〔2017〕101号)、《国家税务总局关于印发〈深化大企业税收服务与管理改革实施方案〉的通知》(税总发〔2015〕157号)等要求,结合工作实际,制定本规程。

第二条 本规程适用于各级税务机关对千户集团总部及其成员企业的税收风险管理工作。

第三条 千户集团税收风险管理,以防范税收风险为导向,按照"数据采集—风险分析—推送应对—反馈考核"四个环节,实施全流程闭环管理。

第四条 千户集团税收风险管理应当坚持以下主要原则:

两级统筹。强化税务总局、省税务机关在千户集团税收风险管理工作中的分工协作,注重顶层设计,整合管理资源,明确工作职责,坚持上下联动,形成工作合力。

合作推进。建立健全国税、地税合作机制,加强税务机关内部各部门工作协调,提高征管效率。积极与政府相关部门、行业协会等合作,实现信息共享。

信息集成。以数据为核心,利用现代化采集、分析工具,建立科学的指标模型,构建智能化的税收管理信息系统,发挥大数据技术对千户集团税收风险管理的支撑作用。

促进遵从。在千户集团税收风险管理各环节强化税收宣传,优化纳税服务,加强税企合作,提升企业获得感,促进千户集团对税法的自我遵从。

第五条 省税务机关要按照分类分级管理要求,明晰职责,健全机制,不断充实大企业税收管理专业化队伍。根据工作特点和岗位需求,对大企业税收管理人员实施专业化培训,优化大企业税收管理人才团队,实现人力资源与大企业税收管理工作要求相匹配。可以聘请大专院校、行业协会、中介机构专家,组建大企业税收管理顾问团队,通过合作、外包等方式,开展大企业税收管理技术手段研发和相关项目研究。

第六条 税务总局立足金税三期开发建设大企业税收管理信息系统,并在安全可控的前提下,实现与各省税务机关的数据、风险分析指标模型以及风险分析成果共享。省税务机关可以依托金税三期完善大企业信息管理功能,充分利用信息化手段开展大企业税收管理工作。

第七条 各级税务机关应当按照有关法律、法规要求,做好千户集团税收风险管理信息保密工作。

第八条 各级税务机关应当按照《全国税务机关档案管理办法》要求,对千户集团税收风险管理工作中的资料进行归档。

第二章 数据采集

第九条 千户集团数据采集的内容包括企业端数据、税务端数据和第三方数据。

第十条 税务总局确定千户集团数据采集范围、标准和时限,收集和加载省税务机关报送的企业端数据。省税务机关根据税务总局要求,加强国税、地税合作,联合组织采集、审核、报送本省千户集团企业端数据。

第十一条 各级税务机关以金税三期为基础,按照千户集团税收管理需要,集成现有各类应用系统涉税数据。

第十二条 税务总局与国务院有关部门沟通协调,完善数据交换共享工作机制。各地税务机关与本级政府相关部门、行业协会等单位沟通联系,获取千户集团相关涉税信息。

第十三条 省税务机关应当充分利用现代科技手段,从互联网、报刊杂志等媒体发布的公开信息中,获取千户集团涉税信息,重点关注企业重组、股权转让、关联交易等重大事项信息。

第十四条 省税务机关大企业税收管理部门会同技术部门对涉及千户集团的第三方信息进行整理、清洗和加载,并按要求上报税务总局(大企业税收管理司)。

第十五条 税务总局整合企业端、税务端和第三方数据,逐步实现多层级、全方位的集成应用,为千户集团税收风险分析提供支撑。

对超出查询权限的千户集团相关数据,省税务机关可以向税务总局申请查询、应用,并填报《千户集团数据需求查询申请单》(附件1)。

第十六条 税务总局通过完善千户集团数据联络员机制、明确数据业务标准、规范数据检测机制等方式,不断强化数据质量保障。

各省国税局、地税局应当统筹开展数据采集工作,充分利用已有数据资源,避免重复采集。

第三章 风险分析

第十七条 税务总局开展千户集团税收风险分析指标体系建设,按照开发、验证、应用的步骤,分批次开展,逐环节推进。省税务机关配合税务总局开展指标体系建设工作。

第十八条 税务总局依托大企业税收管理信息系统,统筹考虑千户集团风险等级排序、行业税收规模、区域分布等因素,制定千户集团税收风险管理战略规划和年度计划。

第十九条 省税务机关在落实税务总局千户集团税收风险分析年度计划的基础上,结合本省工作实际,可以选择税务总局年度工作计划外的成员企业或集团自行开展税收风险分析,制定年度税收风险分析工作方案,并报税务总局备案。

第二十条 税务总局按照年度计划,以千户集团税收风险指标模型体系为基础,对采集的千户集团总部及其成员企业信息进行计算机扫描,形成风险识别报告。

第二十一条 税务总局、省税务机关结合计算机扫描结果,开展人工专业复评,形成《千户集团税收风险分析报告》(附件2)。人工专业复评主要包括常规风险分析、行业重点剖析和重大事项分析。

第二十二条 人工专业复评应当重点关注以下内容:
(一)企业所处的行业特点;
(二)企业适用的产业政策、税收政策、会计准则或会计制度;
(三)企业内部控制制度;
(四)企业财务报表、审计报告及相关鉴证报告;
(五)企业重组、股权转让、关联交易等复杂涉税事项;
(六)以前年度风险应对结论,包括纳税评估报告、稽查处理决定书等。

第二十三条 人工专业复评可以采取案头分析、与企业沟通、选取代表性企业开展典型调查等方法。

第二十四条 省税务机关负责总部在本省的千户集团的沟通协调工作,并配合税务总局开展跨区域千户集团税收风险分析。

第二十五条 对风险分析中发现的同质性高、涉及面广的风险点,税务总局可以协调集团总部所在省税务机关,向集团总部进行提示告知。

第二十六条 各省国税局、地税局应当加强沟通协调,统筹开展本省千户集团税收风险分析工作。

第二十七条 省税务机关对本省形成的风险分析报告进行审核,并按要求上报税务总局。税务总局对税收风险分析报告质量进行严格控制,按照税收风险分级评审的工作机制进行评审,并形成风险应对任务。

第四章 推送应对

第二十八条 税务总局大企业税收管理司将风险应对任务通过税务总局税收风险管理工作领导小组办公室(以下简称"总局风险办")统一推送至省税务机关税收风险管理工作领导小组办公室(以下简称"省局风险办"),并抄送相关省税务机关大企业税收管理部门。

第二十九条 省税务机关大企业税收管理部门应当主动对接省局风险办,认真研究税务总局推送的千户集团税收风险应对任务并形成应对方案,以省、市税务机关为主,实施专业化应对。

对于重大或复杂涉税事项的风险应对任务,由省税务机关组织开展应对。

第三十条 风险应对人员开展风险应对任务前,应当以风险分析报告为基础,了解企业的生产经营情况、所属行业特点、财务会计制度和会计核算软件,熟悉相关税收政策。

第三十一条　风险应对人员可以通过查阅案头资料、税务约谈等方法,对风险分析报告中的涉税风险点进行核实。

开展税务约谈时,应当向纳税人出具《税务事项通知书》(附件3),由两名以上风险应对人员共同参加,并制作《千户集团税收风险应对工作底稿》(附件4)。

第三十二条　查阅案头资料和税务约谈中发现的必须到纳税人生产经营现场了解情况的,应当按照相关规定统筹进行实地核实。实地核实过程中发现纳税人其他税收风险点的,应当一并进行处理。

第三十三条　风险应对人员发现纳税人有逃避缴纳税款、骗取出口退税或其他需要立案查处的税收违法行为嫌疑的,应当将发现的问题及相关资料,制作《移交税务稽查情况表》(附件5),移交同级税务稽查部门处理。

第三十四条　风险应对人员发现纳税人有需要反避税部门处理的特别纳税调整问题,应当将发现的问题及相关资料,制作《移交反避税情况表》(附件6),移交同级反避税管理部门处理。

第三十五条　对风险应对中确认的税收风险点,风险应对部门应当督促纳税人进行整改。对涉及补缴税款、滞纳金的,依法组织入库。

第三十六条　实施风险应对的税务机关应当形成风险应对报告,并报上级税务机关。

第三十七条　各地国税局、地税局应当加强合作,根据职责分工,联合开展风险应对工作。

第五章　反馈考核

第三十八条　省税务机关大企业税收管理部门应当及时汇总本省千户集团税收风险应对情况,向税务总局(大企业税收管理司)报送《千户集团税收风险应对工作报告》(附件7)以及《千户集团税收风险应对情况表》(附件8),并通过省局风险办向总局风险办反馈风险应对结果。

第三十九条　省税务机关应当积极指导和协调本省税收风险应对工作,加强监督检查,强化质量控制。

各地税务机关大企业税收管理部门应当与本级法规、税政、征管等部门充分沟通协作,及时研究解决风险应对中的税企争议问题,经省税务机关研究后仍无法解决的,向税务总局(大企业税收管理司)报告。

第四十条　税务总局、省税务机关应当加强风险应对结果的增值利用,主要方式包括:

(一)优化指标模型,增强指标模型的准确性和有效性;

(二)建立和更新千户集团风险特征库、典型案例库和行业风险指引,复制推广系统性、行业性风险分析应对经验;

(三)提出完善税收政策、强化税收征管的建议;

(四)开展谈签税收遵从协议、出具税收管理建议书等个性化服务,提升企业税收风险防控能力。

第四十一条　税务总局通过督导调研、限时督办等形式对各省税务机关上报的风险应对结果进行跟踪指导和后续监督,并对重大税收风险点进行专项评估。

第四十二条　税务总局制定并持续优化千户集团风险管理绩效考核指标,对省税务机关千户集团风险管理工作进行绩效考核。省税务机关根据本省工作需要,针对风险管理工作质量开展绩效考核。

第六章　附　则

第四十三条　本规程由税务总局(大企业税收管理司)负责解释。
第四十四条　省税务机关对千户集团以外的本省确定的大企业可参照本规程管理。
第四十五条　本规程自发布之日起执行。

附件1　　　　　　　　　**千户集团数据需求查询申请单**

企业名称	纳税人识别号	所属集团	申请查询内容	所属期间	应用范围	应用时限	备注

申请单位：　　　　　填报人：　　　　　联系电话：　　　　　申请日期：　　年　月　日

附件2　　　　　　　　　**千户集团税收风险分析报告**

<u>　　　　　　</u>公司税收风险分析报告

按照千户集团税收风险分析工作安排，我们对____集团____公司____—____年度有关涉税事项进行了税收风险分析，经分析发现该公司存在____个涉税风险事项，初步预估应补缴税款____万元。现将有关税收风险分析情况报告如下：

一、企业基本情况

<u>　　　　　　　　　　　　　　　　　　　　　　　　　　　　　　　　　　　　　</u>。

二、风险分析情况

通过对____公司开展税收风险分析，发现____个涉税风险事项。其中，____个事项初步预估应补缴税款____万元，涉及企业所得税____万元、增值税____万元、印花税____万元、营业税金及附加____万元……；另外____个事项的涉税金额暂无法估算，涉及_____、_____、_____等税种。具体情况如下：

（一）企业所得税

1. 风险点：_____。
（1）风险描述：_____
（2）政策依据：_____
（3）涉及税款：_____
（4）应对建议：_____

2. ……

三、其他情况

通过对_____公司的税收风险分析，我们认为下列风险点可能在该集团（行业）普遍存在，具有可复制性和可推广性。

（一）企业所得税

1. 风险点：_____。
（1）风险描述：_____
（2）政策依据：_____

2. ……

本报告是在风险识别的基础上经人工专业复评形成，具体涉税疑点应在风险应对阶段进一步核实确认。

辅评人：　　　　　　　　　　主评人：

附   **税收风险疑点和指标数据验证结果统计表(模板)**

企业名称(1)	纳税人识别号(2)	模型代码(3)	模型名称(4)	模型涉及指标(5)	指标涉及数据项目(6)	数据项目取值与征管系统数据是否一致(7)	该数据项目在本地征管或其他系统取值(8)	风险疑点确认情况(9)	风险疑点排除原因说明(10)	指标模型修改意见(11)	填报单位(12)	填报人(13)	联系方式(14)	备注(15)
				指标1	数据项目1									
					数据项目2									
					…									
			模型1	指标2	数据项目1									
					数据项目2									
					…									
				…										

附件3

_____税务局

税务事项通知书

____税通〔 〕 号

_____：（纳税人识别号：   ）

　　事由：

　　依据：

　　通知内容：

税务机关（签章）

年　月　日

附件 4

千户集团税收风险应对工作底稿

工作底稿序号： 　　　　　所属期：

共　　页　第　　页

纳税人名称	
纳税人识别号	
待核实风险来源	总局推送 □　　　应对新增 □
税收风险描述：	
税收法律、法规依据：	
风险应对结果：	
附件	
企业意见：	

企业财务负责人：　　　　　　　　　　　　　日期：
税收风险应对人员：　　　　　　　　　　　　日期：

附件 5

移交税务稽查情况表

纳税人名称		纳税人识别号	
地　　　址		法定代表人	
电　　　话		经济类型	
风险应对部门		风险应对人员	
风险来源			
移交原因			
经办人	签字： 年　月　日	单位负责人意见	签字： 年　月　日
资料移交情况：			
	移交人：　　　　　　接收人：　　　　　　年　月　日		

填写说明：
1. 风险来源填写"总局推送"或者"应对新增"。
2. 经办人填写风险应对部门经办移交税务稽查手续的人员。

附件 6　　　　　　　　　　移交反避税情况表

纳税人名称			纳税人识别号		
地　　　址			法定代表人		
电　　　话			经济类型		
风险应对部门			风险应对人员		
风险来源					
移交原因					
经办人	签字： 　年　月　日		单位负责人 意见	签字： 　年　月　日	
资料移交情况： 　　　　　　　　移交人：　　　　　接收人：　　　　　　年　　月　　日					

填写说明：
1. 风险来源填写"总局推送"或者"应对新增"。
2. 经办人填写风险应对部门经办移交反避税手续的人员。

附件 7　　　　　　　　千户集团税收风险应对工作报告

国家税务总局大企业税收管理司：

　　按照税务总局工作部署，现将我单位20＿＿＿年第＿批千户集团税收风险应对工作情况报告如下：

　　一、总体情况

　　本批次税收风险应对工作中，我单位共接收风险应对任务＿＿＿＿个，预估税款＿＿＿＿万元，涵盖＿＿＿＿个行业的＿＿＿＿个企业集团。截至目前，我单位共完成风险应对任务＿＿＿＿个，核实应补税款＿＿＿＿万元，入库税款＿＿＿＿万元，滞纳金＿＿＿＿万元，调增应纳税所得额＿＿＿＿万元。风险应对任务完成率为＿％，核实应补税款占预估税款比重为＿％，税款入库率为＿％。

　　本批次税收风险应对工作中，我单位共新增风险应对任务＿＿个，新增任务核实应补税款＿＿＿＿万元，入库税款＿＿＿＿万元，滞纳金＿＿＿＿万元。

　　二、风险确认情况

　　本批次推送风险应对任务中，确认应对任务＿＿个，占比＿＿％，环比增（减）＿＿％；争议应对任务＿＿个，占比＿＿％，环比增（减）＿＿％；排除应对任务＿＿个，占比＿＿％，环比增（减）＿＿％。其中，核实应补税款最高的风险应对任务为：＿＿＿＿＿＿＿＿，其预估税款为＿＿＿＿万元，核实应补税款＿＿＿＿万元，现已入库税款＿＿＿＿万元，滞纳金＿＿＿＿万元。该任务核实应补税款占预估税款比重为＿＿％，占本单位核实应补税款总额的比重为＿＿％。每项风险应对任务具体核实情况如下：

　　（一）确认风险应对任务

　　1.＿＿＿＿风险

　　核实情况：＿＿＿＿＿＿＿＿＿＿＿＿＿＿＿＿＿＿＿＿。

　　2.……

　　（二）争议风险应对任务

　　1.＿＿＿＿风险

　　核实情况：＿＿＿＿＿＿＿＿＿＿＿＿＿＿＿＿＿＿＿＿。

争议政策问题：_____。

2. ……

（三）排除风险应对任务

1. ____风险

核实情况：_____。

排除原因：_____。

2. ……

三、新增风险情况

本批次新增风险应对任务中，确认应对任务__个，占比__%；争议应对任务__个，占比__%；排除应对任务__个，占比__%。其中，核实应补税款最高的风险应对任务为：_____，其核实应补税款____万元，现已入库税款____万元，滞纳金____万元。每项风险应对任务具体核实情况如下：

（一）确认风险应对任务

1. ____风险

核实情况：_____。

2. ……

（二）争议风险应对任务

1. ____风险

核实情况：_____。

争议政策问题：_____。

2. ……

（三）排除风险应对任务

1. ____风险

核实情况：_____。

排除原因：_____。

2. ……

四、风险应对具体做法

本批次税收风险应对工作中，我单位主要开展了以下工作：

（一）_____。

（二）_____。

五、问题与建议

（一）主要问题

目前，我单位在风险应对工作中主要面临以下问题：

1. _____。

2. ……

（二）工作建议

为更好地开展税收风险应对工作，特提出以下建议：

1. _____。

2. ……

六、其他

_____。

国家（地方）税务局

20____年__月__日

附件8

千户集团税收风险应对情况表

单位：户，万元

税收风险任务推送情况												风险应对情况								应对结果								备注
任务序号	所属省份	国税/地税	风险任务批次	集团名称	所属行业	成员企业名称	本省成员企业名称	纳税人识别号	风险类型	风险点名称	风险描述	所属年度	涉及税种	预估税款	风险确认情况		风险争议情况		风险排除情况		风险应对结论	推送前入库情况				调增应纳税所得额	调整留抵税额	滞纳金	入库税款	
															拟调增应纳税所得额	核实应补税款	拟调增应纳税所得额	税款	政策争议点	原因类型	补充说明		调增应纳税所得额	调整留抵税额	滞纳金	税款				

推送任务数：	实际应对任务数：	应对完成率：（实际应对任务数/推送任务数）	风险确认任务数：	风险确认率：（风险确认任务数/推送任务数）	

填表人：　　　　　联系电话：　　　　　填表时间：　　　　　责任处室：

国家税务总局关于转变税收征管方式提高税收征管效能的指导意见

税总发〔2017〕45号

各省、自治区、直辖市和计划单列市国家税务局、地方税务局，局内各单位：

为贯彻落实《深化国税、地税征管体制改革方案》（以下简称《方案》），着力解决当前税收征管中存在的突出问题和深层次矛盾，进一步推动税收征管方式转变，增强改革的前瞻性、统一性、协调性，现提出如下意见。

一、总体思路

以依法征管、权责清晰、科学效能为原则，坚持问题导向、顶层设计、统筹实施，按照"放管服"改革要求，以推行纳税人自主申报纳税、提供优质便捷办税服务为前提，以分类分级管理为基础，以税收风险管理为导向，以现代信息技术为依托，推进税收征管体制、机制和制度创新，努力构建集约高效的现代税收征管方式，进一步增强税收在国家治理中的基础性、支柱性、保障性作用。

转变税收征管方式的重点是，在保持税款入库级次和入库地点不变的前提下，实现事前审核向事中事后监管、固定管户向分类分级管户、无差别管理向风险管理、经验管理向大数据管理的"四个转变"，对纳税人加强税法遵从度分析，应对税收流失风险，堵塞征管漏洞，对税务人加强征管努力度评价，防范执法和廉政风险，提高征管效能。

二、重点内容

（一）完善与事中事后管理相适应的征管制度体系

以修订税收征管法为契机，推动征管业务改革和制度创新，建立权责清晰、顺畅高效的现代税收征管基本程序。

1. 推动税收征管法律制度修订。税务总局要加快推进税收征管法及其实施条例修订进程，重点围绕明确纳税人自行申报法定义务、信息披露、完善纳税人权益保护等修订内容，分步有序开展税收征管配套规章、规范性文件的立、改、废工作，为深化税制改革和征管改革，强化税收征管提供制度保障。结合个人所得税等税制改革进展，建立健全自然人税务登记、信息报告、税务检查、税收保全、强制执行等方面的税收征管制度。

2. 完善征管制度审核和联动机制。税务总局、省税务机关要建立征管制度出台前的归口审核制度，改变碎片化地按税种和事项制定制度、设置繁琐程序和资料报送的做法，从纳税人和税收大数据的视角，对拟出台的征管制度进行统筹审核，消除业务壁垒，实现相关涉税事项、业务流程、表证单书、税收数据项的优化整合，推动办税服务优化、业务体系优化和信息系统优化。建立税收政策、征管制度与信息系统间的联动调整制度，推动业务部门与技术部门的一体化运作。

3. 组织开展征管制度专项清理。税务总局、省税务机关要集中开展征管制度的专项清理，凡与简政放权、纳税人自主申报纳税、现代税收征管基本程序精神不符的制度规定，要及时进行修订，切实还权明责于纳税人；组织评估已取消或下放的行政审批事项的后续管理风险，完善和细化相关制度和管理措施；集中开展办税制度清理，梳理现行办税制度、流程和涉税资料的科学性、合理性，能简并的简并、能优化的优化、能共享的共享，进一步压缩办税时间，减少报送资料，优化营商环境，减轻征纳负担。

4. 完善事中事后管理措施。推行税收执法权力清单和责任清单，准确界定税务机关的权力和责任，规范行政审批和执法行为。健全发票管理制度，逐步推行电子发票，应用发票电子底账,从源头防范偷骗税风险。加大实名办税推行力度,扩大实名办税区域和业务范围,逐步实现主要涉税事项实名办税全国覆盖,增强诚信纳税意识和法律责任意识。推进纳税信用与其他社会信用联动管理,强化纳税信用评价结果应用,对守法诚信行为加强激励,对税收违法失信行为实施联合惩戒,引导纳税人依法诚信纳税。加强税费联动管理,提高税务机关对社会保险费、残疾人保障金、文化事业建设费、教育费附加、废弃电器电子产品处理基金等非税收入的统征效率。

5. 建立现代税收征管基本程序。各级税务机关要建立以纳税人自主申报纳税为前提,由申报纳税、税额确认、税款追征、违法调查、争议处理等主要环节构成,与税收风险管理流程相融合的现代税收征管基本程序。纳税人依法自行计算、申报应纳税额,享受法定权益,承担法律责任。税务机关在优化纳税服务的同时,对纳税人税法遵从状况进行风险分析,开展税额确认。对无风险纳税人避免不当打扰,对低风险纳税人进行风险提示提醒,对中风险纳税人实施纳税评估(或税务审计、反避税调查),对涉嫌偷税(逃避缴纳税款)、逃避追缴欠税、骗税、抗税、虚开发票等税收违法行为的高风险纳税人实施税务稽查。对少缴税款的,开展税款追征。纳税人对税务机关行政行为有异议的,可以按规定进行纳税服务投诉、申请行政复议、提起行政诉讼。

(二)构建分类分级的专业化管理体系

改革属地固定管户模式,在科学分类税源和涉税事项基础上,发挥各层级各部门比较优势,分级分岗承担涉税事项管理职责,逐步建立与分类分级相适应的专业化组织体系。

6. 改革税收管理员制度。修订《税收管理员制度(试行)》,合理分解税收管理员工作职责,应由纳税人自主承担的事项,予以取消;属于宣传咨询等纳税服务事项的,主要由基层纳税服务部门承担;属于户籍管理、税源调查等基础管理事项的,主要由基层税源管理或纳税服务部门承担;属于风险分析识别、风险应对等风险管理事项的,由各级税务机关相应职能部门承担。税收管理员由属地固定管户改为分类分级管户,各级税务机关按照权责统一原则履行税源管理职责。

7. 实施纳税人分类分级管理。省税务机关要按照《纳税人分类分级管理办法》要求,结合本地区经济社会发展水平、税源分布特点和征管资源状况,制定具体实施办法,细化重点税源企业等纳税人的分类标准,针对不同类型纳税人制定差异化的管理策略;全面梳理、整合涉税事项,根据各层级比较优势和部门职责专业化要求,进一步明晰各层级和各职能部门的涉税事项管理职责;依托信息化手段,转变征管职能,重点加强税收风险管理职能配置,适应业务改革和制度创新要求,重构征管流程,建立配套的岗责体系,构建分类分级的专业化管理体制框架。

8. 优化征管资源配置。改变同质化设置征管机构、平均分配征管资源的传统做法,逐步建立与转变税收征管方式相适应的税务组织体系,解决征管资源配置的结构性问题。将税收管理员从繁杂的事务性工作中解放出来,重点向从事税收风险管理工作转型。合理配置内设机构人员,实现人力资源向各级税务机关征管一线倾斜。适应营改增、所得税等税制改革需要,各地国税机关、地税机关要创造条件,通过多种方式,加大干部交流力度,用好用活现有征管资源。为保证税务系统组织体系的统一性、协调性,在税务总局没有明确组织体系调整意见之前,省税务机关应主要通过转变征管职能推动征管方式转变。

(三)建立严密高效的税收风险管理运行机制

完善税收风险管理运行机制,全面推行税收风险管理,将有限征管资源配置于应对税收风险或税收集中度高的纳税人,构建立体化、全闭环、持续改进的风险防控网络,提升税收征管效能。

9. 将风险管理贯穿税收管理全过程。探索建立风险分析评估和纳税信用评价联动机制，将纳税信用级别信息、外部信用信息、纳税人涉税行为信息与风险分析和应对结果相结合，在事前和事中，对信用高、风险低的纳税人简化涉税业务办理流程、减少报送资料；对信用低、风险高的纳税人，在办理发票领用开具、出口退税等涉税业务时进行风险预警、提示或业务阻断。在事后，按照《国家税务总局关于加强税收风险管理工作的意见》（税总发〔2014〕105号）和《国家税务总局关于进一步加强税收风险管理工作的通知》（税总发〔2016〕54号）要求，通过全流程税收风险管理闭环以及横向互动、纵向联动的风险管理运行机制，实施税收风险管理工作。

10. 统筹优化税收风险应对方式。树立大风险理念，纳税评估、税务审计、反避税调查、税务稽查都是风险应对的重要手段。在税额确认的法条框架下，将纳税评估、税务审计、反避税调查等相关制度进行一体化研究修订，明确法律依据，规范管理流程、执法要求和文书使用，提高税收管理规范化水平。税务稽查既是传统"征、管、查"链条中的最后一道防线，也是风险管理体系的重要组成部分。要大力推广风险导向下的定向稽查模式，加强风险分析与稽查选案的协调，将风险分析识别的高风险纳税人作为稽查选案的主要对象；研究将风险分析与稽查随机选案有效结合的办法措施，提高稽查随机选案的针对性和有效性。各地税务机关要做好各类风险应对任务的统筹，任务重叠的，应当按户归集，明确牵头部门组织应对，避免多头、重复下户；在中低风险纳税人应对中发现涉嫌偷逃抗骗税线索的，应当移交稽查部门处理；对稽查案件查处中反映的共性管理问题，应当及时提出完善和改进措施，反馈相关管理部门。

11. 健全税收风险管理运行机制。建立税收风险快速响应机制，各级税务机关在纳税服务、基础管理和风险分析中发现情况紧急、风险特征明显、风险指向明确的具体事项，可以直接推送至纳税人的主管税务机关组织应对。各地税务机关要将上级推送、外部门移交等方式归集的风险应对任务，以及日常管理中发现的风险应对任务，与风险分析识别形成的风险应对任务进行整合，统筹组织应对。建立风险协作机制，国税机关、地税机关要加强风险管理信息互通和管理互助，协同开展风险应对工作，积极应对营改增后地方税源管理面临的挑战，实现合作共赢。加快推进以风险防控为导向的税务系统内控机制建设，推动内部控制内生化。

12. 优化各层级风险管理职能。税务总局改变以手工方式推送风险应对任务、开展监控评价的做法，通过全面部署金税三期决策支持风险管理系统，推动税收风险管理工作在纵向联通所有层级、横向联通所有职能部门、一体化的风险管理平台上全自动闭环运行。税务总局、省税务机关要发挥各职能部门开展税收风险分析、参与风险分析模型和指标建设的积极性，统一通过风险管理平台推送风险任务；税收风险管理工作领导小组办公室重点做好税收风险的综合分析、一户式归集、统一推送和监控评价工作，切实履行归口管理职能，合理安排风险应对任务推送频率和数量，解决按事项多头、重复向基层推送风险应对任务的问题。市、县税务机关要集中优势资源，主要做好风险应对、结果反馈工作，确保风险应对任务接得住、应对好、出成效。

13. 分类开展税收风险管理。各级税务机关要充分认识税收风险管理在推进税收征管改革、组织税收收入、强化税收征管中的重要作用，将风险管理作为税收征管的主要方向和日常管理的重要工作，组建专业化工作团队，按照聚焦重点区域领域与普遍分析扫描相结合、夯实长远发展根基与解决当前突出问题相结合的思路，开展税收风险管理工作。对企业纳税人，根据大企业、重点税源企业、一般税源企业的不同特点，灵活运用风险管理流程和方法，分类开展税收风险管理。对大企业，开展税务总局、省税务局两级税收风险统筹分析，实施风险应对任务统一推送、差别化应对。对自然人,要关注重点人群、重点项目、重点行业、重点政策,通过交叉比对自行申报信息、扣缴信息、第三方涉税(费)信息等,分析个人所得税、车船税、车辆购置税和社会保险费等税费风险。要加强分析研判,及时发现并抑制苗头性、倾向性、行业性、区域性税收风险。要深入研究解决税种管理中存在的深层次矛盾和问题,防范税种管理风险。要加强商事登记制度改革后发票领用、涉税事项备案、申报纳税、注销登记等环节的风险防范。要防范虚开发票、骗取出口退税等税收风险。

14. 健全征管质量监控评价体系。要逐步建立由一套制度、一套指标体系、一个信息化平台、一支专业化队伍组成的征管质量监控评价体系,实现税务总局对省税务机关、省税务机关对本级和下级税务机关,人机结合、机考为主的税收征管质量监控评价,全方位、立体化评价和展示税收征管质效、纳税人税法遵从度和税务人主观努力度。通过加强征管质量监控评价结果的应用,为完善税收政策和征管制度提供决策支持。

(四)优化以数据治理为重心的税收信息化体系

充分运用云计算、大数据等现代信息技术,构建以金税三期为基础、以电子税务局和大数据平台等手段为支撑的"互联网+税务"信息化体系,充分发挥大数据应用对税收治理的"乘数"效应。

15. 建设全国通用的电子税务局。省税务机关要应用统一的业务、技术标准规范,改造升级本级网上办税服务厅,实现纳税服务多渠道整合、智能化服务、数据化管理。在此基础上,税务总局要整合各省网上办税服务厅,基于"互联网+"建设单点登录、一网通办的电子税务局,让纳税人办税更方便、更快捷、更有效率。

16. 组织税收大数据平台建设。按照"顶层一体化、纵向联通化、支撑平台化"的思路,组织税收大数据平台建设。税务总局要整合各税收业务系统以及第三方获取的数据,基于数据仓库和云平台两套技术架构,建设形成一体化的税务总局大数据平台;基于数据仓库技术,统一建设省税务局大数据平台;实现税务总局、省税务局两级大数据平台之间的互联互通。税务总局数据应用以数据仓库为主,同时积极探索在云平台上的数据应用。省税务局可根据自身需要,扩展税务总局统一建设的省税务局大数据平台,以满足个性化的应用需求。条件成熟时,省税务局可基于税务总局大数据平台实现相关数据应用。

17. 优化提升金税三期功能。适应业务改革、制度创新和信息化发展需要,开展金税三期工程系统优化,拓展系统功能,提高系统的稳定性、安全性;基于金税三期工程,推动核心征管系统、决策支持系统、出口退税系统、增值税发票管理新系统等各税收业务系统的不断升级和全面整合,打造一体化税收核心业务系统。依托金税三期,以统一社会信用代码和自然人纳税人识别号(身份证号)为基础,建立标准统一、数据集中的全国法人税收信息库和自然人税收信息库。完善金税三期决策支持风险管理系统,优化风险分析模型、指标体系以及案例库。

18. 加强税收数据管理。税务总局和省税务机关要完善征管数据管理机制,组建专门征管数据管理团队,提升税收数据管理能力;要建立合理、高效的数据供需双方对接渠道和良性互动机制,通过提供公共数据应用、提供个性化数据应用、提供数据、提供服务支持等方式,构建多层级的数据服务体系,有效支持各级税务机关的数据应用需求。税务总局要完善数据标准规范体系,建立健全第三方涉税(费)信息共享机制,加快推动数据在省与省之间、国税机关与地税机关之间的高效共享和调度,组织建立规范的数据共享平台,为税务系统共享信息提供便利。各级税务机关要发挥主观能动性,拓宽渠道,按照统一的标准规范,多方采集获取纳税人申报纳税和生产经营信息、第三方和互联网涉税(费)信息、跨境税源涉税信息、国际税收情报交换信息;要加强数据标准化与质量管理,建立数据质量管理与数据应用良性互动的管理机制,通过数据质量管理提高数据应用水平,通过数据应用倒逼数据质量提升。

19. 组织税收大数据体系化应用。各级税务机关要充分利用税收大数据资源,积极开展税制改革及税收政策调整数据分析,为推动改革、完善政策、测算税负、评估改革效应等提供参考。要开展办税服务数据分析,把握和预判纳税人需求,提供智能化、个性化服务,变被动服务为主动服务。要组织开展税收风险分析,推动税收征管方式由经验管理向大数据分析应用转变。各级税务机关要抓住税收大数据时代已经到来的历史机遇,培养大数据思维,实现管理理念、管理方式和行为习惯的根本性转变,通过大数据运用推动管理决策现代化,全面提升税收治理能力。

三、组织实施

按照税务总局贯彻落实《方案》统一部署,以《全国税收征管规范(2.0版)》(以下简称《征管规范(2.0版)》)试点作为转变税收征管方式的突破口和重要抓手,在全国分类分步有序推进各项改革任务全面落实。

(一)2017年,全面改进并分步扩大《征管规范(2.0版)》试点范围,在试点省份全面实施纳税人分类分级管理和税收风险管理,合理配置岗责体系;其他省份在中心城市地区(设区市的城区)率先推进纳税人分类分级管理和税收风险管理,在其他地区优化税收管理员制度,稳步推行税收风险管理。应用统一的业务、技术标准规范,改造升级各省网上办税服务厅;初步建成税务总局、省税务局两级大数据平台,各级税务机关积极组织税收大数据应用。

(二)2018年,按照新税收法律制度,创新完善税收征管制度体系。总结试点经验,在全国全面推行《征管规范(2.0版)》、纳税人分类分级管理和税收风险管理。结合落实《方案》改革要求,逐步完善税务组织体系,优化征管资源配置。按照"互联网+政务服务"工作部署,基于"互联网+"建设单点登录、一网通办的电子税务局;税务总局、省税务局大数据平台稳定运行,税收大数据得到广泛运用。

(三)2019年—2020年,按照税务总局统一部署,持续深化税收征管改革,推动税收征管方式转变,形成成熟稳定的制度体系、管理体系、组织体系和信息化体系,力争在全国范围内实现现代税收征管方式。

四、工作要求

(一)提高思想认识

转变税收征管方式是税务系统一场广泛而深刻的变革,涉及税务系统管理体制、运行机制和工作方式的重大调整。各级税务机关要从增强国家治理能力的高度,深刻认识转变税收征管方式的重大意义,切实增强使命感和责任感,统一思想,提高认识,汇聚各方力量和智慧,全力以赴推动转变税收征管方式落到实处。

(二)加强组织领导

税务总局成立以主要领导任组长,其他局领导任副组长,各职能部门主要负责人为成员的税务总局转变税收征管方式领导小组,组织领导各项改革任务的落实;领导小组下设办公室,由分管局领导任办公室主任,征管科技司主要负责人任副主任,各职能部门负责人为办公室成员,征管科技司履行办公室日常工作职能。各省税务机关要据此建立相应领导小组和办公室,组织协调本地区本部门转变税收征管方式各项工作的落实。要加强国税机关和地税机关之间、税务机关与有关部门之间的沟通协调,认真细致做好税务干部思想政治工作,取得各方理解、支持和配合。要切实加大人员、资金、技术等方面的保障支持力度,保障转变税收征管方式工作顺利推进。各级税务机关办公厅(室)要加强绩效考核和督查督办,推动转变税收征管方式工作落到实处。

（三）积极稳妥推进

各级税务机关要将顶层设计与基层探索实践紧密结合,将统一要求与因地制宜紧密结合,坚持整体推进、重点突破、分步实施,注重改革的策略和路径,综合考虑相关改革措施的关联性,不断总结经验,稳步推进改革。要及时研究解决推进转变税收征管方式工作中存在的问题,确保工作平稳有序,确保干部队伍稳定。各级税务机关都是税源管理的责任主体,要切实提高责任意识,落实分级管理职责,加强沟通协作,避免在征管方式转型过程中出现税源管理缺位。

各省税务机关要制定本地区转变税收征管方式的实施工作方案,细化具体措施和实施步骤,报税务总局(征管科技司)备案。

附件：重点任务分工及进度安排表(略)

国家税务总局

2017 年 4 月 27 日

国家税务总局关于进一步加强税收风险管理工作的通知

税总发〔2016〕54 号

各省、自治区、直辖市和计划单列市国家税务局、地方税务局,局内各单位：

《国家税务总局关于加强税收风险管理工作的意见》(税总发〔2014〕105 号)下发后,全国税收风险管理工作机制初步形成,风险管理在税收征管工作中的重要作用逐步显现。为贯彻落实《深化国税、地税征管体制改革方案》,更有效地发挥风险管理在税收征管中的导向作用,推动转变征管方式,促进纳税遵从,增强各级税务机关堵漏增收的主观能动性,现将新形势下进一步加强税收风险管理工作的有关要求通知如下：

一、提高对新形势下税收风险管理工作重要性的认识

（一）税收风险管理是推进税收治理现代化的必然要求

《深化国税、地税征管体制改革方案》描绘了构建科学严密税收征管体系的宏伟蓝图,为推进税收治理现代化指明了道路。以税收征管信息化平台为依托、以风险管理为导向、以分类分级管理为基础,推进征管资源合理有效配置,实现外部纳税遵从风险分级可控、内部主观努力程度量化可考的现代税收征管方式,是税收征管体制改革的方向。

（二）税收风险管理是促进纳税遵从的根本途径

通过加强税收风险管理,对纳税人实施差别化精准管理,对暂未发现风险的纳税人不打扰,对低风险纳税人予以提醒辅导,对中高风险纳税人重点监管。为愿意遵从的纳税人提供便利化办税条件,对不遵从的纳税人予以惩罚震慑,将从根本上解决纳税人不愿遵从或无遵从标准的问题,提高纳税遵从水平。

（三）税收风险管理是提高税务机关主观能动性的重要抓手

在做好基础管理的同时,通过对信息收集、风险识别、等级排序、任务推送、风险应对等环节实施过程监控和效果评价,可有效增强各级税务机关的主观努力程度,查找征管中的薄弱环

节,防范税务系统内部风险,提高征管质效。

二、健全税务总局和省税务机关的税收风险管理职责及工作机制

(一)税务总局税收风险管理职责

税务总局负责税收风险管理制度和机制的顶层设计。制定税收风险管理工作规程;统一业务口径及数据标准,开展数据治理;建立第三方涉税信息采集及应用制度;开发部署金税三期决策支持风险管理系统(以下简称决策支持风险管理系统);建立健全全国或者区域范围的风险管理特征库、模型和指标体系;制定税收风险管理过程监控和效果评价标准。

组织开展区域性、行业性以及特定类型纳税人或者特定事项的税收风险分析工作(如千户集团税收风险分析);整合风险应对任务并向省税务机关推送;组织对省税务机关及税务总局税收风险管理工作领导小组办公室(以下简称税务总局风险办)成员单位的风险管理过程监控和效果评价;开展纳税遵从行为规律分析;实施跨省风险管理任务调度;组织开展跨省数据集成和调度;组织征管主观努力程度监控及评价;组织制定税收风险管理战略规划。

(二)税务总局风险办及其成员单位税收风险管理工作机制

1. 强化税务总局风险办统筹职能

(1)统筹风险管理工作规程和年度计划制定工作。组织成员单位共同制定税收风险管理工作规程和年度计划;按照横向互动、纵向联动的原则,在征求成员单位及省税务机关税收风险管理工作领导小组办公室(以下简称省税务局风险办)意见后,报税务总局税收风险管理工作领导小组审定后下发。

(2)统筹风险应对任务推送工作。根据组织收入工作需要,定期召开风险管理专题会议,审议成员单位及各地区在风险管理工作中提炼或发现的具有全局性、普遍性特征的风险事项,以及成员单位提交的特定类型纳税人或特定风险事项,适时推送各地应对。相关司局遇到情况紧急、风险程度高、风险指向具体纳税人的特殊风险管理任务,可以会签税务总局风险办并报经局领导批准后,单独成文下发或通过决策支持风险管理系统向下推送。

(3)统筹风险应对过程监控及效果评价工作。对推送各地应对的风险管理任务,税务总局风险办统一组织实施应对过程监控和效果评价工作。

(4)统筹风险分析识别模型建设工作。组织税务系统精干力量,按计划逐步建立具有代表性的覆盖重点行业、税种及特定类型纳税人的风险分析识别指标体系及模型库,并及时内置到决策支持风险管理系统中,供各单位及各地区使用。

(5)统筹决策支持风险管理系统功能完善工作。汇总成员单位及各地提出的关于完善决策支持风险管理系统功能的业务需求和意见,提交相关部门统一完善系统功能。

(6)统筹税收数据治理工作。建立标准、规范、充分、完备的数据库。从数据来源、内容、格式、口径、质量、应用等多方面实施数据治理,制定税收数据管理办法。不断拓宽数据来源、丰富数据内容、规范数据格式、统一数据口径、提高数据质量、强化数据利用,有效发挥税收数据在风险管理工作中的基础性作用。

(7)统筹开展第三方涉税信息获取及应用工作。统一指导成员单位获取税收风险管理工作所需第三方涉税信息。成员单位负责提出第三方涉税信息的业务需求,税务总局风险办负责制定业务标准和技术实现。第三方涉税信息交换至金税三期外部信息交换系统,供各单位及各地开展风险管理工作使用。

2. 发挥税务总局风险办成员单位的职能作用

(1)各税种管理部门(含国际税务部门)结合自身工作特点,承担分管税种或本部门业务的第三方涉税信息采集、分析识别模型建设及风险分析识别工作,向税务总局风险办提供具有全局性、普遍性特征的风险事项。对特殊风险管理事项进行跟踪、指导、评价,并总结经验,进一步完善相关风险指标和风险任务。

(2)大企业税收管理部门在税务总局风险办的统一领导下,牵头负责全国千户集团税收风险分析专题办公室,负责千户集团税收风险的分析识别工作。分析结果报税务总局风险办统一推送各地。省税务局风险办统筹再分析后,明确相关税务机关及应对主体,组织实施风险应对。省税务局风险办将应对结果反馈给税务总局风险办,同时报送全国千户集团税收风险分析专题办公室。大企业税收管理部门可对相应情况进行跟踪、指导、评价、考核,并总结经验,完善工作机制。

(3)高风险纳税人税收风险管理的主要应对手段为税务稽查。稽查部门负责承接风险管理部门推送的高风险线索,重点稽查,并反馈查处结果。对于高风险应对任务中反映出的行业性、地域性或特定类型纳税人的共性税收风险特征,稽查部门应及时提交给税务总局风险办,补充到风险分析识别指标体系及模型库中,促进风险分析识别模型的优化和完善。

(三)省税务机关税收风险管理职责

按照税务总局工作部署,结合本地实际,建立健全税收风险管理工作机制,开展数据治理,开展第三方涉税信息采集及应用工作,完善、应用省级决策支持风险管理系统,改进、优化风险管理特征库、模型和指标体系,统筹安排税收风险管理各项工作任务,接受税务总局风险办对其风险应对全流程的过程监控和效果评价。

按照税务总局计划开展区域性、行业性以及特定类型纳税人或者特定事项的税收风险分析工作(如千户集团税收风险分析);结合税务总局推送的风险应对任务,进一步开展专业分析,形成本省风险纳税人库;对纳税人进行风险等级排序,结合征管资源配置情况,确定应对任务;组织开展风险应对,或将风险应对任务推送给下级税务机关;组织对下级税务机关的过程监控及效果评价,并向税务总局反馈整体应对情况;开展纳税遵从行为规律分析;负责全省风险管理任务调度;负责全省数据集成和调度;组织征管主观努力程度监控及评价;组织制定本省税收风险管理年度计划。

(四)完善省税务局风险办工作机制

1. 统一税收风险管理组织领导

各地要定期召开税收风险管理工作领导小组会议,审议本单位税收风险管理年度工作计划和总结、本地区税收风险管理重大事项等(会议纪要报税务总局风险办备案)。同时,要根据税务总局风险管理年度工作计划,因地制宜,细化并制定本地税收风险管理年度计划。

2. 统一接收税务总局推送风险事项

税务总局风险办按计划下发的税收风险管理事项,统一由省税务局风险办负责接收。税务总局风险办成员单位下发的特殊风险管理事项,也应由省税务局风险办统一接收;其他部门接收的,须将接收的风险事项报送省税务局风险办统筹管理。

3. 统一扎口推送风险应对任务

省税务局风险办接收税务总局风险管理事项后,组织相关部门开展细化分析,统筹任务安排,扎口推送给有关单位开展风险应对工作。对税务总局风险办成员单位下发的特殊风险管理事项,省税务局风险办可以组织相关部门开展细化分析,也可由相关部门开展细化分析。细化分析后的风险管理事项经省税务局风险办统筹后,扎口推送有关单位应对。

4. 统一反馈风险应对情况

应对结束后,省税务局风险办应分析总结应对情况,及时将应对情况反馈给税务总局风险办。税务总局风险办将应对情况通报给风险事项发起单位。对税务总局风险办成员单位下发的特殊风险管理事项,省税务局风险办在向税务总局风险办反馈应对情况的同时,要将应对情况反馈给特殊风险事项发起单位。

三、当前税收风险管理的重点工作

（一）改革大企业税收风险管理方式,实施两级风险分析及差别化应对

贯彻落实《深化大企业税收服务与管理改革实施方案》,提升大企业税收复杂事项风险管理层级,实施税务总局和省税务机关两级统筹分析,组织分类分级差别化应对,实现风险防控"精确制导"。税务总局组建千户集团税收风险分析专业团队,联合省税务机关大企业税收管理部门,跨区域统筹开展千户集团税收风险分析工作。税务总局风险办扎口统一推送千户集团税收风险应对任务。省税务局风险办按照风险等级将应对任务推送给相应税务机关,并确定风险应对主体,实施差别化风险应对。省税务机关参照税务总局对千户集团的风险分析方法,统筹开展本省大企业的税收风险分析工作。

（二）开展高收入者个人所得税风险管理工作

省税务机关要借助第三方涉税信息,围绕重点人群、重点项目、重点行业、重点政策,研究建立高收入者个人税收风险管理工作机制,积极开展高收入者个人所得税风险分析及应对工作。

（三）做好增值税发票及出口退税风险管理工作

积极运用增值税发票管理新系统数据,针对高风险特征企业,前移风险识别关口,在发票开具、纳税申报、出口退税等环节应用风险识别指标及模型,以人机结合方式开展事中风险分析,缩短风险反应时间。

（四）加强税收征管主观努力程度评价工作

提升税收征管主观能动性,加强风险管理成效、组织收入力度、第三方涉税信息获取及应用等重点事项的主观努力程度评价工作,科学测算提高征收率的增收目标,强化对风险管理过程的监控和评价工作,采取措施,积极作为,提高通过加强征管促进组织收入的成效。

（五）加强户籍、登记及申报风险管理工作

强化户籍管理,防范脱管户,对"一址多照""多家企业法定代表人为同一人""法人代表和财务负责人及办税人员为同一人"等风险户予以重点关注,及时掌握户籍信息变动情况。适时调整"双定户"税额标准。监控纳税人不申报、迟申报和错误申报等情况,分析原因,采取措施,提高纳税申报及时性和准确性。

（六）加强欠税风险管理工作

加强申报后的税款入库跟踪管理,防范申报税款未及时足额入库的风险。定期开展纳税人欠税偿还能力分析,查明欠税原因,有针对性地分类采取清缴欠税措施,严格执行税收保全措施及强制执行措施。加强与人民法院和破产管理人的沟通协调,力争欠税清理工作取得实质性成效。

（七）加强重点行业税收风险管理工作

着重防范金融保险、投资管理、物流、电力、大型连锁商业零售、房地产和建筑安装等行业税收风险。

四、相关工作要求

（一）加强领导,稳妥推进

各级税务机关税收风险管理工作领导小组和税收风险管理部门要按照要求,细化分工,明

晰职责,抓紧完善税收风险管理年度工作计划,明确分阶段工作目标、具体措施和实施步骤,积极稳妥地推进税收风险管理各项工作有效开展。

（二）聚焦重点,务求实效

各级税务机关要围绕千户集团和大企业、高收入自然人、征管主观努力程度等重点风险管理工作,精准发力,有效配置征管资源,合理上收分析应对层级,并与税收征管规范推行等工作紧密结合,确保税收风险管理工作落到实处。

（三）强化考核,提高质效

各级税务机关要将税收风险管理相关工作纳入绩效考核,运用科学的手段和方法,对纳税遵从、税收执法、政策完善等方面的风险,设计与征管主观努力程度相关的考核指标,实施全方位的监控评价,推动各级税务机关强化风险分析应对,有效提升征管主观能动性。

国家税务总局

2016年4月13日

国家税务总局关于印发《深化大企业税收服务与管理改革实施方案》的通知

税总发〔2015〕157号

各省、自治区、直辖市和计划单列市国家税务局、地方税务局：

为贯彻落实中共中央办公厅、国务院办公厅印发的《深化国税、地税征管体制改革方案》（以下简称《改革方案》）,深入推进大企业税收服务与管理改革,国家税务总局按照《改革方案》确定的基本原则和目标任务,制定了《深化大企业税收服务与管理改革实施方案》（以下简称《实施方案》）。

现将《实施方案》印发给你们,请结合《改革方案》试点工作要求和大企业税收服务与管理工作实际,有计划、分步骤地推进《实施方案》贯彻执行。各级税务机关领导班子要切实负起领导责任,认真抓好《实施方案》及相关改革任务的贯彻落实。对于工作进程中遇到的问题,要认真研究,及时反映,积极推进解决。

国家税务总局

2015年12月30日

深化大企业税收服务与管理改革实施方案

为贯彻落实《深化国税、地税征管体制改革方案》（以下简称《改革方案》）,深入推进大企业税收服务与管理改革,按照国家税务总局（以下简称总局）党组统一部署,制定本实施方案。

一、总体要求

（一）指导思想

按照党中央、国务院全面深化改革、推进国家治理体系和治理能力现代化的总体要求,贯彻落实《改革方案》确定的基本原则和目标任务,对纳税人实施分类分级管理,提升大企业税收管理层级,抓住全国千户集团这个"关键少数",加强国税、地税合作,推动大企业税收服务深度融合、执法适度整合、信息高度聚合,着力解决当前大企业税收管理中信息不对称、能力不对等、服务不到位、管理不适应等问题,提升大企业税收服务与管理质效,为我国大企业持续健康发展提供良好的税收环境。

(二)工作目标

按照《改革方案》精神,以全国千户集团和各省(自治区、直辖市和计划单列市)国家税务局、地方税务局(以下简称省局)确定的大企业为服务与管理对象,通过完善大企业纳税服务机制,创新大企业个性化纳税服务产品和方式,提供大企业税收政策确定性服务,提升税法遵从度和纳税人满意度;通过转变大企业税收管理方式,将大企业复杂涉税事项提升至总局、省局统筹管理,逐步实现大企业税收服务与管理的全国一体化运作,力争在2020年实现大企业税收管理现代化。

(三)工作原则

全面落实《改革方案》所确定的依法治税、便民办税、科学效能、协同共治、有序推进基本原则,针对大企业税收工作特点,强调以下工作原则。

——分类管理,提升层级。在按规模对纳税人进行分类的基础上,将大企业按行业、风险等级等标准进行细分,实施针对性管理。在涉税基础事项实行属地管理、不改变税款入库级次的前提下,将大企业复杂涉税事项提升至总局、省局统筹管理。

——平衡治理,合作遵从。坚持服务和管理并重,通过优化大企业纳税服务预防和消除税收风险,注重在税收风险管理中满足大企业特殊服务需求。通过税企合作,引导大企业完善税务风险内控体系,提高税务风险防控能力,实现自觉的税法遵从。

——风险导向,数据驱动。以防范税收风险为导向,科学配置征管资源,形成覆盖"数据采集—风险分析—推送应对—反馈考核"全流程的闭环管理。顺应大数据和"互联网+"时代潮流,推进业务与技术的深度融合,积极实现大数据对大企业税收服务与管理的支撑作用。

——国地联合,部门协同。建立健全大企业税收管理国税、地税合作机制,整合部门资源,加强信息共享,提高工作效率,减轻大企业负担。税务机关内部各部门在大企业税收服务与管理工作中各尽其责,协同工作,结果共用,避免多头执法和重复检查。

二、主要任务

(一)优化大企业个性化纳税服务

1. 创新大企业个性化纳税服务方式。总局指导省局,借助手机App、微信等互联网工具,为大企业提供政策咨询、业务交流等服务;定期向大企业提示共性的、行业性的及有关重大事项的税收风险,突出事前预防;探索建立大企业重大涉税事项报告制度,规范报告事项内容及程序,针对涉税问题提出服务和管理的意见建议。

2. 提供大企业税收政策确定性服务。总局指导省局,对大企业执行税收政策遇到的热点难点问题,提供专业的政策解读,确保税法适用的确定性和税法执行的统一性;定期征集大企业意见建议,为完善税收政策和管理制度提供参考;随着相关法律法规修订,总局探索建立复杂涉税事项事先裁定制度,推进大企业税收事先裁定工作。

3. 完善大企业税务风险内控制度。总局指导省局,制定并完善大企业税务风险内控测试指标体系,组织开展大企业税务风险内控调查和测试工作,引导和推动大企业完善税务风险内控体系;选择税务风险内控制度较为完善、税法遵从度较高的大企业,签订《税收遵从合作协议》,引导和约束税企双方共同信守承诺、防范风险。

4. 健全大企业税收服务协调机制。总局、省局两级建立税企高层对话机制;改进大企业涉税事项处理机制,规范大企业涉税诉求的受理和回复工作,快速、准确地回应大企业涉税诉求;完善大企业涉税事项协调会议机制,及时解决重大、复杂涉税事项;推进国税、地税合作,联合为大企业提供个性化纳税服务,减轻大企业办税负担,实现征纳双方的良性互动。

(二)转变大企业税收管理方式

5. 开展总局省局两级税收风险统筹分析。总局按照工作规划、年度计划和相关部署,以及省局提出的税收风险管理工作建议,制定大企业税收风险管理战略规划和年度计划;总局组建千户集团税收风险分析专业团队,以税收风险分析平台为载体,采取计算机风险扫描、人工专业复评的"人机结合"方式,联合省局大企业税收管理部门,跨区域统筹开展千户集团税收风险分析;针对行业代表性集团开展典型调查,提高分析的精准度;设立大企业税收风险分析专家委员会,提出确定、统一的政策执行意见,形成税收风险分析报告。

省局大企业税收管理部门配合总局,跨区域统筹开展千户集团税收风险分析;负责总部在本省的千户集团的沟通协调工作;参照总局对千户集团风险分析方法,统筹开展本省大企业的税收风险分析。

6. 实施风险任务统一推送差别化应对。总局税收风险管理领导小组办公室(以下简称"风险办")扎口管理,统一推送千户集团税收风险应对任务。总局大企业税收管理司(以下简称大企业管理司)将税收风险分析报告报送总局"风险办",同时抄送省局大企业税收管理部门。省局大企业税收管理部门针对总局推送的风险应对任务,主动对接省局"风险办",研究细化总局推送的风险应对任务。

省局"风险办"根据总局"风险办"推送和省局大企业税收管理部门报送的风险应对任务清单,按照风险等级推送给相应税务机关风险应对主体,开展差别化风险应对。地(市)局按照省局"风险办"的要求开展风险应对,接受省局大企业税收管理部门的专业指导。

7. 加强风险应对过程管控。总局大企业管理司负责全国千户集团税收风险应对工作的专业指导,风险应对结果的分析评价和绩效考核,跨省风险应对事项的统筹协调;省局大企业税收管理部门负责本省范围内大企业税收风险应对工作的专业指导,风险应对结果的分析评价和绩效考核,协调本省范围内风险应对主体解决具有大企业特征的涉税风险问题。

省局、地(市)局风险应对主体负责将风险应对结果报送省局"风险办",同时报送省局大企业税收管理部门;省局"风险办"负责将风险应对结果报送总局"风险办";省局大企业税收管理部门负责对风险应对结果进行加工整理,形成个案分析报告和综合分析报告,一并报送总局大企业管理司,并且提出风险分析和应对工作建议。

8. 深化风险应对结果应用。各级税收风险分析和应对部门根据反馈结果,及时优化风险分析工具,更新税收风险特征库和大企业基础信息库。各级税务机关针对税收管理中的薄弱环节,加强大企业日常税源监控和税收征管,根据税收风险管理中发现的税收法律和政策问题,提出完善税收立法、调整税收政策的意见建议。各级大企业税收管理部门根据税收风险分析和应对结果,提出后期开展税收风险管理的工作建议;针对了解掌握的大企业税收风险状况,向大企业提出税收风险防控建议,指导大企业完善税收风险内控机制。

(三)创新大企业税源监控分析

9. 梳理集团企业一户式组织架构。总局重点聚焦千户集团,各省国税局、地税局联合聚焦集团总部在本省的千户集团和省局确定的大企业,共同采集并定期更新集团及其成员企业信息。总局联合省局梳理集团成员企业间层级关系,形成集团一户式组织架构。

10. 拓展集团企业大数据信息资源。运用大数据理念拓展信息来源,总局联合省局广泛采集、归集税收征管信息、第三方信息和互联网信息,依法督促纳税人提交或配合税务机关抽取、复制其电子账簿、会计凭证报表和有关资料等信息。在规范统一数据标准的基础上,做好历史数据校验清理,强化增量数据质量控制,切实做好数据的安全保密工作。

11. 建立集团企业税源监控体系。总局联合省局梳理各类与经济发展密切相关的税源、税收数据项,明确数据来源和取数口径,建立科学的税源监控指标体系。依托税收风险分析平台,从集团维度重点监控集团及其成员企业纳税和经营情况,跟踪税源增长状况,反映集团税收发展趋势。

12. 开展集团企业税收经济分析。在总局、省局层面开展集团企业税收经济分析,实施省国税局、地税局联合分析。开展集团税收形势分析,提出加强集团企业税收管理的意见建议;开展集团运行状况分析,从税收角度反映经济发展动态,揭示经济社会发展中值得关注的重大问题;开展集团政策效应分析,跟踪税制改革和减免税政策的实施情况,测算税收政策变动对经济、税收等方面的影响。加强与高等院校、科研机构合作,深入挖掘集团企业数据,研究构建具有鲜明特色的大企业税收经济指数。

(四)强化大企业税收保障体系

13. 健全组织保障。对总局大企业管理司的工作职责和内设机构进行调整;对北京市国家税务局第五直属税务分局的管理体制、机构职责进行改革,实现一体化运作。

加强省局、地(市)局大企业税收管理职责和工作力量。省局大企业税收管理部门配合总局,跨区域统筹开展千户集团税收风险分析,统筹开展本省大企业税收经济分析和税收风险分析;根据省局"风险办"推送任务组织开展风险应对,指导协调千户集团本省成员企业和本省大企业税收风险应对,为千户集团本省成员企业和本省大企业提供个性化纳税服务。市局大企业税收管理部门在省局大企业税收管理部门统筹协调下开展大企业税收服务与管理工作。

14. 强化信息化保障。按照总局统一部署,在金税三期工程框架内,实现千户集团、省局确定大企业的税收经济分析和税收风险分析业务需求。加强总局、省局层面的统筹协调,建立数据集中共享、集中应用和业务运维的常态化工作机制。顺应"互联网+"发展趋势,依托移动互联、云计算、大数据等新技术,加强知识管理,开展个性化税收服务,实现跨区域、跨国税地税的网络协同管理。

15. 优化人力资源保障。将数量充足、素质优秀的人力资源配置到大企业税收管理部门,推进大企业税收风险管理专业团队的结构优化;发挥全国税务领军人才的引领作用,在大企业税收风险管理领域打造税务领军人才实践锻炼基地;创新外部人力资源利用方式,探索采取政府购买服务方式引进高端人才。

16. 加强廉政内控保障。在大企业税收服务与管理工作全过程嵌入两权监督、分权制衡的内控机制,依靠制度和科技加强对大企业税收风险分析应对的全过程监督管理,明确大企业税收管理信息化防控标准和具体措施,细化大企业税收服务管理人员的廉政建设要求,进一步防范执法风险和廉政风险。

三、组织实施

按照总局《关于深入学习贯彻落实〈深化国税、地税征管体制改革方案〉的意见》的统一部署,结合《改革方案》试点工作要求和大企业税收服务与管理工作实际,有计划、分步骤地推进各项改革措施的全面落实。

(一)2015年底前,制定《实施方案》及相关配套制度;开展第一批运用大数据加强大企业税收服务与监管工作试点;组建千户集团税收风险分析专业机构,开展部分行业、部分集团的税收风险分析和税收经济分析。

（二）2016年上半年，落实《改革方案》要求和总局的统一部署，在辽宁、上海、江苏、河南、重庆开展综合试点，在广东、深圳、四川、陕西开展专项试点，运行分类分级管理机制，提升大企业个性化纳税服务和税收风险管理等复杂涉税事项的管理层级，推进大企业税收服务与管理改革；各试点省份要认真抓好《实施方案》的组织实施，并于2016年1月底前将试点工作方案报送总局大企业管理司，鼓励非试点省份积极开展大企业税收服务与管理改革的探索实践；完成第一批运用大数据加强大企业服务与监管试点工作的风险分析识别及分类分级应对工作，并启动第二批试点。

（三）2016年下半年，总结试点经验，在全国推广实施；完成第二批大企业税收服务与监管试点企业的风险分析及应对任务推送；依托金税三期工程决策支持系统，试行"数据采集—风险分析—推送应对—反馈考核"工作流程，全面运行千户集团税收风险分析应对工作机制，总局、省局两级统筹开展税收风险分析，分类分级实施差别化风险应对。

（四）2017年以后，按照总局统一部署，持续深化大企业税收服务与管理改革，形成成熟的业务体系、制度体系、技术体系和组织体系，力争在2020年实现大企业税收管理现代化目标。

国家税务总局关于加强税收风险管理工作的意见

税总发〔2014〕105号

各省、自治区、直辖市和计划单列市国家税务局、地方税务局，局内各单位：

近年来，全国税务系统积极探索，充分发挥税收风险管理的导向作用，尝试运用各类征管数据，依托信息化工具，实施征管监控和管理决策，提高征管工作的科学性、规范性和有效性，取得了不小的成效，但也存在着部分地区和单位对税收风险管理认识不统一、定位不准确、职责不清晰、机制不健全等问题。为进一步加强和规范税收风险管理工作，现提出如下意见。

一、统一思想认识，把握工作定位

（一）提高对税收风险管理工作重要意义的认识

税收风险管理贯穿于税收工作的全过程，是税务机关运用风险管理理论和方法，在全面分析纳税人税法遵从状况的基础上，针对纳税人不同类型不同等级的税收风险，合理配置税收管理资源，通过风险提醒、纳税评估、税务审计、反避税调查、税务稽查等风险应对手段，防控税收风险，提高纳税人的税法遵从度，提升税务机关管理水平的税收管理活动。准确把握和有效运用风险管理理论与方法，对于税收工作意义重大。第一，税收风险管理是现代税收管理的先进理念和国际通行做法，是完善我国税收管理体系、提高治理能力、实现税收现代化的有效举措，是构建科学严密税收征管体系的核心工作。第二，税收风险管理是税收征管改革的突破口，实施税收风险管理，就是要把有限的征管资源优先配置到高风险领域和大企业税收领域，实现税源管理专业化，推动服务管理方式创新和税收管理体制变革。第三，税收风险管理是完成组织收入目标的重要抓手，开展税收风险管理，通过风险分析识别，有助于找准税收漏洞，有效实施风险应对，促进税收收入的可持续增长。

（二）处理好税收风险管理在税收工作中的关系

税收风险管理是加强税种管理的有效方法和手段。在税种管理中，要把税收风险管理的方法与税种管理特点紧密结合起来，研究各税种的风险发生规律，建立税种风险分析指标体系和模型,形成体现税种特点的风险任务,并为开展综合性的统一应对提供专业支撑。

税收风险管理也是加强日常征管的有效方法和手段。在日常征管过程中,要应用税收风险管理方法,按照税收风险管理流程,加强登记、发票、申报、征收等环节的管理。特别是要结合精简审批、减少环节、下放权力等创新税收服务和管理的要求,发挥税收风险管理的优势,加强事前、事中和事后的风险监控,堵塞管理漏洞,提高征管质效。

税收风险管理还是加强大企业税收管理的有效方法和手段。在大企业税收管理过程中,要运用税收风险管理的理念和方法,提升大企业复杂涉税事项的管理层级,发挥各级税务机关的系统优势,实现大企业由基层的分散管理转变为跨层级的统筹管理,促进税收征管整体资源的优化配置。

此外,税收风险管理是一项需要持续改进的系统工程。需要在统一认识、明确任务、建立机制、厘清职责的基础上,不断调整、改革、完善,使之发挥越来越大的作用。

二、明确工作内容,规范管理流程

税收风险管理的基本内容包括目标规划、信息收集、风险识别、等级排序、风险应对、过程监控和评价反馈,以及通过评价成果应用于规划目标的修订校正,从而形成良性互动、持续改进的管理闭环。各级税务机关,尤其是税务总局和省税务机关,要加强对税收风险管理工作的统筹管理,指定专门机构牵头负责税收风险管理工作。

(一)制定目标规划。要结合税收形势和外部环境,确定税收风险管理工作重点、工作措施和实施步骤,形成系统性、全局性的战略规划和年度计划,统领和指导税收风险管理工作。

(二)收集涉税信息。各级税务机关要落实信息管税的工作思路,将挖掘和利用好内外部涉税信息作为税收风险管理工作的基础。注重收集宏观经济信息、第三方涉税信息、企业财务信息、生产经营信息、纳税申报信息,整合不同应用系统信息。建立企业基础信息库,并定期予以更新。对于集团性大企业,还要注重收集集团总部信息。

(三)开展风险识别。各级税务机关要建立覆盖税收征管全流程、各环节、各税种、各行业的风险识别指标体系、风险特征库和分析模型等风险分析工具。统筹安排风险识别工作,运用风险分析工具,对纳税人的涉税信息进行扫描、分析和识别,找出容易发生风险的领域、环节或纳税人群体,为税收风险管理提供精准指向和具体对象。

(四)确定等级排序。根据风险识别结果,建立风险纳税人库,按纳税人归集风险点,综合评定纳税人的风险分值,并进行等级排序,确定每个纳税人的风险等级。结合征管资源和专业人员的配置情况,按照风险等级由高到低合理确定需采取措施的应对任务数量。

(五)组织风险应对。要按纳税人区域、规模和特定事项等要素,合理确定风险应对层级和承办部门。风险应对过程中,可采取风险提醒、纳税评估、税务审计、反避税调查、税务稽查等差异化应对手段。风险应对任务应扎口管理并统一推送下达。

(六)实施过程监控及评价反馈。要对税收风险管理全过程实施有效监控,建立健全考核评价机制,及时监控和通报各环节的运行情况,并对风险识别的科学性和针对性、风险等级排序的准确性、风险应对措施的有效性等进行效果评价。要将风险应对效果纳入绩效考核体系。加强对过程监控和评价结果的应用,优化识别指标和模型,完善管理措施,提出政策调整建议,实现持续改进。要全面归集分析税务总局定点联系企业税收风险的性质及成因,提出风险防控建议,反馈给企业集团。

各级税务机关在遵循税收风险管理规律的基础上,可结合工作实际,灵活运用税收风险管理的基本流程和工作方法开展税收风险管理工作。

三、完善工作机制,明确职责分工

各级税务机关要因地制宜,统筹安排管理资源,按照统分结合、分类分级应对的原则,合理划分各层级和各部门在税收风险管理工作中的职责,形成纵向联动、横向互动的工作机制,做到职责清晰、分工明确、运行顺畅。

(一)税务总局

税务总局成立税收风险管理工作领导小组(以下简称领导小组),下设领导小组办公室(以下简称办公室),办公室设在征管科技司。

1. 税务总局税收风险管理工作领导小组

领导小组组长由税务总局主要负责人担任,分管局领导任副组长。领导小组成员为办公厅、法规司、货物劳务税司、所得税司、财产行为税司、国际税务司、规划核算司、纳税服务司、征管科技司、大企业管理司、稽查局、人事司、电子税务中心主要负责人。

领导小组负责审议决定税收风险管理战略规划、风险管理年度计划、风险管理年度报告以及风险管理其他重大事项。

2. 办公室

办公室主任由总局领导兼任,征管科技司和大企业管理司主要负责人担任副主任,办公厅、法规司、货物劳务税司、所得税司、财产行为税司、国际税务司、规划核算司、纳税服务司、征管科技司、大企业管理司、稽查局、人事司、电子税务中心等单位1名司领导为成员。

办公室负责指导全国范围内的税收风险管理工作。组织制定税收风险管理战略规划;制定税收风险管理工作规程;制定税收风险过程监控和效果评价标准;组织开展特定微观领域的税收风险分析;有选择地整合风险应对任务并向省税务机关推送;组织对省税务机关的风险管理过程监控和效果评价。税务总局定点联系企业税收风险管理工作在办公室的指导下,由大企业管理司具体组织实施。

办公室工作规则另行制定。

(二)省税务机关

省税务机关应按照税务总局工作部署,结合本地实际,建立健全税收风险管理工作机制,厘清职责分工,持续改进、优化风险管理特征库、模型和指标体系,统筹安排税收风险管理各项工作任务。在运行机制上,对税务总局下达的风险应对任务,省税务机关应统一接收;在此基础上,统一确定全省(区、市)的税收风险管理重点,统一实施税收风险等级排序,统一下达税收风险应对任务,统一组织实施税收风险管理工作的检查和考评,切实做好任务应对并及时反馈应对情况。

1. 成立由主要负责人任组长的税收风险管理工作领导小组,下设领导小组办公室,各有关部门参加。

2. 办公室主要负责以下工作:(1)制定本省(区、市)税收风险管理战略规划和年度计划。(2)组织各单位,根据本省(区、市)税收风险管理战略规划及年度计划,结合税务总局推送的宏观税收风险指向任务和微观税收风险应对任务,进一步开展专业分析,形成本省(区、市)按纳税人归集风险点的风险纳税人库。(3)组织对风险纳税人进行等级排序,确定应对任务。其中,税务总局推送的应对任务,须优先安排。(4)组织本级税务机关开展风险应对,或将风险应对任务推送给下级税务机关。(5)组织对下级税务机关的过程监控及效果评价,并向税务总局反馈整体应对情况。(6)建立、整合本省(区、市)的税收风险管理模型和指标体系并适时发布。

3. 在办公室的统筹领导下,省级定点联系企业(列名企业)税收风险管理工作机制比照税务总局定点联系企业办理,统一风险分析识别,共享分析成果。

(三)市、县税务机关

市、县税务机关重点做好税收风险应对工作,必要时,也可以组织开展风险分析识别工作。其他税收风险管理工作事项,由省税务机关具体规定。

四、工作要求

(一)加强组织领导,抓好贯彻落实。各级税务机关要成立税收风险管理工作领导小组,主要负责人要亲自领导税收风险管理工作,指定分管领导专门负责税收风险管理的组织协调工作,同时成立一个职能部门牵头、相关职能部门派专人参加的办公室或工作团队,共同开展税收风险管理工作。要按照税收风险管理工作流程,明确职责分工,完善工作制度,合理配置资源,积极探索专业化管理方式。

省税务机关税收风险管理工作领导小组情况及办公室(工作小组)的牵头单位、成员单位和联络人员等情况须报税务总局备案。

(二)完善配套措施,夯实管理基础。各级税务机关要加强对纳税人涉税信息的采集和应用;规范数据资源管理,统一口径和标准。加强国税机关、地税机关的风险管理合作,强化与地方政府、相关部门及社会组织的信息交换和共享。逐步建立健全覆盖国民经济主要行业和主要产品的风险分析模型和指标体系。围绕已取消的行政审批和前移办税服务厅的涉税事项,加强后续管理,有针对性地进行风险分析和应对。进一步加大各类管理人才的培养力度,充分发挥税收风险管理领军人才和专业人才库人才的引领作用,为有效实施税收风险管理奠定基础。

(三)发挥平台作用,支撑风险管理。各级税务机关要结合实际积极应用税务总局的决策支持(风险管理)系统,实现税收征管信息系统与决策支持系统的有机衔接,充分发挥信息化平台的支撑作用。已有税收风险管理系统且功能完善的地区,可以继续使用现有系统,并须做好与税务总局系统的衔接工作;现有系统功能不健全的,可按照税务总局系统的设计理念、标准和流程,完善现有系统功能后继续使用,也可直接使用税务总局系统;没有系统的,须使用税务总局系统。

(四)创新大企业管理,实现重点突破。要强化税务总局、省税务机关两级统筹,提升复杂事项管理层级。要创新税务审计,突出案头审计、现场审计等重点环节,规范工作底稿和相关文书,切实发挥税务审计在大企业税收风险管理中的核心作用。要加强税务审计的后续管理,建立自下而上的风险报告备案和自上而下的风险推送整改制度,增强税收政策的确定性和税法执行的统一性。要建立税务总局定点联系企业一户式信息库。

各地要根据本意见制定具体实施办法,连同相关备案要求等,于2014年10月10日前一并报税务总局风险管理领导小组办公室。

税务总局将对此项工作进展情况开展督查督办,并将针对实施中出现的新情况、新问题、新要求,及时修改、充实、完善本意见。

国家税务总局
2014年9月12日

国家税务总局关于印发《国家税务总局大企业税收服务和管理规程（试行）》的通知

国税发〔2011〕71号

各省、自治区、直辖市和计划单列市国家税务局、地方税务局：

现将《国家税务总局大企业税收服务和管理规程（试行）》印发给你们，请遵照执行。各单位在执行过程中，如有问题和建议，请及时报告税务总局（大企业税收管理司）。

国家税务总局
二〇一一年七月十三日

国家税务总局大企业税收服务和管理规程（试行）

第一章 总 则

第一条 为规范大企业税收服务和管理工作，根据《中华人民共和国税收征收管理法》《中华人民共和国税收征收管理法实施细则》及其他相关税收法律法规，制定《国家税务总局大企业税收服务和管理规程（试行）》（以下简称规程）。

第二条 大企业税收服务和管理工作，应以纳税人的需求为导向，提供针对性的纳税服务，以风险为导向，实施科学高效、统一规范的专业化管理。通过有效的遵从引导、遵从管控和遵从应对，防范和控制税务风险，提高税法遵从度，降低税收遵从成本。

第三条 本规程适用于国家税务总局定点联系企业（以下简称企业）的税收服务和管理。省税务机关确定的定点联系企业的税收服务和管理参照本规程实施。

第二章 遵 从 引 导

第四条 遵从引导是指通过个性化的纳税服务和专业化的税收管理，提高企业自身依法处理涉税事务的能力。

第一节 政策服务

第五条 税务机关在出台重大税收政策和管理制度之前，应征求企业意见，并对意见进行认真分析研究。

第六条 税务机关在税收政策和管理制度公布实施以后，应及时通过多种方式做好宣传和辅导，做到公开透明，保证税法适用的确定性和统一性，引导企业的税收遵从。

第七条 各级税务机关应定期收集企业的意见，为完善税收政策和管理制度提供参考。

第八条 税务总局统筹协调企业意见收集反馈工作，并负责收集汇总企业集团总部和省级税务机关的意见。

省以下税务机关按照税务总局的统一部署开展工作，收集本地区成员企业的意见，并将意见汇总报税务总局。

第二节 涉税诉求的受理和回复

第九条 各级税务机关应及时受理辖区内成员企业提出的涉税诉求。

税务总局可受理企业集团及其成员企业的涉税诉求，并根据不同情况决定直接办理或交由省以下税务机关办理。

第十条 各级税务机关大企业税收管理部门根据本级的职责权限处理企业涉税诉求,遇有非本级职权范围事项的,应按规定向有权税务机关移送。

第十一条 各级税务机关大企业税收管理部门在处理需要征求其他部门意见的涉税诉求时,应先提出具体处理建议,再征求其他相关部门意见。

大企业税收管理部门对企业涉税诉求的处理意见与其他相关部门意见一致的,由大企业税收管理部门直接回复企业;意见不一致的,由大企业税收管理部门提请召开大企业涉税事项协调会议,明确处理意见后及时回复企业。

第十二条 各级税务机关应建立大企业涉税事项协调会议制度,研究解决重大涉税事项以及企业反映的普遍性、行业性涉税问题。

第三节 引导企业建立完善税务风险内控体系

第十三条 各级税务机关应按照《大企业税务风险管理指引(试行)》对企业税务风险内控体系状况进行调查、评价,并根据企业实际情况采取相应措施,引导企业建立完善税务风险内控体系。

第十四条 各级税务机关应定期调查和评价企业税务风险内控体系情况:

(一)企业内控制度及其运行情况;

(二)企业税务风险管理组织机构、岗位和职责;

(三)企业税务风险识别和评估机制;

(四)企业税务风险控制和应对机制;

(五)企业税务信息管理体系和沟通机制;

(六)税务风险管理的监督和改进机制;

(七)与企业内控体系有关的其他情况。

第十五条 各级税务机关大企业税收管理部门应分类处理企业税务风险内控体系评析结果,根据不同情况采取相应的税收服务和管理措施。

对未建立内控体系的企业,积极引导企业建立税务风险内控体系;对已建立内控体系的企业,重点监控其内控体系运行情况;对内控体系需要完善的企业,提出企业内控体系完善建议;对内控体系相对完善的企业,制定相应的激励措施。

第十六条 税务总局统筹负责组织企业税务风险内控体系运行情况的调查分析评价和处理工作。

省以下税务机关按照税务总局的统一要求和部署开展辖区内成员企业的内控体系调查评析工作。

第四节 税收遵从协议的签订和实施

第十七条 税务总局与企业集团在自愿、平等、公开、互信的基础上,签订税收遵从协议,共同承诺税企双方合作防控税务风险。

第十八条 税务机关根据企业内控体系状况及税法遵从能力,经与企业协商,确定是否与企业签订税收遵从协议。

税企双方确定税收遵从协议签订意愿后,依序进行共同磋商、起草协议文本、签订协议等工作程序。

第十九条 税企双方签订税收遵从协议后,由税务总局负责通报有关税务机关。各级税务机关应当积极贯彻落实税收遵从协议。

第二十条 各级税务机关应监控协议的执行情况,并定期对执行情况进行评估,并向上一级税务机关报告。

第二十一条 省以下税务机关可与企业集团的成员企业签订税收遵从协议,协议内容不应与税务总局与企业集团签订的协议相冲突,协议文本及其执行情况应报税务总局备案。

第三章 遵从管控

第一节 税源监控

第二十二条 各级税务机关可运用掌握的企业涉税信息,选取企业涉税事项进行比对、分析,及时全面了解企业集团及其成员企业的税源变动情况,为风险识别、评估和应对提供基础性信息。

第二十三条 税源监控包括日常涉税事项监控和专项涉税事项监控。

日常涉税事项监控是指从企业办理税务登记至申报纳税等日常征管环节涉税事项中选取相关事项进行监控,主要包括:登记事项监控、发票事项监控、认定审批事项监控、申报事项监控、其他事项监控等。

专项涉税事项监控是指从日常涉税事项以外的事项中选取特定事项进行监控,主要包括:企业涉税诉求处理情况的监控、税务风险内控情况的监控、税收遵从协议履行情况的监控等。

第二十四条 各级税务机关可按照企业所属行业、企业是否跨区域经营等不同标准选取税源监控事项,从不同角度分类实施税源监控。

根据企业所属行业的共同特点,以企业生产经营过程为主线,划分若干业务板块,选取各板块中具有共性的事项实施监控。

根据企业是否跨区域经营的特点,区分适合各级税务机关大企业税收管理部门跨区域联动管理的监控事项和适合属地主管税务机关自主实施的监控事项。

第二十五条 税源监控采用属地管理与集中管理相结合的方式,充分发挥各级税务机关的监控能力,建立并发挥行业管理团队的作用,运用主要涉税指标进行重点监控。

在实施税源监控的过程中,各级税务机关大企业税收管理部门和主管税务机关应根据职责分工将需要推送的事项及时处理。

第二十六条 税务总局承担以下税源监控:

(一)组织、协调、指导总局定点联系企业的税源监控工作;

(二)明确监控重点,确定适合全国联动的监控事项,组织建立指标模型,设计并完善税源监控机制和模式;

(三)汇总、比对分析、发布企业集团的重要税源监控相关信息;

(四)组织实施企业集团及其成员企业税源监控重要事项应对和处理;

(五)税源监控的其他相关工作。

第二十七条 省以下税务机关承担以下税源监控:

(一)按照税务总局的统一部署和要求,层层落实责任和任务,开展税源监控工作;

(二)组织、协调、指导下级税务机关的税源监控工作;

(三)进一步明确监控重点,确定适合本地联动和主管税务机关自主实施的监控事项,参与测算指标技术标准、数据分析模型、监控机制和模式的设计及完善工作;

(四)按照税务总局的统一部署和要求,汇总、比对分析、传递税源监控相关信息;

(五)按照上级机关要求,实施税源监控事项应对和处理;

(六)落实上级机关要求的其他税源监控相关工作。

第二节 风险识别和风险评估

第二十八条 各级税务机关大企业税收管理部门对采集的企业风险管理信息进行整理，查找企业在税务登记、纳税申报、税款缴纳以及履行其他涉税义务过程中存在的涉税风险。

第二十九条 各级税务机关大企业税收管理部门和主管税务机关应定期按行业、集团、区域特点及特定涉税事项等标准选取风险识别对象，选择对应的风险特征库，通过税务风险管理信息系统进行计算机风险识别，并对识别出的结果进行人工比对校验，鉴别筛选出重要风险点。

第三十条 税务总局负责开发维护企业税务风险识别系统，按统一标准统筹企业税务风险的识别工作；负责汇总企业相关风险信息，组织开展行业、集团、区域以及特定涉税事项的风险识别。

省以下税务机关大企业税收管理部门负责完成上级交办的风险识别工作；也可根据自身工作规划，通过汇总辖区内的成员企业相关风险信息，组织开展风险识别工作。

主管税务机关负责完成上级交办的风险识别工作，并结合税收日常管理，开展对辖区内成员企业的风险识别工作。

第三十一条 各级税务机关应当对识别出的风险及其特征进行明确界定，确定风险发生的概率及频率，分析可能发生的风险产生的原因、条件及后果和影响，并进行风险等级排序，形成风险评估报告，提醒企业和主管税务机关防控可能发生的税务风险。

第三十二条 风险评估采用计算机评估和人工评估、定量评估和定性评估、定期评估和临时评估、事后评估和实时评估相结合的工作方式。

第三十三条 税务总局大企业税收管理司负责行业、集团、区域和特定涉税事项的风险评估工作。

省以下税务机关大企业税收管理部门负责上级交办的风险评估工作；组织开展辖区内成员企业的风险评估工作。

主管税务机关负责完成上级交办的风险评估工作，并结合税收日常管理，开展对辖区内成员企业的风险评估工作。

第四章 遵从应对

第三十四条 各级税务机关应按要求，对收集的企业税收风险信息以及遵从引导、遵从管控等环节反映的企业涉税风险情况在判别、评估基础上，对企业纳税遵从风险实施针对性管理。

第一节 实施针对性管理

第三十五条 各级税务机关大企业税收管理部门应根据风险评估报告，按照风险等级，对企业实施针对性管理措施，主要包括纳税服务、约谈企业、案头审计、布置企业自查、反避税调查等。

第三十六条 对遵从意愿和遵从能力都较高的低风险企业，可以通过提供优质纳税服务等措施，努力为企业提供办税便利。

第三十七条 对有遵从意愿但遵从能力较低的中等风险企业，可以通过引导和帮助的方式，采取约谈企业、案头审计、布置企业自查等措施，告知企业可能存在的涉税风险和相应的法律责任，帮助企业分析产生风险的原因及防范措施，督促企业整改。

第三十八条 对遵从意愿较低、遵从风险大的高风险企业，可以采取反避税调查等方式控制税务风险。

第三十九条 在约谈企业、案头审计、布置企业自查、反避税调查过程中，发现企业有严重税收违法行为的，应移送稽查部门处理。

第四十条 税务总局统筹实施针对性风险管理工作，省以下税务机关大企业税收管理部门根据税务总局的部署开展工作。

第二节 反馈和改进风险管理

第四十一条 各级税务机关大企业税收管理部门和主管税务机关应按照职责分工，定期对风险管理的效果和效率进行评价，将风险管理中发现的问题反馈至企业，不断提高企业自我遵从水平；反馈给税收法规和政策部门，促进完善税收政策；反馈给一线征管部门，持续改进日常税务管理。

第四十二条 各级税务机关大企业税收管理部门应及时将风险管理各个阶段发现的问题和改进建议提示给企业，并对企业进行跟踪管理，辅导和监督企业及时改进。

对持续、反复出现同类遵从问题的，应及时调高企业风险等级，调整风险应对策略，并会同税务机关相关部门实施重点管理。

第四十三条 省以下税务机关大企业税收管理部门应及时归纳成员企业风险管理中共性问题和行业特征，并反馈给税务总局。税务总局将定期汇总处理各地反馈情况，及时更新风险特征库。

第三节 遵从报告

第四十四条 税务机关按统一规范内容对企业纳税遵从情况进行评价，形成遵从报告。遵从报告包括企业税务遵从责任报告和税务机关服务和管理总结以及对企业遵从评价报告，原则上按年度开展。也可针对专门事项，进行专项税收遵从评价。

第四十五条 税务总局负责组织开展年度遵从报告工作，收集企业集团的税务遵从责任报告。

省以下税务机关按照统一部署组织开展辖区内成员企业税务遵从报告工作，收集成员企业的税务遵从责任报告。

第四十六条 税务机关按统一要求对重点企业进行遵从评价，形成遵从报告，由省税务机关汇总后上报税务总局。

第四十七条 税务机关应将遵从评价情况与企业的税务遵从责任报告进行汇总分析并处理。

第四十八条 税务总局以企业集团为单位结合集团责任报告和各级税务机关的遵从评价报告进行综合遵从评价，反馈企业集团，并发布给各地税务机关。

第五章 遵从保障

第一节 信息管理

第四十九条 各级税务机关大企业税收管理部门及主管税务机关应按照统一标准，开展对企业涉税信息的采集和整理、处理及应用工作，构建大企业税收管理信息系统，实现信息共享。

第五十条 税务机关大企业税收管理部门可以通过从征管系统集中抽取、基层税务机关报送、向企业采集、协作互助等方式采集企业涉税信息，包括企业基础信息、税务风险内控信息、税法遵从信息、行业特征信息、第三方信息等企业涉税信息。

第五十一条 税务总局大企业税收管理司承担以下信息管理任务：

（一）统一制定信息采集和整理的业务标准和工作规范，定期汇总信息采集需求，制定企业涉税信息采集方案；

（二）与企业集团总部进行涉税信息交互工作；

（三）统一抽取已经实现税务总局数据集中的征管信息；

（四）分类集中汇总企业涉税信息，对各类信息进行整理归集；

（五）发布共享信息，设置各地信息共享权限；

（六）指导和督促各地税务机关的信息采集和整理工作。

第五十二条 省以下税务机关大企业税收管理部门承担以下信息管理任务：

（一）按照税务总局统一部署开展信息采集和整理工作，组织辖区内成员企业信息的核实整理工作；

（二）按照税务总局统一要求，对需要报送的信息进行相应的整理归集；

（三）根据业务要求，对上级税务机关大企业税收管理部门分发的信息进行调查、核实、校正、反馈。

第五十三条 主管税务机关承担以下信息采集和整理的职责：

（一）企业原始涉税信息的录入；

（二）与企业进行信息交互；

（三）根据业务要求，对上级税务机关大企业税收管理部门分发的信息进行调查、核实、校正、反馈。

第五十四条 税务总局按照实际控制的原则确定企业集团的组织结构关系，并据此形成企业集团及其成员企业名册。

税务总局负责统筹企业名册库的建立和更新工作，原则上每年更新一次；省以下税务机关大企业税收管理部门负责辖区内成员企业名单的确认清分、信息核实补缺等工作；主管税务机关负责辖区内成员企业信息核实补缺、管理层级信息补录等工作。在日常管理工作中，发现企业名册库需要更新的信息及时报税务总局。

第五十五条 做好企业税源分析工作。

税务总局负责制定和定期修改税源分析模板，按季度和年度提供税源分析报告；省以下税务机关大企业税收管理部门参照税务总局制定的模板做好本地区的税源分析工作。

第五十六条 各级税务机关大企业税收管理部门应根据各类税收数据信息，按行业梳理特征指标，运用科学的统计方法，建立风险分析模型，设定风险参数和关键值，提炼各种税务风险点，逐步建立分企业税务风险特征库。

第二节 人才保障

第五十七条 各级税务机关可通过调配、培养、引进等方式，充实大企业税收管理专业化队伍，逐步建成税务总局到省、市（地）税务局三级大企业税收管理人才库。

第五十八条 各级税务机关大企业税收管理部门应根据大企业税收管理工作的不同特点和岗位需求，实施分级分类分行业培训，不断提高大企业税收管理人员的知识、技能水平和团队素养。

第五十九条 可针对集中度较高、区域分布广的行业率先施行专业化管理人才队伍建设试点，组建应对处理复杂涉税事项的行业税收管理专业化团队。

税务总局根据工作需要，以企业集团或行业为对象，根据其主要成员企业的分布情况，成立定点联系企业工作小组,主要开展涉税诉求的研究分析、专题调研、税收政策评估、专项内控调查和遵从报告等工作。

第六十条 各级税务机关大企业税收管理部门可以外聘大专院校、行业协会、中介机构的行业专家,组成顾问团队。通过合作、外包等方式,开展大企业税收管理技术手段的研发和相关项目的研究。

第三节 制度保障

第六十一条 各级税务机关大企业税收管理部门可探索建立企业客户协调员制度。

税务总局负责根据企业集团核心成员企业的分布状况设立客户协调员。每户企业集团的客户协调员共同组成工作小组,以团队方式协同开展工作。

客户协调员承担以下职责:

(一)定期听取企业对税收政策的意见并向有关业务部门反馈;

(二)受理企业重要事项通报、重大涉税诉求和个性化服务申请;

(三)协调组织税务机关内部资源快速响应,应对企业迫切需要解决的问题;

(四)了解企业税法遵从实际执行情况,收集企业税法遵从各环节资料,管理企业档案。

第六十二条 各级税务机关应建立企业税收管理跨区域协作制度。税务总局负责跨省区域企业税收管理的总体协调工作,省税务机关大企业税收管理部门负责辖区内跨区域企业的协调工作。

第六十三条 各级税务机关应建立并完善企业税收管理绩效考核制度,对企业的纳税遵从度以及税务机关开展的企业税收征管工作,进行综合评价和绩效考核。

第六章 附 则

第六十四条 本规程由国家税务总局负责解释。

第六十五条 本规程自发布之日起施行。

二、纳税服务

 国家税务总局办公厅关于印发《深化大企业纳税服务若干工作措施》的通知

税总办发〔2017〕170号

各省、自治区、直辖市和计划单列市国家税务局、地方税务局,国家税务总局驻各地特派员办事处:

为深入贯彻十九大精神,进一步落实《深化国税、地税征管体制改革方案》(以下简称《方案》),深化税务系统"放管服"改革、优化税收环境,税务总局制定了《深化大企业纳税服务若干工作措施》,现印发给你们,并提出以下要求。

一、提高认识,切实做好大企业纳税服务工作

(一)深化大企业纳税服务是贯彻"放管服"改革的必然要求。"放管服"改革是国家行政管理方式改革的重要内容。加快推进"放管服"改革,优化大企业营商环境,是新时代大企业纳税服务工作的内在要求。大企业是国民经济的重要支柱,也是纳税服务的重中之重,应按照"放管服"改革要求,进一步深化大企业纳税服务,实现大企业涉税需求与税务部门服务供给平衡发展。

(二)深化大企业纳税服务是落实《方案》的重要举措。《方案》明确要求提升大企业税收管理层级,由税务总局、省税务局统筹处理复杂涉税事项,这是对大企业税收管理机制的优化和升级,也是对大企业纳税服务理念的调整。因此,要提升纳税服务层级,转变纳税服务方式,确保服务措施落地,提高纳税服务水平,促进《方案》更好落实。

(三)深化大企业纳税服务是提高大企业税收遵从的现实需要。大企业组织架构复杂,风险点多面广。通过个性化纳税服务,帮助企业防范税收风险,促进自我遵从,有效提升税收遵从能力和遵从意愿,是大企业在纳税服务方面的迫切需求,也是国际上大企业管理的普遍趋势,有利于建立良好的税企互信合作关系。

二、多措并举,全面提升大企业纳税服务质效

随着千户集团税收风险管理模式的逐步确立,大企业税收管理对象和工作模式随之变化。大企业纳税服务必须与时俱进。要采取各种有效措施,创新纳税服务产品,优化纳税服务手段,全面提升大企业纳税服务质效。一是要畅通纳税服务渠道。依托大企业税收管理信息系统,畅通税企之间、税务机关之间的沟通渠道,实现顺畅交流,提升沟通质效。二是创新纳税服务产品。优化大企业重大涉税事项处理途径,让大企业"多跑网路、少跑马路"。三是优化纳税服务手段。提高大企业纳税服务工作标准。建立与服务产品相配套的工作机制、工作标准,规范服务流程,确保各项服务措施可操作、可执行,让大企业在纳税服务上有切实的获得感。

三、统筹规划,确保大企业纳税服务落到实处

一是要加强组织领导。切实提高对加强大企业服务工作的认识,改变以管理者自居的惯

性思维,将大企业纳税服务工作列入重要议事日程,强化组织领导,注重横向、纵向协调,提高大企业纳税人满意度。二是要强化统筹协作。在统一部署的前提下做好本省整体规划,建立国税地税联合工作机制,因地制宜,统筹安排,突出重点。三是要打造专业团队。大企业涉税事项专业性强,内容复杂,大量涉及并购重组等复杂税收业务,迫切需要税务机关提升纳税服务层级和专业化水平。要加强专业人才队伍建设,强化培训指导,培养一支业务精干、专业知识扎实的纳税服务专家队伍,有效帮助大企业解决实际问题。

国家税务总局办公厅
2017 年 12 月 15 日

深化大企业纳税服务若干工作措施

一、增强服务意识,转变服务理念。以大企业需求为导向,树立税企合作共治、服务与管理高度融合的理念。坚持风险管理和优质服务同步推进,防范税收风险和引导自觉遵从平行治理。树立积极有为的意识,促进服务创新,营造和谐营商环境。

二、拓展服务渠道,加强信息交流。运用"互联网+"思维,依托税务大数据,借助 App、微信、微博等网络平台,拓展服务渠道,加强税企之间信息交流,消除税务机关与大企业之间的地域、层级限制,实现大企业纳税服务互联互通。

三、强化日常沟通,及时回应诉求。完善大企业数据联络员制度,促进数据报送、诉求协调、风险管理等工作顺畅高效。不定期走访大企业,认真听取意见和建议,了解生产经营及重大涉税事项情况,及时回应涉税问题,做到沟通及时,处理快捷。

四、优化专项交流,解决热点问题。定期举办税企沙龙、恳谈会、联席会等,通报大企业关心的涉税问题,提高税企双方对涉税事项认识的一致性。结合税收热点难点问题,适时开展专题调研、高层对话,及时提出解决方案。建立行业税收工作小组,研究行业性涉税问题,探索有效对策建议。

五、建立绿色通道,提供专属服务。合理确定准入标准,为符合条件的大企业提供绿色通道,提供发票直送、诉求升级、自我遵从免查等专属服务。针对大企业的个性化需求,尝试对接相关政府部门和行业协会,着力解决大企业遇到的各类问题。

六、加强集团重组服务,提高政策确定性。针对涉及多地区或多税种的大企业重组涉税事项,建立大企业重组涉税事项纳税服务工作机制,规范工作程序,依申请为大企业协调重组中的疑难事项,提高政策确定性和执行统一性,解决大企业重组事项多头跑、多次跑问题。

七、针对重大交易事项,提供专业辅导。对股权转让、关联交易、跨境投资等重大交易事项,建立重大事项辅导制度,提出税务风险建议,降低大企业重大事项涉税风险成本,充分享受现有税收政策红利。

八、减少跨区域涉税争议,提高执行一致性。针对跨区域经营的企业集团各地税收政策理解、执行不一致问题,加强组织协调,提出解决方案,及时提请上级单位协调,提高各地政策执行一致性。

九、强化数据监测分析,提供便捷高效服务。积极利用互联网和大数据技术,探索开展大企业数据监测统计,及时掌握大企业税收波动情况和发展趋势,开展精准分析,为大企业提供便捷、高效服务。

十、研究内控指标体系,帮助企业加强内控建设。分析企业关键涉税控制节点和内控薄弱环节,研究完善内控测试指标体系。开展内控调查,深入了解企业情况。选择合适方法,有重点地测试企业内控制度实际执行情况,提出完善建议,提升企业内控质量。

十一、签订遵从协议,推动遵从合作。选择税务风险内控完善的企业集团,签订《税收遵从合作协议》或者《税收遵从合作备忘录》,加强后续跟踪服务管理,建立工作台账,定期出具遵从评价报告,推动企业提高遵从水平。

十二、定期归集整理税收风险,适时推送提醒到户。积极利用计算机扫描的风险成果,结合千户集团税收风险管理情况,定期归集日常风险,及时推送到户,督促企业自我评估、自我纠正,切实提高企业自我防范能力。

十三、聚焦企业生产流程,定制专门服务手册。针对重点风险企业,研究生产流程、整体架构、行业特征和核算特点,分析潜在风险,量身定制专门服务手册,提供针对性服务。

十四、分年编写行业指引,揭示行业共性风险。研究行业风险特征,梳理行业政策规定,分析行业共性风险,细化风险控制方法,分门别类编写风险指引,引导企业加强防范。

十五、汇编典型风险案例,激发企业增强防范意识。收集整理企业税务风险典型案例,汇编成册,不定期发布,引导企业规范涉税行为。

十六、积极利用信用评价体系,提升总体信用水平。完善信用评价体系,建立企业集团总部与成员企业信用联动关系,探索以集团为口径评价纳税信用状况,引导企业集团和成员企业诚信水平总体提高。

十七、编制年度遵从报告,增强企业信誉意识。汇总企业税收缴纳、信用评定和遵从情况,按年编制《千户集团年度报告》《千户集团年鉴》,推进企业集团信息共享,增强大企业信誉意识。

十八、优化"走出去"企业服务,助力国家发展战略。围绕"走出去"企业,梳理内外税收政策,跟踪征管问题,建立数据档案,收集整理大企业海外税收维权案例,定期开展政策辅导和税收提醒,强化"一对一"服务,降低"走出去"企业税收成本和涉税风险。

国家税务总局办公厅关于建立大企业重组涉税事项纳税服务工作机制的通知

税总办发〔2017〕139号

局内各单位:

为规范大企业重组涉税事项处理工作,增强税法适用的确定性和执行的统一性,提升纳税人满意度和税法遵从度,税务总局决定建立大企业重组涉税事项纳税服务工作机制,成立大企业重组涉税事项领导小组(以下简称"领导小组"),下设大企业重组涉税事项办公室(以下简称"办公室"),办公室设在税务总局大企业税收管理司。具体事项如下:

一、领导小组组成及职责

组　　长:王　军　党组书记、局长
副组长:于春生　党组成员、副局长
　　　　汪　康　党组成员、副局长
　　　　任荣发　党组成员、总经济师

成　员：程俊峰　办公厅主任
　　　　罗天舒　政策法规司司长
　　　　杨益民　货物和劳务税司司长
　　　　邓　勇　所得税司司长
　　　　蔡自力　财产和行为税司司长
　　　　廖体忠　国际税务司司长
　　　　饶立新　征管和科技发展司司长
　　　　缪慧频　大企业税收管理司司长

领导小组负责对大企业重组涉及的重大复杂涉税事项进行集体研究，形成最终处理建议。

二、办公室组成及职责

大企业税收管理司主要负责人任办公室主任，办公厅、政策法规司、货物和劳务税司、所得税司、财产和行为税司、国际税务司、征管和科技发展司各1名分管相关业务工作的司领导为办公室成员。

办公室负责大企业重组涉税事项的日常管理，协调各业务司局研究提出大企业重组涉税事项的处理意见。

三、工作程序

大企业重组涉税事项纳税服务对象为千户集团企业。

（一）涉税事项来源。大企业集团总部可以直接向税务总局提出重组涉税事项书面咨询请求，也可以通过所在地省税务机关向税务总局提出书面咨询请求。

（二）转办。税务总局办公厅负责登记大企业重组涉税事项。涉及单一税种或单一司局的大企业重组涉税事项，直接转相关业务司局处理并回复来文单位；涉及多税种、多省份的综合性复杂重组涉税事项，转办公室处理，各司局、各省税务局积极配合支持。

（三）审核。办公室对大企业重组涉税事项资料进行初步审核，可根据需要，要求企业更正、补充相关资料，提出合理工作建议。

（四）提出初步意见。办公室负责协调相关业务司局及相关省税务机关，形成初步意见建议。

（五）形成最终意见。初步意见建议一致的，由办公室报告领导小组后告知相关省税务机关和大企业参考；初步意见建议不一致的，由办公室报领导小组集体研究，形成最终处理建议，由办公室告知相关省税务机关和大企业参考。

（六）未决事项。对于现行税收法规未规定或不明确的事项，可继续研究论证形成税收政策建议，并告知相关省税务机关和大企业。

（七）存档。办公室收集整理大企业重组涉税事项各环节形成的资料，存档备查。

国家税务总局办公厅
2017年11月13日

三、数据保障

 国家税务总局大企业税收管理司关于分行业开展千户集团电子财务数据采集有关工作的通知

税总企便函〔2018〕7号

各省、自治区、直辖市和计划单列市国家税务局、地方税务局大企业税收管理部门：

为深入贯彻落实《国家税务总局关于印发〈深化大企业税收服务与管理改革实施方案〉的通知》（税总发〔2015〕157号）相关任务要求，结合千户集团扩围工作，税务总局大企业税收管理司决定，加快推进分行业开展千户集团电子财务数据采集工作。现就具体事项通知如下：

一、采集对象

千户集团总部及其合并财务报表范围内的成员企业。包括目前已纳入税务总局管理服务的年纳税额超过3亿元的千户集团企业和后续扩围集团企业。

二、采集范围和内容

（一）电子财务数据采集范围主要包括企业基本信息、会计核算信息、生产经营信息、内控制度等数据和第三方数据（含互联网数据）。

（二）根据采集范围，税务总局大企业管理司制定了电子财务数据采集清单，包括"全行业数据采集清单"和8个"分行业数据采集清单"{采矿业，制造业，建筑业，批发和零售业，交通运输、仓储和邮政业，信息传输、软件和信息技术服务业，金融业（货币金融服务业），房地产业}，数据采集清单具体内容详见附件1-9，相关栏次口径说明详见附件10。

（三）"全行业数据采集清单"针对所有行业集团，"分行业数据采集清单"仅针对相应行业集团。后续将结合工作需要，适时增补和完善行业数据采集清单，并定期下发。

三、采集方式和时间安排

（一）采集方式：千户集团电子财务数据采集工作采取"成员企业对总部、总部对省税务机关、省税务机关对税务总局"的方式开展。

（二）时间安排：自2018年1月起，由千户集团总部统一部署其合并财务报表范围内的成员企业开展电子财务相关数据采集工作。

每年6月30日前，集团总部通过千户集团电子财务数据工具（以下简称数据工具）集中收集和校验成员企业数据后，报送至集团总部所在省税务机关。

每年9月30日前，集团总部所在省税务机关通过数据工具完成对企业电子财务数据在本地的收集、加载、审核。

数据工具下发及相关安排事项，另行通知。

四、工作要求

（一）提高思想认识。千户集团电子财务数据是大企业服务与管理的重要基础，分行业开展电子财务数据采集是建立日常化数据保障机制的关键举措。各级领导要充分认识分行业开展电子财务数据采集的重要意义,高度重视采集工作。各地税务机关要成立采集专项工作小组,指定专人负责,保证各项采集任务的顺利完成。

(二)抓好任务落实。各地税务机关应严格按照电子财务数据采集相关工作要求,组织千户集团企业依据采集清单内容、按照时间节点完成数据采集工作。各地税务机关要严把数据质量关,确保企业电子财务数据信息采集的完整性、及时性和准确性,相关工作将纳入年度绩效考核。

(三)做好宣传辅导。采集电子财务数据符合税收征管法、企业所得税法等相关法律法规要求,也是纳税人应履行的税收法定义务。各地税务机关应向千户集团企业做好宣传解释工作,提高企业对数据采集工作重要性的认识,让企业正确理解数据采集与后续风险提示等纳税服务措施的关联关系,避免出现负面舆情。要采取多种形式开展企业数据采集培训,辅导纳税人高效完成采集工作,同时要及时跟踪、研究解决企业在数据采集过程中遇到的问题和困难。

(四)确保数据安全。各地税务机关要牢固树立数据安全保密意识,严格按照税务总局信息安全保密工作制度及相关要求,进一步明确数据安全责任人,签订数据安全保密协议,切实保障电子财务数据的安全保密。

联系人及电话:大企业税收管理司数据管理处,郎卉,010-63418799;曹庆娟,010-50801040;北京国税第五分局,党媛媛,010-50801048。

附件:1. 全行业数据采集清单(略)
   2. 采矿业数据采集需求清单(略)
   3. 制造业数据采集清单(略)
   4. 建筑业数据采集清单(略)
   5. 批发和零售业数据采集清单(略)
   6. 交通运输、仓储和邮政业数据采集清单(略)
   7. 信息传输、软件和信息技术服务业数据采集清单(略)
   8. 金融业(货币金融服务业)数据采集清单(略)
   9. 房地产业数据采集清单(略)
   10. 行业数据采集清单中相关栏次的口径说明(略)

大企业税收管理司
2018 年 1 月 23 日

国家税务总局大企业税收管理司关于做好千户集团扩围名册采集核实工作的通知

税总企便函〔2017〕142 号

各省、自治区、直辖市和计划单列市国家税务局、地方税务局大企业税收管理部门:

根据《国家税务总局关于开展千户集团扩围工作的指导意见》(税总发〔2017〕139 号,以下简称《意见》)和《千户集团名册管理办法》(税务总局公告 2017 年第 7 号)有关要求,现将千户集团扩围企业名册采集核实工作有关事项通知如下:

一、工作任务

（一）核实千户集团扩围初选名单。请各地大企业税收管理部门确认《意见》所附千户集团扩围初选名单（现有信息仅供参考）中是否存在合并重组、破产注销、非集团总部、集团年纳税额不符合标准等情况。对于合并重组后的集团，如2016年纳税额仍在1亿元以上的，应由集团总部所在省税务机关将其纳入扩围范围；对于破产注销、非集团总部和2016年纳税额不到1亿元的集团，应从名单中调出并说明原因。各地应结合实际，将本地区符合扩围条件的集团，全部纳入此次千户集团扩围中，做到"应扩尽扩"。

（二）确定千户集团扩围名单。根据核实和增减名单情况，组织所辖集团总部填报集团名册信息，并审核集团填报信息，形成千户集团扩围名单。相关表样及填表说明见附件1、2。

（三）采集千户集团扩围成员企业名册信息。根据千户集团扩围名单，组织所辖集团总部填报全部成员企业名册信息。每个集团的全部成员企业名册信息形成一张单独的Excel表。扩围成员企业范围，参照千户集团成员企业范围执行。相关表样及填表说明见附件3、4。

（四）形成扩围名册采集核实工作总结。一是说明千户集团扩围初选名单核实情况，包括调出的集团户数、集团名称及调出原因，年度缴纳税额不足1亿元的集团情况说明等；二是说明增加的符合条件的集团户数及其名称；三是说明总部在本省的扩围集团成员企业名册采集情况；四是其他情况及工作建议等。

二、工作要求

（一）高度重视，狠抓落实。千户集团扩围是进一步落实《深化国税、地税征管体制改革方案》的内在要求，是深入贯彻"放管服"改革要求的重要举措，是税务部门"转方式"的客观需要。此次扩围集团名册采集工作以省局为主体，是后续服务管理的重要基础，各地大企业部门务必要提高认识，深化落实，认真做好相关工作，确保将入围集团及其成员企业核实清楚。

（二）深入开展税企沟通交流。各地大企业部门要高举纳税服务大旗，强化宣传引导，密切与扩围集团沟通交流，做好千户集团扩围政策宣传解释，及时协调解决企业在扩围名册采集核实中遇到的困难和问题，积极稳妥推进工作开展。

（三）加强国税、地税沟通协作。各省国税局、地税局大企业部门要加强沟通协作和信息聚合，组建联合团队一体化开展工作。在推荐新增集团时，要避免国税、地税局新增集团重复；在确定集团管理分工时，可根据本省实际情况，协商调整对扩围集团的国税、地税局分工。

（四）确保名册内容完整准确。各地大企业部门要指导集团按照《千户集团名册管理办法》等有关规定，完整填报集团成员企业情况，避免出现成员企业漏报、错报；要指导集团总部及其成员企业按照填表说明要求准确填报相关信息，同时要加强对集团填报数据审核。扩围名册的准确性、完整性纳入总局绩效考核。

附件：1. ××省（区、市）国家（地方）税务局千户集团扩围名单（略）
   2. 千户集团扩围名单填表说明（略）
   3. ××集团成员企业名单（略）
   4. 集团成员企业名单填表说明（略）

大企业税收管理司
2017年12月20日

国家税务总局大企业税收管理司关于明确千户集团按月(季)度报送相关基础涉税数据相关口径的紧急通知

税总企便函〔2017〕107号

各省、自治区、直辖市和计划单列市国家税务局、地方税务局大企业税收管理部门：

为进一步做好千户集团按月(季)度报送相关基础涉税数据工作，减轻企业集团数据报送负担，提高数据的规范性、准确性和可用性，现对部分数据报送口径进行明确，具体如下：

一、关于"实际缴纳税款"所属期间的说明

根据《国家税务总局大企业税收管理司关于进一步做好按月(季)度报送相关基础涉税数据工作的通知》(税总企便函〔2017〕62号)规定，"实际缴纳税款"指标填报口径为集团总部及其成员企业实际缴纳的各项税款合计(境内，含国税、地税)，不包括海关代征税收、关税、船舶吨税以及代扣代缴个人所得税等，不扣减出口退税和财政部门办理的减免税。

其中，实际缴纳税款的期间为当期开始至结束实际缴纳入库的税款金额，而非按照税款所属期界定。例如，企业集团10月份报送的前三季度直报数据时，"实际缴纳税款"数为该企业集团于1—9月份已缴纳入库的税款，不包含其在10月份缴纳的所属期为9月份的税款。

二、关于合并数据口径的说明

为进一步减轻企业负担，确保数据按时报送，对部分需取自企业集团合并财务报表的数据指标口径明确如下：

(一)月(季)度报送数据，填报口径为企业集团总部及其成员企业相应指标的合计数，且为保证数据同期可比，本期报送合计数的上年同期数也要求为合计数。

(二)年度报送数据，填报口径仍为集团合并财务报表数据。

三、关于数据后期更正报送的说明

对于个别未能在报送期间内核算完成集团涉税数据的企业集团，可先行按照上年同期数据和可预计的变动情况，对数据指标进行合理估算，并在报送期间内报送。在数据核算完成后，可选择进行补充报送。

大企业税收管理司
2017年10月12日

 国家税务总局大企业税收管理司关于调整千户集团按月(季)度报送相关基础涉税数据时间有关事宜的通知

税总企便函〔2017〕104号

各省、自治区、直辖市和计划单列市国家税务局、地方税务局大企业税收管理部门：

根据相关工作需要，税务总局大企业税收管理司决定对千户集团按月(季)度报送相关基础涉税数据时限进行适当调整。具体事项通知如下：

一、调整内容

千户集团总部报送月度、季度相关基础涉税数据信息时间由原月度结束后20日内、季度结束后至次月月底前,统一调整为月度、季度结束后 18 日内。省税务机关大企业部门应于千户集团报送期结束后两个工作日内(节假日顺延)将数据报送至税务总局大企业司。

二、相关要求

(一)千户集团按月(季)度报送相关基础涉税数据工作对开展千户集团经济分析、风险分析具有十分重要意义,请各单位务必高度重视,克服困难,做好工作,督促千户集团企业在规定时限内及时报送相关数据。

(二)其他数据报送内容、方式等仍按《国家税务总局办公厅关于税务总局管理服务的重点大企业集团按月(季)度报送相关基础涉税数据的通知》(税总办函〔2017〕14 号)、《国家税务总局大企业税收管理司关于进一步做好按月(季)度报送相关基础涉税数据工作的通知》(税总企便函〔2017〕62 号)的规定执行。

(三)本通知自 2017 年 10 月 1 日起施行。

大企业税收管理司
2017 年 9 月 30 日

国家税务总局大企业税收管理司关于开展 2017 年千户集团成员企业名册采集核实工作的通知

税总企便函〔2017〕90 号

各省、自治区、直辖市和计划单列市国家税务局、地方税务局大企业税收管理部门:

根据《国家税务总局关于发布〈千户集团名册管理办法〉的公告》(国家税务总局公告 2017 年第 7 号),大企业税收管理司决定开展 2017 年千户集团成员企业名册采集核实工作。现将有关事项通知如下:

一、工作任务

(一)填报千户集团成员企业名册信息。各省税务机关对照千户集团名单(附件1),组织所辖集团总部,填报集团全部成员企业名册信息。千户集团成员企业范围按照国家税务总局公告 2017 年第 7 号第三条相关规定执行。

(二)比对集团缴纳税额。集团总部所在省税务机关,将集团全部成员企业合计缴纳税额与集团缴纳税额进行比对。集团全部成员企业合计缴纳税额比集团缴纳税额增加或减少超过 10% 的,相关省税务机关应逐个集团说明具体情况。其中,集团缴纳税额是各集团根据《国家税务总局大企业税收管理司关于开展 2017 年千户集团信息核实工作的通知(税总企便函〔2017〕56 号)》报送的缴纳税额,详见附件1。

(三)核实千户集团成员企业名册信息。各省税务机关将本省千户集团成员企业名册信息与金税三期核心征管系统相应信息比对、核实,重点核实集团填报的成员企业名称、纳税人识别号、统一社会信用代码和主管税务机关等在征管系统中是否正确。如发现成员企业名册信息填报错误的,督促相关企业及时更正;发现成员企业漏报的,督促漏报企业及时补报,并核实补报信息。

(四)形成工作总结。一是形成 2017 年千户集团成员企业名册采集工作总结,说明总部在本省的集团成员企业名册填报情况,以及集团缴纳税额比对情况。二是形成 2017 年千户集团成员企业名册核实工作总结,说明千户集团在本省的成员企业名册核实无误户数、信息有误户数及错误类型,以及相关工作建议等。

二、工作方式

2017年千户集团成员企业名册采集核实工作,主要通过千户集团名册信息采集系统(以下简称名册采集网络版)开展。确因互联网使用条件受限等,无法使用名册采集网络版的集团,可使用千户集团名册信息采集单机版软件(以下简称名册采集单机版)填报名册信息。

(一)名册采集网络版方式。使用名册采集网络版的集团总部及其成员企业,通过互联网登录名册采集网络版,在网页中填写《千户集团名册信息表》(详见附件2)。

(二)名册采集单机版方式。使用名册采集单机版的集团,向集团总部所在省税务机关报告备案,相关省汇总后报大企业管理司,并作为相关集团制作名册采集单机版数据包。集团总部所在省税务机关下载名册采集单机版及数据包,分发给相应集团。相关集团总部及其成员企业在名册采集单机版中填写《千户集团名册信息表(单机版)》(详见附件3)。填写完成后,集团总部将名册采集单机版生成的数据包导入名册采集网络版,或通过集团总部所在省税务机关上报大企业管理司。

名册采集网络版和名册采集单机版开发完成后,网络版网址、单机版下载地址、登录账号等另文通知。各省税务机关组织集团总部,对照相关附件先行做好准备工作。

三、工作步骤

略。

四、工作要求

(一)高度重视千户集团成员企业名册采集核实工作。千户集团名册是大企业税收服务管理工作的重要基础,各地要高度重视千户集团成员企业名册采集核实工作,确保千户集团成员企业采集全面、核实准确。税务总局已将千户集团名册管理工作列入2017年税务系统组织绩效考评。

(二)提高千户集团成员企业名册完整性、准确性。各地要指导集团按照国家税务总局公告2017年第7号有关规定,完整填报集团全部成员企业,切实避免成员企业出现漏报、错报;各地要指导集团及其成员企业按照填表说明数据口径准确填报相关信息,严格审核成员企业合计缴纳税额与集团缴纳税额差异,切实提高企业报送数据的准确性。

(三)深入加强沟通协作。各级税务机关要深入加强税企沟通,及时协调解决企业在名册填报过程中遇到的问题;集团总部所在省与成员企业所在省大企业管理部门要加强信息互通和工作协同,共同督促企业及时更正、补充信息;各地国税局、地税局大企业管理部门要加强沟通协作,有条件的地区可联合开展名册采集核实工作;各地大企业管理部门要加强与征管部门、信息部门沟通协调,确保名册核实工作高效开展。

(四)加强信息安全管理。各地要进一步提高保护企业信息安全意识,严格名册信息使用范围和使用途径,切实加强名册信息安全管理。

附件:1. 2017年千户集团名单(略)
   2. 千户集团名册信息表(网络版)及填表说明(略)
   3. 千户集团名册信息表(单机版)及填表说明(略)

国家税务总局大企业税收管理司
2017年8月31日

6 国家税务总局大企业税收管理司关于进一步做好按月（季）度报送相关基础涉税数据工作的通知

税总企便函〔2017〕62号

各省、自治区、直辖市和计划单列市国家税务局、地方税务局大企业税收管理部门：

为进一步加强大企业税收服务和管理工作，减轻企业集团数据报送负担，提高基础涉税数据的准确性和可用性，结合前期工作情况，大企业税收管理司决定对税务总局管理服务的重点大企业集团（以下简称"千户集团"）按月（季）度报送基础涉税数据口径等进行调整。现将具体事项通知如下：

一、调整指标内容

（一）月度报送指标

按月度报送集团涉税数据指标由10项调整为7项，具体如下：删除《国家税务总局办公厅关于税务总局管理服务的重点大企业集团按月（季）度报送相关基础涉税数据的通知》（税总办函〔2017〕14号，以下简称税总办函〔2017〕14号）附件1中"开发支出""应付职工薪酬"和"应付利息"等3项指标；调整"固定资产"指标为"新增固定资产"指标。调整后《千户集团总部按月度报送相关涉税数据信息明细表》，详见附件1。

（二）季度报送指标

按季度报送集团涉税数据指标由29项调整为23项，具体如下：删除税总办函〔2017〕14号附件2中"货币资金""投资性房地产""境外资产""未分配利润""营业税金及附加""管理费用""财务费用""销售费用""营业利润"和"境外职工人数"等10项指标；增加"国内增值税""企业所得税""出口营业收入"和"对外直接投资"4项指标；将"境外营业收入""固定资产""开发支出""应付职工薪酬"和"应付利息"等5项指标，分别调整为"境外营业收入（不含出口）""新增固定资产""研发支出""实际发生的职工薪酬"和"实际发生的利息"。调整后《千户集团总部按季度报送相关涉税数据信息明细表》，详见附件2。

二、具体填报要求

（一）数据完整、准确

1. 时点数据为期末数，期间数据为当年累计数。实际缴纳税款、营业收入、新增固定资产等期间数据均为当年累计数，原则上不小于前期数值。

2. 数据金额单位为亿元。职工人数单位为人，职工人数不得出现小数。

3. 填报单位为企业集团全称，不得填写企业简称或税务机关名称。

4. 数据对比符合逻辑。如资产总计与负债合计、所有者权益两项之和应相一致；原则上实际缴纳税款与营业收入之比不应超过50%、净利润不应大于营业收入等。

5. 数据填写完整。所有指标（包括本期及上年同期财务指标，填报单位、报表期、填表人、联系电话等项目）均应按要求如实填写完整，对于无法及时、准确填写的指标项目，须在相应栏目内标注说明，原则上不得出现空项。

（二）格式统一、规范

1. 企业集团报送的数据表应按照附件中的表样填写，避免出现擅自修改表格或删除、增添数据行的情况。

2. 省级税务机关在汇总数据表时，一户企业集团报送的数据应存放在一个Excel文档中,避免多家集团放在同一 Excel 文档的不同 Sheet 页中。

3. 每期在 FTP 报送路径中,上传唯一版本数据表,季度仅报送 23 项数据表,不用报送月度 7 项数据表。

三、有关工作要求

(一) 按月(季)度报送基础涉税数据工作对开展千户集团数据分析,提升大企业服务与管理水平具有十分重要意义,有关数据报送质量指标已列入大企业税收管理司对省税务局绩效考核。请各单位高度重视,在汇总报送数据工作中,按照填报要求对企业集团报送的数据进行认真审核、严格把关,重点规范报送格式、核实数据口径,对异常情况及时在数据表中进行说明,切实提高数据质量。

(二) 本通知自 2017 年 7 月执行。

(三) 其他有关报送内容、方式和时间等不变,仍按(税总办函〔2017〕14 号)规定执行。

附件:1. 千户集团总部按月度报送相关涉税数据信息明细表(略)
      2. 千户集团总部按季度报送相关涉税数据信息明细表(略)

大企业税收管理司
2017 年 6 月 26 日

国家税务总局关于发布《千户集团名册管理办法》的公告

国家税务总局公告 2017 年第 7 号

为加强国家税务总局管理服务的重点大企业集团(以下简称"千户集团")风险管理和纳税服务工作,根据《中华人民共和国税收征收管理法》及其实施细则等有关规定,国家税务总局制定了《千户集团名册管理办法》。现予以发布,自 2017 年 5 月 1 日起施行。

特此公告。

附件:千户集团名册信息表(略)

国家税务总局
2017 年 3 月 6 日

千户集团名册管理办法

第一条 为加强千户集团风险管理和纳税服务工作,根据《中华人民共和国税收征收管理法》及其实施细则等有关规定,制定本办法。

第二条 千户集团是指年度缴纳税额达到国家税务总局管理服务标准的企业集团,包括全部中央企业、中央金融企业以及达到上述标准的单一法人企业等。其中,年度缴纳税额为集团总部及其境内外全部成员企业境内年度纳税额合计,不包括关税、船舶吨税以及企业代扣代缴的个人所得税,不扣减出口退税和财政部门办理的减免税。

第三条 千户集团名册管理范围分内资企业集团、外资企业集团。

内资企业集团为纳入企业合并会计报表范围,或虽未编制合并会计报表,但为集团控制且办理了工商或税务登记的境内各级分公司和子公司、控股的境外公司以及其他涉税组织机构。

其中,集团控制是指投资方拥有对被投资方的权力,通过参与被投资方的相关活动而享有可变回报,并且有能力运用对被投资方的权力影响其回报金额。

外资企业集团为全球总部控股并在中国境内办理了工商或税务登记的各级分公司和子公司以及其他涉税组织机构。

第四条 千户集团名册信息包括企业名称、纳税人识别号、统一社会信用代码、集团名称、上一级企业名称及其他涉税信息等项目,详见《千户集团名册信息表》(附后)。国家税务总局根据工作需要,适时修订千户集团名册信息项目内容。

第五条 千户集团名单由国家税务总局确定,定期发布,实行动态管理。

第六条 已入选千户集团名单的企业集团总部按年维护集团名册信息,每年应按照要求填报相关信息,于每年5月31日企业所得税汇算清缴结束前报送省、自治区、直辖市、计划单列市税务机关(以下简称"省税务机关");省税务机关审核集团总部填报信息,并于每年6月30日前汇总上报国家税务总局。

第七条 当年如新增符合条件的千户集团,由省税务机关提出,并组织集团总部按照要求填报集团名册信息,经省税务机关审核后于每年6月30日前汇总上报国家税务总局。

第八条 合并重组、破产、注销或年度缴纳税额连续五年未达到国家税务总局管理服务标准的企业集团,应从名册管理范围内调出。因上述原因需要调出名册管理范围的千户集团,由省税务机关核实,并于每年6月30日前汇总上报国家税务总局。

第九条 千户集团按年确定其成员企业。集团总部按照税务机关要求组织填报集团成员企业名册信息,并于每年10月纳税申报期结束前报送省税务机关。省税务机关交叉比对内外部信息,通过千户集团名册管理系统核实成员企业名册信息准确性、完整性,并于每年10月31日前上报国家税务总局。省税务机关对总部在本省的集团,核实集团总部及该集团在本省的成员企业名册信息;对总部不在本省的集团,核实该集团在本省的成员企业名册信息。

第十条 对应报未报、提供虚假名册信息或拒绝报送名册信息的企业集团,省税务机关应及时上报国家税务总局。情节严重的,按照《中华人民共和国税收征收管理法》及其实施细则等有关规定对集团总部及相应成员企业进行处理。对存在上述情形的集团总部及成员企业,税务机关记录相关纳税信用信息,相关信息用于纳税信用评价。

第十一条 国家税务总局在千户集团名册管理工作中的主要职责:

(一)制定、完善千户集团名册管理办法;

(二)确定、调整千户集团名单和千户集团名册信息项目;

(三)协调集团总部所在地的省税务机关和成员企业所在地的省税务机关的名册核实工作;

(四)建立、完善千户集团名册管理系统并提供技术支持;

(五)开展千户集团名册管理工作组织绩效考评;

(六)其他名册管理工作。

第十二条 省税务机关在千户集团名册管理工作中的主要职责:

(一)核实、推荐本省符合千户集团入选标准的企业集团,提出入册企业集团调整建议,协助国家税务总局确定千户集团名单;

(二)组织总部在本省的集团报送成员企业名册信息;

(三)审核并补充完善本省的成员企业名册信息;

(四)评价总部在本省的集团报送的名册质量,向企业集团反馈评价结果;

（五）总结名册管理工作开展情况，提出工作建议；

（六）其他名册管理工作。

第十三条 列入千户集团名单的企业集团在名册管理工作中的主要职责：

（一）按照税务机关要求，组织开展名册信息填写、审核和报送；

（二）根据税务机关反馈的核实结果，组织开展名册信息校正；

（三）开展集团内部名册管理工作培训，对成员企业提供指导；

（四）其他名册管理工作。

第十四条 省税务机关和企业集团应建立名册管理工作沟通联络机制，企业集团指定专人负责名册管理工作。省税务机关为企业集团提供咨询辅导，并指导各地税务机关对本地成员企业进行辅导。

第十五条 省税务机关应加强千户集团名册管理工作沟通协作和信息共享，可组建联合工作团队开展名册管理工作。

第十六条 各级税务机关应积极与相关部门对千户集团名册信息开展合作，主动从各级财政、工商、商务、国资委等部门获取千户集团名册补充信息，通过互联网搜集公开信息，丰富完善千户集团名册信息。

第十七条 省税务机关应根据实际工作情况定期开展千户集团重点行业或重点企业的专项分析，改进千户集团名册质量，加强千户集团名册管理。

第十八条 省税务机关可参照本办法，制定名册管理具体实施方案。

第十九条 本办法自 2017 年 5 月 1 日起施行，《国家税务总局定点联系企业名册管理办法》（国家税务总局公告 2013 年第 18 号发布）同时废止。

国家税务总局大企业税收管理司关于加强千户集团数据管理工作的意见

税总企便函〔2017〕23 号

各省、自治区、直辖市和计划单列市国家税务局、地方税务局大企业税收管理部门：

为深入贯彻落实税务总局《深化大企业税收服务与管理改革实施方案》（税总发〔2015〕157 号印发，以下简称《改革方案》）部署要求，进一步夯实千户集团税收分析工作基础，现就加强千户集团数据管理相关工作，提出如下意见。

一、充分认识加强千户集团数据管理的重要意义

（一）加强千户集团数据管理是贯彻落实《改革方案》的内在要求。《改革方案》明确提出，要顺应大数据和"互联网＋"时代潮流，推进业务与技术的深度融合，积极实现大数据对大企业税收服务与管理的支撑作用。加强数据管理就是要求抓住千户集团这一"关键少数"，加快数据管理重要领域和关键环节的改革步伐，积极探索、勇于创新，采取切实措施，确保《改革方案》落实。

（二）加强千户集团数据管理是开展税收风险分析和经济分析的重要基础。税收数据是经济发展的"晴雨表"，是大企业税收风险分析、经济分析的生命线和主要依托，它能透视未来经济发展趋势和税收运行态势。加强数据管理就是要求找准数据使用过程中的关键问题，研究提出整体提升千户集团数据质量的解决方案,并在此基础上统筹推进、狠抓落实,为税收风险分析和经济分析工作提供可靠支撑和保障。

(三)加强千户集团数据管理是提升大企业纳税服务水平的有效途径。数据是开展大企业纳税服务工作不可或缺的要素,并已成为推动大企业纳税服务可持续发展的动力之源。加强数据管理就是要求依托海量数据,在深入分析的基础上,对纳税人进行精准"画像",研究提出更具系统性和针对性的服务举措,在更广范围、更深程度、更高层次服务大企业纳税人,不断增强大企业纳税人的获得感。

二、加强千户集团数据管理的指导思想、主要目标和整体规划

(一)指导思想。认真贯彻党中央、国务院和税务总局关于运用大数据加强对市场主体服务和监管的总体部署,按照《改革方案》确定的基本原则和目标任务,围绕"理清方向、搭建框架、抓住重点、分步实施"的总体要求,以大企业税收服务和管理需求为导向,以数据有效供给为目标,以信息技术手段为依托,实现千户集团数据规范化、标准化、专业化管理。

(二)主要目标。通过加强千户集团数据管理,构筑"采集有考评、治理有反馈、使用有监控"的管理闭环;形成"纵向联动、横向协动、税企互动"的工作格局;建立"规范统一、科学高效、立足长远"的保障机制,实现数据采集规范高效、数据内容完整准确、数据应用安全可控。

(三)整体规划。按照"一年构筑基础、两年大见成效、三年整体跨越"的目标,有计划、分步骤推进数据管理工作。

2017年主要建立数据管理的制度框架,制定数据管理总体规划,整合现有的数据应用系统,初步建立数据业务标准体系,落实数据安全管控措施,统筹规划,协同推进,基本建立千户集团税务端、企业端、第三方的各类基础数据,实现千户集团数据管理从无到有。

2018年主要结合数据管理岗责制度建设,进一步优化数据业务标准体系,拓展数据来源渠道,升级改进数据应用系统,全面落实数据质量管控和考核评价制度,通过上下联动、齐抓共管,不断增强数据的准确性、完整性、时效性,做到千户集团数据管理从有到良。

2019年主要通过提升数据管理人才专业能力,创新数据应用手段,全面、深入开展数据挖掘和增值利用,充分发挥数据在税收决策和治理中的关键作用,加强理论研究与实践探索,努力创建富有部门特色、具有示范效应、与国际接轨的数据管理模式,推进千户集团数据管理从良到优。

三、加强千户集团数据管理的主要任务

(一)建立健全千户集团数据管理制度规范

1.建立健全千户集团数据联络员制度。贯彻落实税务总局大企业税收管理司发布的《千户集团数据联络员管理办法》,进一步压实数据采集主体责任,畅通税企数据采集渠道。各省大企业税收管理部门定期召集千户集团联络员通报当期数据采集进展和数据质量情况,共同研究数据采集中的问题;组织开展数据联络员业务培训,提高其业务能力。

2.建立千户集团名册管理制度。税务总局大企业税收管理司研究制定《千户集团名册管理办法》,明确千户集团入围标准、成员单位报送口径、组织架构梳理方法等。各省大企业税收管理部门通过国有资产管理、财政、工商等部门以及互联网获取集团架构信息,与现有名册开展比对校验;逐步建立名册动态更新机制,及时将符合标准的集团和遗漏的成员单位纳入千户集团名册。

3.建立数据管理岗责制度。各级大企业税收管理部门设置专门的数据管理岗,由专人负责数据采集、审核、汇总、上报等工作,并明确岗位职责和要求,每年根据工作完成情况对其进行考核。

4. 建立千户集团数据质量管控和考核评价制度。税务总局大企业税收管理司研究制定数据质量管控规范,明确千户集团数据采集、上报、加载等环节质量管控的责任主体和工作要求。各省大企业税收管理部门对数据审核责任主体制定科学的考核评价和奖惩机制,并与绩效考核挂钩。

(二)强化千户集团数据采集、管理和应用

5. 建立千户集团数据标准。税务总局大企业税收管理司统筹研究制定千户集团数据业务标准,进一步规范千户集团数据采集和应用的范围、内容、来源、方式、校验规则等;保持与国际接轨,推进国际通用的可扩展商业报告语言(XBRL)标准在千户集团数据采集工作中的应用。

6. 加强千户集团数据采集统筹规划。各级大企业税收管理部门会同相关部门,定期清理整合已有数据,全面掌握数据现状;在充分利用已有数据的前提下,统筹安排数据采集任务,避免数据多头采集、重复采集。税务总局大企业税收管理司根据年度工作任务要求,充分论证数据采集需求的必要性、可行性,按年制定全国千户集团数据采集总体规划。各省大企业税收管理部门结合实际工作需要,制定本省年度千户集团数据采集工作规划。

7. 落实附报财务会计报表等日常数据报送工作。省以下税务机关应按照《国家税务总局关于规范全国千户集团及其成员单位企业纳税申报时附报财务会计报表有关事项的公告》(2016年第67号)和《国家税务总局办公厅关于规范全国千户集团及其成员企业纳税申报时附报财务会计报表工作的通知》(税总办函〔2016〕979号)有关要求,保质保量做好千户集团附报财务会计报表数据的采集、校验和报送工作;通过多维度数据交叉比对,对千户集团快报数据严格审核,持续提升税收快报数据质量;在原总局定点联系企业数据直报的基础上,进一步拓展范围,加快建立千户集团数据直报工作机制。

8. 拓展税务系统内、外部信息交换共享渠道。各省大企业税收管理部门要推进税务系统内部数据及时更新,保障增量数据有效获取;加快构建与国有资产管理、财政、工商等政府部门的信息共享渠道,建立相关机制;运用网络爬虫工具,从互联网定向获取千户集团企业股权交易、工商变更等信息,为千户集团税收风险分析和经济分析提供数据支持。

9. 开展千户集团数据深度挖掘和应用。税务总局大企业税收管理司根据整体数据现状,统筹制定大企业数据应用工作计划,协调全国大企业税收管理专业团队数据的统一应用。各省大企业税收管理部门要深入挖掘千户集团各行业、集团等核心数据,不断提升数据增值利用;有效整合各方相关数据,实现数据信息共享应用。

10. 保障千户集团数据安全可控。各省大企业税收管理部门会同相关部门,按照税务总局信息安全相关规定要求,结合千户集团数据管理实际,制定千户集团数据安全保障具体措施;根据千户集团数据应用的需要,明确数据管理权限,分级分类使用数据;在重大专项工作中,严格按规定与相关单位和人员签订数据安全保密协议。

(三)加强千户集团数据管理的信息化支撑

11. 优化千户集团数据采集工具和支持方式。税务总局大企业税收管理司会同相关部门,跟踪数据采集中存在的问题,及时升级和更新工具,不断优化和拓展数据采集功能,不断提升采集工具的易用性、适用性和可靠性;协调相关单位增加技术支持人员,整合技术力量,提升技术服务能力;在千户集团较为集中的省市探索设立技术服务网点,及时上门服务,解决数据采集中各类疑难问题,提升数据采集工作效率。

12. 建立千户集团数据集市,统一数据应用平台。税务总局大企业税收管理司依托金税三期数据仓库,逐步建立千户集团数据集市,实现千户集团所有成员单位数据总局一级集中,多级使用;整合千户集团风险分析平台、经济监控平台、税务审计软件等信息系统,建立统一的数据应用平台,科学分配使用权限,实现共享使用。

13. 探索"互联网＋千户集团"试点应用。税务总局大企业税收管理司组织研发千户集团数据管理App软件,为千户集团数据联络员及各省大企业数据管理岗配置用户权限,通过软件推送数据管理任务;各省大企业税收管理部门负责软件推广应用,在线与企业沟通交流,反映企业涉税诉求,建立税企快速沟通渠道。

（四）加强数据管理专业化团队建设

14. 配置充实数据管理人员。各省大企业税收管理部门会同相关部门,通过系统遴选、公务员招考和社会招聘等方式,充实千户集团数据管理队伍;按照数据管理岗位要求,配齐配强大企业数据管理岗位人员;积极探索从科研院校和互联网、大数据公司聘请专家作为大企业数据管理外部智囊团队,研究解决重大难点数据问题。

15. 持续提升数据管理人员专业能力。各省大企业税收管理部门要制定和实施分层分类培养计划,设置专项培训课程,定期组织开展业务培训,构建大企业税收数据管理人才梯队;选派大企业数据管理优秀人才到知名大数据管理机构学习深造和实践锻炼,培养一支大企业数据管理高级专家团队。

16. 加大数据管理人员激励力度。各省大企业税收管理部门要通过个人绩效考核加分、专题表彰奖励等方式,充分调动大企业数据管理人员工作积极性和主动性,为数据管理优秀人才脱颖而出、干事创业、成长进步营造良好发展环境。

四、加强千户集团数据管理的工作要求

（一）提高认识,加强领导。要充分认识和认真领会做好千户集团数据管理工作的重要意义,认真组织学习相关制度规定,切实加强组织领导。特别是分管大企业税收管理部门的领导要树立责任意识,立足当前,兼顾长远,通盘谋划,统筹实施。

（二）密切配合,形成合力。充分调动和发挥税务系统上下、内外积极性,通过税务总局大企业税收管理司、省局大企业管理部门和企业间的分工协作,形成税务系统纵向联动、国税和地税相互合作、税企双方沟通互动的一体化格局,充分保障千户集团数据管理各环节顺畅运行,共同推动千户集团数据管理工作有序开展。

（三）狠抓落实,注重质效。各省大企业税收管理部门要按照上述工作任务要求,结合本地实际情况,形成详实、完整、精准的落实措施和数据管理方案,尽快调配人员,明确任务,理清职责,精心组织,做到条条任务有人抓、项项制度不落空,确保数据的准确性、时效性和完整性。

（四）加强督导,量化考核。要切实加强数据管理的跟踪督导,将有关工作纳入绩效考核范围,科学设置考核指标,细化考核内容,规范考核标准,突出考核重点,税务总局大企业税收管理司将把数据管理工作中的重点任务列入督办事项,促进千户集团数据管理工作落实到位。

大企业税收管理司
2017年2月17日

国家税务总局大企业税收管理司关于印发《千户集团数据联络员管理办法》的通知

税总企便函〔2017〕9号

各省、自治区、直辖市和计划单列市国家税务局、地方税务局大企业税收管理部门：

为加强税务总局管理服务的重点大企业集团（以下简称千户集团）风险管理和纳税服务工作，根据《中华人民共和国税收征收管理法》及其实施细则等有关规定，税务总局大企业税收管理司制定了《千户集团数据联络员管理办法（试行）》。现印发给你们，请认真贯彻执行。

大企业税收管理司
2017年1月19日

千户集团数据联络员管理办法
（试行）

第一条 为加强国家税务总局管理服务的重点大企业集团（以下简称千户集团）风险管理和纳税服务工作，根据《中华人民共和国税收征收管理法》及其实施细则，制定本办法。

第二条 千户集团数据联络员（以下简称联络员）是指千户集团中负责配合税务机关，统筹协调集团总部及其成员单位开展数据采集、审核和报送等工作的人员。

第三条 千户集团总部设置独立或兼职联络员1名，与税务机关大企业管理部门直接对接，是千户集团数据采集工作的主要责任人。

第四条 联络员需具备以下条件：

（一）有较强的工作责任心，爱岗敬业；

（二）有扎实的财会理论知识基础，熟悉会计和税收业务；

（三）有一定的数据信息处理能力；

（四）具备较好的沟通协调能力。

第五条 联络员的主要职责包括：

（一）负责落实和统筹本集团总部及其成员单位涉税数据采集、审核和报送工作；

（二）在税务机关提供的统一平台上组织完成数据采集工作；

（三）及时反馈千户集团数据采集工作的意见与建议；

（四）对税务机关布置的数据采集任务、数据内容负有安全保密责任；

（五）配合税务机关做好其他数据相关工作。

第六条 千户集团联络员个人情况报省级税务机关审核确认后，省级税务机关汇总上报税务总局备案。联络员应保持相对稳定，变更联络员时，千户集团总部须将备选人员情况等报所在省税务机关大企业税收管理部门。

第七条 省级税务机关负责联络员制度的落实和数据采集工作，主要职责包括：

（一）对联络员人选进行审核把关；

（二）组织联络员培训，及时更新业务知识；

（三）定期对企业报送的涉税数据进行审核。

第八条 税务总局大企业税收管理司每年对千户集团数据报送情况、数据质量等进行通报,并告之企业集团。对于在数据采集过程中出现不报、漏报、瞒报、错报等情况的企业集团,税务总局大企业税收管理司将责成企业集团所在地税务机关根据税收相关法律法规、制度等进行处理,并作为企业信誉等级评定重要依据。

对于在数据采集过程中持续出现不报、漏报、瞒报、错报等情况的企业集团,省级税务机关大企业部门要及时核实原因,责成所在地税务机关及时调整联络员。

第九条 千户集团可根据实际需要在集团总部及成员单位增设内部数据联络员,并可参照本办法,制定集团内部数据联络员管理办法。

第十条 本办法由税务总局大企业税收管理司负责解释。

第十一条 本办法自发布之日起施行。

国家税务总局关于规范全国千户集团及其成员企业纳税申报时附报财务会计报表有关事项的公告

国家税务总局公告2016年第67号

为进一步加强大企业税收服务和管理工作,根据《中华人民共和国税收征收管理法》及其实施细则、《中华人民共和国企业所得税法》及其实施条例的相关规定,现将国家税务总局确定的重点大企业集团(以下简称"全国千户集团")及其成员企业纳税申报时附报财务会计报表有关事项公告如下:

一、全国千户集团总部及其成员企业应在企业所得税预缴纳税申报时附报本级财务会计报表,以及税务机关根据实际需要要求附报的其他纳税资料,境外成员企业可暂不附报。年度终了,应在企业所得税年度纳税申报时,附报本级年度财务会计报表,以及税务机关根据实际需要要求附报的其他纳税资料。按照会计准则、会计制度等要求编制合并财务报表的全国千户集团总部,应在每年5月31日前附报上一年度的合并财务报表。

二、全国千户集团及其成员企业应附报的财务会计报表,是指按照企业所适用的会计准则、会计制度等编制的财务会计报表,包括资产负债表、利润表、现金流量表、所有者权益(股东权益)变动表、附注等。原则上,所有资料应以电子形式附报。企业编制的原始财务会计报表与税务机关核心征管系统中报表格式不一致的,应将原始财务会计报表以EXCEL表格式,作为附件一并附报。企业应确保报送的财务会计报表数据的真实、完整、准确。

三、本公告自2016年12月1日起施行。

特此公告。

国家税务总局
2016年10月26日

国家税务总局大企业税收管理司关于开展2016年千户集团成员企业名册采集工作的通知

税总企便函〔2016〕76号

各省、自治区、直辖市和计划单列市国家税务局、地方税务局大企业税收管理部门：

根据大企业税收管理工作需要和税务总局绩效工作安排，税务总局（大企业税收管理司）定于近期开展2016年千户集团成员企业名册采集工作，现将有关事项通知如下：

一、报送范围

内资企业为纳入企业合并报表范围或为集团控制，且进行税务登记的境内各级分公司和子公司、境外控股公司以及其他涉税组织机构。外资企业为全球总部最终控股并在中国境内进行税务登记的各级分公司和子公司，以及其他涉税组织机构。集团控制的概念严格执行《企业会计准则第33号——合并财务报表》相关规定。2016年千户集团名单详见附件1。

二、工作模式

2016年千户集团成员企业名册采集工作按照"国家税务总局←→集团总部所在省税务机关←→集团总部←→成员企业"的工作模式。具体流程为：税务总局向集团总部所在省税务机关下发工作任务及相关资料；集团总部所在省税务机关向所辖集团总部传达工作要求，并对相关企业名单采集工作进行督促、辅导；集团总部负责组织下属成员企业完善集团树形层级架构、核实、填报企业名册信息表，所有信息必须经集团总部审核确认后方可报送。企业名册信息表及填表说明详见附件2。

三、报送方式

各企业集团可根据信息保密需求、互联网使用条件等因素，自行选择千户集团名册信息采集系统网站（以下简称名册采集网站）或千户集团名册信息采集单机版软件（以下简称名册采集单机软件）作为采集工具。

对选择使用名册采集网站的企业集团，通过互联网登录网站地址（http://123.126.28.70:9003/qymc），按照网站帮助中的操作手册说明，填报名册信息。集团总部所在省税务机关通过可控ftp下载操作手册等相关资料，分发给相应企业集团，下载路径：/E:/local（供各省下载使用）/大企业税收管理司/数据管理处/2016年千户集团名册管理工作。企业集团在所有成员企业信息填报完成后，必须由集团总部点击"确认上报"按钮，完成企业名单采集上报。企业集团和税务机关登录账户详见附件3、4。

对选择使用名册采集单机软件的企业集团，由集团总部所在省税务机关通过可控ftp下载名册采集单机软件及操作手册等相关资料，分发给相应企业集团。下载路径：/E:/local（供各省下载使用）/大企业税收管理司/数据管理处/2016年千户集团名册管理工作。企业集团完成填报后，可将名册采集单机软件生成的数据包自行导入名册采集网站，或通过集团总部所在省税务机关上报大企业管理司。上传路径：/E:/center（供各省上传使用）/大企业税收管理司/数据管理处/2016年千户集团名册管理工作/成员企业名单采集数据包上报。

四、工作内容

（一）制定工作方案。各地应制定千户集团成员企业名册采集工作方案，确定联系人，加强与企业集团沟通联系，做好前期准备工作。各地应积极解决企业集团在工作中遇到的困难和问题，需要税务总局协调解决的应及时上报。请各地于8月5日前将工作方案报税务总局

（大企业管理司），重点说明使用名册采集网站和名册采集单机软件的户数情况。报送路径：/E:/center（供各省上传使用）/大企业税收管理司/数据管理处/2016年千户集团名册管理工作/成员企业名单采集工作方案。

（二）核实问题清单。税务总局（大企业管理司）已根据各地2015年报送的千户集团名册信息，梳理形成了千户集团成员企业问题清单（附件5）。各地应逐户清理、核实问题清单，排查相关问题，并对核实情况做好工作总结。

（三）核准填报信息。各企业集团应明确工作联系人，组织成员企业完成信息核实填报工作，积极反馈、解决工作中发现的问题，确保采集信息的完整、准确和真实。对于采集工具中已列示的信息（不含系统自动生成的信息）要逐一核准更新，对于空白的栏目要认真补充填报。

五、工作要求

（一）高度重视采集工作。千户集团名册信息是深化大企业税收服务管理工作的重要基础，各地要提升站位，高度重视千户集团成员企业名册采集工作，确保千户集团名册信息准确完整。

（二）深入加强沟通协作。各地国税局、地税局可根据管辖能力，对本地千户集团名单适当分工，协商确定各自工作任务。各地国税局、地税局要加强沟通协作和信息共享，相互支援、相互补位，避免信息重复报送。各地应加强对企业的沟通解释工作，及时协商、协调解决问题，辅导企业准确提供信息。工作中各地可视具体情况自行向企业集团出具相关通知文书。

（三）严格掌握填报口径。各地应严格执行报送范围标准，应确保企业集团报送的成员企业范围和前期报送的企业集团营业收入、年度纳税额的汇总口径严格一致，税务总局（大企业管理司）将在后期进行数据校验。

（四）按时完成名册采集。请各地于9月30日前，组织完成千户集团成员企业名册采集工作。针对通过名册采集网站报送数据的情况，各地应分批次部署企业开展工作，均衡调配企业报送数据时间，避免由于企业扎堆报送数据造成网络拥堵。如有特殊情况，请及时报告税务总局（大企业管理司）。

（五）及时报送相关信息。根据税务总局领导指示精神，为及时做好千户集团税收经济分析工作，请各地一并组织采集千户集团2015年上半年、2016年上半年的纳税额和营业收入，工作方式、数据口径同《国家税务总局大企业税收管理司关于开展2016年千户集团名册核实工作的通知》（税总企便函〔2016〕51号）。请各地于8月1日前，将千户集团纳税额和营业收入统计表（附件6）填写完毕，通过可控ftp报送税务总局（大企业管理司）。报送路径：/E:/center（供各省上传使用）/大企业税收管理司/数据管理处/2016年千户集团名册管理工作/上半年纳税额和营业收入统计。如企业集团报送时间上确有困难，请及时报税务总局（大企业管理司）同意后适当予以延期。

（六）认真做好工作总结。各地要认真做好千户集团成员企业名单采集工作总结，对问题清单核实情况逐户回应，对本地企业集团报送情况做好统计，并结合工作实际提出意见建议。请各地于10月10日前，将工作总结通过可控ftp报送税务总局（大企业管理司）。报送路径：/E:/center（供各省上传使用）/大企业税收管理司/数据管理处/2016年千户集团名册管理工作/成员企业名单采集工作总结。

联系人及电话：税务总局大企业税收管理司，李昺辰，010-63418990，刘鹏，010-63418863；税务总局电子税务管理中心，高华，010-63418660。

技术支持热线:税务机关支持,4008112366-3-6;企业集团支持,4008312366-3-2。

附件:1. 2016年千户集团名单(略)
2. 企业名册信息表及填表说明(略)
3. 千户集团名册信息采集系统税务机关登录账户(略)
4. 千户集团名册信息采集系统企业集团登录账户(略)
5. 千户集团成员企业问题清单(略)
6. 千户集团纳税额和营业收入统计表(略)

大企业税收管理司
2016年7月22日

国家税务总局大企业税收管理司关于答复千户集团电子财务数据采集工作有关问题的通知

税总企便函〔2016〕32号

各省、自治区、直辖市和计划单列市国家税务局、地方税务局大企业税收管理部门:

根据《国家税务总局办公厅关于开展千户集团电子财务数据采集工作的通知》(税总办函〔2016〕257号),大企业税收管理司组织开展了千户集团电子财务数据采集工作(以下简称数据采集工作)。近期,大企业税收管理司汇总整理了各地反映的数据采集工作常见问题,对问题进行统一答复。现将常见问题答复下发各地,并将有关事项通知如下:

一、常见问题答复

(一)关于数据采集工作法律依据问题的答复

关于千户集团数据采集工作的法律依据,税收征管法及配套法律法规已对纳税人报送资料和数据做了明确规定。

1.《中华人民共和国税收征收管理法》(2015年修订),第二章第二十五条规定,纳税人必须按照法律、行政法规规定或者税务机关依照法律、行政法规的规定确定的申报期限、申报内容如实办理纳税申报,报送纳税申报表、财务会计报表以及税务机关根据实际需要要求纳税人报送的其他纳税资料。

第四章第五十四条规定,税务机关有权检查纳税人的账簿、记账凭证、报表等有关资料,以及检查扣缴义务人代扣代缴、代收代缴税款账簿、记账凭证等有关资料,并可责成纳税人、扣缴义务人提供与纳税或者代扣代缴、代收代缴税款有关的文件、证明材料等有关资料。

2.《国家税务总局关于贯彻〈中华人民共和国税收征收管理法〉及其实施细则若干具体问题的通知》(国税发〔2003〕47号)文件第十六条规定,对采用电算化会计系统的纳税人,税务机关有权对其会计电算化系统进行查验。对纳税人会计电算化系统处理、存储的会计记录以及其他有关的纳税资料,税务机关有权进入其电算化系统进行检查,并可复制与纳税有关的电子数据作为依据。

(二)关于确定千户集团为数据采集工作对象由来问题的答复

为贯彻落实中央《深化国税、地税征管体制改革方案》精神,税务总局下发了深化大企业税收服务与管理改革的实施方案,明确以全国千户集团和省局确定的大企业为服务与管理对象。2015年,税务总局按照企业集团年纳税额3亿元以上的标准,筛选了1 000户左右的企业集团,作为深化大企业税收服务与管理的对象。

(三)关于采集千户集团电子财务数据必要性问题的答复

采集千户集团电子财务数据,对查找税收管理薄弱环节,帮助企业防范税收风险,降低企业纳税成本,提高企业税收遵从度和满意度,具有重要意义;也是落实深化大企业税收服务和管理,加强国税、地税合作,推动大企业税收服务深度融合、执法适度整合、信息高度聚合的必要工作举措。

(四)关于采集千户集团电子财务数据保密措施问题的答复

1.《中华人民共和国税收征收管理法》(2015年修订),第一章第八条规定,纳税人、扣缴义务人有权要求税务机关为纳税人、扣缴义务人的情况保密,税务机关应当依法为纳税人、扣缴义务人的情况保密。

2. 此次数据采集工作由税务总局电子税务管理中心、大企业税收管理司及各地电子税务管理部门和大企业税收管理部门联合开展,在技术方案、软件工具等方面有相关保障。在工作实施过程中,均要求相关单位严格落实保密规定,必要时办理保密手续,以切实保证数据资料安全。

二、相关工作要求

(一)请各地大企业税收管理部门参照常见问题答复,回应相关企业集团,争取企业集团对数据采集工作的支持配合,加快推进千户集团电子财务数据采集工作。

(二)对上述这些常见问题的答复,主要用于对外解释时参考,不宜在新闻媒体宣传刊登,避免产生不必要的新闻舆情。请各地严格把握。

大企业税收管理司
2016年3月30日

国家税务总局大企业税收管理司关于统一处理千户集团电子财务数据采集工作若干问题的通知

税总企便函〔2016〕30号

各省、自治区、直辖市和计划单列市国家税务局、地方税务局大企业税收管理部门:

为了确保千户集团电子财务数据采集工作有序开展,根据各地反映较为集中几项问题,并经税务总局领导同意。现将有关处理意见下发各地,请遵照执行。

一、关于要求税务机关提供采集数据正式文件问题

(一)问题描述

一些集团总部要求提供电子财务数据采集工作的正式文件。

(二)处理方式

1. 对仅要求提供电子财务数据采集工作正式文件(有无公章均可)的集团企业,可由集团总部所在省税务机关将《国家税务总局办公厅关于开展千户集团电子财务数据采集工作的通知》(税总办函〔2016〕257号,以下简称257号文件)纸质件提供给集团企业。其中,千户集团

企业名单(257号文件附件2)不必提供。

2. 对要求提供电子财务数据采集工作正式文件(有公章)的集团企业,可由我司将257号文件纸质件(有公章)通过传真方式,发送到集团总部所在省税务机关,再由集团总部所在省税务机关统一提供给需要的集团企业。其中,千户集团企业名单(257号文附件2)不必提供。

二、关于数据报送范围问题

（一）集团企业成员单位数据采集级次范围

1. 问题描述

电子财务数据采集工作对象是涉及集团哪几级成员单位。

2. 处理方式

本次采集对象原则上为集团企业三级成员单位以上即可,以后根据工作需要和企业电子化管理进程再行研究。

（二）集团企业境外成员单位数据采集范围

1. 问题描述

集团企业存在境外成员单位,这部分数据是否采集。

2. 处理方式

暂不采集境外成员单位电子财务数据。

三、关于数据报送口径的问题

（一）军工企业数据采集

1. 问题描述

一些军工集团公司反映,由于他们是军工企业,电子账套中既包含军工类保密数据,也包括民用品数据,但绝大部分为保密类数据,为防止信息外泄,是否可不提供信息。

2. 处理方式

针对这类军工企业,暂缓报送电子账套数据,可只报送整套财务报表类数据。

（二）合并报表的成员单位信息采集

1. 问题描述

一些公司反映,其集团总部仅与某省内的成员单位合并财务报表,与其省外的成员单位未合并财务报表,是否仅报送集团总部及在某省内的成员单位数据。

2. 处理方式

针对存在这类情况的企业,仅采集集团总部及合并报表的成员单位电子财务数据。

（三）互联网新兴产业数据采集

1. 问题描述

一些互联网公司反映,其作为境外上市公司,在信息披露方面需要遵守境外国相关规定,若按照此次工作要求采集数据,可能会产生重大监管和诉讼风险。

2. 处理方式

针对存在这类情况的企业,可暂缓采集该类企业电子账套,仅采集整套财务报表数据。

（四）建筑行业集团手工记账数据采集

1. 问题描述

一些建筑行业公司反映,其90%以上的成员单位均以手工记账的方式处理财务数据,暂无法提供电子财务数据。

2. 处理方式

针对存在这类情况的企业,可暂缓采集电子账套,仅采集整套财务报表数据。

大企业税收管理司
2016 年 3 月 30 日

国家税务总局大企业税收管理司关于核实确认千户集团税收快报报送范围有关事项的通知

税总企便函〔2016〕13 号

各省、自治区、直辖市和计划单列市国家税务局、地方税务局大企业税收管理部门:

根据《国家税务总局办公厅关于开展千户集团税收快报工作的通知》(税总办发〔2016〕16 号)要求,税务总局决定从 2016 年 3 月起开展千户集团税收快报工作。为进一步落实上述要求,需要各地大企业税收管理部门会同相关部门核实确认千户集团税收快报报送范围,初始化千户集团企业信息,并在相关征管系统中维护大企业标识等具体工作。现将有关事项通知如下:

一、核实确认千户集团税收快报报送范围

千户集团税收快报报送范围,以 2015 年各地税务机关报送的千户集团总部及其成员企业为基准,具体名单,详见附件。请各地核实下发的企业名单,确认本地区千户集团税收快报报送范围。

下发企业名单中主要包含集团代码、企业代码、集团名称、企业名称、企业国税纳税人识别号、企业地税纳税人识别号、企业主管国税机关代码、企业主管地税机关代码等 8 项数据项。其中:

(一)集团代码、企业代码等 2 项,为系统自动生成编码,各地不需核实,务必不要修改;集团名称项,为千户集团成员企业所属的集团名称,不需要核实修改。

(二)企业名称、企业国税纳税人识别号、企业地税纳税人识别号等 3 项,请与本地区征管系统中信息比对核实。各地国税机关仅核实企业国税纳税人识别号,各地地税机关仅核实企业地税纳税人识别号。各地在认真审核后,对于无法核实确认的企业信息,请汇总后通过可控 ftp 报送税务总局大企业税收管理司。

(三)企业主管国税机关代码、企业主管地税机关代码等 2 项,金税三期上线省份,请填写征管系统中企业主管国税机关代码和企业主管地税机关代码;非金税三期上线省份,因主管税务机关代码尚不统一,请填写征管系统中企业主管税务机关所在地的行政区划代码。各地国税机关仅核实企业主管国税机关代码,各地地税机关仅核实企业主管地税机关代码。

请各地大企业税收管理部门将核实后的本地区千户集团税收快报企业名单,命名为《××省(区、市)国(地)税局千户集团税收快报企业名单》,通过可控 ftp 报送税务总局大企业税收管理司。报送路径:/E:/center(供各省上传使用)/大企业税收管理司/数据管理处/2016 年千户集团税收快报工作/千户集团税收快报核实确认。

二、初始化千户集团企业信息

各地大企业税收管理部门核实确认千户集团税收快报报送范围后,应会同有关部门在相关信息系统中完成千户集团企业信息初始化。

（一）金税三期上线省份

税务总局在金税三期系统中开发千户集团税收快报功能模块，提供千户集团企业信息初始化表样。金税三期上线省份大企业税收管理部门，运用金税三期系统千户集团税收快报功能模块，根据核准后的税收快报企业名单，在金税三期系统中完成千户集团企业信息初始化，并维护好信息。

（二）非金税三期上线省份

税务总局在大企业税收管理信息系统中开发千户集团税收快报功能模块，提供千户集团企业信息初始化表样。非金税三期上线省份大企业税收管理部门，运用大企业税收管理信息系统千户集团税收快报功能模块，根据核准后的税收快报企业名单，在大企业税收管理信息系统中完成千户集团企业信息初始化，并维护好信息。

三、维护大企业标识

为便于生成千户集团税收快报数据，各地需在相关征管系统中维护大企业标识。

（一）金税三期上线省份

税务总局已部署在金税三期核心征管软件中添加大企业标识，"大企业管理层级"下拉菜单应包含"千户集团"和"省局确定的大企业"两项内容。金税三期上线省份，需根据税收快报企业名单，在金税三期核心征管软件中将"大企业管理层级"项维护为"千户集团"。

（二）非金税三期上线省份

1. 税务总局已在总局推广应用征管系统（CTAIS2.0）中实现大企业标识功能，"大企业管理层级"下拉菜单包含"千户集团"和"省局确定的大企业"两项内容。相关省份大企业税收管理部门，应根据税收快报企业名单，在总局推广应用征管系统（CTAIS2.0）中将"大企业管理层级"项维护为"千户集团"。

2. 使用非总局推广应用征管系统的地区，相关省份可根据抽取千户集团税收快报数据的需要，自行选择是否在本地区征管系统中添加并维护大企业标识。

四、工作要求

（一）各地大企业税收管理部门要高度重视千户集团税收快报报送范围核实确认相关工作，确保千户集团税收快报企业信息、报送范围准确无误。千户集团税收快报报送范围核实结果将作为2016年快报工作绩效考核的重要依据。

（二）请各地大企业税收管理部门在2月25日前完成千户集团税收快报报送范围核实确认、企业信息初始化以及大企业标识维护工作。

附件：千户集团税收快报分地区名单（略）

大企业税收管理司
2016年2月2日

四、风险管理

 国家税务总局大企业税收管理司关于下发分行业、分事项税收风险分析应对指引的通知

税总企便函〔2015〕71号

各省、自治区、直辖市和计划单列市国家税务局、地方税务局大企业税收管理部门：

　　为进一步落实《国家税务总局关于运用大数据开展大企业税收服务与监管试点工作的通知》（税总函〔2015〕477号）要求，推动和指导各地更有针对性地开展试点工作，我司在总结归纳全国税务系统历年大企业税收风险管理工作成果的基础上，组织人员编写了分行业、分事项大企业税收风险分析应对指引。现将银行、保险、证券、汽车、电力、建筑6个行业和关联交易、跨境投资、股权转让、财政补贴4个事项的风险分析应对工作指引下发给你们，请在试点工作的风险识别和风险应对阶段选择企业集团总部和重点成员单位，对分行业、分事项大企业税收风险分析应对指引中的风险事项进行逐一分析排查和确认。

附件：1. 千户集团税收风险分析应对工作指引
　　　　　——银行行业篇
　　　2. 千户集团税收风险分析应对工作指引
　　　　　——保险行业篇
　　　3. 千户集团税收风险分析应对工作指引
　　　　　——证券行业篇
　　　4. 千户集团税收风险分析应对工作指引
　　　　　——汽车行业篇
　　　5. 千户集团税收风险分析应对工作指引
　　　　　——电力行业篇
　　　6. 千户集团税收风险分析应对工作指引
　　　　　——建筑行业篇
　　　7. 千户集团税收风险分析应对工作指引
　　　　　——关联交易篇
　　　8. 千户集团税收风险分析应对工作指引
　　　　　——跨境投资篇
　　　9. 千户集团税收风险分析应对工作指引
　　　　　——股权转让篇
　　　10. 千户集团税收风险分析应对工作指引
　　　　　——财政补贴篇

大企业税收管理司
2015年10月10日

附件1 **千户集团税收风险分析应对工作指引**
——银行行业篇

一、行业基本情况

（一）银行业概述

中国银行体系由中央银行、监管机构、自律组织和银行业金融机构组成。中国人民银行是中央银行，负责制定和执行货币政策，防范和化解金融风险，维护金融稳定。银监会负责对全国银行业金融机构及其业务活动实施监管。中国银行业协会是在民政部登记注册的全国性非营利社会团体，是中国银行业的自律组织。根据《中华人民共和国银行业监督管理办法》的规定，银行业金融机构，是指在中华人民共和国境内设立的商业银行、城市信用合作社、农村信用合作社等吸收公众存款的金融机构以及政策性银行。本指引主要适用商业银行，其他银行业金融机构也可以参考使用。

商业银行是依照《中华人民共和国商业银行法》和《中华人民共和国公司法》成立的吸收公众存款、发放贷款、办理结算等业务的企业法人，在经营过程中讲究盈利性、安全性和流动性。我国商业银行可以分为：国有商业银行、股份制商业银行、城市商业银行、外资商业银行等。商业银行作为金融业代表行业，具有指标性、垄断性、高风险性、效益依赖性、高负债经营性和严格的行业监管和较为完善的内控制度等特点：

1. 指标性。作为金融业的核心代表，商业银行的指标数据从多个角度反映了国民经济的整体状况，是国民经济发展的晴雨表。

2. 垄断性。一方面是指商业银行是政府严格控制的行业，未经批准任何单位和个人不得从事银行业务；另一方面是指银行经营的具体业务也有较高的垄断性。

3. 高风险性。商业银行是巨额资金的集散中心，涉及国民经济各个部门，任何经营决策的失误都可能导致各个行业的连锁反应。

4. 效益依赖性。商业银行的效益主要取决于国家宏观经济环境以及国民经济总体效益。

5. 高负债经营性。相对于一般工商企业而言，商业银行的自有资金比率较低，更多是依赖吸收存款资金及同业拆借进行经营。

6. 行业监管及内控。商业银行是国民经济中受到最为严格监管的行业之一，其监管主要体现在三个方面：监管机构多、监管内容繁、监管程序复杂。也正因此，商业银行的内控制度较一般企业更为完善，通过一体化的综合核算软件来进行自动财务核算，内在的财务核算规则与核算制度严格按照国家的有关法律法规设置，并需报银监会备案。

（二）商业银行重要业务及特点

商业银行是经营货币和信用业务的金融机构，特殊经营对象形成了其特定的业务内容。按其资金的来源和运用划分，主要可以分为负债业务、资产业务和中间业务三大类。另外，伴随着经济、金融全球一体化的发展，国际业务也成为商业银行经营中不可缺的重要组成部分。

1. 负债业务

负债业务主要通过吸收和借入形式筹集资金，是银行最基本、最主要的业务，构成银行经营的基础，包括存款业务和非存款业务。存款业务是指银行以信用方式吸收社会闲置资金的筹资活动，是银行最主要的信贷资金来源。存款业务主要包括为企业交易目的开设的企事业单位存款和为个人积蓄货币取得利息收入开设的居民储蓄存款。银行的非存款业务，是指银行吸收各种非存款资金的业务。一般来说，按照期限长短可分为短期借入资金业务和长期借入资金业务。

2. 资产业务

资产业务指银行运用其吸收的资金从事各种信用活动以获取利润的行为，主要包括贷款业务、投资业务等内容。贷款业务是银行以债权人地位，将货币资金贷给借款人，借款人按约定的利率和期限还本付息的一种信用方式。贷款是商业银行最主要的资产业务。银行主要的投资业务为证券投资业务，证券投资业务是通过金融工具进行的投资活动，是银行除贷款外最重要的资金运用渠道。由于资产的特殊性，商业银行通过建立以贷款资产减值准备为主、其他资产减值准备为辅的拨备制度进行风险防范。

3. 中间业务

中间业务是指不构成银行表内资产、表内负债,形成银行非利息收入的业务,银行不运用或很少运用自己的资产,以中间人的身份替客户办理收付或其他委托事项,收取手续费。包括支付结算类中间业务、代理类中间业务、银行卡业务、担保类中间业务、承诺类中间业务、交易类中间业务等。

4. 国际业务

国际业务包含银行对本国居民开展的外汇业务和对外国居民开展的本币业务,主要包括贸易融资业务、外汇买卖业务、国际结算业务和离岸金融业务等。

(三)商业银行财务核算特点

银行业财务会计核算遵循《企业会计准则》的规定,银行对其分支机构实行统一核算,统一调度资金,分级管理的财务管理制度。由于银行业务的特殊性,银行财务会计核算与其他行业相比具有以下几个方面的特征:

1. 银行会计核算同银行的各项业务关系十分密切。银行的业务过程很多与会计核算过程合二为一,例如存款业务的一系列程序,既是业务活动过程,又是会计核算过程。

2. 银行会计具有显著的宏观性和社会性。银行会计与国民经济各部门活动紧密联系,国民经济各部门、各单位和个人均可在商业银行开设账户,办理资金收付业务。商业银行通过开户单位账户资金的增减变化和来龙去脉,可以反映和监督他们的经营状况、财务状况、资金去向和流量,充当社会总会计,为有关部门提供各种经济信息和统计资料。

3. 银行财务会计核算体系的特殊性。总行和各级分支行虽然统一核算,但是财务会计核算的范围并不相同,如利息收支的核算、手续费收支的核算及各类准备金的核算等。

4. 银行大型数据处理系统的特殊性。银行从事的交易种类繁多、次数频繁、金额巨大,银行充分利用现代信息技术手段处理跨地区、跨部门、跨产品的数据,大量财务会计核算信息由信息系统自动生成。

5. 银行会计科目设置具有特殊性。银行是特殊企业,它所核算的内容即会计核算的主要对象是资金,银行设置的会计科目是对银行资金进行分类划分的结果。同时银行的主要业务是吸收存款、发放贷款等,对应的会计科目必然会主要通过存贷款业务反映在外部,即反映在广大客户身上,表现形式体现为账号。

(四)商业银行税收风险应对方式方法的改进

商业银行业务和产品复杂、交易量巨大、高度依赖信息系统。传统的"自下而上"的税务检查方式,无法适应银行,尤其是大型银行税收风险管理的需要,难以形成对银行税收风险的全面、准确判断。开展商业银行税收风险应对,除了关注银行常规涉税风险外,更强调商业银行总行主管税务机关通过加强对银行总行的管理掌握银行整体情况,与分支行主管税务机关之间相互配合,共同构建着眼全局、分工合作、信息共享、精确制导的银行业税收风险管理模式。

1. 总行和分支行主管税务机关加强合作

银行总行在整个银行体系中发挥着司令部和神经中枢的作用,银行的产品设计、业务规范、信息系统、财务和税务处理规则均由总行制定,并实施监督,集团内税收风险同质性突出。商业银行总行所在地税务机关应特别注意加强对银行重大交易事项、非常规业务事项、新兴业务事项、行业普遍存在的高风险事项的管理,加强与分支机构所在地税务机关共享工作成果,共同应对税收风险。

2. 重点关注系统性风险

银行产品条线和品种繁多、业务量巨大、内部流转手续复杂、牵涉部门广、会计结转科目多,有些业务和产品甚至难以确定股权和债权性质、多种收益混杂。风险应对工作中,税务机关应在深入了解企业相关业务流程、内部控制制度、财务核算方法、纳税管理规章的基础上,重点审计制度体系上的薄弱环节和漏洞,发现银行系统性税收风险,并厘清总行与分支行在业务流程和各税种纳税申报上的权责定位,确定风险应对措施;应注意着眼于银行业务收入和成本产生时点,结合业务流程与会计核算,确认价值实现节点、进行纳税义务判定,并将判定结果与银行实际纳税义务履行情况进行比对,进而确定企业具体涉税风险。

3. 深入了解信息系统

银行具有独特的信息系统,财务核算系统与一般企业不同,银行大量的会计凭证由信息系统生成,只强调整体借贷平衡,多借多贷,税务管理难以通过会计凭证追踪和了解企业实际经济业务,给税务审计带来很大困难。同时,由于行业监管和企业自身管理的要求,银行业务数据的质量通常较高,在信息系统设计正确、运行稳定的情况下,由业务系统批量产生的会计凭证可靠性通常很高。

因此,对银行业务事项等系统性风险的应对,可以由总行主管税务机关从业务和会计科目两个方面入手,深入了解银行的信息系统,从而发现企业税收风险,必要情况下,辅以分支机构税务机关实地核实验证,最终确定具体税收问题,避免各地税务机关重复低效劳动,提高工作质量和效率。需要注意的是,不同银行的信息系统完善程度和对税务管理的支持程度并不相同,需要根据银行情况具体分析。一般来说,大型商业银行信息系统较为完善,但是也存在系统数量众多,财务系统与业务系统不能完全对接等问题;城市商业银行往往是由多家单个银行合并而成,在没有完成整合前,内部各分支机构的管理、信息系统往往并不统一;外资银行使用的信息系统,一般由其全球总部开发和维护,系统的设计可能并未充分考虑我国监管和合规要求,固化于系统的财务核算方法也可能不符合我国会计准则的规定,在进行纳税申报时,往往需要税务团队进行大量的手工调整,带来一定的税务风险。

4. 注意加强税企合作

商业银行,尤其是大型商业银行规模庞大、跨地区经营、业务和信息系统复杂、数据量巨大,税务机关现有的人力资源已难以满足银行业税收管理的需要,并且如果银行业务系统中没有对相关涉税事项进行单独核算、不能从信息系统中抓取相关数据,则很难通过人工手段确定税务调整金额。

商业银行税收管理中,在加强税务检查力度、优化风险应对方法、提高政策确定性和执行一致性的同时,应特别强调税企合作的必要性,通过税企高层对话、签订遵从协议、开展政策辅导等方法,进一步加强银行领导层对税收工作的重视程度,自觉优化管理流程、强化信息系统对财务核算和税务处理的支持、前置税务管理环节,不断提升银行自我税收遵从能力。

(五)银行业特殊税收政策

(由于此次税收风险分析应对的期间是2010至2014年度,为了体现银行业主要税收政策的延续和变更,以下政策中包含了部分目前已经条款失效或全文失效的政策,请在参考使用时注意政策的适用期间。)

1. 银行业营业税的重要文件

(1)《财政部 国家税务总局关于金融业征收营业税有关问题的通知》(财税字〔1995〕79号)

(2)《财政部 国家税务总局关于金融业若干征税问题的通知》(财税字〔2000〕191号)

(3)《国家税务总局关于印发〈金融保险业营业税申报管理办法〉的通知》(国税发〔2002〕9号)

(4)《财政部 国家税务总局关于营业税若干政策问题的通知》(财税〔2003〕16号)

(5)《财政部 国家税务总局关于农村金融有关税收政策的通知》(财税〔2010〕4号)

(6)《财政部 国家税务总局关于延长农村金融机构营业税政策执行期限的通知》(财税〔2011〕101号)

(7)《国家税务总局关于金融商品转让业务有关营业税问题的公告》(国家税务总局公告2013年第63号)

(8)《财政部 国家税务总局关于中国农业银行三农事业部涉农贷款营业税优惠政策的通知》(财税〔2014〕5号)

(9)《国家税务总局关于债券买卖业务营业税问题的公告》(国家税务总局公告2014年第50号)

(10)《财政部 国家税务总局关于延续并完善支持农村金融发展有关税收政策的通知》(财税〔2014〕102号)

2. 银行业企业所得税的重要文件

(1)《国家税务总局关于加强非居民企业来源于我国利息所得扣缴企业所得税工作的通知》(国税函〔2008〕955号)

(2)《财政部 国家税务总局关于金融企业贷款损失准备金企业所得税税前扣除有关问题的通知》(财税〔2009〕64号)

(3)《国家税务总局关于金融企业贷款利息收入确认问题的公告》(国家税务总局公告2010年第23号)

(4)《国家税务总局关于发布〈企业资产损失所得税税前扣除管理办法〉的公告》(国家税务总局公告2011

年第25号)

(5)《财政部 国家税务总局关于延长金融企业涉农贷款和中小企业贷款损失准备金税前扣除政策执行期限的通知》(财税〔2011〕104号)

(6)《财政部 国家税务总局关于金融企业贷款损失准备金企业所得税税前扣除政策的通知》(财税〔2012〕5号)

(7)《财政部 国家税务总局关于金融企业涉农贷款和中小企业贷款损失准备金税前扣除有关问题的通知》(财税〔2015〕3号)

(8)《财政部 国家税务总局关于金融企业贷款损失准备金企业所得税税前扣除有关政策的通知》(财税〔2015〕9号)

(9)《国家税务总局关于金融企业涉农贷款和中小企业贷款损失税前扣除问题的公告》(国家税务总局公告2015年第25号)

(10)《关于境内机构向我国银行的境外分行支付利息扣缴企业所得税有关问题的公告》(国家税务总局公告2015年第47号)

3. 银行业其他税种的重要文件

(1)《国家税务局关于对借款合同贴花问题的具体规定》(国税地字〔1988〕30号)

(2)《财政部 国家税务总局关于金融机构与小型微型企业签订借款合同免征印花税的通知》(财税〔2011〕105号)

(3)《财政部 国家税务总局关于金融机构与小型微型企业签订借款合同免征印花税的通知》财税〔2014〕78号

(4)《财政部 国家税务总局关于企业促销展业赠送礼品有关个人所得税问题的通知》(财税〔2011〕50号)

二、银行业主要税收风险

(一)营业税税收风险事项内容

1. 支付境外业务代扣代缴营业税事项

(1)风险描述

商业银行在开展境外业务过程中发生对外支付业务,如海外代付、境外同业拆入、资金托管以及接受境外劳务等,银行作为支付人,存在未按规定代扣代缴营业税风险。

(2)政策依据

《中华人民共和国营业税暂行条例》第一条、第十一条

《中华人民共和国营业税暂行条例实施细则》第四条

(3)核查路径

重点审核"业务及管理费"等科目,查看是否存在发生从国外购买专利技术,支付国外机构服务费、国际交易的数据使用费、会员费、平台费、交易费以及利息支出等,是否存在未履行代扣代缴营业税税款情况。

2. 对农户小额贷款利息收入营业税优惠适用事项

(1)风险描述

存在农户的认定存在风险;贷款项目不符合政策规定;贷款机构不符合规定。

(2)政策依据

《财政部 国家税务总局关于农村金融有关税收政策的通知》(财税〔2010〕4号)

《财政部 国家税务总局关于延续并完善支持农村金融发展有关税收政策的通知》(财税〔2014〕102号)

(3)核查路径

审核农户小额贷款的利息收入、贷款额度、农户性质、单独核算条件是否满足免征营业税的条件。

3. 抵债资产营业税事项

(1)风险描述

抵债资产若为不动产,持有期间对外出租,存在未缴纳营业税的风险;处置环节,存在未缴纳营业税的

风险。

(2) 政策依据

《中华人民共和国营业税暂行条例》第一条、第二条、第五条

《中华人民共和国营业税暂行条例实施细则》第二条

《中华人民共和国物权法》第二十八条、第二十九条

(3) 核查路径

审核"抵债资产"等科目,核实是否存在抵债资产持有期间或者转让环节未缴纳营业税风险。

4. 银团贷款营业税事项

(1) 风险描述

牵头行、参与行存在未按银团贷款合同约定的时间和利率、费率确认贷款利息收入及手续费收入申报缴纳营业税的风险。

(2) 政策依据

《中华人民共和国营业税暂行条例》第一条、第二条、第五条、第十二条

(3) 核查路径

检查"银团贷款"类科目有无发生额或者余额,审核牵头行、参与行是否按银团贷款合同约定的时间和利息率确认贷款利息收入申报缴纳营业税;审核牵头行是否按合同约定应收手续费时间及费率确认手续费收入申报缴纳营业税。

5. 中间业务营业税事项

(1) 风险描述

银行取得各类中间业务收入,如:代办保险手续费收入、代理发行、承销证券手续费收入、代销基金收入等,不缴或少缴营业税风险。

(2) 政策依据

《中华人民共和国营业税暂行条例》第一条、第二条、第五条

《中华人民共和国营业税暂行条例实施细则》第二条、第十三条

《国家税务总局关于印发〈金融保险业营业税申报管理办法〉的通知》(国税发〔2002〕9号)

(3) 核查路径

审核银行相关制度性文件、合同等资料,检查总分行分成收入方式等,重点审核中间业务收入的相关会计科目以及纳税申报数据,确定是否存在上述风险。

6. 收取滞纳金、罚款等计征营业税事项

(1) 风险描述

银行存在未按利息收入的全额(包括罚款、滞纳金、赔偿金等)计征营业税的风险。

(2) 政策依据

《中华人民共和国营业税暂行条例》第五条

《中华人民共和国营业税暂行条例实施细则》第十三条

《国家税务总局关于印发〈金融保险业营业税申报管理办法〉的通知》(国税发〔2002〕9号)

(3) 核查路径

审核"营业外收入""其他业务收入""其他应付款"等科目,查看是否存在取得的上述收入未按规定缴纳营业税的问题。

7. 扩大金融机构往来收入范围事项

(1) 风险描述

银行存在将一般贷款利息收入、金融机构相互之间提供的服务等收入作为金融机构往来业务收入未申报缴纳营业税的风险。

(2) 政策依据

《财政部 国家税务总局关于金融业若干征税问题的通知》(财税字〔2000〕191号)

(3) 核查路径

对"拆放同业利息收入""同业往来"等科目进行审核分析,审核同业之间的资金借用及拆借合同,核实银行是否存在上述风险。

8. 银行取得其他收入计征营业税事项

(1) 风险描述

银行向储户收取的账户年费、信用卡年费等存在未按税法规定缴纳营业税的风险;银行在提供金融劳务的同时,存在销售账单凭证、支票等,未按照规定申报缴纳营业税的风险。

(2) 政策依据

《中华人民共和国营业税暂行条例》第一条、第二条、第三条、第五条

《中华人民共和国营业税暂行条例实施细则》第二条、第六条

(3) 核查路径

审核"营业外收入"等会计科目,并与营业税纳税数据进行比较分析,核实银行是否存在上述风险。

9. 买卖金融商品营业税事项

(1) 风险描述

金融商品买卖差价存在计算不准确的风险;转计环节是否以股票、债券的购入价减去股票、债券持有期间取得的股票、债券红利收入的余额作为计算差额的扣减项,是否存在跨年度结转金融商品的负差等风险。

(2) 政策依据

《国家税务总局关于印发〈金融保险业营业税申报管理办法〉的通知》(国税发〔2002〕9号)

《财政部 国家税务总局关于营业税若干政策问题的通知》(财税〔2003〕16号)

《国家税务总局关于金融商品转让业务有关营业税问题的公告》(国家税务总局公告2013年第63号)

(3) 核查路径

审核"投资收益"下的明细科目,并与"交易性金融资产""可供出售金融资产"等科目进行比对分析,核实有无上述风险。

(二) 企业所得税税收风险事项内容

1. 涉农及中小企业贷款损失准备金所得税税前扣除事项

(1) 风险描述

在执行金融企业涉农贷款和中小企业贷款损失准备金税前扣除政策的过程中,可能存在重复计算扣除准备金的风险,即对涉农及中小企业贷款按五级分类管理,对除"正常类"外的其他四类分别按各自标准计提扣除损失准备金,同时对"正常类"贷款也按1%在税前进行了损失准备金的计提扣除。

(2) 政策依据

《财政部 国家税务总局关于金融企业贷款损失准备金企业所得税税前扣除有关问题的通知》(财税〔2009〕64号)

《财政部 国家税务总局关于金融企业涉农贷款和中小企业贷款损失准备金税前扣除政策的通知》(财税〔2009〕99号)

《关于延长金融企业涉农贷款和中小企业贷款损失准备金税前扣除政策执行期限的通知》(财税〔2011〕104号)

《关于金融企业贷款损失准备金企业所得税税前扣除政策的通知》(财税〔2012〕5号)

《财政部 国家税务总局关于金融企业涉农贷款和中小企业贷款损失准备金税前扣除有关问题的通知》(财税〔2015〕3号)

《财政部 国家税务总局关于金融企业贷款损失准备金企业所得税税前扣除有关政策的通知》(财税〔2015〕9号)

(3) 核查路径

审核银行提供的年度各类贷款余额、内控制度及财务核算办法,核对银行计提准备金的数额,与企业所得税前扣除准备金比对,核实其贷款损失准备金的扣除是否符合税法规定。

2. 贷款准备金计提范围事项

(1) 风险描述

银行税前扣除的贷款损失准备金,在按照税法规定的比例计提时,存在将准予提取贷款损失准备的贷款资产范围扩大的风险。

(2) 政策依据

《财政部 国家税务总局关于金融企业贷款损失准备金企业所得税税前扣除有关问题的通知》(财税〔2009〕64号)

《关于金融企业贷款损失准备金企业所得税税前扣除政策的通知》(财税〔2012〕5号)

《财政部 国家税务总局关于金融企业贷款损失准备金企业所得税税前扣除有关政策的通知》(财税〔2015〕9号)

(3) 核查路径

审核银行提供的贷款损失准备金计算流程,核实计提范围是否准确,有无擅自扩大计提贷款损失准备金基数的问题;核实呆账核销和收回计算是否准确。

3. 农户小额贷款税收优惠适用事项

(1) 风险描述

银行发放的农户小额贷款可以享受税收优惠,存在银行未按照税法规定标准认定农户及小额贷款的风险。

(2) 政策依据

《财政部 国家税务总局关于农村金融有关税收政策的通知》(财税〔2010〕4号)

《财政部 国家税务总局关于延续并完善支持农村金融发展有关税收政策的通知》(财税〔2014〕102号)

(3) 核查路径

审核银行实际发放的农户小额贷款是否满足享受优惠政策的认定条件。

4. 贷款损失扣除事项

(1) 风险描述

银行申报税前扣除的贷款损失存在未按相关规定报送备案资料或者履行相关程序的风险。

(2) 政策依据

《财政部 国家税务总局关于企业资产损失税前扣除政策的通知》(财税〔2009〕57号)

《国家税务总局关于发布〈企业资产损失所得税税前扣除管理办法〉的公告》(国家税务总局公告2011年第25号)

《国家税务总局关于金融企业涉农贷款和中小企业贷款损失税前扣除问题的公告》(国家税务总局公告2015年第25号)

(3) 核查路径

审核企业报送的贷款损失备案资料,与税收文件规定进行比对,核实企业有无按照规定报送资料及履行税前扣除相关程序。

5. 银行发行可转换债券的利息支出扣除事项

(1) 风险描述

根据《中华人民共和国企业所得税法》第八条规定,企业实际发生的与取得收入有关的、合理的支出,包括成本、费用、税金、损失和其他支出,准予在计算应纳税所得额时扣除。银行发行可转换债券可在企业所得税税前扣除的利息支出,应根据"票面金额""票面利率"及"持有期间"计算确定,即实际发生并支付给可转换债券持有人的利息支出,超出部分应进行纳税调整。

(2) 政策依据

《中华人民共和国企业所得税法》第八条

《中华人民共和国企业所得税法实施条例》第十八条

(3) 核查路径

审核企业可转债利息支出的核算办法和会计核算科目,比较会计与税法差异。

6. 国债利息收入税收优惠事项

(1) 风险描述

存在将国债转让收入作为企业所得税免税收入,造成少缴纳企业所得税的风险。

(2) 政策依据

《国家税务总局关于企业国债投资业务企业所得税处理问题的公告》(国家税务总局公告 2011 年第 36 号)

(3) 核查路径

审核国债交易交割单、国债交易台账,核实企业有无将应税收入作为免税收入处理,造成少缴纳企业所得税的情况。

7. 股息、红利等权益性投资收益所得税优惠事项

(1) 风险描述

企业所得税免税收入的符合条件的居民企业之间的股息、红利等权益性投资收益,不包括连续持有居民企业公开发行并上市流通的股票不足 12 个月取得的投资收益。企业存在将不符合免税收入条件的投资收益计入了免税收入,造成少缴纳企业所得税的风险。

(2) 政策依据

《中华人民共和国企业所得税法》第二十六条

《中华人民共和国企业所得税法实施条例》第八十三条

(3) 核查路径

通过"投资收益"下的明细科目核算取得收入,并与科目"交易性金融资产""可供出售金融资产"等科目进行比对分析,核实企业有无将连续持有居民企业公开发行并上市流通的股票不足 12 个月取得的投资收益作为免税收入的情况。

8. 境外业务代扣代缴企业所得税事项

(1) 风险描述

商业银行在开展对外业务过程中,发生对境外银行或者分行支付利息,存在未按照《中华人民共和国企业所得税法》及实施条例的规定,履行代扣代缴企业所得税的义务。

(2) 政策依据

《中华人民共和国企业所得税法》第三条、十九条、三十七条

《中华人民共和国企业所得税法实施条例》第六条

《国家税务总局关于加强非居民企业来源于我国利息所得扣缴企业所得税工作的通知》(国税函〔2008〕955 号)

《国家税务总局关于境内机构向我国银行的境外分行支付利息扣缴企业所得税有关问题的公告》(国家税务总局公告 2015 第 47 号)

(3) 核查路径

审核银行提供的向境外支付款项相关管理办法和境外业务的实际情况,核实是否存在未按照规定代扣代缴税收的情况。

9. 工资薪金扣除事项

(1) 风险描述

属于国有性质的企业,其工资薪金超过政府有关部门给予的限定数额部分,存在未按照规定在所得税税前扣除的风险。

(2) 政策依据

《中华人民共和国企业所得税法实施条例》第三十四条

《国家税务总局关于企业工资薪金及职工福利费扣除问题的通知》(国税函〔2009〕3 号)

(3) 核查路径

审核银行工资管理办法、财务报表等相关资料,核实其工资薪金支出是否按照税法规定在所得税税前扣除。

(三)个人所得税税收风险事项内容

1. 各类奖金、津贴、补贴扣缴个人所得税事项

(1)风险描述

银行向职工发放各种补贴补助、组织职工旅游所发生的费用等未与员工当期的工资薪金合并按照"工资、薪金所得"项目扣缴个人所得税;银行向职工支付的全年一次性奖金以及季度、半年奖金,未按规定计算并代扣代缴个人所得税。

(2)政策依据

《中华人民共和国个人所得税法》第二条

《中华人民共和国个人所得税法实施条例》第八条

《国家税务总局关于生活补助费范围确定问题的通知》(国税发〔1998〕155号)

《国家税务总局关于调整个人取得全年一次性奖金等计算征收个人所得税方法问题的通知》(国税发〔2005〕9号)

(3)核查路径

审核"应付职工薪酬""业务及管理费"等科目,并比对企业缴税情况,分析是否存在发放给职工的奖金、津贴、补贴未按规定代扣代缴个人所得税的情况;核实企业每年是否只采用一次年终奖方式申报税款。

2. 劳务派遣工补贴扣缴个人所得税事项

(1)风险描述

将直接发放给劳务派遣工的补贴存在未足额申报缴纳个人所得税的风险。

(2)政策依据

《中华人民共和国个人所得税法》第二条

《中华人民共和国个人所得税法实施条例》第八条

(3)核查路径

审核"应付职工薪酬""其他应付款""业务及管理费用"等科目,并比对企业个税扣缴情况,分析是否存在直接发放给劳务派遣工的补贴,未按规定代扣代缴个人所得税的风险。

3. 企业年金扣缴个人所得税事项

(1)风险描述

2014年1月1日以前,企业年金计入个人账户的部分,存在未按规定代扣缴个人所得税的风险。

(2)政策依据

《国家税务总局关于企业年金个人所得税征收管理有关问题的通知》(国税函〔2009〕694号)

《国家税务总局关于企业年金个人所得税有关问题补充规定的公告》(国家税务总局公告2011年第9号)

《财政部 人力资源社会保障部 国家税务总局关于企业年金 职业年金个人所得税有关问题的通知》(财税〔2013〕103号)

(3)核查路径

审核企业年金制度,并比对企业个税扣缴情况,确定是否存在未按规定扣缴个人所得税的情况。

4. 劳务报酬扣缴个人所得税事项

(1)风险描述

银行向独立董事、独立监事支付董事费、监事费,存在未按税法规定扣缴个人所得税的风险。

(2)政策依据

《中华人民共和国个人所得税法》第二条、第三条

《中华人民共和国个人所得税法实施条例》第八条

《国家税务总局关于印发〈征收个人所得税若干问题的规定〉的通知》(国税发〔1994〕089号)

《国家税务总局关于明确个人所得税若干政策执行问题的通知》(国税发〔2009〕121号)

(3) 核查路径

审核分析"业务及管理费""其他业务成本"等科目,核实向独立董事、独立监事支付董事费、监事费,是否存在未按税法规定扣缴个人所得税的情况。

5. 其他所得扣缴个人所得税事项

(1) 风险描述

银行在各类经营业务、企业庆典等活动中向本单位以外的个人赠送礼品,对个人取得的礼品所得存在未按"其他所得"税目计算扣缴个人所得税的风险。

(2) 政策依据

《中华人民共和国个人所得税法》第二条、第三条

《中华人民共和国个人所得税法实施条例》第八条

《财政部 国家税务总局关于企业促销展业赠送礼品有关个人所得税问题的通知》(财税〔2011〕50号)

(3) 核查路径

审核分析"业务及管理费""其他业务成本"等科目,核实银行在各类经营业务、企业庆典等活动中向本单位以外的个人赠送礼品,对个人取得的礼品所得是否存在未按"其他所得"税目计算扣缴个人所得税的情况。

6. 股权激励扣缴个人所得税事项

(1) 风险描述

银行对员工的股权激励,存在未按规定扣缴个人所得税的风险。

(2) 政策依据

《国家税务总局关于股权激励有关个人所得税问题的通知》(国税函〔2009〕461号)

《财政部 国家税务总局关于上市公司高管人员股票期权所得缴纳个人所得税有关问题的通知》(财税〔2009〕40号)

《财政部 国家税务总局关于股票增值权所得和限制性股票所得征收个人所得税有关问题的通知》(财税〔2009〕5号)

《国家税务总局关于个人股票期权所得缴纳个人所得税有关问题的补充通知》(国税函〔2006〕902号)

《财政部 国家税务总局关于个人股票期权所得征收个人所得税问题的通知》(财税〔2005〕35号)

(3) 核查路径

审核企业是否有股权激励计划以及报备税务机关资料,核查对员工的股权激励,是否未按规定扣缴个人所得税。

(四) 其他税种税收风险事项内容

1. 抵债资产处置环节未缴纳增值税事项

(1) 风险描述

银行处置抵债资产(动产部分)、销售自己使用过的固定资产,存在未申报缴纳增值税的风险。

(2) 政策依据

《财政部 国家税务总局关于部分货物适用增值税低税率和简易办法征收增值税政策的通知》(财税〔2009〕9号)

《国家税务总局关于一般纳税人销售自己使用过的固定资产增值税有关问题的公告》(国家税务总局公告2012年第1号)

《国家税务总局关于简并增值税征收率有关问题的通知》(国家税务总局公告2014年第36号)

(3) 核查路径

审核"抵债资产清理""固定资产清理"等科目,核实是否存在抵债资产(动产部分)处置环节未缴纳增值税的情况。

2. 借款合同未足额申报缴纳印花税事项

(1) 风险描述

银行借款合同存在未足额缴纳印花税的风险。

(2) 政策依据

《中华人民共和国印花税暂行条例》第二条

《国家税务局关于对借款合同贴花问题的具体规定》(国税地字〔1988〕30号)

(3) 核查路径

统计各类贷款本期累计发生额,比对纳税申报表中的实际申报缴纳数额,核实是否存在少申报缴纳借款合同印花税的情况。

3. 契税相关风险事项

(1) 风险描述

银行购置房产、取得抵债不动产时未及时申报缴纳契税(契税的纳税义务发生时间,为纳税人签订土地、房屋权属转移合同的当天,或者纳税人取得其他具有土地、房屋权属转移合同性质凭证的当天)的风险。

(2) 政策依据

《中华人民共和国契税暂行条例》第八条、第九条

《中华人民共和国契税暂行条例细则》第十八条

(3) 核查路径

审核"固定资产""在建工程""抵债资产"等科目,查阅相关资料,核实是否存在上述风险。

4. 房产税及土地使用税事项

(1) 风险描述

银行取得的属于房屋的抵债资产,在持有期间存在未按照规定申报缴纳房产税及土地使用税的风险。

(2) 政策依据

《中华人民共和国房产税暂行条例》第二条

《中华人民共和国城镇土地使用税暂行条例》第二条、第三条

(3) 核查路径

审核"其他业务收入""抵债资产"等科目,查阅相关资料,核实是否存在上述风险。

附件2　千户集团税收风险分析应对工作指引
——保险行业篇

一、行业基本情况

(一) 保险业概述

保险业是指将通过契约形式集中起来的资金,用以补偿被保险人的经济利益业务的行业。保险是指投保人根据合同约定,向保险人支付保险费,保险人对于合同约定的可能发生的事故因其发生所造成的财产损失承担赔偿保险金责任,或者当被保险人死亡、伤残、疾病或者达到合同约定的年龄、期限等条件时承担给付保险金责任的商业保险行为。

保险有广义和狭义之分,广义的保险一般包括:由国家政府部门经办的社会保险;由专业保险公司按商业经营的商业保险;被保险人集资合办、体现互保精神的合作保险等。狭义的保险,一般指商业保险。本指引主要介绍狭义的保险,即商业保险。

(二) 保险业务类型

1. 保险业务

保险业务按保险标的区分可分为财产保险和人身保险。按照保险对象将保险分为财产保险和人身保险是一种基本的分类方法。《保险法》第12条规定:"人身保险是以人的寿命和身体为保险标的的保险,财产保险是以财产及其有关利益为保险标的的保险"。

(1) 财产保险

这里的财产是指建筑物、货物、运输工具、农作物等有形资产;有关利益是指预期收益、权益、责任、信用等

无形资产。财产保险按其保险标的分类,主要包括普通财产保险、运输工具保险、海上保险、工程保险、责任保险、特殊保险的财产保险和信用保险等业务。我国《保险法》第九十一条把财产保险业务的范围规定为财产损失保险、责任保险、信用保险等保险业务。

(2) 人身保险

人身保险业务按不同的分类标准可进行以下几方面的分类:在《保险法》中对人身保险业务以保障范围为分类标志,分为人寿保险、人身意外伤害保险和健康保险三类。其中,人寿保险又可分为死亡保险、生存保险、两全保险和年金保险;按合同的性质,人身保险可以分为非赔偿性合同和赔偿性合同。非赔偿性合同是指被保险人对保险标的具有无限的可保权益,而赔偿性合同的被保险人对保险标的则只有限的可保权益。一般而言,人寿保险和人身意外伤害保险是非赔偿性合同。

近十年来,随着保险行业的发展,出现了将人身保险的保障功能与资金运用分红功能结合,发展了分红保险、投资连结保险和万能保险。分红型保险是指保险公司将其实际经营成果优于定价假设的盈余,按照一定比例向保单持有人进行分配的人寿保险。投资连结保险,简称投连险。顾名思义就是保险与投资挂钩的保险,是指一份保单在提供人寿保险时,在任何时刻的价值是根据其投资基金在当时的投资表现来决定的。万能型保险是指包含保险保障功能并设立有保底收益投资账户的人寿保险。

(3) 再保险业务

再保险,也称分保。它是保险公司为了分散风险、均衡业务,将其经营业务的一部分分给其他保险公司的保险业务。在再保险中,分出业务的公司称为原保险公司,接受分保业务的公司成为再保险公司。再保险是保险公司之间的一种业务经营活动,原保险公司和再保险公司根据《保险法》的相关规定,按照平等互利,相互往来的原则办理分出分入再保险业务。

2. 投资业务

保险业务因涉及民生的方方面面,其资金运用的安全性尤为重要,对保险资金运用的监管也比较严格。

(1) 保险资金运用的范围受到严格限制。《保险法》第一百零五条规定:"保险公司的资金运用必须稳健,遵循安全性原则,并保证资产的保值增值。保险公司的资金运用,限于在银行存款、买卖政府债券、金融债券和国务院规定的其他资金运用形式。保险公司的资金不得用于设立证券经营机构,不得用于设立保险业以外的企业。"

(2) 保险资金运用形式受到严格限制。《保险资金运用管理暂行办法》规定:"保险资金运用限于下列形式:(一)银行存款;(二)买卖债券、股票、证券投资基金份额等有价证券;(三)投资不动产;(四)国务院规定的其他资金运用形式。保险资金从事境外投资的,应当符合中国保监会有关监管规定。"

(3) 保险资金运用的模式也给予明确。《保险资金运用管理暂行办法》规定,保险集团(控股)公司、保险公司应当按照"集中管理、统一配置、专业运作"的要求,实行保险资金的集约化、专业化管理。保险资金应当由法人机构统一管理和运用,分支机构不得从事保险资金运用业务。

(三) 保险公司业务流程

根据《中华人民共和国保险法》第九十五条规定,"保险人不得兼营财产保险业务和人身保险业务;但是,经营财产保险业务的保险公司经保险监督管理机构核定,可以经营短期健康保险业务和意外伤害保险业务"。可以看出,在财产保险公司经营的业务范围中并不仅仅是财产保险,它和人身保险公司有一部分业务是交叉的。不过,无论是人身保险公司还是财产保险公司在做保险业务时的流程大致是相同的。

保险公司对保险业务的经营主要有以下四个步骤:保险产品的开发、保险产品的销售、保单保全以及保险理赔。

1. 保险产品开发

保险产品开发是指保险公司根据市场需要,创造性研制新保险产品,或针对原有产品进行改良的过程。从保险业务开发来看,产品的开发与设计一般由保险公司总公司完成。

2. 保险产品销售

保险公司根据保险业务不同的需求设计一些不同的保险产品进行销售,从而取得保险公司最重要的收入来源,保费收入。保险业务传统的销售模式包括个人代理人销售、保险专业(兼业)代理机构销售、电话销售、互联网销售、公司直销等方式。就目前寿险业务而言,银行(邮政)兼业代理业务成为支撑业务规模的主要渠道,个人代理人销售其次,电话销售、互联网销售成为新的增长点,公司直销模式日趋弱化。

3. 保单保全

是指保险公司自签发保单至合同终止期间内所发生的一切事务。保全不仅包括续期保险费的收取、契约内容的变更、订正、更正,还包括保险金、解约金、红利等各类给付事务以及投保人的借款、保险关系转移和投保资料的整理、保管等。

4. 保险理赔

保险理赔是保险公司对保险事故进行赔偿的过程,是指保险合同所约定的保险事故发生后,被保险人或投保人、受益人提出赔偿或给付保险金申请,保险公司按合同履行赔偿或给付保险金行为的过程。保险业务的理赔流程主要分为以下几个步骤:①客户出险报案;②客户正式向保险公司提出索赔申请;③保险公司受理案件及立案;④保险公司对理赔材料及事实进行审核;⑤保险公司进行责任审核;⑥保险公司对理赔事故进行理算;⑦保险公司通知受益人领取保险金。

(四)保险业财务核算特点

1. 保险业财务核算模式特殊性

核算系统方面:由于保险业服务的客户众多,尤其是寿险业务,保单服务期限长,一份寿险保单可能服务期达数十年甚至终身,因此,保险公司对保险业务必须提供较为完善的系统进行管理。随着保险业务管理的不断规范,各保险公司基本实行保险业务系统与财务系统对接的方式进行核算。

核算模式方面:许多大型的保险公司和新兴的保险公司,核算模式均采取相对集中的管理模式。其中保险业务资金运用均为保险公司总部运用,因此资金运用方面的核算均由总部进行核算;保险业务方面,主要依赖于业务与财务系统对接的模式,实行总部集中、省级集中或其他模式;业务支出及其他收支方面,根据各保险公司的管理情况采取相应的模式。

2. 保险业核算会计要素特殊性

(1)资产的表现形式具有特殊性。保险公司的资产主要表现为流动资产和投资,没有原材料、库存商品等存货资产,而投资主要包括政府债券、同业拆借市场的各种债券、上市的证券投资基金、保户质押贷款等。

(2)各种保险责任准备金是保险公司的主要负债。由于在保险期内,无法预知保险业务事故是否发生及可能造成损失的大小,使保险负债具有或有性和金额上的不确定性。因此,保险公司负债的主要项目是各种责任准备金,责任准备金是指保险公司为了承担因承诺保险业务而引起的将来的负债或已有的负债而提取的准备金,包括未决赔款准备金、寿险责任准备金、长期健康责任准备金。

(3)收入、成本费用具有特殊性。保险企业收入主要是保费收入和投资收入,保费收入性质介于收入与负债之间,由于收取保费时保险服务尚未开始,这时为保险公司的负债而非收入,承保后提供服务保险费由负债转为收入,这就是保险公司计提和转回责任准备金的原因;保险业投资收入金额较多,地位重要。在成本费用方面,主要有保险赔款、保险营销员佣金及保险间接费用、提取各种保险责任准备金形成的成本费用。

3. 保险业会计准则的变化的重要性

2006年财政部新会计准则发布,2009年《企业会计准则解释2号》的实施,对保费收入的确认和计量、保单获取成本等相关会计政策进行了明确、规范。比如,保费收入的确认和计量引入重大保险风险测试和分拆处理,该规定对保费收入的计量方式进行了调整,明确规定在能够单独计量和区分时应当首先进行分拆,分别确定为保险合同和其他合同进行处理;不能够单独计量或区分的,应当进行重大保险风险测试。

(五)保险公司税收风险应对方式方法的改进

保险行业是个特殊的行业,保险经营的对象不是商品,而是风险,保险公司具有负债经营、经营周期长、资金规模大、投资需求高等特点,保险公司总部对分支机构控制能力力强,保险产品、信息系统均由总部统一研发,大量业务相关的财务数据由业务系统直接产生,部分保险公司已实现省级或市级财务集中。

由于保险业是金融业的重要组成部分,在保险公司税收风险应对中,可以借鉴银行税收风险应对的方式方法,包括:总公司和分公司主管税务机关加强合作;重点关注系统性风险;深入了解保险公司的财务系统和业务系统;注重加强税企合作等。此外,保险公司的税收风险应对特别关注以下方面:

1. 保险公司的业务收支类数据一般通过业务系统自动流转至财务系统,如保费收入、退保金、赔款支出等。一般情况下,保险公司的业务系统由总部实施高度集中管理,在风险应对中,必须从保险公司总部深入了解系统设置规则,财务数据从业务系统归集的方式和路径。

2. 保险公司一般由总部向二级分支机构下达费用控制额度,发生的费用类支出由各分支机构进行归集,并由二级分支机构汇总后上报总部,具体包括业务及管理费、手续费及佣金支出、营业税金及附加、营业外收支等。在风险应对中,应重点关注有关费用管理制度、办法、操作流程,了解费用类系统以及系统管理的设置,分析比对总分公司应该列支的费用金额。

3. 投资业务一般由保险公司总部统一开展,二级及以下分支机构无权开展该项业务。投资业务是保险公司收入的重要组成部分,税收风险管理工作中,必须高度重视投资类业务的税收风险,分析投资类业务的类别以及核算方法,了解该类业务在系统中的设置规则,以及财务数据生成的方式和路径。

(六)保险业特殊税收政策

由于此次税收风险分析应对的期间是 2010 至 2014 年度,为了体现保险业主要税收政策的延续和变更,以下政策中包含了部分目前已经条款失效或全文失效的政策,请在参考使用时注意政策的适用期间。

1. 保险业企业所得税的重要文件

(1)《关于企业手续费及佣金支出税前扣除政策的通知》(财税〔2009〕29 号)

(2)《财政部 国家税务总局关于保险公司准备金支出企业所得税税前扣除有关政策问题的通知》(财税〔2012〕48 号)

(3)《国家税务总局关于企业所得税应纳税所得额若干问题的公告》(国家税务总局公告〔2014〕第 29 号)

2. 保险业营业税的重要文件

(1)《财政部 国家税务总局关于对若干项目免征营业税的通知》(财税〔1994〕2 号)

(2)《财政部 国家税务总局关于人寿保险业务免征营业税若干问题的通知》(财税〔2000〕118 号)

(3)《财政部 国家税务总局关于金融业若干征税问题的通知》(财税字〔2000〕191 号)

(4)《国家税务总局关于印发〈金融保险业营业税申报管理办法〉的通知》(国税发〔2002〕9 号)

(5)《财政部 国家税务总局关于营业税若干政策问题的通知》(财税〔2003〕16 号)

(6)《国家税务总局关于金融商品转让业务有关营业税问题的公告》(国家税务总局公告 2013 年第 63 号)

(7)《国家税务总局关于债券买卖业务营业税问题的公告》(国家税务总局公告 2014 年第 50 号)

3. 保险业其他税种的重要文件

(1)《国家税务局关于对保险公司征收印花税有关问题的通知》(国税地字第〔1988〕37 号)

(2)《国家税务总局关于改变保险合同印花税计税办法的通知》(国税函发〔1990〕428 号)

(3)《财政部 国家税务总局关于企业促销展业赠送礼品有关个人所得税问题的通知》(财税〔2011〕50 号)

二、保险业主要税收风险

(一)营业税税收风险事项内容

1. 保费收入营业税事项

(1)风险描述

采用不同结算方式的保单,存在未按税法规定及时确认或者结转收入申报缴纳营业税的风险。

(2)政策依据

《中华人民共和国营业税暂行条例》第一条、第二条、第十二条

(3)核查路径

审核分析"应收保费""保费收入""预收保费"等科目,检查保险业务系统流程及保险协议、保单、批单签订情况。

2. 储金业务营业税事项

(1)风险描述

储金业务,是指保险公司在办理保险业务时,不是直接向投保人收取保费,而是向投保人收取一定数额的到期应返还的资金(称为储金),以储金产生的收益作为保费收入的业务。保险公司存在将储金的利息收入冲减费用,将储金对外投资取得收益记入投资收益,未转入保费收入,从而少缴纳营业税的风险。

(2) 政策依据

《国家税务总局关于印发〈金融保险业营业税申报管理办法〉的通知》(国税发〔2002〕9号)

(3) 核查路径

审核分析"保户储金""保费收入""应收利息"等科目,核对相关的报表资料及纳税申报数据,核实是否存在上述情况。

3. 一年期以上返还性人身保险免征营业税事项

(1) 风险描述

保险公司存在将免税收入与应税收入相混淆,造成少缴纳营业税的风险。2015年9月1日前,保险公司可能将待审批免税产品保费收入直接列入免税保险收入中,在审核批准前未按规定缴纳营业税的风险。

(2) 政策依据

《财政部 国家税务总局关于对若干项目免征营业税的通知》(财税字〔1994〕2号)

《财政部 国家税务总局关于人寿保险业务免征营业税若干问题的通知》(财税〔2001〕118号)

《财政部 国家税务总局关于一年期以上返还性人身保险产品营业税免税政策的通知》(财税〔2015〕86号)

(3) 核查路径

审核"保费收入"明细账中有关一年期以上返还性人身保险业务,与业务系统的险种代码进行比较,核实是否混杂有非人身保险的应税保费收入、是否将未列入国家税务总局下发的免税保险产品清单内的保险产品的保费收入作为免税收入。

4. 其他免税险种的营业税事项

(1) 风险描述

保险公司可能存在未分别核算免税险种营业额,在纳税申报时作免税或者减税处理,造成少申报缴纳营业税的风险。

(2) 政策依据

《中华人民共和国营业税暂行条例》第八条、第九条

《中华人民共和国营业税暂行条例实施细则》第二十二条

《财政部 国家税务总局关于上海建设国际金融和国际航运中心营业税政策的通知》(财税〔2009〕91号)

《财政部 国家税务总局关于深圳前海国际航运保险业务营业税免税政策的通知》(财税〔2010〕115号)

《财政部 国家税务总局关于天津北方国际航运中心核心功能区营业税政策的通知》(财税〔2011〕68号)

《财政部 国家税务总局关于福建省平潭综合实验区营业税政策的通知》(财税〔2012〕60号)

(3) 核查路径

审核分析"保费收入"等科目,查看保险公司是否分别核算免税险种,是否按照税法规定享受营业税免税或者减税的优惠。

5. 支付境外支出代扣代缴营业税事项

(1) 风险描述

保险公司向境外单位或者个人支付除股息红利之外的应税劳务支出是否存在未代扣代缴营业税的风险。

(2) 政策依据

《中华人民共和国营业税暂行条例》第十一条

《中华人民共和国营业税暂行条例实施细则》第四条

(3) 核查路径

审核"业务及管理费"等科目,查看是否存在发生从国外购买专利技术,或者支付国外机构服务费、利息支出等应税收入时存在未履行代扣代缴营业税情况。

6. 联共保业务营业税事项

(1) 风险描述

保险公司作为主承方参与联共保业务时,存在未将收取的出单费计入营业额而少申报缴纳营业税的风险。

(2) 政策依据

《中华人民共和国营业税暂行条例》第五条

《中华人民共和国营业税暂行条例实施细则》第十三条

(3) 核查路径

审核"其他业务收入""手续费及佣金支出"等科目,查阅相关合同及凭证,核实是否存在少申报缴纳营业税的情况。

7. 手续费收入营业税事项

(1) 风险描述

保险公司存在将代理保险业务手续费计入往来科目,或者在代理销售中,以取得手续费冲减支付费用后的净额申报缴纳营业税的风险。

(2) 政策依据

《中华人民共和国营业税暂行条例》第一条

(3) 核查路径

审核企业往来科目,核实是否将手续费收入计入往来科目,存在不缴营业税的情况;审核"手续费及佣金收入""手续费及佣金支出"等科目,核实有无将支出抵减收入后的净额申报缴纳营业税的情况。

8. 其他应税收入营业税事项

(1) 风险描述

保险公司取得的其他收入,比如保户质押贷款利息收入,存在未按规定申报缴纳营业税的风险。

(2) 政策依据

《中华人民共和国营业税暂行条例》第一条、第五条

《中华人民共和国营业税暂行条例实施细则》第十三条

(3) 核查路径

审核分析"其他应收款""其他应付款""营业外收入"等科目,查阅相关合同及凭证,核实是否存在上述收入未申报缴纳营业税的情况。

9. 买卖金融商品营业税事项

(1) 风险描述

金融商品买卖差价计算是否准确;转让环节是否以股票、债券的购入价减去股票、债券持有期间取得的股票、债券红利收入的余额作为计算差额的扣减项、是否存在跨年度结转金融商品的负差等风险。

(2) 政策依据

《国家税务总局关于印发〈金融保险业营业税申报管理办法〉的通知》(国税发〔2002〕9号)

《财政部 国家税务总局关于营业税若干政策问题的通知》(财税〔2003〕16号)

《国家税务总局关于金融商品转让业务有关营业税问题的公告》(国家税务总局公告2013年第63号)

(3) 核查路径

审核"投资收益""应收利息"等明细科目,并与"交易性金融资产""可供出售金融资产"等科目数据进行比对分析,核实有无上述风险。

(二) 企业所得税税收风险事项内容

1. 保费收入企业所得税事项

(1) 风险描述

"预收保费"科目核算公司在保险合同成立并开始承担保险责任前向投保人预收的保险费,保险责任生效保费收入实现时结转至保费收入。

保险公司将收取的预收保费等长期挂账,存在未按规定时点结转保费收入的风险。

(2)政策依据

《国家税务总局关于确认企业所得税收入若干问题的通知》(国税函〔2008〕875号)

(3)核查路径

审核"预收保费"等账户有无余额,分析挂账原因,对有疑问的,抽查不同保险产品的保单,询问保险业务员,核实保险合同是否实际履行。

2．不征税收入的补贴、奖励事项

(1)风险描述

企业将作为不征税收入的各项补贴、奖励等财政性资金,未按照企业所得税不征税收入的规定处理。

(2)政策依据

《中华人民共和国企业所得税法》第六条

《中华人民共和国企业所得税法实施条例》第二十三条

《财政部 国家税务总局关于财政性资金 行政事业性收费政府性基金有关企业所得税政策问题的通知》(财税〔2008〕151)

《财政部 国家税务总局关于专项用途财政性资金企业所得税处理问题的通知》(财税〔2011〕70号)

(3)核查路径

审核企业"营业外收入""递延收益"等科目,核实企业有无取得补贴、奖励等各项财政性资金。如果取得各项财政性资金符合作为不征税收入条件的,有无将不征税收入对应的费用、资产折旧在企业所得税税前扣除;或者财政性资金在5年内未使用,在第6年未并入收入总额缴纳企业所得税的情况。

3．手续费及佣金支出所得税税前扣除事项

(1)风险描述

存在支付给(非雇员)营销员的手续费及佣金支出超过税法规定扣除标准在企业所得税税前扣除的风险。

(2)政策依据

《财政部 国家税务总局关于企业手续费及佣金支出税前扣除政策的通知》(财税〔2009〕29号)

(3)核查路径

审核"手续费及佣金支出""业务及管理费"明细账,核实有无将应计入手续费及佣金支出的费用,计入管理费用等科目一次性在企业所得税税前扣除的情况。

4．"未决赔款准备金"所得税税前扣除事项

(1)风险描述

存在将计提的"理赔费用准备金"在企业所得税税前扣除,造成少缴纳企业所得税的风险;或者超过企业所得税规定的标准在税前扣除未决赔款准备金——已发生未报告部分,造成少缴纳企业所得税的风险。

(2)政策依据

《财政部 国家税务总局关于保险公司准备金支出企业所得税税前扣除有关政策问题的通知》(财税〔2012〕45号)

(3)核查路径

审核"未决赔款准备金—理赔费用准备金""未决赔款准备金—已发生未报告"等科目,与企业所得税纳税申报数据进行比对,核实企业有无将理赔费用准备金在企业所得税税前扣除的情况,或者超过税法规定标准在企业所得税税前扣除"未决赔款准备金—已发生未报告"部分。

5．取得代位追偿款事项

(1)风险描述

保险公司履行赔付义务后,取得向第三方追偿的权利,并追回全部或者部分款项,有无按照税法规定申报缴纳企业所得税。

(2)政策依据

《中华人民共和国企业所得税法》第八条

《中华人民共和国企业所得税法实施条例》第二十七条、二十九条

(3) 核查路径

审核"赔付支出""应收代位追偿款"等科目,核实企业有无将收到的代位追偿款按照税法规定缴纳企业所得税。

6. 国债利息收入税收优惠事项

(1) 风险描述

存在将应税收入作为企业所得税免税收入,造成少缴纳企业所得税的风险。

(2) 政策依据

《国家税务总局关于企业国债投资业务企业所得税处理问题的公告》(国家税务总局公告 2011 年第 36 号)。

(3) 核查路径

审核国债交易交割单、国债交易台账,核实企业有无将应税收入作为免税收入处理,造成少缴纳企业所得税的情况。

7. 为种植业、养殖业提供保险服务的保费收入的企业所得税优惠适用事项

(1) 风险描述

享受税收优惠的为种植业、养殖业提供保险服务取得的保费收入,是否符合税法规定。

(2) 相关政策依据

《财政部 国家税务总局关于农村金融有关税收政策的通知》(财税〔2010〕4 号)

《财政部 国家税务总局关于延续并完善支持农村金融发展有关税收政策的通知》(财税〔2014〕102 号)

(3) 核查路径

检查保险业务系统里具体险种的保单,核实享受税收优惠的为种植业、养殖业提供保险服务取得的保费收入,是否符合税法规定。

8. 股息、红利等权益性投资收益所得税优惠事项

(1) 风险描述

企业所得税免税收入中符合条件的居民企业之间的股息、红利等权益性投资收益,不包括连续持有居民企业公开发行并上市流通的股票不足 12 个月取得的投资收益。企业存在将不符合免税收入条件的投资收益计入了免税收入,造成少缴纳企业所得税的风险。

(2) 政策依据

《中华人民共和国企业所得税法》第二十六条

《中华人民共和国企业所得税法实施条例》第八十三条

(3) 核查路径

审核"投资收益"明细账,并与"交易性金融资产""可供出售金融资产"等科目数据进行比对分析,核实有无将不符合免税收入条件的投资收益计入了免税收入,造成少缴纳企业所得税的情况。

(三) 个人所得税税收风险事项内容

1. "三险一金"个人所得税事项

(1) 风险描述

保险公司缴存"三险一金"时,存在未将超标准部分并入个人当期的工资薪金收入,代扣代缴个人所得税的风险。

(2) 政策依据

《财政部 国家税务总局关于基本养老保险费基本医疗保险费失业保险费 住房公积金有关个人所得税政策的通知》(财税〔2006〕10 号)

(3) 核查路径

审核"应付职工薪酬"等科目,查阅工资明细等资料,核实是否存在上述风险。

2. 企业年金个人所得税事项

(1) 风险描述

2014年1月1日以前,企业年金计入个人账户的部分,存在未按规定代扣代缴个人所得税的风险。

(2) 政策依据

《国家税务总局关于企业年金个人所得税征收管理有关问题的通知》(国税函〔2009〕694号)

《国家税务总局关于企业年金个人所得税有关问题补充规定的公告》(国家税务总局公告2011年第9号)

《财政部 人力资源社会保障部 国家税务总局关于企业年金 职业年金个人所得税有关问题的通知》(财税〔2013〕103号)

(3) 核查路径

重点审核"应付职工薪酬"等科目,查阅工资明细、企业年金(补充养老保险)制度等资料,核实是否存在未代扣代缴个人所得税的情况。

3. 各类奖金、津贴、补贴扣缴个人所得税事项

(1) 风险描述

保险公司向职工发放各种补贴补助、组织职工旅游所发生的费用等未与员工当期的工资薪金合并,按照"工资、薪金所得"项目代扣代缴个人所得税;保险公司向职工支付的全年一次性奖金以及季度、半年奖金,未按规定计算并代扣代缴个人所得税。

(2) 政策依据

《中华人民共和国个人所得税法》第二条

《中华人民共和国个人所得税法实施条例》第八条

《国家税务总局关于生活补助费范围确定问题的通知》(国税发〔1998〕155号)

《国家税务总局关于调整个人取得全年一次性奖金等计算征收个人所得税方法问题的通知》(国税发〔2005〕9号)

(3) 核查路径

审核"应付职工薪酬""业务及管理费"等科目,并比对企业缴税情况,分析是否存在发放给职工的奖金、津贴、补贴未按规定代扣代缴个人所得税的情况;核实企业每年是否只采用一次年终奖方式申报税款。

4. 支付给营销员的代理手续费、奖励扣缴个人所得税事项

(1) 风险描述

保险公司支付给保险代理人(非雇员营销员)的代理手续费、业绩奖励等,存在未按规定代扣代缴个人所得税的风险。

(2) 政策依据

《国家税务总局关于保险营销员取得佣金收入征免个人所得税问题的通知》(国税函〔2006〕454号)

《财政部 国家税务总局关于企业以免费旅游方式提供对营销人员个人奖励有关个人所得税政策的通知》(财税〔2004〕11号)

《国家税务总局关于印发〈征收个人所得税若干问题的规定〉的通知》(国税发〔1994〕89号)

《财政部 国家税务总局关于个人提供非有形商品推销、代理等服务活动取得收入征收营业税和个人所得税有关问题的通知》(财税字〔1997〕103号)

(3) 核查路径

重点查核佣金系统数据及"业务及管理费"等科目,查阅相关的支付凭证、缴税凭证等资料,结合业务员激励方案、激励费等管理办法,确认有无实物奖励、业绩奖励,核实保险公司是否存在未按规定代扣代缴个人所得税的情况。

5. 其他所得扣缴个人所得税事项

(1) 风险描述

保险公司在各类经营业务、企业庆典等活动中向本单位以外的个人赠送礼品,对个人取得的礼品所得存在未按"其他所得"税目计算扣缴个人所得税的风险。

(2) 政策依据

《中华人民共和国个人所得税法》第二条

《中华人民共和国个人所得税法实施条例》第八条

《财政部 国家税务总局关于企业促销展业赠送礼品有关个人所得税问题的通知》(财税〔2011〕50号)

(3) 核查路径

审核分析"业务及管理费""其他业务成本"等科目，核实企业在各类经营业务、企业庆典等活动中向本单位以外的个人赠送礼品，对个人取得的礼品所得是否存在未按"其他所得"税目计算扣缴个人所得税的情况。

6. 股权激励扣缴个人所得税事项

(1) 风险描述

对员工的股权激励，存在未按规定扣缴个人所得税的风险。

(2) 政策依据

《国家税务总局关于股权激励有关个人所得税问题的通知》(国税函〔2009〕461号)

《财政部 国家税务总局关于上市公司高管人员股票期权所得缴纳个人所得税有关问题的通知》(财税〔2009〕40号)

《财政部 国家税务总局关于股票增值权所得和限制性股票所得征收个人所得税有关问题的通知》(财税〔2009〕5号)

《国家税务总局关于个人股票期权所得缴纳个人所得税有关问题的补充通知》(国税函〔2006〕902号)

《财政部 国家税务总局关于个人股票期权所得征收个人所得税问题的通知》(财税〔2005〕35号)

(3) 核查路径

审核企业的股权激励计划以及报备税务机关资料，查核对员工的股权激励，是否未按规定代扣代缴个人所得税。

(四) 印花税税收风险事项内容

1. 财产保险合同印花税事项

(1) 风险描述

保险公司对签订的各类财产保险合同，存在未按规定申报缴纳印花税的风险。

(2) 政策依据

《中华人民共和国印花税暂行条例》第二条、第三条

《国家税务总局关于改变保险合同印花税计税办法的通知》(国税函发〔1990〕428号)

(3) 核查路径

审核"业务及管理费"等科目，查看财产保险合同是否未按规定缴纳印花税。

2. 减少印花税计税依据事项

(1) 风险描述

财产保险合同发生正常退保冲减保费收入时，存在冲减印花税计税依据，少申报缴纳印花税的风险。

(2) 政策依据

《中华人民共和国印花税暂行条例》第二条、第三条

《国家税务总局关于改变保险合同印花税计税办法的通知》(国税函发〔1990〕428号)

(3) 核查路径

审核保单总金额，退保费金额，与印花税纳税申报数据比对，核实是否冲减印花税计税金额，少申报缴纳印花税。

(五) 其他税种税收风险事项内容

1. 代收代缴车船税事项

(1) 风险描述

保险公司收取交强险保险费存在未按规定代收代缴车船税的风险。

(2) 政策依据

《国家税务总局 中国保险监督管理委员会关于机动车车船税代收代缴有关事项的公告》(国家税务总局

公告 2011 年第 75 号)

(3) 核查路径

审核"应交税费—应交车船税"科目及交强险的保单,查看是否未按税法规定代收代缴车船税。

2. 处置固定资产计征增值税事项

(1) 风险描述

保险公司处理所有权属于自己的损余物资、全损赔付后的保险标的物时,存在未按规定计算缴纳增值税的风险。

(2) 政策依据

《财政部 国家税务总局关于部分货物适用增值税低税率和简易办法征收增值税政策的通知》(财税〔2009〕9 号)

《国家税务总局关于简并增值税征收率有关问题的通知》(国家税务总局公告 2014 年第 36 号)

(3) 核查路径

审核"固定资产""固定资产清理""银行存款""其他应收款""赔付支出"等科目,确认处置价格,查看是否按规定计算缴纳增值税。

附件3 千户集团税收风险分析应对工作指引
——证券行业篇

一、行业基本情况

(一) 证券业概述

一般来说证券业指从事证券发行和交易服务的专门行业。国家统计局在统计标准中的证券业是:"对股票、债券、期货及其他有价证券的投资交易活动"。根据该标准 691—694 类别中的规定,证券业应该包括:证券公司、基金公司、证券投资咨询公司、证券资信评估公司、证券交易所、期货交易所、证券监管、结算、登记机构等。本指引主要适用于证券公司。

(二) 证券公司经营范围

证券公司是指依照《中华人民共和国公司法》和《中华人民共和国证券法》设立的经营证券业务的有限责任公司或者股份有限公司。证券公司不仅是证券市场上最重要的中介机构,也是证券市场的主要参与者,承担着证券代理发行、证券代理买卖、资产管理以及证券咨询等重要职能。

(三) 证券公司主要业务及流程

根据《证券法》规定,经国务院证券监督管理机构批准,证券公司可以经营下列部分或者全部业务:(一) 证券经纪;(二) 证券投资咨询;(三) 与证券交易、证券投资活动有关的财务顾问;(四) 证券承销与保荐;(五) 证券自营;(六) 证券资产管理;(七) 其他证券业务。

按照当前资本市场上证券公司部门设置,可将证券公司的业务类型做如下划分:

1. 证券经纪业务

证券经纪业务主要指代理买卖证券业务,即证券公司接受客户委托,代理客户买卖证券。证券公司作为中介,提供证券交易的场地和设施,并根据客户委托为其开立股票账户、资金账户,将资金账户与客户在银行开立的账户建立资金存取联系,并负责客户所买卖证券的清算交割。除了代理证券买卖以外,证券公司还需要从事代理证券的还本付息和分红派息,代理登记开户,证券代保管和鉴证,客户投资咨询服务以及经中国证券会批准或认可的其他业务,但所有这些具体业务都是围绕代理买卖证券这项业务开展的。

从业务流程细分的角度来看,经纪业务展业过程可以分为客户营销、客户服务等环节,在证券交易过程中,还存在交易与清算流程。

2. 证券承销与保荐业务

证券承销与保荐业务主要包括证券发行、承销、企业重组、兼并与收购、投资分析、风险投资及项目融资等,又称为投资银行业务。

(1) 证券承销业务

证券承销业务是指证券公司通过与证券发行人签订证券承销协议,在规定的证券发行期限内协助证券发行人推销其所发行的证券的业务活动。证券承销有股票承销、债券承销等,每种承销业务在证券公司都是手工操作,没有结算系统,一般采用的是收付实现制来确认收入。

证券承销业务按融资方式可以分为三种:首次公开发行股票、再融资和企业债发行。首次公开发行股票的基本流程包括改制辅导、申报审核、发行上市三大阶段。再融资的基本流程包括申请文件制作、申报审核及发行上市三大阶段。企业债发行业务流程包括申报材料制作、申报审核、发行上市等阶段。

实际操作中,如果一家公司证券发行规模较大,单一证券公司的实力难以承担承销责任,可以若干家证券公司组成承销团,其中由一家证券公司任主承销商,并联合其他分销商共同承销。

(2) 保荐业务

保荐业务是指证券公司对发行人的发行、上市文件进行实质性核查,保证其真实、准确、完整,推荐发行人证券发行、上市的业务活动。证券公司的保荐业务分为发行保荐和上市保荐。对于作为上市保荐人的证券公司,还应当在发行人的证券上市后的一定期限内持续督导发行人规范运作和按照规定履行信息披露等义务。

(3) 财务顾问业务

财务顾问业务是指证券公司与证券发行人签订财务顾问协议,对公司的股份制改造、上市、在二级市场再筹资以及发生兼并收购、出售资产等重大交易活动时提供的专业性财务意见。

3. 自营业务

证券自营业务,是指在证券交易中,证券公司以本公司的名义,以自有的资金和证券,进行证券买卖,并取得收益的业务活动。由于证券市场的高收益性,我国证券交易活动只允许在证券交易所进行,证券公司的自营业务就是证券公司在证券交易所买卖证券的活动。买卖的证券产品包括在证券交易所挂牌交易的股票、基金、国债、企业债券等。

从证券公司的整体层面来看,自营业务的主要流程包括:决策与授权、自营业务的操作、风险监控、信息报告等。从操作层面来看,自营业务流程主要包括研究、投资决策以及交易执行三个环节。

4. 资产管理业务

资产管理业务是证券经营机构在传统服务基础上发展的新型业务,是指证券公司作为资产管理人,依照有关法律、法规及《证券公司客户资产管理业务管理办法》的规定与客户签订资产管理合同,根据约定的方式、条件、要求及限制,对客户资产进行经营,为客户提供证券及其他资产投资管理服务的行为。

经中国证监会批准,证券公司可以为单一客户办理定向资产管理业务,为多个客户办理集合资产管理业务,为客户办理特定目的的专项资产管理业务。以集合资产管理业务为例,资产管理业务的流程主要包括清算工作流程和估值工作流程。

5. 其他证券业务

其他证券业务是指证券公司经批准在国家许可的范围内进行的除经纪、自营和承销业务以外的与证券有关的业务。主要有拆出资金、融资融券业务等。

融资融券业务也是经纪业务滋生出来的,是指证券公司向客户出借资金供其买入上市证券或者出借上市证券供其卖出,并由客户交存相应担保物的经营活动。在融资交易中,客户从证券公司借入资金购买证券,归还资金并支付利息;在融券交易中,客户从证券公司借入证券卖出,归还证券并支付利息。根据我国《证券公司监督管理条例》的规定,证券公司从事融资融券业务的资金和证券须为自有资金或自有证券,在自有资金或者证券不足时,可向证券金融公司借入。

融资融券业务的流程如下:

融资融券业务开始前,证券公司应在证券登记机构开立融券专用证券账户、客户信用交易担保证券账户、信用交易证券交收账户、信用交易资金交收账户,同时在商业银行分别开立融资专用账户和客户信用交易担保资金账户。

客户参与融资融券业务应当首先向证券公司提出申请,由证券公司对有关资格条件进行审核。审核通过,客户与证券公司签订融资融券合同、开立信用证券账户和信用资金账户后,就可以进行融资融券交易。

(四)证券公司财务核算特点

1. 公司根据经批准从事的业务范围,根据所从事的证券经纪业务、证券自营业务、证券承销业务等业务,按照有关规定进行相关业务的会计核算。

2. 公司应对证券业务按业务性质进行分类核算,并对各项会计要素进行合理的确认和计量,由于其业务的独特性,所以其会计核算在具体的科目设置、账务处理上也有别于银行业、保险业。各项业务的主要会计科目有"结算备付金""代理买卖证券""代理兑付证券""交易性金融资产""代理承销证券""买入返售金融资产"等。

3. 公司应当按照相关制度的规定,对各项收入和支出分类分别进行核算;公司的手续费收入与其支出应当坚持收支两条线的核算原则,分别进行会计核算,不得将手续费收入与支出直接相抵消。

(五)证券公司税收风险应对方式方法的改进

证券业是金融业的重要组成部分,在证券公司税收风险应对中,可以借鉴银行税收风险应对的方式方法,包括:总公司和分公司主管税务机关加强合作;重点关注系统性风险;深入了解证券公司的财务系统和业务系统;注重加强税企合作等。此外,证券公司的税收风险应对还应关注以下方面:

1. 证券公司会计核算对业务系统的依赖弱于银行,大量财务数据由业务系统生成后,手工录入财务核算系统,而不是由业务系统直接转入核算系统,存在业务数据与财务数据不一致的风险。风险应对中,应在分析具体业务、了解财务核算方法的基础上,将财务系统数据与业务系统数据进行比对,查找税收风险。

2. 证券公司的业务种类多。《证券法》规定,证券公司分为经纪类证券公司和综合类证券公司,其中综合类证券公司经营的业务包括经纪类业务、自营类业务和资产管理类业务等,每类业务又细分为多个具体业务,各项业务差别较大。因此,对证券公司开展税收风险应对工作,首先应了解企业业务,并对各项业务进行归类,进而分析其经营实质和获取收益的性质,分析每类业务的会计核算方法和科目设置,从而确定税收风险应对的方向和重点。

(六)证券业特殊税收政策

(由于此次税收风险分析应对的期间是2010至2014年度,为了体现证券业主要税收政策的延续和变更,以下政策中包含了部分目前已经条款失效或全文失效的政策,请在参考使用时注意政策的适用期间)

1. 证券业企业所得税的重要文件

(1)《财政部 国家税务总局关于开放式证券投资基金有关税收问题的通知》(财税〔2002〕128号)

(2)《财政部 国家税务总局关于证券投资基金税收政策的通知》(财税〔2004〕78号)

(3)《财政部 国家税务总局关于信贷资产证券化有关税收政策问题的通知》(财税〔2006〕5号)

(4)《财政部 国家税务总局关于证券行业准备金支出企业所得税税前扣除有关政策问题的通知》(财税〔2012〕11号)

2. 证券业营业税的重要文件

(1)《财政部 国家税务总局关于证券投资基金税收问题的通知》(财税〔1998〕55号)

(2)《财政部 国家税务总局关于开放式证券投资基金有关税收问题的通知》(财税〔2002〕128号)

(3)《财政部 国家税务总局关于证券投资基金税收政策的通知》(财税〔2004〕78号)

(4)《财政部 国家税务总局关于资本市场有关营业税政策的通知》(财税〔2004〕203号)

(5)《财政部 国家税务总局关于证券投资者保护基金有关营业税问题的通知》(财税〔2006〕172号)

(6)《国家税务总局关于金融商品转让业务有关营业税问题的公告》(国家税务总局公告2013年第63号)

(7)《国家税务总局关于债券买卖业务营业税问题的公告》(国家税务总局公告2014年第50号)

3. 证券业其他税种的重要文件

(1)《财政部 国家税务总局关于调整证券交易印花税代征手续费提取比例的通知》(财税〔2000〕85号)

(2)《财政部 国家税务总局关于对买卖封闭式证券投资基金继续予以免征印花税的通知》(财税〔2004〕173号)

(3)《财政部　国家税务总局关于证券投资者保护基金有关印花税政策的通知》(财税〔2006〕104号)

(4)《财政部　国家税务总局关于转让优先股有关证券(股票)交易印花税政策的通知》(财税〔2014〕46号)

(5)《财政部　国家税务总局关于在全国中小企业股份转让系统转让股票有关证券(股票)交易印花税政策的通知》(财税〔2014〕47号)

二、证券业主要税收风险

(一)营业税税收风险事项内容

1. 买卖金融商品营业税事项

(1)风险描述

金融商品买卖差价计算是否准确;转让环节是否以股票、债券的购入价减去股票、债券持有期间取得的股票、债券红利收入的余额作为计算差额的扣减项、是否存在跨年度结转金融商品的负差等风险。

(2)政策依据

《国家税务总局关于印发〈金融保险业营业税申报管理办法〉的通知》(国税发〔2002〕9号)

《财政部　国家税务总局关于营业税若干政策问题的通知》(财税〔2003〕16号)

《国家税务总局关于金融商品转让业务有关营业税问题的公告》(国家税务总局公告2013年第63号)

(3)核查路径

审核"投资收益""应收利息"等明细科目,并与"交易性金融资产""可供出售金融资产"等科目进行比对分析,核实有无上述风险。

2. 经纪业务营业税事项

(1)风险描述

经纪业务的手续费及佣金收入是否准确,存在允许作为营业额扣减项的扣除项目的计算不准确的风险。

(2)政策依据

《财政部　国家税务总局关于资本市场有关营业税政策的通知》(财税〔2004〕203号)

《财政部　国家税务总局关于证券投资者保护基金有关营业税问题的通知》(财税〔2006〕172号)

(3)核查路径

审核"手续费及佣金收入—代理买卖证券业务收入""手续费及佣金支出"等科目,主要检查相关的合同、原始凭证、发票,与营业税纳税申报数据进行比对,如需要,可以抽查信息系统后台业务数据与账面数据是否一致。

3. 投行业务营业税事项

(1)风险描述

存在未按照税法规定及时确认保荐及承销等业务收入的风险;未按承销收入全额申报缴纳营业税的风险。

(2)政策依据

《中华人民共和国营业税暂行条例》第一条

《中华人民共和国营业税暂行条例实施细则》第二条、第三条

《国家税务总局关于印发〈营业税税目注释(试行稿)〉的通知》(国税发〔1993〕149号)

《国家税务总局关于印发〈金融保险业营业税申报管理办法〉的通知》(国税发〔2002〕9号)

(3)核查路径

审核"代理承销证券款"等科目,审核承销合同等各类合同、协议的主要条款,检查账面确认的收入是否与合同内容一致;核查投行业务相关的资金流水,审查是否存在应确认而未确认的收入。

4. 资产管理业务营业税事项

(1)风险描述

存在资产管理业务收入未全额申报缴纳营业税的风险。

(2)政策依据

《中华人民共和国营业税暂行条例》第一条

《中华人民共和国营业税暂行条例实施细则》第二条、第三条

《国家税务总局关于印发〈营业税税目注释(试行稿)〉的通知》(国税发〔1993〕149号)

《国家税务总局关于印发〈金融保险业营业税申报管理办法〉的通知》(国税发〔2002〕9号)

(3) 核查路径

审核"其他应付款"等往来科目,了解资产管理业务的不同方式,集合理财产品管理费收入;对定向及专项资产管理业务收入,应检查相关的资产管理合同或协议,根据合同或协议的内容对相关收入进行检查,核实企业有无按照差额申报缴纳营业税的情况。

5. 财务顾问、咨询业务营业税事项

(1) 风险描述

存在财务顾问及咨询业务未及时确认收入申报纳税的风险。

(2) 政策依据

《中华人民共和国营业税暂行条例》第一条

《中华人民共和国营业税暂行条例实施细则》第二条、第三条

《国家税务总局关于印发〈营业税税目注释(试行稿)〉的通知》(国税发〔1993〕149号)

《国家税务总局关于印发〈金融保险业营业税申报管理办法〉的通知》(国税发〔2002〕9号)

(3) 核查路径

检查财务顾问及咨询合同或协议以及收款情况,检查账面确认的收入金额是否与合同或协议约定的相关条款一致;根据合同或协议约定的条款,检查是否及时确认了相关收入,是否存在延迟确认的情况。

6. 融资融券营业税事项

(1) 风险描述

存在不确认利息收入申报纳税或者滞后确认利息收入的风险。

(2) 政策依据

《国家税务总局关于印发〈金融保险业营业税申报管理办法〉的通知》(国税发〔2002〕9号)

(3) 核查路径

审核"利息收入——融资融券业务利息收入""其他业务收入""营业外收入"等科目,检查原始凭证,并了解融资融券利息计算方法,根据融资融券流水及利率测算相关利息收入。

(二)企业所得税税收风险事项内容

1. 经纪业务收入事项

(1) 风险描述

存在经纪业务的手续费及佣金收入确认不准确,或者未按照税法规定时间确认收入申报纳税的风险。

(2) 政策依据

《中华人民共和国企业所得税法》第一条、第三条、第六条

《中华人民共和国企业所得税法实施条例》第六条、第十五条

(3) 核查路径

审核"手续费及佣金收入——代理买卖证券业务收入"等科目,主要检查相关的合同、原始凭证以及发票,与企业所得税纳税申报数据进行比对,如需要,可以抽查信息系统后台业务数据与账面数据是否一致。

2. 资产管理业务收入事项

(1) 风险描述

存在未按照税法规定确认资产管理业务收入金额;或者滞后确认收入的风险。

(2) 政策依据

《中华人民共和国企业所得税法》第一条、第三条、第六条

《中华人民共和国企业所得税法实施条例》第六条、第十五条

(3) 核查路径

审核"其他应付款"等往来科目,了解资产管理业务的不同方式,以及管理费收入的确认;对定向及专项资产管理业务收入,应检查相关的资产管理合同或协议,根据合同或协议的内容对相关收入进行检查,核实企业有无按照差额申报缴纳企业所得税的情况。

3. 投行业务收入事项

(1) 风险描述

存在未按照税法规定及时确认保荐及承销等业务收入的风险;未按承销收入全额申报缴纳企业所得税的风险。

(2) 政策依据

《中华人民共和国企业所得税法》第一条、第三条、第六条

《中华人民共和国企业所得税法实施条例》第六条、第十五条

(3) 核查路径

审核承销合同等各类合同、协议的主要条款,检查账面确认的收入是否与合同内容一致;核查投行业务相关的资金流水,审查是否存在应确认而未确认的收入。

4. 融资融券收入事项

(1) 风险描述

存在不确认利息收入申报纳税或者滞后确认利息收入的风险。

(2) 政策依据

《中华人民共和国企业所得税法》第一条、第三条、第六条

《中华人民共和国企业所得税法实施条例》第十八条

《国家税务总局关于印发〈金融保险业营业税申报管理办法〉的通知》(国税发〔2002〕9号)

(3) 核查路径

审核"利息收入——融资融券业务利息收入""其他业务收入""营业外收入"等科目,检查原始凭证,并了解融资融券利息计算方法,根据融资融券流水及利率测算相关利息收入。

(三) 个人所得税税收风险事项内容

1. "三险一金"个人所得税事项

(1) 风险描述

企业缴存"三险一金"时,存在未将超标准部分并入个人当期的工资薪金收入,代扣代缴个人所得税的风险。

(2) 政策依据

《财政部 国家税务总局关于基本养老保险费基本医疗保险费失业保险费 住房公积金有关个人所得税政策的通知》(财税〔2006〕10号)

(3) 核查路径

审核"应付职工薪酬"等科目,查阅工资明细等资料,核实是否存在上述风险。

2. 企业年金个人所得税事项

(1) 风险描述

2014年1月1日以前,企业年金计入个人账户的部分,存在未按规定代扣代缴个人所得税的风险。

(2) 政策依据

《国家税务总局关于企业年金个人所得税征收管理有关问题的通知》(国税函〔2009〕694号)

《国家税务总局关于企业年金个人所得税有关问题补充规定的公告》(国家税务总局公告2011年第9号)

《财政部 人力资源社会保障部 国家税务总局关于企业年金 职业年金个人所得税有关问题的通知》(财税〔2013〕103号)

(3) 核查路径

重点审核"应付职工薪酬"等科目,查阅工资明细、企业年金(补充养老保险)制度等资料,核实是否存在未代扣代缴个人所得税的情况。

3. 各类奖金、津贴、补贴扣缴个人所得税事项

（1）风险描述

向职工发放各种补贴补助、组织职工旅游所发生的费用等未与员工当期的工资薪金合并按照"工资、薪金所得"项目扣缴个人所得税；证券公司向职工支付的全年一次性奖金以及季度、半年奖金，未按规定计算并代扣代缴个人所得税。

（2）政策依据

《中华人民共和国个人所得税法》第二条

《中华人民共和国个人所得税法实施条例》第八条

《国家税务总局关于生活补助费范围确定问题的通知》（国税发〔1998〕155号）

《国家税务总局关于调整个人取得全年一次性奖金等计算征收个人所得税方法问题的通知》（国税发〔2005〕9号）

（3）核查路径

审核"应付职工薪酬""业务及管理费"等科目，并比对企业缴税情况，分析是否存在发放给职工的奖金、津贴、补贴未按规定代扣代缴个人所得税的情况；核实企业每年是否只采用一次年终奖方式申报税款。

4. 企业支付经纪人的手续费及佣金个人所得税事项

（1）风险描述

企业支付给经纪人的手续费及佣金存在未足额及时代扣代缴个人所得税的风险。

（2）政策依据

《国家税务总局关于证券经纪人佣金收入征收个人所得税问题的公告》（国家税务总局公告2012年第45号）

（3）核查路径

审核"手续费及佣金支出""其他业务支出""业务及管理费""营业外支出"等科目，检查与经纪人签订的委托合同等。

（四）印花税税收风险事项内容

1. 风险描述

企业签订的属于征收印花税的合同是否存在未按税法规定粘贴印花税票或缴纳印花税的风险。

2. 政策依据

《中华人民共和国印花税条例》第一条、第二条

《中华人民共和国印花税条例实施细则》第二条

3. 核查路径

审核企业签订的属于征收印花税的合同，核对有无按规定粘贴印花税票或缴纳印花税。

附件4　千户集团税收风险分析应对工作指引
——汽车行业篇

一、行业基本情况

（一）行业概述

1. 行业定义

汽车行业产业链通常包含汽车零部件及配件制造、汽车整车制造及汽车零售三个环节，汽车行业税收风险分析应对也以这三个环节为基础进行。

汽车零部件及配件制造（行业编号：3660）：根据国家标准GB/T 4754—2011，指机动车辆及其车身的各种零配件的制造。

汽车整车制造（行业编号：3610）：根据国家标准GB/T 4754—2011，指由动力装置驱动，具有四个以上车

轮的非轨道、无架线的车辆,并主要用于载送人员和(或)货物,牵引输送人员和(或)货物的车辆制造,还包括汽车发动机的制造。

汽车零售(行业编号：5261),根据国家标准 GB/T 4754—2011 GB/T 3730.1—2001,指乘用车的零售。

2. 行业发展情况

近几年来,我国汽车工业发展势头强劲,据中国汽车工业协会统计,2014 年,中国汽车产销量分别为 2 372 万辆和 2 349 万辆,同比增长 7.3％和 6.9％,连续六年排名全球第一,汽车制造行业销售收入高达 66 677.01 亿元,同比增长 10.1％,利润总额高达 5 990.97 亿元,利润总额系近年来最高,增长率达 17.3％。

从 2010 年—2014 年,汽车制造行业销售收入年均增长 18％,利润总额年均增长 16.98％,行业毛利率从 20.49％提升到 21.10％,各年利润总额呈上升趋势,除 2012 年增长率仅为 0.3％外,其余几年均有较大幅度上升。

2014 年,以汽车制造业为主的交通运输设备制造业对工业增长的贡献率首次跃升至 40 个工业行业之首,已取代电子信息通信业成为名副其实的领头羊,汽车产业作为国民经济支柱产业的地位越来越突出。

3. 行业特点

(1) 集团化、规模化生产经营特征明显

汽车生产企业一般为集团企业,其中,整车和零配件生产企业上市公司共计有 82 家。2014 年,汽车销量排名前十位的企业集团上市公司销量接近总量 90％,乘用车占汽车总销量的 80％。汽车行业生产销售特点鲜明：一是规模化下的高成长,二是集中度明显上升,三是技术创新和品牌创新加快。

(2) 资本、技术密集,研发投入大

汽车制造业是资金高度密集型产业,固定资产投入巨大。汽车制造业也是传统的技术密集型的产业,是多个领域的技术集成,其涉及的技术领域包括：钢铁、有色金属、化工、机械设备、电子工业、仪器仪表工业、五金等传统行业;同时,汽车也是新技术的载体,计算机、全球卫星定位、新型材料、新能源、智能化交通系统、因特网等新技术都在汽车上得到了充分的体现。资本技术密集型的行业特点,决定了汽车制造业需要大量的研发投入,且研发周期普遍较长。

(3) 以汽车整车制造业为核心,产业链长

从产业链的角度看,汽车的产业链主要包括三个方面：一是汽车零部件及配件制造,二是汽车整车制造,三是汽车零售和售后服务。以整车制造为核心的汽车全产业链涉及诸多相关行业,汽车制造业往往带动其他多个产业的发展。随着中国汽车产业的发展成熟,汽车工业已出现了八大新趋向,即零部件采购全球化,生产装配模块化,汽车底盘通用化,目标成本控制化,开发周期缩短化,生产管理精益化,汽车销售租赁化和汽车发展生态化。

(4) 中国市场已形成外国公司和外国品牌为主导的竞争格局

国内汽车市场形成了跨国公司和外国品牌为主导的竞争格局,合资企业中方弱势地位更加明显,中国品牌车市场份额持续下降,外资企业在零部件领域控制了 75％以上的市场份额,部分产品几乎全部为外资所垄断。2014 年中国保险行业协会、中国汽车维修协会三次联合发布国内常见车型"零整比"(零部件价格之和与整车销售价格的比值简称"零整比")系数研究成果,最高达 1 273％,六成车型零整比逾 300％。

(二) 生产经营流程及特点

1. 生产经营流程

(1) 汽车零部件及配件制造生产流程

汽车零部件及配件制造是以客户为导向,定点于整车厂的新车型,集产品开发、过程控制和售后维护三位一体。汽车零部件及配件制造过程业务流程：客户订单—原材料采购—生产制造—产品交付。

(2) 汽车整车制造生产流程

整车制造基本的产品生产流程为：产品设计—样车试验—生产准备—量产。

(3) 汽车零售流程

汽车整车制造厂—集团内销售分公司—集团内销售总公司—省级 4S 旗舰店(一级经销商)—地市级 4S 店(二级经销商)——县区级 4S 店(三级经销商)。

2. 生产经营特点

（1）汽车零部件生产经营特点

① 与汽车整车制造密切依存

汽车零部件制造企业与汽车整车制造的依存关系有两种表现形式。一是汽车零部件制造企业与整车制造企业均为汽车集团的全资子公司或汽车集团的控股公司，均属汽车集团核心成员企业。二是订单采购的协作关系。单体汽车零部件制造企业掌握一项或多项零部件全球化先进制造技术，与汽车整车制造企业形成订单采购的协作关系。

② 内资独立生产企业议价能力差

汽车零部件生产上游原材料价格由钢铁、石油、天然橡胶等大宗商品价格决定，下游整车制造商多为大企业集团，处于强势地位，在利益博弈中将成本压力转嫁给独立企业。

③ 重要零配件缺乏自主知识产权

主要零配件（发动机、变速箱）缺乏自主知识产权，进口依赖程度高，议价能力差，存在高价进口零配件的问题。

④ 生产中容易产生废品及残次品，比例较为固定

由于产品质量要求高，受工人操作熟练程度等因素影响，该行业容易产生废品、残次品及一定数量的下脚料等，且其占产量比例较为固定。

（2）汽车整车制造生产经营特点

① 不同类型企业经营情况差异较大

汽车制造企业按经济性质分为内资企业、外资及合资企业，内资企业进一步可区分为民营和国有两种类型。不同类型的汽车制造企业之间差异很大，各自具有鲜明的特点。内资企业中的民营企业技术水平较低，行业竞争力较差；国有汽车企业通常脱胎于军工企业；合资企业则表现出中外双方力量不断博弈的特点。

② 上下游业务合作紧密

整车企业与上游零部件配套企业以及下游销售公司、4S店是一种紧密的业务合作关系，他们之间的供产销始终处于一种动态平衡之中。整车企业和上下游企业都是整个汽车产销链条上的环节，是一个利益共同体，关联企业间的利益输送，如价格的制定，资金的融通，费用的提取与支付等环节是税收征管中的重点和难点。

③ 零部件采购模式国际化

零部件采购趋于模块化和系统化。传统零部件企业数量大大减少，跨国公司迅速增加，进口料件的定价直接影响整车企业增值税和企业利润。

④ 节能环保技术成为研发重点

以混合动力、纯电动汽车、燃料电池等为代表的新一代节能环保汽车正在全球范围内掀起一场汽车技术革命，轿车柴油化是新发展方向，小排量汽车前景看好。

（3）汽车零售生产经营特点

① 实行品牌专卖制

汽车销售服务行业的品牌专卖店只允许经营单一的汽车品牌。厂商对专卖店有着严格的管理，店面管理、销售管理、员工培训等方面都有统一的管理措施。其渠道模式可表述为厂商→专卖店→最终用户。以整车销售、零配件供应、售后服务、信息反馈"四位一体"专卖店为表现形式，经营区域都有十分明确的划分。

② 经营活动由汽车厂家高度控制

车辆购入到售后服务整个经营过程都是计算机管理。部分高端汽车生产厂家直接通过互联网对4S店经营活动实行实时监控，尤其对配件库存量更是严格控制，以防止非正规渠道购进配件，部分中低端经销商经营销售使用厂家统一要求的管理系统，而财务系统则分离于经营系统单独使用。4S店整车销售、零配件供应、售后服务价格一般由汽车生产厂家严格控制。

③ 维修服务利润贡献呈上升趋势

汽车销售服务行业即4S店销售利润构成是整车销售占20%～40%左右，维修（配件及精品零售）占

60%~80%左右。随着经营期的延续,整车销售利润贡献呈下降趋势,维修(配件及精品零售)利润贡献呈上升趋势,维修服务获利是汽车获利的主要部分。

(三)财务核算特点

1. 投资、融资业务较多

汽车制造企业规模巨大,通常为大型集团公司。由于行业竞争激烈,出于自身发展的需要,企业间的重组兼并业务时有发生。一方面,由于看好中国庞大的汽车消费能力,排名世界前10名的国际轿车生产商已经全部进入了中国市场;另一方面,随着我国汽车企业走向世界的步伐不断加速,中国的汽车企业开始输出资本与技术,海外并购已成为中国汽车企业获得技术与品牌的重要途径。另外,为了维持完整的产业链条,汽车制造企业对上游的零部件供应商及下游的销售公司的参股、控股情况较多,股权关系错综复杂,投资、融资业务较多。

2. 财务管理电算化程度高

汽车制造企业财务管理一般比较健全,会计核算基本上实现了电算化,大部分汽车制造企业使用专门的财务会计核算软件,或ERP财务模块进行核算,信息化程度较高。

3. 资金核算集中度高

汽车制造企业大多为集团企业,集团内部企业多为独立的法人,互为关联。大集团拥有雄厚的资金,为了吸纳企业下属各单位闲散资金,调剂余缺,减少资金占用,加速资金周转速度,提高资金使用效率,集团公司通常采用内部银行模式对集团资金进行集中管理,进行企业或集团内部日常的往来结算和资金调拨、运筹。部分企业还成立了专门的财务公司,集中办理集团融资业务或提供汽车消费信贷业务。

4. 财务核算工作量大

汽车制造企业一般都是大规模企业,工序多,流程长,相对其他行业更为复杂。一般设有多个分厂或大型车间负责某一道工序的生产,如冲压车间、焊装车间、涂装车间、总装车间等,还有很多辅助生产部门。汽车制造企业使用的零部件品种繁多,生产出的汽车品种多样。以上这些都决定了汽车制造企业的财务核算工作量较大。

二、行业主要税收风险

(一)汽车零部件生产及整车制造税收风险点(24个)

1. 零配件厂家收取整车厂或其他厂家模具费未确认收入

风险描述:

由于汽车产品的特点,模具费用往往比较高;出于生产经营和分担风险的需要,往往通过由整车厂或下游厂家向上游厂家支付相应的模具费用解决此问题。

在模具所有权属实际使用方的情况下,下游厂家向上游(或其他)厂家支付的模具费,应该视为价外费用。其实质上是对产品供方的一种价格补偿,理论上应该摊到所对应的产品售价中;但是由于先后时间顺序和精确核算比较困难的原因,实际工作中不便于操作。往往有厂家将收到的模具费长期挂账,不作应税收入。

政策依据:

销售额为纳税人销售货物或者应税劳务向购买方收取的全部价款和价外费用,但是不包括收取的销项税额。

——《中华人民共和国增值税暂行条例》第六条

条例第六条第一款所称价外费用,包括价外向购买方收取的手续费、补贴、基金、集资费、返还利润、奖励费、违约金、滞纳金、延期付款利息、赔偿金、代收款项、代垫款项、包装费、包装物租金、储备费、优质费、运输装卸费以及其他各种性质的价外收费。

——《中华人民共和国增值税暂行条例实施细则》第十二条

核查路径:

了解企业主要生产工艺流程,查阅相关合同、协议,通过检查"应付账款""其他应付款"等往来科目,确认企业是否存在未及时确认收入的情况。

2. 未按规定申报视同销售收入

风险描述：

（1）整车生产企业将自产小汽车用于内部管理部门，未按视同销售的规定计算申报消费税；2013年7月31日前，未按视同销售的规定计算申报增值税。

（2）整车生产及零部件生产企业，将自产、委托加工或外购货物无偿捐赠的，未按视同销售的规定计算申报增值税、消费税及企业所得税。

（3）整车生产及零部件生产企业将外购货物用于对外促销宣传、职工奖励，未按视同销售的规定计算申报企业所得税；未按规定申报增值税进项税转出。

（4）整车生产及零部件生产企业以非货币性资产对外投资，未按视同销售的规定计算申报增值税、消费税（主要存在以小汽车等应税消费品对外投资行为时，需考虑到消费税）；未按以非货币资产对外投资的企业所得税规定计算申报企业所得税（除税收政策另有规定外）。

政策依据：

（1）增值税：《中华人民共和国增值税暂行条例实施细则》第四条规定，单位或个体经营者的下列行为，视同销售货物：（一）将货物交付他人代销；（二）销售代销货物；（三）设有两个以上机构并实行统一核算的纳税人，将货物从一个机构移送其他机构用于销售，但相关机构设在同一县（市）的除外；（四）将自产或委托加工的货物用于非应税项目；（五）将自产、委托加工或购买的货物作为投资，提供给其他单位或个体经营者；（六）将自产、委托加工或购买的货物分配给股东或投资者；（七）将自产、委托加工的货物用于集体福利或个人消费；（八）将自产、委托加工或购买的货物无偿赠送他人。

（2）消费税：依据《中华人民共和国消费税暂行条例》第四条，《中华人民共和国消费税暂行条例实施细则》六条规定，纳税人自产自用的应税消费品，用于连续生产应税消费品的，不纳税；用于其他方面的，于移送使用时纳税。用于其他方面的是指纳税人用于生产非应税消费品和在建工程，管理部门，非生产机构提供劳务，以及用于馈赠、赞助、集资、广告、样品、职工福利、奖励等方面的应税消费品。

（3）企业所得税：依据《中华人民共和国企业所得税法实施条例》第二十五条，《关于企业处置资产所得税处理问题的通知》（国税函〔2008〕828号）文件有关规定，企业发生非货币性资产交换，以及将货物、财产、劳务用于捐赠、偿债、赞助、集资、广告、样品、职工福利或者利润分配等用途的，应当视同销售货物、转让财产或者提供劳务，但国务院财政、税务主管部门另有规定的除外。

核查路径：

（1）增值税：重点核查企业"库存商品""固定资产""长期股权投资""主营业务收入""其他业务收入""营业外收入""营业外支出""销售费用""应付职工薪酬""应交税费—应交增值税（销项税额）"等科目。

（2）消费税：重点核查企业"库存商品""固定资产""长期股权投资""主营业务收入""营业外支出""销售费用""应付职工薪酬""应交税费—应交消费税"等科目。

（3）企业所得税：重点核查企业"库存商品""长期股权投资""固定资产""主营业务收入""营业外收入""营业外支出""销售费用""应付职工薪酬""应交税费—应交企业所得税"等科目。

3. 未按规定申报实物返利收入

风险描述：

汽车整车或零部件生产企业给付4S店实物返利，未按规定申报收入。

政策依据：

（1）增值税：依据《国家税务总局关于平销行为征收增值税问题的通知》（国税发〔1997〕167号）文件有关规定，平销活动中，生产企业弥补商业企业进销差价损失的方式主要有以下几种：一是生产企业通过返还资金方式弥补商业企业的损失，如有的对商业企业返还利润，有的向商业企业投资等。二是生产企业通过赠送实物或以实物投资方式弥补商业企业的损失。已发现有些生产企业赠送实物或商业企业进销此类实物不开发票不记账，以此来达到偷税的目的。

自1997年1月1日起，凡增值税一般纳税人，无论是否有平销行为，因购买货物而从销售方取得的各种形式的返还资金，均应依所购货物的增值税税率计算应冲减的进项税金，并从其取得返还资金当期的进项税金中予以冲减。

依据国家税务总局《关于纳税人折扣折让行为开具红字增值税专用发票问题的通知》(国税函〔2006〕1279号)规定,纳税人销售货物并向购买方开具增值税专用发票后,由于购货方在一定时期内累计购买货物达到一定数量,或者由于市场价格下降等原因,销货方给予购货方相应的价格优惠或补偿等折扣、折让行为,销货方可按现行《增值税专用发票使用规定》的有关规定开具红字增值税专用发票。

依据《中华人民共和国增值税暂行条例》第一条,在中华人民共和国境内销售货物或者提供加工、修理修配劳务以及进口货物的单位和个人,为增值税的纳税人。

(2)企业所得税:《中华人民共和国企业所得税法》第六条规定,企业以货币形式和非货币形式从各种来源取得的收入,为收入总额。

核查路径:

核查"发出商品""库存商品""应收账款""主营业务收入""未开票收入""应交税费—应交增值税"等科目,确认企业是否存在不开票不确认收入的情况。

4. 未按规定申报边角废料销售收入

风险描述:

整车生产及零部件生产企业,对于生产过程中产生的边角废料以及残次产品的处置收入未按规定进行申报。例如,以生产冲压件、铸造件为主的汽车零部件生产企业,在生产过程中产生的边角料、废料;汽车零部件生产企业生产中产生的不合格产品、残次品,企业对于上述事项处理灵活性大,并且相对产品销售而言缺乏规范和监管,容易产生"体外循环",造成上述收入不入账,确认销售价格不合理,造成不缴、少缴税款问题发生。

政策依据:

(1)增值税:依据《中华人民共和国增值税暂行条例》第一条,在中华人民共和国境内销售货物或者提供加工、修理修配劳务以及进口货物的单位和个人,为增值税的纳税人。《中华人民共和国增值税暂行条例实施细则》第三十八条,采取直接收款方式销售货物,不论货物是否发出,纳税义务发生时间均为收到销售款或者取得索取销售款凭据的当天。

(2)企业所得税:《中华人民共和国企业所得税法》第六条规定,企业以货币形式和非货币形式从各种来源取得的收入,为收入总额。

核查路径:

重点核查"原材料""库存商品""生产成本""其他业务收入""营业外收入"科目,确认企业是否存在废料销售不计收入的问题。

5. 未按财务税收政策要求核算和管理,通过不具有合理商业目的安排减少消费税计税基础

风险描述:

(1)整车生产企业针对汽车消费税在单一生产环节征收的特点,对产品销售价格进行不具有合理商业目的的安排,从而通过减少消费税计税价格的方式,实现少缴消费税税款的目的。

(2)整车生产企业将应计入产品成本的支出计入期间费用或往来账款进行核算,人为减少生产成本,为减少消费税计税价格留有空间,实现少缴消费税税款的目的。

政策依据:

依据《中华人民共和国消费税暂行条例》第十条规定,纳税人应税消费品的计税价格明显偏低并无正当理由的,由主管税务机关核定其计税价格。

核查路径:

重点核查"生产成本""制造费用""管理费用""应付职工薪酬""其他应付款"等会计科目,核实是否存在因人工费核算不准确而减少消费税计税基础问题。对于整车生产企业的产品销售价格是否合理,是否存在进行不具有合理商业目的的安排而减少消费税计税基础问题,需与销售环节配比分析,采集生产环节发出商品的价格,4S店同期同类产品销售价格,配比分析销售环节汽车的利润率是否偏高,是否存在借助设立销售公司方式,降低消费税税基的风险。

6. 外购货物用于非增值税应税项目,未做增值税进项税转出

风险描述:

整车生产及零部件生产企业将外购货物用于职工福利、在建工程等非增值税应税项目,未按照规定作增值税进项税额转出。

政策依据:

(1) 依据《中华人民共和国增值税暂行条例》第十条有关规定,下列项目的进项税额不得从销项税额中抵扣:(一)用于非增值税应税项目、免征增值税项目、集体福利或者个人消费的购进货物或者应税劳务。

(2) 根据《关于固定资产进项税额抵扣问题的通知》(财税〔2009〕113号)文件规定:以建筑物或者构筑物为载体的附属设备和配套设施,无论在会计处理上是否单独记账与核算,均应作为建筑物或者构筑物的组成部分,其进项税额不得在销项税额中抵扣。附属设备和配套设施是指:给排水、采暖、卫生、通风、照明、通讯、煤气、消防、中央空调、电梯、电气、智能化楼宇设备和配套设施。

(3) 依据《财政部 国家税务总局关于将铁路运输和邮政业纳入营业税改征增值税试点的通知》(财税〔2013〕106号)第二十四条规定,下列项目的进项税额不得从销项税额中抵扣:(一)用于简易计税方法计税项目、非增值税应税项目、免征增值税项目、集体福利或者个人消费的购进货物、接受加工修理修配劳务或者应税服务。其中涉及的固定资产、专利技术、非专利技术、商誉、商标、著作权、有形动产租赁,仅指专用于上述项目的固定资产、专利技术、非专利技术、商誉、商标、著作权、有形动产租赁。

核查路径:

(1) 通过重点核查"在建工程""工程物资""固定资产""应交税费——应交增值税"科目,核查纳税人新建、改建、扩建、修缮、装饰不动产情况,核查企业购进货物用于各生产经营场所的监控系统、大楼电子显示屏、多媒体会议系统改造的情况,以及类似附着物修建情况,必要时核查抵扣凭证,从而确认企业是否存在未按照规定进行进项税额转出的情形。

(2) 通过重点核查"销售费用""管理费用""应付职工薪酬""应交税费——应交增值税"等科目,核查企业外购货物用于职工福利、个人消费等情况,从而确认企业是否存在未按照规定进行进项税额转出的情形。

7. 发生非正常损失,未做增值税进项税转出

风险描述:

整车生产及汽车零部件生产企业发生存货非正常损失,未按照税收政策规定进行进项税额转出。

政策依据:

(1) 依据《中华人民共和国增值税暂行条例》第十条有关规定,下列项目的进项税额不得从销项税额中抵扣:(二)非正常损失的购进货物及相关的应税劳务;(三)非正常损失的在产品、产成品所耗用的购进货物或者应税劳务。

(2) 依据《财政部 国家税务总局关于将铁路运输和邮政业纳入营业税改征增值税试点的通知》(财税〔2013〕106号)第二十四条有关规定,下列项目的进项税额不得从销项税额中抵扣:(二)非正常损失的购进货物及相关的加工修理修配劳务或者交通运输业服务。(三)非正常损失的在产品、产成品所耗用的购进货物(不包括固定资产)、加工修理修配劳务或者交通运输业服务。

(3) 依据《中华人民共和国增值税暂行条例实施细则》第二十四条有关规定,条例第十条第(二)项所非正常损失,是指因管理不善造成被盗、丢失、霉烂变质的损失。

核查路径:

重点核查企业出入库单,对盘亏项目进行详细核查,核查"营业外支出""原材料""库存商品"等科目,确认非正常损失是否已做进项税额转出。

8. 未按规定进行专项用途财政性资金的申报和管理

风险描述:

(1) 整车生产及汽车零部件制造企业取得的专项用途财政性资金,不符合税收政策规定不征税收入条件的,未按照规定确认收入。例如,当期取得的政府部门的奖励、补贴,除国务院、财政部和国家税务总局规定不计入当期损益外,未按税法规定确认收入。

(2) 整车生产及汽车零部件制造企业取得的专项用途财政性资金,符合税收政策规定不征税收入条件,并作为不征税收入申报,但存在以下问题:一是未按照税收政策规定进行单独核算;二是对应的支出在申报企业所得税时进行了申报扣除;三是 60 个月内没有使用完毕的资金,余额未退回也没有在当期申报收入;四是使用资金进行研发的,在申报企业所得税时,享受了研发费用加计扣除税收优惠。

政策依据:

《中华人民共和国企业所得税法》第六条;《中华人民共和国企业所得税法实施条例》第二十二条;《财政部 国家税务总局关于专项用途财政性资金企业所得税处理问题的通知》(财税〔2011〕70 号)。

核查路径:

检查企业关于"资本公积""其他应付款""专项应付款""营业外收入"以及相对应的成本费用会计科目,调取相关原始凭证确认业务实质及收入时点。

9. 各种减值准备、风险准备金未做纳税调整

风险描述:

整车生产及汽车零部件制造企业按照会计制度规定,计提的各类减值准备、风险准备金,按照税法规定不得扣除的,在企业所得税申报时进行税前列支,未做纳税调整。

政策依据:

(1) 依据《中华人民共和国企业所得税法》第十条有关规定,未经核定的准备金支出,在计算应纳税所得额时,不得扣除。

(2) 依据《中华人民共和国企业所得税法实施条例》第五十五条有关规定,未经核定的准备金支出,是指不符合国务院财政、税务主管部门规定的各项资产减值准备、风险准备等准备金支出。

核查路径:

重点核查企业所得税纳税调整明细表,核查"资产减值损失""坏账准备""预计负债""库存商品""无形资产"及相关费用等科目,确认企业未经核准的各类准备金支出是否已做纳税调整。

10. 研究开发费用加计扣除不符合规定

风险描述:

整车生产及汽车零部件制造企业申报加计扣除的研究开发费用未独立核算,不能准确合理计算研发费用支出,未按照税收政策规定研发费用范围进行核算并加计扣除,存在超范围加计扣除情形,研发费用比例畸高。

政策依据:

《中华人民共和国企业所得税法》第三十条;《中华人民共和国企业所得税法实施条例》第九十五条;《国家税务总局关于印发〈企业研究开发费用税前扣除管理办法(实行)〉的通知》(国税发〔2008〕116 号);《财政部 国家税务总局关于研究开发费用税前加计扣除有关政策问题的通知》(财税〔2013〕70 号);《国家税务总局关于固定资产加速折旧税收政策有关问题的公告》(国家税务总局公告 2014 年第 64 号)。

核查路径:

核查"研发支出——费用化支出""无形资产""管理费用""生产成本"等会计科目,查看原始凭证。重点关注用于研发的房屋、建筑物等的折旧;研发人员差旅费支出、招待费支出;仪器、设备的折旧费或租赁费是否专门用于研发活动;已按照总局 2014 年第 64 号公告对专门用于研发的设备采取加速折旧办法时,是否就已经进行会计处理的折旧、费用等金额进行加计扣除;是否按照税收政策规定时间和内容进行资料的申报。

11. 固定资产加速折旧不符合规定

风险描述:

整车生产及汽车零部件制造企业未按照税收政策规定享受固定资产加速折旧或缩短折旧年限税收优惠,存在超范围适用税收优惠情形。

政策依据:

《中华人民共和国企业所得税法》第三十二条;《中华人民共和国企业所得税法实施条例》第九十八条;《国家税务总局关于企业固定资产加速折旧所得税处理有关问题的通知》(国税发〔2009〕81 号);《国家税务总局

关于企业所得税应纳税所得额若干问题的公告》（国家税务总局公告 2014 年第 29 号）；《财政部国家税务总局关于完善固定资产加速折旧企业所得税政策的通知》（财税〔2014〕75 号）；《国家税务总局关于固定资产加速折旧税收政策有关问题的公告》（国家税务总局公告 2014 年第 64 号）。

核查路径：

核查"固定资产""累计折旧""管理费用""生产成本"等会计科目。重点关注按照税收政策规定在实施前购入固定资产不应享受税收优惠政策而申报享受了该项税收优惠的情况；关注依据企业所得税法以及国税发〔2009〕81 号文件规定享受上述税收优惠的，未按照文件规定进行后续管理，不应享受加速折旧税收优惠而享受该政策的；关注未按照财务及税收政策规定进行核算，未按照税收政策规定时间和内容进行资料的申报而享受税收优惠政策的情况。

12. 无形资产摊销不符合规定

风险描述：

对税收政策规定不得摊销的无形资产，整车生产及汽车零部件制造企业摊销并申报扣除（如自行研发支出已税前扣除的无形资产）；未按照规定确认无形资产摊销年限，未按照规定享受缩短摊销年限税收优惠，存在超范围适用税收优惠情形。

政策依据：

在计算应纳税所得额时，企业按照规定计算的无形资产摊销费用，准予扣除下列无形资产不得计算摊销费用扣除：

（一）自行开发的支出已在计算应纳税所得额时扣除的无形资产；

（二）自创商誉；

（三）与经营活动无关的无形资产；

（四）其他不得计算摊销费用扣除的无形资产。

——《中华人民共和国企业所得税法》第十二条

企事业单位购进软件，凡符合固定资产或无形资产确认条件的，可以按照固定资产或无形资产进行核算，经主管税务机关核准，其折旧或摊销年限可以适当缩短，最短可为 2 年。

——《关于企业所得税若干优惠政策的通知》（财税〔2008〕1 号）

核查路径：

重点核查"无形资产""研发支出—费用化支出""累计摊销""管理费用"等会计科目。

13. 未按规定确认土地使用权计税基础

风险描述：

整车生产及汽车零部件制造企业在取得土地使用权过程中，既未按照实际成本或支出确认计税基础，又违规进行摊销。主要包括无偿取得土地使用权，或政府给予一定数额的补贴等情况。

政策依据：

《中华人民共和国企业所得税法实施条例》第五十六条：企业的各项资产，包括固定资产、生物资产、无形资产、长期待摊费用、投资资产、存货等，以历史成本为计税基础。前款所称历史成本，是指企业取得该项资产时实际发生的支出。

《关于企业所得税应纳税所得额若干问题的公告》（国家税务总局公告 2014 年第 29 号）。

核查路径：

重点核查"无形资产""营业外收入""递延收益""固定资产""在建工程"等会计科目，核查土地无偿划拨相关文件。

14. 对外捐赠支出未按规定作纳税调整

风险描述：

整车生产及汽车零部件制造企业未满足公益性捐赠条件的对外捐赠未作纳税调整；超过税法扣除限额的公益性捐赠未作纳税调整。

政策依据：

《中华人民共和国企业所得税法》第九条,《中华人民共和国企业所得税法实施条例》第五十一条、第五十二条、第五十三条,《财政部 国家税务总局关于公益性捐赠税前扣除有关问题的通知》(财税〔2008〕160号)

核查路径:

重点核查对外捐赠相关的原始凭证,确定是否满足公益性捐赠的条件,是否超过税法规定的限额申报扣除。

15. 应当资本化的利息支出未按规定纳税调整

风险描述:

整车生产及汽车零部件制造企业对于用于在建工程等项目的应当资本化的利息支出未予资本化,而是按照费用化规定申报,一次性进行企业所得税前扣除。

政策依据:

《中华人民共和国企业所得税法实施条例》第三十七条。

核查路径:

重点核查"财务费用""在建工程""固定资产""累计折旧"等科目,核查借款合同及凭据,根据资产负债表、利润表、科目余额表以及总账、明细账、凭证综合分析测算。

16. 为职工购买商业保险未作纳税调整

风险描述:

整车生产及汽车零部件制造企业为职工购买商业保险、高管及外籍专家个人保险、子女教育费用等特殊政策、离退休人员统筹外支出,企业所得税前未作纳税调整。

政策依据:

《中华人民共和国企业所得税法》第十条、《中华人民共和国企业所得税法实施条例》第三十六条。

核查路径:

通过重点核查"管理费用"等科目的核算内容,了解企业帮员工购买商业保险金额明细,确认是否在企业所得税前进行了纳税调整。

17. 零配件和整车生产企业出口实行免抵退,免抵额应该缴纳城建教育附加税

风险描述:

零配件和整车生产企业出口货物,未将当期免抵增值税税额纳入城市维护建设税和教育费附加计征范围,少缴相应的城市维护建设税和教育费附加。

政策依据:

经国家税务局正式审核批准的当期免抵的增值税税额应纳入城市维护建设税和教育费附加的计征范围,分别按规定的税(费)率征收城市维护建设税和教育费附加。

——《财政部 国家税务总局关于生产企业出口货物实行免抵退税办法后有关城市维护建设税教育费附加政策的通知》(财税〔2005〕25号)

核查路径:

检查增值税申报表及城建税和教育费附加申报资料,确认免抵税额是否按照规定纳入城市维护建设税和教育费附加的计征范围。

18. 向个人发放的各项补助、补贴,现金及实物福利未按规定扣缴个税

风险描述:

企业向职工发放的节日慰问费、实物福利,通讯费、交通费、燃油补贴、高温津贴、取暖费等可能存在未按规定扣缴个人所得税的情况。

政策依据:

《中华人民共和国个人所得税法》(中华人民共和国主席令第48号)第八条;《中华人民共和国个人所得税法实施条例》(中华人民共和国国务院令第600号)第八条、第三十五条;《财政部 国家税务总局关于误餐补助范围确定问题的通知》(财税字〔1995〕82号);《国家税务总局关于个人所得税有关政策问题的通知》(国税发〔1999〕58号);《国家税务总局关于个人因公务用车制度改革取得补贴收入征个人所得税问题的通知》

(国税函〔2006〕245号)。

核查路径：

查看"应付职工薪酬""福利费"等科目原始凭证以及工资花名册，核实是否按规定将各类福利并入员工当期的工资收入；查看企业"主营业务成本""其他应收款""营业费用"及"管理费用"等科目，核实是否存在直接以通讯费、油费等发票入账报销方式发放的补助、补贴。

19. 向销售人员、优秀员工发放的现金及实物奖励未按规定扣缴个人所得税

风险描述：

企业向销售人员及优秀员工发放的现金及实物奖励，特别是以自产产品进行的奖励，可能存在未按规定扣缴个人所得税的情况。

政策依据：

《中华人民共和国个人所得税法》(中华人民共和国主席令第48号)第八条；《中华人民共和国个人所得税法实施条例》(中华人民共和国国务院令第600号)第八条、第三十五条。

核查路径：

核查企业"应付职工薪酬""福利费""管理费用""营业费用"等科目原始凭证，核实是否存在以自产产品发放奖励的情况，是否按规定将各类福利并入员工当期的工资收入，按"工资、薪金所得"项目扣缴个人所得税。

20. 为员工购买商业保险等未按规定扣缴个税

风险描述：

企业为员工超标准缴存的住房公积金，购买的补充医疗保险及其他商业保险，可能存在未按规定扣缴个人所得税的情况。

政策依据：

《中华人民共和国个人所得税法》(中华人民共和国主席令第48号)第八条；《中华人民共和国个人所得税法实施条例》(中华人民共和国国务院令第600号)第八条、第三十五条；《财政部 国家税务总局关于基本养老保险费基本医疗保险费失业保险费住房公积金有关个人所得税政策的通知》(财税〔2006〕10号)；《国家税务总局关于单位为员工支付有关保险缴纳个人所得税问题的批复》(国税函〔2005〕318号)。

核查路径：

查看"应付职工薪酬"住房公积金及各类保险科目明细账，核实是否存在超标准缴存住房公积金的情况及各类保险缴纳情况，超标准缴存的住房公积金及免税之外的其他保险，计入个人所得，扣缴个人所得税。

21. 企业向本企业以外人员赠送的礼品未按规定扣缴个人所得税

风险描述：

企业在业务宣传、广告、年会等活动中向本单位以外的个人赠送礼品，对个人取得的礼品所得，未按照"其他所得"项目扣缴个人所得税。

政策依据：

《中华人民共和国个人所得税法》(中华人民共和国主席令第48号)第八条；《中华人民共和国个人所得税法实施条例》(中华人民共和国国务院令第600号)第八条、第三十五条；《财政部 国家税务总局关于企业促销展业赠送礼品有关个人所得税问题的通知》(财税〔2011〕50号)。

核查路径：

查看"营业费用""广告宣传费""业务招待费"等科目明细账及原始凭证，核对礼品发放情况，核实企业是否按照"其他所得"税目扣缴个人所得税。

22. 自建房屋未按建成时间缴纳房产税

风险描述：

企业自建房屋，未按税法规定自建成次月起开始计算缴纳房产税。

政策依据：

《中华人民共和国房产税暂行条例》；《财政部税务总局关于房产税若干具体问题的解释和暂行规定》(财

税地〔1986〕8号）。

核查路径：

查看"固定资产""在建工程"明细账、竣工验收证明等相关资料，查核房产建成时间，核实企业是否按照税法规定于建成次月起缴纳房产税。

23. 未按规定将土地价值计入房产原值计征房产税

风险描述：

企业未按税法规定将土地价值计入房产原值计征房产税。容积率大于0.5的，是否将土地价值全额计入房产原值，容积率小于0.5的，按房产建筑面积的2倍计算土地面积并据此确定计入房产原值的地价。分期开发的土地，根据实际容积率计算应计入房产原值的地价。

政策依据：

《中华人民共和国房产税暂行条例》；《财政部 国家税务总局关于安置残疾人就业单位城镇土地使用税等政策的通知》（财税〔2010〕121号）。

核查路径：

查看企业购地合同、土地出让金收据、契税、印花税及开发土地成本费用凭证，核实无形资产明细账是否有土地价值。土地价值是否计入房产税的计税依据，是否能够根据土地面积、房屋建筑面积及其容积率，准确确定计入房产原值的土地价款，缴纳房产税。

24. 漏贴少缴印花税

风险描述：

企业各类应税合同是否准确缴纳印花税，据以进行原材料采购及产品销售的订单以及集团内部明确双方购销关系、据以供货和结算、具有合同性质的凭证是否按照规定缴纳印花税；核定征收企业是否按照核定通知以账载金额计算缴纳印花税。

政策依据：

《中华人民共和国印花税暂行条例》第一条、第二条；《国家税务总局关于企业集团内部使用的有关凭证征收印花税问题的通知》（国税函〔2009〕9号）。

核查路径：

查阅原材料采购合同、销售合同及其他各类应税合同，核对"应交税金——应交印花税"科目印花税款是否计算正确，是否足额纳税。

（二）汽车零售企业主要税收风险点（8个）

1. 对外赠送礼品未计增值税收入

风险描述：

企业在宣传促销、年会、业务招待等场合向客户赠送礼品，未做视同销售处理。

政策依据：

根据增值税有关规定，单位或个体经营者的下列行为，视同销售货物：（八）将自产、委托加工或购买的货物无偿赠送他人。

——《中华人民共和国增值税暂行条例实施细则》第四条。

企业所得税法方面，企业发生非货币性资产交换，以及将货物、财产、劳务用于捐赠、偿债、赞助、集资、广告、样品、职工福利或者利润分配等用途的，应当视同销售货物、转让财产或者提供劳务。

——《中华人民共和国企业所得税法实施条例》第二十五条

核查路径：

检查"销售费用""管理费用""营业外支出"等科目，确认是否存在对外赠送未做视同销售处理的情况。

2. 通过少开发票等手段少计收入

风险描述：

由于汽车销售对象的特殊性，经销企业不开发票进行偷税的可能性极小，为满足消费者少缴车购税等其他费用的要求及少申报收入的目的，部分商家整车高价销售低价开票，少计整车销售收入。

政策依据：
——《中华人民共和国发票管理办法》及实施细则
核查路径：
比对企业销售合同与销售发票，确认是否存在少开票少计收入的行为。

3. 固定资产投资返利未按规定计税

风险描述：

固定资产投资返利分为固定和变动两种：

(1) 固定资产投资回报（固定）：即汽车生产厂家为推广其品牌，按照预先制定的返还标准对代理商的固定资产投资予以资金补偿。该项资金的返还与企业销售业绩无关，这种返利虽然不影响增值税，但企业可能不记入应纳税所得额，从而少缴纳企业所得税。

(2) 固定资产投资回报（变动）：即汽车生产厂家按照经销企业的销售数量返还的一定数额的固定资产投资。返还比例按不同车型和不同销售量来确定，不同车型返还比例不同，同一车型销售数量越多，返还比例越大。这种返利应当按照平销返利的规定冲减增值税进项税额。

政策依据：

国税发〔2004〕136号第一条第二款规定，对商业企业向供货方收取的与商品销售量、销售额挂钩（如以一定比例、金额、数量计算）的各种返还收入，均应按照平销返利行为的有关规定冲减当期增值税进项税金。

《国家税务总局关于平销行为征收增值税问题的通知》（国税发〔1997〕167号）规定，凡增值税一般纳税人，无论是否有平销行为，因购买货物而从销售方取得的各种形式的返还资金，均应依所购货物的增值税税率计算应冲减的进项税金，并从其取得返还资金当期的进项税金中予以冲减。

核查路径：

检查相关合同协议及往来账款，申请协查对方企业（销售公司）的往来账款及关联账户，确认企业是否存在收到返利未计收入的问题。

4. 销售返利未按规定计税

风险描述：

销售返利分为变相的销售折扣、实物返利和销货折让三种。

(1) 变相的销售折扣。汽车生产厂家按照经销企业一定时期的累计销售数量确定当期给予代理商的资金返还幅度，返还以折扣方式进行，折扣比例按不同车型和不同销售量来确定。当经销商经营的某一车型销售到一定数量时，厂家直接给经销商这一车型一定比例的让利，销售数量越多，让利越大。这种返利应当按照平销返利的规定冲减增值税进项税额和相应的销售成本。

(2) 实物返利。即汽车生产厂家按照销售数量返还代理商一定数额的车辆和汽车配件，返还比例按不同车型和不同销售量来确定。当同一车型销售一定数量时，经销商计算应取得的返利计入应收账款，汽车生产厂家按照返利的金额赠送等值的车辆或汽车配件，并给经销商开具增值税发票。经销商对返利取得的汽车配件对外销售或赠送往往不计收入。

(3) 销货折让。即汽车生产厂家按照销售数量给予代理商的资金返还，返还以折让形式实现。返还比例按不同车型和不同销售量来确定。当同一车型销售一定数量或一定时期时，厂家直接给经销商该车型一定比例的让利，这种让利的实现过程是代理商首先取得汽车生产厂家的折让通知书，然后凭有关手续到税务机关申请开具红字专用发票。经销商可能未按规定冲减主营业务成本。

政策依据：

国税发〔2004〕136号第一条第二款规定，对商业企业向供货方收取的与商品销售量、销售额挂钩（如以一定比例、金额、数量计算）的各种返还收入，均应按照平销返利行为的有关规定冲减当期增值税进项税金。

核查路径：

检查往来账款、"库存商品""应交税金——应交增值税"科目，检查企业销售返利的税务处理是否符合规定。

5. 价外费用未计收入

风险描述：

部分企业价外收取的提前提车加价费、热销车型提车费、进口汽车许可证配额费等费用收入未入账或虽入账但不申报纳税。

政策依据：

增值税销售额为纳税人销售货物或者应税劳务向购买方收取的全部价款和价外费用，其中价外费用，包括价外向购买方收取的手续费、补贴、基金、集资费、返还利润、奖励费、违约金、滞纳金、延期付款利息、赔偿金、代收款项、代垫款项、包装费、包装物租金、储备费、优质费、运输装卸费以及其他各种性质的价外收费。

——《中华人民共和国增值税暂行条例》第六条，《中华人民共和国增值税暂行条例实施细则》第十二条

核查路径：

检查企业销售合同、同"应交税金"科目进行核对，检查银行对账单，确认收取的价外费用是否已按照规定计算缴纳税款。

6. 企业发生维修、保养、美容等业务未计收入

风险描述：

维修、保养收入分为首保期内和期后两种情形。首保期内汽车经销商对车辆进行维修保养，不向消费者收取费用，由厂家支付费用；首保期后经销商对车辆进行维修、保养，由消费者支付费用。无论是否在首保期内，汽车经销商均应缴纳增值税。汽车维修是4S店的主要利润来源，但客户以私家车用户为主，消费者索票动机不强，因此，企业往往仅根据开具发票部分申报收入，未开票部分不申报收入。

政策依据：

(1) 按照增值税法律规定，在中华人民共和国境内销售货物或者提供加工、修理修配劳务以及进口货物的单位和个人，为增值税的纳税人，应当缴纳增值税。

——《中华人民共和国增值税暂行条例》第一条

(2) 按照企业所得税法规定，企业以货币形式和非货币形式从各种来源取得的收入，为收入总额。包括：(一)销售货物收入；(二)提供劳务收入。

——《中华人民共和国企业所得税法》第六条

核查路径：

建议查询记录售后情况的信息系统以核实企业真实的维修、保养及美容配件销售收入。

7. 4S店试乘试驾车处置过程中，未按相关规定缴纳增值税

风险描述：

汽车4S店试乘试驾的汽车属于固定资产，它的处置属于纳税人销售自己使用过的固定资产，2008年12月31日前购进的试乘试驾车在2009年1月1日至2013年6月30日之间处置按照4%征收率减半征收增值税；2013年7月1日之后处置按简易办法依3%征收率减按2%征收增值税。2009年1月1日以后购进试乘试驾车按照适用税率征收增值税。4S店存在以下风险：

处置试乘试驾车属于二手车交易，一般情况4S店没有二手车交易发票，交易时在二手车交易市场代开发票，因代开发票按代开金额一定的比例收取手续费，因此，代开发票金额低于实际交易金额，4S店按代开发票金额申报甚至不申报缴纳增值税；

2009年1月1日以后购进试乘试驾车按简易办法缴纳增值税。

政策依据：

根据《财政部 国家税务总局关于全国实施增值税转型改革若干问题的通知》(财税〔2008〕170号)第四条规定，自2009年1月1日起，纳税人销售自己使用过的固定资产应区分不同情形征收增值税：一是销售自己使用过的2009年1月1日以后购进或者自制的固定资产，按照适用税率征收增值税；二是2008年12月31日以前未纳入扩大增值税抵扣范围试点的纳税人，销售自己使用过的2008年12月31日以前购进或者自制的固定资产，按照4%征收率减半征收增值税。

——《国家税务总局关于增值税简易征收政策有关管理问题的通知》(国税函〔2009〕90号)

《国家税务总局关于简并增值税征收率有关问题的公告》(国家税务总局公告2014年第36号)第三条规

定,将《国家税务总局关于增值税简易征收政策有关管理问题的通知》(国税函〔2009〕90号)第一条第(一)项中"按简易办法依4%征收率减半征收增值税政策",修改为"按简易办法依3%征收率减按2%征收增值税政策"。

核查路径:

检查企业"固定资产""固定资产清理"科目并盘存实物,确认企业是否按照规定进行计提增值税税金。

8. 代办汽车按揭服务和其他代办服务收取费用未按规定申报收入

风险描述:

一般情况下汽车4S店都与银行、保险公司或担保公司合作,向客户提供汽车按揭服务业务和其他代办服务业务,购车人在4S店购车可以获得贷款、保险、上牌等"一条龙"服务。购车人向汽车4S店交纳一定的手续费、担保费、代理费等各种服务费用。根据规定,4S店应该就这些代办服务收入纳税,但实际上很多汽车4S店对于代办服务收入采取不开发票不入账的方式,逃避纳税义务。

政策依据:

按照财政部、国家税务总局《关于营业税若干政策问题的通知》(财税〔2003〕16号)的相关规定,随汽车销售提供的汽车按揭服务和代办务业务征收增值税,单独提供按揭、代办服务业务,并不销售汽车的,应征收营业税。根据《中华人民共和国增值税暂行条例实施细则》(中华人民共和国财政部国家税务总局令第50号)第十二条第(四)项的规定,销售货物的同时代办保险等而向购买方收取的保险费,以及向购买方收取的代购买方缴纳的车辆购置税、车辆牌照费,不缴纳增值税。

核查路径:

检查企业"其他业务收入""营业外收入""其他应付款"科目,确认企业是否按照规定进行计提增值税税金。

附件5　千户集团税收风险分析应对工作指引
——电力行业篇

一、行业基本情况

(一)行业概述

1. 电力行业组织机构

我国的电力行业属于国家调控和保障型行业,同时也存在部分地方性的电力企业。2002年12月29日,十二家涉及电力改革的相关企业和单位正式成立,包括国家电力监管委员会、两大电网公司、五大发电集团和四大辅业集团。随着2015年国务院电力体制改革9号文件的发布,今后电力市场将呈现逐渐放开走市场化道路的趋势。

两大电网公司包括国家电网公司和南方电网公司,其中国家电网公司下设华北(含山东)、东北(含内蒙古东部)、华东(含福建)、华中(含四川、重庆)和西北5个区域电网公司。南方电网公司由广西、贵州、云南、海南和广东五省电网组合而成。

五大发电集团为华能集团、大唐集团、华电集团、国电集团、中电投集团(2015年5月29日,由中国电力投资集团公司与国家核电技术有限公司合并组建国家电力投资集团公司)。

四大辅业集团为中国电力工程顾问集团公司、中国水电工程顾问集团公司、中国水利水电建设集团公司和中国葛洲坝集团公司。2011年9月29日中国葛洲坝集团公司、中国电力工程顾问集团公司合并组建中国能源建设集团有限公司;中国水利水电建设集团公司、中国水电工程顾问集团公司合并组建中国电力建设集团有限公司。

2. 电价市场化改革的主要举措

2002年4月12日,国务院下发《电力体制改革方案》,对电力产业的管制结构进行了调整,建立了独立的监管机构,并改革电价机制,全面启动了市场化改革的进程,主要包括重组国有电力资产、建立电力监管机构、改革电价机制等内容。下面主要介绍电价改革内容。

(1) 上网电价。上网电价由政府价格主管部门按照补偿成本、合理收益、依法计税的原则核定。

2004年以来,为发挥价格信号引导电力投资、约束成本、优化资源配置的作用,国家以社会平均成本为基础,按区域或省为单位制定了新投产发电机组的标杆上网电价,并事先向社会公布,未来新投产发电机组均按公布的标杆上网电价执行,彻底摒弃了"一厂一价"事后定价的管理方式。

此外,从2005年起,结合东北区域电力市场的建设,国家在东北地区进行了两部制上网电价改革试点,即对参与市场竞争的电厂,上网电价分为容量电价和电量电价,容量电价由政府价格主管部门制定,电量电价由市场竞争形成。

(2) 输配电价。现阶段,由于我国电网企业集输电、配电、售电于一体,并且输配电业务与三产不分,因此,对经营共用电网的电网企业、省电力公司,尚未核定独立的输配电价,其输配电环节费用包含在对用户的销售电价中。但对于资产比较明晰、独立核算的跨省区专项输电工程,如二滩电站送出工程、西电东送输电工程、三峡电站输电工程等,则单独核定了输电价格。同时,对进行大用户向发电企业直接购电试点的地区,也单独核定了电网输电价格,近期暂按交易所在电网对应电压等级的大工业用电价格扣除平均购电价格的原则确定。

(3) 销售电价。2011年12月,为促进节能减排,国家发改委出台《关于居民生活用电实行阶梯电价的指导意见》并调整各大区域电网电价,通过运用价格杠杆,调节电力供求,促进电力资源优化利用。2015年3月《关于进一步深化电力体制改革的若干意见》(中发〔2015〕9号)出台,作为新一轮电改的核心,电价机制改革、电价市场化、输配电价格改革都将发生较大的变化。

(二) 生产经营流程

1. 基本生产经营流程

电力系统是由发电、输配电、变电、用电设备及相应的辅助系统组成的,集电能生产、输送、分配、使用为一体的统一整体,可分为发电、输电、系统调度、配电等环节。电力系统运行有即时平衡和整体互动性两个主要特征,即时平衡是指在庞大的互联电网中,电力的生产与消费必须实时平衡,任何背离都会引起电网频率和系统电压波动,导致设备损坏直至整个电网系统瓦解。整体互动是指电力系统中各部分相互影响,关系复杂,连接在一起的电厂、电网和用电器,可以被视为统一的整体系统,任何单一部件的变化都会对整个电力系统产生影响。

(1) 发电环节。发电环节是指通过各种生产方式将其他能量转化为电能的电力生产环节。按照能源的转换方式,发电方式主要有火力发电、水力发电、核能发电及其他能源发电。火力发电是指利用煤、石油和天然气等化石燃料所释放的能量进行发电。火力发电在我国能源结构一直处于主导地位,尤其是燃煤发电,在维护电网电压稳定、频率稳定、持续供应等相对其他能源具有更好的特性。水力发电是将水的势能和动能转化为电能的发电方式。水力发电是再生能源,对环境冲击较小,发电效率高,发电成本低,发电起动快,调节容易。风力发电占电网电力负荷比例逐年增大,由于风力发电负荷不稳定且处于逆调峰状态,使得电网低谷电力平衡更加困难,火电为风力发电在低谷时段腾出消纳空间,增加了火电调峰成本。核能发电是利用铀原子核裂变时产生的核能转化为热能,再将热能转变为电能的发电方式。其他新能源发电的方式主要有地热发电、太阳能发电、海洋能发电、生物质能发电等。

从电力市场竞争角度,发电经营主要考虑三个方面:装机容量、发电量和由电源类别决定的发电成本结构。装机容量决定了发电企业在电力市场中的供给能力,发电成本结构主要受电源种类影响,例如水电与煤电比较,煤电企业因为购煤而比水电企业承担了较高的生产经营成本。

(2) 输配电环节。发电厂生产的电能要通过输电系统输送至配电环节,然后再由配电系统供给用户。电能的输送一般采用高压输电,一般为500千伏跨省市主干网,目前我国已建成具有世界先进水平的特高压输电工程,电压等级达750千伏,最高可达1 000千伏。配电业务基本任务是把电力从输电系统传送、分配给用户。配电环节上接输电系统,下接终端用户,配电系统本身不使用、不储存电能,只负责传送、分配电能。电能通过配电线路流向用户,并由电表记录用户使用的电量。

(3) 系统调度环节。系统运行调度包括协调发电厂处理和平衡负荷需求两部分内容。电力运行调度时刻监控负荷的变化,下达电厂启动或停机指令,实时调度整个电网。电力调度机构会根据典型负荷曲线提前为电厂排定发电计划。但由于难以预测实际电力需求,电力调度需要对预测电量之外的电量进行平衡,包括增加或减少发电计划,甚至在必要的情况下,调整用户的电力需求。

2. 几种电力企业的生产工艺及流程

(1) 火力发电企业生产工艺及流程

① 生产原理。利用燃料燃烧所发出的热量把水加热,使水受热后变为蒸汽和过热蒸汽,以蒸汽为中间介质送入汽轮机,推动汽轮机转动,汽轮机带动发电机,发电机发出电能。整项发电过程即是能量转换的过程,即燃料的化学能转变为热能、在汽轮机中热能转变为机械能、在发电机中机械能转换成电能。

② 主要设备。生产的主要设备包括制煤设备(将原煤粉碎)、输煤系统(将粉煤输至锅炉)、锅炉、汽轮机、发电机、变压器、配电装置、冷却塔、供水系统、水处理系统、除灰渣系统、电除尘器、脱硫装置、脱硝装置、灰仓、烟囱、灰场等。其中锅炉、汽轮机和发电机被称为火力发电厂的三大主机。

③ 主要生产过程。一是输煤皮带将煤输送至制粉设备制成煤粉然后送至锅炉,煤粉燃烧将锅炉中饱和水加热成高温高压的过热蒸汽,送至汽轮机内推动轮机运转,带动发电机转动,发出电能输送至电网。二是锅炉燃烧后产生的粉煤灰及煤渣用汽车运输至灰场存放,粉煤灰及煤渣大部分再综合利用。三是生水通过制水设备处理成合格的除盐水后进入除盐水箱,然后通过除盐水泵送入除氧器用于补充锅炉排污及系统泄露损失,维持水汽系统循环。四是进入汽轮机做功后的低温低压蒸汽进入凝结器冷却成凝结水,经过凝结水泵升压送入除氧器,经除氧器除氧后,由给水泵送入锅炉。

④ 主要产品。发电企业的主要产品是电力,包括上网电力产品、生产用电力产品和用于其他方面的电力产品。副产品包括发电过程中产生的粉煤灰、灰渣、蒸汽、水(含除盐水)、压缩空气等,和脱硫生产的石膏、硫酸、硫酸铵、硫磺等产品。以及生产维护、修理过程中会产生废旧设备及废旧物资等。

(2) 水力发电企业生产工艺及流程

① 生产原理。水力发电利用水的势能、动能发电,包括常规水电、抽水蓄能及潮汐等发电。因水力发电厂所发出的电力,电压比较低,要输送给距离较远的用户,就必须将电压经过变压器增高,再由空架输电线路输送到用户集中区的变电所,最后降低为适合家庭用户、工厂用电设备的电压,并由配电线输送到各个工厂及家庭。

② 主要设备。主要设备包括水工建筑物(挡水建筑物、泄水建筑物、闸门、用水建筑物)、水力机械设备、水轮机、发电机、变电设备、配电设备及其他辅助设备等。

③ 主要生产过程。水电企业的生产过程与火电较为类似,均是能量转化的过程。

④ 主要产品。其生产原材料主要是水,因此产生的副产品与火电企业相比非常简单,没有粉煤灰及脱硫产品的产生。

(3) 风力发电企业生产工艺及流程

① 生产原理。利用风力带动风机叶片旋转,由于叶轮转速非常低,通常会通过齿轮箱将旋转的速度提升至发电机额定转速(直驱机组是由叶轮直接驱动发电机),来驱动发电机发电。依据目前风机制造技术,大约是每秒3米的微风速度机组就可以启动(但还不能发电,一般风速接近4米才可以发电)。风力发电机输出的交流电,经变频、变流后输出690 V、50 Hz交流电,再通过机组箱变升为10～35 KV高压电,通过集电线路输送到升压站,由主变压器升为110 KV或330 KV电压等级后输送到国家电网。

② 主要设备。一是风力发电机组:风电机组基础、塔架、叶片、传动系统、风力发电机、变流系统、控制系统;二是输配电设备:箱变、集电线路、电缆、光缆;三是变电设备:升压变压器、断路器、二次设备、并网设备。

(三) 财务核算特点

电力行业以每一个发电厂或热电厂为成本核算单位。电力产品,热力产品按品种法核算。根据电力企业生产经营特点,在生产成本下设置火电生产成本,水电生产成本,风电生产成本,核电生产成本,热力生产成本和电热生产成本等二级科目。在二级明细科目下设置燃料费、外购动力费、水费、职工薪酬、材料费、折旧费、检修费、其他费用等三级明细科目。企业发生的管理费用,财务费用在期间费用核算,不计入生产成本。

电力行业收入按购售电双方共同确认的上网结算电量和国家有关部门批准执行的上网电价或协议电价

计算。电力行业生产存在特殊性,即电力的产、供、销瞬间同时完成,不存在在产品,也不存在电力产品的退回。因此,企业应在月终按双方确认的抄见电量确认电力产品销售收入。

电力行业属于技术与资金密集型行业,工程项目一般由前期准备,建设实施和项目完工移交生产等环节组成。工程建设成本包括建筑安装工程投资支出,设备投资支出,待摊支出和其他投资支出等。按照建筑工程,安装工程,在安装设备,不需安装设备,待摊支出对基建工程成本进行明细核算。

电力企业会计核算的生产经营用固定资产包括发电及供热设备、输电线路、配电线路及设备、变电设备、用电计量设备、通讯线路及设备、自动化控制及仪器仪表、水工机械设备、制造检修维护设备、生产管理用工器具、运输设备、生产及管理用房屋、生产用建筑物等。

(四)行业特殊税收政策

目前,有关电力行业的税收政策及法律法规文件较多,以下摘取了部分与电力行业紧密相关的政策内容:

1. 增值税政策

(1)独立核算的发电企业生产销售电力产品,按照现行增值税有关规定向其机构所在地主管税务机关申报纳税;具有一般纳税人资格或具有一般纳税人核算条件的非独立核算的发电企业生产销售电力产品,按照增值税一般纳税人的计算方法计算增值税。

(2)不具备一般纳税人资格且不具备一般纳税人核算条件的发电企业生产销售的电力产品,由发电企业按上网电量,依核定的定额税率计算发电环节的预缴增值税,且不得抵扣进项税额,向发电企业所在地税务机关申报纳税。

(3)独立核算的供电企业所属的区县级供电企业,凡是能核算销售额的,依核定的预征率计算供电环节的增值税,不得抵扣进项税额,向其所在地主管税务机关纳税申报;不能核算销售额的,由上一级供电企业预缴供电环节的增值税。供电企业随同电力产品销售取得的各种价外费用一律在预征环节按照电力产品适用的增值税税率征收增值税,不得抵扣进项税额。

(4)实行预缴方式缴纳增值税的发、供电企业按照隶属关系由独立核算的发、供电企业结算缴纳增值税。

(5)对于跨省区的发、供电企业的增值税预征率由预缴增值税的发、供电企业所在地和结算增值税的发、供电企业所在地省级国家税务局共同测算,报国家税务总局核定;省内的发、供电企业增值税预征率由省级国家税务局核定;发、供电企业的预征率的执行期限由核定预征率的税务机关根据企业生产经营情况的变化情况确定。

(6)税收优惠政策,主要包括:农村电网维护费免税,即为农村电管站收取的农村电网维护费,免收增值税。一般纳税人经营的县级以下的小型水电或是火电生产的电力,可以采用简易征收办法。装机容量超过100万千瓦的水力发电站(含抽水蓄能电站)销售自产电力产品,自2013年1月1日至2015年12月31日,对其增值税实际税负超过8%的部分实行即征即退政策;自2016年1月1日至2017年12月31日,对其增值税实际税负超过12%的部分实行即征即退政策(财税〔2014〕10号)。自2015年7月1日起,对纳税人销售自产的利用风力生产的电力产品,实行增值税即征即退50%的政策(财税〔2015〕74号)。

2. 企业所得税政策

(1)西部大开发税收优惠。自2011年1月1日至2020年12月31日,对设在西部地区以《西部地区鼓励类产业目录》中规定的产业项目为主营业务,且其主营业务收入占企业收入总额70%以上的企业减按15%的税率征收企业所得税。作为《产业结构调整指导目录》中"五大优势产业"之一的"电力及能源",水电、风电、核电以及符合条件的其他电力行业均可申请享受西部大开发税收优惠。

(2)公共基础设施项目税收优惠。总装机容量25万千瓦及以上的水电、核电、风电等属于《公共基础设施项目企业所得税优惠目录》所列举公共基础设施项目,其投资经营的所得,自该项目取得第一笔生产经营收入所属纳税年度起,第一年至第三年免征企业所得税,第四年至第六年减半征收企业所得税。需要注意的是企业同时从事不在《目录》范围内的项目取得的所得,应与享受优惠的公共基础设施项目所得分开核算,并合理分摊期间费用,没有分开核算的,不得享受上述企业所得税优惠政策。

(3)专用设备投资抵免所得税优惠。电力行业购置并实际使用列入《环境保护专用设备企业所得税优惠目录》《节能节水专用设备企业所得税优惠目录》《安全生产专用设备企业所得税优惠目录》范围内的环境保护、节能节水和安全生产专用设备,可以按专用设备投资额的10%抵免当年企业所得税应纳税额;企业当年应纳税额不足抵免的,可以向以后年度结转,但结转期不得超过5个纳税年度。企业购置上述专用设备在5年内转让、出租的,应当停止享受企业所得税优惠,并补缴已经抵免的企业所得税税款。需要注意的是,可以抵免的投资额不包括已抵扣增值税税款以及设备运输、安装及调试等费用。

3. 城镇土地使用税优惠政策

根据《国家税务局关于电力行业征免土地使用税问题的规定》(国税地字〔1989〕第13号):对火电厂区围墙外的灰场、输灰管、输油(气)管道、铁路专用线用地,免征土地使用税;对水电站的"发电厂房用地(包括坝内、坝外式厂房),生产、办公、生活用地"以外其他用地给予免税照顾;对供电部门的输电线路用地、变电站用地,免征土地使用税。

二、行业主要税收风险

(一)增值税

1. 购进货物、应税劳务或应税服务用于大坝等建筑物、构筑物等非增值税应税项目存在应转出而未转出进项税额风险

风险描述:

购进的货物、应税劳务或应税服务用于大坝、厂房、堆场、中控楼(综合楼)、文体生活等建筑物、构筑物和其他土地附着物或者属于以建筑物或者构筑物为载体的附属设备和配套设施等已抵扣进项税额,未作进项税额转出。

政策依据:

《中华人民共和国增值税暂行条例》第十条;《中华人民共和国增值税暂行条例实施细则》第二十二、二十三、二十四、二十六条;《财政部 国家税务总局关于固定资产进项税额抵扣问题的通知》(财税〔2009〕113号);《交通运输业和部分现代服务业营业税改征增值税试点实施办法》(财税〔2013〕37号)第二十四条、二十五条;《国家税务局关于印发〈增值税问题解答(之一)〉的通知》(国税函发〔1995〕288号)第十二条。

核查路径:

(1) 了解企业是否存在项目投资、技术改造、不动产在建等可能涉及非增值税应税项目的工程,实地确定物品的实际用途,甄别其是否构成建筑物、构筑物或以建筑物或者构筑物为载体的附属设备和配套设施;

(2) 查看"应交税费——应交增值税——进项税额"科目是否有直接对应"在建工程"(不动产在建工程)等科目;

(3) 通过会计科目对应关系,查看已抵扣进项税金的"原材料""周转材料""工程物资""生产成本""管理费用"等科目借方对应是否有"在建工程"(不动产在建工程)等科目;

(4) 核查《增值税纳税申报表》(适用一般纳税人)及其附表相关栏次的数据;

(5) 随着营改增的推进,也应关注监理费、勘探费、设计费等新增抵扣项目用于非增值税应税项目情况,通过调阅其合同、协议等,确认是否用于非增值税应税项目。

2. 购进货物、应税劳务或应税服务用于向居民供热等免征增值税项目存在应转出而未转出进项税额风险

风险描述:

热电联产企业向居民供热取得的采暖费收入属免征增值税项目,免税收入分摊的部分不得抵扣的进项税额未准确转出。

政策依据:

《中华人民共和国增值税暂行条例》第十条;《中华人民共和国增值税暂行条例实施细则》第二十二、二十三、二十四、二十六条;《财政部 国家税务总局关于固定资产进项税额抵扣问题的通知》(财税〔2009〕113号);《交通运输业和部分现代服务业营业税改征增值税试点实施办法》(财税〔2013〕37号)第二十四条、二十五条、二十六条。

核查路径:

(1) 调阅供热相关合同、协议,审核有无将向非居民供热计入居民供热收入情况,对于通过热力产品经营

企业向居民供热的,应审核热力产品经营企业实际从居民取得的采暖费收入占该经营企业采暖费总收入的比例计算是否正确,判断热电联产企业是否存在供暖期人为调节进项税额,对存在人为调节的可以采取按年度清算的办法进行调整;

(2) 查看"应交税费——应交增值税——进项税额转出"科目,审核其进项转出是否正确;

(3) 核查《增值税纳税申报表》(适用一般纳税人)及其附表相关栏次的数据。

3. 购进的货物、应税劳务或应税服务用于食堂、宿舍等集体福利或个人消费存在应转出而未转出进项税额风险

风险描述:

购进货物、应税劳务或应税服务用于食堂、宿舍、浴室、医务室等集体福利或个人消费未作进项税额转出。

政策依据:《中华人民共和国增值税暂行条例》第十条;《中华人民共和国增值税暂行条例实施细则》第二十二、二十三、二十四、二十六条;《财政部 国家税务总局关于固定资产进项税额抵扣问题的通知》(财税〔2009〕113号);《交通运输业和部分现代服务业营业税改征增值税试点实施办法》(财税〔2013〕37号)第二十四条、二十五条、二十六条。

核查路径:

(1) 了解企业组织结构,查看企业是否设置福利部门及福利部门运作机制,了解工青妇等群团组织开展活动情况,分析是否存在领用外购物资或接受劳务情况;

(2) 核查"原材料""应付职工薪酬——职工福利""应付职工薪酬——工会经费""管理费用""应交税费——应交增值税——进项税金转出"等科目,判断相关业务是否已作进项税额转出;

(3) 核查《增值税纳税申报表》(适用一般纳税人)及其附表相关栏次的数据。

4. 处置使用过的固定资产、废旧物资未计少计提增值税风险

风险描述:企业处置自己使用过的固定资产、废旧物资未按规定计提增值税销项税额。

政策依据:《财政部 国家税务总局关于全国实施增值税转型改革若干问题的通知》(财税〔2008〕170号)第四条;《财政部 国家税务总局关于部分货物适用增值税低税率和简易办法征收增值税政策的通知》(财税〔2009〕9号);《国家税务总局关于一般纳税人销售自己使用过的固定资产增值税有关问题的公告》(国家税务总局公告2012年第1号);《财政部 国家税务总局关于简并增值税征收率政策的通知》(财税〔2014〕57号);《国家税务总局关于简并增值税征收率有关问题的公告》(国家税务总局公告2014年第36号)。

核查路径:

(1) 查看企业内部管理制度,了解企业资产管理办法及处置流程;

(2) 核查"固定资产清理""原材料""其他业务收入""应付账款""营业外收入""应交税费——应交增值税——销项税额"科目,查看是否存在处置自己使用过的固定资产、废旧物资未按规定计提增值税销项情况,使用税率(征收率)是否正确;

(3) 核查《增值税纳税申报表》(适用一般纳税人)及其附表相关栏次的数据。

5. 电力企业生产的电力、热力发生视同销售行为未计少计提增值税风险

风险描述:企业将生产的电力或热力用于非增值税应税项目、集体福利、个人消费、无偿赠送他人等视同销售行为未按规定计提增值税。

政策依据:《中华人民共和国增值税暂行条例实施细则》第四条、第二十一条、第二十二条、第二十三条(财政部 国家税务总局第50号令)。

核查路径:

(1) 查看企业组织结构,了解企业自用电、自用热等基本情况,调阅福利部门等非生产经营区域用电、用热等原始单据;查阅企业工程项目建设相关计划、合同、协议,查看施工方电力、热力来源;

(2) 核查"生产成本"贷方直接对应"管理费用——职工福利费""营业外支出""在建工程""应付账款"等科目,审核其是否属于视同销售行为,是否正确计提增值税。

6. 处置灰渣、粉煤灰等副产品未计少计提增值税风险

风险描述:火电企业生产时会形成一定比例的灰渣、粉煤灰、脱硫石膏等副产品。企业将副产品无偿赠

送或以明显低于市场价销售给其他公司或个人未计少增值税。

政策依据:《中华人民共和国增值税暂行条例》第一条、第七条;《国家税务总局关于粉煤灰(渣)征收增值税问题的批复》(国税函〔2007〕158号);《国家税务总局关于纳税人无偿赠送粉煤灰征收增值税问题的公告》(国家税务总局公告2011年第32号)。

核查路径:

(1)了解周边区域同类副产品的市场价格、需量等基本信息。查阅生产工艺流程图、企业组织结构,了解企业生产工艺、副产品种类,调阅副产品生产部门、化验部门、处置部门、磅房相关数据;

(2)核查"其他业务收入""应收账款"等科目副产品核算情况,与取得的各类数据进行比对,判断核算的副产品处置数量及价格是否准确,是否存在少计未计提增值税行为。

7. 水电企业的直供电少计或未及时计提销项税额风险

风险描述:水电企业的直供电是由于水电企业的发电能力通常大于电网给予的上网配额,电网不接收企业多发电量,对于这部分电力,水电企业通常会自行寻找用户消化,可能少计或不及时计提增值税销项税额。

政策依据:《中华人民共和国增值税暂行条例》第六条,《中华人民共和国增值税暂行条例实施细则》第十四条。

核查路径:

(1)调阅企业销售合同、协议,分析企业是否存在直供电行为;从企业生产部门等取得相关直供电信息和数据;

(2)核查"主营业务收入""主营业务成本"科目,比对上网电量与发电量数据,判断直供电进行财务核算是否准确,增值税计算是否正确。

8. 小型水力发电企业税率适用错误,少计增值税风险

风险描述:5万千瓦及以下的县级及县级以下小型水力发电企业生产的电力可按简易办法适用征收率征税。小型水电企业从其他小型水电企业购进电力进行"转供电",可能存在将其购进的非自发电收入适用征收率计算增值税。

政策依据:《财政部 国家税务总局关于部分货物适用增值税低税率和简易办法征收增值税政策的通知》(财税〔2009〕9号)第二条第三款;《财政部 国家税务总局关于简并增值税征收率政策的通知》(财税〔2014〕57号)第二条。

核查路径:

(1)查阅企业立项申请报告、发电机组合格证,核实企业实际装机容量,判断是否适用简易办法征收增值税;

(2)审核企业增值税申报表有无简易征收销售额,核实自发电量与上网电量之间是否存在差额,调阅企业相关合同、协议,分析企业是否存在"转供电"等行为;

(3)核查"主营业务收入""应交税费——应交增值税"等科目,核实企业除自发电以外的其他收入是否正确适用税率。

(二)企业所得税

1. 取得试运行收入未做纳税调整风险

风险描述:按照行业监管规定,为测试机组性能、并网安全性等,发电机组建成后需要进行试运行,企业存在取得试运行收入未按规定纳税调整。

政策依据:《中华人民共和国企业所得税法》第六条、《中华人民共和国企业所得税法实施条例》第二十八条。

核查路径:

(1)查看企业与电网公司签订的《并网调度协议》《购售电合同》,了解调试电价签订及执行情况;

(2)获取"试运行收入"明细账,按年度统计明细汇总金额;通过核查增值税申报表与年度企业所得税纳税申报表,判断企业是否对在会计处理上冲减在建工程的试运行收入未进行纳税调增处理;

(3)检查"试运行成本"。试运行成本属于资本性支出,不得税前一次性扣除,应记入相关资产成本分期

扣除。

2. 投资未到位部分利息支出税前扣除风险

风险描述：投资者应按公司章程、协议履行出资义务，投资方在规定期限内未缴足其应缴资本额的，其对外借款投资未到位部分利息支出未做纳税调整。

政策依据：《国家税务总局关于企业投资者投资未到位而发生的利息支出企业所得税前扣除问题的批复》(国税函〔2009〕312号)。

核查路径：

(1) 查看公司章程、协议、审计报告中有关股东投资、增资信息及实收资本、资本公积变动的信息披露内容，确认企业资本金未到位情况；

(2) 核查"财务费用"借方发生额以及"股本""实收资本"，并核对"预提费用""银行存款""短期借款""长期借款""其他应付款"等账户，结合有关凭证审核企业对外借款所发生的利息，相当于投资者实缴资本额与在规定期限内应缴资本额的差额应计付的利息，是否在计算企业应纳税所得额时扣除；

(3) 核查《中华人民共和国企业所得税年度纳税申报表(A表)》及其附表相关栏次的数据。

3. 资产划分、折旧、摊销与税法存在差异未作纳税调整风险

风险描述：发电企业制定或执行的资产管理办法中，关于资产划分标准、计税基础及折旧(摊销)方法及年限与税法规定有差异未进行纳税调整。

政策依据：《中华人民共和国企业所得税法实施条例》第五十七、五十八、六十条。

核查路径：

(1) 调阅企业资产管理办法和固定资产卡片，了解其固定资产、无形资产、低值易耗品划分标准、计税基础和折旧(摊销)方法及年限，分析与税法是否存在差异；

(2) 核查"固定资产""低值易耗品""无形资产""累计折旧""累计摊销"等会计科目相关信息；

(3) 核查《中华人民共和国企业所得税年度纳税申报表(A表)》及其附表相关栏次的数据。

4. 已计提但未实际发生费用税前扣除风险

风险描述：已计提但未实际支付的费用在税前扣除，未作纳税调整，导致少缴企业所得税。如预提预估的环境保护费、修理费、水资源费、库区维护费、库区基金等未实际发生的费用。

政策依据：《中华人民共和国企业所得税法》第八条、《中华人民共和国企业所得税法实施条例》第九条。

核查路径：

(1) 查看具有预提性质的相关科目，如"预计负债""预提费用""其他应付款"等会计科目，且其对应科目借方为"生产成本""制造费用""管理费用""销售费用""营业外支出"等的会计科目；

(2) 上述具有预提性质的会计科目中未实际支付的预提费用，汇总其金额调增应纳税所得额。

5. 母子公司间提供服务支付费用税前扣除风险

风险描述：母公司为其子公司间提供各种服务而发生的费用，应按照独立企业之间公平交易原则确定服务价格；母子公司间未按照独立企业之间的业务往来收取价款的，未按规定进行纳税调整。

政策依据：《中华人民共和国企业所得税法》第八条、《中华人民共和国企业所得税法实施条例》第二十七条、《国家税务总局关于母子公司间提供服务支付费用有关企业所得税处理问题的通知》(国税发〔2008〕86号)。

核查路径：

(1) 核实母子公司间是否签订服务合同(协议)或服务分摊协议，企业所得税申报时是否提供相关材料，对无上述资料而支付的服务费不得在税前扣除；

(2) 根据合同(协议)或分摊协议的内容，判断是否符合独立企业之间公平交易原则，对不符合的应该予以调整；

(3) 根据服务项目到企业相关部门核实，如果存在以服务费的名义向母公司支付管理费，其支付的相关费用不得税前扣除；

(4) 核查《中华人民共和国企业所得税年度纳税申报表(A表)》及其附表相关栏次的数据。

6. 关联企业借款利息支出税前扣除风险

风险描述：企业与其关联企业间债资比是否超过按税法规定的债权性投资和权益性投资比例（金融企业，为5∶1；其他企业，为2∶1）；实际支付的利息是否超过按企业所得税法及其实施条例有关规定计算的部分。

政策依据：《财政部 国家税务总局关于企业关联方利息支出税前扣除标准有关税收政策问题的通知》（财税〔2008〕121号）。

核查路径：

（1）查阅企业借款合同、融资租赁合同及相关资料，分析其行为是否符合独立交易原则及关联双方实际税负是否存在差异；

（2）计算企业与各关联企业的债资比例，判断是否超过规定比例；

（3）核查计入"财务费用"和"在建工程"等科目的利息支出，计算支付利息超比例金额，结合企业所得税申报表内容比对是否进行纳税调整。

7. 发生与取得收入无关的支出未做纳税调整风险

风险描述：企业在财务核算中可能发生与取得收入无关的支出，未作纳税调整。

政策依据：《中华人民共和国企业所得税法》第八条、第十条第八项；《中华人民共和国企业所得税法实施细则》第二十七条。

核查路径：

（1）根据企业的行业特点及工艺流程，结合成本费用的财务核算，分析判断是否可能存在列支与收入无关的支出；

（2）重点关注"管理费用""生产成本""制造费用""销售费用""营业外支出"等科目的二级科目"××——其他"，结合原始凭证记载内容核实其支出是否与收入无关。

8. 工资薪金未按税法规定进行纳税调整风险

风险描述：企业工资薪金未按税法规定进行纳税调整，如：向职工发放工资薪金不具有税法规定的合理性；计提的应付工资至汇算清缴时仍未实际发放；企业部分职工工资未通过"应付职工薪酬——工资"科目核算等。

政策依据：《中华人民共和国企业所得税法》第八条；《中华人民共和国企业所得税法实施条例》第三十四条；《国家税务总局关于企业工资薪金及职工福利费扣除问题的通知》（国税函〔2009〕3号）；《国家税务总局关于企业工资薪金和职工福利费等支出税前扣除问题的公告》（国家税务总局公告2015年第34号）。

核查路径：

（1）了解企业组织结构，到劳资管理部门调阅企业工资制度、工资计划，掌握企业工资发放标准、项目以及政府有关部门给予的限额等基本情况；

（2）通过第三方取得行业、地区工资水平；

（3）审核"应付职工薪酬——工资"科目是否按规定进行纳税调整；

（4）查看"生产成本""销售费用""管理费用""制造费用""在建工程"等科目借方，分析其对应的贷方科目是否存在未通过"应付职工薪酬"科目发放工资。

9. 税前扣除离退休人员的工资、福利费等支出风险

风险描述：企业税前列支与取得收入无关的离退休人员的工资、保险、福利和离退休管理费等支出，未按规定进行纳税调整。

政策依据：《中华人民共和国企业所得税法》第八条、《中华人民共和国企业所得税法实施条例》第二十七条、《国家税务总局办公厅关于强化部分总局定点联系企业共性税收风险问题整改工作的通知》（税总办函〔2014〕652号）第一条。

核查路径：

（1）核查是否通过"应付职工薪酬——福利费"及下级明细科目归集离退休人员工资或补贴性质的费用，统计其贷方发生额；

(2)如果企业没有通过"应付职工薪酬——福利费"下的明细科目核算离退休人员费用,现场核查时需先了解企业退休人员管理机构及管理办法,核实离退休人员费用的核算方法及入账科目,然后取得离退休人员费用的发生额。

10. "三项经费"归集及纳税调整风险

风险描述:企业未正确归集"三项经费"列支内容,或纳税调整时未准确计算扣除限额。

政策依据:《中华人民共和国企业所得税法》第八条;《中华人民共和国企业所得税法实施条例》第三十四条、第四十条、第四十一条、第四十二条;《国家税务总局关于企业工资薪金及职工福利费扣除问题的通知》(国税函〔2009〕3号);《国家税务总局关于企业工资薪金和职工福利费等支出税前扣除问题的公告》(国家税务总局公告2015年第34号)。

核查路径:

(1)核查职工薪酬计提金额,确定"三项经费"的计算基数及限额是否正确;

(2)通过审阅应属各科目明细账,核查企业在账务处理上是否存在"三项经费"与其他科目核算内容混淆的情况;

(3)计算"三项经费"计提数与实际发生数,核查企业是否存在计提未实际发生的情况。

11. 发生业务招待费未按税法规定进行税前扣除风险

风险描述:企业可能存在在"在建工程""固定资产"等科目核算业务招待费,或未按税法规定计算业务招待费扣除限额。

政策依据:《中华人民共和国企业所得税法实施条例》第四十三条;《国家税务总局关于企业所得税若干税务事项衔接问题的通知》(国税函〔2009〕98号);《国家税务总局关于企业所得税应纳税所得额若干税务处理问题的公告》(国家税务总局公告2012年第15号)第五条。

核查路径:

(1)核查"在建工程""固定资产"等科目,判断企业是否存在将业务招待费计入在建工程、固定资产而未计算扣除限额的情况;

(2)结合企业所得税申报表,核查"管理费用——开办费"科目,判断筹建期间计入筹(开)办费的业务招待费是否按规定进行税前扣除;

(3)核查企业相关成本费用原始凭证,分析企业是否在会议费、办公费、宣传费、差旅费等无限额的其他科目中列支业务招待费。

12. 超比例缴付住房公积金税前扣除风险

风险描述:企业存在超过当地主管部门规定的缴存比例缴付职工住房公积金;企业未按当地主管部门规定的上一年度职工月平均工资标准作为缴纳住房公积金计算基数;计算缴存住房公积金的月工资基数超过当地主管部门限定的月平均工资的最高倍数。

政策依据:《中华人民共和国企业所得税法实施条例》第三十五条;《住房公积金管理条例》《建设部 财政部 中国人民银行关于住房公积金管理若干具体问题的指导意见》(建金管〔2005〕5号)。

核查路径:

(1)通过企业劳资管理部门了解企业内部公积金管理相关制度;

(2)通过当地统计局、住房公积金中心等部门了解当地上年职工月平均工资、住房公积金缴存比例、住房公积金月工资基数最高倍数,判断企业工资基数和缴存比例是否正确;

(3)核查"管理费用""制造费用""生产成本"与"应付职工薪酬"等涉及住公积金的科目及原始凭证,计算企业是否超比例缴付职工住房公积金,对超比例缴付部分应做纳税调整;

(4)比对个人所得税代扣代缴申报明细表中的"住公积金"相关数据。

13. 取得、使用财政性资金不符合规定未做纳税调整风险

风险描述:电力企业取得不符合不征税收入条件的财政性资金未计入应税收入总额;不征税收入用于支出而形成资产对应的折旧(摊销)、费用未进行纳税调整。

政策依据:《中华人民共和国企业所得税法》第七条;《中华人民共和国企业所得税法实施条例》第二十六

条、第二十八条;《财政部 国家税务总局关于专项用途财政性资金企业所得税处理问题的通知》(财税〔2011〕70号);《国家税务总局关于企业所得税应纳税所得额若干税务处理问题的公告》(国家税务总局公告2012年第15号)。

核查路径:

(1) 调阅资金拨付文件,核实拨付资金的政府部门对该资金是否具有专门的资金管理办法或具体管理要求,检查企业对该资金以及该资金发生的支出是否单独进行核算,判断财政性资金是否符合不征税收入的条件;

(2) 如确定为不征税收入,还应通过"固定资产""累计折旧""管理费用"等科目,结合企业所得税申报表等资料,判断企业相关费用、折旧(摊销)纳税调整是否正确。

14. 关联企业间支付脱硫脱硝等技术服务费不符合独立交易原则风险

风险描述:部分集团下设技术服务公司为其他子公司提供脱硫脱硝等技术服务,在定价原则和计算方法上不符合独立交易原则,存在不同税负企业间利润转移的情况。

政策依据:《中华人民共和国企业所得税法》第四十一条,《中华人民共和国企业所得税法实施条例》第一百一十条、一百一十一条。

核查路径:

(1) 核查"管理费用""其他业务支出"等科目是否列支技术服务费用项目;

(2) 查阅企业签订的相关技术服务合同,分析其是否存在关联交易,了解其定价原则和计算方法,判断关联交易是否符合独立交易原则。

15. 赞助支出和直接捐赠税前扣除风险

风险描述:大型水力发电企业在建期涉及移民安置和相关协调工作,会承担与生产经营无关的一些费用,且建成后会承担一定的社会责任,为当地政府、团体和群众提供一定的经济援助,如:修建道路、球场、学校等基础性设施,可能存在将这些赞助支出、直接捐赠支出在税前扣除或者计入资产成本的税收风险。

政策依据:《中华人民共和国企业所得税法》第九条、第十条,《中华人民共和国企业所得税法实施条例》第五十一条、第五十二条、第五十三条、第五十四条、第五十五条。

核查路径:

(1) 查阅会议记录、预(概)算报告、竣工决算报告,查看施工建造合同及施工图纸,实地查看企业周边设施;

(2) 核查"营业外支出""在建工程""管理费用""工程物资"等科目,核查原始凭证判断是否存在赞助支出和直接捐赠,结合企业所得税申报表内容比对是否进行纳税调整。

16. 无法偿付的质保金未调整资产计税基础或未计收入风险

风险描述:风电企业在采购发电设备时会在合同中约定功率曲线等技术指标并设定质保金,考核不达标将从应付款项中扣除相应质保金,企业未调整相关资产计税基础及其相应的折旧费用;技术指标依合同约定一般考核周期较长,存在质保金无法偿付情况,无法偿付的质保金未确认为应税收入。

政策依据:《中华人民共和国企业所得税法》第六条,《中华人民共和国企业所得税法实施条例》第二十二条。

核查路径:

(1) 查阅企业设备采购合同、协议,确认质保金设置、给付、扣除条件;

(2) 审核"固定资产"贷方发生额、"应付账款""长期应付款""其他应付款"贷方明细余额确认质保金是否无法偿付,结合企业所得税申报表资料分析是否进行纳税调整。

(三)个人所得税

1. 超过国家规定的标准缴付的年金单位缴费和个人缴费部分未扣缴或少扣缴个人所得税风险

风险描述:电力企业超过国家规定的标准为在本单位任职或者受雇的全体职工缴付的年金单位缴费部分和个人超过本人缴费工资计税基数的4%标准的个人缴费部分,未并入个人当期的工资、薪金所得,未扣缴或少扣缴个人所得税。

政策依据:《财政部 人力资源社会保障部 国家税务总局关于企业年金 职业年金个人所得税有关问题的通知》(财税〔2013〕103号)。

核查路径:

(1) 核查企业年金相关文件和管理办法,核对缴存比例和缴存基数;

(2) 核查"应付职工薪酬","应付职工薪酬——补充养老保险(个人缴费、企业缴费)""应付职工薪酬——补充医疗保险"等明细科目借方发生额与工资发放明细表进行比对,核实是否按照适用税率准确计算并扣缴个人所得税;

(3) 核查代扣代缴个人所得税的适用税率是否正确,有无适用低税率少扣少缴个人所得税的情况。

2. 超国家标准缴纳住房公积金未扣缴或少扣缴个人所得税风险

风险描述:电力企业单位和个人超过国家规定比例和标准缴付的住房公积金,未将超过部分并入个人当期的工资、薪金收入,未扣缴或少扣缴个人所得税。

政策依据:《财政部 国家税务总局关于基本养老保险费基本医疗保险费失业保险费住房公积金有关个人所得税政策的通知》(财税〔2006〕10号)第二条;《建设部 财政部 中国人民银行关于住房公积金管理若干具体问题的指导意见》(建金管〔2005〕5号)。

核查路径:

(1) 核查企业公积金相关文件和管理办法,核对缴存比例和缴存基数。单位和个人分别在不超过职工本人上一年度月平均工资12%的幅度内,其实际缴存的住房公积金,允许在个人应纳税所得额中扣除。单位和职工个人缴存住房公积金的月平均工资不得超过职工工作地所在设区城市上一年度职工月平均工资的3倍;

(2) 核查"应付职工薪酬""应付职工薪酬——住房公积金"明细科目借方发生额与工资发放明细表进行比对,核对"应交税费——应交个人所得税"科目中核算的代扣个人所得税是否正确;

(3) 核查代扣代缴个人所得税的适用税率是否正确,有无适用低税率少扣少缴个人所得税的情况。

3. 企业给职工发放的各类奖金、津贴、补贴、实物福利等各类津贴、补贴未扣缴或少扣缴个人所得税风险

风险描述:电力企业发放的体检费、误餐费、交通费、探亲费、通讯费、医药费、取暖费、防暑降温费等各类津贴、补贴未并入当月工资薪金所得,未扣缴或少扣缴个人所得税的风险。

政策依据:《中华人民共和国个人所得税法实施条例》(中华人民共和国国务院令第600号)第八条;《财政部 国家税务总局关于误餐补助范围确定问题的通知》(财税字〔1995〕82号);《国家税务总局关于生活补助费范围确定问题的通知》(国税发〔1998〕155号);《国家税务总局关于个人所得税有关政策问题的通知》(国税发〔1999〕58号)。

核查路径:

(1) 核查企业发放给个人的实物、补贴等是否记入"管理费用""在建工程""生产成本""应付福利费"等相关科目而未通过"应付职工薪酬"科目核算,未代扣代缴个人所得税;

(2) 关注工会组织、职工食堂等后勤福利部门发放的现金伙食补贴,实物福利、节假日福利费等,查阅企业《全员全额明细申报表》,确认企业是否发放此类津贴、补贴以及是否合并计税;

(3) 核查"现金""银行存款"明细账,确认是否直接支付给本企业职工或其他个人的费用,未代扣代缴个人所得税;

(4) 核查代扣代缴个人所得税的适用税率是否正确,有无适用低税率少扣少缴个人所得税的情况。

4. 企业对外赠送礼品未扣缴或少扣缴个人所得税风险

风险描述:电力企业在年会、座谈会、促销会、庆典等活动中,向本单位以外个人赠送物品、有价证券等礼品,未扣缴或少扣缴个人所得税。

政策依据:《中华人民共和国个人所得税法实施条例》第十条;《财政部 国家税务总局关于企业促销展业赠送礼品有关个人所得税问题的通知》(财税〔2011〕50号)。

核查路径:

(1) 核查购进或发放礼品清单,了解其财务记账情况;

(2) 核查"营业外支出""管理费用""在建工程""销售费用"等明细科目,分析是否向本单位以外个人赠送

物品、有价证券等礼品,未按税法规定代扣代缴个人所得税;

(3) 核查代扣代缴个人所得税的适用税率是否正确,有无适用低税率少扣少缴个人所得税的情况。

(四) 营业税

企业取得的利息收入未缴纳营业税风险

风险描述:电力企业收取的委托贷款利息收入(资金占用费)未按规定申报缴纳营业税。

政策依据:《国家税务总局关于印发〈营业税问题解答(之一)〉的通知》(国税函发〔1995〕156号)第十条。

核查路径:

(1) 通过"持有至到期投资""其他业务收入""其他应收款"等科目核查企业委托贷款金额,并查看相关合同或协议,确定贷款利率;

(2) 核查与"持有至到期投资""其他业务收入""其他应收款"有关的"投资收益"科目汇总金额,计算应纳营业税;核查"财务费用"贷方科目,查看有无收取利息或资金占用费冲减财务费用的项目发生;

(3) 核查除委托贷款业务外其他营业税应税项目计税金额,并按适用税率计算应缴纳的营业税;

(4) 核查"应交税费——应交营业税"科目金额,扣除第3步计算的税额后,与第2步计算的税额进行比较,如果小于第2步计算金额,则存在委托贷款利息收入不交或少交营业税的风险。

(五) 房产税

1. 企业输送煤炭的栈桥未按规定缴纳房产税的风险

风险描述:火电发电企业输送煤炭的栈桥,未按规定缴纳房产税。

政策依据:《财政部 税务总局关于房产税和车船使用税几个业务问题的解释与规定》(财税地字〔1987〕第3号);《财政部 税务总局关于房产税若干具体问题的解释和暂行规定》(财税地字〔1986〕第008号)第十九条;《财政部 国家税务总局关于安置残疾人就业单位城镇土地使用税等政策的通知》(财税〔2010〕121号);《国家税务总局关于进一步明确房屋附属设备和配套设施计征房产税有关问题的通知》(国税发〔2005〕173号)。

核查路径:

(1) 核查"固定资产"科目下是否核算栈桥,检查栈桥是否费用化处理,确认栈桥入账原值;

(2) 实地查看栈桥结构,核查栈桥原值是否全部包括以房屋(栈桥)为载体,不可随意移动的附属设备和配套设施的价值;

(3) 核查计征房产税的栈桥是否包括所分摊的土地价值;

(4) 核查"在建工程"科目,是否存在达到预定可使用状态的栈桥未转固定资产的情形,未缴纳房产税;

(5) 核查栈桥交付使用时间,确定房产税的起征时间。

2. 企业的房屋附属设备未按规定缴纳房产税风险

风险描述:电力企业以房屋为载体,不可随意移动的附属设备和配套设施,如给排水、采暖、消防、中央空调、电气及智能化楼宇设备等,未按规定计入房产计税原值计征房产税。

政策依据:《财政部 税务总局关于房产税和车船使用税几个业务问题的解释与规定》(财税地字〔1987〕第3号);《国家税务总局关于进一步明确房屋附属设备和配套设施计征房产税有关问题的通知》(国税发〔2005〕173号)。

核查路径:

(1) 核查"固定资产"明细科目、固定资产卡片,是否有以房屋为载体,不可随意移动的附属设备和配套设施单独核算,而未记入房产计税原值情形;

(2) 核查"在建工程""长期待摊费用"等相关科目,是否以房屋为载体,不可随意移动的附属设备和配套设施单独核算,而未记入房产计税原值的情形。

3. 企业的地价款未并入房产计税原值少缴纳房产税风险

风险描述:电力企业按照房产原值计征房产税的房产,房产原值未包含地价,即未包括为取得土地使用权支付的价款、开发土地发生的成本费用等而少缴房产税。

政策依据:《财政部 国家税务总局关于安置残疾人就业单位城镇土地使用税等政策的通知》(财税

〔2010〕121号)第三条

核查路径：
(1) 核查"固定资产""无形资产"科目下是否核算土地，确认土地是否并入房产计税原值；
(2) 核查企业取得的土地使用证等权属资料证明，查看应税面积并计算应分摊的地价款；
(3) 核查宗地容积率是否低于0.5。

（六）城镇土地使用税

企业不属于免税范围的土地未按规定缴纳城镇土地使用税风险

风险描述：火电厂厂区围墙外不属于灰场、输灰管、输油(气)管道、铁路专用线用地的其他用地，水电站的发电厂房用地(包括坝内、坝外式厂房)，生产、办公生活用地，未照章缴纳城镇土地使用税。

政策依据：《国家税务局关于电力行业征免土地使用税问题的规定》(国税地字〔1989〕13号)；《国家税务局对〈关于请求再次明确电力行业土地使用税征免范围问题的函〉的复函》(国税地〔1989〕44号)。

核查路径：
(1) 将纳税人纳税申报表中的土地面积与土地使用证所记载面积相对照，检查"固定资产""无形资产"明细账，调阅原征地凭证、土地管理机关的批文等文件进行核对，确认土地的用途和面积；
(2) 调阅企业的施工总平面图，现场核查土地的用途和面积，必要时也可实际丈量。

（七）契税

企业取得土地未按规定足额缴纳契税的风险

风险描述：电力企业取得出让的国有土地使用权时，未将其支付的包括土地出让金、土地补偿费、安置补助费、地上附着物和青苗补偿费、拆迁补偿费、市政建设配套费等全部经济利益作为契税计税价格，按规定足额缴纳契税。

政策依据：《财政部 国家税务总局关于国有土地使用权出让等有关契税问题的通知》(财税〔2004〕134号)。

核查路径：
(1) 核查"固定资产""无形资产"科目，查阅取得土地时的原始合同或协议，核实并计算其取得土地支付的各项费用明细和金额，从而判断是否按文件规定足额缴纳契税；
(2) 通过国土资源局等土地管理部门取得的第三方信息获知企业取得土地的相关信息，判断企业是否足额缴纳契税；
(3) 核查"其他业务支出""管理费用"等科目下是否支付土地补偿费、安置补助费、地上附着物和青苗补偿费、拆迁补偿费、市政建设配套费等费用，核实取得土地是否按规定足额缴纳契税。

附件6　　千户集团税收风险分析应对工作指引
——建筑行业篇

一、行业基本情况

（一）行业概述

1. 建筑行业组织架构

建筑业是国民经济的支柱产业，与国民经济发展、人民生活改善有着密切关系。2008年，根据十一届全国人大一次会议通过的国务院机构改革方案，原"建设部"改为"中华人民共和国住房和城乡建设部"，负责全国建筑业活动的指导和监督工作。

我国的建筑业企业规模较大的有中国建筑工程总公司、中国铁路建筑总公司、中国交通建设集团有限公司、中国水利水电建设股份有限公司、中国冶金科工集团公司、上海建工集团股份有限公司等。

建筑业行业的组织结构分为直线制、直线职能制、事业部制、矩阵制、母子公司制、公司协作制等六种。目前，建筑业企业普遍采用的是直线职能制组织结构。

2. 建筑业发展和改革的主要举措

2014年7月1日,为了深入贯彻落实党的十八大和十八届三中全会精神,推进建筑业发展和改革,保障工程质量安全,提升工程建设水平,住房和城乡建设部下发了《关于推进建筑业发展和改革的若干意见》。针对当前建筑市场和工程建设管理中存在的突出问题,提出了指导意见。

(1) 确定指导思想和发展目标。加快完善现代市场体系,全面深化建筑业体制机制改革。简政放权,消除市场壁垒,促进建筑业健康协调可持续发展。

(2) 建立统一开放的建筑市场体系。进一步开放市场,推进行政审批制度改革,改革招标投标监管方式,推进建筑市场监管信息化与诚信体系建设。进一步完善工程监理制度,强化建设单位行为监管,建立与市场经济相适应的工程造价体系。

(3) 强化工程质量安全管理。加强勘察设计质量监管,落实各方主体的工程质量责任,完善工程质量检测制度,推进质量安全标准化建设,推动建筑施工安全专项治理,强化施工安全监督。

(4) 促进建筑业发展方式转变。推动建筑产业现代化,构建有利于形成建筑产业工人队伍的长效机制,提升建筑设计水平,加大工程总承包推行力度,提升建筑业技术能力。

(5) 加强建筑业发展和改革工作的组织和实施。加强组织领导,积极开展试点,加强协会能力建设和行业自律。

3. 行业特点

(1) 经营周期长,机构所在地和项目施工地往往不一致。

(2) 属于劳动密集型行业,从业人员数量庞大,流动性强,劳动生产率较低。

(3) 市场竞争激烈,挂靠、转包、分包现象十分普遍。

(4) 建筑工程投资巨大,往往需要施工方垫付资金,经常出现拖欠工程款现象,导致资产负债率高企。

(5) 用工成本增加和融资成本上升促使行业利润率不断降低。

(6) 我国投资项目中大部分是固定资产投资,与建筑业息息相关,该行业极易受宏观政策变动的影响。

4. 经营方式

建筑业的主要经营方式是建设单位与建筑安装企业通过不同形式建立承发包关系,签订施工合同,按合同要求组织施工。最常见的承包方式分为包工包料、包工半包料及包工不包料;另外,还存在转包、挂靠等多种经营模式,被挂靠企业收取一定比例的管理费。

(二) 生产经营流程

建筑业企业在承接各项工程作业时,基本都把项目部作为基本实施单位,生产经营的整个流程也都围绕项目部展开。较为规范的建筑企业主要生产流程为:

1. 项目考察

企业组织人员对知悉的项目建设信息进行考察,确定是否参与建设项目的招投标。

2. 公司投标

企业确定参与招投标后,组织技术人员制作标书,进行投标。

3. 成立项目部

在收到建设单位发出的中标通知书后,决定成立项目部。确定项目负责人,从技术、工程、材料、财务等部门选派人员,参与项目部的生产经营管理,且根据项目建设需要确定招工事项。项目部在项目所在地开设银行临时账户,其印鉴章由总部编号,每个项目部按规定使用各自的印鉴章。

4. 编制成本计划

企业组织人员对施工项目的成本进行详细调查。根据调查情况,企业编制成本计划,项目在成本计划范围内不能亏损,并与项目部签订责任状,以此考核项目负责人的经营业绩。

5. 项目实施

项目负责人制定施工方案,报总部同意后,代表企业完成施工全过程,具体组织项目的施工建设、财务核算等经营活动。

6. 项目完工

项目部完成建设项目的施工作业后,由企业或项目部与建设单位结算工程价款,并接受有关部门的验收。

7. 项目部解散

项目结束后,大部分人员回到企业部门或其他项目部工作,仅留少数人员负责项目的扫尾工作。

(三)大型建筑企业的特点

根据国统字〔2011〕75号文件规定,年销售额和资产总额均达到8亿元的建筑企业为大型建筑企业。大型建筑企业在生产经营方面有以下特点:

1. 承接高端、复杂建设项目的主力军。

高资质等级是其承揽大型项目的先天优势条件,能够为建设工程项目提供设计和施工一体化、全过程服务。

2. 具有布局全国的大战略。

相对于中小型建筑企业较小的经营范围,大型建筑企业的触角伸向全国,项目"遍地开花"。

3. 实施"走出去"战略的开拓者。

随着"一带一路"战略规划的实施,我国大型建筑企业在多年来完成大量境外项目、树立优秀品牌的基础上,又将迎来一个新的繁荣期。

4. 更多社会责任的承担者。

大型建筑企业具有较大的经济体量和较好的社会信用,往往与政府合作承接大量的"BT"(建设—移交)、"BOT"(建设—运营—移交)项目,有利于缓解政府对于基础设施建设的巨额投资压力。

(四)财务核算特点及基本内容

1. 财务核算特点

根据建筑企业的经营管理模式特点,相应的财务核算可以分为以下三种形式:

(1)一级核算。多发生在小型企业,核算集中在总部,会计凭证也均在总部。

(2)二级核算。项目部主要核算项目发生的直接成本费用、确认收入,会计凭证、明细账均在项目部,并按期报送财务报表汇总到总部,总部财务报表反映的是该企业全部工程项目的财务状况和经营成果。

(3)三级核算。分公司、项目部分别核算,最终将报表汇总至总部,总部反映所有经营成果,会计凭证、明细账均在项目部,分公司根据各项目部的报表汇总,核算分公司所属项目经营状况,并按期报送财务报表汇总到总部。

2. 财务核算基本内容

根据住建部颁发的《建设工程项目管理规范》和财政部颁发的《施工企业会计核算办法》《企业会计准则》等会计核算办法进行财务核算,项目核算以项目部为基本核算单位。对建筑业企业而言,财务核算的关键在于各项目部必须正确地确定项目收入、成本核算范围、内容和时间,正确划分各种费用界限,保证收入成本的准确性和真实性。

(1)建造合同收入的确认与计量

① 建造合同。指为建造一项资产或者在设计、技术、功能、最终用途等方面密切相关的数项资产而订立的合同。

② 合同收入的确定与计量。合同收入是指建造承包商签订和实施建造合同而取得的收入。合同收入的组成内容具体包括:

A 初始收入。指建造承包商与客户在双方签订的合同中最初商定的合同总金额。

B 追加收入。指在执行合同过程中因合同变更、索赔、奖励等原因形成的收入。

合同收入应以收到或应收的工程价款计量。这里所说的"工程价款",是指建造合同的总金额或总造价。

(2)成本费用的归集与核算

① 合同成本。指建造承包商签订和实施建造合同中实际发生的成本。合同成本主要包括从合同签订开始至合同完成止所发生的、与执行合同有关的直接费用和间接费用。

② 实际成本。指在工程施工中实际发生的并按一定的成本核算对象和成本项目归集的生产费用支出。实际成本包括人工费、材料费、机械使用费及其他直接费用、间接费用、管理费用、财务费用等。

③ 生产费用的归集与分配。主要包括人工费、材料费、机械费及其他直接费用的归集与分配。

④ 成本与费用在报告期的结算。

A 必须按照规定的成本在报告期末计算未完施工、已完工程和竣工工程的实际成本。

B 在报告期末,应对未完工程进行盘点,确定未完施工和已完工程成本。

C 未完施工的确定,要由项目经理主持,核算员提供依据,实行会审会签,填报"未完施工计算表",据以留存未完施工。各项目部不得多留或少留未完施工调节成本盈亏。

D 本期已完工程实际成本根据期初未完施工成本,本期实际发生的生产费用和期末未完施工成本进行计算。

E 工程竣工后,应根据预算部门确定的工程结算书和合同总造价,计算工程竣工收入,根据成本记录汇集各项生产费用,核算自开工起至竣工止的全部工程实际成本,编制工程竣工决算。编制工程竣工决算时,土建施工单位应将水电、分包单位的竣工决算资料进行汇总上报。

⑤ 工程分包成本核算。建筑企业将部分工程或者劳务作业依法分包给具有相应资质的企业时,应对分包的工程或劳务成本进行核算。

(3) 资产的处理

建筑企业的资产处理主要包括流动资产、固定资产、无形资产、投资资产等的处理。总体上建筑企业的资产处理与其他企业的资产处理基本一致,但也存在其特殊性,体现在主要材料、结构件、周转材料、施工机械、生产设备等建筑企业特殊资产的处理方面。

(4) 成本核算的台账、账册和报表

① 建立项目成本核算的辅助记录台账。施工项目成本是生产耗用的货币表现,而不是生产耗费的原始事务形态,这往往使项目经理和项目管理人员难以掌握。通过管理会计式台账,还其本来面目,就会有清晰的透明度。根据项目管理实践,项目应根据"必需、适用、简便"的原则,建立有关记录台账。各项目岗位台账主要包括:

A 项目财务人员应登记台账。主要包括验工月报台账、甲供材料台账、分包工作量台账、周转材料、机械使用费等成本费用结算台账等内容。

B 项目材料员台账。主要包括材料采购计划、材料收入、耗用台账、小型工器具借用记录等内容。

C 项目核算员台账。主要包括验工月报台账、工日台账、标底外工程结算资料汇编台账、分包工程结算台账等内容。

② 项目核算应上报的报表。项目核算采用月度核算的方式,每月10号前向分公司报送上月的报表,项目月度应报的报表有:资产负债表、损益表、工程成本表、单位工程成本明细表、费用收支表、工程款收取进度表,属地公司不统一核算应交税金、应付工资的,项目必须加报应交款项表、含量工资表。每季度项目必须加报书面成本分析资料作为报表附注。

损益表、工程成本表、单位工程成本明细表、费用收支表、工程款收取进度表等反映项目动态资料的报表,除报本月数、本年累计数外,还应加报自开工至报告期的累计发生数。

(五) 行业特殊税收政策

目前,有关建筑行业的税收政策及法律法规文件较多,以下摘取了部分与建筑行业紧密相关的政策内容:

1. 营业税政策

(1) 纳税人销售自产货物同时提供建筑业劳务的,应按照《中华人民共和国增值税暂行条例实施细则》第六条及《中华人民共和国营业税暂行条例实施细则》第七条规定,分别核算其货物的销售额和建筑业劳务的营业额,并根据其货物的销售额计算缴纳增值税,根据其建筑业劳务的营业额计算缴纳营业税。未分别核算的,由主管税务机关分别核定其货物的销售额和建筑业劳务的营业额。

(2) 建筑业营业税征收管理,贯彻"以票控税、网络比对、税源监控、综合管理"的治税方针,国家税务总局统一开发了建筑业营业税项目管理软件,并对项目管理的具体内容作出了明确的规定。纳税人提供建筑业应税劳务的,应在建筑业工程合同签订并领取建筑施工许可证之日起30日内,持有关资料向建筑业应税劳务发生地主管税务机关进行建筑工程项目登记。纳税人建筑业工程项目登记内容发生变化,应自登记内容发生变化之日起30日内,持有关资料和电子文档,向建筑业应税劳务发生地主管税务机关进行项目登记。

（3）扣缴义务人履行代扣代缴义务时,应建立代扣代缴税款台账,如实记载被扣缴纳税人的名称、工程项目的名称、地点及编号、代扣代收税款凭证号、代扣代缴税款的时间和税额,同时接受税务机关的检查。代扣代缴业务结束后,扣缴义务人应将余下的代扣代缴税款凭证交还主管税务机关,并结清应代扣代缴的税款。

（4）工程承包公司承包建筑安装工程业务,即工程承包公司与建设单位签订承包合同的建筑安装工程业务,无论其是否参与施工,均应按"建筑业"税目征收营业税。工程承包公司不与建设单位签订承包建筑安装工程合同,只是负责工程的组织协调业务,对工程承包公司的此项业务则按"服务业"税目征收营业税。

（5）根据《中华人民共和国营业税暂行条例》第五条第（三）款的规定,纳税人将建筑工程分包给其他单位的,以其取得的全额价款和价外费用扣除其支付给其他单位的分包款后的余额为营业额。根据《中华人民共和国营业税暂行条例实施细则》第九条的规定,单位是指企业、行政单位、事业单位、军事单位、社会团体及其他单位。因此,纳税人将建筑工程分包给个人或个体户的,其支付的分包款项不能扣除。

（6）纳税人提供建筑业劳务（不含装饰劳务）的,除《中华人民共和国营业税暂行条例实施细则》第七条的规定外,其营业额应当包括工程所用原材料、设备及其他物资和动力价款在内,但不包括建设方提供的设备的价款。

（7）税收优惠政策,主要包括：对中铁建及其下属子公司与新成立的股份公司、锦鲤资产管理中心相互转让股权和整体转让产权的行为不征收营业税,对其他应税行为照章征收营业税。对世行贷款粮食流通项目免征建筑安装工程营业税和项目服务收入营业税。

2. 企业所得税政策

（1）跨地区经营的项目部（包括二级以下分支机构管理的项目部）应向项目所在地主管税务机关出具总机构所在地主管税务机关开具的《外出经营活动税收管理证明》,未提供上述证明的,项目部所在地主管税务机关应督促其限期补办;不能提供上述证明的,应作为独立纳税人就地缴纳企业所得税。同时,项目部应向所在地主管税务机关提供总机构出具的证明该项目部属于总机构或二级分支机构管理的证明文件。

（2）建筑企业总机构直接管理的跨地区设立的项目部,应按项目实际经营收入的0.2%按月或按季由总机构向项目所在地预分企业所得税,并由项目部向所在地主管税务机关预缴。

（3）建筑企业所属二级或二级以下分支机构直接管理的项目部（包括与项目部性质相同的工程指挥部、合同段等）不就地预缴企业所得税,其经营收入、职工工资和资产总额应汇总到二级分支机构统一核算,由二级分支机构按照《国家税务总局关于印发〈跨地区经营汇总纳税企业所得税征收管理办法〉的公告》（国家税务总局2012年第57号公告）规定的办法预缴企业所得税。

（4）建筑企业总机构应按照有关规定办理企业所得税年度汇算清缴,各分支机构和项目部不进行汇算清缴。总机构年终汇算清缴后应纳所得税额小于已预缴的税款时,由总机构主管税务机关办理退税或抵扣以后年度的应缴企业所得税。

3. 个人所得税政策

（1）总承包企业、分承包企业派驻跨省异地工程项目的管理人员、技术人员和其他工作人员在异地工作期间的工资、薪金所得个人所得税,由总承包企业、分承包企业依法代扣代缴并向工程作业所在地税务机关申报缴纳。

总承包企业和分承包企业通过劳务派遣公司聘用劳务人员跨省异地工作期间的工资、薪金所得个人所得税,由劳务派遣公司依法代扣代缴并向工程作业所在地税务机关申报缴纳。

（2）跨省异地施工单位应就其所支付的工程作业人员工资、薪金所得,向工程作业所在地税务机关办理全员全额扣缴明细申报。凡实行全员全额扣缴明细申报的,工程作业所在地税务机关不得核定征收个人所得税。

（3）总承包企业、分承包企业和劳务派遣公司机构所在地税务机关需要掌握异地工程作业人员工资、薪金所得个人所得税缴纳情况的,工程作业所在地税务机关应及时提供。总承包企业、分承包企业和劳务派遣公司机构所在地税务机关不得对异地工程作业人员已纳税工资、薪金所得重复征税。

（六）行业涉税管理难点

1. 营业税

(1) 收入确认存在问题。有些企业存在收入未按工程完工进度核算、以物抵债未确认收入以及赶工奖等价外费用未计入收入等情况;有些企业存在违反税法规定未将甲方供材金额并入计税营业额的情况;还有些企业集团总部将自有资金提供给成员企业使用,收取的利息未申报缴纳营业税。

(2) BT项目税收征管存在难点。由于BT项目建设周期长,投融资建设协议中未体现工程的合同金额等数据,企业往往不按工程进度确认收入,只有在政府分批支付回购款时才去实现税款。企业出于资金方面的原因,不能及时付给设备、材料供应商及分包单位款项,无法及时取得施工发生的成本费用发票,成本核算得不到可靠保证。

2. 企业所得税

(1) 成本核算不规范。有些建筑企业没有对项目成本进行分项核算,无法分项提供准确的成本数据。有些企业将实际未缴纳的营业税及附加在企业所得税税前列支。有些企业未按规定取得发票,存在以白条、不合规凭证作为企业所得税扣除凭证等情况。有些企业分包、材料、劳务未取得发票,按合同金额暂估入账,存在企业所得税汇算清缴未做纳税调整的情况。

(2) 滥用临时人员工资税前扣除的问题。有些企业虚报临时用工人数,降低临时用工人员工资水平和标准。有的企业分解单位正式职工收入,将部分工资收入纳入临时用工人员工资中。有的企业将无法正常处理的支出,通过虚列临时用工人员工资的方式,在企业所得税税前扣除。

3. 其他方面

接受虚开发票、假发票的现象大量存在。有的建筑企业为了虚增建筑成本,接受分包方、劳务公司和供应商等单位虚开的发票,造成国家税收大量流失。还有些建筑企业使用假发票入账,造成国家税款损失严重。

二、行业主要税收风险

(一) 增值税

1. 处置机器设备未缴增值税

风险描述:

在处置工程施工机器设备时,未对处置收入申报缴纳增值税。

政策依据:

《财政部 国家税务总局关于部分货物适用增值税低税率和简易办法征收增值税政策的通知》(财税〔2009〕9号)第二条;《财政部 国家税务总局关于简并增值税征收率政策的通知》(财税〔2014〕57号);《财政部 国家税务总局关于全国实施增值税转型改革若干问题的通知》(财税〔2008〕170号)第四条。

核查路径:

审核固定资产清理、营业外收入、其他业务收入等科目,审查企业以物抵债协议,核实企业是否存在机器设备销售未按规定缴纳增值税。

2. 销售边角料未缴增值税

风险描述:

企业边角料销售收入未申报缴纳增值税。

政策依据:

《财政部 国家税务总局关于部分货物适用增值税低税率和简易办法征收增值税政策的通知》(财税〔2009〕9号)第二条;《财政部 国家税务总局关于简并增值税征收率政策的通知》(财税〔2014〕57号)。

核查路径:

重点审核其他业务收入、工程施工、原材料等科目以及施工现场的材料保管账,核实企业是否存在销售边角料行为未按规定计算缴纳增值税。

(二) 营业税

1. 甲供材料及动力金额未纳入营业税计税金额

风险描述:

甲供材料及动力(除设备和装饰材料外)存在未并入计税营业额缴纳营业税。

政策依据：
《中华人民共和国营业税暂行条例实施细则》(财政部 国家税务总局令第52号)第七条、第十六条。
核查路径：
重点核查工程施工、原材料等科目明细和工程承包、分包合同以及工程计量审批单，核实是否存在未将甲供材料及动力金额并入计税营业额的情况。

2. 计税营业额未包含价外费用
风险描述：
企业取得与工程有关的费用未按规定确认计税营业额。
政策依据：
《中华人民共和国营业税暂行条例》(中华人民共和国国务院令第540号)第五条；《中华人民共和国营业税暂行条例实施细则》(财政部 国家税务总局令第52号)第十三条。
核查路径：
核查企业提供施工劳务取得建设单位支付的优质质量奖、提前竣工奖或其他工程价外费用，是否全额申报缴纳营业税。

3. 营业税未按纳税发生义务时间纳税
风险描述：
企业建筑工程劳务已经提供，未按照合同约定的付款日期确认收入申报缴纳营业税。
政策依据：
《中华人民共和国营业税暂行条例》(中华人民共和国国务院令第540号)第十二条、《中华人民共和国营业税暂行条例实施细则》(财政部 国家税务总局令第52号)第二十四条、第二十五条。
核查路径：
核查预收账款、主营业务收入科目，审核企业是否按照收讫营业收入款项或者取得索取营业收入款项凭据的当天申报纳税，重点核实建筑工程合同确定的付款日期和金额。

4. 取得预付工程款未申报纳税
风险描述：
企业取得预付工程款未申报缴纳营业税。
政策依据：
《中华人民共和国营业税暂行条例实施细则》(财政部 国家税务总局令第52号)第二十五条。
核查路径：
核查预收账款、银行存款及应交税费科目，审核企业建筑工程合同有无预付工程款情况，核实企业收到的预付工程款是否申报缴纳营业税。

5. 集团内部企业借款支付利息未确认收入
风险描述：
企业集团总部将自有资金(不含下属分公司)提供给成员企业使用，或将银行借款按高于银行利率提供给成员企业使用收取利息(不属于统借统还业务部分)，未申报缴纳营业税。
政策依据：
《国家税务总局关于印发〈营业税问题解答(之一)〉的通知》(国税函发〔1995〕156号)第十条、《财政部 国家税务总局关于非金融机构统借统还业务征收营业税问题的通知》(财税字〔2000〕7号)第一条、第二条；《国家税务总局关于贷款业务征收营业税问题的通知》(国税发〔2002〕13号)第一条。
核查路径：
核查内部往来、上级拨款、内部存款、其他应收款、财务费用、其他业务收入等科目明细账发生额，查看此项收入是否缴纳营业税。

(三) 企业所得税
1. 未按工程完工进度确认收入

风险描述：

企业未按照年度工程完工进度或完成的工作量确认收入实现，计算缴纳企业所得税。

政策依据：

《中华人民共和国企业所得税法实施条例》（中华人民共和国国务院令第512号）第二十三条第二项；《国家税务总局关于确认企业所得税收入若干问题的通知》（国税函〔2008〕875号）第二条。

核查路径：

关注工程施工、主营业务收入、主营业务成本等科目，核实企业建筑工程合同等资料，重点核查工程价款结算单、工程监理记录等资料，核实是否存在未按完工进度确认收入情况。

2. 临时设施未按规定计提折旧

风险描述：

企业临时设施按收益期计提固定资产折旧，导致企业超标准税前扣除。

政策依据：

《中华人民共和国企业所得税法实施条例》（中华人民共和国国务院令第512号）第五十七条、第六十条。

核查路径：

核查企业固定资产、工程施工及累计折旧科目，审核临时设施固定资产年限、折旧率和折旧计算，核实企业固定资产折旧是否按规定在税前扣除。

3. 工程款、购货款和劳务款暂估入账未按规定进行纳税调整

风险描述：

工程款、购货款和劳务款未取得发票，按合同采取暂估入账，汇算清缴未按规定进行纳税调整。

政策依据：

《国家税务总局关于贯彻落实企业所得税法若干税收问题的通知》（国税函〔2010〕79号）第五条；《中华人民共和国企业所得税法实施条例》（中华人民共和国国务院令第512号）第二十三条第二项；《国家税务总局关于确认企业所得税收入若干问题的通知》（国税函〔2008〕875号）第二条。

核查路径：

核查企业应付账款、工程施工科目，审查工程款、购货款和劳务款有无采取暂估入账，企业所得税汇算清缴未按规定进行纳税调整的情况。

4. 预提营业税及附加在企业所得税税前列支。

风险描述：

实际未缴纳的营业税及附加在企业所得税税前列支。

政策依据：

《中华人民共和国企业所得税法实施条例》（中华人民共和国国务院令第512号）第二十三条第二项；《国家税务总局关于确认企业所得税收入若干问题的通知》（国税函〔2008〕875号）第二条；《中华人民共和国营业税暂行条例实施细则》（财政部 国家税务总局令第52号）第二十四条、第二十五条第二款；《中华人民共和国营业税暂行条例》（中华人民共和国国务院令第540号）第十二条。

核查路径：

重点核查应交税费、主营业务税金及附加、其他业务支出等科目，审核企业预提未缴的营业税在税前列支，年末企业所得税是否进行纳税调整。

5. 业务招待费未准确归集

风险描述：

将应计入业务招待费的费用计入管理费用—差旅费、福利费和办公费、工程施工—间接成本等科目，导致企业超标准税前扣除业务招待费。

政策依据：

《中华人民共和国企业所得税法实施条例》（中华人民共和国国务院令第512号）第四十三条。

核查路径：

核查企业发生的业务招待费是否准确归集,有无将业务招待费计入差旅费、福利费、办公费、会议费等其他费用。

6. 应由个人负担的费用作为企业发生费用列支

风险描述:

应由个人负担的私家车日常费用、住房维修费、学历学位教育费和个人家庭消费等作为企业发生费用列支,未作企业所得税纳税调整。

政策依据:

《中华人民共和国企业所得税法》第八条;《中华人民共和国企业所得税法实施条例》(中华人民共和国国务院令第512号)第二十七条。

核查路径:

核查企业管理费用、营业费用、工程施工等科目,有无将应由个人负担的费用作为企业发生费用列支,并未做企业所得税纳税调整。

7. 税前抵扣凭据不合规

风险描述:

企业未按规定取得发票,存在以白条、不合规凭证作为企业所得税抵扣凭据等情况。

政策依据:

《中华人民共和国发票管理办法》(中华人民共和国国务院令第587号)第二十二条、第二十四条、第三十五条。

核查路径:

核查工程施工、管理费用、营业费用等科目有无白条,调取凭证进行网上验证,通过对凭证抽查发现凭证是否合规。

(四)个人所得税

1. 未按规定代扣代缴个人所得税

风险描述:

发放给员工的离休工资、取暖费、防暑降温费、商业保险、安全奖、过节费、揽活奖、开门红包、移动电话费等各种津贴和补助、奖金,未按规定计算代扣代缴个人所得税。

政策依据:

《中华人民共和国税收征收管理法》第六十一条、六十二条、六十三条、六十四条、六十八条、六十九条、七十条、七十二条、七十三条、七十七条;《中华人民共和国个人所得税法实施条例》(中华人民共和国国务院令第519号)。

核查路径:

核查工程施工、管理费用、应付职工薪酬等科目,确认企业支付给职工的各种补贴、津贴、奖金,是否准确划分并计入"工资、薪金所得"代扣代缴个人所得税。

(五)房产税

1. 房产改造、扩建支出未计入房产原值缴纳房产税

风险描述:

企业在房产改造、扩建等更新改造过程中,未按照增加的房产原值计算缴纳房产税。

政策依据:

《国家税务总局关于进一步明确房屋附属设备和配套设施计征房产税有关问题的通知》(国税发〔2005〕173号)第一条、第二条;《财政部 国家税务总局关于房产税城镇土地使用税有关问题的通知》(财税〔2008〕152号)第一条。

核查路径:

审核固定资产科目明细账,核实在房产改造、扩建等更新改造过程中,房产价值是否发生变化,企业是否按照增加的房产原值计算缴纳房产税。

2. 土地价值未计入房产原值缴纳房产税

风险描述：

企业未将土地价款计入房产原值计算缴纳房产税。

政策依据：

《财政部 国家税务总局关于安置残疾人就业单位城镇土地使用税等政策的通知》(财税〔2010〕121号)第三条。

核查路径：

核查无形资产、固定资产科目,审核企业土地出让合同和收据以及所缴纳的契税,核实企业是否按规定确认的土地成本计入房产原值。

（六）印花税

"以物抵债"未缴纳印花税

风险描述：

企业签订的"以物抵债"协议未按照双项合同缴纳印花税。

政策依据：

《中华人民共和国印花税暂行条例》(中华人民共和国国务院令第11号)第二条第二项;《中华人民共和国印花税暂行条例施行细则》(财税字〔1988〕第255号)第五条、第十六条、第十八条。

核查路径：

重点核实企业"以物抵债"协议,如果是以机器设备抵债,分别按照"建筑安装工程承包合同"和"购销合同"税目缴纳印花税;如果是以房屋、土地抵债,分别按照"建筑安装工程承包合同"和"产权转移书据"缴纳印花税。核实企业是否准确按照税目、税率缴纳印花税。

附件7　千户集团税收风险分析应对工作指引
——关联交易篇

一、事项概述

（一）事项定义

本指引中的关联交易,是指企业与其关联方之间的业务往来。

关联方是指与企业有下列关联关系之一的企业、其他组织或者个人：

在资金、经营、购销等方面存在直接或者间接的控制关系；

直接或者间接地同为第三者控制；

在利益上具有相关联的其他关系。

企业与其关联方之间的关联交易,应该贯彻独立交易原则。独立交易原则亦称"公平交易原则",是指没有关联关系的交易各方,按照公平成交价格和营业常规进行业务往来遵循的原则。独立交易原则目前已被世界大多数国家接受和采纳,成为税务机关处理交易的指导原则。

在程序法方面,我国税收征管法规定,企业或者外国企业在中国境内设立的从事生产、经营的机构、场所与其关联企业之间的业务往来,应当按照独立企业之间的业务往来收取或者支付价款、费用；不按照独立企业之间的业务往来收取或者支付价款、费用,而减少其应纳税的收入或者所得额的,税务机关有权进行合理调整。

在实体法方面,我国企业所得税法规定,企业与其关联方之间的业务往来,不符合独立交易原则而减少企业或者其关联方应纳税收入或者所得额的,税务机关有权按照合理方法调整。增值税暂行条例规定,纳税人销售货物或者应税劳务的价格明显偏低并无正当理由的,由主管税务机关核定其销售额。其他实体法当中亦有相同或类似的规定。

（二）事项类别

一般来说,关联交易包括以下主要类型：

1. 有形资产的转让，包括商品、产品、房屋建筑物、交通工具、机器设备、工具，以及其他有形资产的转让；
2. 无形资产的转让，包括土地使用权、版权（著作权）、专利、专有技术、商誉、品牌、商标、客户名单、营销渠道、牌号、商业秘密等特许权，以及工业品外观设计或者实用新型等工业产权的转让；
3. 融通资金，包括各类长短期资金拆借和担保、各类应计息预付款和延期收付款，以及集团资金池等业务。集团资金池业务是指集团内各公司将资金汇总到资金池账户，由集团统一调度的资金借贷业务；
4. 提供劳务，包括市场调查、营销策划、代理、设计、咨询、行政事务、技术服务、合约研发、维修、法律、财务管理、审计、招聘、培训、集中采购，以及其他劳务的提供；
5. 股权转让；
6. 其他交易类型。

二、事项税收风险概述

（一）涉及的主要风险

关联交易事项涉及的税收风险，如果按境内境外分，可分为国际税收风险与国内税收风险，如果按税种分，可分为企业所得税、个人所得税等所得税风险，增值税、营业税、消费税等流转税风险，土地增值税、印花税等财产行为税收风险。本指引采第一种分类方法，将税种类风险融合到上述分类当中。

1. 国际税收风险

主要是指关联企业及其关联方利用各国税制差别，通过不同类型的关联交易，经由不符合独立交易原则的税收筹划，将利润转移至境外，侵蚀我国税基，并因此减少在我国的税收，造成我国税收风险。

主要有以下类型：

（1）转让定价

（2）资本弱化

（3）成本分摊协议

（4）受控外国公司

（5）其他不具合理商业目的的安排

鉴于上述国际税收风险的防范，已有《特别纳税调整实施办法（试行）》详细规范，本指引不再赘述，并请关注该实施办法的最新修订。

2. 国内税收风险

（1）利用关联交易享受各种税收优惠政策逃避国内税收

① 利用税收优惠，逃避增值税和企业所得税

国家从扶持特定产业发展的角度出发，制定了一系列税收优惠政策，如高新技术企业、软件企业、文化企业、动漫企业、节能减排企业、西部大开发等，这些优惠政策为一些企业实施避税筹划提供了空间。如软件企业、动漫企业享受增值税税负超过3%即征即退的税收优惠政策，一些集团内通过内部税收筹划，人为压低销售给软件、动漫企业的材料、设备、劳务等的关联交易价格，将应税增值额转移到软件企业或动漫企业，从而利用增值税税负超3%办理退税而达到避税目的，同时集团整体少缴了企业所得税。

② 通过转让定价，逃避土地增值税

土地增值税是房地产经营企业的特有税种，产业的上下游企业都不存在土地增值税，因此，一些纳税人，尤其是土地增值税适用税率高的企业，通过抬高或压低关联交易价格，扩大房地产企业的开发成本，减少经营收入，向上下游关联企业转移土地增值额，以逃避土地增值税。

③ 通过转让定价，少缴营业税

还有一些纳税人通过压低销售给关联方的应税劳务、无形资产或者不动产的价格，在其关联方享受企业所得税税收优惠的前提下，少缴了营业税。

④ 利用财政返还避税

一些地方政府为了吸引税源，对迁入企业或新办企业新增的地方税收收入给予财政返还的优惠，导致不少集团企业将归属于高税负地区的企业利润，通过关联交易转移到享受财政返还的低税负地区，以降低集团整体税负。

⑤ 利用关联企业亏损避税

一些企业刻意筹划,在集团内部关联企业之间,通过转移定价等方面,将赢利企业的利润转移至亏损企业,通过弥补亏损的方式延迟缴纳企业所得税。

(2) 利用不合理商业安排避税

① 利用不同组织形式,规避消费税

一些生产应纳消费税产品的企业,为了降低消费税计税价格从而减轻消费税税负,另行专门设立销售公司,先将应税产品低价转让给销售公司,以少缴消费税,再由销售公司按市场价格销售给客户。

② 将房屋土地转让作为股权转让避税

一些房地产企业收购经营不佳或濒临停产倒闭的生产性企业的股权,并不是为了继续生产经营,而是看上了被收购企业的土地。因直接的土地转让涉及营业税、土地增值税等,虽然是卖方缴纳,但会增加整体成本,而采用企业股权转让的方式就可以避免营业税、土地增值税,只需要缴纳企业所得税,整体税负大幅降低。

③ 利用同一企业内部不同应税项目的税率差异避税

一些物流企业同时经营仓储、运输业务。为了降低增值税税负,对同时需要提供仓储(税率6%)、运输(税率11%)服务的客户,在开具发票时保持业务总金额不变,降低运输价格,提高仓储价格以避税。

④ 利用业务转移避税

企业将不享受税收优惠或已经享受过税收优惠的业务转移到正在享受税收优惠的其他企业来避税。

⑤ 利用企业与个人之间交易避税

一些房地产企业低价销售房屋给股东个人,属于企业与个人的关联交易,涉及企业所得税、土地增值税、营业税的避税问题。

(二) 涉及的主要税种及主要税收政策

1.《中华人民共和国企业所得税法》及《中华人民共和国企业所得税法实施条例》;

2.《中华人民共和国税收征收管理法》及《中华人民共和国税收征收管理法实施细则》;

3.《中华人民共和国增值税暂行条例》及《中华人民共和国增值税暂行条例实施细则》;

4.《中华人民共和国营业税暂行条例》及《中华人民共和国营业税暂行条例实施细则》;

5.《中华人民共和国土地增值税暂行条例》及《中华人民共和国土地增值税暂行条例实施细则》;

6.《国家税务总局关于印发〈特别纳税调整实施办法(试行)〉的通知》(国税发〔2009〕2号)(关注其最新修订);

7.《国家税务总局关于强化跨境关联交易监控和调查的通知》(国税函〔2009〕363号);

8.《国家税务总局关于印发〈特别纳税调整内部工作规程(试行)〉的通知》(国税发〔2012〕13号)

三、事项风险核查基本流程及方法

(一) 采集信息

1. 税务机关和企业集团总部进行沟通,采集以下方面信息:

(1) 企业集团组织架构,以图表形式说明集团的股权架构和所有成员实体的地理分布。

(2) 业务描述。包括集团业务描述,利润的价值创造因素,各业务板块的业务流程;集团主要产品或者劳务,说明其供应链和主要区域市场情况;集团内各主要企业在价值创造方面的主要贡献,包括履行的关键功能、承担的重大风险,以及使用的重要资产;集团财务报告年度期间发生的业务重组、业务结构调整、集团内企业功能、风险或者资产的转移等信息。

(3) 无形资产。包括集团无形资产开发、所有权归属和应用的整体战略描述;集团无形资产研发机构和管理方的相关情况;集团内对转让定价安排有显著影响的重要无形资产或者无形资产组合,及其法律所有者;集团内研发和其他与无形资产相关的转让定价政策等信息。

(4) 融资安排。包括集团内融资安排以及与非关联贷款方的主要融资安排;集团内提供集中融资功能的企业;集团内关联企业间融资安排的总体转让定价政策等信息。

(5) 财务以及税务状况。包括集团最近财务报告年度的合并财务报表;集团内已签订的预约定价安排和涉及国家之间收益分配的其他税收安排等信息。

2. 各地税务机关通过税收征管信息系统采集其成员企业的所得税年度申报信息、年度关联业务往来报告信息、企业对外支付备案信息等信息。

3. 有关地区主管税务机关根据任务要求,补充采集各主要成员企业的财务资料,包括会计审计报告和同期资料,填报各成员企业相关信息。重点包括:

(1) 集团内部主要关联交易类型和金额;

(2) 集团内部成员企业的税负情况;

(3) 集团内部设立在避税地及国内低税率地区的成员企业及其收取费用情况(技术使用费、商标费、利息费、服务费等);

(4) 集团内部成员享受税收优惠情况。

4. 各地税务机关根据实际需要,补充采集第三方信息。

主要包括:海关、工商、证券、商务、外管等其他政府部门与关联交易相关的信息;研究机构、行业组织、消费者团体、中介机构、新闻媒体和互联网披露的相关信息以及国际税收情报交换信息。

(二) 风险分析

1. 各级税务机关可以建立"关联交易风险指标模型",使用大数据手段和方法,识别、评定企业关联交易税收风险等级,选择关联交易风险较大的成员企业作为风险分析对象。

其中,对于跨省市的重点企业,可以报请税务总局推送任务到有关省税务局。

2. 各级税务机关根据关联交易主要风险和审查要点,识别企业出现的关联交易风险。

3. 省税务局对各地上报的风险分析结果进行复核,确定实施风险应对的企业名单,下发各地税务局,按规定程序开展风险应对工作。

(三) 风险应对

各地税务机关根据前期信息收集及企业自查反馈结果,对企业关联交易开展风险复评工作,查找、筛选并梳理、汇总企业存在风险的涉税事项和重点风险点,对于不同风险等级的企业,制定针对性的应对方案,具体包括:

(1) 引导企业自行调整

对于低风险企业,各地税务机关对企业主要关联交易风险和管理措施进行提示;对于中等风险企业,通过政策宣传、特别纳税调整遵从引导等方式,鼓励纳税人依据特别纳税调整相关规定自行调整应纳税收入或者所得额,并按有关规定将调整数据上报税务总局审核。

(2) 开展关联交易专项调查

对于高风险企业,或者企业拒绝自行调整及自行调整不合理的企业,税务机关应开展关联交易的专项调查,其中涉及特别纳税调整的,通过特别纳税调整案件管理系统层报税务总局审核。

(3) 分析评估企业的预约定价安排意向

对于企业提出的预约定价安排的意向,按照特别纳税调整实施办法的规定,对于双边预约定价安排上报税务总局审核,单边预约定价的意向由省税务局审核,按照特别纳税调整实施办法的规定办理。

四、事项主要涉税风险应对策略

(一) 关联交易规模及盈利表现异常

1. 风险点描述

该风险点主要体现在关联交易的企业,其利润率水平及波动情况是否异常,并结合企业关联交易规模进行综合分析,以识别企业是否存在转让定价风险。

关联交易规模及盈利表现异常风险识别:

(1) 关联交易规模较大或者类型较多,或是同比增幅较大但盈利表现较差或是同比降幅明显;

(2) 集团内企业存在长期亏损、微利或者跳跃性盈利,重点关注亏损或微利三年以上的企业,亏损或微利时间越长越应加强关注;

(3) 利润率高度受控,低于同行业平均利润率;

（4）与低税负国家关联方发生关联交易。

2. 涉及税种

该项风险点主要涉及企业所得税、增值税、营业税和土地增值税等。

3. 主要数据及其来源

（1）企业申报数据

纳税人在年度企业所得税汇算清缴时填报的《企业所得税年度申报表》《企业所得税关联交易报告表》等申报信息。

（2）企业财务信息

企业财务报表、上市公司年报等。

（3）同期资料

企业为证明其关联交易符合独立交易原则所准备的同期资料。

（4）第三方信息

海关、外汇、工商、财政、商务、证券、银行等外部门信息；

同行业利润水平、市场竞争状况等数据；

外部数据库信息。

4. 核查路径

（1）申报数据与财务数据的比对。

（2）企业报送税务机关的资料与其公开资料的比对。

（3）企业信息与第三方数据的比对，如企业利润率与同行业平均利润率的比对等。

5. 应对策略

税务管理人员在风险应对过程中可通过企业各类公开信息以及申报数据，运用情报交换等手段获取相关信息进行案头分析。同时结合约谈、实地调研、内控测试、同期资料管理等方法对企业关联交易情况进行梳理，整体把握企业转让定价政策及执行情况。通过合理的可比性分析，以科学的转让定价方法对企业的利润水平进行衡量，判断企业的关联交易是否符合独立交易原则。具体如下：

（1）掌握企业的组织结构。要求企业提供所属集团的相关组织结构及股权架构、企业关联关系的年度变化情况、与企业发生交易的关联方信息以及各关联方适用的税率和享受的税收优惠等信息。通过了解企业的成立时间判断企业异常的利润率水平是否与开业年限相关；通过了解企业的投资方信息，判断企业是否存在通过避税地投资或是复杂的股权架构以充分利用各国和地区的税收优惠政策、减少税收成本而进行税收筹划的可能；通过了解企业集团组织架构及年度关联关系变化情况，判断企业是否存在多头管理而重复收费或是虚构费用等现象。

（2）审视企业的生产经营情况。掌握企业的业务概况、行业概况、集团产业链价值链、主营业务构成、所处行业的地位及市场竞争环境、企业内部组织结构及功能风险定位、集团合并财务报表等信息。通过了解企业的内部组织结构并结合实地调查判断企业自身的功能风险定位是否准确；通过了解企业产品及所处行业特点，帮助筛选合理的可比企业；通过了解集团在行业中的地位以及企业在集团产业链中的地位，判断企业在集团全球价值链中应获得的合理利润空间等。

（3）核实企业的关联交易情况。掌握企业各类型关联交易的具体情况，包括交易金额、交易对象、交易条件、贸易方式、业务流程、定价方法及无形资产等影响因素以及合同协议文本等信息。对同时存在关联交易及非关联交易的企业，对其收入、成本、费用和利润情况进行合理划分。通过比对企业申报信息等方法，核实企业关联交易的具体信息；通过关联交易与非关联交易的合理划分，判断企业是否存在刻意回避关联交易定价偏低的事实；通过要求企业提供实际的转让定价方法及核算过程，判断企业在实际交易中是否按照预先设定方法进行交易；通过要求企业提供业务流程图，判断企业关联交易与非关联交易是否具有可比性等。

（4）对企业进行可比性分析。结合企业交易的特性、交易各方的功能风险以及使用资产的情况，对企业的关联交易进行可比分析。可通过一系列筛选指标，在数据库中筛选出与企业处于同一领域、履行相似功能、承担相似风险且没有显著不同经济特征的可比企业,进行可比性分析。

以 BVD 数据库为例,在定性分析时主要考虑经济环境、经营策略、交易特性和功能风险等因素,行业选择上建议扩大行业范围,不建议加入关键字缩小范围;区域选择上需考虑产业集中度问题;条件放宽时需考虑企业利润驱动因素是产品还是区域。定量分析时主要考虑规模效应、无形资产净值比率、研发费用和营销费用比率等。对于连续亏损等存在影响持续经营问题或是完全成本加成率极低且持续经营条件已发生改变的企业,则不能作为可比企业,应予以剔除。

(5) 选择适合企业的转让定价方法。运用合理的转让定价方法和可比性分析结果,确定可比非关联交易价格或利润,以此判断企业的关联交易是否符合独立交易原则。根据国税发〔2009〕2号文件规定,有五种常用的转让定价方法,在实践中,比较常用的是交易净利润法和利润分割法,需根据企业的具体情况选择最合适的定价方法。特别注意的是在结合集团价值链、产业链以及对集团的贡献度的基础上,还应充分考虑企业是否存在未经识别的独特贡献,以此来判断在常规利润之外剩余利润的合理分配问题。

(6) 通过一系列的分析,对于符合独立交易原则的关联交易企业应排除其风险;对于不符合独立交易原则的企业,在引导企业自我遵从的基础上,视情况开展专门的交联交易调查。

(二) 大额境外关联支付异常

1. 风险点描述

该风险点主要有两大类构成:一是针对劳务费和特许权使用费等非股息红利部分的境外关联支付,通过境外关联支付绝对值/相对值和利润率水平绝对值/相对值的比对,识别因境外关联支付造成利润率水平异常的企业所造成的企业所得税税基侵蚀风险;二是对于股息红利部分的境外关联支付,通过测算理论上支付给外方的股息与扣缴申报股息红利应纳税所得额的偏差,识别企业对外分配利润后未按照规定扣缴非居民预提所得税风险。

具体可以划分为:

(1) 无实质性交易背景的境外关联方费用支付;

(2) 不能为企业带来直接或间接经济利益的费用支付;

(3) 向境外关联方支付因间接受益但无需支付的费用;

(4) 股息、利息的错配支付;

(5) 其他不符合独立交易原则的境外关联方支付。

2. 涉及税种

该项风险点主要涉及企业所得税,其他税种亦应关注。

3. 主要数据及其来源

(1) 申报数据与财务数据的比对。

(2) 企业报送给税务机关的资料与其公开资料的比对。

(3) 企业信息与第三方数据的比对,如企业利润水平与同行业利润水平的比对等。

4. 核查路径

(1) 申报数据与财务数据的比对。

(2) 企业报送税务机关的资料与其公开资料的比对。

(3) 企业信息与第三方数据的比对,如企业利润水平与同行业利润水平的比对等。

5. 应对策略

(1) 对于超出预警值的企业,核查其具体支付项目是否存在侵蚀税基,规避纳税义务的现象。

对于支付的劳务费,识别其是否存在以下情况:

① 因接受股东劳务(包括对境内企业的经营、财务、人事等事项进行策划、管理、监控等活动)而支付的股东劳务费;

② 为服从集团统一管理而支付的集团管理劳务费;

③ 因接受境内企业自身可以完成或已由第三方提供的重复劳务而支付的劳务费;

④ 因接受与境内企业自身所承担的功能和风险无关,或者虽与所承担的功能和风险有关,但与其经营不

匹配,不符合其所处经营阶段的劳务,而支付的劳务费;
⑤ 对于接受的劳务与其他交易同时发生,且其他交易价款中已包含该项劳务的费用,不应再重复支付劳务费。

对于支付的特许权使用费支付,识别其是否存在以下三点情况:
① 向避税地支付特许权使用费;
② 向不承担功能或只承担简单功能的境外关联方支付特许权使用费;
③ 境内企业对特许权价值有特殊贡献或者特许权本身已贬值,仍然向境外支付高额特许权使用费。

针对支付的利息支出,识别其是否存在以下几种情况:
① 向关联企业或其他非金融企业支付利息超过税法规定的标准(资本弱化);
② 境内金融机构支付给其海外分支机构的利息未扣缴非居民企业所得税;
③ 有安排费、承诺费和代理费等视同利息合并征税的费用发生;
④ 国内外汇指定银行自身对外融资,如境外借款、境外同业拆借、海外代付、出口风险参与、境外分行出口代偿以及其他债务所涉及的对外支付利息项目;
⑤ 居民企业境外资金融通、对外支付的财务费用、在建工程利息资本化、进口设备利息支付、大宗商品贸易项下支付利息等情况。
⑥ 利息是否与股息错配。

(2) 通过风险识别,对于境外关联支付项目存在上述现象的企业,依据国家税务总局公告 2015 年第 16 号,通过真实性测试、必要性测试、受益性测试、价值创造测试、重复性测试和补偿性测试,判断其是否存在未按照独立交易原则向境外关联方支付费用的风险。

(3) 对于存在未按照独立交易原则向境外关联方支付费用风险的企业,向其发送风险提示,督促其对未按独立交易原则向境外关联方支付的费用进行纳税调整,引导企业自我遵从。

(4) 对于风险提示后拒绝进行调整的企业,转入风险应对环节,视情况按照相关程序启动反避税调查。

(三) 职能定位与利润表现不符

1. 风险点描述

该风险点是将企业职能定位与利润水平、享受税收优惠情况进行比较,识别是否存在不匹配的风险。主要是识别利用关联交易,侵蚀税基,具体表现有以下几种情况:

(1) 来料加工商和契约制造商,利润率水平异常;
(2) 全功能企业、利润率水平没有体现出全功能企业的特点;
(3) 介于单一功能与全功能企业之间的关键功能企业,出现功能与收益不相匹配的情况;
(4) 契约制造商,同时享受高新技术优惠;
(5) 企业存在研发职能但利润水平偏低;
(6) 高新技术企业,支付巨额关联特许权使用费且利润率偏低;
(7) 软件企业利润畸高;
(8) 房地产企业与其上下游企业存在大量关联交易,存在大量借贷;
(9) 集团企业分处于不同税负地区;
(10) 关联销售货物、应税劳务、无形资产或不动产的价格明显偏低;
(11) 同一企业不同应税项目存在税率差;
(12) 存在其他明显不具有合理商业目的的安排。

2. 涉及税种

该项风险点主要涉及企业所得税、增值税、营业税、消费税、土地增值税等。

3. 主要数据及其来源

(1) 企业申报数据

纳税人在年度企业所得税汇算清缴时填报的《企业所得税年度申报表》《企业所得税关联交易报告表》等申报信息。

(2) 企业财务信息

企业财务报表、上市公司年报等。

(3) 同期资料

企业为证明其关联交易符合独立交易原则所准备的同期资料。

(4) 第三方信息

海关、外汇、财政、证券、银行等外部门信息；

同行业利润水平、市场竞争状况等数据；

外部数据库信息。

4. 核查路径

(1) 申报数据与财务数据的比对；

(2) 企业报送税务机关的资料与其公开资料的比对；

(3) 企业信息与第三方数据的比对，如企业利润水平与同行业利润水平的比对等。

5. 应对策略

(1) 通过企业申报表和同期资料，多渠道进行案头分析，对企业历年来经营状况、利润水平和关联交易比例进行分析，查找企业利润水平低的原因是否与关联交易有关。

(2) 通过同期资料数据核实企业职能定位，是否与调查问卷所述一致。

(3) 在案头分析的基础上，及时约谈企业，提出税务机关的观点。

根据以下不同情况，采取不同的应对策略：

一是来料加工商和契约制造商，利润率水平异常。根据国税函〔2009〕363号文件的规定，跨国企业在中国境内设立的承担单一生产（来料加工或进料加工）、分销或合约研发等有限功能和风险的企业，一般不应承担市场和决策等风险，但要同时考虑不同企业集团的功能以及市场定位，综合分析后开展风险应对。

二是全职能企业，利润率水平异常。按照独立交易原则，全职能企业因为具备的功能较全，承担的风险较大，因此在关联交易中获取更多的利润的可能性更大。因此，如果出现利润率水平异常时，应考虑开展风险应对。

三是介于单一功能与全功能企业之间的关键功能企业，出现功能与收益不相匹配的情况时，要关注其税收风险。在选择测试对象时，根据OECD转让定价指南，一般应选择功能相对简单的一方作为测试对象，要注意承担关键功能和风险的一方，一般不宜作为测试对象。

四是契约制造商同时享受高新技术优惠。在核实企业为契约制造商的基础上，企业同时又享受高新技术优惠，应对此类企业进行风险分析应对，看其享受的税收优惠是否实至名归。

五是企业存在研发职能但利润水平偏低。按照BEPS理论及其行动计划的安排，价值创造地与征税地要一致。因此企业存在研发职能，创造了高附加值，如果在中国利润没有体现，应对此关注，并进行风险分析应对。

六是高新技术企业，却支付巨额关联特许权使用费且利润率偏低。高新技术企业多是具备核心知识产权的企业，如果同时又大量支付（特别是对境外支付）关联特许权使用费，应对此关注，并进行风险分析应对。

七是关注利润畸高软件企业及其所属企业集团，对于软件企业的功能风险进行分析，判断其是否被转移了不应属于其的利润和增值额。

八是关注房地产企业与其上下游企业（设计、施工、装修以及自营商业、物业）是否存在大量关联交易，通过风险分析，判断其是否通过关联交易减少土地增值税，企业所得税，营业税等；同时关注房地产企业的资本弱化税收风险。

九是研究集团内部是否有不同的企业分处于不同税负地区，通过功能风险分析，判断其是否通过税收注地降低集团总体税负。

十是关注企业关联销售货物、应税劳务、无形资产或不动产的价格明显偏低，以判断其是否存在增值税、营业税的避税风险。

十一是关注同一企业是否存在不同应税项目具有税率差的情形,通过分析判断其是否存在利用税率差混淆不同类型的收入及所得。

十二是关注企业集团是否存在其他明显不具有合理商业目的的安排。

附件8　千户集团税收风险分析应对工作指引
——跨境投资篇

一、事项概述

经济全球化背景下,鉴于各国税法的差异,跨国公司及其股东往往通过在低税负国家或地区设立企业而减少纳税或延迟纳税。为做好跨境投资税收风险管理,针对受控外国企业、跨境投资境外所得税抵免、境外注册中资控股居民企业以及间接股权转让等事项制定本工作指引。

（一）事项定义

本指引中的跨境投资事项,既包括在我国依法设立的企业通过新设、并购等方式在境外设立企业或取得既有企业的所有权、控制权、经营管理权等权益性投资行为,也包括跨境投资中的间接股权转让行为。

（二）事项类别

1. 受控外国企业利润长期不分配;
2. 未按规定在我国境内申报跨境所得;
3. 实质构成境外注册中资控股居民企业;
4. 间接转让中国应税财产未缴纳企业所得税;
5. 跨境混合错配等安排侵蚀我国税基;
6. 其他具有重大影响的涉税风险。

二、事项税收风险概述

（一）涉及的主要风险描述

跨境投资事项的涉税风险主要集中在受控外国公司和境外注册中资控股企业等境外投资企业。针对跨境投资特点和财务会计核算特征,涉税风险点包括但不限于以下14个方面:

1. 是否利用受控外国公司在境外累积利润,即并非出于合理经营需要对境外投资公司的利润不作分配或减少分配;
2. 是否存在用境内盈利弥补境外亏损;
3. 境外所得税收抵免计算是否正确,包括:
（1）是否对境内外发生的共同支出在境内、外应税所得之间合理分摊;
（2）派遣至境外的员工的工资是否在境内公司列支并税前扣除;
（3）是否将境外税后利润还原成税前所得进而计算中国企业所得税税负。
4. 境外投资企业利润已分配但未在我国境内申报,或境外承包工程和提供劳务的收入未在我国境内申报;
5. 是否存在中国居民企业在境外设立空壳子公司发生的业务实际在中国境内构成常设机构;
6. 境外投资企业被认定为非境内注册中国居民企业的税收风险以及认定之后向其他非居民企业支付股息、利息、特许权使用费等项目时未依法扣缴非居民企业所得税;
7. 是否通过境外投资,利用职能剥离形式向境外关联企业转移利润;
8. 是否存在向境外投资企业支付不合理费用、与境外企业之间的不合理资本转移,特别是关联企业间的资金拆借、服务提供、货物贸易定价等;
9. 集团内个人在境外的工资、薪金及投资所得等个人所得税事项;
10. 境外签订的合同带回国内是否在中国缴纳印花税;

11. 企业境外投资是否有合理的商业目的;
12. 是否存在境内企业应向境外投资企业收取而未收取的费用,如借款利息、特许权使用费等;
13. 是否存在利用境外投资企业开设离岸账户,离岸账户的利息是否扣缴税款;
14. 是否存在滥用组织形式间接转让我国居民企业股权规避税收。

(二)涉及的主要税种及主要税收政策

该事项涉及的主要税种有企业所得税、个人所得税、土地增值税和印花税等。

该事项的主要政策有:

1.《中华人民共和国企业所得税法》第四十五条、企业所得税法实施条例第一百一十六条至第一百一十八条

2.《关于境外注册中资控股企业依据实际管理机构标准认定为居民企业有关问题的通知》(国税发〔2009〕82号)

3.《特别纳税调整实施办法(试行)》(国税发〔2009〕2号)第七十六条至八十四条

4.《国家税务总局关于简化判定中国居民股东控制外国企业所在国实际税负的通知》(国税函〔2009〕第37号)

5.《关于企业境外所得税收抵免有关问题的通知》(财税〔2009〕125号)

6.《企业境外所得税收抵免操作指南》(国家税务总局公告2010年第1号)

7.《国家税务总局关于印发境外注册中资控股居民企业所得税管理办法(试行)》(国家税务总局公告2011年第45号)

8.《国家税务总局关于依据实际管理机构标准实施居民企业认定有关问题的公告》(国家税务总局公告2014年第9号)

9.《国家税务总局关于居民企业报告境外投资和所得信息有关问题的公告》(国家税务总局公告2014年第38号)

10.《国家税务总局关于非居民企业间接转让财产企业所得税若干问题的公告》(国家税务总局公告2015年第7号)

11.《国家税务总局关于企业向境外关联方支付费用有关企业所得税问题的公告》(国家税务总局公告2015年第16号)

三、事项风险核查的基本流程及方法

(一)信息采集

1. 采集相关信息。包括从成员企业采集的相关信息、本地商务、外汇管理等部门取得的数据,媒体和上市公司等公开披露信息等,多维比对商务部门传递资料、税务部门相关资料、第三方公告信息等,确认跨境投资行为发生。

2. 通过征管信息系统采集企业所得税年度纳税申报表、居民企业参股外国企业信息报告表等有关企业集团跨境投资相关信息,确认是否及时足额申报纳税、履行代扣代缴义务。

3. 与企业集团总部进行沟通,对集团总部(或其指定的相关实质管理性机构)进行初步测试。

4. 收集整理跨境投资企业基础信息、境外企业财务数据、利息、租金、特许权使用费以及转让财产相关的境外所得税收抵免情况、与境外分支机构、常设机构取得收入相关的境外所得税收抵免情况、与子公司取得的股息、红利等权益性投资收益相关的境外所得税收抵免等相关资料。

5. 关注跨境投资过程中涉及的间接股权转让涉税风险。一是收集间接转让中国应税财产的交易双方及被间接转让股权的中国居民企业报告股权转让事宜并提供的相关资料。二是收集内外部相关信息并加强比对分析,判断是否存在利用间接转让交易规避缴纳我国企业所得税的风险,可以根据调查的需要,依据《国家税务总局公告2015年第7号》第十条规定,要求交易相关方提供资料。三是需对间接转让中国应税财产交易进行立案调查及调整的,应按照一般反避税的规定执行。四是对间接转让中国应税财产依法征收企业所得税的,应根据相关税法和国家税务总局公告2015年第7号的规定,对应纳税款加收利息,或者追究扣缴义务人的责任。

(二)风险分析

集团企业存在多元性和复杂性的经营活动,业务事项金额巨大,且涉及不同税种,容易发生的风险有:一是在税收政策执行上存在理解偏差,容易导致严重的税务风险;二是存在利用国际税制差异的避税动机,在跨国关联交易中采取过激筹划。三是未建立完善的内控制度、税企沟通不足以及对重大交易事项缺乏涉税风险意识与管理能力,在集团组织机构的调整、经营模式的变化、重大业务事项的发生等过程中,存在跨境交易涉税风险。主要表现为:

1. 选择在低税负国家(地区)投资产生利润后,如非出于合理经营需要对利润不作分配,构成受控外国企业的涉税风险;

2. 在境外设立空壳公司,没有实质生产经营目的,侵蚀我国税基,造成少缴税或推迟缴税的涉税风险;

3. 被认定为中国居民企业之后有无履行居民企业申报义务,以及向其他非居民企业支付股息、利息、特许权使用费等项目时未扣缴非居民企业所得税;

4. 通过混合错配等安排侵蚀我国税基。

(三)风险应对

对跨国所得要进行第三方信息的多维数据比对,并把握具体经济业务的实质、适用的税收原理和相应的税收政策。

1. 根据"走出去"企业登记、备案等涉税信息,摸清集团内部主要境外投资类型和金额;

2. 集团内部成员企业的在不同国家的企业所得税率情况;

3. 集团内部设立在避税地及低税率国家的成员企业及其跨境收支情况;

4. 集团内部成员申报税收抵免情况;

5. 根据业务实质第三方部门的政策以及管理流程,对涉税风险进行梳理。

(1) 商务、外管等第三方信息显示企业以对外投资审批的名义获取向境外转移资金的合法理由,高额投资额度通过商务、外管部门核准汇出境外,但境外企业一直处于"筹建期"或"未经营"状态,可能存在将核准后的境外投资款移作他用的风险。可以设定"核准后的境外投资款出境后移作他用或去向不明"的涉税风险。

(2) 参照商务外汇管理规定查找涉税异常指标。

各地税务机关及时与外管部门沟通获取有关信息。一是可参考外汇管理《境外投资外汇管理办法》及《境外投资外汇管理办法细则》等相关规定,获取企业缴存汇回利润保证金账户信息。境内投资者在办理登记时,应当按汇出外汇资金数额的5%缴存汇回利润保证金。保证金应存入外汇管理部门指定银行的专用账户。汇回利润累计达到汇出外汇资金数额时,退还保证金。二是获取外投资企业转让境外投资企业股份向外汇管理部门提交股份转让报告书信息。三是获取境外投资企业的年度会计报表信息,包括资产负债表、损益计算书,通常在当地会计年度终了后6个月内,由其境内投资者向外汇管理部门报送。可以通过信息采集和多维数据比对,如审核境外汇回利润累计达到汇出外汇资金数额时的退还保证金有无冲抵往来,未申报境外所得。

四、事项主要涉税风险应对策略

(一)受控外国企业利润长期不分配风险

1. 风险点描述

对由中国居民股东控制的设立在实际税负低于所得税法第四条第一款规定税率水平50%的国家(地区),对利润不作分配或减少分配的外国企业,需对经营情况和未分配理由进行分析,以识别企业是否构成受控外国企业的风险;利用受控外国公司在境外低税负地区累积利润,即并非出于合理经营需要对境外投资公司的利润不作分配或减少分配。

2. 涉及税种及政策依据

受控外国企业利润长期不分配事项风险点主要涉及企业所得税。

主要政策依据:

(1)《中华人民共和国企业所得税法》第四十三条

(2)《国家税务总局关于印发〈特别纳税调整实施办法(试行)〉的通知》(国税发〔2009〕2号)第七十六条至第八十四条

(3)《国家税务总局关于简化判定中国居民股东控制外国企业所在国实际税负的通知》(国税函〔2009〕第037号)

(4)《国家税务总局关于居民企业报告境外投资和所得信息有关问题的公告》(国家税务总局公告2014年第38号)

3. 主要数据及其来源

税务部门采集的数据和第三方数据,包括但不限于下列内容:

(1)根据商务局境外投资企业信息和年检信息等第三方信息整理出低税负地区的跨境投资企业名单(例如:境外投资企业信息管理系统);

(2)从《企业所得税汇算清缴申报表》附表十二中的《对外投资情况表》提取境外企业年度利润总额、实际持股天数、持股比例和分配股息等相关信息:

2013及以前年度需采集《对外投资情况表》《居民企业参股外国企业信息报告表》《受控外国企业信息报告表》《受控外国企业中国居民股东确认通知书》、纳税申报数据、财务报表数据、企业登记信息。具体如下:

实际持股天数从《居民企业参股外国企业信息报告表》中达到10%以上权益份额的起始日期计算;

被投资外国企业年度利润总额从《受控外国企业信息报告表》中受控外国企业利润分配中可分配利润总额获取;

股东持股比例从《居民企业参股外国企业信息报告表》中持有外国企业10%以上股份或有表决权股份的其他股东情况中持股比例获取;

企业从被投资外国企业分得的股息情况中本年度实际分配股息额从《受控外国企业信息报告表》中受控外国企业利润分配中视同分配给报告人股息获取;

按照企业所得税法或税收协定的有关规定抵免的中国居民企业股东当期所得已在境外缴纳的企业所得税税款从《受控外国企业信息报告表》中受控外国企业利润分配中可抵免外国税额获取。

2014及以后年度需单独采集上述信息。

4. 核查路径

受控外国企业处于低税负国家而且年度利润总额(或当期留存收益)大于500万元的,重点对未分配利润大于300万元,成立三年以上未进行利润分配的企业,同时参考受控外国企业年终利润总额(或当期留存收益)占集团利润总额比率、集团内主行业企业交易净利润率等指标进行判断,审核企业有无长期不汇回利润等避税行为。

5. 应对策略

(1)首先对企业是否申报受控外国企业相关信息进行核实;

(2)对未按规定进行申报的企业,限期责令企业报送《对外投资情况表》(2013及以前年度),《居民企业参股外国企业信息报告表》(2014及以后年度)、《受控外国企业信息报告表》(2014及以后年度)等申报资料;

(3)汇总、审核中国居民企业股东申报的对外投资信息,分析识别涉税风险,并按特别纳税调整相关规定进行涉税处理。

(二)未按规定在我国境内申报跨境所得的风险

1. 风险点描述

境外投资企业已分配利润等源泉扣缴项目以及境外承包工程和提供劳务的收入未按规定在我国境内申报风险,主要包括下列事项:一是企业从事跨境投资活动取得境外所得未在中国境内进行企业所得税申报和纳税;二是存在滥用税收协定优惠,境外所得享受税收协定优惠未合规申报;三是境外承包工程和提供劳务的收入未合规申报缴税;四是未按规定从关联方收取应税所得;五是存在中国居民企业在境外设立空壳子公司发生的业务实际在中国境内构成常设机构;六是境外所得在境外已纳企业所得税税款未按规定在境内进行申报抵免,包括:(1)是否对境内外发生的共同支出在境内、外应税所得之间合理分摊;(2)派遣至境外的员工的工资是否在境内公司列支并税前扣除;(3)是否将境外税后利润还原成税前所得进而计算中国企业所得税税负;(4)存在用境内盈利弥补境外亏损,境外所得税收抵免计算是否正确。

2. 涉及税种及政策依据

未按规定在我国境内申报跨境所得的风险点涉及企业所得税、个人所得税、印花税等。

主要政策依据:适用于跨境投资企业利润未按规定申报以及境外承包工程和提供劳务的收入未在我国境内申报行为。

(1)《中华人民共和国企业所得税法》第三条、第三十七条、第三十九条。

(2)《关于企业境外所得税收抵免有关问题的通知》(财税〔2009〕125号)

(3)《企业境外所得税收抵免操作指南》(国家税务总局公告2010年第1号)

3. 主要数据及其来源

税务部门采集的数据和第三方数据(外管局跨境收入信息)

(1)按照第三方信息整理出跨境收支信息进行多维数据比对;

(2)《对外投资情况表》:2014度年前《企业所得税汇算清缴申报表》—附表十二(8);

(3)《资产负债表》其他应付款等财务报表相关信息。

4. 核查路径

根据国税发〔2008〕114号文件的规定,2013及之前年度,跨境投资企业应在企业所得税汇缴时填报附表十二(8)《对外投资情况表》,如应申报而未填报,存在隐瞒申报风险。

对跨境投资企业应申报《对外投资情况表》而未申报行为进行分析。

对于有实际经营行为的跨境投资企业,对企业投资规模与申报的营业收入不匹配进行分析,以识别企业是否存在隐瞒收入的风险:境外企业成立时间大于3年且投资总额大于100万美元,或境外企业自成立起有过增资,根据企业职能审核收入总额与投资总额比异常的,审核是否存在隐瞒收入的风险。

境外劳务等营业利润未在企业所得税年度申报表中反映,根据第三方跨境收入信息多维比对境外所得未申报情况。

5. 应对策略

(1)获取外汇管理部门跨境收支数据,核查企业合同,对于应申报而未申报《对外投资情况表》的情况,要求持有外国(地区)企业股份的中国居民企业补充填报对外投资情况,如企业投资多个外国企业的,应分别填报。

(2)对企业申报信息、公开信息等进行案头分析,可结合约谈、实地调研本地投资企业等方法重点对企业的经营情况是否正常进行核实,根据税收协定对企业申报抵免的准确性进行核实,有无混淆直接抵免和饶让抵免等申报不实问题,可要求企业进一步报送审计报告等信息进行核实,或者发出情报交换核实企业真实经营情况。审核有无国家税务总局 2010年第1号公告列举的不应作为可抵免境外所得税额的五种情形。

(3)对境内外企业之间关联交易情况进行分析,对于关联交易金额大、比重高的企业,了解关联交易的具体情况,包括交易金额、交易对象、交易条件、贸易方式、业务流程、定价方法及无形资产等影响因素以及合同协议文本等信息。对双方的职能定位和定价原则进行进一步分析,对确认避税疑点的企业选取核实的转让定价方法进行调整。

(4)对于企业申报数据的真实性仍存在疑问的,可以考虑向对方国家发起情报交换请求,获取跨境投资企业的真实经营情况。

(三)境外注册中资控股居民企业的税收风险

1. 风险点描述

适用于有中国境内企业或者集团作为主要控股投资者,实际管理机构在中国境内的跨境投资企业。针对由中国境内的企业或企业集团作为主要控股投资者,在境外依外国(地区)法律注册成立的企业,对其实际管理机构是否在中国境内进行分析,以识别企业是否实质构成境外注册中资控股居民企业。关注认定之后有无履行居民企业申报义务,以及向其他非居民企业支付股息、利息、特许权使用费等项目时未依法扣缴非居民企业所得税风险。

2. 涉及税种及政策依据

该项风险点主要涉及企业所得税。

主要政策依据:

(1)《国家税务总局关于境外注册中资控股企业依据实际管理机构标准认定为居民企业有关问题的通知》(国税发〔2009〕82号)

(2)《境外注册中资控股居民企业所得税管理办法(试行)》(国家税务总局公告2011年第45号)

(3)《关于依据实际管理机构标准实施居民企业认定有关问题的公告》(国家税务总局公告2014年第9号)

3. 主要数据及其来源

税务部门采集的数据和第三方数据(商务部门境外投资信息)

(1) 按照第三方信息整理出跨境投资企业名单;

(2) 从2013及以前年度申报的企业所得税汇缴申报表附表十二(8)中查找法定代表人居住地址;

(3) 境外投资公司高管是否在境内居民企业任职:从2013及以前年度申报的《企业所得税汇缴申报表》附表十二(8)中查找,2014及以后年度需要单独向企业采集;

(4) 跨境投资企业年度利润总额:从2013及以前年度申报的《企业所得税汇缴申报表》附表十二(8)中查找年度利润总额,2014及以后年度需要单独采集。

4. 核查路径

可以根据出入境管理处记录查询法定代表人及高管的出入境情况;年报披露和重大事项报告关于董事会召开地点等相关信息;境外企业财务报告数据和利润情况,判断是否为"空壳公司",有无构成境外注册居民企业的可能。

5. 应对策略

(1) 核实跨境投资企业是否由中国境内的企业或企业集团作为主要控股投资者。

(2) 对于跨境投资企业的实际管理机构是否在中国境内的判断,应当遵循实质重于形式的原则,重点核实是否同时符合以下四个条件:

① 企业负责实施日常生产经营管理运作的高层管理人员及其高层管理部门履行职责的场所主要位于中国境内;

② 企业的财务决策(如借款、放款、融资、财务风险管理等)和人事决策(如任命、解聘和薪酬等)由位于中国境内的机构或人员决定,或需要得到位于中国境内的机构或人员批准;

③ 企业的主要财产、会计账簿、公司印章、董事会和股东会议纪要档案等位于或存放于中国境内;

④ 企业1/2(含1/2)以上有投票权的董事或高层管理人员经常居住于中国境内。

(四)间接转让中国应税财产未缴纳企业所得税

1. 风险点描述

间接转让中国应税财产,是指非居民企业通过转让直接或间接持有中国应税财产的境外企业(不含境外注册中国居民企业,以下称境外企业)股权及其他类似权益(以下称股权),产生与直接转让中国应税财产相同或相近实质结果的交易,包括非居民企业重组引起境外企业股东发生变化的情形。"间接投资"是境外投资者在中国设立外商投资企业的一种常见模式,一般通过中国香港、英属维尔京群岛、开曼群岛等地的中间控股公司,来持有中国居民的股权。这种间接投资的安排便于投资者通过境外公开上市或转让中间控股公司等方式实现投资退出,对于不具备经济实质的间接投资架构安排,存在可能通过滥用法律形式进行避税,应运用一般反避税条款予以应对。

2. 涉及税种及政策依据

该项风险点涉及企业所得税、印花税等。

主要政策依据:

(1)《国家税务总局关于加强非居民企业股权转让所得企业所得税管理的通知》(国税函〔2009〕698号文件)

(2)《关于非居民企业间接转让财产企业所得税若干问题的公告》(国家税务总局公告2015年第7号)将间接转让股权拓宽到间接转让所有符合条件的中国应税财产。中国应税财产包括但不限于以下三类:

① 中国境内机构、场所财产;

② 中国境内不动产;

③ 在中国居民企业的权益性投资资产。

3. 主要数据及其来源

税务部门采集的数据和第三方数据(商务、工商部门信息)

(1) 通过商务等部门传递的资料或第三方数据等,掌握股权转让信息。

(2) 按照国家税务总局公告2015年第7号第十条要求,间接转让中国应税财产的交易双方和筹划方,以及被间接转让股权的中国居民企业(国税函〔2009〕698号文称之为"以及避税安排筹划方"),应按照主管税务机关要求提供相关资料,包括用以确定境外股权转让价款的资产评估报告及其他作价依据等。

(3) 向纳税人、扣缴义务人调取股权转让合同(协议)或其他法定文书(包括工商部门传递信息、法院判决裁定书)。比对一定期间内、相同或类似条件下,同一企业、同一股东或其他股东的股权转让价格。除特定情况下可认可的平价、低价转让的价格外,一般情况下追溯期内有多笔交易的应按从高适用原则。

4. 核查路径

(1) 招股说明书、上市公司年报等股权转让事项报告资料。

(2) 股权转让合同(协议)或其他法定文书。

5. 应对策略

依据规定进行反避税调查,进行多层穿透非居民中间层公司。获取境外转让方上市公司公告或有法定资质的中介机构出具的资产评估报告。实际取得的股权转让收入或者涉及股权转让的非货币性交易按现行政策确定的转让收入大于具体应对策略中"取得的转让收入(公允价值)"的,应按合理性原则确定股权转让收入具体应对策略。

(1) 要求间接转让中国应税财产的交易双方及被间接转让股权的中国居民企业向主管税务机关报告股权转让事项,并提交以下资料:

① 股权转让合同或协议(外文文本的需同时附送中文译本);

② 股权转让前后的企业股权架构图;

③ 境外企业及直接或间接持有中国应税财产的下属企业上两个年度财务、会计报表;

④ 间接转让中国应税财产交易不适用本公告第一条的理由。

(2) 间接转让中国应税财产的交易双方和筹划方,以及被间接转让股权的中国居民企业,应按照主管税务机关要求提供以下资料:

① 国家税务总局公告2015年第7号第九条规定的资料(已提交的除外);

② 有关间接转让中国应税财产交易整体安排的决策或执行过程信息;

③ 境外企业及直接或间接持有中国应税财产的下属企业在生产经营、人员、账务、财产等方面的信息,以及内外部审计情况;

④ 用以确定境外股权转让价款的资产评估报告及其他作价依据;

⑤ 间接转让中国应税财产交易在境外应缴纳所得税情况;

⑥ 与适用公告第五条和第六条有关的证据信息;

⑦ 其他相关资料。

(3) 如不满足"申报计税依据明显偏低但有正当理由"条件,应进行第二步甄别,判断本次转让距被投资企业同一股东(或其他股东)上次转让两个时点期间被投资企业净资产是否发生重大变化。未发生重大变化,参照上一次股权转让时经税务机关审核确认的"相同或类似条件下同一企业同一股东或其他股东股权转让单价"核定此次股权转让收入;发生重大变化,根据上次转让期后净资产变化情况对经税务机关审核确认"相同或类似条件下同一企业同一股东或其他股东股权转让单价"进行修正,按修正后的价格来核定此次股权转让收入。

(4) 按国家税务总局公告 2015 年第 7 号第三条进行分析和判断,核查是否应直接认定为不具有合理商业目的。

① 是境外企业股权 75% 以上价值直接或间接来自中国应税财产;

② 是间接转让中国应税财产交易发生前一年内任一时点,境外企业资产总额(不含现金)的 90% 以上直接或间接由在中国境内的投资构成,或间接转让中国应税财产交易发生前一年内,境外企业取得收入的 90% 以上直接或间接来源于中国境内;

③ 是境外企业及直接或间接持有中国应税财产的下属企业虽在所在国家(地区)登记注册,以满足法律所要求的组织形式,但实际履行的功能及承担的风险有限,不足以证实其具有经济实质;

④ 是间接转让中国应税财产交易在境外应缴所得税税负低于直接转让中国应税财产交易在中国的可能税负。

(五) 跨境混合错配等安排侵蚀税基风险

1. 风险点描述

混合错配安排是指利用两个或两个以上税收管辖区对同一混合实体或混合工具在税务处理上的差异产生税收结果错配,从而减少参与方总体税负的安排。主要关注利用跨境支付时支付方和收款方所在税收管辖区对该笔支付款项在税务处理上存在差异的错配安排,并关注最终导致税收结果错配的此类安排。错配的程度是根据错配的每个税收管辖区的法律规定可以扣除,而根据其他税收管辖区的法律规定不对应计入一般收入时产生的。双重扣除的结果是当全部或部分支付款项根据另一税收管辖区的法律规定亦可扣除产生的。对向境外被投资企业支付大额费用的境内企业,关注存在向境外被投资企业支付不合理费用、与境外企业之间的不合理资本转移,特别是关联企业间的资金拆借、服务提供、货物贸易定价等安排是否侵蚀了我国税基,如:

(1) 境内企业应向境外被投资企业收取而未收取的费用,如借款利息、特许权使用费等;

(2) 集团内个人在境外的工资、薪金及投资所等个人所得税事项;

利用境外投资企业开设离岸账户,离岸账户的利息是否扣缴税款。

还需关注:境外签订的合同带回国内未在中国缴纳印花税等涉税风险。

2. 涉及税种及政策依据

该项风险点涉及企业所得税、个人所得税、印花税等。

政策依据:

《国家税务总局关于企业向境外关联方支付费用有关企业所得税问题的公告》(国家税务总局公告 2015 年第 16 号)

3. 主要数据及其来源

税务部门采集的数据和第三方数据(外管部门跨境收支信息):

(1) 跨境投资企业:税务局按照第三方信息整理出跨境投资企业名单。

(2) 交易内容:取自第三方信息(如外管付汇表)。

(3) 对外支付金额:取自第三方信息(如外管付汇表)。

① 境内投资方无形资产:取自境内投资企业资产负债表——无形资产——期末数;

② 是否为高新技术企业:取自境内投资企业所得税年度纳税申报表中的《高新技术企业优惠情况及明细表》;

③ 实际税率:投资方的企业所得税汇缴申报表主表中应纳税额/应纳税所得额;

④ 境外企业收入:从 2013 及以前年度申报的所得税汇缴申报表附表十二(8)中查找收入,2014 及以后年度需要增加采集;

⑤ 境外企业成本:从 2013 及以前年度申报的所得税汇缴申报表附表十二(8)中查找成本,2014 及以后

4. 核查路径

混合错配等安排均涉及支付,可以对境内投资企业向跨境投资大额支付费用的合法性和合理性进行分析,以识别企业是否存在通过对外支付侵蚀我国税基的风险。整理跨境交易涉及的交易方税收政策,判断是否存在混合错配安排的风险。如:在境内投资方企业存在显著无形资产的情况下,对跨境投资企业的利润率进行分析,识别企业是否存在免费使用境内企业无形资产获取高额利润的风险。特别关注境内投资方无形资产大于5 000万元或为高新技术企业且实际享受15%优惠税率的,境外企业毛利率大于15%,可能存在免费使用境内企业无形资产获取高额利润的风险。

5. 应对策略

尝试BEPS报告建议的反错配规则,按照功能风险与利润相匹配的原则,核实业务实质。进行明确的、可操作的规则应用,并有效平衡遵从成本和消除混合错配安排获得的税收利益。

(1) 在了解境内外企业职能定位的基础上,对于境外支付的费用进行核实,可结合企业签订的支付合同和支付标准,对支付的合理合法性进行判断。对于通过风险识别存在税收风险的支付项目,依据国家税务总局公告2015年第16号,以及通过真实性测试、必要性测试、受益性测试、价值创造测试、重复性测试和补偿性测试,判断其支付项目是否符合税前列支条件。

(2) 对境外被投资企业有大额支付费用的境内企业以及境内投资方存在显著无形资产或为高新技术企业,重点要对境内投资企业的无形资产及使用情况进行分析,核实境内投资企业是否真实拥有专利权等技术,以及专利权等技术授权使用的情况。对于存在授权境外企业使用的,可要求企业进一步提供合同、收费标准,对费用收取的合理性进行分析判定。

(3) 对境外企业毛利偏高的情况进行核实,结合境外企业的职能定位,分析境外企业的盈利模式,对境外企业的职能和收益是否匹配进行核实。

(4) 采用联动性规则,统一支付方和收款方的税收结果,从而消除混合金融工具(包括混合转让)等行为所产生的混合错配的影响。首要规则是支付方税收管辖区不允许扣除相应项下的支付款项。如果支付方税收管辖区没有采用反错配规则以消除错配影响,收款方税收管辖区可采取次要规则将该笔支付计入一般收入。

附件9 千户集团税收风险分析应对工作指引
——股权转让篇

一、事项概述

(一) 事项定义

本指引所称的"股权转让"事项,是指企业股东依法将自己的股权出卖、赠与、转让给其他公司或个人的民事法律行为。

"股权转让"的标的为自然人、法人持有被投资公司的"股权份额"。转让协议生效且完成股权变更手续时,确认股权转让收入的实现。转让股权收入扣除为取得该股权所发生的成本后,为转让股权所得。企业在计算股权转让所得时,不得扣除被投资企业未分配利润等股东留存收益中按该项股权所可能分配的金额。

本指引所描述风险仅针对"直接转让股权"行为,不包含"间接股权转让"行为,相关内容见《跨境投资事项税收风险分析应对指引》。

因《国家税务总局关于金融商品转让业务有关营业税问题的公告》(国家税务总局公告2013年第63号)中将"股票"化归"金融商品"类,本指引也不包含"转让上市公司股票"行为。

(二) 事项类别

1. 从转让标的"股权"的类别加以区分,依据公司法规定,股权转让事项主要可以分为以下几种:

(1) 有限责任公司的股权转让

根据《中华人民共和国公司法》的规定,有限责任公司股东向股东以外的单位或个人转让股权,应当经其他股东过半数同意。经股东同意转让的股权,在同等条件下,其他股东有优先购买权。公司章程对股权转让另有规定的,从其规定。

(2) 股份有限公司的股份转让

根据《中华人民共和国公司法》的规定,股份有限公司的股东转让其股份,应当在依法设立的证券交易场所进行或者按照国务院规定的其他方式进行。

2. 从转让方的角度,可将股权转让事项分为法人转让股权和自然人转让股权两种。

(1) 法人转让股权,是指法人将自己的股权转让给法人、其他组织和自然人。法人转让股权涉及股权重组的股权转让的,依据《财政部 国家税务总局关于企业重组业务企业所得税处理若干问题的通知》(财税〔2009〕59号)在税务处理上区分不同条件,可分别适用"一般性税务处理规定"和"特殊性税务处理规定"两种。

(2) 自然人转让股权是指自然人将自己的股权转让给法人、其他组织和其他自然人。

二、事项税收风险概述

(一) 涉及的主要风险

"股权转让"事项常见的涉税风险表现有:

1. 转让方转让股权未申报缴纳税款或支付方支付时未履行代扣代缴义务。
2. 以无偿划转、平价或低于成本价的方式转让股权,未按公允价值申报股权转让所得。
3. 涉及股权重组的股权转让不符合特殊性税务处理规定的风险(此项风险因需至当地税务主管部门履行备案程序,在第四部分不再另行编写应对指引)。
4. 其他股权转让事项未足额缴纳相关税款的风险。

(二) 涉及的主要税种及主要税收政策

该事项涉及的主要税种有个人所得税、企业所得税、印花税等。

该事项的主要政策包括:

1. 个人所得税

(1)《国家税务总局关于加强股权转让所得征收个人所得税管理的通知》(国税函〔2009〕285号)(备注:适用于国家税务总局公告2014年第67号实施以前发生的相关业务)

(2)《国家税务总局关于股权转让个人所得税计税依据核定问题的公告》(国家税务总局公告2010年第27号)

(3)《国家税务总局关于发布股权转让所得个人所得税管理办法(试行)的公告》(国家税务总局公告2014年第67号)

(4)《国家税务总局关于个人股权转让过程中取得违约金收入征收个人所得税的批复》(国税函〔2006〕866号)

(5)《国家税务总局关于个人投资者收购企业股权后将原盈余积累转增股本个人所得税问题的公告》(国家税务总局公告2013年第23号)

2. 企业所得税

(1)《国家税务总局关于贯彻落实企业所得税法若干税收问题的通知》(国税函〔2010〕79号)

(2)《财政部 国家税务总局关于企业重组业务企业所得税处理若干问题的通知》(财税〔2009〕59号)

(3)《国家税务总局关于发布企业重组业务企业所得税管理办法的公告》(国家税务总局公告2010年第4号)

(4)《财政部 国家税务总局关于促进企业重组有关企业所得税处理的通知》(财税〔2014〕109号)

(5)《财政部 国家税务总局关于非货币性资产企业所得税政策问题的通知》(财税〔2014〕116号)

(6)《国家税务总局关于非居民企业股权转让适用特殊性税务处理有关问题的公告》(国家税务总局公告2013年第72号)

(7)《国家税务总局关于企业混合性投资业务企业所得税处理问题的公告》(国家税务总局公告 2013 年第 41 号)

(8)《国家税务总局关于资产(股权)划转企业所得税征管问题的公告》(国家税务总局公告 2015 年第 40 号)

(9)《国家税务总局关于非货币性资产投资企业所得税有关征管问题的公告》(国家税务总局公告 2015 年第 33 号)

(10)《国家税务总局关于企业重组业务企业所得税征收管理若干问题的公告》(国家税务总局公告 2015 年第 48 号)

3. 印花税

(1)《中华人民共和国印花税暂行条例》(国务院令第 11 号)

(2)《中华人民共和国印花税暂行条例施行细则》(财税字〔1988〕255 号)

(3)《财政部 国家税务总局关于企业改制过程中有关印花税政策的通知》(财税〔2003〕183 号)

4. 其他相关税收政策

(1)《财政部 国家税务总局关于股权分置试点改革有关税收政策问题的通知》(财税〔2005〕103 号)

(2)《国家税务总局 国家工商行政管理总局关于加强税务工商合作 实现股权转让信息共享的通知》(国税发〔2011〕126 号)

三、事项风险核查基本流程及方法

(一)采集信息

1. 采集工商传递资料、税务部门相关资料(税务登记信息变更、企业对外支付备案信息等)、第三方公告信息等,确认股权转让行为发生。

2. 收集股权转让合同(协议)或其他法定文书,确认股权转让价格是否公允。

3. 收集纳税人报送资料及财务资料,确认股权初始计价成本是否真实。

4. 采集纳税人申报信息,确认是否及时足额申报纳税、履行代扣代缴义务。

(二)风险分析

1. 通过核查工商部门提供的股权变更信息、比对核查"税收征管信息系统"数据中分析期内的"税务登记表项——投资方信息"变更情况、从互联网等其他部门规定的第三方信息发布平台收集股权变更情况、核查纳税人财务资料中"实收资本"内容变更情况,以确认股权转让行为是否发生、发生时点等。

2. 分析纳税人财务资料中"长期股权投资"科目,依据"企业会计准则第 2 号——长期股权投资"(财会〔2014〕14 号)印发修订后的相关规定,判断该科目的增减变化原因,判断时应注意区分"成本法""权益法",以确认"股权转让"行为发生后是否已按照规定确认收入(适用"法人转让股份"行为)。

3. 核查"企业所得税年度申报表——投资收益"项,分析"投资收益"项的详细组成;核查"代扣代缴个人所得税明细申报表",分析详细组成;以确认"股权转让"行为发生后是否按规定申报纳税。

4. 分析纳税人、扣缴义务人调取股权转让合同(协议)或其他法定文书等,以确认"股权转让"总价。

5. 通过核查纳税人资产负债表——所有者权益(或股东权益)确定其"账面净资产"价值;核查相同或类似条件下同一企业同一股东(或其他股东股权)的上次转让价格;分析比对纳税转让时净资产与初始投入资本(包括"土地使用权、房屋、房地产企业未销售房产、知识产权、探矿权、采矿权、股权等"),以确认"股权转让总价"是否公允。

6. 核查分析期内"股权初始计价成本"是否变动,以确认可扣除为取得该股权所发生的相关成本是否真实。

(三)风险应对

各地税务机关根据前期信息收集及企业反馈结果,对企业股权转让开展风险复评工作,查找、筛选并梳理、汇总企业存在风险的涉税事项和重点风险点,对于不同风险等级的企业,制定针对性的应对方案,具体包括:

(1)引导企业自行调整

对于低风险企业,各地税务机关对企业股权转让主要风险和管理措施进行提示;对于中等风险企业,通过政策宣传、遵从引导等方式,鼓励纳税人依据相关规定自行调整。

(2)开展股权转让专项调查

对于高风险企业,或者企业拒绝自行调整及自行调整不合理的,税务机关应开展股权转让专项调查,其中涉及特别纳税调整的,通过特别纳税调整案件管理系统层报税务总局审核。

四、事项主要涉税风险应对策略

(一)股权转让收入低于股权对应的账面净资产份额风险

1. 风险点描述

判定股权转让时,股权转让收入是否低于股权对应份额的账面净资产价值。

2. 涉及的主要税种

该项风险点涉及企业所得税、个人所得税、印花税等。

3. 主要数据及其来源

(1)通过工商部门传递的资料或第三方数据等,掌握股权转让信息;

(2)核对分析期内"税收征管信息系统"中"税务登记信息——投资方信息"是否有变动;个人转让股权的主要核对转让方信息,法人转让股权主要核对被转让方信息;

(3)向纳税人、扣缴义务人调取股权转让合同(协议)或其他法定文书(包括工商部门传递信息、法院判决裁定书)确定"股权转让总价";

(4)向纳税人、扣缴义务人调取股权转让合同(协议)或其他法定文书,根据"载明的转让股权份额"以及"转让时点被投资企业总的股权股份"计算确定"转让股份占比";

(5)根据税务部门采集的被投资企业距转让时点最近一期的财务报表信息中的"资产负债表——所有者权益(或股东权益)合计"期末数来确定"账面净资产"。

4. 核查路径

(1)工商部门相关信息、税务部门建立的股权转让电子台账、相关第三方数据等;

(2)税收征管信息系统中税务登记信息—投资方信息;

(3)股权转让合同(协议)或其他法定文书;

(4)财务报表——资产负债表——所有者权益。

5. 应对策略

(1)通过比对"股权转让总价"是否低于转让基准期内账面净资产与"转让股份占比"的乘积判断是否存在风险。

(2)通过约谈或现场核实,判定纳税人申报计税依据明显偏低是否有正当理由,具体证明材料如下,只需满足以下四项条件之一:

① 提供的有效文件能证明被投资企业因国家政策调整,生产经营受到重大影响,导致低价转让股权;

② 继承或将股权转让给其能提供具有法律效力身份关系证明的配偶、父母、子女、祖父母、外祖父母、孙子女、外孙子女、兄弟姐妹以及对转让人承担直接抚养或者赡养义务的抚养人或者赡养人;

③ 相关法律、政府文件或企业章程规定,并有相关资料充分证明转让价格合理且真实的本企业员工持有的不能对外转让股权的内部转让;

④ 股权转让双方能够提供有效证据证明其合理性的其他合理情形(被投资企业的土地使用权、房屋、房地产企业未销售房产、知识产权、探矿权、采矿权、股权等资产占企业总资产比例>20%,2014年12月31日后比例调整为50%;具有法定资质的中介机构出具的资产评估报告载明减值部分也可以视为其他的合理情形)。

(二)股权转让价格低于相同(类似)条件下股权转让价格风险

1. 风险点描述

股权转让收入应当按照公平交易原则确定。在较短的期间内连续发生股权转让,相同或类似条件下同一企业同一股东(或其他股东股权)上次转让价格会直接影响本次股权转让价格。价格偏低且无正当理由。

2. 涉及的主要税种

该项风险点涉及企业所得税、个人所得税、印花税。

3. 主要数据及其来源

(1) 通过工商部门传递的资料或第三方数据等,掌握股权转让信息;

(2) 核对分析期内税收征管信息系统中"税务登记信息——投资方信息"是否有变动(个人转让股权的主要核对转让方信息,法人转让股权主要核对被转让方信息);

(3) 向纳税人、扣缴义务人调取股权转让合同(协议)或其他法定文书(包括工商部门传递信息、法院判决裁定书),比对一定期间内、相同或类似条件下,同一企业、同一股东或其他股东的股权转让价格。除特定情况下可认可的平价、低价转让的价格外,一般情况下追溯期内有多笔交易的应按从高适用原则;

(4) 向纳税人、扣缴义务人调取股权转让合同(协议)或其他法定文书,根据"载明的转让股权份额"以及"转让时点被投资企业总的股权股份"计算确定"转让股份占比";

(5) 根据税务机关采集的被投资企业距转让时点最近一期的财务报表信息中的"资产负债表——实收资本(或股本)净额"期末数来确定"实收资本(或股本)净额"。

4. 核查路径

(1) 工商部门相关信息、税务部门建立的股权转让电子台账、相关第三方数据等;

(2) 税收征管信息系统中税务登记信息—投资方信息;

(3) 股权转让合同(协议)或其他法定文书;

(4) "财务报表——资产负债表——实收资本(或股本)净额"期末数。

5. 应对策略

分两步甄别股权转让价格低于相同或类似条件下同一企业、同一股东或其他股东股权转让价格的合理性、真实性以及是否需要补税:

(1) 通过约谈或现场核实,判定纳税人申报计税依据明显偏低是否有正当理由,具体证明材料如下,只需满足以下四项条件之一:

① 提供的有效文件能证明被投资企业因国家政策调整,生产经营受到重大影响,导致低价转让股权;

② 继承或将股权转让给其能提供具有法律效力身份关系证明的配偶、父母、子女、祖父母、外祖父母、孙子女、外孙子女、兄弟姐妹以及对转让人承担直接抚养或者赡养义务的抚养人或者赡养人;

③ 相关法律、政府文件或企业章程规定,并有相关资料充分证明转让价格合理且真实的本企业员工持有的不能对外转让股权的内部转让;

④ 股权转让双方能够提供有效证据证明其合理性的其他合理情形(被投资企业的土地使用权、房屋、房地产企业未销售房产、知识产权、探矿权、采矿权、股权等资产占企业总资产比例>20%,2014年12月31日后比例调整为50%;具有法定资质的中介机构出具的资产评估报告载明减值部分也可以视为其他的合理情形)。

(2) 如不满足"申报计税依据明显偏低但有正当理由"条件,应进行第二步甄别,判断本次转让距被投资企业同一股东(或其他股东)上次转让两个时点期间,被投资企业净资产是否发生重大变化。未发生重大变化,参照上一次股权转让时经税务机关审核确认的"相同或类似条件下同一企业、同一股东或其他股东股权转让单价"核定此次股权转让收入;发生重大变化,根据上次转让期后净资产变化情况对经税务机关审核确认"相同或类似条件下同一企业、同一股东或其他股东股权转让单价"进行修正,按修正后的价格来核定此次股权转让收入。

(三) 股权转让企业净资产增加风险

1. 风险点描述

通过将发生股权转让企业的净资产与初始投入成本进行比较,识别资产是否发生增值。判断该笔股权交易价格是否公允。

2. 涉及的主要税种

该项风险点涉及企业所得税、个人所得税、印花税等。

3. 主要数据及其来源

(1) 通过工商部门传递的资料或第三方数据等,掌握股权转让信息;
(2) 核对分析期内税收征管信息系统中"税务登记信息——投资方信息"是否有变动(个人转让股权的主要核对转让方信息,法人转让股权主要核对被转让方信息);
(3) 向纳税人、扣缴义务人调取具有法定资质的中介机构出具的资产评估报告;
(4) "股权转让最近时点账面净资产"根据发生股权转让业务的企业填报的距转让发生时点最近一期财务报表中"所有者权益(或股东权益)合计"期末数来确定;
(5) "距转让时点最近时点账面实收资本"根据发生股权转让业务的企业填报的距转让发生时点最近一期财务报表中"实收资本(或股本)净额"期末数来确定。

4. 核查路径
(1) 工商部门相关信息、税务部门建立的股权转让电子台账、相关第三方数据等;
(2) 税收征管信息系统中税务登记信息—投资方信息;
(3) 股权转让合同(协议)或其他法定文书;
(4) 最近一期"财务报表——所有者权益"期末数;
(5) 最近一期"财务报表中——实收资本(或股本)净额"期末数;
(6) 土地使用权、房屋、房地产企业未销售房产、知识产权、探矿权、采矿权、股权等各项资产的增值额均取自具有法定资质的中介机构出具的资产评估报告。

5. 应对策略
实际取得的股权转让收入或者涉及股权转让的非货币性交易按现行政策确定的转让收入应符合公允价值。
(1) 可根据有法定资质的中介机构出具的资产评估报告来核对各项资产(包括:土地使用权、房屋、房地产企业未销售房产、知识产权、探矿权、采矿权、股权等)增值额,进而判断申报的股权收入的准确性;
(2) 转让股权的纳税人、扣缴义务人尚未进行纳税申报或者按规定可以免于提供中介机构出具的有关资产评估报告的,可根据实际情况分项目核定其资产增值额;
(3) 交易性金融资产和可供出售金融资产主要包括持有在活跃市场中有公开报价且其公允价值能够持续可靠计量的股票、债券和基金。国家税务总局公告2014年第67号和2010年第27号均未将债券和基金纳入股权的范围,可根据评估基准时点的公允价值确认其是否合理。

附件10 **千户集团税收风险分析应对工作指引**
——财政补贴篇

一、事项概述

本指引中的财政补贴事项,是指企业取得的来源于政府及其有关部门的财政补助、补贴、贷款贴息,以及其他各类财政专项资金,包括直接减免的增值税和即征即退、先征后退、先征后返的各种税收。

二、事项税收风险概述

(一)涉及的主要风险
1. 取得各项补贴、奖励等资金不申报纳税;
2. 将应税收入作为不征税收入处理;
3. 不征税收入处理不符合税法规定。

(二)涉及的主要税种及主要税收政策

涉及的主要税种有企业所得税和个人所得税。该事项的主要政策包括:
1. 企业所得税:
(1)《财政部 国家税务总局关于财政性资金 行政事业性收费 政府性基金有关企业所得税政策问题的通知》(财税〔2008〕151号)

(2)《财政部 国家税务总局关于专项用途财政性资金有关企业所得税处理问题的通知》(财税〔2009〕87号)

(3)《财政部 国家税务总局关于专项用途财政性资金企业所得税处理问题的通知》(财税〔2011〕70号)

(4)《国家税务总局关于企业所得税应纳税所得额若干问题的公告知》(国家税务总局公告2014年第29号)

2. 个人所得税：
(1)《中华人民共和国个人所得税法》第二条、第六条
(2)《中华人民共和国个人所得税法实施条例》第八条

三、事项核查的基本流程及方法

(一) 采集信息

1. 通过公开信息了解财政补贴的相关信息资料内容，了解审批程序、业务流程以及财务核算方法及科目等；

2. 询问企业有无获取政府相关部门的补助、补贴等。

(二) 风险分析

1. 获取财政、科技等部门的信息资料，确定取得财政补贴的企业名称、性质、程序以及金额；核实纳税人取得财政补贴的财务核算方法及科目，判断企业是否按照《16号会计准则——政府补助》的相关规定来核算财政补贴事项，是否通过"递延收益"和"营业外收入"等科目进行核算；比较取得财政补贴金额与会计入账的金额是否存在差异，如有差异，应查明原因。

2. 核实纳税人对于该事项如何进行企业所得税纳税申报，将会计入账金额与涉及的税种纳税情况进行比对分析，核实金额有无差异，如有差异，应查明原因。

3. 审核适用不同税收待遇的情况，核实企业有无按照相关规定进行处理，有无造成不按照税法规定纳税的情况。

(三) 风险应对

各地税务机关根据前期信息收集及企业反馈结果，对企业获得的财政补贴项目开展风险复评工作，查找、筛选并梳理、汇总企业存在风险的涉税事项和重点风险点，对于不同风险等级的企业，制定针对性的应对方案，具体包括：

(1) 引导企业自行调整

对于低风险企业，各地税务机关对企业获得的财政补贴项目涉及的主要风险和管理措施进行提示；对于中等风险企业，通过政策宣传、遵从引导等方式，鼓励纳税人依据相关规定自行调整。

(2) 开展财政补贴专项调查

对于高风险企业，或者企业拒绝自行调整及自行调整不合理的，税务机关应开展财政补贴项目专项调查。

四、事项主要涉税风险应对策略

(一) 取得各项补贴、奖励等未申报的风险

1. 风险点描述

企业或者个人将取得的各项补贴、补助、奖励等财政性资金，未申报企业所得税、个人所得税。

2. 涉及的主要税种及主要政策依据

企业所得税、个人所得税(政策依据同上)。

3. 主要数据及其来源

数据内容主要有：(1)财政、科技等部门的提供补贴的企业名称、性质以及金额；(2)各税种纳税申报数据；(3)税务征管系统内偶然所得个人所得税申报缴纳情况。

主要的数据来源：财政、科技部门等部门的数据、企业所得税、个人所得税纳税申报数据。

4. 核查路径

审核纳税人的"递延收益""营业外收入""其他应收款"、"其他应付款"等科目，核实有无取得各项补贴、补助的情况。

5. 应对策略

(1) 核实纳税人取得财政补贴、财政奖励的相关资料,核实其金额及用途。

(2) 核实纳税人对取得财政奖励、补贴的财务核算方法与科目,核对纳税人会计入账金额,并与纳税申报表申报金额进行比对。

(3) 个人所得税的核对,应加强与发放奖励政府的联动,了解发放奖励、补助的具体情况,了解代扣代缴情况,了解纳税人的具体情况。

(二) 将应税收入的财政性资金作为不征税收入的风险

1. 风险点描述

取得的财政补助、补贴、奖励、财政返还等财政性资金不符合不征税收入的条件,而作为不征税收入申报缴纳企业所得税的风险。

2. 涉及的主要税种及主要政策依据

企业所得税,政策依据(同上)。

3. 主要数据及其来源

数据内容主要有:

(1) 财政、科技等部门的给予补贴的文件、资金管理办法等;

(2) 会计核算方法与账务处理;

(3) 企业所得税纳税申报数据;

(4) 不征税收入管理台账等。

主要的数据来源:财政、科技部门等部门的数据、企业所得税纳税申报数据等。

4. 核查路径

通过财政、科技等部门获取财政补贴的相关信息,掌握企业获取财政补贴的情况,审核企业的"递延收益""营业外收入""其他应收款","其他应付款"等科目如何进行核算,与纳税申报数据进行比较分析。

5. 应对策略

(1) 应对过程中,需要通过财政、科技等部门获取纳税人取得财政补助、补贴以及税收返还等的相关文件,明确财政补贴的来源、性质、金额以及资金的使用情况。

(2) 核实取得上述财政补助的会计核算方法及核算科目,如果科目无记载,应进一步关注其他相关往来科目。

(3) 核实取得财政补贴是否符合税法规定的不征税收入条件,如果不符合,比对企业所得税纳税申报情况,核实其是否作为不征税收入申报纳税。

(三) 将不征税收入支出形成的成本等在所得税税前扣除的风险

1. 风险点描述

存在不征税收入支出形成的成本、费用以及资产的折旧等在所得税税前扣除,少缴纳企业所得税。

2. 涉及的主要税种及主要政策依据

企业所得税,政策依据(同上)。

3. 主要数据及其来源

数据内容主要有:(1)财政、科技等部门的补贴、补助等数据资料;(2)企业所得税纳税申报数据;(3)财务核算相关数据;(4)不征税收入管理台账等。

主要的数据来源:财政、科技部门等部门的数据、财务核算数据资料以及企业所得税纳税申报数据等。

4. 核查路径

审核企业的"递延收益""营业外收入""其他应收款""固定资产"以及"累计折旧"等科目,核实企业不征税收入管理台账,与企业所得税纳税申报数据进行比对。

5. 应对策略

(1) 应对过程中,需核实纳税人取得财政补贴、奖励等相关资料,核对纳税人取得各项补贴的性质及金额;核实不征税收入使用途径,核实不征税收入支出形成的资产、费用类科目反映的金额。

（2）比对分析企业所得税纳税申报表及明细表《专项用途财政性资金纳税调整明细表》《资产折旧、摊销情况及纳税调整明细表》相关数据，核实企业有无将不征税收入对应成本、费用等在企业所得税前扣除（注意新旧企业所得税申报表取数口径不同）。

（四）五年内未发生支出的不征税收入，在第六年未并入收入总额征税

1. 风险点描述

财政性资金作不征税收入处理后，在5年（60个月）内未发生支出且未缴回财政部门或其他拨付资金的政府部门的部分，未计入第六年的应税收入总额并缴纳企业所得税。

2. 涉及的主要税种及主要政策依据

企业所得税，政策依据（同上）。

3. 主要数据及其来源

数据内容主要有：(1)财政、科技等部门的补贴、补贴等文件；(2)企业所得税纳税申报数据；(3)不征税收入管理台账等。

主要的数据来源：财政、科技部门等部门的数据、企业所得税纳税申报数据等。

4. 核查路径

审核企业的"递延收益""营业外收入""其他应收款""固定资产"以及"累计折旧"等科目，核实企业不征税收入管理台账，比较分析企业有无取得5年以上的财政性资金未发生支出也未上缴的情形。

5. 应对策略

（1）核实企业取得财政补贴的文件、时间、金额以及资金使用规定。

（2）核实企业财务核算科目、金额以及入账时间，跟踪管理后续年度资金的使用情况。

（3）比较会计与纳税申报数据，核实企业有无取得财政性资金在5年（60个月）内不支出的，在第6年未并入收入总额纳税。

（五）企业取得政府无偿划入的国有资产，不符合不征税收入的条件，企业作为不征税收入申报纳税

1. 风险点描述

县级以上人民政府将国有资产无偿划入企业，不符合不征税收入管理的条件，企业存在将其作为不征税收入进行企业所得税处理的风险；或者存在将取得国有资产作为不征税收入处理，对应的资产折旧在企业所得税税前扣除。

2. 涉及的主要税种及主要政策依据

企业所得税，政策依据（同上）。

3. 主要数据及其来源

数据内容主要有：(1)县级以上人民政府划拨资产的文件、方式以及资产情况；(2)企业会计处理以及所得税纳税申报情况。

主要的数据来源：政府无偿划拨资产的相关文件、资料、企业所得税纳税申报数据。

4. 核查路径

审核企业有无取得县级以上政府无偿拨入资产的情况，核实企业有无通过"递延收益""营业外收入""固定资产"以及"累计折旧"等科目进行核算，分析资产的使用情况以及纳税申报情况。

5. 应对策略

（1）核实纳税人取得政府无偿划入国有资产等资料，确定其金额及是否有指定用途，核对纳税人入账金额。

（2）审核取得上述资产是否符合不征税收入条件；或者符合不征税收入条件，对应的资产折旧有无在企业所得税税前扣除。

国家税务总局大企业税收管理司关于规范使用千户集团税收风险分析文书报表的通知

税总企便函〔2016〕94号

各省、自治区、直辖市、计划单列市国家税务局、地方税务局大企业税收管理部门：

为推进千户集团税收风险分析工作的标准化，现对千户集团税收风险分析中的文书报表使用有关事项通知如下：

一、文书报表使用类别

（一）数据采集过程中使用的文书报表

数据采集过程中使用的文书报表包括：《税务事项通知书》，主要用于采集企业数据信息、依照法定程序要求当事人提供有关资料。表样统一采用《国家税务总局关于印发全国统一税收执法文书式样的通知》（国税发〔2005〕179号，以下简称《通知》）中已明确的相关文书样式。

（二）风险分析过程中使用的文书报表

风险分析过程中使用的文书报表包括：《大企业税收风险管理任务推送单》《大企业税收风险管理任务反馈单》《大企业税收风险异地协同分析核实函》《大企业税收风险异地协同分析核实复函》和《大企业税收风险分析情况统计表》，主要用于税务总局和各省级税务机关、各省级税务机关之间配合开展税收风险分析工作。表样统一采用大企业税收管理司编制的文书模板（详见附件）。

（三）约谈企业过程中使用的文书报表

约谈企业过程中使用的文书报表包括：《税务事项通知书》《询问通知书》《询问（调查）笔录》，主要用于各省级税务机关大企业税收管理部门依照法定程序约谈企业以及开展与风险分析相关的其他工作。表样统一采用《通知》中已明确的相关文书样式。

二、文书报表使用要求

（一）统一标准，规范使用

各省级税务机关大企业税收管理部门在协同开展千户集团税收风险分析工作中，要按照工作需要使用相关文书报表，尽量避免文书使用不一，降低执法风险。

（二）注重反馈，不断完善

各省级税务机关大企业税收管理部门要充分发挥自身优势，在各自开展税收风险分析工作过程中，认真梳理文书报表应用情况，及时将相关建议反馈税务总局大企业税收管理司，为继续修改完善相关文书报表提供参考。

附件：1. 大企业税收风险管理任务推送单
2. 大企业税收风险管理任务反馈单
3. 大企业税收风险异地协同分析核实函
4. 大企业税收风险异地协同分析核实复函
5. 大企业税收风险分析情况统计表

大企业税收管理司
2016年8月25日

附件 1　　　　　　　大企业税收风险管理任务推送单

编号：

<table>
<tr><td rowspan="8">工作内容</td><td>工作事项</td><td colspan="4"></td></tr>
<tr><td>纳税人名称</td><td></td><td>纳税人识别号</td><td colspan="2"></td></tr>
<tr><td>任务描述</td><td colspan="4"></td></tr>
<tr><td>任务要求</td><td colspan="4"></td></tr>
<tr><td>相关资料</td><td colspan="4"></td></tr>
<tr><td>完成时限</td><td colspan="4"></td></tr>
<tr><td>报送路径</td><td colspan="4"></td></tr>
</table>

推送单位		推送人		联系电话	
接收单位		接收人		联系电话	

使 用 说 明

1. 适用范围：任务推送单用于大企业税收风险管理工作中推送相关工作任务时使用。

2. 编号：采用"文书标识码.4位数字年度代码.4位数字序号码"的编码规则。文书标识码统一使用大写字母 RWTS。如：RWTS.2016.0001。

3. 任务描述：明确推送工作任务的主要内容、工作对象及工作目标等。

4. 任务要求：明确推送工作要达到的效果、规范标准、工作步骤、反馈路径等。

5. 根据工作需要，本推送单可另附附件。

附件 2　　　　　　　大企业税收风险管理任务反馈单

<table>
<tr><td rowspan="6">任务内容</td><td>推送单位</td><td></td><td>推送时间</td><td></td><td>推送单号</td><td></td></tr>
<tr><td>工作事项</td><td colspan="5"></td></tr>
<tr><td>纳税人名称</td><td></td><td>纳税人识别号</td><td colspan="3"></td></tr>
<tr><td>完成情况</td><td colspan="5"></td></tr>
<tr><td>相关资料</td><td colspan="5"></td></tr>
</table>

反馈单位		反馈人		联系电话	
接收单位		接收人		接收时间	

使 用 说 明

1. 适用范围：任务反馈单用于大企业税收风险管理工作中反馈相关工作任务时使用。

2. 完成情况：根据推送单位推送的《大企业税收风险管理任务推送单》的工作任务，反馈落实工作取得的成果、工作完成进度或采取的工作措施等情况。

3. 根据工作需要，本推送单可另附附件。

附件 3

大企业税收风险异地协同分析核实函

税协函〔 〕号

　　　　税务局：

　　根据＿＿＿年度大企业税收风险管理工作安排,我局正在开展＿＿＿企业(集团)税收风险管理工作,部分事项须请你局协助开展分析核实。具体内容如下：

　　(需要协同分析、核实的内容)。

　　请于　年　月　日前将协同分析核实结果函告我局。

　　联系人：
　　联系地址：
　　邮政编码：
　　联系电话：

(此件抄送大企业税收管理司考核服务处)

(××局大企业税收管理部门章)
年 月 日

使 用 说 明

　　适用范围：大企业税收风险异地协同分析核实函主要用于不同省局(特别是集团总部所在省局与成员企业、分支机构所在省局)对跨省集团进行异地协同分析、核实,发函方请收函方了解相关情况、提供有关资料、核实相关问题。

附件 4

大企业税收风险异地协同分析核实复函

税协复函〔 〕号

　　　　税务局：

　　你局异地协同分析核实函(税协函〔 〕号)收悉,现将协同分析核实情况回复如下：

　　(具体协同分析回复情况)

　　此复。

　　联系人：
　　联系地址：
　　邮政编码：
　　联系电话：

　　(此件抄送大企业税收管理司考核服务处)

(××局大企业税收管理部门章)
年 月 日

使 用 说 明

　　适用范围：大企业异地协同分析复函主要用于不同省局(特别是集团总部所在省局与成员企业、分支机构所在省局)对跨省集团进行异地协同分析、核实,收函方向发函方函复有关事项。

附件5　　　　　　　　大企业税收风险分析情况统计表

序号	纳税人名称	纳税人识别号	所属企业集团	行业	税种	风险事项	风险描述	查补(退)税额(元)	调整留抵税额(元)	调增应纳税所得额(元)	主管税务机关	是否为集团性税收风险
1												
2												
3												
4												
5												
6												
7												
8												

填报单位：　　　　　　填报人：　　　　　　联系方式：

填表说明

1. "税种"栏根据具体税种填列，填列时使用税种标准全称。
2. "税收风险描述"栏结合税务总局下发的风险分析应对指引对重大税收风险事项具体情况进行描述。

国家税务总局大企业税收管理司关于印发部分行业风险分析应对指引的通知

税总企便函〔2016〕101号

各省、自治区、直辖市和计划单列市国家税务局、地方税务局大企业税收管理部门：

为充分发挥税务总局在千户集团税收风险分析中的统筹引领作用，促进各地在开展风险分析应对时有效把脉行业特点、找准涉税风险、实现精准应对，大企业税收管理司总结全国税务系统历年大企业税收风险管理成果，组织人员编写了有色金属、计算机通信两个行业风险分析应对工作指引。现将该指引印发给你们，请在千户集团税收风险分析应对工作中参考。

附件：1. 有色金属业税收风险分析应对工作指引
　　　2. 计算机通信和其他电子设备制造业税收风险分析应对工作指引

大企业税收管理司
2016年9月5日

附件1　　　　**有色金属业税收风险分析应对工作指引**

一、行业基本情况

（一）有色金属业概述

1. 行业定义

有色金属,有广义和狭义之分。狭义的有色金属,又称非铁金属,是铁、锰、铬以外的所有金属的统称,包括轻金属(铝、镁等)、重金属(铜、铅、锌等)、贵金属(金、银等)、半金属(硅、硒等)和稀有金属(钛、稀土金属等)五类。广义的有色金属还包括有色合金,有色合金是以一种有色金属为基体(通常含量大于50%),加入一种或几种其他元素而构成的合金。

2. 行业分类

在我国《国民经济行业分类》(GB/T 4754—2011)中,有色金属涉及两个中类行业,分别是采矿业(B)中的有色金属矿采选业(09)和制造业(C)中的有色金属冶炼和压延加工业(32)。有色金属矿采选业是指对常用有色金属矿、贵金属矿以及稀有稀土金属矿的开采、选矿活动。有色金属冶炼和压延加工业包括对常用有色金属、贵金属、稀有稀土金属的冶炼和有色金属合金制造、有色金属铸造。

3. 行业属性

有色金属行业具有同质性、波动性和周期性、资源的半垄断性、资源的稀缺性和不可再生性四种属性。

同质性。国际、国内对有色金属行业大都制定了行业标准,该行业的产品基本上属于标准化产品,应用上没有本质区别。

波动性和周期性。由于有色金属行业的战略地位和在国民经济中的重要地位,决定了受宏观经济周期、行业自身运行规律以及国际资本市场的影响,价格体现出剧烈波动性和较强的周期性。

资源的半垄断性。企业获取矿产资源的市场化程度较高,但是,一旦获得资源后企业就有了垄断性,这就决定了企业成长性很大程度上依赖资源的不断扩张和整合。

资源的稀缺性和不可再生性。从勘探情况分析,有色金属的资源分布不均衡,部分品种的储量很少,并且不可再生,决定了国家对有色金属资源的占有手段的复杂性,从而影响有色金属的价格和交易。

(二) 行业发展状况

1. 生产经营情况

产量保持平稳增长。2014年,我国10种有色金属产量为4 417万吨,同比增长7.2%,增速回落2.7个百分点。其中,精炼铜、原铝、铅、锌产量分别为796万吨、2 438万吨、422万吨、583万吨,分别同比增长13.8%、7.7%、-5.5%、7%,原铝增幅回落2个百分点。铜材和铝材产量分别为1 784万吨和4 846万吨,分别增长13.3%和18.6%。

投资结构逐步优化。2014年,有色金属行业完成固定资产投资6 912.5亿元,同比增长4.6%。其中,铝冶炼固定资产投资618.6亿元,同比下降17.8%;有色加工完成固定资产投资3 810.7亿元,同比增长15.4%。

转型升级取得进展。2014年有色金属行业实现工业增加值同比增长11.4%,实现主营业务收入57 025亿元,同比增长8.6%。受需求萎缩、美元走强等因素影响,铜、铝、铅现货年均价分别为49 207元/吨、13 546元/吨、13 860元/吨,同比分别下降7.8%、6.9%、2.7%。行业实现利润2 053亿元,同比下降1.5%。其中,有色金属压延加工实现利润894亿元,同比增加11.6%。

节能降耗水平进一步提高。随着节能减排技术的广泛应用,2014年全国铝锭综合交流电耗降为13 596千瓦·时/吨,同比下降144千瓦·时/吨,节电35亿千瓦·时;铜、铅、电解锌冶炼综合能耗分别为251.8千克标准煤/吨、430.1千克标准煤/吨、896.6千克标准煤/吨,同比分别下降16.2%、6%、1%。

2. 产业链情况

有色金属产业链是围绕有色金属矿采选、生产及服务所形成的一系列相互依存和联系的由各环节组成的上下游链条。

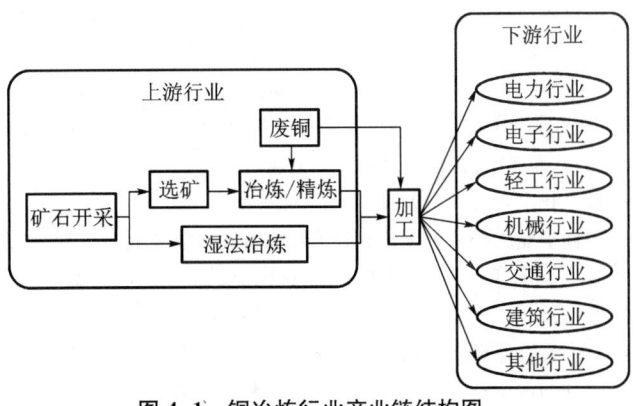

图 4-1 铜冶炼行业产业链结构图

上游产业链包括有色金属采选业以及电力和煤炭等辅助产业;中游产业链为有色金属冶炼及加工业;下游产业链涉及国民经济各个领域,主要有房地产、汽车、电力、家电、交通运输、军工等领域。图4-1为铜冶炼产业链示意。

3. 价格影响因素

(1) 国际因素

金融市场。有色金属工业是虚拟经济与实体经济紧密结合的产业。在有色金属市场期货与现货并存的情况下,铜、铝、铅、锌、镍、锡期货成为典型的衍生金融商品,其价格走势不仅取决于供需关系,与金融市场的变化具有更加密切的关系。

供求关系。根据微观经济学原理,当有色金属的供给大于需求时,其价格下跌,反之则上涨。目前,全球各个交易所的显性库存和民间的隐性库存数量巨大,一旦有色金属价格达到过高的价位,就会引发大量的抛盘,从而导致市场价格的急剧下跌。

美元汇率走势。首先,国际市场有色金属的价格都是美元计价,因此,美元贬值会推高有色金属的价格。其次,美元贬值还将引发包括矿砂、废金属、燃料、动力和物流价格的上涨,大幅增加有色金属的生产成本,进一步推高有色金属的价格。如电力价格的升高对电解铝的成本影响。最后,美元的大幅贬值会加剧美元持有者的恐慌,从而金融性购买需求膨胀,加之投机资本的推波助澜,将大大提高有色金属的价格。

地缘性突发事件。一方面,国际局部地区出现的突发事故(如战争)会加大对军事武器的需求,有色金属作为机械制造的基础材料,其需求必将大大增加,从而推高价格。另一方面,国际政治局面混乱,大规模的内战引发的避险情绪将推动国际金价的大幅上涨。

(2) 国内因素

宏观经济政策。经济指标是影响有色金属价格的主导因素,各大经济体的政策走向、重要经济数据的发布成为影响短期金属价格走势的主要指标。比如,通货膨胀形势下,货币政策持续收紧,导致市场的流动性及有色金属的金融属性减弱,压制了有色金属价格的上涨;经济结构的调整导致国内投资总体放缓,从而对基本金属的消费放缓,价格下跌。

国家产业政策。国家对有色金属行业的持续调控,如对有色金属行业安全环保的要求进一步提高,将加大采选企业的生产成本,推高有色金属的价格。随着扶持再生金属的政策推进,再生金属对原生金属的替代效应将逐步显现,并会对原生金属价格产生一定的影响。此外,对有色金属企业的兼并重组、对稀土的整治等,将对市场供需产生重要影响,从而带动价格的波动。

国民经济发展。有色金属是国民经济、人们日常生活及国防工业、科学技术发展必不可少的基础材料和重要战略物资。农业现代化、工业现代化、国防和科学技术现代化都离不开有色金属。长期来看,随着我国工业化进程的加快和城市化发展的推进,未来对有色金属的需求必将加大,价格也会出现相应的波动。

4. 行业存在主要问题

行业产能过剩压力仍大。现有3 500万吨电解铝产能中应淘汰的落后产能已不多,缺乏竞争力的企业在关停过程中涉及地方税收、人员安置、债务化解、上下游产业等一系列问题,产能退出渠道不畅,电解铝产能过剩压力仍较大。同时其他品种冶炼产能及中低档加工产能过剩也比较严重。

企业成本压力不断增加。由于电力体制原因,煤炭价格下跌带来的发电成本下降难以传导到用户,采用网电的国有电解铝、海绵钛等企业亏损严重。银行对企业信贷普遍收紧,企业转而向影子银行获得高息贷款。2014年,规模以上有色金属工业企业财务费用增长高达20%。印度尼西亚、赞比亚等国资源政策的调整,也影响了我国相关产业发展及企业经济效益。

创新能力仍待加强。2013年,我国进口集成电路芯片2 300亿美元,是进口额最大的商品,集成电路材料中70%是有色金属,总体看,我国有色金属精深加工产品总体处于国际产业链中低端,产品精度、一致性、稳定性较差,部分电子、海洋工程、航空用高端有色金属产品仍依赖进口。

国有企业经营普遍困难。国企改革步伐较慢,企业发展活力亟须增强,2014年有色金属国有及国有控股企业利润占全行业的6.5%,亏损额占全行业的67%,其中国有骨干企业亏损额占行业净亏损额的90%以上。

5. 政府监管

由于有色金属资源的半垄断性及其在国民经济发展中的战略地位,决定了有色金属行业存在着政府监管的必然性。目前,我国政府对该行业的监管主要有法律法规监管和机构监管2个方面。

法律法规监管,是指通过建立比较完备的法律法规体系,对有色金属行业的投资、勘探、开采、生产、进出口等各个环节实施严格监管,如《中华人民共和国矿产资源法》(以下简称《矿产资源法》)《中华人民共和国矿产资源法实施细则》(以下简称《矿产资源法实施细则》)《矿产资源开采登记管理办法》《冶金地下矿山安全规程》,等等。

机构监管,是指政府设立专门的监管机构,对有色金属行业的经济活动实施直接或间接的行政干预和监督管理。有色金属行业的主管部门主要有:国家发改委、工业和信息化部、国土资源部、国家安全生产监督管理总局、国家环境保护部。

6. 行业自律

对有色金属行业的监管,政府一方面通过制定相应的政策、法律、法规,对企业进行宏观指导;另一方面,将一些在社会主义市场经济条件下不应由政府管理但又存在社会需求的职能分离转移给协会、学会等社会中介组织,使它们真正成为政府和企业之间的桥梁。

中国有色金属工业协会作为有色金属行业自律组织,对本行业进行指导、协调,并提供信息服务。主要负责企业与政府的沟通,协助制定行业发展规划和经济技术政策,参与制定和修订行业的产品标准,推动行业对外交流,等等。

(三) 生产经营流程

1. 基本生产经营流程

有色金属的生产,包括地质勘探、采矿、选矿、冶炼和加工等过程。

地质勘探,就是通过各种手段、方法对地质进行勘察、探测,寻找、发现有工业意义的有色金属矿床,并查明矿产的质和量,以及开采利用的技术条件,提供矿山建设所需要的矿产储量和地质资料。

采矿,是自地壳内或地表选择性地采集和搬运矿石的过程。绝大部分矿床用普通机械化方法开采。机械化开采又分为露天开采和地下开采。露天矿敞露地表,可以使用大型采矿机械,作业较安全,矿石损失少,贫化率低,生产能力大,采矿成本低,大型贫铁矿床和建筑材料矿床多用此法。地下开采是从地下矿床的矿块里采出矿石的过程,赋存条件复杂,工业储量较小的有色和稀有金属矿床多用此法。地下开采主要通过矿床开拓、矿块的采准、切割和回采4个步骤实现。

一般的矿藏都是含有伴生矿的。伴生矿是指在同一矿床内,含有的主要矿种以外的多种可供工业利用的成分。伴生矿不具备单独开采价值,但能与其伴生的主要矿产一起被开采利用。与伴生矿不同的是伴采矿,伴采矿是指开采单位在同一矿区内开采主产品时,伴采出来非主产品元素的矿石。此外还有伴选矿,伴选矿是指对矿石原矿中所含主产品进行选精矿的加工过程中,以精矿形式伴选出的副产品。伴生矿、伴采矿和伴选矿在资源税的征收管理规定上有所区别。

选矿,是用物理或化学方法将矿物原料中的有用矿物和无用矿物(通常称为"脉石")或有害矿物分开,或将多种有用矿物分离开的工艺过程,又称"矿物加工"。选矿的主要生产过程包括:①破碎:将矿山采出的矿块碎裂至粒度为5～25毫米的过程。②磨碎:以研磨和冲击为主,将破碎产品磨至粒度为10～300微米大小。③筛分和分级:按筛面筛孔的大小将物料分为不同的粒度级别,称筛分,常用于处理粒度较粗的物料。按颗粒在介质(通常为水)中沉降速度的不同,将物料分为不同的等降级别,称分级,用于粒度较小的物料。

冶炼,是用焙烧、熔炼、电解以及使用化学药剂等方法把矿石中的金属提取出来的过程,通常分为火法冶金、湿法冶金和电冶金。火法冶金是利用高温从矿石中提取金属或其化合物的过程,具有处理精矿能力大,利用硫化矿中硫的燃烧热可以经济地回收贵金属、稀有金属等优点,但难以实现良好的环境保护;湿法冶金就是将金属矿物原料在酸性介质或碱性介质的水溶液中进行化学处理或有机溶剂萃取、分离杂质、提取金属及其化合物的过程,常用于处理多金属矿、低品位矿和难选矿;电冶金,适用于铝、镁、钠等活性较大的金属的生产,是通过电能从矿石或其他原料中提取、回收和精炼金属的冶金过程,包括电炉冶炼、熔盐电解和水溶液电等。

加工,是将有色金属或合金制成棒、线、板、带、条、管、箔等形状的材料的过程。有色金属的加工有轧制、挤压及拉伸等多种方法。

2.铝、铜行业生产经营流程

下面以铝和铜为例,阐述生产业务流程。

(1)铝生产业务流程

铝的生产过程由4个环节构成:铝矿石开采—氧化铝制取—电解铝冶炼—铝加工生产。

铝矿石的开采包括采矿、洗矿、破碎筛分和配矿等步骤,如图4-2所示。

氧化铝制取是生产金属铝的关键环节,已提出的氧化铝生产方法可归纳为4类,即碱法、酸法、酸碱联合法和热法。其中,碱法在工业生产中应用最广。碱法生产氧化铝,是用碱(NaOH 或 Na_2CO_3)处理铝矿石,使矿石中的氧化铝转变成铝酸钠溶液。矿石中的铁、钛等杂质和绝大部分的硅则成为不溶解的化合物。将这些不溶解的残渣(赤泥)与溶液分离,经洗涤后弃去或进行综合处理,以回收其中的有用组分。而纯净的铝酸钠溶液即可分解析出氢氧化铝,经分离、洗涤后进行煅烧,便获得氧化铝产品(如图4-3所示)。分解母液则循环使用来处理另一批矿石。碱法生产氧化铝有拜耳法、烧结法以及拜耳——烧结联合法等多种流程。

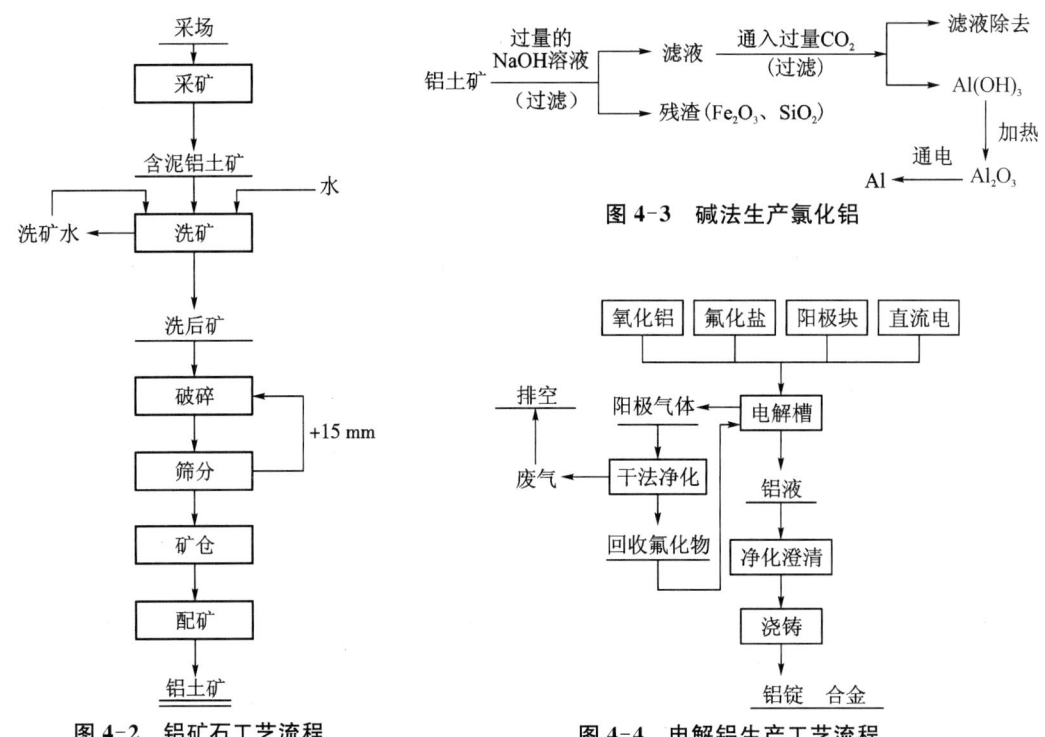

图4-2 铝矿石工艺流程

图4-3 碱法生产氯化铝

图4-4 电解铝生产工艺流程

电解铝冶炼,是将氧化铝通过电解生产原铝。目前工业生产原铝的唯一方法是霍尔-埃鲁铝电解法,以氧化铝为原料、冰晶石(Na_3AlF_6)为熔剂组成的电解质,在950~970℃的条件下通过电解的方法使电解质熔体中的氧化铝分解为铝和氧,铝在碳阴极以液相形式析出,氧在碳阳极上以二氧化碳气体的形式逸出(如图4-4所示)。每生产1吨原铝,可产生1.5吨的二氧化碳,综合耗电在15 000千瓦·时左右。

铝的加工生产,是将原铝加工成铝合金铝板及铝材。目前铝合金的生产方法以熔配法为主,由于铝及其合金具有优良的可加工性能,所以通过锻、铸、轧、冲、压等方法可生产出板、带、箔、管、线等型材。熔配法的主要过程为:

配料。根据需要生产的具体合金牌号,计算出各种合金成分的添加量,合理搭配各种原材料。

熔炼。将配好的原材料按工艺要求加入熔炼炉内熔化,并通过除气、除渣精炼手段将熔体内的杂渣、气体有效除去。

铸造。熔炼好的铝液在一定的铸造工艺条件下,通过深井铸造系统,冷却铸造成各种规格的圆铸棒。

(2) 铜生产业务流程

从铜矿中开采出来的铜矿石,经过选矿成为含铜品位较高的铜精矿或铜矿砂,铜精矿需要经过冶炼提成,才能成为精铜及铜制品。

铜的冶炼工艺有两种:火法炼铜和湿法炼铜。

火法炼铜,是通过熔融冶炼和电解精火炼生产出阴极铜,也即电解铜,一般适于高品位的硫化铜矿。火法冶炼是先将含铜百分之几或千分之几的原矿石,通过选矿提高到20%~30%,作为铜精矿,在密闭鼓风炉、反射炉、电炉或闪速炉中进行造锍熔炼,接着将产出的熔锍(冰铜)送入转炉进行吹炼,形成粗铜,再在另一种反射炉内经过氧化精炼脱杂,或铸成阳极板进行电解,获得品位高达99.9%的电解铜。(如图4-5所示)该工艺流程简短、适应性强,铜的回收率可达95%。

除了铜精矿之外,废铜也是精铜的主要原料之一,包括旧废铜和新废铜。旧废铜来自旧设备和旧机器、废弃的楼房和地下管道;新废铜来自加工厂弃掉的铜屑(铜材的产出比为50%左右)。废铜的供应较稳定,可以分为:裸杂铜(品位在90%以上);黄杂铜(电线);含铜物料(旧马达、电路板);再生铜(由废铜和其他类似材料生产出的铜)。

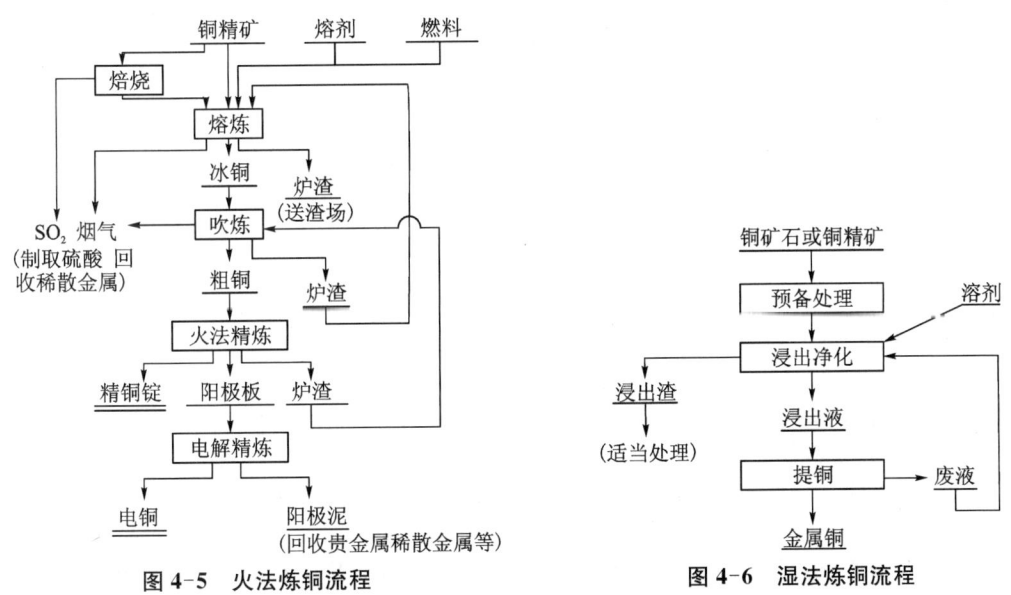

图4-5 火法炼铜流程　　　　图4-6 湿法炼铜流程

湿法炼铜,一般适于低品位的氧化铜矿,生产出的精铜称为电积铜。现代湿法冶炼有"硫酸化焙烧—浸出—电积""浸出—萃取—电积"、细菌浸出等方法,流程(如图4-6所示)大致为:用适当的溶剂浸出铜矿石,使铜以离子状态进入溶液,脉石及其他杂质不溶解。浸出后经澄清和过滤,得到含铜浸出液由脉石组成的不溶残渣即浸出渣。浸出过程中,由于一些金属和非金属杂质与铜一起进入溶液,浸出液须净化。净化后的浸出液用置换、还原、电积等方法将铜提取出来。

(四) 财务核算特点

矿产资源资产随着矿产资源的开发利用要分期转入到产品的成本中去,从其收入中得到补偿。

矿产资源资产的核算前提是必须实现资本化。矿产资源资本化有两种方式计算其实际发生的支出,一种是成果法,一种是完全成本法。成果法就是只对找到具有商业价值的矿产资源储量发生的取得成本和勘探成本进行资本化。完全成本法是对所有的取得和勘探成本都加以资本化。根据《财政部关于印发企业和地质勘查单位探矿权、采矿权会计处理规定的通知》(财会〔1999〕40号)规定,企业按规定取得探矿权发生的支出,以及在勘探生产过程中发生的各项费用,全部计入"勘探开发成本",待勘探结束后,对矿产资源形成地质成果的,作为资本性支出处理,对不能形成地质成果的一次计入当期损益。

矿产资源资产的会计计量是以历史成本原则为基础,在财务报表上按历史成本基础进行反映,同时按价值基础进行补充,在报表附注中对储量信息进行报表披露,包括已探明的矿产资源储量的变化、未来净现金的估计数。

矿产资源企业的成本费用也有其特殊性,普通行业所产生的成本费用总是和一定收入相配比,而矿产资源企业所发生的成本费用却不一定都带来收益,采矿业中成本核算是月末不结转的,它作为在产品列入资产负债表中的存货,待出矿时再计入开采的矿石成本。

一般企业资产价值的补偿方式可采用直线法或加速折旧法,而矿产资源资产价值不随着年限的增加而减少,它的递耗与地下储量有关,矿产资源资产折耗的计提方法主要是产量法,即用预计可采掘的总产量去除计提折耗的基数以确定折耗费用。资产折耗的基数是矿产资源资产的价值。

(五)行业生产经营特点

1. 采选企业生产经营特点

(1)采选企业建设周期长,一般需要4~5年,大部分企业边生产、边建设,期初固定资产投入较大。

(2)采选企业矿井下有很多装备用于排水、通风、安全、轨道等,需投入大量设备及钢材、水泥等建筑材料,难以准确划分固定资产和构筑物建设。

(3)采选企业选矿附产品是尾砂,按照国家相关规定,尾砂和水泥、胶凝材料混合后用于回填采空区。大部分企业都建有尾矿库,尾砂可被利用生产资源综合利用产品。

(4)火工品、电力耗用量和矿石的产量有一定的比例关系,不同地区企业有一定的差异。

(5)销售方式主要采用直销模式,客户主要为冶炼企业。

2. 冶炼企业生产经营特点(以铜冶炼企业为例)

(1)铜冶炼所需主要原料为铜精矿、粗铜和废杂铜。由于铜精矿自给率较低,对外购原料供应的依赖性较高,原料供应紧张的局面短期难以解决。近期我国铜冶炼产能的不断扩大,而铜矿资源产量增长缓慢,致使我国铜矿资源自给水平不断降低,需要进口大量的铜矿石以满足冶炼和消费的需求。

(2)铜冶炼加工盈利方式包括:加工费、铜价、国内外价差以及副产品。加工费方面,若冶炼厂自己有铜矿资源,大约每吨60美元/每磅6美分的TC/RC(铜精矿加工/精炼费),而全部依靠进口矿的企业盈亏平衡需要每吨铜的加工费达到70~80美元。目前我国铜冶炼企业主要依赖于铜价、国内外价差和副产品阳极泥(黄金等贵金属)、硫酸来弥补加工费的不足。

(3)企业的营销方式与企业的产品品质存在较大的关系,一类公司产品品质较好,在上海期货交易所与伦敦金属交易所注册,则该公司产品销售形势较好,基本是现款现货,除部分长期客户允许先发货后付款,并且销售价格高于市场均价,基本上不存在较大的应收账款,不存在坏账风险。另一类企业产品品质相对较低,满足不了期货交易所注册条件,则销售价格低于市场均价,并且需积极促销,存在较大的应收账款。部分企业有部分产品出口,但大部分均在国内销售。

(4)铜冶炼主要副产品包括以下4部分:

硫酸:粗炼工序脱硫从烟气提取硫磺,进而生产硫酸,硫酸作为一种副产品,生产成本极低,通常在100~300元/吨。电铜与硫酸的产量比约为1:3,即每生产1吨电铜副产硫酸约为3吨。目前我国70%左右的硫酸来自有色金属冶炼行业。98%的浓硫酸价格一般在200~500元,由于进口铜精矿中硫含量是不计价的,在TC/RC较低,铜矿冶炼处于亏损的状态下,硫酸作为副产品的利润在一定程度上能弥补铜精矿加工的亏损。但2008年8月后,硫酸价格出现明显回落。硫酸主要用于磷肥、磷复肥行业。考虑到下游磷复肥行业需求不旺,且在目前大宗商品价格下降的背景下,预计后续硫酸价格很难在短期内回升,使得铜矿冶炼企业依靠硫酸弥补铜冶炼的盈利模式难以为继。

阳极泥:精炼工序主要副产是阳极泥,铜精矿经过烧结、熔炼、电解,其中伴生的贵重金属富集到阳极泥中,一般来说,电解过程铜阳极泥的产出率为粗铜阳极板重量的0.2%~1%,从阳极泥中可以回收金、银、铜、硒、碲、镍等多种稀贵金属,是铜冶炼行业盈利的重要方式。

转炉渣:粗炼、精炼过程中都会产生大量的炉渣,现代工艺可以从炉渣中进一步回收铜元素。

其他副产品:如白烟尘、铜砷滤饼、铅滤饼、黑铜泥、硫酸铜、氧气、蒸汽等。

冶炼过程中残极、电极、废碎铜等返回品可以回炉再利用。

(5) 铜冶炼企业单位产品能耗限额指标表(见表4-1)。

表4-1 铜冶炼企业单位产品能耗限额指标表

工序、工艺		能耗限额限定值		能耗限额准入值		能耗限额先进值	
		工艺能耗	综合能耗	工艺能耗	综合能耗	工艺能耗	综合能耗
粗铜工艺(铜精矿—粗铜)		≤750	≤800	≤500	≤530	≤330	≤340
阳极铜工艺(铜精矿—阳极铜)		≤800	≤850	≤550	≤580	≤380	≤390
电解工序(阳极铜—阴极铜)		≤210	≤220	≤160	≤170	≤120	≤130
铜冶炼工艺(铜精矿—阴极铜)		≤900	≤950	≤660	≤700	≤530	≤550
粗铜工艺(杂铜—粗铜)		—	≤340	—	≤300	—	≤230
阳极铜工艺	(杂铜—阳极铜)	—	≤390	—	≤350	—	≤290
	(粗铜—阳极铜)	—	≤300	—	≤280	—	≤230
铜精炼工艺	(杂铜—阴极铜)	—	≤510	—	≤470	—	≤400
	(粗铜—阴极铜)	—	≤420	—	≤400	—	≤350

(六) 内控管理流程介绍

企业以《中华人民共和国公司法》《企业内部控制基本规范》《中华人民共和国会计法》《企业会计准则》和其他法律、行政法规为基础,根据企业的具体情况,制定符合该企业生产经营特点的各项管理制度与内部控制制度。主要是有利于强化企业内部管理,有效防范经营风险,保护单位财产,保障国家、集体、员工利益,提高企业效率。

通过制定各项制度,对日常经营管理的重要部门、重要环节等方面进行内部控制,保证企业健康有序发展。从内部环境、风险评估、控制活动、信息与沟通、内部监督等方面加强和规范公司内部控制管理,从而提高经营效率和盈利水平,增强财务信息可靠性,维护公司资产安全,防范和化解各类风险,提升公司经营管理水平。下文为某铜冶炼企业部分业务内控管理流程。

1. 采购付款内控流程

(1) 合同订立:商务部储运课科员拟定合同,并将合同及合同说明、开标会议纪要等以《合同评审表》的形式送商务部、计财部、安基部和使用部门各部长会同评审,按照《合同管理标准》的规定权限进行审批,并由签字权限人进行签字。商务代表将有签约权限人签字的合同书送有关人员加盖合同专用章或公司行政公章。

(2) 采购验收:商务部负责采购业务操作,安环基础部负责铜精矿的验收;如果合同条款是以装货港重量为准,采购业务员委托公证行去装货港进行监装,并出具《装港检验报告》,如果不是装货港条款,供应商也会聘请公证行进行装货港监装,并告知重量和品位等信息;入关时经出入境检验检疫局验收放行,到厂时由安环基础部化验课验收出具《分析报告书》。商务部储运课科员在铜精矿入境卸船时检验货品重量和损毁情况,在海运提单上进行确认。铜精矿到港时由汽车陆运至库房,并经质量计量课磅房过磅,填制磅单。商务部根据采购单、到货单和入库单建立纸质和电子版《铜精矿采购台账》《原料采购台账》并登陆ERP系统登记相关信息,信息包括装船价格、装船时间、品质和到货时间等。磅单信息由采购员到质量计量课抄取,或由质量计量课管理员口头告知采购员,采购员根据获取的重量补充登记采购信息,及时更新台账。财务部门根据业务台账建立独立的账款台账。

(3) 采购付款:付款采用L/C和T/T两种方式结算;根据全球通用规则对铜精砂进行先预付90%左右货款,到结算月后进行二次结算补退价差。商务部业务员每月底根据铜精砂业务台账和到货情况制订未来3个月的付款计划,由铜贵金属科科长审核后提交计财部资金科科长复核,据此准备资金。商务部业务员提出付款通知单做出付款指示,经部门领导审核签字后递交计财部,计财部资金科会计审核付款通知单与采购合同、分析报告书、磅单、入库单和发票无误,出纳办理付款手续,会计登记入账。

2. 销售收款内控流程

(1) 订单受理:长期合同:通常在上一年的年底或本年初时签订,各月数量和作价模式也随即确定;对于合同中每月订货量有浮动范围的客户,由客户每月发传真确定下月订货数量,铜贵金属科科长根据传真制订下月销售计划。

(2) 现货销售:通常是电话销售。销售人员通过电话接受询盘、还盘、接单,双方传真形式书面确认销售确认单并对销售确认单进行连续编号,同时在记录本上对订单进行流水记录,月底制作销售报表交由专人保管。

(3) 收款:长期合同按合同要求及时回收货款,现货合同实行款到发货;商务部销售员接到客户打款的通知后及时通知计财部会计查询款项到账情况。货款到账后,会计在提货单上加盖财务专用章方可发货。

(4) 发货:销售员根据合同明确规定和传真订单写明的供货量,开具提货单,由另外1名销售员复核,计财部确认收到货款后在提货单上盖财务专用章,买方提货人和仓库库管员在提货单签字确认后发货。

(5) 销售开票:公司制度明确规定提货时必须对提货人员的身份进行确认。由买方传真提货委托函,提货时销售员检查提货人证件(身份证或驾驶证)与委托函一致,并留存委托人签字方可提货。商务部销售员根据需要即时或在月底编制开票清单(保证当月销售在月底前全部开票),交计财部销售会计审核后开具增值税专用发票或增值税普通发票。计财部资金课会计核对出库单和开票清单后依据开票清单确认收入。

3. 存货内控业务流程

(1) 存货入库:①验收合格入库:企业安环基础部化验科组织专人对原料及相关存货进行检验,出具《分析报告书》和《质量计量单》,并对合格的阴极铜贴合格标签,只有检验合格的存货才予以办理入库。②存货记录:商务部存货管理部门对入库的存货建立存货明细账,详细登记存货类别、编号、名称、规格型号、数量、计量单位等内容,并定期与计财部就存货品种、数量、金额等进行核对。③记录修改:仓库管理人员将货品入库后填写存货明细账,同时于信息系统内填写入库存货的详细信息,一旦填写完毕点击确定则无法修改。

(2) 存货仓储:①仓库间存货移动:存货需从A库移到B库时,资材课A库仓管在ERP系统内填制移库单,B库仓管同时在ERP系统移库单上签字确认存货入库后将存货移走。②存货保管:各个库房均按照安基部要求配备灭火器等防火器具,并由安基部定期检查更换;铜精矿库对铜精矿进行分隔储存,防止混矿事故的发生;阴极铜库和资产备件库内不准存放食物,以防老鼠滋生;阳极泥库库房有2道防盗门并安装5把锁,需由阳极泥库管和保安双方到厂才能开库,室内密闭并且重要位置均安装摄像头;硫酸库操作工每隔2小时进行日常巡查。

(3) 存货发出:①阴极铜和硫酸:商务部销售业务员填制提货单,由另外1名销售员复核签字后交由计财部会计审核盖章;库管员核对销售订单和提货单正确无误后制作出库单,由另1名库管员审核签字后才能发货。②阳极泥:阳极泥发出时商务部铜贵金属科、质量计量科、保卫和客户必须4方全部到场;商务部铜贵金属科科员制作提货单,另外1名销售员复核签字,再由客户签字确认;库管员根据核对无误的提货单制作出库单,由另1名库管员审核签字后才能发货。仓库管理员每个月将发货记录同销售部门和计财部核对,确保发货记录与入账记录相符。

(4) 存货盘点与处理:①盘点制度:根据《金属平衡表》进度安排,每月1日对主要原料铜精矿及相关在制品进行盘点,对其他相关存货至少在每年度终了(每年1月1日)进行全面盘点。②盘点计划:由安环基础部金属平衡管理员牵头,仓库管理员辅助,生产部统计人员(非专职)、商务部原料管理员(非专职)和计财部统计员共同进行盘点,填写盘点表并由安基部金属平衡管理员保管;公司员工专业能力足以胜任盘点存货,无须聘请专家。③盘点结果处理:盘点过后编制盘点表并由牵头人执笔填写"大家意见一致"的确认意见;如有异常情况,盘点人员现场合议得出初步意见并记录。

二、有色金属行业主要税收规定

有色金属是一类较为特殊的行业,由于行业特有的属性和特点,产生了一些特殊事项。了解这些特殊事项及相关税收政策,对于防范冶金矿产企业的税收风险和有效利用税收政策非常重要。

(一)特殊税种——资源税

矿业企业与其他企业相比较,特有的一个税种就是资源税,资源税是以自然资源为课税对象征收的一种税。矿业企业开采的原矿一般不直接出售,而是将其深加工成为精矿后再对外销售,所以必须按照选矿比或综合回收率将精矿折算成原矿数量再计算资源税税额。具体规定是,金属和非金属矿产品原矿,因无法准确掌握纳税人移送使用原矿数量的,可将其精矿按选矿比折算成原矿数量作为课税数量。

《中华人民共和国资源税暂行条例》(以下简称《资源税暂行条例》)规定:"在中华人民共和国领域及管辖海域开采本条例规定的矿产品或者生产盐(以下称开采或者生产应税产品)的单位和个人,为资源税的纳税人,应当依照本条例缴纳资源税。"

"资源税的应纳税额,按照从价定率或者从量定额的办法,分别以应税产品的销售额乘以纳税人具体适用的比例税率或者以应税产品的销售数量乘以纳税人具体适用的定额税率计算。"

(二)特殊行政收费——矿产资源补偿费

国家1994年开始征收矿产资源补偿费,这也是矿企业独有的财政收费。

矿产资源补偿费按照矿产品销售收入的一定比例计征,其计算公式:

$$征收矿产资源补偿费金额=矿产品销售收入×补偿费费率×开采回采率系数$$

开采回采率是指开采区域采出的矿石量与该区域内消耗的工业储量之比,它包括核定开采回采率和实际开采回采率。实际开采回采率越高,说明矿业企业对国家资源的利用程度越高,缴纳的资源补偿费就越低。

(三)特殊资产——矿业权

我国对矿产资源的勘察、开采实行许可证制度。勘察矿产资源,必须依法申请登记,领取勘察许可证,取得探矿权;开采矿产资源,必须依法申请登记,领取采矿许可证,取得采矿权。探矿权、采矿权统称为矿业权,它是矿业企业比较特殊的一类资产。

根据国务院于1998年2月12日颁布实施的《矿产资源开采登记管理办法》规定,采矿许可证有效期按照矿山建设规模确定:大型以上的,采矿许可证有效期最长为30年;中型的,采矿许可证有效期最长为20年;小型的,采矿许可证有效期最长为10年。采矿许可证有效期满,需要继续采矿的,采矿权人应当在采矿许可证有效期届满的30日前,到登记管理机关办理延续登记手续。采矿权人逾期不办理延续登记手续的,采矿许可证自行废止。

1. 持有矿业权的税务规定

矿业企业一般将矿业权作为无形资产处理,在许可证书规定的年限内平均摊销扣除。

2. 转让矿业权的税务规定

《矿业权出让转让管理暂行规定》(国土资发〔2000〕309号)规定:"依法取得矿业权的自然人、法人或其他经济组织称为矿业权人。矿业权人依法对其矿业权享有占有、使用、收益和处分权"。根据《财政部 国家税务总局关于转让自然资源使用权营业税政策的通知》(财税〔2012〕6号)规定:"自2012年2月1日起,将转让采矿权、探矿权等自然资源使用权纳入营业税的征纳范围。"

(四)特殊费用——维简费、安全生产费

维简费,是指企业从成本中提取的、专项用于维持简单再生产的资金。安全生产费,是指企业按照规定标准提取,在成本中列支,专门用于完善和改进企业安全生产条件的资金。

(五)特殊费用——弃置费用

弃置费用,也叫弃置成本,或资产弃置义务,通常是指根据国家法律和行政法规、国际公约等规定,企业承担的环境保护和生态恢复等义务所确定的支出。矿业企业对矿产资源的开采行为会造成生态环境的破坏,因此,承担着环境保护、生态恢复的义务,会发生一定的弃置费用。

税收法规对弃置费用的规定是,《企业所得税法实施条例》第四十五条:"企业依照法律、行政法规有关规定提取的用于环境保护、生态恢复等方面的专项资金,准予扣除。上述专项资金提取后改变用途的,不得扣除。"

三、行业主要税收风险分析及应对

（一）项目前期筹建与投入环节税收风险事项内容

1. 地质勘探发生的费用和通过地质勘探取得地质成果的实际成本费用化，未做纳税调整事项

（1）风险描述

矿产企业进行地质勘探发生的费用和通过地质勘探取得地质成果的实际成本，没有结转无形资产，作为费用直接扣除，未调增应纳税所得额；矿产企业取得由国家出资形成的采矿权缴纳的价款，未在受益期内摊销或者摊销期限小于收益期限而未做调整。

（2）政策依据

《财政部关于印发企业和地质勘查单位探矿权采矿权会计处理规定的通知》（财会字〔1999〕40号）

《会计准则第6号——无形资产》

《矿产资源开采登记管理办法》

《企业所得税法》及其实施条例。

（3）核查路径

① 了解探矿权和采矿权形成的原因和来源，无形资产确认和计量的方法、摊销的年限。

② 核查"勘探开发成本""管理费用""累计摊销"等科目，判断是否将应资本化的费用进行了税前扣除。

2. 购入建设矿井构筑物所使用的材料，或以建筑物或构筑物为载体的附属设备和配套设施，未做进项税额转出事项

（1）风险描述

矿业企业为了取得已探明的矿产资源，在商业生产之前，必须投入大量的矿井建设资金。对于这些前期投入，一般矿业企业作为在建工程，待矿井建设完毕转入固定资产，按照房屋、建筑物标准确定折旧年限为20年。

（2）政策依据

《增值税暂行条例实施细则》第二十三条第二款：条例第十条第（一）项和本细则所称非增值税应税项目，是指提供非增值税应税劳务、转让无形资产、销售不动产和不动产在建工程。前款所称不动产是指不能移动或者移动后会引起性质、形状改变的财产，包括建筑物、构筑物和其他土地附着物。纳税人新建、改建、扩建、修缮、装饰不动产，均属于不动产在建工程。

《财政部　国家税务总局关于固定资产进项税额抵扣问题的通知》（财税〔2009〕113号）

（3）核查路径

① 了解企业是否存在项目投资、在建不动产等可能涉及非增值税应税项目，辨别其是否构成建筑物、构筑物，或以建筑物或者构筑物为载体的附属设备和配套设施。

② 核查"应交税费——应交增值税——进项税额"科目，已抵扣进项税金的"原材料""周转材料""工程物资""生产成本""管理费用"等科目借方是否有直接对应"在建工程"科目。

③ 核查《增值税纳税申报表》（适用一般纳税人）及其附表相关栏次的数据。

3. 未按规定实施加速折旧事项

（1）风险描述

用于矿山开采的设备不符合固定资产加速折旧的条件，折旧年限的计算以及折旧额的提取不符合有关规定，未做纳税调整。

（2）政策依据

《企业所得税法》第三十二条：企业的固定资产由于技术进步等原因，确需加速折旧的，可以缩短折旧年限或者采取加速折旧的方法。

《企业所得税法实施条例》第九十八条：企业所得税法第三十二条所称可以采取缩短折旧年限或者采取加速折旧的方法的固定资产，包括：（一）由于技术进步，产品更新换代较快的固定资产；（二）常年处于强震动、高腐蚀状态的固定资产。采取缩短折旧年限方法的，最低折旧年限不得低于本条例第六十条规定折旧年限的60%；采取加速折旧方法的，可以采取双倍余额递减法或者年数总和法。

《国家税务总局关于企业固定资产加速折旧所得税处理有关问题的通知》(国税发〔2009〕81号)
《国家税务总局关于企业所得税应纳税所得额若干问题的公告》(国家税务总局公告2014年第29号)
《财政部国家税务总局关于完善固定资产加速折旧企业所得税政策的通知》(财税〔2014〕75号)
《国家税务总局关于固定资产加速折旧税收政策有关问题的公告》(国家税务总局公告2014年第64号)

(3) 核查路径

① 关注依据企业所得税法以及《国家税务总局关于企业固定资产加速折旧所得税处理有关问题的通知》(国税发〔2009〕81号)规定享受上述税收优惠的,未按照文件规定进行后续管理,不应享受加速折旧税收优惠而享受该政策的;关注未按照财务及税收政策规定进行核算,未按照税收政策规定时间和内容进行资料的申报而享受税收优惠政策的情况。

② 核查"固定资产""累计折旧""管理费用""生产成本"等会计科目。重点关注按照税收政策规定在实施前购入固定资产不应享受税收优惠政策而申报享受了该项税收优惠的情况。

4. 安全生产专用设备税额抵免不符合规定事项

(1) 风险描述

环境保护、节能节水和安全生产专用设备的税额抵免,不符合企业所得税减免规定。

(2) 政策依据

《企业所得税法》及其实施条例

《财政部国家税务总局关于执行环境保护专用设备企业所得税优惠目录 节能节水专用设备企业所得税优惠目录和安全生产专用设备企业所得税优惠目录有关问题的通知》(财税〔2008〕48号)

《国家税务总局关于环境保护节能节水 安全生产等专用设备投资抵免企业所得税有关问题的通知》国税函〔2010〕256号

(3) 核查路径

① 了解《安全生产专用设备企业所得税优惠目录(2008年版)》中所列内容,辨别购买资金的来源,若用财政拨款购买专用设备的投资额不能抵免。

② 核查该设备5年内是否未实际投入使用,或发生转让、出租以及投资额中已抵扣的进项税额等未做纳税调整。

③ 核查"固定资产""应交税费——应交增值税——进项税额""营业外收入""资本公积"等科目,甄别上述风险特征。

5. 未正确划分各种应税劳务事项

(1) 风险描述

① 提供的矿山爆破、穿孔、表面附着物(包括岩层、土层、沙层等)剥离和清理劳务,以及巷道矿井构筑劳务,未按规定缴纳营业税。

② 提供矿产资源开采、挖掘、切割、破碎、分拣等劳务未按规定缴纳增值税。

(2) 政策依据

《营业税暂行条例》及其实施细则

《增值税暂行条例》及其实施细则

《国家税务总局关于纳税人为其他单位和个人开采矿产资源提供劳务有关货物和劳务税问题的公告》(国家税务总局公告2011年第56号)

(3) 核查路径

① 审阅劳务合同约定的内容及施工单位的性质,了解劳务的性质,辨别接受付款凭证的涉税种类、税款扣缴情况或提供该劳务应申报的税种。

② 核查"工程施工""主营业务成本""应付职工薪酬"等科目,判别纳税申报是否正确。

6. 关联企业借款利息支出税前扣除风险事项

(1) 风险描述

企业与其关联企业间债资比是否超过按税法规定的债权性投资和权益性投资比例(金融企业为5∶1;其

他企业为2∶1);实际支付的利息是否超过按《企业所得税法》及其实施条例有关规定计算的部分。

(2) 政策依据

《财政部 国家税务总局关于企业关联方利息支出税前扣除标准有关税收政策问题的通知》(财税〔2008〕121号)。

(3) 核查路径

① 查阅企业借款合同、融资租赁合同及相关资料,分析其行为是否符合独立交易原则及关联双方实际税负是否存在差异。

② 计算企业与各关联企业的债资比例,判断是否超过规定比例。

③ 核查计入"财务费用""在建工程"等科目的利息支出,计算支付利息是否超比例金额,如果超过比例,核查企业同期资料是否说明其关联交易是按照独立交易原则进行的。

7. 未按规定使用维简费、安全生产费事项

(1) 风险描述

企业计提维简费、安全生产费,但是实际发生的与维简费、安全生产费有关的支出,仍计入当期的生产成本或费用,减少了应纳税所得额,未做纳税调整。

(2) 政策依据

《财政部 安全生产监管总局关于印发〈高危行业企业安全生产费用财务管理暂行办法〉》(财企〔2006〕478号)

《财政部 国家税务总局关于煤矿企业维简费和高危行业企业安全生产费用企业所得税税前扣除问题的公告》(国家税务总局公告2011年第26号)

《财政部关于印发企业会计准则解释第3号的通知》(财会〔2009〕8号)

(3) 核查路径

① 了解安全生产费用于矿山企业安全设备设施的使用范围,计提金额和核算科目是否符合规定。

② 是否在"专项储备"专户核算。年度结余下年度使用,当年计提安全费用不足的,超出部分按正常成本费用渠道列支。

③ 用提取的安全生产费形成固定资产,该固定资产在以后期间不再计提折旧。

8. 弃置费用的使用不符合规定,未做纳税调整事项

(1) 风险描述

企业对已提取弃置费用的固定资产,在清理时未将弃置费用用于环境整治、生态恢复等方面,未做纳税调整。

(2) 政策依据

《企业会计准则第4号——固定资产》第十三条:确定固定资产成本时,应当考虑预计弃置费用因素。

《中华人民共和国矿产资源法》第三十二条:开采矿产资源,必须遵守有关环境保护的法律规定,防止污染环境。开采矿产资源,应当节约用地。耕地、草原、林地因采矿受到破坏的,矿山企业应当因地制宜地采取复垦利用、植树种草或者其他利用措施。开采矿产资源给他人生产、生活造成损失的,应当负责赔偿,并采取必要的补救措施。

《中华人民共和国企业所得税法实施条例》第四十五条:企业依照法律、行政法规有关规定提取的用于环境保护、生态恢复等方面的专项资金,准予扣除。上述专项资金提取后改变用途的,不得扣除。

(3) 核查路径

核查"固定资产""预计负债"等科目,审核企业计提弃置费用是否符合规定,查看企业弃置费用使用情况,若没有用于环境保护、生态恢复等方面,应调增应纳税所得额。

(二) 采矿与选矿环节税收风险事项内容

1. 免税产品增值税进项税额转出不符合规定事项

(1) 风险描述

免税产品增值税进项税额转出不符合规定。例如,采选过程中会有伴生的金矿,采选企业在生产销售免

税产品黄金(包括伴生金)时,对应黄金生产部分的进项税额转出的计算不准确。

(2) 政策依据

《增值税暂行条例》第十条:下列项目的进项税额不得从销项税额中抵扣:

(一)用于非增值税应税项目、免征增值税项目、集体福利或者个人消费的购进货物或者应税劳务;

(二)非正常损失的购进货物及相关的应税劳务;

(三)非正常损失的在产品、产成品所耗用的购进货物或者应税劳务;

(四)国务院财政、税务主管部门规定的纳税人自用消费品;

(五)本条第(一)项至第(四)项规定的货物的运输费用和销售免税货物的运输费用。

《财政部 国家税务总局关于在全国开展交通运输业和部分现代服务业营业税改征增值税试点税收政策的通知》(财税〔2013〕37号)

《财政部 国家税务总局关于黄金税收政策问题的通知》(财税〔2002〕142号)

《国家税务总局关于纳税人销售伴生金有关增值税问题的公告》(国家税务总局公告2011年第8号)。

(3) 核查路径

① 纳税人销售含有伴生金的货物并申请伴生金免征增值税的,审核是否出具伴生金含量的有效证明,是否分别核算伴生金和其他成分的销售额。

② 核查"应交税费——应交增值税——进项税额""主营业务收入"等科目,对兼营免税项目是否准确划分免税项目进项税额,对无法划分的能否正确计算免税项目不允许抵扣的进项税额。

2. 不符合抵扣条件未做进项税额转出事项

(1) 风险描述

① 将购进货物或应税劳务用于非增值税应税项目、集体福利或者个人消费,其进项税额未作转出。

② 非正常损失的购进货物及相关的应税劳务,或非正常损失的在产品、产成品所耗用的购进货物或者应税劳务,其进项税额未作转出。比如,存货盘亏非正常损失未作进项转出。

(2) 政策依据

《中华人民共和国增值税暂行条例》第十条:下列项目的进项税额不得从销项税额中抵扣:

(一)用于非增值税应税项目、免征增值税项目、集体福利或者个人消费的购进货物或者应税劳务;

(二)非正常损失的购进货物及相关的应税劳务;

(三)非正常损失的在产品、产成品所耗用的购进货物或者应税劳务;

(四)国务院财政、税务主管部门规定的纳税人自用消费品;

(五)本条第(一)项至第(四)项规定的货物的运输费用和销售免税货物的运输费用。

《财政部 国家税务总局关于将铁路运输和邮政业纳入营业税改征增值税试点的通知》(财税〔2013〕106号)附件《营业税改征增值税试点实施办法》第二十四条:下列项目的进项税额不得从销项税额中抵扣:

(一)用于简易计税方法计税项目、非增值税应税项目、免征增值税项目、集体福利或者个人消费的购进货物、接受加工修理修配劳务或者应税服务。其中涉及的固定资产、专利技术、非专利技术、商誉、商标、著作权、有形动产租赁,仅指专用于上述项目的固定资产、专利技术、非专利技术、商誉、商标、著作权、有形动产租赁。

(二)非正常损失的购进货物及相关的加工修理修配劳务或者交通运输业服务。

(三)非正常损失的在产品、产成品所耗用的购进货物(不包括固定资产)、加工修理修配劳务或者交通运输业服务。

(四)接受的旅客运输服务。

《增值税暂行条例实施细则》第二十四条:条例第十条第(二)项所称非正常损失,是指因管理不善造成被盗、丢失、霉烂变质的损失。

(3) 核查路径

重点核查企业出入库单,对盘亏项目进行详细核查,核查"营业外支出""原材料""库存商品"等科目,确认非正常损失是否已作进项税额转出。

3. 虚增成本或少确认收入的涉税风险事项

(1) 风险描述

① 购进矿石进行洗选销售时,虚增外购材料单价和数量,多列成本,对生产剩余材料不办退料,增大产品生产成本。

② 矿产品产销出现瞒报产量,直接逃避缴纳税款。

(2) 政策依据

《增值税暂行条例》及其实施细则

《企业所得税法》及其实施条例

《税收征收管理法》

(3) 核查路径

① 自产和外购矿石出、入库时数量,产成品入库和销售时填开的出入库记录票据;外购矿石时取得的运输凭证、付款凭证等。核查实际产成品的入库量、产成品的出库量、矿石的入库和耗用情况、矿石品位、耗电情况、车间的生产情况等,核实纳税人账面库存与实物是否相符,与纳税人申报的资料进行核对,不符的由纳税人举证说明原因。

② 与矿产品运输单位或个人进行数据核对,从第三方掌握矿产品的开采量和销售量及市场价格。

核查"材料采购""存货""生产成本""销售费用""制造费用"等科目,掌握企业单位产品能耗等情况,分析企业购销核算是否完整。

4. 混淆矿体种类或矿石等级,少申报资源税事项

(1) 风险描述

企业未对开采中的伴生矿、共生矿与主矿进行正确划分,并适用对应的税率;同一矿石不能按品位结构等正确划分等级,并适用相应税率。

(2) 政策依据

《矿产资源法》第三十条:在开采主要矿产的同时,对具有工业价值的共生和伴生矿产应当统一规划,综合开采,综合利用,防止浪费;对暂时不能综合开采或者必须同时采出而暂时还不能综合利用的矿产以及含有有用组分的尾矿,应当采取有效的保护措施,防止损失破坏。

《矿产资源法实施细则》

(3) 核查路径

① 审查《中华人民共和国采矿许可证》,了解开采主矿种及共、伴生矿产类别等。

② 因以精矿形式伴选出来的副产品不征收资源税,要审核企业进行资源税纳税申报时,是否正确核算资源税应税矿产品的种类及数量、金额。

5. 将与取得收入无关的支出税前扣除,未做纳税调整事项

(1) 风险描述

企业在生产成本中列支职工宿舍用电或非生产修缮费、代扣代缴个人所得税、列支独生子女慰问费、借读费,企业向职工发放的节日慰问费、实物福利、通信费、交通费、燃油补贴、高温津贴、取暖费以及个人车辆消费用油、修车费、停车费等应由个人负担的费用在企业列支,未做纳税调整或存在未按规定扣缴个人所得税。

(2) 政策依据

《企业所得税法》及其实施条例

《个人所得税法》第八条:个人所得税,以所得人为纳税义务人,以支付所得的单位或者个人为扣缴义务人。个人所得超过国务院规定数额的,在两处以上取得工资、薪金所得或者没有扣缴义务人的,以及具有国务院规定的其他情形的,纳税义务人应当按照国家规定办理纳税申报。扣缴义务人应当按照国家规定办理全员全额扣缴申报。

《个人所得税法实施条例》第八条:税法第二条所说的各项个人所得的范围:

(一) 工资、薪金所得,是指个人因任职或者受雇而取得的工资、薪金、奖金、年终加薪、劳动分红、津贴、补贴以及与任职或者受雇有关的其他所得。

（二）个体工商户的生产、经营所得，是指：

1. 个体工商户从事工业、手工业、建筑业、交通运输业、商业、饮食业、服务业、修理业以及其他行业生产、经营取得的所得；

2. 个人经政府有关部门批准，取得执照，从事办学、医疗、咨询以及其他有偿服务活动取得的所得；

3. 其他个人从事个体工商业生产、经营取得的所得；

4. 上述个体工商户和个人取得的与生产、经营有关的各项应纳税所得。

（三）对企事业单位的承包经营、承租经营所得，是指个人承包经营、承租经营以及转包、转租取得的所得，包括个人按月或者按次取得的工资、薪金性质的所得。

（四）劳务报酬所得，是指个人从事设计、装潢、安装、制图、化验、测试、医疗、法律、会计、咨询、讲学、新闻、广播、翻译、审稿、书画、雕刻、影视、录音、录像、演出、表演、广告、展览、技术服务、介绍服务、经纪服务、代办服务以及其他劳务取得的所得。

（五）稿酬所得，是指个人因其作品以图书、报刊形式出版、发表而取得的所得。

（六）特许权使用费所得，是指个人提供专利权、商标权、著作权、非专利技术以及其他特许权的使用权取得的所得；提供著作权的使用权取得的所得，不包括稿酬所得。

（七）利息、股息、红利所得，是指个人拥有债权、股权而取得的利息、股息、红利所得。

（八）财产租赁所得，是指个人出租建筑物、土地使用权、机器设备、车船以及其他财产取得的所得。

（九）财产转让所得，是指个人转让有价证券、股权、建筑物、土地使用权、机器设备、车船以及其他财产取得的所得。

（十）偶然所得，是指个人得奖、中奖、中彩以及其他偶然性质的所得。

个人取得的所得，难以界定应纳税所得项目的，由主管税务机关确定。

《个人所得税法实施条例》第三十五条：扣缴义务人在向个人支付应税款项时，应当依照税法规定代扣税款，按时缴库，并专项记载备查。前款所说的支付，包括现金支付、汇拨支付、转账支付和以有价证券、实物以及其他形式的支付。

《财政部　国家税务总局关于误餐补助范围确定问题的通知》（财税字〔1995〕82号）

《国家税务总局关于个人所得税有关政策问题的通知》（国税发〔1999〕58号）

《国家税务总局关于个人因公务用车制度改革取得补贴收入征收个人所得税问题的通知》（国税函〔2006〕245号）。

（3）核查路径

① 核查企业"管理费用""销售费用""在建工程"等科目，有无将应由个人负担的费用作为企业费用列支，并未做企业所得税纳税调整。

② 核查"应付职工薪酬""应付福利费""主营业务成本"等科目原始凭证以及工资花名册、个人所得税扣缴报告表，核实是否按规定将通信费、油费等发票入账报销方式发放的补助、补贴等各类福利并入员工当期的工资收入扣缴个人所得税或进行纳税调整。

6. 境外支付未按规定代扣代缴增值税事项

（1）风险描述

从国外购买专利技术、国外支付技术服务费，未按规定代扣代缴增值税。

（2）政策依据

《财政部　国家税务总局关于将铁路运输和邮政业纳入营业税改征增值税试点的通知》（财税〔2013〕106号）

《国家税务总局关于印发〈非居民企业所得税源泉扣缴管理暂行办法〉的通知》（国税发〔2009〕3号）。

（3）核查路径

核查"管理费用""无形资产"等科目，关注对境外支付专利技术、技术服务费等项目，审查是否扣缴增值税。

7. 不征税收入支出形成的成本、费用以及资产的折旧等在企业所得税前扣除，少缴纳企业所得税事项

(1) 风险描述

企业税前扣除不征税收入用于支出所形成的费用或不征税收入用于支出所形成资产计算的折旧、摊销,未调增应纳税所得额。

(2) 政策依据

《财政部 国家税务总局关于财政性资金、行政事业性收费、政府性基金有关企业所得税政策问题的通知》(财税〔2008〕151号)

《财政部 国家税务总局关于专项用途财政性资金有关企业所得税处理问题的通知》(财税〔2009〕87号)

《财政部 国家税务总局关于专项用途财政性资金企业所得税处理问题的通知》(财税〔2011〕70号)

《国家税务总局关于企业所得税应纳税所得额若干问题的公告》(国家税务总局公告2014年第29号)

《个人所得税法》及实施条例

(3) 核查路径

① 核实纳税人取得财政补贴、奖励等相关资料,核对纳税人取得各项补贴的性质及金额;核实不征税收入使用途径,核实不征税收入支出形成的资产、费用类科目反映的金额。

② 比对分析企业所得税纳税申报表及明细表《专项用途财政性资金纳税调整明细表》《资产折旧、摊销情况及纳税调整明细表》相关数据,核实企业有无将不征税收入对应的成本、费用等在企业所得税前扣除。

③ 审核企业的"递延收益""营业外收入""其他应收款""固定资产""累计折旧"等科目,核实企业不征税收入管理台账,并与企业所得税纳税申报数据进行比对。

(三) 冶炼环节税收风险事项内容

1. 购进货物、应税劳务或应税服务用于向居民供热等免征增值税项目存在应转出而未转出进项税额风险事项

(1) 风险描述

冶炼企业回收利用工业余热向居民供应的暖气,属于免税项目,在向居民供热过程中所耗用的外购货物、动力及应税劳务所负担的进项税额未作进项税转出。

(2) 政策依据

《增值税暂行条例》第十条:下列项目的进项税额不得从销项税额中抵扣:

(一) 用于非增值税应税项目、免征增值税项目、集体福利或者个人消费的购进货物或者应税劳务;

(二) 非正常损失的购进货物及相关的应税劳务;

(三) 非正常损失的在产品、产成品所耗用的购进货物或者应税劳务;

(四) 国务院财政、税务主管部门规定的纳税人自用消费品;

(五) 本条第(一)项至第(四)项规定的货物的运输费用和销售免税货物的运输费用。

《增值税暂行条例实施细则》第二十二条:条例第十条第(一)项所称个人消费包括纳税人的交际应酬消费。

《增值税暂行条例实施细则》第二十三条:条例第十条第(一)项和本细则所称非增值税应税项目,是指提供非增值税应税劳务、转让无形资产、销售不动产和不动产在建工程。

前款所称不动产是指不能移动或者移动后会引起性质、形状改变的财产,包括建筑物、构筑物和其他土地附着物。

纳税人新建、改建、扩建、修缮、装饰不动产,均属于不动产在建工程。

《增值税暂行条例实施细则》第二十四条:条例第十条第(二)项所称非正常损失,是指因管理不善造成被盗、丢失、霉烂变质的损失。

《增值税暂行条例实施细则》第二十六条:一般纳税人兼营免税项目或者非增值税应税劳务而无法划分不得抵扣的进项税额的,按下列公式计算不得抵扣的进项税额:

$$\text{不得抵扣的进项税额} = \text{当月无法划分的全部进项税额} \times \frac{\text{当月免税项目销售额、非增值税应税劳务营业额合计}}{\text{当月全部销售额、营业额合计}}$$

《财政部 国家税务总局关于固定资产进项税额抵扣问题的通知》(财税〔2009〕113号)

《财政部 国家税务总局交通运输业和部分现代服务业营业税改征增值税试点实施办法》(财税〔2013〕37号)

《财政部 国家税务总局关于继续执行供热企业相关税收优惠政策的通知》(财税〔2006〕117号)。

(3) 核查路径

① 核查供热相关合同、协议,审核有无将向非居民供热计入居民供热收入情况,对于通过热力产品经营企业向居民供热的,应审核热力产品经营企业实际从居民取得的采暖费收入占该经营企业采暖费总收入的比例计算是否正确,判断热电联产企业是否存在供暖期人为调节进项税额,对存在人为调节的可以采取按年度清算的办法进行调整。

② 核查"应交税费——应交增值税——进项税额转出"科目和《增值税纳税申报表》(适用一般纳税人)及其附表相关栏次的数据,审核其进项转出是否正确。

2. 外购的未税矿产品未代扣代缴资源税事项

(1) 风险描述

企业收购未税矿产品未代扣代缴资源税。

(2) 政策依据

《资源税暂行条例》及其实施细则

《资源税代扣代缴管理办法》(国税发〔1998〕49号)。

(3) 核查路径

① 查验企业在取得未税矿产品向销售方取得的《资源税管理证明》。

② 审核"原材料""生产成本""制造费用""应交税费—应交资源税"科目,收购未税矿产品是否缴纳了资源税。

3. 销售副产品少计收入事项

(1) 风险描述

很多采矿企业都有伴生矿或伴选矿,如铜冶炼企业,副产品中黄金、白银所占的价值比例较高,销售这些副产品未计收入。

(2) 政策依据

《增值税暂行条例》及其实施细则

《企业所得税法》及其实施条例。

(3) 核查路径

① 审查《中华人民共和国采矿许可证》,了解开采主矿种及共、伴生矿产类别等。

② 审核"其他业务收入"等科目,查验副产品是否确认收入并进行纳税申报。

4. 研发费用扣除不符合规定事项

(1) 风险描述

企业自行研发的费用支出不真实、费用归集不准确、资本化时点划分不合理,不符合加计扣除的条件,造成少申报企业所得税。

(2) 政策依据

《企业所得税法》第三十条:企业的下列支出,可以在计算应纳税所得额时加计扣除:

(一) 开发新技术、新产品、新工艺发生的研究开发费用;

(二) 安置残疾人员及国家鼓励安置的其他就业人员所支付的工资。

《企业所得税法实施条例》第九十五条:企业所得税法第三十条第(一)项所称研究开发费用的加计扣除,是指企业为开发新技术、新产品、新工艺发生的研究开发费用,未形成无形资产计入当期损益的,在按照规定据实扣除的基础上,按照研究开发费用的50%加计扣除;形成无形资产的,按照无形资产成本的150%摊销。

《国家税务总局关于印发〈企业研究开发费用税前扣除管理办法(试行)〉的通知》(国税发〔2008〕116号)

《财政部 国家税务总局关于研究开发费用税前加计扣除有关政策问题的通知》(财税〔2013〕70号)

《国家税务总局关于固定资产加速折旧税收政策有关问题的公告》(国家税务总局公告 2014 年第 64 号)。

(3) 核查路径

① 企业研究开发费列支项目是否符合《国家税务总局关于印发〈企业研究开发费用税前扣除管理办法(试行)〉的通知》(国税发〔2008〕116 号)规定内容,是否按照文件规定上报税务机关备案。

② 核查"研发支出——费用化支出""无形资产""管理费用""生产成本"等会计科目,查看原始凭证。重点关注用于研发的房屋、建筑物等的折旧;研发人员差旅费支出、招待费支出;仪器、设备的折旧费或租赁费是否专门用于研发活动;已按照《关于〈国家税务总局关于固定资产加速折旧税收政策有关问题的公告〉的解读》(总局 2014 年第 64 号公告)对专门用于研发的设备采取加速折旧办法时,是否就已经进行会计处理的折旧、费用等金额进行加计扣除;是否按照税收政策规定时间和内容进行资料的申报。

(四) 产品销售环节税收风险事项

1. 发出商品未按规定确认收入事项

(1) 风险描述:

① 将已实现的收入长期挂往来账,不计提、申报销项税额。

② 账外经营或通过化整为零的销售方式,隐匿应税收入。

③ 采取预收货款销售方式,货物发出后不计收入。

④ 货物已发出,但未开票也未计收入,仍虚挂库存商品。

⑤ 利用现金交易不开发票、不入账、未如实申报销售收入。

(2) 政策依据

《增值税暂行条例实施细则》第三十八条:条例第十九条第一款第(一)项规定的收讫销售款项或者取得索取销售款项凭据的当天,按销售结算方式的不同,具体为:(一)采取直接收款方式销售货物,不论货物是否发出,均为收到销售额或取得索取销售额的凭据,并将提货单交给买方的当天;(二)采取托收承付和委托银行收款方式销售货物,为发出货物并办妥托收手续的当天;(三)采取赊销和分期收款方式销售货物,为按合同约定的收款日期的当天;(四)采取预收货款方式销售货物,为货物发出的当天;(五)委托其他纳税人代销货物,为收到代销单位销售的代销清单的当天;(六)销售应税劳务,为提供劳务同时收讫销售额或取得索取销售额的凭据的当天;(七)纳税人发生本细则第四条第(三)项至第(八)项所列视同销售货物行为,为货物移送的当天。

(3) 核查路径

① 核查"生产成本""预收账款""其他应付款"等科目余额以及其他往来账分析,是否已经申报纳税。查看合同约定的收款日期确定的收入是否申报纳税。

② 核查"原材料""库存商品""主营业务收入"等科目,按照单位能耗法、投入产出法等方法推算产量,分析企业是否进行完整核算,是否按规定进行纳税申报。

③ 通过"库存商品"贷方对应科目分析是否存在以货易货、以货抵债未计收入未申报增值税情况;通过往来账、产品出库记录、货物流等分析是否存在长期挂账不计收入;通过"预收账款""主营业务收入""回扣推销"等费用的实际支付、"主营业务收入"等配比分析是否存在将收取的销售款项,先支付费用(如购货方的回扣、推销奖、营业费用、委托代销商品的手续费等),再将余款入账作收入的情况。

2. 混淆仓储费和运输费,少申报增值税事项

(1) 风险描述

对混合销售业务开具货物运输发票或压低增值税票面销售单价,将差价部分转移到货运发票中,或利用代垫运费挂往来,将部分货款隐藏其中,少计高税率增值税销项税额。

(2) 政策依据

《财政部 国家税务总局关于在全国开展交通运输业和部分现代服务业营业税改征增值税试点税收政策的通知》(财税〔2013〕37 号)。

(3) 核查路径

① 核查"销售费用""其他业务收入"等科目,分析企业是否存在运费偏高或发生仓储费金额异常情况。

② 核查"应交税费——应交增值税——进项税额转出"科目和《增值税纳税申报表》(适用一般纳税人)及其附表相关栏次的数据,分析企业销项税负率,核实是否有人为少缴增值税情况。

3. 未按规定申报缴纳房产税事项

(1) 风险描述

未按规定申报房产税的风险包括:

① 未按会计制度核算计价。

② 未包含地价款、地下建筑物。

③ 无租使用的房产,未按照房产计税原值缴纳房产税。

④ 未将与房屋不可分割的各种附属设备或不单独计算价值的配套设施(如电梯、给排水、采暖、消防、中央空调、电气及智能化楼宇等)并入房屋计税原值。

⑤ 出租使用的房产,未按规定将地下建筑(包括地下人防设施)计入房产原值。

⑥ 固定资产暂估入账未及时调账。

⑦ 房产改造、扩建支出未计入房产原值缴纳房产税。

(2) 政策依据

《国家税务总局关于进一步明确房屋附属设备和配套设施计征房产税有关问题的通知》(国税发〔2005〕173号)第一条:为了维持和增加房屋的使用功能或使房屋满足设计要求,凡以房屋为载体,不可随意移动的附属设备和配套设施,如给排水、采暖、消防、中央空调、电气及智能化楼宇设备等,无论在会计核算中是否单独记账与核算,都应计入房产原值,计征房产税。

《国家税务总局关于进一步明确房屋附属设备和配套设施计征房产税有关问题的通知》(国税发〔2005〕173号)第二条:对于更换房屋附属设备和配套设施的,在将其价值计入房产原值时,可扣减原来相应设备和设施的价值;对附属设备和配套设施中易损坏,需要经常更换的零配件,更新后不再计入房产原值。

《财政部 国家税务总局关于房产税城镇土地使用税有关问题的通知》(财税〔2008〕152号)第一条:对依照房产原值计税的房产,不论是否记载在会计账簿固定资产科目中,均应按照房屋原价计算缴纳房产税。房屋原价应根据国家有关会计制度规定进行核算。对纳税人未按国家会计制度规定核算并记载的,应按规定予以调整或重新评估。

《财政部 国家税务总局关于房产税和车船使用税几个业务问题的解释与规定》(财税〔1987〕地字第003号)第二条:房产原值包括与房屋不可分割的各种附属设备或一般不单独计算价值的配套设施。主要有:暖气、卫生、通风、照明、煤气等设备;各种管线,如蒸气、压缩空气、石油、给水排水等管道及电力、电讯、电缆导线;电梯、升降机、过道、晒台等。属于房屋附属设备的水管、下水道、暖气管、煤气管等应从最近的近视井或三通管算起;电灯网、照明线从进线盒联结管算起。

(3) 核查路径

审核"固定资产"科目明细账,核实在房产改造、扩建等更新改造过程中,房产价值是否发生变化,企业是否按照增加的房产原值计算缴纳房产税。

4. 未按规定缴纳城镇土地使用税事项

(1) 风险描述

① 未按征税范围进行纳税申报。

② 未按实际占用的土地面积进行纳税申报。

③ 地下建筑物未按地下建筑垂直投影面积计算占用土地面积。

④ 计算缴纳城镇土地使用税混淆单位税额适用标准,从低或从高使用非标准单位税额。

⑤ 对矿山的采矿场、排土场、尾矿库、炸药库的安全区、采区运矿及运岩公路、尾矿输送管道及回水系统用地等免税范围和征税范围未分开核算,扩大减免税范围。

⑥ 未按规定程序办理减免税审批、备案手续。

⑦ 无偿使用免税单位的土地,未缴纳城镇土地使用税。

(2) 政策依据

《国家税务局关于对矿山企业征免土地使用税问题的通知》(国税地字〔1989〕122 号)一、对矿山的采矿场、排土场、尾矿库、炸药库的安全区、采区运矿及运岩公路、尾矿输送管道及回水系统用地,免征土地使用税。二、对矿山企业采掘地下矿造成的塌陷地以及荒山占地,在未利用之前,暂免征收土地使用税。三、除上述规定外,对矿山企业的其他生产用地及办公、生活区用地,应照章征收土地使用税。

(3) 核查路径

① 核查企业取得土地使用权的合同、协议、土地使用权证等资料或实地查验企业占用土地的面积及实际用途。

② 按照占用土地的类别及面积,审核土地使用税实际应纳税额,核查"应交税费——土地使用税"申报纳税是否正确。

5. 利息、股息、租金、特许权使用费等税收风险事项

(1) 风险描述

《企业所得税法》对利息、租金、特许权使用费收入根据企业合同或协议约定的日期来确认,与会计确认原则存在差异。

(2) 政策依据

《企业所得税实施条例》第二十条:企业所得税法第六条第(七)项所称特许权使用费收入,是指企业提供专利权、非专利技术、商标权、著作权以及其他特许权的使用权取得的收入。特许权使用费收入,按照合同约定的特许权使用人应付特许权使用费的日期确认收入的实现。

《企业会计准则第 14 号—收入》。

(3) 核查路径:

① 核查"其他业务收入""应计利息"等科目,结合《企业所得税纳税调整项目表》对照核实是否按税法规定进行纳税调整。企业年度投资收益是否全部记录,投资收益是否在正确的纳税期间进行申报,存在税会差异是否进行纳税调整。

② 审核"可供出售金融资产""持有至到期投资""长期股权投资"等科目,核查纳税人对外投资的方式和金额,是否存在应按"权益法"而按"成本法"核算的情况。对照企业所得税纳税调整项目表核实是否对税会差异进行调整。

四、案例分析

(一) 企业基本情况

1. 企业情况概述

某冶炼集团股份有限公司主要经营冶炼、销售有色金属产品、矿产品及其副产品;生产、销售工业硫酸、二氧化硫烟气;研究、开发、生产、销售政策允许的金属新材料;设计、生产、销售工艺美术品等。

2. 享受税收优惠情况

(1) 该公司取得《高新技术企业证书》,根据《企业所得税法》,执行 15% 的所得税税率。

(2) 该公司综合利用冶炼烟气回收硫酸,取得了《资源综合利用认定证书》,根据《企业所得税法》,该公司生产的硫酸减按硫酸收入的 90% 作为计税收入。

(3) 根据《财政部 国家税务总局关于资源综合利用及其他产品增值税政策的通知》(财税〔2008〕156 号)第四条规定:企业销售硫酸(其浓度不低于 15%)、硫酸铵(其总氮含量不低于 18%)和硫磺自产货物实现的增值税即征即退 50% 的政策,从 2008 年 7 月 1 日起执行。《财政部 国家税务总局关于印发〈资源综合利用产品和劳务增值税优惠目录〉的通知》(财税〔2015〕78 号)2015 年 7 月 1 日起替代该文件。

(4) 根据《财政部 国家税务总局关于调整完善资源综合利用产品及劳务增值税政策的通知》(财税〔2011〕115 号),利用烟尘灰、湿法泥、熔炼渣生产的铋、银、铟、铜产品,属于该文件目录中的列举范围,享受资源综合利用产品享受增值税即征即退 50% 的税收优惠政策,从 2011 年 8 月 1 日起执行。《财政部 国家税务总局关于印发〈资源综合利用产品和劳务增值税优惠目录〉的通知》(财税〔2015〕78 号)2015 年 7 月 1 日起替代该文件。

(5) 根据《财政部 国家税务总局关于黄金税收政策问题的通知》(财税〔2002〕142 号),该公司生产销售

黄金矿砂(含伴生金),免征增值税。

(二)风险分析情况

经税务机关抽取该公司2009—2013年的财务数据和相关税收数据进行风险分析,共发现31个涉税事项疑点,其中:增值税风险点9个;营业税风险点1个;企业所得税风险点20个;个人所得税风险点1个。

(三)风险应对情况

税务机关深入企业开展实地核查,对专项工作前期各阶段发现的风险点进行实质性测试验证,以风险分析阶段所发现的涉税风险点为依据,逐一验证,具体应对情况如下。

1. 增值税

经现场核实,确认风险点8个,新增风险点1个,具体如下。

(1)处置使用过的固定资产未缴纳增值税

该公司销售自己使用过的2008年12月31日以前购进或者自制的固定资产,未按照4%征收率减半计算增值税。

经现场核实,风险分析阶段涉及固定资产清理未开具发票金额合计为7 578 308.42元,现场核查中新发现未开具发票金额230 380.00元。该公司对处置的固定资产有一部分已经开具增值税专用发票,其金额合计为3 316 976.97元。另未开具增值税发票金额为4 261 331.45元。按照《国家税务总局关于增值税简易征收政策有关管理问题的通知》(国税函〔2009〕90号)规定,按照4%减半征收,应补缴增值税税额81 948.68元。

政策依据:《财政部 国家税务总局关于部分货物适用增值税低税率和简易办法征收增值税政策的通知》(财税〔2009〕9号)规定:企业销售旧货应当按照4%税率减半征收增值税。2014年7月1日起执行《财政部 国家税务总局关于简并增值税征收率政策的通知》(财税〔2014〕57号)依照3%征收率减按2%征收增值税。

(2)存货盘亏未做进项税额转出

风险分析阶段认为该公司存货盘亏,可能因保管不善原因造成,但未作进项税额转出,应补缴税款171 533.40元。

经现场核实凭证资料,发现风险疑点共7条,其中6条疑点已作进项税额转出,排除疑点,确认1条疑点应转出进项税额8 267.56元。

政策依据:《增值税暂行条例》第十条第(三)款规定,非正常损失的在产品、产成品所耗用的购进货物或者应税劳务,不得从销项税额中抵扣。

(3)购某物业管理公司雪糕抵扣了进项税额

风险分析阶段认为该公司抵扣购进某物业管理公司雪糕进项税额,未作进项税额转出,应补缴税款199 441.7元。

经现场核实疑点准确,同时检查发现同类风险6条,涉及税款208 069.54元,共确认此类疑点应转出进项税额407 511.24元。同时经现场核实,发现购进某物业管理公司绿豆、白糖未转出进项税,应转出进项税额83 679.24元。

政策依据:根据《中华人民共和国增值税暂行条例》第十条第(一)款规定用于非增值税应税项目、免征增值税项目、集体福利或者个人消费的购进货物或者应税劳务的进项税额,不得从销项税额中抵扣。

(4)库存商品丢失被盗未作进项税额转出

风险分析阶段认为该公司库存商品因管理不善造成丢失被盗未作进项税额转出,涉及增值税税额42 246.84元。

经现场核实,该公司库存商品丢失被盗未作进项税额转出,应补缴增值税税额42 246.84元。

政策依据:根据《增值税暂行条例》第十条第(三)款规定,非正常损失的在产品、产成品所耗用的购进货物或者应税劳务,不得从销项税额中抵扣。

(5)免税货物少转出进项税额

风险分析阶段认为该公司生产销售黄金矿砂(含伴生金),免征增值税,通过进项税额转出占免税销售额比例与进项税额与应税货物销售额占比分析发现前者占比远低于后者,公司可能存在进项税额转出计算不准确的风险,涉及增值税税额 2 192 169.04 元。

经现场核实,该公司免税货物的工艺流程:粗铅冶炼(氧化、还原—电解(电解、精炼)—分化回收)等环节;该公司应对 2009—2013 年涉及免税收入的以上各环节的进项税额进行分摊转出,而该公司只就分化回收环节进行了进项税额的分摊转出;经核实,该公司 2009—2013 年涉及免税收入的各环节的进项税额应分摊转出的进项税额为 22 439 270.44 元,该公司已转出进项税额 2 633 681.07 元,应补缴"转出进项税额" 19 805 589.37 元。

政策依据:《增值税暂行条例》第十条下列项目的进项税额不得从销项税额中抵扣:一、用于非增值税应税项目、免征增值税项目、集体福利或者个人消费的购进货物或者应税劳务;

《增值税暂行条例实施细则》第二十六条一般纳税人兼营免税项目或者非增值税应税劳务而无法划分不得抵扣的进项税额的,按下列公式计算不得抵扣的进项税额:

$$\text{不得抵扣的进项税额} = \text{当月无法划分的全部进项税额} \times \frac{\text{当月免税项目销售额、非增值税应税劳务营业额合计}}{\text{当月全部销售额、营业额合计}}$$

(6) 即征即退项目可能多退税款

风险分析阶段认为,该公司虽然在"应交税费"科目下设置了"即征即退"子目,但从账务上看,"即征即退"核算的进项都是从进项税额转入到该科目的;而且该公司"即征即退"项目税负达 8%~10%,应税项目税负只有 1%左右,公司可能存在"即征即退"项目计算进项税额不准确,应补缴税款 156 429 313.62 元。

经现场核实,2009—2013 年期间,该公司"即征即退货物(银、铜、铟、铋、硫酸)"账务处理中对该部分货物的进货成本进行合理分摊;2012 年 8 月—2013 年 12 月,扩大"即征即退"项目(企业将"阳极泥"包含在享受资源综合利用产品的范围内)抵扣范围多退税款。依据《财政部 国家税务总局关于调整完善资源综合利用产品及劳务增值税政策的通知》(财税〔2011〕115 号)第八条规定,以上两项合计应补缴多退税款 9 909 997.62 元。

政策依据:《增值税暂行条例》第十六条纳税人兼营免税、减税项目的,应当分别核算免税、减税项目的销售额;未分别核算销售额的,不得免税、减税。

《增值税暂行条例实施细则》第二十六条一般纳税人兼营免税项目或者非增值税应税劳务而无法划分不得抵扣的进项税额的,按下列公式计算不得抵扣的进项税额:

$$\text{不得抵扣的进项税额} = \text{当月无法划分的全部进项税额} \times \frac{\text{当月免税项目销售额、非增值税应税劳务营业额合计}}{\text{当月全部销售额、营业额合计}}$$

《财政部 国家税务总局关于调整完善资源综合利用产品及劳务增值税政策的通知》财税(2011)115 号第八条增值税一般纳税人应单独核算综合利用产品的销售额。一般纳税人同时生产增值税应税产品和享受增值税即征即退产品而存在无法划分的进项税额时,按下列公式对无法划分的进项税额进行划分:

$$\text{享受增值税即征即退产品应分摊的进项税额} = \text{当月无法划分的全部进项税额} \times \frac{\text{当月享受增值税即征即退产品的销售额合计}}{\text{当月无法划分进项税额产品的销售额合计}}$$

增值税小规模纳税人应单独核算综合利用产品的销售额和应纳税额。

凡未单独核算资源综合利用产品的销售额和应纳税额的,不得享受本通知规定的退(免)税政策。

(7) 在建工程非应税项目未作进项转出

风险分析阶段认为该公司在建工程项目直接领用原材料、工程物资用于增值税非应税项目未作进项转出,涉及增值税税额 12 830 057.76 元。

经现场核实,调取相关凭证,该公司在建工程项目直接领用原材料、工程物资用于增值税非应税项目未作进项转出,应补缴税款 2 465 536.39 元。

(8) 洗浴中心、餐饮中心耗用电、气未作进项转出

风险分析阶段认为该公司洗浴中心、餐饮中心耗用电、气未作进项转出,应补缴税款 3 007 091.54 元。

经现场核实,餐饮中心耗用水电气确未进行进项税额转出,同时检查发现生活区、物业耗用水电气也存在未转出进项税额的问题,以上两项合计应补缴税款 3 487 639.54 元。

政策依据:根据《增值税暂行条例》第十条第三款规定用于非增值税应税项目、免征增值税项目、集体福利或者个人消费的购进货物或者应税劳务的进项税额,不得从销项税额中抵扣。

(9)出售某气体有限公司水电气价格明显偏低

经现场调查核实企业水电气分摊表过程中发现,出售给某气体有限公司价格明显偏低,企业提供一份双方的合同显示某冶炼公司和某气体公司 2 个企业 2007 年签订,签订期限为 15 年,某冶炼公司出售水电气给某气体公司,某气体公司出售氧气、氮气等气体给某冶炼公司,双方出售价格均为固定价格,并且经出售水电气价格已经低于其购进成本价格,价格明显偏低。按照企业最近时期同类货物的平均销售价格确定,应补缴税款 10 283 993.33 元。

政策依据:根据《增值税暂行条例》第七条规定,企业销售货物或者应税劳务的价格明显偏低并无正当理由的,由主管税务机关核定其销售额。《增值税暂行条例实施细则》规定"纳税人有条例第七条所称价格明显偏低并无正当理由或者有本细则第四条所列视同销售货物行为而无销售额者,按本细则第十六条规定的顺序确定销售额:①按纳税人最近时期同类货物的平均销售价格确定;②按其他纳税人最近时期同类货物的平均销售价格确定;③按组成计税价格确定。"

2. 营业税

风险分析阶段认为该公司清理某房屋,成交价格为 841 844 元,房屋已转让,未办理过户手续,未见营业税及相关附加完税证明,应补缴营业税额 47 143.26 元。

经现场核实抽查相关凭证,企业已缴纳相关税款,风险排除。

政策依据:《营业税暂行条例》第一条在中华人民共和国境内提供本条例规定的劳务(以下简称应税劳务)、转让无形资产或者销售不动产的单位和个人,为营业税的纳税义务人(以下简称纳税人),应当依照本条例缴纳营业税。

《营业税暂行条例实施细则》第四条条例第一条所称在中华人民共和国境内(以下简称境内)提供条例规定的劳务、转让无形资产或者销售不动产,是指:一、提供或者接受条例规定劳务的单位或者个人在境内;二、所转让的无形资产(不含土地使用权)的接受单位或者个人在境内;三、所转让或者出租土地使用权的土地在境内;四、所销售或者出租的不动产在境内。

3. 企业所得税

案头审计共发现风险点 20 个,经现场核实共确认风险点 3 个,具体如下。

(1)未按税法规定准确归集职工福利费列支内容的,应调增应纳税所得额

案头分析阶段认为该公司"管理费用——丧葬补助费"中列支的 1 539 876 元,未按税法规定归集申报福利费,应调增应纳税所得额。

经现场核实,2009—2013 年公司在"管理费用——丧葬补助费"中列支 1 539 876 元,应调整归集至"管理费用——福利费"中。

政策依据:《企业所得税法实施条例》第四十条企业发生的职工福利费支出,不超过工资薪金总额 14% 的部分,准予扣除。

(2)未按税法规定归集业务招待费,应调增应纳税所得额

案头审计认为该公司在"管理费用——研发费""管理费用——其他""管理费用——贯标费""在建工程"等科目列支招待费,未按税法规定归集申报业务招待费,应调增应纳税所得额,涉及企业所得税税额 297 263.68 元。

经现场核实,该公司在"管理费用——聘请中介机构费——审计费"中列支招待费 197 677.20 元、在"管理费用——董事会费"中列支招待费 2 616 135.03 元、在"管理费用——贯标费"中列支招待费 399 212.68 元、"在建工程"中列支招待费 1 179 562.5 元、2009 年"研发费"实际列支的招待费 82 338 元,应调整归集至"管理费用——招待费"中。

政策依据:《企业所得税法实施条例》第四十三条企业发生的与生产经营活动有关的业务招待费支出,按

照发生额的60%扣除,但最高不得超过当年销售(营业)收入的5‰。

(3) 列支离退休统筹外费用,应调增应纳税所得额

经分析企业电子数据,该公司支付离退休人员费用,属于与生产经营无关的费用,不得在税前扣除,涉及企业所得税税额2 687 197.29元。

经现场核实,该公司离退休干部统筹外费用不能列支,应调增应纳税所得额。2009—2013年应纳税所得额调增分别为1 889 232.12元、5 066 139.15元、6 005 660.35元、2 120 854.74元、2 832 762.22元。

政策依据:《企业所得税法》第十条在计算应纳税所得额时,与取得收入无关的其他支出不得扣除。

《企业所得税法实施条例》第二十七条企业所得税法第八条所称有关的支出,是指与取得收入直接相关的支出。

《国家税务总局办公厅关于强化部分总局定点联系企业共性税收风险问题整改工作的通知》(税总办函〔2014〕652号)

4. 个人所得税

风险分析阶段发现个人所得税风险点1个,经现场核实该公司工资表中存在现金发放交通补助现象,职工每人每月200元。其中每人每月160元未计入"工资薪金"总额计征个人所得税。

政策依据:《个人所得税法》第二条下列各项个人所得,应纳个人所得税:一、工资、薪金所得。

《个人所得税法实施条例》第八条税法第二条所说的各项个人所得的范围:一、工资、薪金所得,是指个人因任职或者受雇而取得的工资、薪金、奖金、年终加薪、劳动分红、津贴、补贴以及与任职或者受雇有关的其他所得。

《国家税务总局关于个人所得税有关政策问题的通知》(国税发〔1999〕58号)个人因公务用车和通讯制度改革而取得的公务用车、通讯补贴收入,扣除一定标准的公务费用后,按照"工资、薪金"所得项目计征个人所得税。按月发放的,并入当月"工资、薪金"所得计征个人所得税;不按月发放的,分解到所属月份并与该月份"工资、薪金"所得合并计征个人所得税。

(四) 税收风险管理建议

1. 完善企业内部组织架构管理,理顺内部信息交流共享机制。一是指导下属重点企业分别建立自己的税务管理部门或独立的税务管理岗位;二是构建科学有效的职责分工和制衡机制,明确税务管理部门和涉税工作人员的工作职责和权限,实现涉税岗位的相互分离、制约和监督;三是下属企业税务管理部门在接受本企业领导的同时,应按照集团总部税务部门的要求统一开展涉税事项处理,增强集团对下属企业的掌控力。

2. 强化税务环节内控制度,加强税务风险监督力度。集团总部应加强对整个集团税务风险管理的全面了解和评价,将企业税务风险监督工作常态化;通过内部审计定期评价税务风险内控体系,将税务风险内控工作成效作为相关人员的业绩考评指标;定期检查和总结现有制度措施的有效性、必要性和充分性,不断改进和优化税务风险内控制度。

3. 细化业务流程涉税控制,实现风险管理环节前移。应按照应税事务评估—财务部门审核—风险管理复核—管理层审议的流程,建立重大事项涉税风险管理报告制度,将税务风险控制延伸到具体的业务流程;从细化涉税信息数据的分类和归集方面入手,强化业务流程的税务管控措施,前移管理环节,在合同控制、采购和付款、存货管理、销售和收款、在建工程、固定资产管理、无形资产管理、成本费用、工资薪酬和个人所得、关联交易等方面增加税务风险控制点,加强日常监控。

4. 统一财务核算软件,规范企业内部的会计核算。一是要尽快在集团内部完成SAP财务核算软件的升级转换,实现财务核算软件使用的统一性,积极开发税务监管的功能,实现现代化、信息化的监管;二是要坚决执行《企业会计准则》和会计制度,不断规范财务核算的流程,准确把握税收政策,规范企业会计凭证装订标准。

5. 加强外部沟通,完善税收政策收集研究机制。一是要与主管税务机关保持良好沟通。在税务管理架构建立、税务风险控制制度、重大事项税务规划和管控、内部交易等方面积极取得主管税务机关的业务支持和政策指导,税企双方就政策理解等税企有争议的问题进行及时、充分的沟通,减少因政策理解偏差产生的税务风险。二是要建立和完善税收法律法规的收集和研究机制。指定专门人员负责收集适用于本企业的税务法

律、法规(包括新发布、更新以及补充解释等情况),定期将重要内容汇总并在集团内部发布。

6. 强化风险意识,加强海外资产的监管。海外的投资和经营受当地法律、政治等因素的影响,税务风险较大,应建立重大事项涉税风险管理报告制度,进一步完善境外交易税收风险内控机制,将境外税收风险管理机制与整体业务环节有机结合,形成全面有效的内部风险管理体系。根据境外并购信息,包括目标企业的既往涉税风险、事项及所在国并购税收法律制度等,通过风险识别、分析、评价等步骤,查找并购活动中的税务风险,分析和描述风险发生的可能性和条件,评价风险对实现并购战略目标和双方并购利益的影响程度。

7. 提升税务管理层级,强化税务管理人力资源配置。一是要强化税务管理的独立性、前置性和专业性。建议考虑在集团各业务、风险管理部门设立税务岗位,加强制度、业务、风险管理、合规控制等部门与税务管理部门在涉税风险防控机制上的联动协作。二是要强化税务管理人力资源配置。增强税务人员力量及税务专业人才配置,利用多种渠道,加强税收法律、法规、各项税收业务政策的学习、了解、更新,掌握税收新知识,提高规避税务风险的能力,为降低和防范企业税务风险奠定良好基础。

附 法规索引

(一)增值税类

1.《财政部 国家税务总局对〈关于黄金生产环节免征增值税问题的通知〉的补充规定》(财税字〔1994〕第46号)
2.《国家税务总局关于印发〈黄金交易增值税征收管理办法〉的通知》(国税发明电〔2002〕47号)
3.《财政部 国家税务总局关于取消电解铝、铁合金等商品出口退税的通知》(财税〔2004〕214号)
4.《国家税务总局关于出口铝矾土有关税收问题的批复》(国税函〔2004〕1202号)
5.《国家税务总局关于金融机构开展个人实物黄金交易业务增值税有关问题的通知》(国税发〔2005〕178号)
6.《国家税务总局关于印发〈上海期货交易所黄金期货交易增值税征收管理办法〉的通知》(国税发〔2008〕46号)
7.《财政部 国家税务总局关于金属矿、非金属矿采选产品增值税税率的通知》(财税〔2008〕171号)
8.《财政部 国家税务总局关于免征进口粗铜含金部分进口环节增值税的通知》(财关税〔2009〕60号)
9.《财政部 国家税务总局关于调整完善资源综合利用产品及劳务增值税政策的通知》(财税〔2011〕115号)
10.《财政部 国家税务总局关于以贵金属和宝石为主要原材料的货物出口退税政策的通知》(财税〔2014〕98号)
11.《财政部 国家税务总局关于印发〈资源综合利用产品和劳务增值税优惠目录〉的通知》(财税〔2015〕78号)

(二)矿产资源及资源税类

1.《中华人民共和国矿产资源法》
2.《中华人民共和国矿产资源法实施细则》
3.《矿产资源开采登记管理办法》
4.《中华人民共和国资源税暂行条例》
5.《中华人民共和国资源税暂行条例实施细则》
6.《国家税务总局关于印发〈中华人民共和国资源税代扣代缴管理办法〉的通知》(国税发〔1998〕49号)
7.《国家税务总局关于认定收购未税矿产品的个体户为资源税扣缴义务人的批复》(国税函〔2000〕733号)
8.《财政部 国家税务总局关于钒矿石资源税有关政策的通知》(财税〔2006〕120号)
9.《国家税务总局关于发布修订后的〈资源税若干问题的规定〉的公告》(国家税务总局2011年第63号)
10.《财政部 国家税务总局关于调整岩金矿石等品目资源税税额标准的通知》(财税〔2013〕109号)
11.《国家税务总局关于修订〈资源税纳税申报表〉的公告》(国家税务总局公告2014年第62号)

12.《财政部 国家税务总局关于实施稀土、钨、钼资源税从价计征改革的通知》(财税〔2015〕52号)

(三)所得税类

1.《财政部 国家税务总局关于执行资源综合利用企业所得税优惠目录有关问题的通知》(财税〔2008〕47号)

2.《财政部 国家税务总局关于执行环境保护专用设备企业所得税优惠目录、节能节水专用设备企业所得税优惠目录和安全生产专用设备企业所得税优惠目录有关问题的通知》(财税〔2008〕48号)

3.《财政部 国家税务总局国家发展改革委关于公布节能节水专用设备企业所得税优惠目录(2008年版)和环境保护专用设备企业所得税优惠目录(2008年版)的通知》(财税〔2008〕115号)

4.《财政部 国家税务总局 国家发展改革委关于公布资源综合利用企业所得税优惠目录(2008年版)的通知》(财税〔2008〕117号)

5.《财政部 国家税务总局 安全监管总局关于公布〈安全生产专用设备企业所得税优惠目录(2008年版)〉的通知》(财税〔2008〕118号)

6.《国家税务总局关于煤矿企业维简费和高危行业企业安全生产费用企业所得税税前扣除问题的公告》(国家税务总局公告2011年第26号)

(四)关税类

1.《关于进口铅矿砂及其精矿享受黄金伴生矿税收优惠政策事宜》(海关总署公告2007年第14号)

2.《海关总署关于进口镍矿砂、钴矿砂、锑矿砂及它们的精矿享受黄金伴生矿税收优惠政策的公告》(海关总署公告2007年第60号)

3.《国务院关税税则委员会关于调整部分产品出口关税的通知》(税委会〔2015〕3号)

(五)其他税费类

1.《国家税务局关于对矿山企业征免土地使用税问题的通知》(国税地字〔1989〕第122号)

2.《财政部 国土资源部关于印发〈危机矿山接替资源找矿专项资金管理暂行办法〉的通知》(财建〔2006〕367号)

附件2 计算机通信和其他电子设备制造业税收风险分析应对工作指引

一、行业基本情况

(一)计算机、通信和其他电子设备制造行业概述

1. 行业定义

计算机、通信和其他电子设备制造业主要是指从事电子计算机、通信设备、广播电视设备、雷达及配套设备、视听设备、电子元器件和其他电子设备的生产制造活动。

目前国内该行业产量和规模比重较大的是计算机整机制造、通信终端设备制造、印刷电路板制作。

计算机整机制造(行业编号:C3911):根据国家标准GB/T 4754—2011,指将可进行算术或逻辑运算的中央处理器和外围设备集成计算整机的制造,也包括硬件与软件集成计算机系统的制造,还包括来件组装计算机的加工。具体包括大中小型数字式、模拟式或混合式电子计算机、台式微型计算机、便携式计算机、学习机、手持式信息终端机、个人数字助理机、电子快译通、电子记事本、电子词典等。

通信终端设备制造(行业编号:C3922):根据国家标准GB/T 4754—2011,指固定或移动通信终端设备的制造,主要是开发、生产、销售通信电子产品及配套产品和卫星电视接收天线、高频头、数字卫星电视接收机,并提供技术咨询和售后服务,固定通信终端设备包括信号基站、终端服务器、固定电话等,移动通信终端设备包括手机、平板、POS机等。

印刷电路板制作(行业编号:C3972):根据国家标准GB/T 4754—2011,指在绝缘板上通过常规或非常规的印刷工艺,使导电元件、触点或电感器件、电阻器和电容器等其他印刷元件组成的电路及专用元件的制造。印刷电路板简称PCB,具体包括单层板PCB、双面板PCB、多层板PCB、柔性板PCB等。

2. 行业发展情况

计算机整机制造业自20世纪50年代初步形成以来,一直保持高速发展。2014年,我国计算机整机制造业中高技术产业企业达167家,年利税额达590多亿元。该行业企业大致可划分为核心技术企业、自有品牌生产企业、代工企业3类。

核心技术企业主要从事核心硬件(如CPU)及软件(如操作系统)的研发和升级。该类企业拥有高科技产业中至关重要的核心技术,有足够的资本将市场压力转嫁到下游的自有品牌生产企业,典型代表企业包括微软、英特尔和超微半导体公司(AMD)等;自有品牌生产企业在核心技术企业的技术平台上,结合自身所掌握的技术、产品风格和市场信息,生产制造可供市场终端用户使用的硬件产品。该类企业处于产业链的中游,典型代表企业包括戴尔、惠普、东芝和联想等;代工企业主要向需求方提供生产制造服务,其产品最终将冠以发包方的品牌进行销售。该类企业通常缺乏自主研发能力,但生产规模较大。典型代表企业包括广达(Quanta)、仁宝(Compal)、纬创(Wistron)和英业达(Inventec)等。

通信终端设备制造业自20世纪80年代手机代工制造业在东南沿海 带兴起,凭借区位和人力成本优势迅速发展。2014年,我国通信终端设备制造业中高技术产业企业达1449家,年利税额达1700多亿元。手机行业升级换代迅速,目前,整个手机制造行业正在由3G向4G迁移过程中。

该行业逐步进入成熟期,产量规模仍将保持一定幅度增长,但受国内市场需求趋于饱和及行业竞争不断加剧等不利因素影响,产量增速将略有放缓。目前,拥有核心技术的龙头企业运用其成本优势,结合国家外贸政策走出国门,占领国际市场,典型代表企业包括华为、联想、中兴等。

印刷电路板制造业自20世纪70年代在东南沿海一带兴起,通过逐步引进国外先进技术和设备,凭借下游产业的集中及劳动力土地成本相对较低的优势,产品范围迅速扩大,行业获得快速发展。2006年中国取代日本,成为全球产值最大的PCB生产基地。2014年,我国印刷电路板制作业中高技术产业企业达458家,年利税额达1 000多亿元。

目前,我国PCB产业总体的技术水平落后于世界先进水平。在产品结构上,多层板行业产值较大,但主要集中在8层以下的中低端产品。技术含量较高的HDI、柔性板等产品,生产有一定规模,但在技术含量上与国外先进产品存在差距,技术含量最高的IC载板在国内少有企业能够生产。

3. 行业特点

(1) 劳动密集为主,缺乏核心技术。行业产量连续多年位居世界前列,但代工企业在行业中比重较大,对技术和设备的依赖程度较低,所需劳动力较多,主要生产产品处于中低端水平,整体利润空间较小。缺乏关键的核心技术,自有品牌市场竞争力普遍偏弱,高端电子产品核心部件仍需大量进口。

(2) 行业竞争激烈,产品更新速度快。2014年,国内该行业规模以上企业达1.87万家,行业竞争异常激烈,受劳动力成本提高、缺乏新技术、下游行业商品供大于求等因素的影响,大量企业在行业洗牌中被淘汰。随着设备功能的不断提升、品种的不断丰富,生产企业不断推出适应市场需求的新产品,产品更新周期进一步缩短。产品的形式也日趋多样化,技术创新的空间大大扩展。

(3) 资金密集,研发投入大。具有自主知识产权的产品在研制开发阶段投入大,各业务环节需要大量资金支持运行。随着国家产业结构转型升级政策的落实,激烈的竞争环境也促使企业投入资金,研发新技术。国内行业龙头企业凭借资金优势,加大研发投入,核心竞争力不断提升。目前在技术方面拥有核心竞争力且在国际上占领先地位的只有华为和中兴等少数企业。

4. 全国重点区域的情况

根据区域市场份额、行业在当地的经济地位、区域行业经营能力3个指标,对截至2015年1季度计算机、通信和其他电子设备制造业的区域竞争力进行分析,全国来看,区域竞争力较强的是广东省、江苏省、重庆市、上海市、山东省。相关省份的具体数据如下:

(1) 从累计产量看,广东省计算机、通信和其他电子设备制造业排名前3位的分别是:移动通信手持机(手机)、移动通信基站设备、半导体存储盘。截至2015年1季度末,广东省计算机、通信和其他电子设备制造业规模以上企业数量达到4 569家。该行业资产总计19 833.32亿元,同比增长13.68%;负债合计12 270.74亿元,同比增长12.16%(见表4-2)。

表 4-2　2012 年 4 季度—2015 年 1 季度规模数据

单位：家,亿元,%

期间	企业数量	资产总计		负债合计	
		资产总计	同比	负债合计	同比
2012 年 01—12 月	3 905	14 969.16	3.94	9 355.16	3.41
2013 年 01—03 月	4 019	15 508.74	6.46	9 650.79	3.17
2013 年 01—06 月	4 036	15 810.30	6.90	9 730.86	4.09
2013 年 01—09 月	4 061	16 348.86	5.98	10 049.19	2.07
2013 年 01—12 月	4 101	16 798.02	9.16	10 256.32	6.18
2014 年 01—03 月	4 581	17 369.30	10.95	10 867.87	10.94
2014 年 01—06 月	4 416	18 029.25	13.21	11 258.32	14.04
2014 年 01—09 月	4 467	19 201.02	15.88	11 996.77	16.86
2014 年 01—12 月	4 477	19 900.85	16.73	12 437.18	18.28
2015 年 01—03 月	4 569	19 833.32	13.68	12 270.74	12.16

数据来源：银联信

截至 2015 年 1 季度，广东省计算机、通信和其他电子设备制造业行业完成销售收入 6072.82 亿元，同比增长 10.96%（见表 4-3）。

表 4-3　2012 年 4 季度—2015 年 1 季度销售收入数据

单位：亿元,%

期间	当期	同比增长	累计	同比增长
2012 年 01—12 月	6 282.95	—	21 414.05	3.70
2013 年 01—03 月	5 064.14	7.90	5 064.14	7.90
2013 年 01—06 月	5 913.40	13.48	10 977.54	8.97
2013 年 01—09 月	7 030.57	31.84	16 829.17	6.90
2013 年 01—12 月	8 789.39	39.89	23 920.49	7.35
2014 年 01—03 月	5 492.14	6.00	5 492.14	6.00
2014 年 01—06 月	6 522.75	10.30	12 014.89	7.18
2014 年 01—09 月	6 598.22	-6.15	18 613.11	7.88
2014 年 01—12 月	7 688.14	-12.53	26 301.25	7.27
2015 年 01—03 月	6 072.82	10.96	6 072.82	10.96

数据来源：银联信

截至 2015 年 1 季度，广东省计算机、通信和其他电子设备制造业行业实现利润总额 200.87 亿元，同比增加 3.39%（见表 4-4）。

四、风险管理

表 4-4　2012 年 4 季度—2015 年 1 季度利润总额数据

单位：亿元，%

期间	当期	同比增长	累计	同比增长
2012 年 01—12 月	369.91	—	777.18	8.88
2013 年 01—03 月	116.15	5.59	116.15	108.89
2013 年 01—06 月	285.88	32.97	402.03	47.41
2013 年 01—09 月	300.42	115.44	568.24	35.67
2013 年 01—12 月	627.71	69.69	1 034.98	28.49
2014 年 01—03 月	189.06	240.02	189.06	60.06
2014 年 01—06 月	385.59	34.88	574.64	41.30
2014 年 01—09 月	260.19	13.39	834.83	46.34
2014 年 01—12 月	407.98	35.00	1 242.81	18.79
2015 年 01—03 月	200.87	70.06	200.87	3.39

数据来源：银联信

(2) 从累计产量看，江苏省计算机、通信和其他电子设备制造业排名前 3 位的分别是：电子元件、微型计算机设备、笔记本计算机。截至 2015 年 1 季度末，江苏省计算机、通信和其他电子设备制造业规模以上企业数量达到 2 617 家。该行业资产总计 10 148.58 亿元，同比增长 10.88%；负债合计 5 064.36 亿元，同比增长 7.33%（见表 4-5）。

表 4-5　2012 年 4 季度—2015 年 1 季度规模数据

单位：家，亿元，%

期间	企业数量	资产总计		负债合计	
		资产总计	同比	负债合计	同比
2012 年 01—12 月	2 420	8 765.42	2.20	4 702.50	−1.31
2013 年 01—03 月	2 589	8 741.60	3.08	4 604.83	−1.36
2013 年 01—06 月	2 598	8 933.17	2.63	4 699.97	−3.24
2013 年 01—09 月	2 603	9 191.64	3.46	4 883.45	−1.15
2013 年 01—12 月	2 622	9 479.89	5.59	4 988.23	3.17
2014 年 01—03 月	2 703	9 364.53	6.99	4 866.92	6.01
2014 年 01—06 月	2 598	9 570.12	7.49	4 973.19	6.37
2014 年 01—09 月	2 602	9 941.43	7.25	5 205.65	6.74
2014 年 01—12 月	2 604	10 250.79	7.07	5 244.75	4.85
2015 年 01—03 月	2 617	10 148.58	10.88	5 064.36	7.33

数据来源：银联信

截至 2015 年 1 季度，江苏省计算机、通信和其他电子设备制造业行业完成销售收入 4 191.92 亿元，同比增长 7.87%（见表 4-6）。

表 4-6　2012 年 4 季度—2015 年 1 季度销售收入数据

单位：亿元，%

期间	当期	同比增长	累计	同比增长
2012 年 01—12 月	4 369.89	—	16 020.48	10.08
2013 年 01—03 月	3 822.37	6.83	3 822.37	6.83
2013 年 01—06 月	4 271.79	6.62	8 094.15	6.08
2013 年 01—09 月	4 876.46	19.69	12 452.95	5.96
2013 年 01—12 月	5 306.24	21.43	16 956.83	4.79
2014 年 01—03 月	3 990.37	4.34	3 990.37	4.34
2014 年 01—06 月	4 527.18	5.98	8 517.55	5.68
2014 年 01—09 月	4 440.75	−8.93	12 958.30	4.38
2014 年 01—12 月	4 760.50	−10.28	17 718.80	4.32
2015 年 01—03 月	4 191.92	7.87	4 191.92	7.87

数据来源：银联信

截至 2015 年 1 季度，江苏省计算机、通信和其他电子设备制造业行业实现利润总额 130.81 亿元，同比增加 47.24%（见表 4-7）。

表 4-7　2012 年 4 季度—2015 年 1 季度利润总额数据

单位：亿元，%

期间	当期	同比增长	累计	同比增长
2012 年 01—12 月	367.95	—	621.12	1.92
2013 年 01—03 月	74.11	7.32	74.11	34.16
2013 年 01—06 月	111.80	13.79	185.92	20.28
2013 年 01—09 月	144.02	45.79	298.40	16.45
2013 年 01—12 月	364.00	1.07	617.16	3.97
2014 年 01—03 月	87.28	58.01	87.28	15.90
2014 年 01—06 月	140.85	25.98	228.14	21.09
2014 年 01—09 月	165.25	14.74	393.39	27.66
2014 年 01—12 月	384.43	5.61	777.82	23.93
2015 年 01—03 月	130.81	73.71	130.81	47.24

数据来源：银联信

（3）从累计产量看，重庆市计算机、通信和其他电子设备制造业排名前 3 位的分别是：移动通信手持机（手机）、微型计算机设备、笔记本计算机。截至 2015 年 1 季度末，重庆市计算机、通信和其他电子设备制造业规模以上企业数量达到 213 家，比 2014 上年同期增加 58 家。该行业资产总计 852.99 亿元，同比增长 0.3%；

负债合计 622.42 亿元,同比下降 4.93%(见表 4-8)。

表 4-8　2012 年 4 季度—2015 年 1 季度规模数据

单位:家,亿元,%

期间	企业数量	资产总计		负债合计	
		资产总计	同比	负债合计	同比
2012 年 01—12 月	85	493.36	51.32	396.90	58.55
2013 年 01—03 月	104	566.79	−2.01	461.94	−6.16
2013 年 01—06 月	107	603.44	10.23	491.84	8.95
2013 年 01—09 月	114	614.28	22.34	492.15	19.73
2013 年 01—12 月	132	946.85	85.48	806.50	99.28
2014 年 01—03 月	155	800.57	42.91	639.37	41.38
2014 年 01—06 月	157	779.79	29.76	619.86	28.01
2014 年 01—09 月	174	821.30	30.16	657.33	34.94
2014 年 01—12 月	181	917.78	−3.90	698.35	−12.14
2015 年 01—03 月	213	852.99	0.30	622.42	−4.93

数据来源:银联信

截至 2015 年 1 季度,重庆市计算机、通信和其他电子设备制造业行业完成销售收入 676.57 亿元,同比增长 14.47%(见表 4-9)。

表 4-9　2012 年 4 季度—2015 年 1 季度销售收入数据

单位:亿元,%

期间	当期	同比增长	累计	同比增长
2012 年 01—12 月	397.88	—	1 397.56	81.60
2013 年 01—03 月	410.84	33.42	410.84	33.42
2013 年 01—06 月	533.97	64.38	944.81	45.84
2013 年 01—09 月	847.31	126.45	1 472.81	42.50
2013 年 01—12 月	1131.03	184.26	2 130.70	47.69
2014 年 01—03 月	565.66	35.99	565.66	35.99
2014 年 01—06 月	674.09	26.24	1 239.74	29.33
2014 年 01—09 月	722.60	−14.72	1 962.35	29.01
2014 年 01—12 月	836.14	−26.07	2 798.48	29.75
2015 年 01—03 月	676.57	14.47	676.57	14.47

数据来源:银联信

截至 2015 年 1 季度,重庆市计算机、通信和其他电子设备制造业行业实现利润总额 12.12 亿元,同比增加 89.27%(见表 4-10)。

表 4-10 2012 年 4 季度—2015 年 1 季度利润总额数据

单位：亿元,%

期间	当期	同比增长	累计	同比增长
2012 年 01—12 月	14.85	—	15.05	3.42
2013 年 01—03 月	4.88	177.74	4.88	−4 472.04
2013 年 01—06 月	6.39	−1 486.95	11.27	1 723.33
2013 年 01—09 月	11.41	2 096.30	11.09	622.23
2013 年 01—12 月	25.69	72.96	25.89	44.57
2014 年 01—03 月	4.72	−4 330.89	4.72	−13.78
2014 年 01—06 月	12.81	100.51	17.54	32.89
2014 年 01—09 月	11.92	4.49	29.46	92.32
2014 年 01—12 月	28.45	10.78	57.91	110.96
2015 年 01—03 月	12.12	121.24	12.12	89.27

数据来源：银联信

（4）从累计产量看，上海市计算机、通信和其他电子设备制造业排名前 3 位的分别是：移动通信手持机（手机）、微型计算机设备、笔记本计算机。截至 2015 年 1 季度末，上海市计算机、通信和其他电子设备制造业规模以上企业数量达到 470 家，比 2014 上年同期减少 18 家。该行业资产总计 3 573.50 亿元，同比增长 1.69%；负债合计 2 085.36 亿元，同比下降 3.52%（见表 4-11）。

表 4-11 2012 年 4 季度—2015 年 1 季度规模数据

单位：家,亿元,%

期间	企业数量	资产总计		负债合计	
		资产总计	同比	负债合计	同比
2012 年 01—12 月	500	3 387.51	2.84	2 152.57	0.72
2013 年 01—03 月	492	3 180.53	−11.88	1 959.27	−19.55
2013 年 01—06 月	500	3 107.44	−16.17	1 879.26	−24.54
2013 年 01—09 月	500	3 401.92	−8.68	2 141.85	−14.01
2013 年 01—12 月	500	3 533.25	4.66	2 243.88	4.95
2014 年 01—03 月	488	3 491.99	6.13	2 140.83	7.31
2014 年 01—06 月	467	3 488.24	7.95	2 117.18	9.21
2014 年 01—09 月	471	3 664.46	3.26	2 261.88	2.05
2014 年 01—12 月	471	3 718.92	2.08	2 249.83	−1.77
2015 年 01—03 月	470	3 573.50	1.69	2 085.36	−3.52

数据来源：银联信

截至 2015 年 1 季度,上海市计算机、通信和其他电子设备制造业行业完成销售收入 1 229.29 亿元,同比减少 2.15%(见表 4-12)。

表 4-12 2012 年 4 季度—2015 年 1 季度销售收入数据

单位:亿元,%

期间	当期	同比增长	累计	同比增长
2012 年 01—12 月	1 621.33	—	5 875.03	−3.38
2013 年 01—03 月	1 348.88	6.95	1 348.88	6.95
2013 年 01—06 月	1 183.44	−18.69	2 532.31	−6.43
2013 年 01—09 月	1 213.26	−20.92	3 932.83	−7.10
2013 年 01—12 月	1 250.45	−22.87	5 504.15	−5.74
2014 年 01—03 月	1 249.44	−6.73	1 249.44	−6.73
2014 年 01—06 月	1 351.20	14.18	2 600.64	2.56
2014 年 01—09 月	1 423.52	17.33	4 024.16	1.61
2014 年 01—12 月	1 638.58	31.04	5 662.74	2.13
2015 年 01—03 月	1 229.29	−2.15	1 229.29	−2.15

数据来源:银联信

截至 2015 年 1 季度,上海市计算机、通信和其他电子设备制造业行业实现利润总额 16.60 亿元,同比增加 41.68%(见表 4-13)。

表 4-13 2012 年 4 季度—2015 年 1 季度利润总额数据

单位:亿元,%

期间	当期	同比增长	累计	同比增长
2012 年 01—12 月	31.98	—	105.25	−14.81
2013 年 01—03 月	16.02	20.33	16.02	−0.50
2013 年 01—06 月	26.02	20.72	42.04	16.45
2013 年 01—09 月	36.97	5.16	75.09	5.93
2013 年 01—12 月	32.25	0.86	105.53	9.66
2014 年 01—03 月	10.17	36.86	10.17	−16.75
2014 年 01—06 月	37.10	42.62	47.27	22.50
2014 年 01—09 月	41.32	11.74	88.59	24.50
2014 年 01—12 月	57.83	79.32	146.42	44.00
2015 年 01—03 月	16.60	35.87	16.60	41.68

数据来源:银联信

(5) 从累计产量看,山东省计算机、通信和其他电子设备制造业排名前 3 位的分别是:移动通信手持机(手机)、移动通信基站设备、彩色电视机。截至 2015 年 1 季度末,山东省计算机、通信和其他电子设备制造业规模以上企业数量达到 687 家,比 2014 上年同期增加 10 家。该行业资产总计 2 134.18 亿元,同比增长 13.88%;负债合计 1 112.37 亿元,同比增长 11.72%(见表 4-14)。

表 4-14　2012 年 4 季度—2015 年 1 季度规模数据

单位:家,亿元,%

期间	企业数量	资产总计		负债合计	
		资产总计	同比	负债合计	同比
2012 年 01—12 月	606	1 700.10	11.69	921.01	15.17
2013 年 01—03 月	638	1 656.33	14.58	860.01	14.19
2013 年 01—06 月	635	1 652.31	12.53	845.19	10.50
2013 年 01—09 月	639	1 743.25	11.29	914.82	9.61
2013 年 01—12 月	647	1 932.84	13.64	1 015.33	9.26
2014 年 01—03 月	677	1 892.26	13.24	996.27	15.09
2014 年 01—06 月	643	2 080.06	24.88	1 127.59	30.97
2014 年 01—09 月	647	2 189.12	26.40	1 192.38	28.51
2014 年 01—12 月	662	2 347.25	21.39	12 72.40	22.48
2015 年 01—03 月	687	2 134.18	13.88	1 112.37	11.72

数据来源:银联信

截至 2015 年 1 季度,山东省计算机、通信和其他电子设备制造业行业完成销售收入 1 252.38 亿元,同比增长 7.24%(见表 4-15)。

表 4-15　2012 年 4 季度—2015 年 1 季度销售收入数据

单位:亿元,%

期间	当期	同比增长	累计	同比增长
2012 年 01—12 月	899.80	—	4 058.45	14.87
2013 年 01—03 月	1 055.71	15.05	1 055.71	15.05
2013 年 01—06 月	1 221.10	0.98	2 276.80	11.14
2013 年 01—09 月	1 262.03	20.88	3 376.66	9.98
2013 年 01—12 月	1 246.24	38.50	4 404.90	10.82
2014 年 01—03 月	1 179.84	10.54	1 179.84	10.54
2014 年 01—06 月	1 392.95	14.07	2 572.79	12.84
2014 年 01—09 月	1 219.11	−3.40	3 791.90	12.11
2014 年 01—12 月	1 125.57	−9.68	4 917.48	9.91
2015 年 01—03 月	1 252.38	7.24	1 252.38	7.24

数据来源:银联信

四、风险管理

截至2015年1季度,山东省计算机、通信和其他电子设备制造业行业实现利润总额57.04亿元,同比增加8.99%(见表4-16)。

表4-16 2012年4季度—2015年1季度利润总额数据

单位:亿元,%

期间	当期	同比增长	累计	同比增长
2012年01—12月	74.49	—	211.07	18.75
2013年01—03月	42.42	44.50	42.42	14.51
2013年01—06月	62.49	18.38	104.91	20.61
2013年01—09月	70.13	49.66	159.85	19.60
2013年01—12月	112.23	50.67	248.81	19.13
2014年01—03月	51.79	39.81	51.79	21.93
2014年01—06月	77.60	24.18	129.39	24.14
2014年01—09月	53.70	23.44	183.08	14.82
2014年01—12月	88.61	21.05	271.69	8.92
2015年01—03月	57.04	34.31	57.04	8.99

数据来源:银联信

(二)生产制造流程

1. 计算机整机生产制造流程

以笔记本电脑制造流程为例,基本制作工序如图4-7所示。

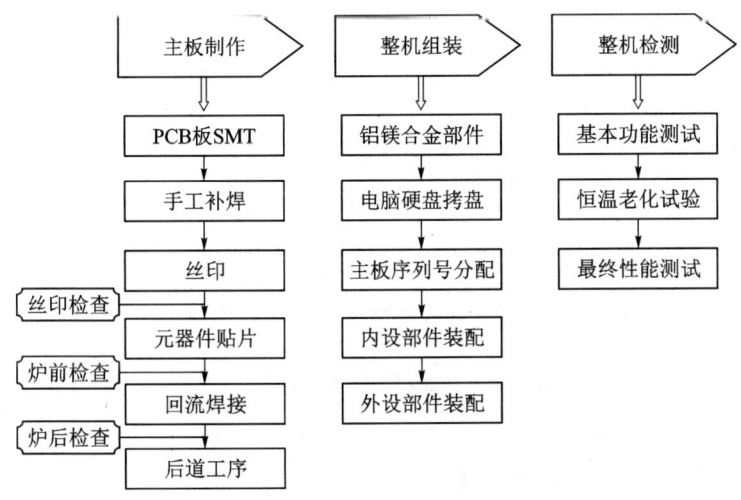

图4-7 笔记本电脑基本制作工序

笔记本式电脑的制造过程主要包括笔记本主板制造(实装)、组装(主板、硬盘等配件安装)、整机测试及检验三大工序。

(1)主板制造。主要包括丝印、贴片、回流、全检等子工序。

丝印,是指将焊膏漏印在PCB(Printed Circuit Board印刷电路板)的焊盘上,为元器件的贴装作准备。

贴片,是在PCB板上,通过SMT(Surface-Mount Technology表面装配技术)高速贴片机,根据事先编好贴片程序贴上贴式电阻、电容、IC(集成芯片)和连接器等元件。

回流,是利用回流炉进行加热焊接,完成元件与PCB间的电路连接,并进行割板(切割主板)、主板基调测试,完善的网络系统和专门的管理软件对基调数据进行记录、分析等20多道小工序。

全检,是指主板制造过程中,在每一道或二道工序后都有 AOI(Automatic Optical Inspection 自动光学检验)设备对主板质量进行检测。它的工作原理是根据光学原理,对 PCB 上每个元件是否有漏贴、移位、极性相反等进行检测。

(2) 组装。指将主板、液晶面板、键盘、硬盘、内存条等逐步组装成功能完备的笔记本式电脑。包括铝镁合金部件或注塑件、电脑硬盘拷盘、主板序列号分配以及部件装配等步骤的完成。

(3) 整机检测。对整机包括 FAT(基本功能测试)、RUN IN(四小时恒温老化试验)、FIT(最终性能测试)等。基本功能测试包括声音、网卡、显卡、USB/1394 接口等子功能测试。

2. 通信终端设备生产制造流程

以智能手机制造流程为例,基本制作工序如图4-8所示。

智能手机的生产工艺技术主要包含以下方面:工艺工程技术、注塑工艺技术、冲压工艺技术、SMT 贴片技术、

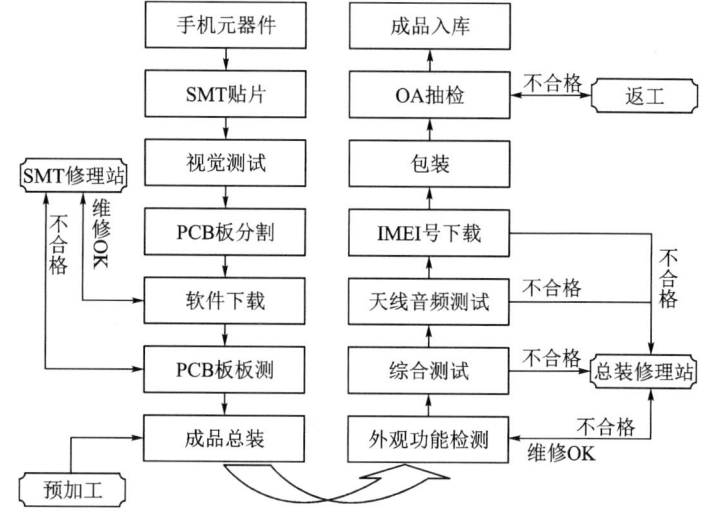

图 4-8 智能手机基本制作工序

装配工艺技术、胶水粘接技术、胶纸粘接技术、热压焊接技术、手工焊接技术、铆焊连接技术、热熔焊接技术、超声波焊接技术、维修工艺技术、网络测试技术。

3. 印刷电路板生产制造流程

以柔性电路板制造流程为例,基本制作工序如图4-9所示。

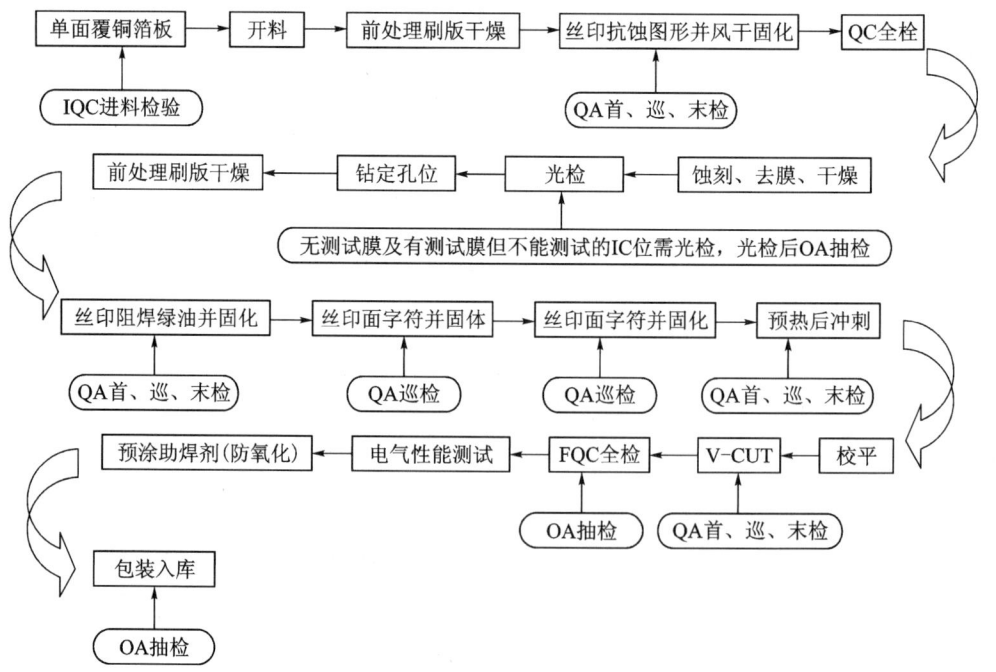

图 4-9 柔性电路板基本制作工序

印制电路板制作前期准备：在进行 PCB 板实际制作之前，必须作好各方面的准备工作。如确保原理图绘制正确、根据电器外壳尺寸或设计要求规划电路板的形状和尺寸、根据电路板元件密度高低和布线复杂程度确定电路板的种类、根据设计图纸和技术要求确定生产工艺等。

下料：一般是指选取材料、厚度合适，整个表面铺有较薄铜箔的整张基板。

钻孔、孔金属化：为了实现元件的安装，还必须为元件的管脚提供安装孔，利用数控机床在基板上冲孔钻孔。对于双面板而言，为了实现上下层导线的互连，还必须制作过孔，过孔的制作较为复杂，钻孔后还必须在过孔中电镀上一层导电金属膜，分为化学镀铜和电镀铜两道工艺。该过程就是孔金属化。

丝印贴膜：为了制作元件管脚间相连的铜箔导线，必须将多余的铜箔部分利用化学反应腐蚀掉，而使铜箔导线在化学反应的过程中保留下来，所以必须在腐蚀前将元件管脚间相连的铜箔导线利用特殊材料印制到铺有较薄铜箔的整张基板上，该特殊材料可以保证其下面的铜箔与腐蚀液隔离，将特殊材料印制到基板上的过程就是丝网漏印。随着工艺技术的发展，现在还使用了贴膜技术。

曝光显影：光绘底片形成菲林胶片后，通过光化作用得到曝光底片，底片曝光后银盐还原成银中心，但这时还看不到图形。经显影后将受光照后的银盐还原成色银粒。

去膜蚀刻：接下来将去膜、丝网漏印后的基板放置在腐蚀化学液中，将裸露出来的多余铜箔腐蚀掉，接下来再利用化学溶液将保留下来铜箔上的特殊材料清洗掉。以上步骤就制作出了裸露的铜箔导线。

镀铜、镀铅锡合金：接着对插头进行镀铜、镀铅锡合金表面处理，经过热熔清洗后进行清洁处理。

阻焊标注：在经过以上步骤后，电路板已经初步制作完成，但为了更好地装配元件和提高可靠性，还必须在元件的焊盘上涂抹一层助焊剂，该助焊剂有利用焊盘与元件管脚的焊接。而在焊接过程中为了避免和附近其他导线短接的可能性，还必须在铜箔导线上涂上一层绿色的阻焊漆，同时阻焊漆还可保护其下部的铜箔导线在长期恶劣的工作环境中被氧化腐蚀。为了元件装配和维修的过程中识别元件，还必须在电路板上印上元件的编号以及其他必要的标注。

外型成形：按照产品设计样图，通过铣床、V 槽切割，最后成形。

检测包装：随后将整张制作完成的电路板进行清洗干燥，最后还要对电路板进行检查测试。

（三）财务核算特点

1. 财务管理电算化程度高

行业财务管理较为健全，集团企业普遍使用 SAP、Oracle 等 ERP 管理系统，将采购、生产、销售、财务等多个模块集成，使企业各部门的关键运作整合，覆盖生产经营全过程，全面结合、全面受控。ERP 管理系统统一了财务核算管理模式，实现了财务与业务的一体化，实现物流、资金流、信息流的统一协同。

计算机、通信和其他电子设备制造业的大企业基本都实现了使用 ERP 系统进行管理，而其中相当一部分是使用 SAP 系统，这与常见的国内的用友、金蝶等系统有所区别，其科目设置更是与国内科目设置大不相同。

以 SAP 系统为例：SAP 公司成立于 1972 年，总部位于德国沃尔多夫市，是全球最大的企业管理和协同化商务解决方案供应商、全球第三大独立软件供应商。目前，在全球有 120 多个国家的超过 24 450 家用户正在运行着 84 000 多套 SAP 软件。财富 500 强 80％以上的企业使用 SAP 的管理方案。作为中国市场绝对的领导者，SAP 早在 20 世纪 80 年代就开始同中国的国营企业合作，并取得了成功经验。1995 年在北京正式成立 SAP 中国公司，并陆续建立了上海、广州、大连等分公司。

当人们进入大企业 SAP 系统中了解其账务情况的时候，我们需要求企业提供一份科目对应表，因为 SAP 系统的科目全部是一级科目，与常见的科目设置不一样。

在 SAP 系统中，科目设置往往是先创建好科目表，然后可以分配给不同的公司使用。在同一集团范围内，为了使各个集团范围内的公司使用的科目表都能一致，通常是先创建一个虚拟的公司及科目表，然后集团范围内公司都可从其拷贝。科目表中的科目就是在总账的主数据中分别创建的。

在 SAP 系统中的科目表与传统的手工方式在科目体系中有很大不同。传统的账务体系将会计科目设置为一级科目、二级科目、三级科目等。但在 SAP 系统中没有这样划分。除了应收、应付、固定资产等统驭科目外，所有的明细或二、三级科目上升为总账科目（当然在使用之前，应进行有关主数据的设置），如传统的科目银行存款—工商银行支行××账号，这只是银行存款的一个子科目，但在 SAP 系统中，此时已设置为一个总账科目。科目代码是根据企业会计制度中的有关编码扩充至 8 位编码,如一个企业有许多银行存款的二级科目,在 SAP 系统中就变成了有许多总账科目。在总账层次显示时,是分别显示的,但到报表层次时,则根据所有银行科目中的前 4 位代码汇集成一个科目银行存款进行披露。管理费用的设置也一样,在 SAP 系统中有非常多管理费用的总账科目(如工资、奖金、津贴等)。总账科目还包含有从其他模块中导入的金额,如统驭科目,统驭如应付/收及固定资产的明细科目,因此在 SAP 系统的总账科目表中,我们看到的就不是常见的几十个科目,而是将近 500 个的总账科目。由于应收、应付、固定资产有各自独立的模块,所以有各自的明细账,但反映在总账及报表层次时,分别为细分的统驭科目(如"应收账款"可根据企业管理的需要分为应收国内的款项与应收国外的款项等)。SAP 系统所有的财务信息都是即时的,当记录一笔总账分录时,相应的总账、报表都已生成,当应收明细账生成时,通过统驭科目就可即时过入总账与报表。也就是说,在 SAP 系统的账务里,任何时点都会产生新的总账与新的报表(注意该总账与报表并不完全体现法人的资产负债损益情况,尚有折旧、预提待摊因素要考虑)。

上面提到了科目设置的问题,其中涉及总账主数据的概念。一般,查询大企业的财务状况,都是通过查询总账主数据完成的。

第一次接触 SAP 软件时,当看到主数据这样的字眼时,肯定不知所云。在 SAP 软件中,主数据相当是该软件的识别及自动后续处理系统。例如人的大脑,当我们看到资产负债表中的有关科目时,如长期投资,我们的大脑马上就会这样的反应:它是属于资产类的科目,期末应将余额予以结转;核算时,当其投资对被投资单位有控制、共同控制或重大影响时,应采用权益法进行核算,否则应采用成本法核算等。又如,对于销售收入,人们马上就知道这是损益类科目,期末应将其结转至本年利润,而后转至未分配利润等。我们的大脑为什么有这些知识,就是因为我们经过了长期的财务知识方面的训练,所以就会有这样的识别及核算能力。对于软件系统,它不具有像人类一样的大脑,所以软件开发人员就开发了一套适合系统并使其能够像人脑一样的识别及处理财务数据。这就是 SAP 软件的主数据。

因此,当企业要做各项交易之前,必须到相应的主数据中去创建它,这样系统才能认可它、自动处理它。通常称这个过程为"去报个到,取个号"。与财务有关的主数据包括有总账主数据、供应商主数据、客户主数据、商品主数据、固定资产主数据、成本及利润中心主数据 6 大类。

SAP 的主界面如图 4-10 所示。

2. 财务与资金管理趋向高度集中

企业集团无论是采取集权制还是分权制的组织架构和管理体制,财务与资金管理都日益趋向高度集中。为保证资金的安全性、提高资金使用效率,实现对成员企业的有效管理及优化资源配置,企业集团引入"资金池"管理模式,"资金池"是目前企业集团普遍采用的资金集中管理模式。

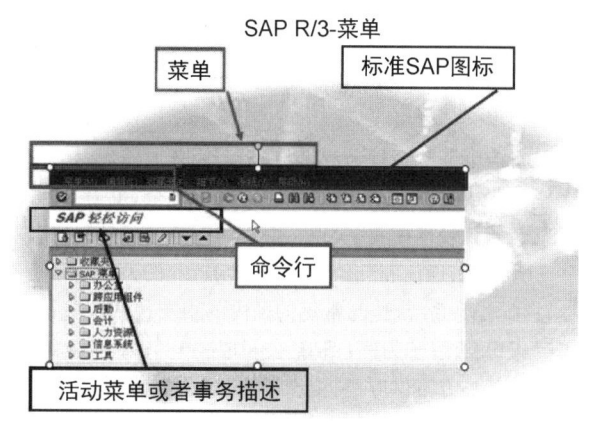

图 4-10 SAP 的主页面

3. 财务核算面向各业务流程全面集成

成员企业的财务核算隶属于集团总部,确保集团财务工作的标准、合规。在账务日常核算中,按规则要求将其落实到各项会计核算动作中,财务核算面向各业务流程全面集成。通过对业务的事前指导、事中核算、事后监控以保证业务的真实性,财务核算的及时性和准确性。

(四)税收征管难点

1. 税收政策理解差异增大执法风险

大企业股权转让、关联交易、跨境投资等事项日趋频繁复杂,新的交易模式层出不穷,税收政策有可能存在不明确的地方,税收原则在复杂的交易事项中的适用难度加大。大企业集团涉及面广,涉及地区多,税务机关和企业之间对税收政策理解存在差异,造成执法过程中的风险增大。

2. 大企业管理中对 ERP 管理系统的掌握愈加重要

集团企业财务系统普遍采用 SAP、Oracle 等 ERP 管理系统控制,但是当前能够熟练掌握 ERP 管理系统的税务干部较少,容易阻碍大企业管理效能提升。急需加强对税务人员 SAP、Oracle 等 ERP 管理系统操作和使用的培训,提升税务人员在电算化形式下开展工作的能力。

3. 税企信息不对称,税务遵从风险加大

"大数据"时代的大企业涉税信息海量增长,在此背景下税务机关获得企业信息渠道偏少,第三方信息共享机制尚未完全建立,税务机关和企业之间存在较大的信息不对称,形成税企税法遵从风险。要充分利用国家税务总局"互联网+税务"的信息化建设东风,加强税企信息共享机制建设,整合提升税务部门和海关、银行、工商、审计、保险等第三方部门信息共享机制,提高大企业税务遵从度。

二、计算机通信和其他电子设备制造业主要税收规定

目前,根据《国务院关于印发进一步鼓励软件产业和集成电路产业发展若干政策的通知》(国发〔2011〕4号)、《财政部 国家税务总局关于退还集成电路企业采购设备增值税期末留抵税额的通知》(财税〔2011〕107号)、《财政部 国家税务总局关于进一步鼓励软件产业和集成电路产业发展企业所得税政策的通知》(财税〔2012〕27号)、《财政部 国家税务总局关于完善固定资产加速折旧企业所得税政策的通知》(财税〔2014〕75号、《财政部 国家税务总局发展改革委工业和信息化部关于进一步鼓励集成电路产业发展企业所得税政策的通知》(财税〔2015〕6号)等有效文件,企业可以享受的税收优惠政策包括以下2类。

(一)流转税类

1. 对符合条件的集成电路设计企业从事集成电路设计等业务免征营业税。
2. 对国家批准的集成电路重大项目企业因购进设备形成的增值税期末留抵税额准予退还。
3. 我国境内新办集成电路设计企业的进口料件,符合现行法律法规规定的,可享受保税政策。

(二)企业所得税类

1. 集成电路线宽小于 0.8 微米(含)的集成电路生产企业可享受企业所得税"两免三减半"优惠政策。
2. 对集成电路线宽小于 0.25 微米或投资额超过 80 亿元的集成电路生产企业减按 15% 的税率征收企业所得税;其中经营期在 15 年以上的还可享受企业所得税"五免五减半"优惠政策。
3. 我国境内新办集成电路设计企业可享受企业所得税"两免三减半"优惠政策。
4. 国家规划布局内的重点集成电路设计企业,如当年未享受免税优惠的,可减按 10% 的税率征收企业所得税。
5. 符合条件的集成电路封装、测试企业以及集成电路关键专用材料生产企业、集成电路专用设备生产企业,可享企业所得税"两免三减半"优惠政策。
6. 集成电路设计企业的职工培训费用可按实际发生额在计算应纳税所得额时扣除。
7. 集成电路企业外购软件的折旧或摊销年限可以适当缩短,最短可为 2 年(含)。
8. 集成电路生产企业生产设备的折旧年限可以适当缩短,最短可为 3 年(含)。
9. 行业企业 2014 年 1 月 1 日后新购进的固定资产,可以缩短折旧年限或采取加速折旧方法。
10. 行业企业中的小型微利企业 2014 年 1 月 1 日后新购进的研发和生产经营共用的仪器、设备,单位价值不超过 100 万元的,允许一次性计入当期成本费用在计算应纳税所得额时扣除,不再分年度计算折旧;单位价值超过 100 万元的,可以缩短折旧年限或采取加速折旧的方法。
11. 行业企业 2014 年 1 月 1 日后新购进的专门用于研发的仪器、设备,单位价值不超过 100 万元的,允许一次性计入当期成本费用在计算应纳税所得额时扣除,不再分年度计算折旧;单位价值超过 100 万元的,可以缩短折旧年限或采取加速折旧的方法。
12. 行业企业持有的单位价值不超过 5 000 元的固定资产,允许一次性计入当期成本费用在计算应纳税所得额时扣除,不再分年度计算折旧。

行业企业除了可以享受上述专门针对集成电路企业的税收优惠政策外,如果符合条件,还可以享受高新技术企业、技术先进型服务企业等税收优惠政策。同时,国家还在投融资政策、研究开发政策、进出口政策、人才政策、知识产权政策、市场政策等方面给予了全方位的扶持。

三、行业主要税收风险分析及应对

（一）增值税风险事项内容

1. 嵌入式软件产品事项

（1）风险描述

销售嵌入式软件产品，其计算机硬件、机器设备销售额不包括在即征即退范围内，在产品销售合同总价不变的情况下，可能存在故意压低硬件货物销售额，以达到增加软件退税的目的。

（2）政策依据

根据《财政部 国家税务总局关于软件产品增值税政策的通知》（财税〔2011〕100号）第四条第（二）项规定：嵌入式软件产品增值税即征即退税额的计算：①嵌入式软件产品增值税即征即退税额的计算方法：即征即退税额＝当期嵌入式软件产品增值税应纳税额－当期嵌入式软件产品销售额×3％；当期嵌入式软件产品增值税应纳税额＝当期嵌入式软件产品销项税额－当期嵌入式软件产品可抵扣进项税额；当期嵌入式软件产品销项税额＝当期嵌入式软件产品销售额×17％。②当期嵌入式软件产品销售额的计算公式：当期嵌入式软件产品销售额＝当期嵌入式软件产品与计算机硬件、机器设备销售额合计－当期计算机硬件、机器设备销售额。

（3）核查路径

重点审核"主营业务成本""营业外收入"科目，核查企业的销售合同，了解企业软件产品的特征、市场价格；关注企业销售合同内部审核规定及资料；重点审计成本构成中的"料、工、费"，核实硬件货物的实际成本，对比"营业外收入——政府补助"科目，核查企业即征即退收入的构成情况。

2. 技术服务免税事项

（1）风险描述

"营改增"以后，纳税人提供技术转让、技术开发和与之相关的技术咨询、技术服务，免征增值税。纳税人将技术转让、技术开发合同向税务机关进行免税备案，合同中有可能存在上述免税项目之外的价款，企业进行申报时，存在扩大免税项目范围的可能。

（2）政策依据

根据《财政部 国家税务总局关于将铁路运输和邮政业纳入营业税改征增值税试点的通知》（财税〔2013〕106号）附件3第一条第（四）项：下列项目免征增值税："（四）试点纳税人提供技术转让、技术开发和与之相关的技术咨询、技术服务。"

（3）核查路径

重点关注企业上述免税项目申报情况及涉及免税项目的合同，各合同项目是否符合减免税政策规定；与技术转让、技术开发相关的技术咨询服务价款与技术转让价款是否开在同一张发票上；核查合同免税项目价款与申报免税收入的口径是否一致。

3. 从供应商处收取的罚款未做增值税进项转出的事项

（1）风险描述

由于货物破损、丢失或质量问题从供应商处收取罚款收入，在会计核算上未做销售折让处理，也未开具红字增值税专用发票。

（2）政策依据

《增值税暂行条例实施细则》第十一条规定：小规模纳税人以外的纳税人（以下称一般纳税人）因销售货物退回或者折让而退还给购买方的增值税额，应从发生销售货物退回或者折让当期的销项税额中扣减；因购进货物退出或者折让而收回的增值税额，应从发生购进货物退出或者折让当期的进项税额中扣减。

（3）核查路径

重点审核"营业外收入""应交增值税——进项税额转出"科目；关注企业内部制度对供应商供货流程的相关规定，检查收取供应商罚款的具体性质，其中属于因商品质量、规格等不符合要求造成的罚款收入，应按照销售折让的相关规定，做增值税进项税额转出的处理。

4. 对外支付费用未扣缴增值税的非居民业务事项

(1) 风险描述

接受境外企业提供的涉及"营改增"现代服务业项目未按规定扣缴增值税的风险。

(2) 政策依据

《财政部 国家税务总局关于将铁路运输和邮政业纳入营业税改征增值税试点的通知》(财税〔2013〕106号)中附件《应税服务范围注释》的规定。

(3) 核查路径

重点审核"管理费用"科目中的劳务费、技术费等明细科目;在企业的电子账簿中搜索"外籍"等字眼;关注企业缴纳个人所得税的情况;核查对外支付时单笔支付等值5万美元以下(2013年9月以前为3万美元)的劳务或服务。

具体审核步骤:①判断业务类型,对企业对外支付的劳务费用进行审核,准确区分营业税劳务和增值税应税劳务。②核实劳务发生地点。③适用税率的审核,境外单位或者个人在境内提供应税服务,在境内未设有经营机构的,扣缴义务人按照下列公式计算应扣缴税额

$$应扣缴税额 = 接受方支付的价款 \div (1 + 税率) \times 税率$$

5. 视同销售事项

(1) 风险描述

存在无偿赠送礼品等情况;存在对外发放的自产电子产品样品、展品未做视同销售处理;购货方测(试)用或参展样机不在账面上反映,测(试)用期满销售后不确认收入的风险。

(2) 政策依据

《增值税暂行条例实施细则》第四条规定:"单位或者个体工商户的下列行为,视同销售货物:(一)将货物交付其他单位或者个人代销;(二)销售代销货物;(三)设有两个以上机构并实行统一核算的纳税人,将货物从一个机构移送其他机构用于销售,但相关机构设在同一县(市)的除外;(四)将自产或者委托加工的货物用于非增值税应税项目;(五)将自产、委托加工的货物用于集体福利或者个人消费;(六)将自产、委托加工或者购进的货物作为投资,提供给其他单位或者个体工商户;(七)将自产、委托加工或者购进的货物分配给股东或者投资者;(八)将自产、委托加工或者购进的货物无偿赠送其他单位或者个人。"

(3) 核查路径

重点审核"管理费用""销售费用"会计科目中"业务招待费""会议费""样品费"等明细科目。同时关注企业内控制度中上述项目相关规定,查找该类物品报销的原始凭证、海关报关单证等,也可在企业的电子账簿中进行关键字的搜索,如"礼品""赠送"等。

6. 取得收入未申报纳税事项

(1) 风险描述

用于售后服务的原材料、产成品,生产中的废品、废料、边角料,处置废旧包装物以及销售旧固定资产可能存在不申报纳税的情况。

(2) 政策依据

《增值税暂行条例》第一条规定:在中华人民共和国境内销售货物或者提供加工、修理修配劳务以及进口货物的单位和个人,为增值税的纳税人,应当依照本条例缴纳增值税。

《增值税暂行条例实施细则》第三条规定:条例第一条所称销售货物,是指有偿转让货物的所有权。

《财政部 国家税务总局关于简并增值税征收率政策的通知》(财税〔2014〕57号)。

《国家税务总局关于简并增值税征收率有关问题的公告》(国家税务总局公告2014年第36号)。

《国家税务总局关于一般纳税人销售自己使用过的固定资产增值税有关问题的公告》(国家税务总局公告2012年第1号)。

《财政部 国家税务总局关于部分货物适用增值税低税率和简易办法征收增值税政策的通知》(财税〔2009〕9号)。

《财政部 国家税务总局关于全国实施增值税转型改革若干问题的通知》(财税〔2008〕170号)第四条规

定:自2009年1月1日起,纳税人销售自己使用过的固定资产(以下简称已使用过的固定资产),应区分不同情形征收增值税:(一)销售自己使用过的2009年1月1日以后购进或者自制的固定资产,按照适用税率征收增值税;(二)2008年12月31日以前未纳入扩大增值税抵扣范围试点的纳税人,销售自己使用过的2008年12月31日以前购进或者自制的固定资产,按照4%征收率减半征收增值税;(三)2008年12月31日以前已纳入扩大增值税抵扣范围试点的纳税人,销售自己使用过的在本地区扩大增值税抵扣范围试点以前购进或者自制的固定资产,按照4%征收率减半征收增值税;销售自己使用过的在本地区扩大增值税抵扣范围试点以后购进或者自制的固定资产,按照适用税率征收增值税。本通知所称已使用过的固定资产,是指纳税人根据财务会计制度已经计提折旧的固定资产。

(3)核查路径

重点审核"固定资产清理""营业外收入""其他业务收入"等科目;通过原材料、产成品的贷方对应科目,查看是否存在直接转入营业费用未申报纳税情况,查询企业ERP系统售后服务模块数据,核实是否存在超过"三包期"的用于售后服务的原材料、产品未申报纳税情况。

7.用于非增值税应税项目的购进货物、劳务未按规定进项税额转出的事项

(1)风险描述

购进的货物、应税劳务或应税服务用于厂房、办公楼、文体中心等建筑物、构筑物和其他土地附着物或者属于以建筑物或者构筑物为载体的附属设备和配套设施等已抵扣进项税额,未做进项税额转出。

(2)政策依据

《增值税暂行条例》第十条规定:下列项目的进项税额不得从销项税额中抵扣:"(一)用于非增值税应税项目、免征增值税项目、集体福利或者个人消费的购进货物或者应税劳务;(二)非正常损失的购进货物及相关的应税劳务;(三)非正常损失的在产品、产成品所耗用的购进货物或者应税劳务;(四)国务院财政、税务主管部门规定的纳税人自用消费品;(五)本条第(一)项至第(四)项规定的货物的运输费用和销售免税货物的运输费用。"

《增值税暂行条例实施细则》规定:"第二十二条 条例第十条第(一)项所称个人消费包括纳税人的交际应酬消费。"

第二十三条 条例第十条第(一)项和本细则所称非增值税应税项目,是指提供非增值税应税劳务、转让无形资产、销售不动产和不动产在建工程。

前款所称不动产是指不能移动或者移动后会引起性质、形状改变的财产,包括建筑物、构筑物和其他土地附着物。

纳税人新建、改建、扩建、修缮、装饰不动产,均属于不动产在建工程。

第二十四条 条例第十条第(二)项所称非正常损失,是指因管理不善造成被盗、丢失、霉烂变质的损失。

第二十六条 一般纳税人兼营免税项目或者非增值税应税劳务而无法划分不得抵扣的进项税额的,按下列公式计算不得抵扣的进项税额:

$$\text{不得抵扣的进项税额} = \text{当月无法划分的全部进项税额} \times \frac{\text{当月免税项目销售额、非增值税应税劳务营业额合计}}{\text{当月全部销售额、营业额合计}}$$

《财政部 国家税务总局关于铁路运输和邮政业纳入营业税改征增值税试点的通知》(财税〔2013〕106号)附件1.《营业税改征增值税试点实施办法》第二十四条规定:"下列项目的进项税额不得从销项税额中抵扣:(一)用于简易计税方法计税项目、非增值税应税项目、免征增值税项目、集体福利或者个人消费的购进货物、接受加工修理修配劳务或者应税服务。其中涉及的固定资产、专利技术、非专利技术、商誉、商标、著作权、有形动产租赁,仅指专用于上述项目的固定资产、专利技术、非专利技术、商誉、商标、著作权、有形动产租赁。(二)非正常损失的购进货物及相关的加工修理修配劳务或者交通运输业服务。(三)非正常损失的在产品、产成品所耗用的购进货物(不包括固定资产)、加工修理修配劳务或者交通运输业服务。(四)接受的旅客运输服务。"

《财政部 国家税务总局关于固定资产进项税额抵扣问题的通知》(财税〔2009〕113号)。

(3)核查路径

重点核查"在建工程""固定资产""应交税费——应交增值税——进项税额"等科目。了解企业生产经营、后勤福利部门固定资产建造、改造、维修等情况。

(二)企业所得税风险事项内容

1. 研发费用税前扣除不合规事项

(1)风险描述

电子行业中技术开发是核心领域,因此,在研发费用扣除方面存在较大风险。主要表现在:企业研发费用归集不合理,存在将与研发活动无关的一些社会保险费、住房公积金、股权激励与租赁费以及相关固定资产的运行维护、维修等费用及会议费、差旅费、办公费等费用支出进行加计扣除的情况。此外,还留意到,2015年对于研发费用的加计扣除有了新的政策,从2016年1月1日起执行,因此,需区别不同年度处理。

(2)政策依据:

《企业所得税法》第二十条规定:"企业的下列支出,可以在计算应纳税所得额时加计扣除:(一)开发新技术、新产品、新工艺发生的研究开发费用;(二)安置残疾人员及国家鼓励安置的其他就业人员所支付的工资。"

《企业所得税法实施条例》第九十五条规定:"企业所得税法第三十条第(一)项所称研究开发费用的加计扣除,是指企业为开发新技术、新产品、新工艺发生的研究开发费用,未形成无形资产计入当期损益的,在按照规定据实扣除的基础上,按照研究开发费用的50%加计扣除;形成无形资产的,按照无形资产成本的150%摊销。"

《国家税务总局关于企业研究开发费用税前加计扣除政策有关问题的公告》(国家税务总局2015年97号)。

《财政部 国家税务总局 科技部关于完善研究开发费用税前加计扣除政策的通知》(财税〔2015〕119号)。

《财政部 国家税务总局关于研究开发费用税前加计扣除有关政策问题的通知》(财税〔2013〕70号)。

《国家税务总局关于印发〈企业研究开发费用税前扣除管理办法(试行)〉的通知》(国税发〔2008〕116号)。

(3)核查路径

① 重点审核"管理费用——研究开发费"科目。

② 关注企业的内部控制制度,掌握其研发机构运作流程,研判研发支出与研发活动的匹配性和直接关联性。

③ 查看《研发费用加计扣除项目汇总表》和明细表,核实享受加计扣除的研究开发费用是否符合税法规定的范围。

④ 核实《加计扣除研究开发费用情况归集表》数据归集是否正确,特别关注:研发的项目构不构成新技术、新工艺,使用原材料及辅助材料是否归集合理,研发人员的界定、人员工资归集是否合理等。

⑤ 根据企业人事资料或其他相关资料反映是否属于在职直接从事研发活动人员。其中,国家税务总局2015年第97号公告提出的研发人员范围为:企业直接从事研发活动人员包括研究人员、技术人员、辅助人员。研究人员是指主要从事研究开发项目的专业人员;技术人员是指具有工程技术、自然科学和生命科学中一个或一个以上领域的技术知识和经验,在研究人员指导下参与研发工作的人员;辅助人员是指参与研究开发活动的技工。企业外聘研发人员是指与本企业签订劳务用工协议(合同)和临时聘用的研究人员、技术人员、辅助人员。

⑥ 核实研究开发费用和生产经营费用是否分开核算,并合理地计算各项研究开发费用支出。

⑦ 计算加计扣除的研究开发费用是否已减除有关部门和母公司取得的研究开发费专项拨款。

⑧ 关注共同合作开发或委托开发或集团集中开发的研究开发项目的协议或合同是否明确规定参与各方在该研究开发项目中的权利和义务、费用分摊方法等内容。

⑨ 关注共同合作开发或委托开发或集团集中开发的研究开发项目是否按协议或合同规定进行分摊研究开发费用。

⑩ 核实审核企业的研发活动是否属于企业产品(服务)的常规性升级或对公开的科研成果直接应用等活动(如直接采用公开的新工艺、材料、装置、产品、服务或知识等)发生的费用,如外购技术专利直接应用则不属

于可以加计扣除的研发费用。

2. 处置淘汰存货未计、少计收入事项

(1) 风险描述

电子行业产品更新换代迅速,经常发生存货尚未使用就被淘汰的情况,较为先进的龙头企业会将其淘汰的存货转让给落后企业,不确认收入或者少确认收入。

(2) 政策依据

《企业所得税法》第六条规定:企业以货币形式和非货币形式从各种来源取得的收入,为收入总额。

《中华人民共和国企业所得税法实施条例》(国务院令第512号)第十四条规定:企业所得税法第六条第(一)项所称销售货物收入,是指企业销售商品、产品、原材料、包装物、低值易耗品以及其他存货取得的收入。

(3) 核查路径

重点审核"营业外收入""营业外支出""库存商品""其他应付"等科目;关注企业内部控制制度对于处置淘汰产品的流程及相关规定;查看是否存在直接将处置、变卖收入计入往来账,未计收入的情况。

3. 固定资产加速折旧税收优惠事项

(1) 风险描述

存在将不是专门用于研发活动的仪器、设备混淆享受优惠政策的风险(小微企业除外),将单位价值超过100万元的仪器设备化整为零,分拆成单位价值在100万元以内,从而达到直接税前扣除的目的;存在未按规定将外购软件一次性税前列支的风险。

(2) 政策依据

《企业所得税法》第三十二条规定:"企业的固定资产由于技术进步等原因,确需加速折旧的,可以缩短折旧年限或者采取加速折旧的方法。"

《所得税法实施条例》第九十八条规定:"企业所得税法第三十二条所称可以采取缩短折旧年限或者采取加速折旧的方法的固定资产,包括:(一)由于技术进步,产品更新换代较快的固定资产;(二)常年处于强震动、高腐蚀状态的固定资产。采取缩短折旧年限方法的,最低折旧年限不得低于本条例第六十条规定折旧年限的60%;采取加速折旧方法的,可以采取双倍余额递减法或者年数总和法。"

《财政部 国家税务总局关于进一步完善固定资产加速折旧企业所得税政策的通知》(财税〔2015〕106号)。

《国家税务总局关于进一步完善固定资产加速折旧企业所得税政策有关问题的公告》(国家税务总局公告2015年第68号)。

《国家税务总局关于固定资产加速折旧税收政策有关问题的公告》(国家税务总局公告2014年第64号)第二条规定:"企业在2014年1月1日后购进并专门用于研发活动的仪器、设备,单位价值不超过100万元的,可以一次性在计算应纳税所得额时扣除;单位价值超过100万元的,允许不低于企业所得税法规定折旧年限的60%缩短折旧年限,或选择采取双倍余额递减法或年数总和法进行加速折旧。"

《财政部 国家税务总局关于进一步鼓励软件产业和集成电路产业发展企业所得税政策的通知》(财税〔2012〕27号)第七条规定:"企业外购的软件,凡符合固定资产或无形资产确认条件的,可以按照固定资产或无形资产进行核算,其折旧或摊销年限可以适当缩短,最短可为2年(含)。"

《国家税务总局关于企业固定资产加速折旧所得税处理有关问题的通知》(国税发〔2009〕81号)。

(3) 核查路径

① 重点审核"固定资产""无形资产""软件费用""累计折旧""资料费用"等科目。

② 关注固定资产的取得方式、获取时点和享受优惠政策时点。

③ 审核企业提交的备案资料,核实购进固定资产的发票、记账凭证等有关凭证。

④ 核实外购设备或软件的合同条款以及相关的附件、组成配件等,查看企业采购部门的签报文件,防止企业变相享受税收优惠。

4. 预提费用事项

(1) 风险描述

企业为了控制预算执行进度,通过预提费用科目预提大量费用,汇算清缴时未实际支出的预提费用未做纳税调整。

(2) 政策依据

《企业所得税法》第八条规定:"企业实际发生的与取得收入有关的、合理的支出,包括成本、费用、税金、损失和其他支出,准予在计算应纳税所得额时扣除。"

《企业所得税法实施条例》第二十七条规定:"企业所得税法第八条所称有关的支出,是指与取得收入直接相关的支出。企业所得税法第八条所称合理的支出,是指符合生产经营活动常规,应当计入当期损益或者有关资产成本的必要和正常的支出。"

《国家税务总局关于企业工资薪金和职工福利费等支出税前扣除问题的公告》(国家税务总局公告 2015年第 34 号)。

《国家税务总局关于企业工资薪金及职工福利费扣除问题的通知》(国税函〔2009〕3 号)。

(3) 核查路径

重点审核"应付职工薪酬""其他应付款""应付利息""应付员工福利"等科目,核实相关凭证并了解其核算工资薪金等支出时的计算方法,核实企业预提的工资薪金福利等支出是否均实际发放。

5. 未按规定履行代扣代缴义务事项

(1) 风险描述

电子行业企业向境外支付各项费用(如利息、租金、特许权使用费等)频繁,存在未按税法规定代扣代缴非居民企业所得税的风险。

(2) 政策依据

《中华人民共和国企业所得税法》(主席令第 63 号)第三条规定:"居民企业应当就其来源于中国境内、境外的所得缴纳企业所得税。非居民企业在中国境内设立机构、场所的,应当就其所设机构、场所取得的来源于中国境内的所得,以及发生在中国境外但与其所设机构、场所有实际联系的所得,缴纳企业所得税。非居民企业在中国境内未设立机构、场所的,或者虽设立机构、场所但取得的所得与其所设机构、场所没有实际联系的,应当就其来源于中国境内的所得缴纳企业所得税。"第六条规定:"企业以货币形式和非货币形式从各种来源取得的收入,为收入总额。包括:(一)销售货物收入;(二)提供劳务收入;(三)转让财产收入;(四)股息、红利等权益性投资收益;(五)利息收入;(六)租金收入;(七)特许权使用费收入;(八)接受捐赠收入;(九)其他收入。"

《国家税务总局关于印发〈非居民企业所得税源泉扣缴管理暂行办法〉的通知》(国税发〔2009〕3 号)第七条规定:扣缴义务人在每次向非居民企业支付或者到期应支付本办法第三条规定的所得时,应从支付或者到期应支付的款项中扣缴企业所得税。

《国家税务总局关于营业税改征增值税试点中非居民企业缴纳企业所得税有关问题的公告》(国家税务总局公告 2013 年第 9 号)。

《国家税务总局关于非居民企业所得税管理若干问题的公告》(国家税务总局公告 2011 年第 24 号)第五条规定:关于股息、红利等权益性投资收益扣缴企业所得税处理问题:中国境内居民企业向未在中国境内设立机构、场所的非居民企业分配股息、红利等权益性投资收益,应在作出利润分配决定的日期代扣代缴企业所得税。如实际支付时间先于利润分配决定日期的,应在实际支付时代扣代缴企业所得税。

《国家税务总局关于贯彻落实企业所得税法若干税收问题的通知》(国税函〔2010〕79 号)第四条规定:关于股息、红利等权益性投资收益收入确认问题:企业权益性投资取得股息、红利等收入,应以被投资企业股东会或股东大会作出利润分配或转股决定的日期,确定收入的实现。被投资企业将股权(票)溢价所形成的资本公积转为股本的,不作为投资方企业的股息、红利收入,投资方企业也不得增加该项长期投资的计税基础。

《财政部 国家税务总局关于非居民企业征收企业所得税有关问题的通知》(财税〔2008〕130 号)。

(3) 核查路径

① 重点审核"管理费用""特许权使用费"等科目。

② 分析企业签订的业务合同条款,按照有关规定要求非居民企业或扣缴义务人提供详细的业务合同、子

合同及其附属文件。

③ 在纳税时点上要重点关注扣缴义务人对外支付利息、租金、特许权使用费等所得,应在实际支付或者到期应支付的日期履行扣代缴义务,并在7日内将税款缴入国库。

④ 扣缴义务人未按照合同或协议约定的日期支付上述所得款项,或协议延期支付,但已计入企业当期成本、费用,并在企业所得税年度纳税申报中作税前扣除的,应在企业所得税年度纳税申报时按照《企业所得税法》有关规定代扣代缴企业所得税。

⑤ 判断各项费用发生的真实性,如特许权使用费应重点审核非居民企业是否持有该特许权,商标权或专利权等特许权是否过期,特许权的使用是否与境内居民企业的生产经营有直接相关性等。

⑥ 计算机、通信和其他电子设备制造业由于对技术有一定要求,而专有技术往往掌握在境外集团或者避税地公司,因此,企业会向母公司支付大额的特许权使用费,而这可能就存在关联交易事项方面的风险。2015年9月21日,经济合作与发展组织(OECD)财政事务委员会第90次会议在巴黎召开,来自包括中国在内的54个国家和地区的200多名与会代表审议并一致通过了税基侵蚀和利润转移(Base Erosion and Profit Shifting,以下简称"BEPS")全部行动计划最终报告以及解释性声明。BEPS行动计划的第8~10项行动要求在无形资产、风险和高风险交易三大领域进一步完善独立交易原则,确保转让定价结果与企业价值创造相一致,并合并成果发布1项报告。无形资产方面,报告明确指出,法律所有权并不能确保企业享有无形资产收益,经济所有权更加重要。无形资产收益分配应该更多重视通过集团关联企业间的实际交易安排,来识别执行重要功能、控制重大经济风险以及对资产价值做出实际贡献的关联企业,由该企业享有与其价值贡献相符的适当回报。因此,对于计算机、通信和其他电子设备制造业来说,需特别关注类似芯片技术使用费之类的特许权使用费的合理性。中国是电子产品的消费大国,特别是计算机、手机类别的产品,中国巨大的消费市场已成为计算机、通信和其他电子设备制造行业国际巨头的重要市场,这为实现全球价值做出重要贡献。可以说,中国是一个创造着全球价值又实现着全球价值的国家。在BEPS指导原则下,中国要力争获得与价值创造与实现相匹配的利润回报。以无形资产为例,与市场有关的无形资产的价值提升,如果与中国有效需求和市场份额相关,则中国应该得到相应回报。

6. 财产损失列支不合规事项

(1) 风险描述

电子行业的产品市场竞争激烈,产品更新换代快,经常发生存货损失,财产损失风险主要表现在:

① 是否按规定进行申报。

② 专项申报是否符合要求。

③ 财产损失获得的保险赔款,有无冲减损失或者计入收入。

(2) 政策依据

《国家税务总局关于发布〈企业资产损失所得税税前扣除管理办法〉的公告》(国家税务总局公告2011年第25号)。

《财政部 国家税务总局关于企业资产损失税前扣除政策的通知》(财税〔2009〕57号)。

(3) 核查路径

① 核实企业清单申报的资产损失项目是否属于清单申报的项目,清单申报的资产损失金额是否符合规定计算,清单申报的资产损失金额是否与申报表列支金额一致。

② 专项申报附带资料是否备齐,相关事项合同、协议或说明是否齐全,核实责任认定及赔偿情况是否已从损失金额中减除,核实存货计税成本的确定依据,核实企业内部控制中关于存货报废、毁损、变质、残值情况说明及核销资料等。

③ 关注发生的财产损失有无购买保险,收到的赔款处理是否正确等。

7. 收入确认不准确或不及时事项

(1) 风险描述

① 取得的各种补贴收入(例如:政府补贴、出口贴息、专项补贴、流转税即征即退、先征后退(返)、其他税款返还、行政罚款返还、取得代扣代缴个人所得税手续费等),除国务院、财政部和国家税务总局规定不计入当

期损益外,未按税法规定确认当期收入。

② 取得股息收入、利息收入、租金收入、捐赠收入等是否按税法规定时间确认收入,如为非货币资产,是否以公允价值确认收入。

③ 代扣代缴个人所得税、代扣代缴预提所得税取得手续费收入,在计算企业所得税时,存在未按税法规定计入当期损益。

(2) 政策依据

《企业所得税法》第六条规定:"企业以货币形式和非货币形式从各种来源取得的收入,为收入总额。包括:(一)销售货物收入;(二)提供劳务收入;(三)转让财产收入;(四)股息、红利等权益性投资收益;(五)利息收入;(六)租金收入;(七)特许权使用费收入;(八)接受捐赠收入;(九)其他收入。"

《企业所得税法实施条例》第二十二条规定:"企业所得税法第六条第(九)项所称其他收入,是指企业取得的除企业所得税法第六条第(一)项至第(八)项规定的收入外的其他收入,包括企业资产溢余收入、逾期未退包装物押金收入、确实无法偿付的应付款项、已作坏账损失处理后又收回的应收款项、债务重组收入、补贴收入、违约金收入、汇兑收益等。"第二十三条规定:"企业的下列生产经营业务可以分期确认收入的实现:(一)以分期收款方式销售货物的,按照合同约定的收款日期确认收入的实现;(二)企业受托加工制造大型机械设备、船舶、飞机,以及从事建筑、安装、装配工程业务或者提供其他劳务等,持续时间超过12个月的,按照纳税年度内完工进度或者完成的工作量确认收入的实现。"

《财政部 国家税务总局关于专项用途财政性资金企业所得税处理问题的通知》(财税〔2011〕70号)。

《财政部 国家税务总局关于财政性资金 行政事业性收费政府性基金有关企业所得税政策问题的通知》(财税〔2008〕151号)。

(3) 核查路径

① 重点核查"营业外收入""其他业务收入""投资收益""财务费用""资本公积"等科目;核实企业是否存在"代扣代缴个人所得税""代扣代缴预提所得税"而取得手续费收入,是否按税法规定计入当期损益,缴纳企业所得税。

② 结合往来账和相关原始凭证,确定收入的来源、金额;查看和收入有关的审批文件和手续,确定收入是否按税法规定申报。

③ 了解相关合同,核对会计确认收入时间和税法确认收入时间是否一致。

8. 企业职工福利费归集不合规事项

(1) 风险描述

①福利费用列支有无超出14%标准。②工资基数计算是否按照实发工资计算。③未按规定将用于职工食堂、集体宿舍等福利设施及相关支出计入职工福利费。④未按规定将用于集体福利部门工作人员的工资薪金、社会保险费、住房公积金、劳务费等人工费用计入职工福利费。⑤为职工支付的补充养老保险费、补充医疗保险费、计提的住房公积金比例超过计提标准,未在国务院财政、税务等相关部门规定的范围和标准内税前扣除,超出部分未调增当期应纳税所得额。⑥慰问费、文体活动费、沟通费、员工聚餐费、供热费、取暖费、防暑降温费等未计入职工福利费。⑦计入福利费中的用于个人的娱乐、健身、旅游、招待、购物、馈赠、购买商业保险、购买住房、支付物业等支出不得计入福利费,不得进行税前列支。

(2) 政策依据

《企业所得税法》第八条规定:"企业实际发生的与取得收入有关的、合理的支出,包括成本、费用、税金、损失和其他支出,准予在计算应纳税所得额时扣除。"

《企业所得税法实施条例》第三十四条规定:"企业发生的合理的工资薪金支出,准予扣除。前款所称工资薪金,是指企业每一纳税年度支付给在本企业任职或者受雇的员工的所有现金形式或者非现金形式的劳动报酬,包括基本工资、奖金、津贴、补贴、年终加薪、加班工资,以及与员工任职或者受雇有关的其他支出。"

《国家税务总局关于企业工资薪金及职工福利费扣除问题的通知》(国税函〔2009〕3号)。

《国家税务总局关于企业工资薪金和职工福利费等支出税前扣除问题的公告》(国家税务总局公告2015年第34号)。

(3) 核查路径

① 计算企业实发工资,核实福利费支出有无超过实发工资14%标准。

② 了解人事部门的内部控制制度或招聘宣传资料,关注与职工薪酬福利相关的内容。

③ 关注食堂等福利设施支出、福利部门人员工资支出归集科目是否准确。

④ 核查慰问费、防暑降温费等支出有无纳入福利费;

⑤ 关注福利费支出中涉及个人娱乐、健身等支出项目,核查原始凭证。

(三) 个人所得税方面

1. 企业向本单位以外的个人赠送礼品或抽奖,未代扣代缴个人所得税事项

(1) 风险描述

① 企业在业务宣传、广告等活动中,随机向本单位以外的个人赠送礼品,对个人取得的礼品所得,未按照"其他所得"项目,全额适用20%的税率缴纳个人所得税。

② 企业在年会、座谈会、庆典以及其他活动中向本单位以外的个人赠送礼品,对个人取得的礼品所得,未按照"其他所得"项目,全额适用20%的税率缴纳个人所得税。

③ 企业对累积消费达到一定额度的顾客,给予额外抽奖机会,个人的获奖所得,未按照"偶然所得"项目,全额适用20%的税率缴纳个人所得税。

(2) 政策依据

《财政部国家税务总局关于企业促销展业赠送礼品有关个人所得税问题的通知》(财税〔2011〕50号)。

(3) 核查路径

重点审核"业务招待费""会议费""培训费""销售费用"等科目。核实企业向本单位以外人员赠送礼品的项目和金额,在企业的电子账簿中查询"礼品""赠送"等字眼。查看企业礼品、礼金支出与扣缴个人所得税核对,判断是否履行扣缴义务。

2. 未准确划分不含税个人所得事项

(1) 风险描述

存在为个人负担个人所得税,未按税法规定换算为含税所得的风险。

(2) 政策依据

《个人所得税法》第二条第(一)项:下列各项个人所得,应纳个人所得税:一、工资、薪金所得。第八条规定:"个人所得税,以所得人为纳税义务人,以支付所得的单位或者个人为扣缴义务人。个人所得超过国务院规定数额的,在两处以上取得工资、薪金所得或者没有扣缴义务人的,以及具有国务院规定的其他情形的,纳税义务人应当按照国家规定办理纳税申报。扣缴义务人应当按照国家规定办理全员全额扣缴申报。"第九条规定:"扣缴义务人每月所扣的税款,自行申报纳税人每月应纳的税款,都应当在次月十五日内缴入国库,并向税务机关报送纳税申报表。工资、薪金所得应纳的税款,按月计征,由扣缴义务人或者纳税义务人在次月十五日内缴入国库,并向税务机关报送纳税申报表。特定行业的工资、薪金所得应纳的税款,可以实行按年计算、分月预缴的方式计征,具体办法由国务院规定。个体工商户的生产、经营所得应纳的税款,按年计算,分月预缴,由纳税义务人在次月十五日内预缴,年度终了后三个月内汇算清缴,多退少补。对企事业单位的承包经营、承租经营所得应纳的税款,按年计算,由纳税义务人在年度终了后三十日内缴入国库,并向税务机关报送纳税申报表。纳税义务人在一年内分次取得承包经营、承租经营所得的,应当在取得每次所得后的十五日内预缴,年度终了后三个月内汇算清缴,多退少补。从中国境外取得所得的纳税义务人,应当在年度终了后三十日内,将应纳的税款缴入国库,并向税务机关报送纳税申报表。"

(3) 核查路径

审核职工劳动合同是否存在企业负担个人所得税的条款。核实企业员工取得各项不含税个人所得,即企业为个人负担全部或部分个人所得税,是否按税法规定换算为含税个人应纳税所得额后,确定适用税率和速算扣除数计算扣缴个人所得税。

3. 支付境外个人提供劳务未代扣代缴人所得税事项

(1) 风险描述

企业在获取境外个人在境内提供应税劳务、转让无形资产或者销售不动产时,存在受让方或者购买方未履行代扣代缴义务,未代扣代缴个人所得税款的风险。

(2) 政策依据

《个人所得税法》第八条规定:"个人所得税,以所得人为纳税义务人,以支付所得的单位或者个人为扣缴义务人。个人所得超过国务院规定数额的,在两处以上取得工资、薪金所得或者没有扣缴义务人的,以及具有国务院规定的其他情形的,纳税义务人应当按照国家规定办理纳税申报。扣缴义务人应当按照国家规定办理全员全额扣缴申报。"

《中华人民共和国个人所得税法实施条例》第五条规定:"下列所得,不论支付地点是否在中国境内,均为来源于中国境内的所得:(一)因任职、受雇、履约等而在中国境内提供劳务取得的所得;(二)将财产出租给承租人在中国境内使用而取得的所得;(三)转让中国境内的建筑物、土地使用权等财产或者在中国境内转让其他财产取得的所得;(四)许可各种特许权在中国境内使用而取得的所得;(五)从中国境内的公司、企业以及其他经济组织或者个人取得的利息、股息、红利所得。"第八条规定:"税法第二条所说的各项个人所得的范围:(一)工资、薪金所得,是指个人因任职或者受雇而取得的工资、薪金、奖金、年终加薪、劳动分红、津贴、补贴以及与任职或者受雇有关的其他所得。(二)个体工商户的生产、经营所得,是指:1.个体工商户从事工业、手工业、建筑业、交通运输业、商业、饮食业、服务业、修理业以及其他行业生产、经营取得的所得;2.个人经政府有关部门批准,取得执照,从事办学、医疗、咨询以及其他有偿服务活动取得的所得;3.其他个人从事个体工商业生产、经营取得的所得;4.上述个体工商户和个人取得的与生产、经营有关的各项应纳税所得。(三)对企事业单位的承包经营、承租经营所得,是指个人承包经营、承租经营以及转包、转租取得的所得,包括个人按月或者按次取得的工资、薪金性质的所得。(四)劳务报酬所得,是指个人从事设计、装潢、安装、制图、化验、测试、医疗、法律、会计、咨询、讲学、新闻、广播、翻译、审稿、书画、雕刻、影视、录音、录像、演出、表演、广告、展览、技术服务、介绍服务、经纪服务、代办服务以及其他劳务取得的所得。(五)稿酬所得,是指个人因其作品以图书、报刊形式出版、发表而取得的所得。(六)特许权使用费所得,是指个人提供专利权、商标权、著作权、非专利技术以及其他特许权的使用权取得的所得;提供著作权的使用权取得的所得,不包括稿酬所得。(七)利息、股息、红利所得,是指个人拥有债权、股权而取得的利息、股息、红利所得。(八)财产租赁所得,是指个人出租建筑物、土地使用权、机器设备、车船以及其他财产取得的所得。(九)财产转让所得,是指个人转让有价证券、股权、建筑物、土地使用权、机器设备、车船以及其他财产取得的所得。(十)偶然所得,是指个人得奖、中奖、中彩以及其他偶然性质的所得。个人取得的所得,难以界定应纳税所得项目的,由主管税务机关确定。"

(3) 核查路径

重点审核"生产成本""管理费用"等科目。从银行采集国内企业支付外汇明细资料,查看是否存在发生从国外购买专利技术,或者支付国外机构服务费等业务,关注境外单位在境内是否设立经营机构、是否有代理人,是否存在受让方或者购买方未履行代扣代缴义务,未代扣代缴个人所得税款的情况。

4. 企业为职工购买商业保险未代扣代缴个人所得税事项

(1) 风险描述

为员工支付各项免税之外的保险金,未在企业向保险公司缴付时(即该保险落到被保险人的保险账户)并入员工当期的工资收入,按"工资、薪金所得"项目扣缴个人所得税。

(2) 政策依据

《个人所得税法》。

《个人所得税法实施条例》第十条规定:"个人取得的应纳税所得,包括现金、实物和有价证券。所得为实物的,应当按照取得的凭证上所注明的价格计算应纳税所得额;无凭证的实物或者凭证上所注明的价格明显偏低的,由主管税务机关参照当地的市场价格核定应纳税所得额。所得为有价证券的,由主管税务机关根据票面价格和市场价格核定应纳税所得额。"

(3) 核查路径

重点审核"管理费用—商业保险""应付职工薪酬—应付福利费""应交税费—应交个人所得税"科目,了解企业是否为员工购买商业保险。结合企业工资发放明细表、会计记账凭证、纳税申报表、完税凭证,分税目梳理企业个人所得税缴纳情况。

（四）印花税方面

1. 未按规定时限、金额、税目计税事项

（1）风险描述

企业技术转让合同，包括专利权转让合同、专利申请权转让合同、专利实施许可和非专利技术转让合同，除免税规定外，未按规定时限、金额、"技术合同"税目计税。

（2）政策依据

《印花税暂行条例》，《印花税税目税率表》第十项技术合同。

（3）核查路径

重点审核技术转让合同，统计合同期间累计发生额，比对纳税申报表中的实际申报缴纳数额，核实是否存在少申报缴纳印花税。

2. 电子凭证、简易书据未按规定计税事项

（1）风险描述

以电子形式签订的各类应税凭证未按规定缴纳印花税；存在将具有合同性质的书据称为意向书、契约，未按规定计税的情况。

（2）政策依据

《印花税暂行条例》（中华人民共和国国务院令〔1988〕第 11 号）第一条规定："在中华人民共和国境内书立、领受本条例所列举凭证的单位和个人，都是印花税的纳税义务人（以下简称纳税人），应当按照本条例规定缴纳印花税。第二条　下列凭证为应纳税凭证：1、购销、加工承揽、建设工程承包、财产租赁、货物运输、仓储保管、借款、财产保险、技术合同或者具有合同性质的凭证；2、产权转移书据；3、营业账簿；4、权利、许可证照；5、经财政部确定征税的其他凭证。"第七条规定："应纳税凭证应当于书立或者领受时贴花。"第八条规定："同一凭证，由两方或者两方以上当事人签订并各执一份的，应当由各方就所执的一份各自全额贴花。"

《印花税暂行条例施行细则》第四条规定："条例第二条所说的合同，是指根据《中华人民共和国经济合同法》《中华人民共和国涉外经济合同法》和其他有关合同法规订立的合同。具有合同性质的凭证，是指具有合同效力的协议、契约、合约、单据、确认书及其他各种名称的凭证。"

《财政部　国家税务总局关于印花税若干政策的通知》（财税〔2006〕162 号）第一条规定："对纳税人以电子形式签订的各类应税凭证按规定征收印花税。"

（3）核查路径

审核企业签订的电子形式凭证台账，研判是否具有印花税计税要素。

四、案例分析

从 ERP 系统科目中发现风险
——某电子信息科技有限公司案例

某电子信息科技有限公司，增值税一般纳税人，属于当地重点大企业，200×年12月注册，由境外母公司××科技信息有限公司100％投资控股，并为母公司代工生产笔记本式电脑。

税务机关按照风险评估、企业自查、风险应对、总结反馈几个环节，组建工作团队对某公司开展了税收风险管理。几个阶段的具体内容如下：风险评估阶段主要是在了解企业经营环境和特点及经营流程、财务数据、申报信息的基础上，对企业的涉税风险进行评估，并梳理行业涉税风险点；企业自查阶段主要是通过下发自查数据包的形式引导企业进行自查，同时对自查结果进行分析，并结合风险评估阶段的成果，确定重要事项，为下一阶段提供指引；风险应对阶段是对企业重要涉税风险点进行应对，排查涉税风险；总结反馈阶段主要是总结企业税收风险管理的经验和不足，对以后的风险管理工作提供指导，同时对该行业的风险进行总结，并提出相关建议。

工作团队前期深入某公司了解其生产经营流程、审阅该企业财务报表、审计报告等涉税资料，并辅导企业填写了大企业税务风险管理信息系统的问卷调查。通过对相关指标的分析，工作团队发现该企业的财务经营

指标都属于正常水平,并未出现明显异常,同时,该企业内控机制相对完善,税收遵从度较一般企业高。尽管如此,工作团队还是不敢掉以轻心,开始对企业进行了风险应对,发现该企业使用的是 SAP 系统,而这个系统的相关操作、设置与工作团队平时所熟悉的财务软件有所区别。面对着不熟悉的系统和海量的数据信息,工作团队并没有因此放弃,反而加班加点,寻找企业可能存在的涉税风险。

工作团队发现在 SAP 系统中的科目表与传统的手工方式在科目体系中有了很大的不同。传统的账务体系将会计科目分为一级科目、二级科目、三级科目等。但在 SAP 系统中已没有这样划分。SAP 系统中所有的明细或二、三级科目上升为总账一级科目,因此在 SAP 系统的总账科目表中,工作团队看到的就不是常见的几十个科目,而是将近 500 个总账科目。而这些科目最终会通过财务人员的归集调整为对应的类别,如银行存款科目包括哪些科目,"管理费用"科目包括哪些科目,"销售费用"科目包括哪些科目等。了解到这种情况后,工作团队人员要求企业提供科目对照表以及其归集科目的具体方式,并提供该企业 SAP 设置手册。当企业财务部门的负责人听到需要提供这两项资料的时候,其表现出了一丝的诧异,表示整理需要一定时间,不能马上提供。果不其然,在接下来的日子里,该财务负责人一直在推搪,但在工作团队的坚持努力下,最终其提供了科目对应表和比较粗略的归集科目方式。

接下来,在认真审阅企业科目对照表的时候,工作团队发现了异常的情况。企业设置的很多是个性化的科目,而这些科目里面的内容并没有准确归集,如"合作费"科目、"内部培训费"科目、"合理化费用"科目、"事件营销费"科目、"验厂费"科目等。通过细心分析科目里面的摘要内容,工作团队发现这里面可能涉及企业接待服务的内容,而这些支出是否准确归集到了业务接待费中呢?工作团队人员心中画了个问号。此外,工作人员在科目对照表中也发现该企业支付了较多的境外费用。由于该企业对生产技术有一定要求,因此该企业经常会邀请境外公司为其提供咨询等劳务,而这部分业务涉及营改增业务,企业是否按规定缴纳了增值税呢?工作团队人员心中又画了个问号。

带着疑问,工作团队对企业的具体科目内容和报表数据进行了核对,并对企业的财务负责人进行了工作访谈,结果不出所料,企业的许多个性化科目中都存在接待费用支出,但这些支出并未准确归集到"业务接待费"科目核算,同时,在这些费用中,工作团队还发现,企业存在无偿赠送礼品未作视同销售的情况,而企业发生了营改增事项后也未能及时对相关劳务进行申报纳税。由于该企业的业务招待费超出了扣除标准,最终该企业补缴了企业所得税近×××万元,补缴了增值税近×××万元,无偿赠送个人礼品事项补缴个人所得税近×××万元。

从以上本案例,可以发现,尽管集团企业内控制度较为健全,执行比较到位,但全流程涉税内控相对薄弱,主要表现在:一是大部分企业没有专门的税务部门,其税务岗位或部门从属于财务部门,部分税务人员直接由财务人员兼岗,未得到足够的重视,缺乏必要的独立性,不能参与企业重大决策的过程,不能从源头上识别和防范税务风险。二是少数大企业有专门的税务部门,但其职责主要侧重于日常涉税事项处理、税收筹划等,税务岗位的职责定位较低,较少涉及风险评估、识别和提供风险管理建议的职责。三是涉税内控制度缺乏具体可操作细则,执行难度较大。

此外,也发现部分大企业过度依赖管理系统,对业务风险掌控相对弱。计算机、通信和其他电子设备制造行业越来越普遍采用 SAP、ORACLE 等 ERP 管理系统,专业化程度高,分工较细,财务、税务人员往往只是按照自身岗位要求做好本职工作,但通过各个岗位衔接、信息整合、人工分析所能研判出来的风险是较难掌控的,财务、税务岗位人员容易陷入机械式工作,逐渐形成系统性风险。

附 法 规 索 引

(一)增值税类

1.《中华人民共和国增值税暂行条例》
2.《中华人民共和国增值税暂行条例实施细则》
3.《财政部 国家税务总局关于全国实施增值税转型改革若干问题的通知》(财税〔2008〕170 号)
4.《财政部 国家税务总局关于部分货物适用增值税低税率和简易办法征收增值税政策的通知》(财税

〔2009〕9号)

5.《财政部 国家税务总局关于固定资产进项税额抵扣问题的通知》(财税〔2009〕113号)
6.《财政部 国家税务总局关于软件产品增值税政策的通知》(财税〔2011〕100号)
7.《国家税务总局关于一般纳税人销售自己使用过的固定资产增值税有关问题的公告》(国家税务总局公告2012年第1号)
8.《财政部 国家税务总局关于将铁路和邮政业纳入营业税改征增值税试点的通知》(财税〔2013〕106号)
9.《财政部 国家税务总局关于简并增值税征收率政策的通知》(财税〔2014〕57号)
10.《国家税务总局关于简并增值税征收率有关问题的公告》(国家税务总局公告2014年第36号)

(二) 企业所得税类

1.《中华人民共和国企业所得税法》
2.《中华人民共和国企业所得税法实施条例》
3.《财政部 国家税务总局关于非居民企业征收企业所得税有关问题的通知》(财税〔2008〕130号)
4.《国家税务总局关于印发〈企业研究开发费用税前扣除管理办法(试行)〉的通知》(国税发〔2008〕116号)
5.《财政部 国家税务总局关于财政性资金 行政事业性收费 政府性基金有关企业所得税政策问题的通知》(财税〔2008〕151号)
6.《国家税务总局关于企业工资薪金及职工福利费扣除问题的通知》(国税函〔2009〕3号)
7.《国家税务总局关于印发〈非居民企业所得税源泉扣缴管理暂行办法〉的通知》(国税发〔2009〕3号)
8.《财政部 国家税务总局关于企业资产损失税前扣除政策的通知》(财税〔2009〕57号)
9.《国家税务总局关于企业固定资产加速折旧所得税处理有关问题的通知》(国税发〔2009〕81号)
10.《国家税务总局关于贯彻落实企业所得税法若干税收问题的通知》(国税函〔2010〕79号)
11.《国家税务总局关于非居民企业所得税管理若干问题的公告》(国家税务总局公告2011年第24号)
12.《国家税务总局关于发布〈企业资产损失所得税税前扣除管理办法〉的公告》(国家税务总局公告2011年第25号)
13.《财政部 国家税务总局关于专项用途财政性资金企业所得税处理问题的通知》(财税〔2011〕70号)
14.《财政部 国家税务总局关于进一步鼓励软件产业和集成电路产业发展企业所得税政策的通知》(财税〔2012〕27号)
15.《国家税务总局关于营业税改征增值税试点中非居民企业缴纳企业所得税有关问题的公告》(国家税务总局公告2013年第9号)
16.《财政部 国家税务总局关于研究开发费用税前加计扣除有关政策问题的通知》(财税〔2013〕70号)
17.《国家税务总局关于固定资产加速折旧税收政策有关问题的公告》(国家税务总局公告2014年第64号)
18.《国家税务总局关于企业工资薪金和职工福利费等支出税前扣除问题的公告》(国家税务总局公告2015年第34号)
19.《国家税务总局关于进一步完善固定资产加速折旧企业所得税政策有关问题的公告》(国家税务总局公告2015年第68号)
20.《财政部 国家税务总局关于进一步完善固定资产加速折旧企业所得税政策的通知》(财税〔2015〕106号)
21.《关于完善研究开发费用税前加计扣除政策的通知》(财税〔2015〕119号)
22.《关于企业研究开发费用税前加计扣除政策有关问题的公告》(国家税务总局2015年97号)

(三) 个人所得税类

1.《中华人民共和国个人所得税法》
2.《中华人民共和国个人所得税法实施条例》

3.《财政部国家税务总局关于企业促销展业赠送礼品有关个人所得税问题的通知》(财税〔2011〕50号)

印花税

4.《中华人民共和国印花税暂行条例》
5.《中华人民共和国印花税暂行条例施行细则》
6.《财政部 国家税务总局关于印花税若干政策的通知》(财税〔2006〕162号)

 国家税务总局大企业税收管理司关于加强大企业税务审计软件数据安全管理的通知

税总企便函〔2014〕53号

各省、自治区、直辖市和计划单列市国家税务局、地方税务局大企业税收管理部门:

为进一步加强大企业税务审计软件数据安全管理,根据税务总局有关信息系统数据安全管理工作的要求,现将有关事项通知如下:

一、提高认识,加强学习

各单位要认真学习《国家税务总局关于加强数据安全管理的通知》(国税函〔2008〕9号)、《国家税务总局办公厅关于加强税收电子数据规范使用和安全管理的通知》(税总办函〔2014〕483号)等信息安全和保密工作的有关规定,充分认识到加强大企业税务审计软件数据安全管理的重要意义,切实增强规范使用大企业税务审计软件的责任感,牢固树立数据安全保密意识。

二、严明纪律,规范行为

(一)加强对大企业税务审计软件使用人员的管理,严格遵循人机固定、权责匹配原则,切实落实谁使用、谁管理、谁负责制度。

(二)不得将安装大企业税务审计软件的计算机交由外来人员使用,严禁与大企业税务审计工作无关的人员登录系统进行操作。

(三)严格遵守相关信息安全和保密规定,对大企业税务审计软件数据进行规范管理和使用,防止大企业税务审计软件数据被非法泄露和篡改。

(四)严格遵循内外网隔离工作要求,大企业税务审计软件数据和工作成果不得在外网传输,在内网尽量通过可控FTP传输大企业税务审计软件数据和工作成果。

(五)严格控制大企业税务审计软件使用范围和用户数量,与大企业税务审计工作无关的人员不得纳入软件使用范围。用户一旦离开大企业税务审计岗位,各地应当立即变更用户使用权限。

(六)用户首次登录大企业税务审计软件后,应当根据口令管理策略和要求,及时变更用户口令,并定期进行更新。各地应当加强对用户口令安全性的监督检查工作。

三、加强领导,落实责任

各地要认真落实大企业税务审计软件数据安全管理责任制,明确责任,落实到人。用户在使用大企业税务审计软件时,系统会自动记录登录用户的每一步操作,实现痕迹管理。

各地接到本通知后,要迅速对本单位大企业税务审计软件数据安全管理情况进行自查自纠,对查出的问题,要研究制定整改措施,逐一抓好落实,确保不发生数据安全问题。

大企业税收管理司
2014年8月7日

国家税务总局关于印发《大企业税务风险管理指引(试行)》的通知

国税发〔2009〕90号

各省、自治区、直辖市和计划单列市国家税务局、地方税务局：

为了加强大企业税收管理及纳税服务工作，指导大企业开展税务风险管理，防范税务违法行为，依法履行纳税义务，现将《大企业税务风险管理指引(试行)》印发给你们，请组织宣传，辅导企业参照实施，并及时将实施过程中发现的问题和建议反馈税务总局。

二〇〇九年五月五日

大企业税务风险管理指引(试行)

1 总则

1.1 本指引旨在引导大企业合理控制税务风险，防范税务违法行为，依法履行纳税义务，避免因没有遵循税法可能遭受的法律制裁、财务损失或声誉损害。

1.2 税务风险管理的主要目标包括：

- 税务规划具有合理的商业目的，并符合税法规定；
- 经营决策和日常经营活动考虑税收因素的影响，符合税法规定；
- 对税务事项的会计处理符合相关会计制度或准则以及相关法律法规；
- 纳税申报和税款缴纳符合税法规定；
- 税务登记、账簿凭证管理、税务档案管理以及税务资料的准备和报备等涉税事项符合税法规定。

1.3 企业可以参照本指引，结合自身经营情况、税务风险特征和已有的内部风险控制体系，建立相应的税务风险管理制度。税务风险管理制度主要包括：

- 税务风险管理组织机构、岗位和职责；
- 税务风险识别和评估的机制和方法；
- 税务风险控制和应对的机制和措施；
- 税务信息管理体系和沟通机制；
- 税务风险管理的监督和改进机制。

1.4 税务机关参照本指引对企业建立与实施税务风险管理的有效性进行评价，并据以确定相应的税收管理措施。

1.5 企业应倡导遵纪守法、诚信纳税的税务风险管理理念，增强员工的税务风险管理意识，并将其作为企业文化建设的一个重要组成部分。

1.6 税务风险管理由企业董事会负责督导并参与决策。董事会和管理层应将防范和控制税务风险作为企业经营的一项重要内容，促进企业内部管理与外部监管的有效互动。

1.7 企业应建立有效的激励约束机制，将税务风险管理的工作成效与相关人员的业绩考核相结合。

1.8 企业应把税务风险管理制度与企业的其他内部风险控制和管理制度结合起来，形成全面有效的内部风险管理体系。

2 税务风险管理组织

2.1 企业可结合生产经营特点和内部税务风险管理的要求设立税务管理机构和岗位，明确岗位的职责和权限。

2.2 组织结构复杂的企业,可根据需要设立税务管理部门或岗位:
- 总分机构,在分支机构设立税务部门或者税务管理岗位;
- 集团型企业,在地区性总部、产品事业部或下属企业内部分别设立税务部门或者税务管理岗位。

2.3 企业税务管理机构主要履行以下职责:
- 制订和完善企业税务风险管理制度和其他涉税规章制度;
- 参与企业战略规划和重大经营决策的税务影响分析,提供税务风险管理建议;
- 组织实施企业税务风险的识别、评估,监测日常税务风险并采取应对措施;
- 指导和监督有关职能部门、各业务单位以及全资、控股企业开展税务风险管理工作;
- 建立税务风险管理的信息和沟通机制;
- 组织税务培训,并向本企业其他部门提供税务咨询;
- 承担或协助相关职能部门开展纳税申报、税款缴纳、账簿凭证和其他涉税资料的准备和保管工作;
- 其他税务风险管理职责。

2.4 企业应建立科学有效的职责分工和制衡机制,确保税务管理的不相容岗位相互分离、制约和监督。税务管理的不相容职责包括:
- 税务规划的起草与审批;
- 税务资料的准备与审查;
- 纳税申报表的填报与审批;
- 税款缴纳划拨凭证的填报与审批;
- 发票购买、保管与财务印章保管;
- 税务风险事项的处置与事后检查;
- 其他应分离的税务管理职责。

2.5 企业涉税业务人员应具备必要的专业资质、良好的业务素质和职业操守,遵纪守法。

2.6 企业应定期对涉税业务人员进行培训,不断提高其业务素质和职业道德水平。

3 税务风险识别和评估

3.1 企业应全面、系统、持续地收集内部和外部相关信息,结合实际情况,通过风险识别、风险分析、风险评价等步骤,查找企业经营活动及其业务流程中的税务风险,分析和描述风险发生的可能性和条件,评价风险对企业实现税务管理目标的影响程度,从而确定风险管理的优先顺序和策略。企业应结合自身税务风险管理机制和实际经营情况,重点识别下列税务风险因素:
- 董事会、监事会等企业治理层以及管理层的税收遵从意识和对待税务风险的态度;
- 涉税员工的职业操守和专业胜任能力;
- 组织机构、经营方式和业务流程;
- 技术投入和信息技术的运用;
- 财务状况、经营成果及现金流情况;
- 相关内部控制制度的设计和执行;
- 经济形势、产业政策、市场竞争及行业惯例;
- 法律法规和监管要求;

● 其他有关风险因素。

3.2 企业应定期进行税务风险评估。税务风险评估由企业税务部门协同相关职能部门实施,也可聘请具有相关资质和专业能力的中介机构协助实施。

3.3 企业应对税务风险实行动态管理,及时识别和评估原有风险的变化情况以及新产生的税务风险。

4 税务风险应对策略和内部控制

4.1 企业应根据税务风险评估的结果,考虑风险管理的成本和效益,在整体管理控制体系内,制定税务风险应对策略,建立有效的内部控制机制,合理设计税务管理的流程及控制方法,全面控制税务风险。

4.2 企业应根据风险产生的原因和条件从组织机构、职权分配、业务流程、信息沟通和检查监督等多方面建立税务风险控制点,根据风险的不同特征采取相应的人工控制机制或自动化控制机制,根据风险发生的规律和重大程度建立预防性控制和发现性控制机制。

4.3 企业应针对重大税务风险所涉及的管理职责和业务流程,制定覆盖各个环节的全流程控制措施;对其他风险所涉及的业务流程,合理设置关键控制环节,采取相应的控制措施。

4.4 企业因内部组织架构、经营模式或外部环境发生重大变化,以及受行业惯例和监管的约束而产生的重大税务风险,可以及时向税务机关报告,以寻求税务机关的辅导和帮助。

4.5 企业税务部门应参与企业战略规划和重大经营决策的制定,并跟踪和监控相关税务风险。

4.6 企业战略规划包括全局性组织结构规划、产品和市场战略规划、竞争和发展战略规划等。

4.7 企业重大经营决策包括重大对外投资、重大并购或重组、经营模式的改变以及重要合同或协议的签订等。

4.8 企业税务部门应参与企业重要经营活动,并跟踪和监控相关税务风险。

4.9 参与关联交易价格的制定,并跟踪定价原则的执行情况。

4.10 参与跨国经营业务的策略制定和执行,以保证符合税法规定。

4.11 企业税务部门应协同相关职能部门,管理日常经营活动中的税务风险:

4.12 参与制定或审核企业日常经营业务中涉税事项的政策和规范;

4.13 制定各项涉税会计事务的处理流程,明确各自的职责和权限,保证对税务事项的会计处理符合相关法律法规;

4.14 完善纳税申报表编制、复核和审批以及税款缴纳的程序,明确相关的职责和权限,保证纳税申报和税款缴纳符合税法规定;

4.15 按照税法规定,真实、完整、准确地准备和保存有关涉税业务资料,并按相关规定进行报备。

4.16 企业应对发生频率较高的税务风险建立监控机制,评估其累计影响,并采取相应的应对措施。

5 信息与沟通

5.1 企业应建立税务风险管理的信息与沟通制度,明确税务相关信息的收集、处理和传递程序,确保企业税务部门内部、企业税务部门与其他部门、企业税务部门与董事会、监事会等企业治理层以及管理层的沟通和反馈,发现问题应及时报告并采取应对措施。

5.2 企业应与税务机关和其他相关单位保持有效的沟通,及时收集和反馈相关信息。

5.2.1 建立和完善税法的收集和更新系统，及时汇编企业适用的税法并定期更新；

5.2.2 建立和完善其他相关法律法规的收集和更新系统，确保企业财务会计系统的设置和更改与法律法规的要求同步，合理保证会计信息的输出能够反映法律法规的最新变化。

5.3 企业应根据业务特点和成本效益原则，将信息技术应用于税务风险管理的各项工作，建立涵盖风险管理基本流程和内部控制系统各环节的风险管理信息系统。

5.3.1 利用计算机系统和网络技术，对具有重复性、规律性的涉税事项进行自动控制；

5.3.2 将税务申报纳入计算机系统管理，利用有关报表软件提高税务申报的准确性；

5.3.3 建立年度税务日历，自动提醒相关责任人完成涉税业务，并跟踪和监控工作完成情况；

5.3.4 建立税务文档管理数据库，采用合理的流程和可靠的技术对涉税信息资料安全存储；

5.3.5 利用信息管理系统，提高法律法规的收集、处理及传递的效率和效果，动态监控法律法规的执行。

5.4 企业税务风险管理信息系统数据的记录、收集、处理、传递和保存应符合税法和税务风险控制的要求。

6 监督和改进

6.1 企业税务部门应定期对企业税务风险管理机制的有效性进行评估审核，不断改进和优化税务风险管理制度和流程。

6.2 企业内部控制评价机构应根据企业的整体控制目标，对税务风险管理机制的有效性进行评价。

6.3 企业可以委托符合资质要求的中介机构，根据本指引和相关执业准则的要求，对企业税务风险管理相关的内部控制有效性进行评估，并向税务机关出具评估报告。

五、减税降费

第一部分 综合篇

  国家税务总局关于坚决查处第三方借减税降费服务
巧立名目乱收费行为的通知

税总发〔2019〕44号

国家税务总局各省、自治区、直辖市和计划单列市税务局,国家税务总局驻各地特派员办事处,局内各单位:

3月27日,李克强总理在海南考察时强调:要警惕借减税服务巧立名目乱收费,不论哪里出现这样的苗头必须坚决打掉,决不允许以任何名目揩减税的油。为认真贯彻李克强总理重要指示精神,进一步加强对电子发票第三方平台涉税服务收费的监督管理,并举一反三,切实加强对各类第三方涉税服务收费的监管,坚决防止借为实施减税降费提供咨询等各种服务之名乱收费、抵消减税降费效果,保障纳税人和缴费人应享尽享减税降费红利,现将有关事项通知如下:

一、迅速开展第三方借减税降费服务巧立名目乱收费行为专项排查整治

进一步加强第三方涉税服务收费监管,对降低企业经营成本,维护纳税人和缴费人合法权益,确保减税降费的真金白银真正落到企业,具有十分重要的意义。税务总局决定,从即日起至5月31日,迅速在全国税务系统开展为期两个月的第三方借减税降费服务巧立名目乱收费行为专项排查整治。各级税务机关要从贯彻以习近平同志为核心的党中央作出的减税降费重大决策部署的高度,深入落实李克强总理重要指示精神,高度重视、迅速部署,主要负责同志要亲自抓、分管领导要直接抓,确保取得实效。

二、全面排查第三方借减税降费服务巧立名目乱收费行为

要在近期已开展涉企收费、中介机构收费清理整治工作的基础上,对照税务总局有关工作要求,进一步全面深入梳理第三方涉税服务收费情况,彻底摸清收费的项目、标准等,细致排查是否存在乱收费行为。重点排查是否仍存在第三方平台违反自愿原则强制纳税人购买增值服务;是否存在服务单位借销售税控专用设备或维护服务之机违规捆绑销售设备、软件、其他商品;是否存在第三方利用垄断地位乱收费谋取不正当利益;等等。

三、坚决整治第三方涉税服务乱收费问题

对全面排查中发现存在乱收费行为的,要会同相关部门迅速采取约谈、责令限期改正、降低信用等级、取消服务资格等措施坚决予以整治。各级税务机关要畅通第三方涉税服务收费投诉举报渠道,建立快速反应机制,对纳税人和各方面反映的乱收费问题,会同相关部门第一时间调查核实和处理反馈。在专项排查整治期间,税务总局在北京12366纳税服务中心设立

第三方涉税服务乱收费问题举报投诉专席,各省税务机关也要相应设立。

四、严肃查处税务机关和税务干部违法违规行为

各级税务机关要坚持把纪律挺在前面,严格执行有关法律法规和廉政规定,对税务干部违规参与、干预、诱导纳税人选择第三方涉税服务机构的行为,发现一起查处一起,绝不姑息。一旦查出税务干部与第三方有利益关联,要坚决清除出税务系统;涉嫌违法犯罪的,依法移送司法机关处理。

五、积极争取各方面支持形成整治第三方乱收费行为的合力

各级税务机关要主动向地方党委和政府汇报第三方涉税服务收费监管工作,并主动加强与当地物价、市场监管以及企业主管部门等方面的协作配合,争取指导支持。对属于相关部门职责范围的问题,及时提请采取各种监管措施,迅速予以处理。

国家税务总局各省、自治区、直辖市和计划单列市税务局负责组织本地区的排查整治工作,将其作为实施减税降费工作领导小组的重要职责之一,专设一个工作组负责,分别于4月30日和6月3日前,分阶段向税务总局实施减税降费工作领导小组报送排查整治情况,重要情况要随时报告。要将坚决查处第三方涉税服务乱收费行为贯穿落实减税降费工作全过程,在专项排查整治结束后,仍要持续抓实抓好。各级税务机关纪检部门、系统党建部门、督察内审部门要切实加大监督检查力度,采取明察暗访等方式,对各地落实情况进行核查。对工作开展敷衍塞责的,对纳税人和缴费人反映乱收费问题置之不理、消极怠慢、推诿扯皮的,要严肃进行问责。

国家税务总局
2019年3月29日

国家税务总局关于深入贯彻落实减税降费政策措施的通知

税总发〔2019〕13号

国家税务总局各省、自治区、直辖市和计划单列市税务局,国家税务总局驻各地特派员办事处,局内各单位:

为深入贯彻党中央、国务院决策部署,确保减税降费政策措施落地生根,促进经济社会持续健康发展,现就有关工作通知如下:

一、提高思想认识,积极主动作为

减税降费是深化供给侧结构性改革的重要举措,对减轻企业负担、激发微观主体活力、促进经济增长具有重要作用。近年来,党中央、国务院部署实施了一系列力度大、内容实、范围广的减税降费政策措施,有力促进了创业创新,有效推动了经济社会发展。继续加大减税降费力度特别是加大对小微企业和实体经济的税收支持力度,关系到经济持续平稳运行和社会就业稳定,对进一步把握好重要战略机遇期,实现经济高质量发展具有重要意义。

近年来,各级税务机关按照党中央、国务院决策部署,认真落实各项减税降费政策,持续改进纳税服务,为释放减税降费政策红利、不断优化税收营商环境作出了积极努力,取得了积极成效。但也要看到,当前我国经济下行压力加大,特别是实体经济发展仍面临较多困难,全社会对进一步加大减税降费力度还有很多期盼。民之所盼,政之所向。党中央、国务院决定实施

更大规模的减税降费措施,近日国务院常务会议已推出一批小微企业普惠性减税政策。各级税务机关要切实把思想和行动统一到党中央、国务院的决策部署上来,从讲政治的高度,从保持经济持续健康发展和社会大局稳定的高度,进一步增强落实好减税降费措施的政治责任感和工作主动性,确保各项政策措施不折不扣落实到位,确保企业和人民群众有实实在在的获得感。

二、切实加强领导,狠抓责任落实

各级税务机关要按照全国税务工作会议的部署,把落实好减税降费政策措施作为今年税收工作的主题,摆在重中之重的突出位置,统筹谋划、周密部署、迅速行动,把这个责任坚决扛起来,把这项任务坚决落到地。税务总局已成立实施减税降费工作领导小组,下设办公室(收入规划核算司牵头)、政策制定组(政策法规司牵头)、征管核算组(收入规划核算司、征管和科技发展司牵头)、督察督办组(督察内审司牵头)、服务宣传组(纳税服务司、税收宣传中心牵头)等工作组,统筹抓好减税降费政策措施的落实。各级税务机关都要比照成立抓落实的工作机制,由一把手负总责,抽调精干力量,组成专门班子,明确责任主体,梳理任务清单,紧扣时间节点,对标对表开展好每一项工作,确保实而又实、细而又细地将减税降费政策措施实施前的各项准备、运行中的管理服务、落实后的效应分析等工作抓到位、抓出成效。

三、抓紧政策研究,尽早推进实施

在落实好已出台的小微企业普惠性减税等政策措施的基础上,税务总局配合有关部门抓紧研究完善降低增值税税率、降低社保费费率等实施方案,努力做到实打实、硬碰硬,提高政策的科学性和普惠性,积极推动相关政策尽早公布实施。各省税务机关要配合财政部门积极研究对增值税小规模纳税人在50%幅度内减征相关地方税种和附加的政策方案,主动向省级人民政府请示汇报,按要求及时制发操作文件并抓好后续落实,相关情况要及时向税务总局报告。省以下税务机关要密切跟踪小微企业普惠性减税等政策措施实施情况,完善税收政策执行情况反馈机制,及时反映政策执行中存在的问题和意见建议;要围绕进一步加大减税降费力度,深入开展调查研究,积极主动提出切实可行、简明易行的意见建议,促进减税降费政策措施不断完善,政策实施效果更给力、更有感。

四、强化宣传辅导,有效引导预期

各级税务机关要围绕确保减税降费政策措施为纳税人和缴费人普遍所知、普遍所用,着力强化宣传辅导,让市场主体实实在在感受到党中央、国务院减税降费的力度,进一步增强信心、激发活力,在全社会推动形成稳定积极的预期。要创新方式、加大力度,通过税务机关网站、微信、微博、移动客户端、12366纳税服务热线、印发宣传资料等方式开展多渠道、广覆盖的减税降费政策宣传。税务总局将通过政策解读视频会等方式面向税务系统和纳税人、缴费人开展"一竿子贯到底"的减税降费相关政策专题辅导,并将减税降费作为2019年税收宣传月的重点内容。省以下税务机关要通过纳税人学堂、上门辅导、专题宣讲等方式开展面对面的政策辅导。政策辅导既要百分之百全面覆盖,又要点对点精准"滴灌";既要面向企业财务人员,又要面向企业法人代表;既要讲解政策实体性内容,又要讲解办税缴费流程、申报表填报等程序性内容,帮助纳税人、缴费人明晰政策口径和适用标准,确保准确理解和充分享受。

五、优化管理服务,增进办税便利

各级税务机关要牢固树立以纳税人和缴费人为中心的服务理念,持续优化管理服务措施。税务总局和各级税务机关要深入研究并不断优化便利纳税人和缴费人享受减税降费政策的举措,该简化的程序一律简化,能精简的资料一律精简,尽快实施扩大税收优惠备案改备查范围、加快税务证明事项清理、推进涉税资料清单管理等措施,确保落实减税降费政策措施提质增效。省以下税务机关要结合当地实际,积极主动推出管理服务创新举措,充分发挥计算机自动识别、政策提示、标准判定、协助计税(费)等功能,进一步提升纳税人和缴费人享受减税降费政策的良好体验。要严格按照税务总局工作要求,采取有力措施全面准确掌握纳税人规模、税种、行业、经济类型等基础信息,确保基础数据质量,增强管理服务的针对性。主管税务机关应当及时审核纳税人申报数据,辅导纳税人准确申报,不断提高减免税申报质量。办税服务厅要全面落实首问责任、限时办结、预约办税、延时服务、导税服务和"最多跑一次"等各项服务制度,确保对纳税人和缴费人的问题及时解答、事项及时办理,以更高的便利度和满意度,为纳税人和缴费人带来更强的获得感。

当前,各级税务机关要围绕更好服务小微企业发展、落实好小微企业普惠性减税政策,合理调配办税资源。税务总局专门设立小微企业服务处,负责集中受理和协调解决中小微企业涉税诉求。各省税务机关也要指定专门部门、安排专人负责中小微企业服务工作。要在办税服务厅设置小微企业优惠政策落实咨询服务岗,确保小微企业涉税诉求有处提、疑惑有人解、事项有人办。

六、加强统计核算,深化效应分析

各级税务机关要认真做好减税降费政策措施落实情况的统计核算和效应分析工作,务必做到"心中有数""底账清晰"。税务总局将建立健全小微企业普惠性减税等政策措施实施情况的统计核算办法,从统一各个层级、各个地区、每个税种、每项政策的统计核算口径开始,建立包括申报数据采集、审核校验、汇总上报、核算分析等各环节在内,自上而下、整齐划一、清清爽爽的统计核算分析体系,不断提高核算的全面性、精准性、时效性,确保按期生成减免税统计核算数据,客观反映减免税效果。省税务机关要对减免税数据进行日常会审,全面提升减免税统计数据的质量和时效;要积极主动开展减税政策实施情况评估,及时上报政策运行情况及经济效应分析。要优化完善征管系统统计核算功能,开展统计核算时要特别注意避免给纳税人增添不必要的负担,凡是能够通过申报表提取或系统生成的数据,一律不得要求纳税人另行填报。

七、积极争取支持,凝聚工作合力

实施减税降费需要各方面的积极参与和共同推动。各级税务机关要加强向地方党委、政府的汇报和与财政等部门的沟通,争取地方在编制和调整预算时充分考虑实施减税降费政策的因素,合理确定税费收入预算。要主动向有关监督部门介绍减税降费政策落实情况,积极争取指导,认真改进工作,确保得到多方理解和支持。当前,要根据小微企业普惠性减税政策自2019年1月1日起实施的要求,加强与财政、人民银行等部门的沟通协调,切实做好纳税人已缴税款的退库工作。

八、抓好督促考评,务求落地生根

各级税务机关要在统筹规范督查检查考核工作的基础上,将小微企业普惠性减税等政策措施落实情况纳入绩效管理,科学编制考评指标,严格实施考评督促,并通过执法督察等方式促进减税降费政策措施更好地落实落地。税务总局2019年上半年将以小微企业普惠性减税政策落实情况为重点,组织开展减税降费工作督导督查。省以下税务机关也要层层传导压力、落实责任,一级一级抓好贯彻落实,切实加强对辖区内小微企业普惠性减税等政策措施落实情况的督查,做到一督到底、全面覆盖、不留死角。对政策执行中发现的问题要不回避、不护短,该反映的及时全面反映,能解决的及时研究解决,应整改的抓紧即查即改。同时,要积极配合好有关部门组织开展的督查工作,如实反映情况,自觉接受监督,推进各项减税降费政策措施落地生根。

九、严肃工作纪律,确保工作质效

各级税务机关要牢固树立落实好减税降费政策措施是硬任务的理念,坚持把纪律规矩挺在前面,严明工作要求,扛牢压实责任,确保各项减税降费政策措施不折不扣地落实到位,确保纳税人和缴费人"应知尽知""应会尽会""应享尽享"。对政策落实不力、统计把关不严以及在宣传辅导、管理服务等工作中有重大疏漏,造成不良影响的单位和个人,要依规依纪严肃追责问责,以最严肃的纪律确保党中央、国务院减税降费决策部署得到最严格的贯彻落实。

国家税务总局

2019 年 1 月 21 日

国家税务总局关于进一步落实好简政减税降负措施更好服务经济社会发展有关工作的通知

税总发〔2018〕150 号

国家税务总局各省、自治区、直辖市和计划单列市税务局,国家税务总局驻各地特派员办事处,局内各单位:

为深入贯彻落实党中央、国务院关于优化营商环境和简政减税降负的系列部署,充分发挥税收职能作用,更好服务经济社会发展,现就有关工作通知如下:

一、深刻认识简政减税降负的重要意义

党中央、国务院高度重视简政减税降负工作,出台了一系列政策措施,对优化营商环境、促进经济高质量发展起到了非常重要的作用。今年以来,我国经济保持了总体平稳、稳中向好的态势。同时,经济运行稳中有变,面临一些新问题新挑战。在当前国内外经济形势错综复杂的情况下,加大简政减税降负力度,有利于稳就业、稳金融、稳外贸、稳外资、稳投资、稳预期,为我国经济长期向好发展提供持续有力的支持。

各级税务机关要切实把思想和行动统一到党中央、国务院关于当前经济形势的判断上来,统一到党中央、国务院的各项决策部署上来,进一步加大工作力度,不折不扣、不拖不延地落实好各项简政减税降负措施,更好地营造稳定公平透明、可预期的税收营商环境,为市场主体添活力,为人民群众增便利。

二、不折不扣落实好各项减税政策

各级税务机关要认真落实国家已出台的减税措施,特别是今年出台的降低增值税税率、扩大增值税留抵退税范围、放宽享受减半征收企业所得税优惠的小型微利企业标准、允许单价500万元以下新购进设备器具一次性税前扣除、取消委托境外研发费用加计扣除限制等一系列优惠政策,为促进大众创业、万众创新,推动实体经济转型升级和增强社会创造力营造良好环境。要牢固树立不落实税收优惠政策也是收"过头税"的观念,进一步深入细致加强税收政策宣传辅导,及时提醒和帮助纳税人享受税收优惠,确保国家出台的各项减税政策应知尽知、应享尽享。要加强政策效应跟踪分析,及时查找和改进落实中存在的薄弱环节,确保政策落地

见效,不为经济运行增添任何不利因素。

三、扎实落实个人所得税改革措施

建立综合与分类相结合的个人所得税制,是我国个人所得税制前所未有的重大改革。各级税务机关要进一步增强责任感、使命感和紧迫感,按照"一次立法、两步实施"的安排,切实做好2018年10月1日起提高基本减除费用标准并适用新税率表、2019年1月1日起全面实施综合与分类税制的各项准备工作,稳妥开展信息系统搭建,密切加强部门协作和信息共享,迅速组织开展好税务系统内部和面向纳税人、扣缴义务人的培训辅导,确保落实新税法的各项资源配置及时到位,各项配套措施有效落地,各项改革任务圆满完成。同时,要紧扣纳税人诉求,回应纳税人关切,化解纳税人疑虑,扎扎实实做好改革实施工作,确保改革红利及时惠及每一名纳税人,确保改革成果由纳税人所享,改革成效获纳税人点赞。

四、有序推进社会保险费和非税收入征管职责划转准备工作

社会保险费和非税收入征管职责划转涉及面广、关注度高,是一项重大的系统工程,也是一项民生工程。各级税务机关要按照税务总局的统一安排部署,在地方政府的领导下,加强与有关部门的配合,坚持稳字当头,积极稳妥做好资料移交、系统对接等工作,建立部门间常态化信息共享和协作机制,优化社保费和非税收入缴费服务资源配置,从缴费人需求出发,统一服务标准,整合税费缴纳流程,简并缴费资料报送,降低缴费成本,确保划转工作平稳有序、信息系统稳定运行、缴费人和社会各界反映良好。特别是要按照国务院明确的"总体上不增加企业负担"的已定部署,已负责征收社保费的税务机关,务必在社保征收机构改革到位前,一律保持现有征收政策不变,务必做到不自行组织开展以前年度的欠费清查,务必对有令不行、有禁不止、违反规定的行为依法依规坚决纠正、严肃处理。同时,要认真进行分析测算,抓紧研究提出适当降低社保费率、确保总体上不增加企业负担的政策措施。

五、持续深化税收领域"放管服"改革

各级税务机关要进一步牢固树立以纳税人和缴费人为中心的服务理念,结合国税地税征管体制改革,继续加大税务系统简政放权力度,不断深化办税(缴费)便利化改革,创新事中事后监管方式,该放的坚决彻底放到位,该管的务必管精准管有效,该服的力求服细致服舒心。要认真贯彻落实全国深化"放管服"改革转变政府职能电视电话会议精神,执行好税务总局新推出的优化税收营商环境"10条措施",全力打造税收领域"放管服"升级版。要抓好《全国税务系统进一步优化税收营商环境行动方案(2018年—2022年)》的组织实施,按照行动方案确定的时间表、路线图和任务书,把各项任务落实到位,见到实效。既要为持续经营的企业提供优质的办税服务,切实增进办税便利,提高办税效率,优化办税体验,又要按照《国家税务总局关于进一步优化办理企业税务注销程序的通知》,着力简化企业税务注销程序,实行清税证明免办服务、优化税务注销即办服务、简并办理流程和减少报送资料等,最大程度方便市场主体。国家税务总局北京、上海市税务局等18个优化税收营商环境试点单位要先行先试,不断总结经验,及时复制推广。

六、组织开展全覆盖的专项督查

为进一步做好税务系统简政减税降负各项工作,税务总局近期将围绕落实各项减税政策、推进个人所得税改革、社保费征管、深化"放管服"改革等工作开展督导督查,确保一督到底、全面覆盖、不留死角,确保党中央、国务院部署的各项简政减税降负措施在税务系统全面落实落地。同时,税务总局还将会同人力资源社会保障部组织开展联合督查,严格督促社保费征收政策保持稳定、征管职责划转平稳有序的要求落到实处。对督查中发现的问题要查深查透、即查

即改,对情节严重的,要依规严肃问责,切实做到真督真查、真究真问、真促真改。

国家税务总局
2018年9月20日

国家税务总局关于实施进一步支持和服务民营经济发展若干措施的通知

税总发〔2018〕174号

国家税务总局各省、自治区、直辖市和计划单列市税务局,国家税务总局驻各地特派员办事处,局内各单位:

党中央、国务院高度重视民营经济发展。习近平总书记在最近召开的民营企业座谈会上发表了十分重要的讲话,对支持民营企业发展并走向更加广阔的舞台作出重要指示,为税收工作更好地服务民营经济发展提出了明确要求、提供了根本遵循。近年来,税务部门认真落实党中央、国务院决策部署,在积极推动民营经济发展壮大方面发挥了应有作用。为深入贯彻落实习近平总书记重要讲话精神,切实履行好税务部门职责,现就进一步支持和服务民营经济发展提出如下措施:

一、认真落实和完善政策,促进民营企业减税降费

(一)不折不扣落实税收优惠政策。各级税务机关要坚决贯彻依法征税的组织收入原则,坚决不收"过头税",坚决落实减免税政策。对符合享受税收优惠政策条件的民营企业与其他纳税人一律平等对待,确保优惠政策落实到位。要依法依规执行好小微企业免征增值税、小型微利企业减半征收企业所得税、金融机构向小微企业提供贷款的利息收入及担保机构向中小企业提供信用担保收入免征增值税等主要惠及民营企业的优惠政策,持续加大政策落实力度,确保民营企业应享尽享。

(二)稳定社会保险费缴费方式。税务总局要积极配合有关部门研究提出降低社保费率等建议,确保总体上不增加企业负担,确保企业社保缴费实际负担有实质性下降。各级税务机关在社保费征管机制改革过程中,要确保缴费方式稳定,积极配合有关部门合理编制体现减费要求的社保费收入预算,严格按照人大审议通过的预算负责征收。对包括民营企业在内的缴费人以前年度欠费,一律不得自行组织开展集中清缴。

(三)积极研究提出减税政策建议。税务总局要配合有关部门抓紧研究提出推进增值税等实质性减税、对小微企业和科技型初创企业实施普惠性税收免除的建议,统筹提出解决税制改革和推进过程中发现问题的建议;要根据公开征求意见情况,配合有关部门抓紧对个人所得税6项专项附加扣除的政策进行完善。各省税务局要围绕进一步加大减税力度,深入组织开展调查研究,积极提出有针对性、切实可行的意见建议。

(四)加强税收政策宣传辅导。各级税务机关要充分运用纳税人学堂等载体,专门组织开展面向民营企业的政策辅导。对面上普遍适用的政策要进行系统辅导,对重要专项政策要进行专题辅导,对持续经营的民营企业要及时开展政策更新辅导,对新开办的民营企业要及时送政策上门,帮助企业及时了解、充分适用。税务总局要持续做好税收政策文件清理和税收政策视频解读,动态编写、修订和发布《税收优惠政策汇编》及分类别的税收优惠指引,并在12366

纳税服务平台开辟税收优惠政策专题栏目,帮助包括民营企业在内的广大纳税人熟悉掌握、用足用好相关优惠政策。

(五)强化税收政策执行情况反馈。税务总局和各省税务局要进一步健全和落实税收政策执行情况反馈机制。各基层税务机关要充分发挥直接面对纳税人的优势,深入民营企业征询意见并及时反馈,特别是对操作性不强、获益面受限等政策,要积极研究提出简明易行好操作的改进完善建议。

二、持续优化营商环境,增进民营企业办税便利

(六)开展新一轮大调研大走访活动。结合国税地税征管体制改革,深入开展"新机构 新服务 新形象"活动。在前期工作基础上,税务总局再组织开展新一轮针对民营企业的大调研、大走访活动,深入民营企业广泛收集涉税诉求,听取意见建议并认真梳理分析,对反映较多的问题,统一出台措施进行解决,推动税收管理和服务朝着更贴近民营企业需求、更顺应民营企业关切的方向不断优化升级。

(七)精简压缩办税资料。进一步清理税务证明事项和精简涉税资料报送。2018年底前,税务总局再取消20项涉税证明事项。2019年,对民营企业等纳税人向税务机关报送的资料再精简25%以上;简并优化增值税、消费税等纳税申报表,并推进实施增值税申报"一表集成"、消费税"一键申报"。

(八)拓宽一次办结事项。各级税务机关要持续更新办税事项"最多跑一次"清单。2018年底前,实现50%以上涉税事项一次办结;2019年底前,实现70%以上涉税事项一次办结。

(九)大幅简化办税程序。探索推行纳税申报"提醒纠错制"。在税务注销等环节推行"承诺制"容缺办理,凡符合条件的民营企业等纳税人,如相关资料不全,可在其作出承诺后,即时办理相关业务。简化税务注销办理流程,税务总局配合有关部门编制和公布统一的企业注销操作指南。

(十)继续压缩办税时间。按照世界银行《营商环境报告》的纳税时间标准,在上年度已较大幅度压缩的基础上,2018年再压缩10%以上,并持续推进为民营企业等纳税人办理涉税事项的提速工作。2018年底前,实现无纸化出口退税申报覆盖所有地域和所有信用评级高、纳税记录良好的一类、二类出口企业,将审核办理出口退税的平均时间从目前13个工作日压缩至10个工作日。

(十一)积极推进电子办税和多元化缴退库。整合各地面向纳税人的网上办税服务厅,2018年底前,推出实施全国范围规范统一的优化版电子税务局,实现界面标准统一、业务标准统一、数据标准统一、财务报表转换等关键创新事项统一的优化版电子税务局,进一步拓展"一网通办"的范围。丰富多元化缴退库方式,税务总局积极研究推动通过第三方非银行支付机构缴纳税费,为从事个体经营的民营纳税人办理缴款提供便利;尽快推进税收电子退库全联网、全覆盖,实现申报、证明办理、核准、退库等业务网上办理,提高资金退付和使用效率,增强民营企业等纳税人的资金流动性。加强税收信息系统整合优化工作,进一步提高信息系统的稳定性和办税服务质效。

(十二)大力支持民营企业"走出去"。进一步落实好与110个国家和地区签署的税收协定,积极与主要投资地国家和地区开展税收协定谈签,通过税收协定帮助"走出去"民营企业降低在投资目的地国家和地区的税收负担,提高税收争议解决质效,避免重复征税。充分运用好国际税收合作机制和平台,深入推进"一带一路"税收合作长效机制建设,为民营企业扩大在沿线国家和地区投资提供有力支持。税务总局适时更新完善《"走出去"企业税收指引》,在目前已发布81份国别税收投资指南的基础上,2018年底前,再更新和发布20份左右,基本覆盖"一带一路"重点国家和地区。各地税务机关要积极帮助"走出去"民营企业利用税收协定、国际税收合作机制维护自身合法权益,用好委托境外研发费用企业所得税加计扣除、企业境外所得税综合抵免等政策,切实减轻税收负担。

三、积极开展精准帮扶,助力民营企业纾困解难

(十三)健全与民营企业常态化沟通机制。各级税务机关要会同工商联和协会商会等部门,进一步扩展税企双方沟通渠道和平台。要经常性通过召开座谈会等方式,面对面征询民营企业意见,及时回应关切。税务总局通过12366纳税服务热线、12366纳税服务平台等渠道在全国范围组织开展民营企业需求专项调查。

(十四)建立中小企业跨区域涉税诉求受理和解决机制。在税务总局和省税务局明确专门部门,组织专门力量,集中受理和协调解决中小企业在生产经营过程中遇到的跨区域税收执法标准不统一、政策执行口径不一致等问题。

(十五)依法为经营困难的民营企业办理延期缴纳税款。各级税务机关对生产经营困难、纳税信用良好的民营企业,要进一步研究针对性、操作性强的税收帮扶措施,并积极推动纳入地方政府的统筹安排中,帮助其实现更好发展。对确有特殊困难而不能按期缴纳税款的民营企业,税务机关要通过依法办理税款延期缴纳等方式,积极帮助企业缓解资金压力。

(十六)切实保障纳税人正常经营的发票需求。根据纳税人实际经营情况,合理确定增值税发票领用数量和最高开票限额,切实保障民营企业正常生产经营所需发票,严禁在发票领用中对民营企业设置不合理限制。进一步推行电子发票。持续扩大小规模纳税人自行开具增值税专用发票范围。对民营企业增值税异常扣税凭证要依法依规进行认定和处理,除税收征管法规定的情形外,不得停供发票。

(十七)深化"银税互动"助力民营企业便利融资。各级税务机关要联合银保监部门和银行业金融机构,进一步深入开展"银税互动"活动,并由"线下"向"线上"拓展,鼓励和推动银行依托纳税信用创新信贷产品,深化税务、银行信息互通,缓解小微民营企业融资难题。

(十八)积极支持新经济、新业态、新模式发展。各级税务机关要坚持包容审慎监管的原则,积极培育民营企业新兴经济增长点,大力支持企业做大做优做强。切实执行好跨境电商零售出口"无票免税"政策,落实鼓励外贸综合服务企业发展的措施,积极支持市场采购贸易方式发展,不断研究完善适应新经济、新业态、新模式发展要求的税收政策、管理和服务措施,助力民营企业增强创新能力和核心竞争力。

四、严格规范税收执法,保障民营企业合法权益

(十九)加强税收规范性文件的公平竞争审查。制定税收规范性文件要充分评估可能产生的经济、社会等各方面综合影响,对违反公平竞争审查要求、可能不利于民营企业发展的,应调整完善或不予出台。各级税务机关在税收规范性文件清理中,对有违市场公平竞争的内容,要一律修改或废止。

(二十)进一步规范税务检查。各级税务机关在实施税务检查中,必须做到民营企业与其他企业一视同仁,坚持"无风险不检查、无审批不进户、无违法不停票"。对正常生产经营的企业要少打扰乃至不打扰,避免因为不当征税导致正常运行的企业停摆。除举报等违法线索明显的案件外,一律运用税收大数据开展评估分析发现税收风险后,采取税务检查措施。对涉税事项需要到企业实地了解核查的,必须严格履行审批程序。

(二十一)妥善处理依法征管和支持企业发展的关系。以最严格的标准防范逃避税,为守

法经营的民营企业等纳税人营造公平竞争的环境。不断健全以税收风险为导向、以"双随机一公开"为基本方式的新型稽查监管机制。坚决依法打击恶意偷逃税特别是没有实际经营业务只为虚开发票的"假企业"和没有实际出口只为骗取出口退税的"假出口"。严格落实行政处罚法有关规定,对民营企业等纳税人有主动消除或者减轻违法行为危害后果等情形的,依法从轻或者减轻行政处罚;对违法行为轻微并及时纠正,没有造成危害后果的,依法不予行政处罚。

(二十二)充分保障民营企业法律救济权利。抓紧研究建立纳税人诉求和意见受理快速反应机制。税务总局在12366纳税服务热线设立专线,受理民营企业纳税人的税收法律咨询、投诉举报等。各级税务机关对民营企业反映的执法问题、提出的行政复议申请要积极依法受理、及时办理。对民营企业因经营困难一时无力缴清税款、滞纳金或无法提供担保等原因,不符合行政复议受理条件的,复议机关在依法处理的同时,要甄别情况,发现主管税务机关税收执法行为确有错误的,应及时督促其依法纠正。

(二十三)加强税收执法监督。全面推行税务行政执法公示制度、税收执法全过程记录制度、重大税收执法决定法制审核制度。统筹加大税收执法督察力度,强化执法责任追究,坚决查处税务人员简单粗暴执法、任性任意执法、选择执法、情绪执法等行为,坚决查处税务人员吃拿卡要等损害民营企业等纳税人利益的不正之风。

五、切实加强组织实施,确保各项措施落实见效

(二十四)加强党的领导。各级税务机关党委要高度重视支持和服务民营经济发展工作。党委书记是第一责任人,要亲自组织、亲自部署、亲自过问,统筹研究工作安排并认真抓好督导落实。各级税务机关党委在年度工作报告中,要专门就支持和服务民营经济发展工作情况进行报告,认真总结经验和不足,自觉接受评议和监督,促进工作不断改进、不断提高。

(二十五)细化工作落实。税务总局办公厅要加强对各项措施落实情况的督办,并纳入绩效考核;各司局要结合分管工作,明确责任分工,一项一项组织实施,对标对表加以推进,确保按时保质落实到位。各省税务局要结合自身实际,进一步细化实化支持和服务民营经济发展的具体办法,层层压实责任,一级一级抓好贯彻落实。特别是在地方党委、政府制定出台支持民营经济发展的措施时,要积极承担应尽职责,根据当地民营经济发展状况和需求,主动依法提出税收支持措施,不断创新工作方法,拓展服务手段,增强工作的针对性。

(二十六)务求实效长效。支持和服务民营经济发展是一项长期任务。各级税务机关务必常抓不懈,融入日常工作常抓常新、常抓常进。在落实已有措施的基础上,要不断谋划和推出新的举措;在取得积极效果的基础上,要不断深化和拓展新的成效;在积累有益经验的基础上,要不断完善和丰富新的制度安排,确保支持和服务民营经济发展有实招、显实效、见长效。

各级税务机关要以习近平新时代中国特色社会主义思想为指导,从讲政治的高度,坚定不移强化责任担当,不折不扣抓好工作落实,以助力民营企业发展壮大的积极成效,促进经济活力不断增强和现代化经济体系建设深入推进,为服务高质量发展作出新的贡献。工作中的经验做法和意见建议,要及时向税务总局(政策法规司)报告。

国家税务总局
2018年11月16日

第二部分 服务篇

 国家税务总局关于 2019 年开展"便民办税春风行动"的意见

税总发〔2019〕19 号

国家税务总局各省、自治区、直辖市和计划单列市税务局,国家税务总局驻各地特派员办事处,局内各单位:

为深入贯彻党的十九大和十九届二中、三中全会以及中央经济工作会议精神,落实习近平总书记和李克强总理、韩正副总理等党中央、国务院领导同志关于确保减税降费政策落地生根等重要指示精神,落实党中央、国务院关于深化"放管服"改革、优化营商环境的要求,税务总局决定,2019年以"新税务·新服务"为主题继续深入开展"便民办税春风行动"(以下简称"春风行动"),持续打造税务系统优质服务品牌,不断提升纳税人和缴费人的满意度和获得感。

一、行动意义

2019年是新中国成立70周年,是全面建成小康社会、实现第一个百年奋斗目标的关键之年,是国税地税征管体制改革后新税务开局之年。实施更大规模的减税降费、释放更为明显的改革红利、构建更加惠民的服务格局,将党中央、国务院关于税收工作的重大决策部署落实到位,是2019年税收工作的重中之重。新税务呼唤新担当,新服务展现新作为。全国税务系统要持续深入开展"春风行动",坚持以纳税人和缴费人为中心的服务理念,回应纳税人和缴费人的所需所急所盼,推出更具成效的便民实招,给纳税人和缴费人带来更多、更直接、更实在的获得感。

二、总体目标

以"新税务·新服务"为主题,以实施减税降费为主线,以深化税收领域的"放管服"改革、优化税收营商环境为抓手,通过减税降费、提速增效、整合升级、协同共治,彰显利民惠民的新作为、打造快捷便利的新速度、搭建稳定高效的新平台、开创携手共进的新局面,进一步创响特色鲜明的纳税服务品牌。

三、整体安排

在行动安排上,把握"长流水、不断线、打连发、呈递进"的工作节奏,统筹规划,梯次推进,层层落实。在行动内容上,聚焦纳税人所期所盼,通过推出切实落实减税降费措施、切实精简涉税资料、切实优化发票办理、切实响应纳税人需求"四个切实"4项措施大力减税降费;通过推出提速优化流程、提速纳税申报、提速税费缴纳、提速退税办理"四个提速"4项措施全力提速增效;通过推出改善"线上"服务渠道、改善"线下"服务渠道"两个改善"2项措施着力整合升级;通过推出发挥纳税信用增值效用、发挥管理部门协同效能、发挥涉税专业服务优势"三个发挥"3项措施合力协同共治。全年共推出4类13项52条便民办税服务措施。

四、行动内容

(一)大力减税降费,彰显利民惠民新作为

1. 切实落实减税降费措施。认真落实更大规模减税降费政策措施,采取有效举措将各项减税降费政策落实到位。成立实施减税降费工作领导小组。纳税服务司设立小微企业服务处。切实做好小微企业普惠性税收减免政策落实工作。扩展初创科技型企业优惠政策适用范围。落实扩大境外投资者以分配利润直接投资暂不征收预提所得税范围。加强税收经济分析工作,以减免税政策效应、优化营商环境措施、重点行业、重大发展战略、区域比较、新旧动能转换为重点开展分析,实现税收经济分析高端定制和精准发力。进一步提高社会公众个人所得税改革的参与度和积极性,充分享受政策红利。明确个人所得税宣传口径,紧扣时间节点,确保宣传引导步调一致,依托地方权威媒体,帮助纳税人了解个人所得税政策,方便办理个人所得税业务。

2. 切实精简涉税资料。进一步清理税务证明事项,落实第一批取消20项税务证明事项的任务,3月底前再取消一批税务证明事项。精简涉税资料报送,2019年底前对纳税人向税务机关报送的资料再精简25%以上。取消《营改增税负分析测算明细表》。探索电子签章、电子资料在税收领域的应用和涉税文书电子化推送与签收。

3. 切实优化发票办理。便利纳税人领用增值税发票。将小规模纳税人自行开具增值税专用发票试点范围扩大至租赁和商务服务业、科学研究和技术服务业以及居民服务、修理和其他服务业。除了特定纳税人及特殊情形外,取消增值税发票抄报税,改由纳税人对开票数据进行确认。加大电子发票推广力度,在税控开票软件中增加电子发票开具功能,开展税务机关网上代开增值税电子普通发票试点。将取消增值税发票认证的纳税人范围扩大至全部增值税一般纳税人。优化增值税发票管理系统,在向纳税人推送增值税扣税凭证信息的同时,实现增值税普通发票信息的归集推送和共享共用。

4. 切实响应纳税人需求。围绕纳税人关注热点和投诉反映突出问题,2019年上半年开展全国纳税人需求调查,拓展征纳沟通渠道,增进征纳理解互信,有效减少因政策理解不一致、信息不对称等原因造成的纳税服务投诉。建立纳税人诉求和意见受理快速反应机制、协调沟通机制、问责机制。

(二)全力提速增效,打造快捷便利新速度

5. 提速优化流程。拓宽"最多跑一次"事项范围,年底前实现70%以上涉税事项一次办结。推行纳税人"承诺制"容缺办理和纳税申报"提醒纠错制"。优化海关缴款书抵扣方式,将标识有统一社会信用代码的海关缴款书纳入选择确认范围。取消非居民企业汇总缴纳企业所得税机构场所审批。优化大企业纳税服务,升级税企沟通方式。加强大企业复杂涉税事项政策服务。选择税务风险内部控制完善、遵从意愿强的大企业集团,签订税收遵从合作类协议并加强跟踪服务。

6. 提速纳税申报。完善信息系统,研究个人所得税综合所得汇算清缴预填申报,实现综合所得汇算清缴申报时主动预填相关申报信息并由纳税人确认的功能。

7. 提速税费缴纳。推动自然人以统一身份、统一代码缴纳个人所得税、社会保险费和相关非税收入,提供线上、线下多渠道缴纳税费服务。推动通过第三方非银行支付机构缴纳税费,为自然人办理缴纳税费提供便利。实现以网签方式办理"授权(委托)划缴协议"事项。

8. 提速退税办理。确保审核办理正常出口退税的平均时间在10个工作日以内,实现申报、证明办理、核准、退库等业务网上办理。推广标准版国际贸易"单一窗口"出口退税申报功能。优化其他退税办理,推动退税申请、退税审核、退库业务实现全流程网上办理。

(三)着力整合升级,搭建稳定高效新平台

9. 改善"线上"服务渠道。加强税收信息系统整合优化工作,提高信息系统的稳定性。拓展PC端、手机端、自助端等多种办税渠道,实现电子税务局与相关应用系统数据互通、一体运行。组织开展对涉税应用系统供应商和运维服务商运维服务工作评价,引导涉税应用系统运维服务商提升运维服务能力。依托12366纳税服务平台,完善平台功能,拓宽服务渠道,提升智能化、个性化纳税缴费服务体验。优化个人所得税办税软件的在线填报、数据校验、提示提醒等功能,提示扣缴义务人或纳税人修正,减少填报错误。

10. 改善"线下"服务渠道。持续推进"一门办",2019年12月底前,在地方政府的支持下,除对场地有特殊要求的事项外,税费事项进驻综合性实体政务大厅基本实现"应进必进"。

(四)合力协同共治,开创携手共进新局面

11. 发挥纳税信用增值效用。深化"线上银税互动"合作机制,推动税务、银行信息互通。扩大合作银行范围,鼓励和推动银行依托纳税信用创新信贷产品,帮助小微企业缓解融资难题。

12. 发挥管理部门协同效能。强化与房地产管理部门协作,积极推进房地产交易合同网签备案信息、不动产登记信息共享,整合房地产交易、办税、办证业务流程,推动实施跨部门业务联办。扩大应用车辆购置税电子完税信息办理车辆登记业务的试点范围。建立车船税全国税务直征数据库并与保险部门数据共享。实现与市场监管部门清税结果数据互联共享。

13. 发挥涉税专业服务优势。结合个人所得税改革事项的推进,引导涉税专业服务机构发挥应有作用。规范涉税专业服务监管,严格落实涉税专业服务实名制,实施信用评价与信用积分管理,加大涉税专业服务信息公告力度。整治和防范"黑中介""中介黑"行为。

五、行动保障

(一)加强领导,压实责任。各级税务机关要站在机构改革的新起点上,充分认识深入开展"春风行动"的重要意义,高度重视,提升站位,切实加强组织领导,结合实际制定好本地的实施方案,细化措施和责任分工,进一步完善配套工作机制,层层压实责任,层层抓好落实,确保各项措施有效落地。

(二)统筹协作,形成合力。各级税务机关要切实发挥好"春风行动"领导小组的统筹协调作用,做好安排部署,加强指挥调度。各项行动措施的牵头部门和配合部门要强化协作配合,统一行动,同步推进,形成前台后台互相支持、协同提升服务质效的良好工作格局。

(三)突出特色,广泛宣传。各级税务机关要创新活动形式和内容,打造各具特色的"春风行动";要通过现场观摩、优秀活动项目评选等方式开展经验交流,促进创新能力共同提升;要依托各类媒体加大宣传力度,营造良好的舆论氛围。

(四)强化督导,跟踪问效。各级税务机关要对"春风行动"重点举措实施和活动开展建立提醒、督办的协调机制,加强督导检查,做好跟踪问效;对工作中发现的问题和建议及时向上级进行反馈;按要求分季度将阶段性进展情况报告税务总局(纳税服务司)。

附件:2019年"便民办税春风行动"工作内容分工与时间进度安排表(略)

国家税务总局
2019年1月31日

国家税务总局关于发布《办税事项"最多跑一次"清单》的公告

国家税务总局公告2018年第12号

为贯彻落实国务院深化"放管服"改革的决策部署,进一步方便纳税人办理税收业务,优化税收营商环境,按照《国家税务总局关于进一步深化税务系统"放管服"改革优化税收环境的若干意见》（税总发〔2017〕101号）的总体安排，税务总局编制了《办税事项"最多跑一次"清单》（以下简称《清单》），现予以发布，并就有关问题公告如下：

一、办税事项"最多跑一次"，是指纳税人办理《清单》范围内事项，在资料完整且符合法定受理条件的前提下，最多只需要到税务机关跑一次。

二、对《清单》所列办税事项，各地税务机关应全面实现"最多跑一次"。各省税务机关可通过推行网上办税、邮寄配送、上门办税等多种方式，在税务总局《清单》的基础上增列"最多跑一次"办税事项，形成本省税务局的办税事项"最多跑一次"清单并向社会公告实施。

三、各地税务机关在推行"最多跑一次"改革的同时，应积极落实税务总局深化"放管服"的要求，大力推进网上办税，努力实现办税"不用跑"。

四、省税务机关要针对"最多跑一次"办税事项的报送资料、办理条件、办理时限、办理方式及流程等编制办税指南并进行公示和宣传，便于纳税人掌握，顺利推进办税事项"最多跑一次"改革。

五、税务总局将根据政策变化适时调整《清单》，在国家税务总局官方网站公布。

六、本公告自2018年4月1日起施行。

特此公告。

附件：办税事项"最多跑一次"清单（略）

注释：《国家税务总局关于修改部分税收规范性文件的公告》（国家税务总局公告2018年第31号）对本文进行了修改。

国家税务总局
2018年2月23日

国家税务总局关于推行办税事项"最多跑一次"改革的通知

税总发〔2018〕26号

各省、自治区、直辖市和计划单列市国家税务局、地方税务局，国家税务总局驻各地特派员办事处，局内各单位：

按照《国家税务总局关于进一步深化税务系统"放管服"改革 优化税收环境的若干意见》（税总发〔2017〕101号）的安排，税务总局编制发布了《办税事项"最多跑一次"清单》（国家税务总局公告2018年第12号发布，以下简称《清单》），从2018年4月1日起在全国实施。现就有关事项通知如下：

一、统一思想，深刻认识办税事项"最多跑一次"改革的重要意义

人民群众到政府机关办事"最多跑一次"，是党中央、国务院高度重视并给予充分肯定的重大"放管服"改革措施。2018年1月23日，习近平总书记主持召开中央全面深化改革领导小组第二次会议再次肯定"最多跑一次"改革成效，要求各地结合实际创新。推行办税事项"最多跑一次"改革，是税务总局落实党中央、国务院决策部署的重要举措。为此，各地税务机关要提高思想认识，提升工作站位，强化领导，精心规划，统筹安排，协调推进，确保办税事项"最多跑一次"改革的顺利推进，切实增强纳税人的获得感。

二、明确目标,坚持便民办税的工作方向

办税事项"最多跑一次",是指纳税人办理《清单》范围内事项,在资料完整且符合法定受理条件的前提下,最多只需要到税务机关跑一次。

各地税务机关对《清单》所列办税事项应全面实现"最多跑一次"。各省国税机关、地税机关可结合实际在《清单》的基础上进一步增列"最多跑一次"的办税事项,形成本地国税局、地税局的办税事项"最多跑一次"清单,并于2018年3月底前向社会公告,自4月1日起同步实施。

在推进办税事项"最多跑一次"改革的同时,各省税务机关应积极落实税务总局深化"放管服"的要求,大力推进网上办税,最大程度让纳税人办税"多走网路,少走马路"。

三、统筹规划,系统做好改革的各项工作

各地税务机关要统筹规划、明确分工、压实责任,确保各项改革有序推进。

(一)全面梳理实施办税事项"最多跑一次"改革涉及税政、征管、纳服、宣传和信息化等各方面的事项,明确分工、加强协作,落实时间表、责任人,确保各方面工作有序推进。

(二)细化《清单》中每一个办税事项的具体办理流程,编写《"最多跑一次"办税事项指南》,便利纳税人办税。

(三)抓好税务人员培训。对办税服务厅工作人员进行全面培训,确保办税服务厅工作人员准确掌握办税事项"最多跑一次"改革的精神、业务流程和工作要求。

(四)做好纳税人的宣传辅导。在改革实施前,要通过各地税务机关网站、微信、微博、移动客户端、12366纳税服务平台、二维码等渠道,为纳税人辅导办税事项"最多跑一次"改革的条件、范围、流程和注意事项。

四、加强领导,保障改革任务全面落实到位

各地税务机关要加强组织领导、严格督查落实,为改革提供坚强的组织保障。

(一)各地税务机关要明确分工和责任,主要领导亲自抓,提高改革的推动力。

(二)各地国税局、地税局要向当地党委和政府主动汇报,积极取得当地党委和政府及相关部门的大力支持。

(三)加强改革过程中督促检查工作,发现工作不力造成重大影响的,要依法依规严肃问责。

(四)建立考核评估机制,综合运用督查督办、绩效考评等方法,强化跟踪问效,确保改革顺利推进。

国家税务总局
2018年2月27日

 国家税务总局关于取消20项税务证明事项的公告

国家税务总局公告2018年第65号

为贯彻落实党中央、国务院关于减证便民、优化服务的部署要求,根据《国务院办公厅关于做好证明事项清理工作的通知》(国办发〔2018〕47号),按照《国家税务总局关于实施进一步支持和服务民营经济发展若干措施的通知》(税总发〔2018〕174号)的安排,税务总局决定取消20项税务证明事项(详见附件),现予以发布。自发布之日起,附件所列证明事项停止执行。附件

所列证明事项涉及的规范性文件,按程序修改后另行发布。

各级税务机关应认真落实取消税务证明事项有关工作,不得保留或变相保留,不得将税务机关的核查义务转嫁纳税人;应及时修改涉及取消事项的相关规定、表单书和征管流程,明确事中事后监管要求;要树立诚信推定、风险监控、信用管理相关理念,进一步减少纳税人向税务机关报送的资料,探索推行告知承诺制。

各级税务机关应以本次清理工作为契机,进一步转变管理方式,规范监管行为,优化营商环境,更好地为市场主体增便利、添活力。

本公告自发布之日起施行。

特此公告。

附件:取消的税务证明事项目录(略)

国家税务总局
2018 年 12 月 28 日

关于《国家税务总局关于取消 20 项税务证明事项的公告》的解读

一、制定《公告》的背景

2018 年 6 月 15 日,国务院办公厅印发《关于做好证明事项清理工作的通知》(国办发〔2018〕47 号,以下简称《通知》),部署各地区各部门做好证明事项清理工作。为贯彻落实《通知》要求,国家税务总局结合本部门职责对法律、行政法规、部门规章和规范性文件等设定的各类证明事项进行了全面清理,按照 2018 年 11 月 16 日印发的《国家税务总局关于实施进一步支持和服务民营经济发展若干措施的通知》(税总发〔2018〕174 号)相关安排,决定取消一批共 20 项税务证明事项。

二、《公告》的主要内容及有关考虑

(一)决定取消的税务证明事项

此次决定取消的 20 项税务证明事项,涉及 168 项具体办税事项。20 项税务证明事项从涉税领域来看,涉及税款征收 1 项,涉及税收优惠的共 19 项;从证明材料来源看,需要专门为办理税务事项另行从第三方取得证明材料的共 5 项(质量检测证明、中介机构专项报告、不可抗力事故证明等),需要提供法定证照等已有材料的共 15 项(身份证明、单位性质证明、房屋和土地权属证明等);从证明性质看,涉及鉴定检测证明的共 2 项,涉及单位性质或资质证明的共 4 项,涉及个人身份证明的共 2 项,涉及权属证明的共 2 项,涉及用途证明的共 4 项,涉及其他事实证明的共 6 项;从涉及的经济主体来看,涉及民营经济的共 13 项,涉及个人等其他主体的共 7 项。

(二)取消 20 项税务证明事项的主要考虑

一是贯彻落实党中央国务院关于减证便民、优化服务,以及更好服务民营经济发展的决策部署;二是着力精简中介机构报告、鉴定检测证明、房屋和土地权属证明等涉及民生和企业日常生产经营的证明,切实减少资料要求,切实降低费用负担,切实缩短办税时间;三是以本次清理工作为契机,进一步转变管理方式,规范监管行为,优化营商环境,不断增强税收治理能力。

(三)取消税务证明事项后的替代措施

20项税务证明事项取消后,均不需要再提供相关证明材料。其中,部分事项通过政府部门间信息共享或内部核查替代;部分事项改为行政相对人在申报表中直接填写有关信息;部分事项改为由行政相对人自行出具说明或承诺;部分事项改为行政相对人自行留存有关法定证照,以备税务机关事后核查。

(四)加强事中事后监管的相关措施

对于取消的税务证明事项,税务机关应当积极采取风险管理、大数据管理、信用管理等方式加强事中事后监管,提升监管效能。事后核查可采取抽查、必要时委托第三方检测等方式,不得将税务机关的核查义务转嫁纳税人。探索推行告知承诺制,强化对行政相对人承诺事项的事后审查,对不实承诺甚至弄虚作假的,依法予以严厉处罚。

三、《公告》施行日期

《公告》自发布之日起施行,自公告之日起,公告取消的20项税务证明事项停止执行。上述证明事项涉及的规范性文件,按程序修改后另行发布。

10 国家税务总局关于明确跨区域涉税事项报验管理相关问题的公告

国家税务总局公告2018年第38号

为了适应国税地税征管体制改革需要,现就新税务机构挂牌后跨区域涉税事项报验管理有关事项公告如下:

一、纳税人跨省(自治区、直辖市和计划单列市)临时从事生产经营活动的,向机构所在地的税务机关填报《跨区域涉税事项报告表》(附件1)。

二、纳税人跨区域经营合同延期的,可以向经营地或机构所在地的税务机关办理报验管理有效期限延期手续。

三、跨区域报验管理事项的报告、报验、延期、反馈等信息,通过信息系统在机构所在地和经营地的税务机关之间传递,实时共享。

四、纳税人首次在经营地办理涉税事宜时,向经营地的税务机关报验跨区域涉税事项。

五、纳税人跨区域经营活动结束后,应当结清经营地税务机关的应纳税款以及其他涉税事项,向经营地的税务机关填报《经营地涉税事项反馈表》(附件2)。

经营地的税务机关核对《经营地涉税事项反馈表》后,及时将相关信息反馈给机构所在地的税务机关。纳税人不需要另行向机构所在地的税务机关反馈。

六、机构所在地的税务机关要设置专岗,负责接收经营地的税务机关反馈信息,及时以适当方式告知纳税人,并适时对纳税人已抵减税款、在经营地已预缴税款和应预缴税款进行分析、比对,发现疑点的,及时推送至风险管理部门或者稽查部门组织应对。

七、本公告自2018年7月5日起施行。国税机构和地税机构合并前,上述事项仍按照《国家税务总局关于创新跨区域涉税事项报验管理制度的通知》(税总发〔2017〕103号)的规定执行。

特此公告。

附件:1. 跨区域涉税事项报告表(略)

2. 经营地涉税事项反馈表(略)

国家税务总局
2018 年 7 月 4 日

关于《国家税务总局关于明确跨区域涉税事项报验管理相关问题的公告》的解读

为了适应税务机构改革需要,确保新税务机构挂牌后跨区域涉税事项报验管理工作平稳运行,国家税务总局制发了《关于明确跨区域涉税事项报验管理相关问题的公告》(以下简称《公告》)。现解读如下:

一、《公告》制发的背景是什么?

为了切实减轻纳税人负担,提高税收征管效率,2017 年 9 月,国家税务总局制发了《关于创新跨区域涉税事项报验管理制度的通知》(税总发〔2017〕103 号,以下简称 103 号文),将"外出经营活动税收管理"更名为"跨区域涉税事项报验管理",创新相关制度,明确纳税人机构所在地的国税、地税机关和经营地的国税、地税机关的工作职责和要求。

按照国税地税征管体制改革要求,省及省以下国税、地税合并为新的税务机构。103 号文中关于"两地四局"的工作职责也应当相应调整和明确。为了确保新税务机构挂牌后跨区域涉税事项报验管理工作平稳运行,国家税务总局制发了《公告》。

二、《公告》与 103 号文相比有哪些变化?

《公告》对 103 号文中涉及国税、地税的内容进行了调整和明确,总体制度架构没有改变,其他有关事项仍适用 103 号文的规定。《公告》对 103 号文的调整主要在以下七个方面:

一是纳税人跨区域涉税事项报告、报验、延期、反馈等各环节信息,通过信息系统在机构所在地和经营地的税务机关之间传递(103 号文规定通过信息系统在机构所在地国税、地税机关和经营地国税、地税机关传递);

二是纳税人跨区域经营前履行报告义务时,向机构所在地的税务机关填报报告表(103 号文规定向机构所在地的国税机关填报);

三是纳税人跨区域经营报验时,向经营地的税务机关办理(103 号文规定向经营地的国税机关报验);

四是纳税人跨区域经营延期时,向经营地或机构所在地的税务机关办理(103 号文规定向经营地或机构所在地的国税机关办理);

五是纳税人跨区域经营结束时,向经营地的税务机关填报反馈表,经营地的税务机关核对后反馈给机构所在地的税务机关(103 号文规定纳税人向经营地的国税机关填报,经营地的国税机关核对后推送至经营地的地税机关,地税机关同意办结的,经营地的国税机关将相关信息反馈给机构所在地的国税机关);

六是后续管理中,机构所在地的税务机关要设置专岗,负责接收经营地的税务机关反馈信息(103 号文规定机构所在地的国税机关要设置专岗,负责接收经营地的国税机关反馈信息);

七是结合上述变化,同步修改了《跨区域涉税事项报告表》和《经营地涉税事项反馈表》两个附件。

三、《公告》自什么时候开始施行？

《公告》自2018年7月5日起施行。由于省、市、县新税务机构分级逐步挂牌，国税机构和地税机构合并前，跨区域涉税事项报验管理相关工作仍按照103号文的规定执行。

四、《公告》与103号文的适用关系？

《公告》仅对103号文中涉及国税、地税的内容进行了调整和明确。除《公告》规定内容外，其他有关事项仍适用103号文的规定。

国家税务总局关于发布财务报表数据转换参考标准及完善网上办税系统的通知

税总发〔2018〕32号

各省、自治区、直辖市和计划单列市国家税务局、地方税务局，国家税务总局驻各地特派员办事处，局内各单位：

为贯彻落实国务院深化"放管服"改革的决策部署，优化税收营商环境，进一步方便纳税人办理税收业务，税务总局编制了《财务报表数据转换参考标准v1.0》（以下简称《参考标准》），现予以发布，并就有关问题通知如下：

一、《参考标准》包括公用参考数据标准、按会计制度分列的34个参考数据标准以及安全要求（详见附件）。

二、各省税务机关应当遵照《参考标准》，升级完善网上办税系统，制定网上办税系统与企业财务软件对接的接口规范并开放接口，实现网上办税系统与企业财务软件的对接，支持自动计算应报税税额功能和更正申报表功能，支持企业财务报表数据格式与纳税申报财务报表数据格式之间的自动转换（经参数配置），实现申报表、财务报表联网报送，缩短企业的纳税申报时间。

三、各省税务机关开放接口应当符合国家信息安全保护要求，确保纳税人报送数据的安全。

四、各省税务机关开放接口后，应就企业使用相关接口的办理条件、办理时限、办理方式、报送资料及流程等编制使用指南并进行公开和宣传，便于纳税人掌握，顺利实现财务报表自动转换和联网报送。

五、北京、上海税务机关应当于2018年3月底前完成接口开放、公开、宣传等相关工作，其他省税务机关最迟应于2018年4月底前完成上述工作。

附件：1. 金税三期工程财务报表报送与信息采集公用参考数据标准（V1.0.00，电子稿）（略）
2. 金税三期工程财务报表报送与信息采集参考数据标准（V1.0.00，按会计制度分列，共34个，电子稿）（略）
3. 数据转换工具客户端安全要求（电子稿）（略）

国家税务总局
2018年3月16日

第三部分　增值税篇

（一）大企业直接相关的减税降费政策

 国家税务总局关于调整增值税纳税申报有关事项的公告

国家税务总局公告2019年第15号

为贯彻落实党中央、国务院关于减税降费的决策部署，进一步优化纳税服务，减轻纳税人负担，现将调整增值税纳税申报有关事项公告如下：

一、根据国务院关于深化增值税改革的决定，修订并重新发布《增值税纳税申报表（一般纳税人适用）》《增值税纳税申报表附列资料（一）》《增值税纳税申报表附列资料（二）》《增值税纳税申报表附列资料（三）》《增值税纳税申报表附列资料（四）》。

二、截至2019年3月税款所属期，《国家税务总局关于全面推开营业税改征增值税试点后增值税纳税申报有关事项的公告》（国家税务总局公告2016年第13号）附件1中《增值税纳税申报表附列资料（五）》第6栏"期末待抵扣不动产进项税额"的期末余额，可以自本公告施行后结转填入《增值税纳税申报表附列资料（二）》第8b栏"其他"。

三、本公告施行后，纳税人申报适用16％、10％等原增值税税率应税项目时，按照申报表调整前后的对应关系，分别填写相关栏次。

四、修订后的《增值税纳税申报表（一般纳税人适用）》及其附列资料见附件1，相关填写说明见附件2。

五、本公告自2019年5月1日起施行，国家税务总局公告2016年第13号附件1中《增值税纳税申报表附列资料（五）》《国家税务总局关于营业税改征增值税部分试点纳税人增值税纳税申报有关事项调整的公告》（国家税务总局公告2016年第30号）、《国家税务总局关于调整增值税纳税申报有关事项的公告》（国家税务总局公告2017年第19号）、《国家税务总局关于调整增值税纳税申报有关事项的公告》（国家税务总局公告2018年第17号）同时废止。

特此公告。

附件：1.《增值税纳税申报表（一般纳税人适用）》及其附列资料（略）
　　　2.《增值税纳税申报表（一般纳税人适用）》及其附列资料填写说明（略）

国家税务总局
2019年3月21日

 国家税务总局关于深化增值税改革有关事项的公告

国家税务总局公告2019年第14号

现将深化增值税改革有关事项公告如下：

一、增值税一般纳税人（以下称纳税人）在增值税税率调整前已按原16％、10％适用税率开具的增值税发票,发生销售折让、中止或者退回等情形需要开具红字发票的,按照原适用税率开具红字发票;开票有误需要重新开具的,先按照原适用税率开具红字发票后,再重新开具正确的蓝字发票。

二、纳税人在增值税税率调整前未开具增值税发票的增值税应税销售行为,需要补开增值税发票的,应当按照原适用税率补开。

三、增值税发票税控开票软件税率栏次默认显示调整后税率,纳税人发生本公告第一条、第二条所列情形的,可以手工选择原适用税率开具增值税发票。

四、税务总局在增值税发票税控开票软件中更新了《商品和服务税收分类编码表》,纳税人应当按照更新后的《商品和服务税收分类编码表》开具增值税发票。

五、纳税人应当及时完成增值税发票税控开票软件升级和自身业务系统调整。

六、已抵扣进项税额的不动产,发生非正常损失,或者改变用途,专用于简易计税方法计税项目、免征增值税项目、集体福利或者个人消费的,按照下列公式计算不得抵扣的进项税额,并从当期进项税额中扣减:

$$不得抵扣的进项税额 = 已抵扣进项税额 \times 不动产净值率$$

$$不动产净值率 = (不动产净值 \div 不动产原值) \times 100\%$$

七、按照规定不得抵扣进项税额的不动产,发生用途改变,用于允许抵扣进项税额项目的,按照下列公式在改变用途的次月计算可抵扣进项税额。

$$可抵扣进项税额 = 增值税扣税凭证注明或计算的进项税额 \times 不动产净值率$$

八、按照《财政部 税务总局 海关总署关于深化增值税改革有关政策的公告》(财政部 税务总局 海关总署公告2019年第39号)规定,适用加计抵减政策的生产、生活性服务业纳税人,应在年度首次确认适用加计抵减政策时,通过电子税务局(或前往办税服务厅)提交《适用加计抵减政策的声明》(见附件)。适用加计抵减政策的纳税人,同时兼营邮政服务、电信服务、现代服务、生活服务的,应按照四项服务中收入占比最高的业务在《适用加计抵减政策的声明》中勾选确定所属行业。

九、本公告自2019年4月1日起施行。《不动产进项税额分期抵扣暂行办法》(国家税务总局公告2016年第15号发布)同时废止。

附件:适用加计抵减政策的声明

国家税务总局
2019年3月21日

附件　　　　　　　　　**适用加计抵减政策的声明**

纳税人名称:_____
纳税人识别号(统一社会信用代码):_____

本纳税人符合《财政部 税务总局 海关总署关于深化增值税改革有关政策的公告》(财政部 税务总局 海关总署公告2019年第39号)规定,确定适用加计抵减政策。行业属于(请从下表勾选,只能选择其一):

行　　业	选　　项
邮政服务业	
电信服务业	—

(续表)

行　　业	选　项
其中：1. 基础电信业	
2. 增值电信业	
现代服务业	—
其中：1. 研发和技术服务业	
2. 信息技术服务业	
3. 文化创意服务业	
4. 物流辅助服务	
5. 有形动产租赁服务业	
6. 鉴证咨询服务业	
7. 广播影视服务	
生活服务业	—
其中：1. 文化艺术业	
2. 体育业	
3. 教育	
4. 卫生	
5. 旅游业	
6. 娱乐业	
7. 餐饮业	
8. 住宿业	
9. 居民服务业	
10. 社会工作	
11. 公共设施管理业	
12. 不动产出租	
13. 商务服务业	
14. 专业技术服务业	
15. 代理业	
16. 其他生活服务业	

　　本纳税人用于判断是否符合加计抵减政策条件的销售额占比计算期为_____年___月至___年_____月，此期间提供邮政服务、电信服务、现代服务、生活服务销售额合计_____元，全部销售额_____元，占比为_____%。

　　以上声明根据实际经营情况作出，我确定它是真实的、准确的、完整的。

年　　月　　日

（纳税人签章）

财政部 税务总局 海关总署关于深化增值税改革有关政策的公告

财政部 税务总局 海关总署公告 2019 年第 39 号

为贯彻落实党中央、国务院决策部署,推进增值税实质性减税,现将 2019 年增值税改革有关事项公告如下:

一、增值税一般纳税人(以下称纳税人)发生增值税应税销售行为或者进口货物,原适用 16% 税率的,税率调整为 13%;原适用 10% 税率的,税率调整为 9%。

二、纳税人购进农产品,原适用 10% 扣除率的,扣除率调整为 9%。纳税人购进用于生产或者委托加工 13% 税率货物的农产品,按照 10% 的扣除率计算进项税额。

三、原适用 16% 税率且出口退税率为 16% 的出口货物劳务,出口退税率调整为 13%;原适用 10% 税率且出口退税率为 10% 的出口货物、跨境应税行为,出口退税率调整为 9%。

2019 年 6 月 30 日前(含 2019 年 4 月 1 日前),纳税人出口前款所涉货物劳务、发生前款所涉跨境应税行为,适用增值税免退税办法的,购进时已按调整前税率征收增值税的,执行调整前的出口退税率,购进时已按调整后税率征收增值税的,执行调整后的出口退税率;适用增值税免抵退税办法的,执行调整前的出口退税率,在计算免抵退税时,适用税率低于出口退税率的,适用税率与出口退税率之差视为零参与免抵退税计算。

出口退税率的执行时间及出口货物劳务、发生跨境应税行为的时间,按照以下规定执行:报关出口的货物劳务(保税区及经保税区出口除外),以海关出口报关单上注明的出口日期为准;非报关出口的货物劳务、跨境应税行为,以出口发票或普通发票的开具时间为准;保税区及经保税区出口的货物,以货物离境时海关出具的出境货物备案清单上注明的出口日期为准。

四、适用 13% 税率的境外旅客购物离境退税物品,退税率为 11%;适用 9% 税率的境外旅客购物离境退税物品,退税率为 8%。

2019 年 6 月 30 日前,按调整前税率征收增值税的,执行调整前的退税率;按调整后税率征收增值税的,执行调整后的退税率。

退税率的执行时间,以退税物品增值税普通发票的开具日期为准。

五、自 2019 年 4 月 1 日起,《营业税改征增值税试点有关事项的规定》(财税〔2016〕36 号印发)第一条第(四)项第 1 点、第二条第(一)项第 1 点停止执行,纳税人取得不动产或者不动产在建工程的进项税额不再分 2 年抵扣。此前按照上述规定尚未抵扣完毕的待抵扣进项税额,可自 2019 年 4 月税款所属期起从销项税额中抵扣。

六、纳税人购进国内旅客运输服务,其进项税额允许从销项税额中抵扣。

(一)纳税人未取得增值税专用发票的,暂按照以下规定确定进项税额:

1. 取得增值税电子普通发票的,为发票上注明的税额;

2. 取得注明旅客身份信息的航空运输电子客票行程单的,为按照下列公式计算的进项税额:

$$航空旅客运输进项税额=(票价+燃油附加费)\div(1+9\%)\times 9\%$$

3. 取得注明旅客身份信息的铁路车票的,为按照下列公式计算的进项税额:

$$铁路旅客运输进项税额=票面金额\div(1+9\%)\times 9\%$$

4. 取得注明旅客身份信息的公路、水路等其他客票的,按照下列公式计算进项税额:

公路、水路等其他旅客运输进项税额＝票面金额÷(1+3%)×3%

(二)《营业税改征增值税试点实施办法》(财税〔2016〕36号印发)第二十七条第(六)项和《营业税改征增值税试点有关事项的规定》(财税〔2016〕36号印发)第二条第(一)项第5点中"购进的旅客运输服务、贷款服务、餐饮服务、居民日常服务和娱乐服务"修改为"购进的贷款服务、餐饮服务、居民日常服务和娱乐服务"。

七、自2019年4月1日至2021年12月31日,允许生产、生活性服务业纳税人按照当期可抵扣进项税额加计10%,抵减应纳税额(以下称加计抵减政策)。

(一)本公告所称生产、生活性服务业纳税人,是指提供邮政服务、电信服务、现代服务、生活服务(以下称四项服务)取得的销售额占全部销售额的比重超过50%的纳税人。四项服务的具体范围按照《销售服务、无形资产、不动产注释》(财税〔2016〕36号印发)执行。

2019年3月31日前设立的纳税人,自2018年4月至2019年3月期间的销售额(经营期不满12个月的,按照实际经营期的销售额)符合上述规定条件的,自2019年4月1日起适用加计抵减政策。

2019年4月1日后设立的纳税人,自设立之日起3个月的销售额符合上述规定条件的,自登记为一般纳税人之日起适用加计抵减政策。

纳税人确定适用加计抵减政策后,当年内不再调整,以后年度是否适用,根据上年度销售额计算确定。

纳税人可计提但未计提的加计抵减额,可在确定适用加计抵减政策当期一并计提。

(二)纳税人应按照当期可抵扣进项税额的10%计提当期加计抵减额。按照现行规定不得从销项税额中抵扣的进项税额,不得计提加计抵减额;已计提加计抵减额的进项税额,按规定作进项税额转出的,应在进项税额转出当期,相应调减加计抵减额。计算公式如下:

当期计提加计抵减额＝当期可抵扣进项税额×10%

当期可抵减加计抵减额＝上期末加计抵减额余额+当期计提加计抵减额－当期调减加计抵减额

(三)纳税人应按照现行规定计算一般计税方法下的应纳税额(以下称抵减前的应纳税额)后,区分以下情形加计抵减:

1. 抵减前的应纳税额等于零的,当期可抵减加计抵减额全部结转下期抵减;

2. 抵减前的应纳税额大于零,且大于当期可抵减加计抵减额的,当期可抵减加计抵减额全额从抵减前的应纳税额中抵减;

3. 抵减前的应纳税额大于零,且小于或等于当期可抵减加计抵减额的,以当期可抵减加计抵减额抵减应纳税额至零。未抵减完的当期可抵减加计抵减额,结转下期继续抵减。

(四)纳税人出口货物劳务、发生跨境应税行为不适用加计抵减政策,其对应的进项税额不得计提加计抵减额。

纳税人兼营出口货物劳务、发生跨境应税行为且无法划分不得计提加计抵减额的进项税额,按照以下公式计算:

$$不得计提加计抵减额的进项税额 = 当期无法划分的全部进项税额 \times \frac{当期出口货物劳务和发生跨境应税行为的销售额}{当期全部销售额}$$

(五)纳税人应单独核算加计抵减额的计提、抵减、调减、结余等变动情况。骗取适用加计抵减政策或虚增加计抵减额的,按照《中华人民共和国税收征收管理法》等有关规定处理。

(六)加计抵减政策执行到期后,纳税人不再计提加计抵减额,结余的加计抵减额停止抵减。

八、自2019年4月1日起,试行增值税期末留抵税额退税制度。

(一)同时符合以下条件的纳税人,可以向主管税务机关申请退还增量留抵税额:

1. 自2019年4月税款所属期起,连续六个月(按季纳税的,连续两个季度)增量留抵税额均大于零,且第六个月增量留抵税额不低于50万元;
2. 纳税信用等级为A级或者B级;
3. 申请退税前36个月未发生骗取留抵退税、出口退税或虚开增值税专用发票情形的;
4. 申请退税前36个月未因偷税被税务机关处罚两次及以上的;
5. 自2019年4月1日起未享受即征即退、先征后返(退)政策的。

(二)本公告所称增量留抵税额,是指与2019年3月底相比新增加的期末留抵税额。

(三)纳税人当期允许退还的增量留抵税额,按照以下公式计算:

$$允许退还的增量留抵税额=增量留抵税额×进项构成比例×60\%$$

进项构成比例,为2019年4月至申请退税前一税款所属期内已抵扣的增值税专用发票(含税控机动车销售统一发票)、海关进口增值税专用缴款书、解缴税款完税凭证注明的增值税额占同期全部已抵扣进项税额的比重。

(四)纳税人应在增值税纳税申报期内,向主管税务机关申请退还留抵税额。

(五)纳税人出口货物劳务、发生跨境应税行为,适用免抵退税办法的,办理免抵退税后,仍符合本公告规定条件的,可以申请退还留抵税额;适用免退税办法的,相关进项税额不得用于退还留抵税额。

(六)纳税人取得退还的留抵税额后,应相应调减当期留抵税额。按照本条规定再次满足退税条件的,可以继续向主管税务机关申请退还留抵税额,但本条第(一)项第1点规定的连续期间,不得重复计算。

(七)以虚增进项、虚假申报或其他欺骗手段,骗取留抵退税款的,由税务机关追缴其骗取的退税款,并按照《中华人民共和国税收征收管理法》等有关规定处理。

(八)退还的增量留抵税额中央、地方分担机制另行通知。

九、本公告自2019年4月1日起执行。

特此公告。

财政部　税务总局　海关总署
2019年3月20日

国家税务总局关于做好2019年深化增值税改革工作的通知

税总发〔2019〕32号

国家税务总局各省、自治区、直辖市和计划单列市税务局,国家税务总局驻各地特派员办事处:

今天,李克强总理在《政府工作报告》中提出了2019年深化增值税改革的具体安排和工作要求。考虑到实施时间较紧,任务很重,既涉及税务机关的准备,又涉及相关服务单位的支持,

也需要广大纳税人的配合,为确保降低增值税税率等各项改革措施如期落实到位、落地生根,现就有关工作事项通知如下:

一、提高认识,加强领导,汇集改革合力

(一)提高政治站位

深化增值税改革是2019年实施更大规模减税降费的"重头戏",是减轻企业负担、激发市场活力的重大举措,是完善税制、优化收入分配格局的重要改革,是宏观政策支持稳增长、保就业、调结构的重大抉择。各级税务机关要充分认识深化增值税改革的重大意义,切实把思想和行动统一到党中央、国务院的决策部署上来,从讲政治的高度,把贯彻落实好深化增值税改革、切实减轻实体经济税收负担,摆在重中之重的位置,实打实、硬碰硬,不折不扣狠抓落实,让企业和人民群众有实实在在的获得感。

(二)加强组织领导

此次改革时间紧、任务重、要求高。各级税务机关要切实加强组织领导,进一步增强工作的主动性、前瞻性、协调性,着力构建一竿子到底抓落实的工作机制。一把手要负总责,以实施减税降费工作领导小组为依托,紧紧围绕减税目标,统筹研究、注重集成、周密部署、迅速行动,倒排工期,明确责任分工,梳理任务清单,紧扣时间节点,对标对表加以推进。各级领导班子要强化责任担当,分管领导要亲自组织,亲自研究,亲自部署,不折不扣把深化增值税改革各项措施按时保质落实到位。

(三)严格工作标准

此次改革,除了降低增值税税率之外,还将配套增加抵扣等政策措施。各级税务机关要充分认识改革任务落实的艰巨性、紧迫性,进一步弘扬中国税务精神和营改增精神,确立更高的思想认识标准、政策落实标准、征管核算标准、服务宣传标准、督查督办标准,精准对标,深挖潜力,加强制度创新、服务创新、管理创新和技术创新,按照简明易行好操作的要求,细化实化操作办法,增强工作的科学性、针对性、实效性。

(四)坚持协调联动

深化增值税改革措施政策性强、涉及面广,落实落地需要各方面积极参与,协同推进,形成政府主导、部门合作、内部联动、社会协同的良好局面。各级税务机关要主动向地方党委、政府汇报,积极争取在调整预算时充分考虑增值税税率下调带来的减收因素,合理确定税费收入预算水平。要加强与行业主管部门、行业协会的沟通协作,及时了解行业动向,全面掌握减税成效。要主动向有关监督部门汇报减税降费政策落实情况,积极争取指导,认真改进工作。

二、突出重点,有序推进,做实改革举措

(五)夯实征管基础

各级税务机关要围绕深化增值税改革在征管方面带来的变化和提出的要求,打牢征管基础。税务总局负责完成金税三期、增值税发票管理、出口退税管理等信息系统的优化完善、联调测试及维护升级。各地应及时做好电子税务局的改造升级,以及与金税三期系统的联调测试和上线工作,重点关注申报表栏次和填写规则变化对相关系统的影响,切实做到网上申报与申报比对的有序衔接,保障系统稳定高效运行。

(六)深入培训辅导

增值税改革政策出台后,各级税务机关要把加强培训辅导摆在重要位置,组织开展好税务系统内部和面向纳税人的辅导培训。税务总局将组织"一竿子插到底"的视频培训,相关业务部门要及时做好热点问题、疑难问题的审核工作,统一办税服务厅、12366热线等渠道的咨询

解答口径。各级税务机关要结合当地实际,对纳税人进行全覆盖、分阶段、强重点的政策培训和有针对性的操作培训,提高宣传辅导的精准度。特别要做好新旧政策衔接的辅导工作,帮助纳税人准确适用政策,确保政策平稳有序过渡。

(七)优化纳税服务

各级税务机关要落实深化"放管服"改革要求,进一步牢固树立以纳税人为中心的理念,针对纳税人办税过程中的痛点和堵点,问计问需于纳税人,综合施策,注重体验,出台服务举措,创新服务手段,努力提供更优质、更便捷的纳税服务。税务总局将指导各地优化纳税服务,紧扣纳税人诉求,回应纳税人关切。各级税务机关要确保政策施行后,纳税人能够及时、准确、顺利地开具增值税发票;同时,各级税务机关要加强对税控服务单位的指导和监管,做好开票系统升级完善工作,做好纳税人配合的宣传解释工作,及时解决纳税人遇到的问题,切实提高服务质量,严禁借系统升级之机违规收费。

(八)抓好宣传引导

各级税务机关要加强和规范政策解读,深入做好改革宣传工作,积极应用新媒体、移动终端等渠道,从纳税人视角开展宣传,增强纳税人改革获得感,要及时回应社会关切,正确引导舆论,营造良好改革氛围。

三、压实责任,严明纪律,确保改革成效

(九)严肃工作纪律

深化增值税改革是党中央、国务院作出的重大决策部署,各级税务机关要牢固树立落实减税降费政策既是政治任务,又是硬任务的理念,严明工作纪律,严实工作作风,严肃工作态度,确保各项工作部署扎实有序推进、各项改革举措不折不扣落实,使广大纳税人充分享受改革红利。对改革任务落实不力的,特别是对造成社会不良影响的,要依法依纪严肃追责问责。

(十)统筹督查检查

税务总局已将改革相关重点工作纳入督查督办和绩效考评,各级税务机关也要参照全面推开营改增和2018年深化增值税改革三项措施的好经验、好做法,对改革工作逐项梳理,逐项分解,明确责任部门和责任人员,完善督查和考评内容,细化考评指标,严格绩效考评,确保一督到底、全面覆盖、不留死角。对督查发现的问题要查深查透、即查即改,切实做到真督真查、真促真改。稽查部门要及时查处、精准打击改革推行后发现的虚开增值税发票等税收违法行为,切实防范税收风险,规范税收秩序,为深化增值税改革保驾护航。

(十一)深化效应分析

各级税务机关要围绕改革成效,高标准做精统计核算,夯实数据质量。税务总局已制定改革后续统计核算和效应分析方案,将对省税务局使用分析平台开展减税统计核算和效应分析工作作出部署、提出要求。省税务局要建立数据采集、审核校验、汇总上报、核算分析的全环节工作机制,注重收集鲜活案例,扎实做好数据统计,打造减税核算的"铁账本"。

(十二)注重示范带动

各级税务机关要结合本地实际,及时总结经验,排查问题,不断改进和提升工作质效。对具有复制推广意义的经验做法,各地要及时层报至税务总局(货物劳务税司)。税务总局将通过适当方式予以推介,更好地发挥典型示范带动作用。

国家税务总局
2019年3月5日

国家税务总局关于进一步做好纳税人增值税发票领用等工作的通知

税总函〔2019〕64号

国家税务总局各省、自治区、直辖市和计划单列市税务局,国家税务总局驻各地特派员办事处:

为了贯彻落实党中央、国务院关于支持民营经济发展的决策部署,深化税务系统"放管服"改革,优化税收营商环境,进一步做好纳税人增值税发票(以下简称"发票")领用等工作,现就有关事项通知如下:

一、合理满足纳税人发票使用需求

各级税务机关不得简单按照纳税人所有制性质、所处行业、所在区域等因素,对纳税人领用发票进行不合理限制。要根据纳税人税收风险程度、纳税信用级别和实际经营情况,合理确定发票领用数量和最高开票限额,及时做好发票发放工作,保障纳税人正常生产经营。纳税人因实际经营情况发生变化提出增加发票领用数量和最高开票限额,经依法依规审核未发现异常的,主管税务机关要及时为纳税人办理"增版""增量"。对纳税人增值税异常扣税凭证要依法依规进行认定和处理,除存在购销严重背离、虚假纳税申报、税务约谈两次无故不到等涉嫌虚开发票的情形外,不得限制纳税人开具发票。对于已经由税务机关按照政策规定和流程解除非正常户的纳税人,主管税务机关应当在2个工作日内恢复其税控系统开票功能,保障纳税人正常开具发票。

二、积极推进发票领用分类分级管理

对于税收风险程度较低的纳税人,按需供应发票;对于税收风险程度中等的纳税人,正常供应发票,加强事中事后监管;对于税收风险程度较高的纳税人,严格控制其发票领用数量和最高开票限额,并加强事中事后监管。国家税务总局各省、自治区、直辖市和计划单列市税务局(以下简称"各省区市税务局")应积极探索依托信息技术手段,通过科学设置预警监控指标,有效识别纳税人税收风险程度,并且据此开展发票领用分类分级管理工作。

对于纳税信用A级的纳税人,按需供应发票,可以一次领取不超过3个月的发票用量。纳税信用B级的纳税人可以一次领取不超过2个月的发票用量。以上两类纳税人生产经营情况发生变化需要调整发票用量的,按照规定及时办理。

三、提示提醒纳税人发票使用风险

纳税人在办理实名认证时,主管税务机关应及时对其法定代表人(业主、负责人)进行税法宣传,提示发票使用中存在的涉税风险,提醒发票违法违规需要承担的法律责任。税务总局结合部分地区相关工作经验,编制了《发票使用风险提示提醒样例》(详见附件),各级税务机关可以以此为参考,创新开展相关工作。

四、全面推行发票网上申领

进一步扩大发票网上申领适用范围,已经实现办税人员实名信息采集和验证的纳税人,可以自愿选择使用网上申领方式领用发票。在全面推行发票网上申领的同时,各级税务机关要注重做好发票领用风险防控和发票物流配送衔接,确保发票网上申领简便易用、风险可控、安全可靠。

五、及时解决纳税人反映的问题

对于纳税人提出的发票领用问题和相关诉求,各级税务机关要严格落实首问责任制,及时进行回应和处理。对于纳税人的投诉和举报,各级税务机关要予以高度重视,及时开展核查

处理。

六、有序做好发票库存管理

各级税务机关要科学编制发票印制计划,既要保证纳税人使用需要,又要避免库存过多增加管理成本。要密切监控发票库存情况,主动做好辖区内发票的入库、调拨、发放等工作。要加强与发票印制单位的沟通协调,确保已经下达印制计划的发票保质、保量、按期配送到位。

七、运用内控平台规范发票管理服务行为

各级税务机关要按照增值税发票管理风险内部控制制度的相关要求做好内部控制工作,及早防范风险、化解风险。注重防控在发票领用中设置不合理限制、刁难纳税人等发票服务方面的内部管理风险,优化业务流程,完善管理软件内控功能,充分利用税务系统内部控制监督平台等科技手段加强监控,不断规范发票管理服务行为。

八、持续开展政策宣传和操作辅导

各级税务机关要利用办税服务厅、税务网站、微信微博等渠道,主动开展政策宣传,引导纳税人快速办理发票领用手续,规范纳税人发票开具行为。要督促税控服务单位做好对纳税人的培训辅导,通过现场培训、在线培训等形式,帮助纳税人熟练掌握税控系统领票和开票操作,不断提高纳税人领票和开票效率。

各省区市税务局可以在现行政策框架下,结合本地实际情况,进一步创新发票服务和管理举措,为纳税人领用发票提供更多便利。

附件:发票使用风险提示提醒样例(略)

国家税务总局
2019 年 2 月 26 日

财政部 海关总署 税务总局 药监局关于罕见病药品增值税政策的通知

财税〔2019〕24 号

各省、自治区、直辖市、计划单列市财政厅(局),新疆生产建设兵团财政局,海关总署广东分署、各直属海关,国家税务总局各省、自治区、直辖市、计划单列市税务局:

为鼓励罕见病制药产业发展,降低患者用药成本,现将罕见病药品增值税政策通知如下:

一、自 2019 年 3 月 1 日起,增值税一般纳税人生产销售和批发、零售罕见病药品,可选择按照简易办法依照 3% 征收率计算缴纳增值税。上述纳税人选择简易办法计算缴纳增值税后,36 个月内不得变更。

二、自 2019 年 3 月 1 日起,对进口罕见病药品,减按 3% 征收进口环节增值税。

三、纳税人应单独核算罕见病药品的销售额。未单独核算的,不得适用本通知第一条规定的简易征收政策。

四、本通知所称罕见病药品,是指经国家药品监督管理部门批准注册的罕见病药品制剂及原料药。罕见病药品清单(第一批)见附件。罕见病药品范围实行动态调整,由财政部、海关总署、税务总局、药监局根据变化情况适时明确。

附件：罕见病药品清单(第一批)(略)

财政部　海关总署　税务总局　药监局
2019年2月20日

财政部　税务总局　中央宣传部关于继续实施文化体制改革中经营性文化事业单位转制为企业若干税收政策的通知

财税〔2019〕16号

各省、自治区、直辖市、计划单列市财政厅(局)、党委宣传部，新疆生产建设兵团财政局，国家税务总局各省、自治区、直辖市、计划单列市税务局：

为贯彻落实《国务院办公厅关于印发文化体制改革中经营性文化事业单位转制为企业和进一步支持文化企业发展两个规定的通知》(国办发〔2018〕124号)有关规定，进一步深化文化体制改革，继续推进国有经营性文化事业单位转企改制，现就继续实施经营性文化事业单位转制为企业的税收政策有关事项通知如下：

一、经营性文化事业单位转制为企业，可以享受以下税收优惠政策：

(一)经营性文化事业单位转制为企业，自转制注册之日起五年内免征企业所得税。2018年12月31日之前已完成转制的企业，自2019年1月1日起可继续免征五年企业所得税。

(二)由财政部门拨付事业经费的文化单位转制为企业，自转制注册之日起五年内对其自用房产免征房产税。2018年12月31日之前已完成转制的企业，自2019年1月1日起对其自用房产可继续免征五年房产税。

(三)党报、党刊将其发行、印刷业务及相应的经营性资产剥离组建的文化企业，自注册之日起所取得的党报、党刊发行收入和印刷收入免征增值税。

(四)对经营性文化事业单位转制中资产评估增值、资产转让或划转涉及的企业所得税、增值税、城市维护建设税、契税、印花税等，符合现行规定的享受相应税收优惠政策。

上述所称"经营性文化事业单位"，是指从事新闻出版、广播影视和文化艺术的事业单位。转制包括整体转制和剥离转制。其中，整体转制包括：(图书、音像、电子)出版社、非时政类报刊出版单位、新华书店、艺术院团、电影制片厂、电影(发行放映)公司、影剧院、重点新闻网站等整体转制为企业；剥离转制包括：新闻媒体中的广告、印刷、发行、传输网络等部分，以及影视剧等节目制作与销售机构，从事业体制中剥离出来转制为企业。

上述所称"转制注册之日"，是指经营性文化事业单位转制为企业并进行企业法人登记之日。对于经营性文化事业单位转制前已进行企业法人登记，则按注销事业单位法人登记之日，或核销事业编制的批复之日(转制前未进行事业单位法人登记的)确定转制完成并享受本通知所规定的税收优惠政策。

上述所称"2018年12月31日之前已完成转制"，是指经营性文化事业单位在2018年12月31日及以前已转制为企业、进行企业法人登记，并注销事业单位法人登记或批复核销事业编制(转制前未进行事业单位法人登记的)。

本通知下发之前已经审核认定享受《财政部　国家税务总局　中宣部关于继续实施文化体制改革中经营性文化事业单位转制为企业若干税收政策的通知》(财税〔2014〕84号)税收优惠

政策的转制文化企业,可按本通知规定享受税收优惠政策。

二、享受税收优惠政策的转制文化企业应同时符合以下条件:

(一)根据相关部门的批复进行转制。

(二)转制文化企业已进行企业法人登记。

(三)整体转制前已进行事业单位法人登记的,转制后已核销事业编制、注销事业单位法人;整体转制前未进行事业单位法人登记的,转制后已核销事业编制。

(四)已同在职职工全部签订劳动合同,按企业办法参加社会保险。

(五)转制文化企业引入非公有资本和境外资本的,须符合国家法律法规和政策规定;变更资本结构依法应经批准的,需经行业主管部门和国有文化资产监管部门批准。

本通知适用于所有转制文化单位。中央所属转制文化企业的认定,由中央宣传部会同财政部、税务总局确定并发布名单;地方所属转制文化企业的认定,按照登记管理权限,由地方各级宣传部门会同同级财政、税务部门确定和发布名单,并按程序抄送中央宣传部、财政部和税务总局。

已认定发布的转制文化企业名称发生变更的,如果主营业务未发生变化,可持同级文化体制改革和发展工作领导小组办公室出具的同意变更函,到主管税务机关履行变更手续;如果主营业务发生变化,依照本条规定的条件重新认定。

三、经认定的转制文化企业,应按有关税收优惠事项管理规定办理优惠手续,申报享受税收优惠政策。企业应将转制方案批复函,企业营业执照,同级机构编制管理机关核销事业编制、注销事业单位法人的证明,与在职职工签订劳动合同、按企业办法参加社会保险制度的有关材料,相关部门对引入非公有资本和境外资本、变更资本结构的批准文件等留存备查,税务部门依法加强后续管理。

四、未经认定的转制文化企业或转制文化企业不符合本通知规定的,不得享受相关税收优惠政策。已享受优惠的,主管税务机关应追缴其已减免的税款。

五、对已转制企业按照本通知规定应予减免的税款,在本通知下发以前已经征收入库的,可抵减以后纳税期应缴税款或办理退库。

六、本通知规定的税收政策执行期限为2019年1月1日至2023年12月31日。企业在2023年12月31日享受本通知第一条第(一)、(二)项税收政策不满五年的,可继续享受至五年期满为止。

《财政部 国家税务总局 中宣部关于继续实施文化体制改革中经营性文化事业单位转制为企业若干税收政策的通知》(财税〔2014〕84号)自2019年1月1日起停止执行。

财政部 税务总局 中央宣传部
2019年2月16日

财政部 税务总局关于明确养老机构免征增值税等政策的通知

财税〔2019〕20号

各省、自治区、直辖市、计划单列市财政厅(局),国家税务总局各省、自治区、直辖市、计划单列市税务局,新疆生产建设兵团财政局:

现将养老机构免征增值税等政策通知如下:

一、《营业税改征增值税试点过渡政策的规定》(财税〔2016〕36号印发)第一条第(二)项中的养老机构,包括依照《中华人民共和国老年人权益保障法》依法办理登记,并向民政部门备案的为老年人提供集中居住和照料服务的各类养老机构。

二、自2019年2月1日至2020年12月31日,医疗机构接受其他医疗机构委托,按照不高于地(市)级以上价格主管部门会同同级卫生主管部门及其他相关部门制定的医疗服务指导价格(包括政府指导价和按照规定由供需双方协商确定的价格等),提供《全国医疗服务价格项目规范》所列的各项服务,可适用《营业税改征增值税试点过渡政策的规定》(财税〔2016〕36号印发)第一条第(七)项规定的免征增值税政策。

三、自2019年2月1日至2020年12月31日,对企业集团内单位(含企业集团)之间的资金无偿借贷行为,免征增值税。

四、保险公司开办一年期以上返还性人身保险产品,按照以下规定执行:

(一)保险公司开办一年期以上返还性人身保险产品,在保险监管部门出具备案回执或批复文件前依法取得的保费收入,属于《财政部 国家税务总局关于一年期以上返还性人身保险产品营业税免税政策的通知》(财税〔2015〕86号)第一条、《营业税改征增值税试点过渡政策的规定》(财税〔2016〕36号印发)第一条第(二十一)项规定的保费收入。

(二)保险公司符合财税〔2015〕86号第一条、第二条规定免税条件,且未列入财政部、税务总局发布的免征营业税名单的,可向主管税务机关办理备案手续。

(三)保险公司开办一年期以上返还性人身保险产品,在列入财政部和税务总局发布的免征营业税名单或办理免税备案手续后,此前已缴纳营业税中尚未抵减或退还的部分,可抵减以后月份应缴纳的增值税。

五、本通知自发布之日起执行。此前已发生未处理的事项,按本通知规定执行。

财政部 税务总局
2019年2月2日

财政部 税务总局关于冬奥会和冬残奥会企业赞助有关增值税政策的通知

财税〔2019〕6号

各省、自治区、直辖市、计划单列市财政厅(局),新疆生产建设兵团财政局,国家税务总局各省、自治区、直辖市、计划单列市税务局:

根据《财政部 税务总局 海关总署关于北京2022年冬奥会和冬残奥会税收政策的通知》(财税〔2017〕60号)第三条第(二)款规定,现就冬奥会和冬残奥会企业赞助有关增值税政策明确如下:

一、对赞助企业及参与赞助的下属机构根据赞助协议及补充赞助协议向北京冬奥组委免费提供的,与北京2022年冬奥会、冬残奥会、测试赛有关的服务,免征增值税。

赞助企业及下属机构按照本通知所附《北京2022年冬奥会、冬残奥会、测试赛赞助企业及参与赞助的下属机构名单》(第一批)执行。

二、适用免征增值税政策的服务,仅限于赞助企业及下属机构与北京冬奥组委签订的赞助协议及补充赞助协议中列明的服务。

三、赞助企业及下属机构应对上述服务单独核算,未单独核算的,不得适用免税政策。

四、本通知自2017年7月12日起执行。按照本通知应予免征的增值税,凡在本通知下发以前已经征收入库的,从纳税人以后纳税期应缴纳的增值税税款中抵减。纳税人如果已经向购买方开具了增值税专用发票,应将专用发票追回后方可申请办理免税。凡专用发票无法追回的,一律照章征收增值税。

附件:北京2022年冬奥会、冬残奥会、测试赛赞助企业及参与赞助的下属机构名单(第一批)(略)

财政部　税务总局

2019年1月18日

财政部　税务总局关于调整增值税税率的通知

财税〔2018〕32号

各省、自治区、直辖市、计划单列市财政厅(局)、国家税务局、地方税务局,新疆生产建设兵团财政局:

为完善增值税制度,现将调整增值税税率有关政策通知如下:

一、纳税人发生增值税应税销售行为或者进口货物,原适用17%和11%税率的,税率分别调整为16%、10%。

二、纳税人购进农产品,原适用11%扣除率的,扣除率调整为10%。

三、纳税人购进用于生产销售或委托加工16%税率货物的农产品,按照12%的扣除率计算进项税额。

四、原适用17%税率且出口退税率为17%的出口货物,出口退税率调整至16%。原适用11%税率且出口退税率为11%的出口货物、跨境应税行为,出口退税率调整至10%。

五、外贸企业2018年7月31日前出口的第四条所涉货物、销售的第四条所涉跨境应税行为,购进时已按调整前税率征收增值税的,执行调整前的出口退税率;购进时已按调整后税率征收增值税的,执行调整后的出口退税率。生产企业2018年7月31日前出口的第四条所涉货物、销售的第四条所涉跨境应税行为,执行调整前的出口退税率。

调整出口货物退税率的执行时间及出口货物的时间,以出口货物报关单上注明的出口日期为准,调整跨境应税行为退税率的执行时间及销售跨境应税行为的时间,以出口发票的开具日期为准。

六、本通知自2018年5月1日起执行。此前有关规定与本通知规定的增值税税率、扣除率、出口退税率不一致的,以本通知为准。

七、各地要高度重视增值税税率调整工作,做好实施前的各项准备以及实施过程中的监测分析、宣传解释等工作,确保增值税税率调整工作平稳、有序推进。如遇问题,请及时上报财政部和税务总局。

财政部　税务总局

2018年4月4日

国家税务总局关于明确中外合作办学等若干增值税征管问题的公告

国家税务总局公告2018年第42号

现将中外合作办学等增值税征管问题公告如下：

一、境外教育机构与境内从事学历教育的学校开展中外合作办学，提供学历教育服务取得的收入免征增值税。中外合作办学，是指中外教育机构按照《中华人民共和国中外合作办学条例》（国务院令第372号）的有关规定，合作举办的以中国公民为主要招生对象的教育教学活动。上述"学历教育""从事学历教育的学校""提供学历教育服务取得的收入"的范围，按照《营业税改征增值税试点过渡政策的规定》（财税〔2016〕36号文件附件3）第一条第（八）项的有关规定执行。

二、航空运输销售代理企业提供境内机票代理服务，以取得的全部价款和价外费用，扣除向客户收取并支付给航空运输企业或其他航空运输销售代理企业的境内机票净结算款和相关费用后的余额为销售额。其中，支付给航空运输企业的款项，以国际航空运输协会（IATA）开账与结算计划（BSP）对账单或航空运输企业的签收单据为合法有效凭证；支付给其他航空运输销售代理企业的款项，以代理企业间的签收单据为合法有效凭证。航空运输销售代理企业就取得的全部价款和价外费用，向购买方开具行程单，或开具增值税普通发票。

三、纳税人通过省级土地行政主管部门设立的交易平台转让补充耕地指标，按照销售无形资产缴纳增值税，税率为6%。本公告所称补充耕地指标，是指根据《中华人民共和国土地管理法》及国务院土地行政主管部门《耕地占补平衡考核办法》的有关要求，经省级土地行政主管部门确认，用于耕地占补平衡的指标。

四、上市公司因实施重大资产重组形成的限售股，以及股票复牌首日至解禁日期间由上述股份孳生的送、转股，因重大资产重组停牌的，按照《国家税务总局关于营改增试点若干征管问题的公告》（国家税务总局公告2016年第53号）第五条第（三）项的规定确定买入价；在重大资产重组前已经暂停上市的，以上市公司完成资产重组后股票恢复上市首日的开盘价为买入价。

五、拍卖行受托拍卖取得的手续费或佣金收入，按照"经纪代理服务"缴纳增值税。《国家税务总局关于拍卖行取得的拍卖收入征收增值税、营业税有关问题的通知》（国税发〔1999〕40号）停止执行。

六、一般纳税人销售自产机器设备的同时提供安装服务，应分别核算机器设备和安装服务的销售额，安装服务可以按照甲供工程选择适用简易计税方法计税。

一般纳税人销售外购机器设备的同时提供安装服务，如果已经按照兼营的有关规定，分别核算机器设备和安装服务的销售额，安装服务可以按照甲供工程选择适用简易计税方法计税。

纳税人对安装运行后的机器设备提供的维护保养服务，按照"其他现代服务"缴纳增值税。

七、纳税人2016年5月1日前发生的营业税涉税业务，包括已经申报缴纳营业税或补缴营业税的业务，需要补开发票的，可以开具增值税普通发票。纳税人应完整保留相关资料备查。

本公告自发布之日起施行，《国家税务总局关于简并增值税征收率有关问题的公告》（国家税务总局公告2014年第36号）第二条和《国家税务总局关于进一步明确营改增有关征管问题的公告》（国家税务总局公告2017年第11号）第四条同时废止。此前已发生未处理的事项，按照本公告的规定执行。2016年5月1日前,纳税人发生本公告第四条规定的应税行为,已缴纳营业税的,不再调整,未缴纳营业税的,比照本公告规定缴纳营业税。

特此公告。

国家税务总局
2018年7月25日

关于《国家税务总局关于明确中外合作办学等若干增值税征管问题的公告》的解读

近期我局接到各方反映的一些增值税征管操作问题。为统一政策口径,便于纳税人执行,税务总局发布了《国家税务总局关于明确中外合作办学等若干增值税征管问题的公告》(以下称"《公告》"),对相关问题进行了明确。现就《公告》的主要内容解读如下:

一、关于中外合作办学提供教育服务取得的收入免征增值税政策

目前的营改增政策规定,从事学历教育的学校提供的教育服务免征增值税。近接部分学校反映,境外教育机构与境内学校开展中外合作办学过程中,境外教育机构自境内学校取得的收入,是否可享受增值税免税政策,现行规定不明确。本次《公告》中明确,境外教育机构与境内从事学历教育的学校开展中外合作办学过程中,提供学历教育服务取得的收入,也可同样享受免征增值税政策。

二、关于航空运输销售代理企业提供境内机票代理服务差额计税政策

(一)境内机票代理服务的销售额

航空运输销售代理企业提供境内机票代理服务,以取得的全部价款和价外费用,扣除向客户收取并支付给航空运输企业或其他航空运输销售代理企业的境内机票净结算款和相关费用后的余额为销售额。

(二)合法有效的扣除凭证

按照不同类型的企业,可分为两种情形的扣除凭证。

1. 支付给航空运输企业的款项,扣除凭证包括下列两项之一:

(1)国际航空运输协会(IATA)开账与结算计划(BSP)对账单;

(2)航空运输企业的签收单据。

2. 支付给其他航空运输销售代理企业的款项,以代理企业间的签收单据为合法有效凭证。

(三)发票的种类及金额

航空运输销售代理企业就取得的全部价款和价外费用,向购买方开具行程单,或开具增值税普通发票。

三、关于纳税人通过省级土地行政主管部门设立的交易平台转让补充耕地指标增值税政策

目前,我国实行占用耕地补偿制度,即非农业建设占用多少耕地,就应补充多少数量和质量相当的耕地,根据《土地管理法》和《耕地占补平衡考核办法》等法律法规要求,各省、自治区、直辖市(以下统称"各省")应确保本行政区域内的耕地总量不减少。由于经济发展水平差异和土地资源分布不均衡,不同市县对耕地占用的需求也各不相同。为确保耕地总量不减少,优化

土地资源配置,各省陆续出台管理办法,实现了补充耕地指标的跨市县转让。补充耕地指标,实质上是一种占用耕地进行建设开发的权益,纳税人发生的转让补充耕地指标行为,应按照销售无形资产税目缴纳增值税。为统一表述,《公告》采用了"补充耕地指标"这一名称,各省出台的管理办法中采用的其他名称,只要与"补充耕地指标"实质相同,均可适用本条政策规定。

四、关于因重大资产重组形成的限售股买入价的确定问题

税务总局 2016 年第 53 号公告中,按照限售股的形成原因分别明确了限售股买入价的确定原则。其中,因重大资产重组形成的限售股,以该上市公司因重大资产重组股票停牌前一交易日的收盘价为买入价计算销售额。近接地方反映,存在一些特殊情况,即上市公司在重大资产重组前已处于非正常上市状态,比如因业绩未达标等原因已被交易所暂停上市,因此不存在因重大资产重组而实施停牌。

针对上述情况,本次《公告》中明确,上市公司因实施重大资产重组形成的限售股,因重大资产重组停牌的,按照 2016 年 53 号公告第五条第(三)项的规定,以该上市公司因重大资产重组股票停牌前一交易日的收盘价为买入价;在重大资产重组前已经暂停上市的,以上市公司完成资产重组后股票恢复上市首日的开盘价为买入价。

五、关于拍卖行适用的增值税政策问题

1999 年税务总局发布了《关于拍卖行取得的拍卖收入征收增值税、营业税有关问题的通知》(国税发〔1999〕40 号),对拍卖行受托拍卖增值税应税货物,向买方收取的全部价款和价外费用,应当按照 4%(2014 年 7 月 1 日后调整为 3%)的征收率征收增值税;对拍卖行向委托方收取的手续费征收营业税。

2016 年全面推开营改增以后,对拍卖行取得的手续费收入,已由缴纳营业税改为缴纳增值税。结合政策调整变化情况,本次《公告》中明确,停止执行国税发〔1999〕40 号文件,对拍卖行受托拍卖取得的手续费或佣金收入,按照"经纪代理服务"缴纳增值税。

六、关于纳税人销售机器设备同时提供安装服务,安装服务的计税方法及后续机器设备维护保养服务的适用税率问题

纳税人销售机器设备同时提供安装服务,包括以下两种情形:

(一)纳税人销售自产机器设备的同时提供安装服务

按照现行规定,这种情况下纳税人应分别核算机器设备和安装服务的销售额。机器设备销售给甲方后,又交给机器设备销售企业负责安装,可以将此机器设备视为"甲供"的机器设备,机器设备销售企业提供的安装服务也可视为为甲供工程提供的安装服务,可以选择适用简易计税方法计税。

(二)纳税人销售外购机器设备的同时提供安装服务

这种情形下又分两种情况。一是纳税人未分别核算机器设备和安装服务的销售额,那么应按照混合销售的有关规定,确定其适用税目和税率。二是纳税人已按照兼营的有关规定,分别核算机器设备和安装服务的销售额,同样可以将此机器设备视为"甲供"的机器设备,将纳税人提供的安装服务视为为甲供工程提供的安装服务,选择适用简易计税方法计税。

另外,本次《公告》中还明确,纳税人对安装运行后的机器设备提供的维护保养服务,按照"其他现代服务"缴纳增值税。

七、关于试点前发生的营业税业务补开增值税发票问题

为保障全面推开营改增试点工作顺利实施,2017 年 4 月总局发布《关于进一步明确营改增有关征管问题的公告》(国家税务总局公告 2017 年第 11 号),规定"纳税人 2016 年 5 月 1 日

前发生的营业税涉税业务,需要补开发票的,可于2017年12月31日前开具增值税普通发票(税务总局另有规定的除外)"。

政策到期后,基层税务机关及部分纳税人反映,因销售周期长、实际业务发生变化等原因仍然需要补开发票。为了形成帮助纳税人解决问题的长效机制,本次《公告》中明确,对纳税人2016年5月1日前发生的营业税涉税业务,包括已经申报缴纳营业税或补缴营业税的业务,需要补开发票的,可开具增值税普通发票,且不再规定纳税人可以开具增值税普通发票的时限,同时规定纳税人应完整保留相关资料备查。

财政部 税务总局关于2018年退还部分行业增值税留抵税额有关税收政策的通知

财税〔2018〕70号

各省、自治区、直辖市、计划单列市财政厅(局),国家税务总局各省、自治区、直辖市、计划单列市税务局,新疆生产建设兵团财政局:

为助力经济高质量发展,2018年对部分行业增值税期末留抵税额予以退还。现将有关事项通知如下:

一、退还期末留抵税额的行业企业范围

退还增值税期末留抵税额的行业包括装备制造等先进制造业、研发等现代服务业和电网企业,具体范围如下:

(一)装备制造等先进制造业和研发等现代服务业。

按照国民经济行业分类,装备制造等先进制造业和研发等现代服务业包括专用设备制造业、研究和试验发展等18个大类行业,详见附件《2018年退还增值税期末留抵税额行业目录》。纳税人所属行业根据税务登记的国民经济行业确定,并优先选择以下范围内的纳税人:

1.《中国制造2025》明确的新一代信息技术、高档数控机床和机器人、航空航天装备、海洋工程装备及高技术船舶、先进轨道交通装备、节能与新能源汽车、电力装备、农业机械装备、新材料、生物医药及高性能医疗器械等10个重点领域。

2. 高新技术企业、技术先进型服务企业和科技型中小企业。

(二)电网企业

取得电力业务许可证(输电类、供电类)的全部电网企业。

二、退还期末留抵税额的纳税人条件

退还期末留抵税额纳税人的纳税信用等级为A级或B级。

三、退还期末留抵税额的计算

纳税人向主管税务机关申请退还期末留抵税额,当期退还的期末留抵税额,以纳税人申请退税上期的期末留抵税额和退还比例计算,并以纳税人2017年底期末留抵税额为上限。具体如下:

(一)可退还的期末留抵税额=纳税人申请退税上期的期末留抵税额×退还比例

退还比例按下列方法计算:

1. 2014年12月31日前(含)办理税务登记的纳税人,退还比例为2015年、2016年和

2017年三个年度已抵扣的增值税专用发票、海关进口增值税专用缴款书、解缴税款完税凭证注明的增值税额占同期全部已抵扣进项税额的比重。

2. 2015年1月1日后(含)办理税务登记的纳税人,退还比例为实际经营期间内已抵扣的增值税专用发票、海关进口增值税专用缴款书、解缴税款完税凭证注明的增值税额占同期全部已抵扣进项税额的比重。

(二)当可退还的期末留抵税额不超过2017年底期末留抵税额时,当期退还的期末留抵税额为可退还的期末留抵税额。当可退还的期末留抵税额超过2017年底期末留抵税额时,当期退还的期末留抵税额为2017年底期末留抵税额。

四、工作要求

(一)各省(包括自治区、直辖市、计划单列市,下同)财政和税务部门要根据财政部和税务总局确定的各省2018年装备制造等先进制造业、研发等现代服务业退还期末留抵税额规模,顺应国家宏观政策导向,兼顾不同规模、类型企业,确定本省退还期末留抵税额的纳税人,于2018年8月31日前将纳税人名单及拟退税金额报财政部和税务总局备案。

各省2018年装备制造等先进制造业、研发等现代服务业退还期末留抵税额规模由财政部和税务总局另行通知。各省电网企业的期末留抵税额,按本通知规定计算当期退还的期末留抵税额,据实退还。

(二)各省财政和税务部门务必高度重视此项工作,周密筹划、统筹推进,实施过程中应加强监测分析,做好宣传解释等工作,确保退还期末留抵税额平稳、有序推进,于2018年9月30日前完成退还期末留抵税额工作。

(三)2018年10月31日前,各省财政和税务部门报送退还期末留抵税额工作总结,包括完成情况、工作方法、成效、建议等。政策执行过程中遇到重大问题及时向财政部和税务总局报告。

附件:2018年退还增值税期末留抵税额行业目录

财政部　税务总局
2018年6月27日

附件　　**2018年退还增值税期末留抵税额行业目录**

序号	行业名称(按国民经济行业分类统计)	序号	行业名称(按国民经济行业分类统计)
1	化学原料和化学制品制造业	10	电气机械和器材制造业
2	医药制造业	11	计算机、通信和其他电子设备制造业
3	化学纤维制造业	12	仪器仪表制造业
4	非金属矿物制品业	13	互联网和相关服务
5	金属制品业	14	软件和信息技术服务业
6	通用设备制造业	15	研究和试验发展
7	专用设备制造业	16	专业技术服务业
8	汽车制造业	17	科技推广和应用服务业
9	铁路、船舶、航空航天和其他运输设备制造业	18	生态保护和环境治理业

财政部 税务总局关于境外机构投资境内债券市场企业所得税 增值税政策的通知

财税〔2018〕108号

各省、自治区、直辖市、计划单列市财政厅(局),国家税务总局各省、自治区、直辖市、计划单列市税务局,新疆生产建设兵团财政局:

为进一步推动债券市场对外开放,现将有关税收政策通知如下:

自2018年11月7日起至2021年11月6日止,对境外机构投资境内债券市场取得的债券利息收入暂免征收企业所得税和增值税。

上述暂免征收企业所得税的范围不包括境外机构在境内设立的机构、场所取得的与该机构、场所有实际联系的债券利息。

财政部 税务总局
2018年11月7日

 国家税务总局关于大连商品交易所铁矿石期货保税交割业务增值税管理问题的公告

国家税务总局公告2018年第19号

根据《财政部 国家税务总局关于原油和铁矿石期货保税交割业务增值税政策的通知》(财税〔2015〕35号),大连商品交易所开展的铁矿石期货保税交割业务暂免征收增值税。现将有关增值税管理问题公告如下:

一、大连商品交易所开展的铁矿石期货保税交割业务(以下简称"铁矿石期货保税交割业务")是指参与铁矿石期货保税交割业务的境内机构、境外机构,通过大连商品交易所,以海关特殊监管区域或场所内处于保税监管状态的铁矿石货物为期货实物交割标的物,开展的铁矿石期货实物交割业务。

二、境内机构包括大连商品交易所的会员单位(含期货公司会员和非期货公司会员),以及通过会员单位在大连商品交易所开展铁矿石期货保税交割业务的境内客户;

境外机构包括在大连商品交易所开展铁矿石期货保税交割业务的境外经纪机构和境外参与者。

三、对境内机构的增值税管理按以下规定执行:

(一)境内机构均应注册登记为增值税纳税人。

(二)境内机构应在首次申报铁矿石期货保税交割业务免税时,向主管税务机关提交从事铁矿石期货保税交割业务的书面说明,办理免税备案。

(三)铁矿石期货保税交割业务的卖方为境内机构时,应向买方开具增值税普通发票。即境内卖方客户应向卖方会员单位开具增值税普通发票,卖方会员单位应向大连商品交易所开具增值税普通发票,大连商品交易所应向买方会员单位开具增值税普通发票,买方会员单位应向境内或境外买方客户开具增值税普通发票。开票金额均为大连商品交易所保税交割结算单上注明的保税交割结算金额。

（四）境内机构应将免税业务对应的保税交割结算单及开具和收取的发票、收付款凭证以及保税标准仓单清单等资料按月整理成册，留存备查。

四、铁矿石期货保税交割业务的卖方为境外机构时，卖方会员单位应向卖方索取相应的收款凭证，并以此作为免税依据。

五、大连商品交易所的增值税管理规定，参照本公告第三条对境内机构的增值税管理规定执行。

六、大连商品交易所其他期货品种的保税交割业务，适用免征增值税政策的，其增值税管理参照本公告执行。

七、本公告自发布之日起施行。

特此公告。

国家税务总局
2018年4月20日

财政部 税务总局关于延续动漫产业增值税政策的通知

财税〔2018〕38号

各省、自治区、直辖市、计划单列市财政厅（局）、国家税务局、地方税务局，新疆生产建设兵团财政局：

为促进我国动漫产业发展，继续实施动漫产业增值税政策。现将有关事项通知如下：

一、自2018年1月1日至2018年4月30日，对动漫企业增值税一般纳税人销售其自主开发生产的动漫软件，按照17％的税率征收增值税后，对其增值税实际税负超过3％的部分，实行即征即退政策。

二、自2018年5月1日至2020年12月31日，对动漫企业增值税一般纳税人销售其自主开发生产的动漫软件，按照16％的税率征收增值税后，对其增值税实际税负超过3％的部分，实行即征即退政策。

三、动漫软件出口免征增值税。

四、动漫软件，按照《财政部 国家税务总局关于软件产品增值税政策的通知》（财税〔2011〕100号）中软件产品相关规定执行。

动漫企业和自主开发、生产动漫产品的认定标准和认定程序，按照《文化部 财政部 国家税务总局关于印发〈动漫企业认定管理办法（试行）〉的通知》（文市发〔2008〕51号）的规定执行。

五、《财政部 国家税务总局关于动漫产业增值税和营业税政策的通知》（财税〔2013〕98号）到期停止执行。

财政部 税务总局
2018年4月19日

财政部 税务总局关于延续宣传文化增值税优惠政策的通知

财税〔2018〕53号

各省、自治区、直辖市、计划单列市财政厅(局)、国家税务局,新疆生产建设兵团财政局,财政部驻各省、自治区、直辖市、计划单列市财政监察专员办事处:

为促进我国宣传文化事业的发展,继续实施宣传文化增值税优惠政策。现将有关事项通知如下:

一、自2018年1月1日起至2020年12月31日,执行下列增值税先征后退政策。

(一)对下列出版物在出版环节执行增值税100%先征后退的政策:

1. 中国共产党和各民主党派的各级组织的机关报纸和机关期刊,各级人大、政协、政府、工会、共青团、妇联、残联、科协的机关报纸和机关期刊,新华社的机关报纸和机关期刊,军事部门的机关报纸和机关期刊。

上述各级组织不含其所属部门。机关报纸和机关期刊增值税先征后退范围掌握在一个单位一份报纸和一份期刊以内。

2. 专为少年儿童出版发行的报纸和期刊,中小学的学生课本。

3. 专为老年人出版发行的报纸和期刊。

4. 少数民族文字出版物。

5. 盲文图书和盲文期刊。

6. 经批准在内蒙古、广西、西藏、宁夏、新疆五个自治区内注册的出版单位出版的出版物。

7. 列入本通知附件1的图书、报纸和期刊。

(二)对下列出版物在出版环节执行增值税先征后退50%的政策:

1. 各类图书、期刊、音像制品、电子出版物,但本通知第一条第(一)项规定执行增值税100%先征后退的出版物除外。

2. 列入本通知附件2的报纸。

(三)对下列印刷、制作业务执行增值税100%先征后退的政策:

1. 对少数民族文字出版物的印刷或制作业务。

2. 列入本通知附件3的新疆维吾尔自治区印刷企业的印刷业务。

二、自2018年1月1日起至2020年12月31日,免征图书批发、零售环节增值税。

三、自2018年1月1日起至2020年12月31日,对科普单位的门票收入,以及县级及以上党政部门和科协开展科普活动的门票收入免征增值税。

四、享受本通知第一条第(一)项、第(二)项规定的增值税先征后退政策的纳税人,必须是具有相关出版物出版许可证的出版单位(含以"租型"方式取得专有出版权进行出版物印刷发行的出版单位)。承担省级及以上出版行政主管部门指定出版、发行任务的单位,因进行重组改制等原因尚未办理出版、发行许可证变更的单位,经财政部驻各地财政监察专员办事处(以下简称财政监察专员办事处)商省级出版行政主管部门核准,可以享受相应的增值税先征后退政策。

纳税人应将享受上述税收优惠政策的出版物在财务上实行单独核算,不进行单独核算的不得享受本通知规定的优惠政策。违规出版物、多次出现违规的出版单位及图书批发零售单位不得享受本通知规定的优惠政策,上述违规出版物、出版单位及图书批发零售单位的具体名单由省级及以上出版行政主管部门及时通知相应财政监察专员办事处和主管税务机关。

五、已按软件产品享受增值税退税政策的电子出版物不得再按本通知申请增值税先征后退政策。

六、本通知规定的各项增值税先征后退政策由财政监察专员办事处根据财政部、国家税务总局、中国人民银行《关于税制改革后对某些企业实行"先征后退"有关预算管理问题的暂行规定的通知》〔(94)财预字第55号〕的规定办理。

七、本通知的有关定义

（一）本通知所述"出版物"，是指根据国务院出版行政主管部门的有关规定出版的图书、报纸、期刊、音像制品和电子出版物。所述图书、报纸和期刊，包括随同图书、报纸、期刊销售并难以分离的光盘、软盘和磁带等信息载体。

（二）图书、报纸、期刊（即杂志）的范围，仍然按照《国家税务总局关于印发〈增值税部分货物征税范围注释〉的通知》（国税发〔1993〕151号）的规定执行；音像制品、电子出版物的范围，按照《财政部 税务总局关于简并增值税税率有关政策的通知》（财税〔2017〕37号）的规定执行。

（三）本通知所述"专为少年儿童出版发行的报纸和期刊"，是指以初中及初中以下少年儿童为主要对象的报纸和期刊。

（四）本通知所述"中小学的学生课本"，是指普通中小学学生课本和中等职业教育课本。普通中小学学生课本是指根据教育部中、小学教学大纲的要求，由经国务院教育行政主管部门审定，并取得国务院出版行政主管部门批准的教科书出版、发行资质的单位提供的中、小学学生上课使用的正式课本，具体操作时按国家和省级教育行政部门每年春、秋两季下达的"中小学教学用书目录"中所列的"课本"的范围掌握；中等职业教育课本是指经国家和省级教育、人力资源社会保障行政部门审定，供中等专业学校、职业高中和成人专业学校学生使用的课本，具体操作时按国家和省级教育、人力资源社会保障行政部门每年下达的教学用书目录认定。中小学的学生课本不包括各种形式的教学参考书、图册、自读课本、课外读物、练习册以及其他各类辅助性教材和辅导读物。

（五）本通知所述"专为老年人出版发行的报纸和期刊"，是指以老年人为主要对象的报纸和期刊，具体范围详见附件4。

（六）本通知第一条第（一）项和第（二）项规定的图书包括"租型"出版的图书。

（七）本通知所述"科普单位"，是指科技馆、自然博物馆，对公众开放的天文馆（站、台）、气象台（站）、地震台（站），以及高等院校、科研机构对公众开放的科普基地。

本通知所述"科普活动"，是指利用各种传媒以浅显的、让公众易于理解、接受和参与的方式，向普通大众介绍自然科学和社会科学知识，推广科学技术的应用，倡导科学方法，传播科学思想，弘扬科学精神的活动。

八、本通知自2018年1月1日起执行。《财政部 国家税务总局关于延续宣传文化增值税和营业税优惠政策的通知》（财税〔2013〕87号）同时废止。

按照本通知第二条和第三条规定应予免征的增值税，凡在接到本通知以前已经征收入库的，可抵减纳税人以后月份应缴纳的增值税税款或者办理税款退库。纳税人如果已向购买方开具了增值税专用发票，应将专用发票追回后方可申请办理免税。凡专用发票无法追回的，一律照章征收增值税。

附件：1. 适用增值税100％先征后退政策的特定图书、报纸和期刊名单（略）
　　　2. 适用增值税50％先征后退政策的报纸名单（略）

3. 适用增值税100%先征后退政策的新疆维吾尔自治区印刷企业名单(略)

4. 专为老年人出版发行的报纸和期刊名单(略)

财政部　税务总局
2018年6月5日

财政部　海关总署　税务总局　国家药品监督管理局关于抗癌药品增值税政策的通知

财税〔2018〕47号

各省、自治区、直辖市、计划单列市财政厅(局)、国家税务局,海关总署广东分署、各直属海关,新疆生产建设兵团财政局：

为鼓励抗癌制药产业发展,降低患者用药成本,现将抗癌药品增值税政策通知如下：

一、自2018年5月1日起,增值税一般纳税人生产销售和批发、零售抗癌药品,可选择按照简易办法依照3%征收率计算缴纳增值税。上述纳税人选择简易办法计算缴纳增值税后,36个月内不得变更。

二、自2018年5月1日起,对进口抗癌药品,减按3%征收进口环节增值税。

三、纳税人应单独核算抗癌药品的销售额。未单独核算的,不得适用本通知第一条规定的简易征收政策。

四、本通知所称抗癌药品,是指经国家药品监督管理部门批准注册的抗癌制剂及原料药。抗癌药品清单(第一批)见附件。抗癌药品范围实行动态调整,由财政部、海关总署、税务总局、国家药品监督管理局根据变化情况适时明确。

附件：抗癌药品清单(第一批)(略)

财政部　海关总署　税务总局　国家药品监督管理局
2018年4月27日

财政部　税务总局关于全国社会保障基金有关投资业务税收政策的通知

财税〔2018〕94号

各省、自治区、直辖市、计划单列市财政厅(局),国家税务总局各省、自治区、直辖市、计划单列市税务局,新疆生产建设兵团财政局：

现将全国社会保障基金理事会(以下简称社保基金会)管理的全国社会保障基金(以下简称社保基金)有关投资业务税收政策通知如下：

一、对社保基金会、社保基金投资管理人在运用社保基金投资过程中,提供贷款服务取得的全部利息及利息性质的收入和金融商品转让收入,免征增值税。

二、对社保基金取得的直接股权投资收益、股权投资基金收益,作为企业所得税不征税收入。

三、对社保基金会、社保基金投资管理人管理的社保基金转让非上市公司股权,免征社保基金会、社保基金投资管理人应缴纳的印花税。

四、本通知自发布之日起执行。通知发布前发生的社保基金有关投资业务,符合本通知规定且未缴纳相关税款的,按本通知执行;已缴纳的相关税款,不再退还。

财政部 税务总局
2018 年 9 月 10 日

财政部 税务总局关于基本养老保险基金有关投资业务税收政策的通知

财税〔2018〕95 号

各省、自治区、直辖市、计划单列市财政厅(局),国家税务总局各省、自治区、直辖市、计划单列市税务局,新疆生产建设兵团财政局:

现将全国社会保障基金理事会(以下简称社保基金会)受托投资的基本养老保险基金(以下简称养老基金)有关投资业务税收政策通知如下:

一、对社保基金会及养老基金投资管理机构在国务院批准的投资范围内,运用养老基金投资过程中,提供贷款服务取得的全部利息及利息性质的收入和金融商品转让收入,免征增值税。

二、对社保基金会及养老基金投资管理机构在国务院批准的投资范围内,运用养老基金投资取得的归属于养老基金的投资收入,作为企业所得税不征税收入;对养老基金投资管理机构、养老基金托管机构从事养老基金管理活动取得的收入,依照税法规定征收企业所得税。

三、对社保基金会及养老基金投资管理机构运用养老基金买卖证券应缴纳的印花税实行先征后返;养老基金持有的证券,在养老基金证券账户之间的划拨过户,不属于印花税的征收范围,不征收印花税。对社保基金会及养老基金投资管理机构管理的养老基金转让非上市公司股权,免征社保基金会及养老基金投资管理机构应缴纳的印花税。

四、本通知自发布之日起执行。本通知发布前发生的养老基金有关投资业务,符合本通知规定且未缴纳相关税款的,按本通知执行;已缴纳的相关税款,不再退还。

财政部 税务总局
2018 年 9 月 20 日

财政部 税务总局关于中国邮政储蓄银行三农金融事业部涉农贷款增值税政策的通知

财税〔2018〕97 号

各省、自治区、直辖市、计划单列市财政厅(局),国家税务总局各省、自治区、直辖市、计划单列市税务局,新疆生产建设兵团财政局:

为支持中国邮政储蓄银行"三农金融事业部"加大对乡村振兴的支持力度,现就中国邮政

储蓄银行"三农金融事业部"涉农贷款有关增值税政策通知如下:

一、自 2018 年 7 月 1 日至 2020 年 12 月 31 日,对中国邮政储蓄银行纳入"三农金融事业部"改革的各省、自治区、直辖市、计划单列市分行下辖的县域支行,提供农户贷款、农村企业和农村各类组织贷款(具体贷款业务清单见附件)取得的利息收入,可以选择适用简易计税方法按照 3% 的征收率计算缴纳增值税。

二、本通知所称农户,是指长期(一年以上)居住在乡镇(不包括城关镇)行政管理区域内的住户,还包括长期居住在城关镇所辖行政村范围内的住户和户口不在本地而在本地居住一年以上的住户,国有农场的职工和农村个体工商户。位于乡镇(不包括城关镇)行政管理区域内和在城关镇所辖行政村范围内的国有经济的机关、团体、学校、企事业单位的集体户;有本地户口,但举家外出谋生一年以上的住户,无论是否保留承包耕地均不属于农户。农户以户为统计单位,既可以从事农业生产经营,也可以从事非农业生产经营。农户贷款的判定应以贷款发放时的借款人是否属于农户为准。

三、本通知所称农村企业和农村各类组织贷款,是指金融机构发放给注册在农村地区的企业及各类组织的贷款。

附件:享受增值税优惠的涉农贷款业务清单(略)

财政部　税务总局
2018 年 9 月 12 日

财政部　税务总局关于金融机构小微企业贷款利息收入免征增值税政策的通知

财税〔2018〕91 号

各省、自治区、直辖市、计划单列市财政厅(局),国家税务总局各省、自治区、直辖市、计划单列市税务局,新疆生产建设兵团财政局:

为进一步加大对小微企业的支持力度,现将金融机构小微企业贷款利息收入免征增值税政策通知如下:

一、自 2018 年 9 月 1 日至 2020 年 12 月 31 日,对金融机构向小型企业、微型企业和个体工商户发放小额贷款取得的利息收入,免征增值税。金融机构可以选择以下两种方法之一适用免税:

(一)对金融机构向小型企业、微型企业和个体工商户发放的,利率水平不高于人民银行同期贷款基准利率 150%(含本数)的单笔小额贷款取得的利息收入,免征增值税;高于人民银行同期贷款基准利率 150% 的单笔小额贷款取得的利息收入,按照现行政策规定缴纳增值税。

(二)对金融机构向小型企业、微型企业和个体工商户发放单笔小额贷款取得的利息收入中,不高于该笔贷款按照人民银行同期贷款基准利率 150%(含本数)计算的利息收入部分,免征增值税;超过部分按照现行政策规定缴纳增值税。

金融机构可按会计年度在以上两种方法之间选定其一作为该年的免税适用方法,一经选定,该会计年度内不得变更。

二、本通知所称金融机构,是指经人民银行、银保监会批准成立的已通过监管部门上一年度"两增两控"考核的机构(2018年通过考核的机构名单以2018年上半年实现"两增两控"目标为准),以及经人民银行、银保监会、证监会批准成立的开发银行及政策性银行、外资银行和非银行业金融机构。"两增两控"是指单户授信总额1000万元以下(含)小微企业贷款同比增速不低于各项贷款同比增速,有贷款余额的户数不低于上年同期水平,合理控制小微企业贷款资产质量水平和贷款综合成本(包括利率和贷款相关的银行服务收费)水平。金融机构完成"两增两控"情况,以银保监会及其派出机构考核结果为准。

三、本通知所称小型企业、微型企业,是指符合《中小企业划型标准规定》(工信部联企业〔2011〕300号)的小型企业和微型企业。其中,资产总额和从业人员指标均以贷款发放时的实际状态确定;营业收入指标以贷款发放前12个自然月的累计数确定,不满12个自然月的,按照以下公式计算:

$$营业收入(年)=企业实际存续期间营业收入/企业实际存续月数×12$$

四、本通知所称小额贷款,是指单户授信小于1000万元(含本数)的小型企业、微型企业或个体工商户贷款;没有授信额度的,是指单户贷款合同金额且贷款余额在1000万元(含本数)以下的贷款。

五、金融机构应将相关免税证明材料留存备查,单独核算符合免税条件的小额贷款利息收入,按现行规定向主管税务机构办理纳税申报;未单独核算的,不得免征增值税。

金融机构应依法依规享受增值税优惠政策,一经发现存在虚报或造假骗取本项税收优惠情形的,停止享受本通知有关增值税优惠政策。

金融机构应持续跟踪贷款投向,确保贷款资金真正流向小型企业、微型企业和个体工商户,贷款的实际使用主体与申请主体一致。

六、银保监会按年组织开展免税政策执行情况督察,并将督察结果及时通报财税主管部门。鼓励金融机构发放小微企业信用贷款,减少抵押担保的中间环节,切实有效降低小微企业综合融资成本。

各地税务部门要加强免税政策执行情况后续管理,对金融机构开展小微金融免税政策专项检查,发现问题的,按照现行税收法律法规进行处理,并将有关情况逐级上报国家税务总局(货物和劳务税司)。

财政部驻各地财政监察专员办要组织开展免税政策执行情况专项检查。

七、金融机构向小型企业、微型企业及个体工商户发放单户授信小于100万元(含本数),或者没有授信额度,单户贷款合同金额且贷款余额在100万元(含本数)以下的贷款取得的利息收入,可继续按照《财政部 税务总局关于支持小微企业融资有关税收政策的通知》(财税〔2017〕77号)的规定免征增值税。

财政部 税务总局
2018年9月5日

(二) 大企业间接相关的减税降费政策

财政部 税务总局关于实施小微企业普惠性税收减免政策的通知

财税〔2019〕13 号

各省、自治区、直辖市、计划单列市财政厅(局),新疆生产建设兵团财政局,国家税务总局各省、自治区、直辖市和计划单列市税务局:

为贯彻落实党中央、国务院决策部署,进一步支持小微企业发展,现就实施小微企业普惠性税收减免政策有关事项通知如下:

一、对月销售额 10 万元以下(含本数)的增值税小规模纳税人,免征增值税。

二、对小型微利企业年应纳税所得额不超过 100 万元的部分,减按 25% 计入应纳税所得额,按 20% 的税率缴纳企业所得税;对年应纳税所得额超过 100 万元但不超过 300 万元的部分,减按 50% 计入应纳税所得额,按 20% 的税率缴纳企业所得税。

上述小型微利企业是指从事国家非限制和禁止行业,且同时符合年度应纳税所得额不超过 300 万元、从业人数不超过 300 人、资产总额不超过 5 000 万元等三个条件的企业。

从业人数,包括与企业建立劳动关系的职工人数和企业接受的劳务派遣用工人数。所称从业人数和资产总额指标,应按企业全年的季度平均值确定。具体计算公式如下:

$$季度平均值 = (季初值 + 季末值) \div 2$$
$$全年季度平均值 = 全年各季度平均值之和 \div 4$$

年度中间开业或者终止经营活动的,以其实际经营期作为一个纳税年度确定上述相关指标。

三、由省、自治区、直辖市人民政府根据本地区实际情况,以及宏观调控需要确定,对增值税小规模纳税人可以在 50% 的税额幅度内减征资源税、城市维护建设税、房产税、城镇土地使用税、印花税(不含证券交易印花税)、耕地占用税和教育费附加、地方教育附加。

四、增值税小规模纳税人已依法享受资源税、城市维护建设税、房产税、城镇土地使用税、印花税、耕地占用税、教育费附加、地方教育附加其他优惠政策的,可叠加享受本通知第三条规定的优惠政策。

五、《财政部 税务总局关于创业投资企业和天使投资个人有关税收政策的通知》(财税〔2018〕55 号)第二条第(一)项关于初创科技型企业条件中的"从业人数不超过 200 人"调整为"从业人数不超过 300 人","资产总额和年销售收入均不超过 3 000 万元"调整为"资产总额和年销售收入均不超过 5 000 万元"。

2019 年 1 月 1 日至 2021 年 12 月 31 日期间发生的投资,投资满 2 年且符合本通知规定和财税〔2018〕55 号文件规定的其他条件的,可以适用财税〔2018〕55 号文件规定的税收政策。

2019 年 1 月 1 日前 2 年内发生的投资,自 2019 年 1 月 1 日起投资满 2 年且符合本通知规定和财税〔2018〕55 号文件规定的其他条件的,可以适用财税〔2018〕55 号文件规定的税收政策。

六、本通知执行期限为 2019 年 1 月 1 日至 2021 年 12 月 31 日。《财政部 税务总局关于延续小微企业增值税政策的通知》(财税〔2017〕76 号)、《财政部 税务总局关于进一步扩大小型微利企业所得税优惠政策范围的通知》(财税〔2018〕77 号)同时废止。

七、各级财税部门要切实提高政治站位,深入贯彻落实党中央、国务院减税降费的决策部署,充分认识小微企业普惠性税收减免的重要意义,切实承担起抓落实的主体责任,将其作为一项重大任务,加强组织领导,精心筹划部署,不折不扣落实到位。要加大力度、创新方式,强化宣传辅导,优化纳税服务,增进办税便利,确保纳税人和缴费人实打实享受到减税降费的政策红利。要密切跟踪政策执行情况,加强调查研究,对政策执行中各方反映的突出问题和意见建议,要及时向财政部和税务总局反馈。

财政部 税务总局
2019年1月17日

国家税务总局关于小规模纳税人免征增值税政策有关征管问题的公告

国家税务总局公告2019年第4号

按照《财政部 税务总局关于实施小微企业普惠性税收减免政策的通知》(财税〔2019〕13号)的规定,现将小规模纳税人月销售额10万元以下(含本数)免征增值税政策若干征管问题公告如下:

一、小规模纳税人发生增值税应税销售行为,合计月销售额未超过10万元(以1个季度为1个纳税期的,季度销售额未超过30万元,下同)的,免征增值税。

小规模纳税人发生增值税应税销售行为,合计月销售额超过10万元,但扣除本期发生的销售不动产的销售额后未超过10万元的,其销售货物、劳务、服务、无形资产取得的销售额免征增值税。

二、适用增值税差额征税政策的小规模纳税人,以差额后的销售额确定是否可以享受本公告规定的免征增值税政策。

《增值税纳税申报表(小规模纳税人适用)》中的"免税销售额"相关栏次,填写差额后的销售额。

三、按固定期限纳税的小规模纳税人可以选择以1个月或1个季度为纳税期限,一经选择,一个会计年度内不得变更。

四、《中华人民共和国增值税暂行条例实施细则》第九条所称的其他个人,采取一次性收取租金形式出租不动产取得的租金收入,可在对应的租赁期内平均分摊,分摊后的月租金收入未超过10万元的,免征增值税。

五、转登记日前连续12个月(以1个月为1个纳税期)或者连续4个季度(以1个季度为1个纳税期)累计销售额未超过500万元的一般纳税人,在2019年12月31日前,可选择转登记为小规模纳税人。

一般纳税人转登记为小规模纳税人的其他事宜,按照《国家税务总局关于统一小规模纳税人标准等若干增值税问题的公告》(国家税务总局公告2018年第18号)、《国家税务总局关于统一小规模纳税人标准有关出口退(免)税问题的公告》(国家税务总局公告2018年第20号)的相关规定执行。

六、按照现行规定应当预缴增值税税款的小规模纳税人,凡在预缴地实现的月销售额未超过10万元的,当期无需预缴税款。本公告下发前已预缴税款的,可以向预缴地主管税务机关申请退还。

七、小规模纳税人中的单位和个体工商户销售不动产,应按其纳税期、本公告第六条以及其他现行政策规定确定是否预缴增值税;其他个人销售不动产,继续按照现行规定征免增值税。

八、小规模纳税人月销售额未超过10万元的,当期因开具增值税专用发票已经缴纳的税款,在增值税专用发票全部联次追回或者按规定开具红字专用发票后,可以向主管税务机关申请退还。

九、小规模纳税人2019年1月份销售额未超过10万元(以1个季度为1个纳税期的,2019年第一季度销售额未超过30万元),但当期因代开普通发票已经缴纳的税款,可以在办理纳税申报时向主管税务机关申请退还。

十、小规模纳税人月销售额超过10万元的,使用增值税发票管理系统开具增值税普通发票、机动车销售统一发票、增值税电子普通发票。

已经使用增值税发票管理系统的小规模纳税人,月销售额未超过10万元的,可以继续使用现有税控设备开具发票;已经自行开具增值税专用发票的,可以继续自行开具增值税专用发票,并就开具增值税专用发票的销售额计算缴纳增值税。

十一、本公告自2019年1月1日起施行。《国家税务总局关于全面推开营业税改征增值税试点有关税收征收管理事项的公告》(国家税务总局公告2016年第23号)第三条第二项和第六条第四项、《国家税务总局关于明确营改增试点若干征管问题的公告》(国家税务总局公告2016年第26号)第三条、《国家税务总局关于营改增试点若干征管问题的公告》(国家税务总局公告2016年第53号)第二条和《国家税务总局关于小微企业免征增值税有关问题的公告》(国家税务总局公告2017年第52号)同时废止。

特此公告。

国家税务总局
2019年1月19日

关于《国家税务总局关于小规模纳税人免征增值税政策有关征管问题的公告》的解读

2019年1月9日国务院常务会议决定,将增值税小规模纳税人免税标准由月销售额3万元提高到10万元。为确保该项优惠政策顺利实施,税务总局制发公告,就若干征管问题进行了明确。具体包括:

一、关于月(季)销售额的执行口径

明确纳税人以所有增值税应税销售行为(包括销售货物、劳务、服务、无形资产和不动产)合并计算销售额,判断是否达到免税标准。同时,小规模纳税人在扣除本期发生的销售不动产的销售额后仍未超过10万元的,其销售货物、劳务、服务、无形资产取得的销售额,可享受小规模纳税人免税政策。举例说明:

例1:A小规模纳税人2019年1月销售货物4万元,提供服务3万元,销售不动产2万

元。合计销售额为9(=4+3+2)万元,未超过10万元免税标准,因此,该纳税人销售货物、服务和不动产取得的销售额9万元,可享受小规模纳税人免税政策。

例2：A小规模纳税人2019年1月销售货物4万元,提供服务3万元,销售不动产10万元。合计销售额为17(=4+3+10)万元,剔除销售不动产后的销售额为7(=4+3)万元,因此,该纳税人销售货物和服务相对应的销售额7万元可以享受小规模纳税人免税政策,销售不动产10万元应照章纳税。

二、差额征税政策适用问题

营改增以来,延续了营业税的一些差额征税政策。比如,建筑业小规模纳税人,以取得的全部价款和价外费用扣除对外支付的分包款后的余额为销售额,计算缴纳增值税。公告明确适用增值税差额征税政策的,以差额后的余额为销售额,确定其是否可享受小规模纳税人免税政策。同时,明确了小规模纳税人《增值税纳税申报表》中"免税销售额"的填报口径。举例说明,2019年1月,某建筑业小规模纳税人(按月纳税)取得建筑服务收入20万元,同时向其他建筑企业支付分包款12万元,则该小规模纳税人当月扣除分包款后的销售额为8万元,未超过10万元免税标准,因此,当月可享受小规模纳税人免税政策。

三、关于小规模纳税人纳税期的选择

小规模纳税人,纳税期限不同,其享受免税政策的效果可能存在差异。举例说明：

情况1：某小规模纳税人2019年1—3月的销售额分别是5万元、11万元和12万元。如果按月纳税,则只有1月的5万元能够享受免税;如果按季纳税,由于该季度销售额为28万元,未超过免税标准,因此,28万元全部能享受免税。在这种情况下,小规模纳税人更愿意实行按季纳税。

情况2：某小规模纳税人2019年1—3月的销售额分别是8万元、11万元和12万元,如果按月纳税,1月份的8万元能够享受免税,如果按季纳税,由于该季度销售额31万元已超过免税标准,因此,31万元均无法享受免税。在这种情况下,小规模纳税人更愿意实行按月纳税。

基于以上情况,为确保小规模纳税人充分享受政策,公告明确,按照固定期限纳税的小规模纳税人可以根据自己的实际经营情况选择实行按月纳税或按季纳税。为确保年度内纳税人的纳税期限相对稳定,同时也明确了一经选择,一个会计年度内不得变更。

四、其他个人出租不动产的政策适用问题

税务总局在2016年制发了23号公告和53号公告,对《中华人民共和国增值税暂行条例实施细则》第九条所称的其他个人,采取一次性收取租金(包括预收款)形式出租不动产取得的租金收入,可在对应的租赁期内平均分摊,分摊后的月租金收入不超过3万元的,可享受小规模纳税人免税政策。为确保纳税人充分享受政策,在上调免税标准至10万元后,该政策继续执行。

五、一般纳税人转登记问题

2018年,将小规模纳税人标准统一至500万元时,允许此前按照较低标准认定(登记)的一般纳税人,在2018年年底前自愿选择转登记为小规模纳税人。此次提高增值税免税标准至10万元,相当于年销售额120万元以下的小规模纳税人都可以享受免税政策。在这种情况下,可能会有一般纳税人提出转登记为小规模纳税人,以享受免税政策的诉求。为确保纳税人充分享受税收减免政策,公告明确一般纳税人如果年销售额不超过500万元的,可在2019年度选择转登记为小规模纳税人,转登记后可享受免税政策。需要注意的是,曾在2018年选择

过转登记的纳税人,在2019年仍可选择转登记;但是,2019年选择转登记的,再次登记为一般纳税人后,不得再转登记为小规模纳税人。

六、预缴增值税政策的适用问题

现行增值税实施了若干预缴税款的征管措施,比如跨地区提供建筑服务、销售不动产、出租不动产等等。考虑到免税标准由3万元提高至10万元,纳税人的政策受益面和受益程度均有大幅提高,公告明确,按照现行规定应当预缴增值税税款的小规模纳税人,凡在预缴地实现的月销售额未超过10万元的,当期无需预缴税款。本公告下发前已经预缴税款的,可以向预缴地主管税务机关申请退还。

七、关于销售不动产政策适用问题

小规模纳税人中的单位和个体工商户销售不动产,涉及纳税人在不动产所在地预缴税款的事项。增值税免税标准提高至10万元后,如果销售不动产销售额为20万元,则:第一种情况,如果某个体工商户选择按月纳税,销售不动产销售额超过月销售额10万元免税标准,则仍应在不动产所在地预缴税款;第二种情况,如果该个体工商户选择按季纳税,销售不动产销售额未超过季度销售额30万元的免税标准,则无需在不动产所在地预缴税款。因此,公告明确小规模纳税人中的单位和个体工商户销售不动产,应按其纳税期、公告第六条以及其他现行政策规定确定是否预缴增值税。

其他个人偶然发生销售不动产的行为,应当按照现行政策规定实行按次纳税。因此,公告明确其他个人销售不动产,继续按照现行政策规定征免增值税。比如,如果其他个人销售住房满2年符合免税条件的,仍可继续享受免税;如不符合免税条件,则应照章纳税。

八、已缴纳税款并开具专用发票的处理问题

按照现行政策规定,纳税人自行开具或申请代开增值税专用发票,应就其开具的增值税专用发票相对应的应税行为计算缴纳增值税。公告明确,如果小规模纳税人月销售额未超过10万元的,当期因开具增值税专用发票已经缴纳的税款,在增值税专用发票全部联次追回或者按规定开具红字专用发票后,可以向主管税务机关申请退还已缴纳的增值税。

九、2019年1月(季度)涉税事项的追溯适用问题

考虑到免税文件下发时间晚于免税政策开始执行的时间(2019年1月1日),为确保小规模纳税人足额享受10万元免税政策,公告对小规模纳税人2019年第一个税款所属期已缴纳税款的追溯处理问题进行了明确,即小规模纳税人2019年1月份销售额未超过10万元(第1季度未超过30万元)的,当期因代开普通发票已经缴纳的税款,可以在办理纳税申报时向主管税务机关申请退还。

十、关于发票开具问题

为了便利纳税人开具使用发票,已经使用增值税发票管理系统开具发票的小规模纳税人,在免税标准调整后,月销售额未超过10万元的,可以继续使用现有税控设备开具发票。如果小规模纳税人已经自行开具增值税专用发票,同样可以使用现有税控设备继续开具。除上述情况和销售额标准同步调整外,小规模纳税人自行开具增值税专用发票其他事宜按照现行规定执行。

财政部 税务总局关于统一增值税小规模纳税人标准的通知

财税〔2018〕33号

各省、自治区、直辖市、计划单列市财政厅(局)、国家税务局、地方税务局,新疆生产建设兵团财政局:

为完善增值税制度,进一步支持中小微企业发展,现将统一增值税小规模纳税人标准有关事项通知如下:

一、增值税小规模纳税人标准为年应征增值税销售额500万元及以下。

二、按照《中华人民共和国增值税暂行条例实施细则》第二十八条规定已登记为增值税一般纳税人的单位和个人,在2018年12月31日前,可转登记为小规模纳税人,其未抵扣的进项税额作转出处理。

三、本通知自2018年5月1日起执行。

财政部 税务总局

2018年4月4日

国家税务总局关于统一小规模纳税人标准等若干增值税问题的公告

国家税务总局公告2018年第18号

现将统一小规模纳税人标准等若干增值税问题公告如下:

一、同时符合以下条件的一般纳税人,可选择按照《财政部 税务总局关于统一增值税小规模纳税人标准的通知》(财税〔2018〕33号)第二条的规定,转登记为小规模纳税人,或选择继续作为一般纳税人:

(一)根据《中华人民共和国增值税暂行条例》第十三条和《中华人民共和国增值税暂行条例实施细则》第二十八条的有关规定,登记为一般纳税人。

(二)转登记日前连续12个月(以1个月为1个纳税期,下同)或者连续4个季度(以1个季度为1个纳税期,下同)累计应征增值税销售额(以下称应税销售额)未超过500万元。

转登记日前经营期不满12个月或者4个季度的,按照月(季度)平均应税销售额估算上款规定的累计应税销售额。

应税销售额的具体范围,按照《增值税一般纳税人登记管理办法》(国家税务总局令第43号)和《国家税务总局关于增值税一般纳税人登记管理若干事项的公告》(国家税务总局公告2018年第6号)的有关规定执行。

二、符合本公告第一条规定的纳税人,向主管税务机关填报《一般纳税人转为小规模纳税人登记表》(表样见附件),并提供税务登记证件;已实行实名办税的纳税人,无需提供税务登记证件。主管税务机关根据下列情况分别作出处理:

(一)纳税人填报内容与税务登记、纳税申报信息一致的,主管税务机关当场办理。

(二)纳税人填报内容与税务登记、纳税申报信息不一致,或者不符合填列要求的,主管税务机关应当场告知纳税人需要补正的内容。

三、一般纳税人转登记为小规模纳税人(以下称转登记纳税人)后,自转登记日的下期起,按照简易计税方法计算缴纳增值税;转登记日当期仍按照一般纳税人的有关规定计算缴纳增值税。

四、转登记纳税人尚未申报抵扣的进项税额以及转登记日当期的期末留抵税额,计入"应交税费—待抵扣进项税额"核算。

尚未申报抵扣的进项税额计入"应交税费—待抵扣进项税额"时:

(一)转登记日当期已经取得的增值税专用发票、机动车销售统一发票、收费公路通行费增值税电子普通发票,应当已经通过增值税发票选择确认平台进行选择确认或认证后稽核比对相符;经稽核比对异常的,应当按照现行规定进行核查处理。已经取得的海关进口增值税专用缴款书,经稽核比对相符的,应当自行下载《海关进口增值税专用缴款书稽核结果通知书》;经稽核比对异常的,应当按照现行规定进行核查处理。

(二)转登记日当期尚未取得的增值税专用发票、机动车销售统一发票、收费公路通行费增值税电子普通发票,转登记纳税人在取得上述发票以后,应当持税控设备,由主管税务机关通过增值税发票选择确认平台(税务局端)为其办理选择确认。尚未取得的海关进口增值税专用缴款书,转登记纳税人在取得以后,经稽核比对相符的,应当由主管税务机关通过稽核系统为其下载《海关进口增值税专用缴款书稽核结果通知书》;经稽核比对异常的,应当按照现行规定进行核查处理。

五、转登记纳税人在一般纳税人期间销售或者购进的货物、劳务、服务、无形资产、不动产,自转登记日的下期起发生销售折让、中止或者退回的,调整转登记日当期的销项税额、进项税额和应纳税额。

(一)调整后的应纳税额小于转登记日当期申报的应纳税额形成的多缴税款,从发生销售折让、中止或者退回当期的应纳税额中抵减;不足抵减的,结转下期继续抵减。

(二)调整后的应纳税额大于转登记日当期申报的应纳税额形成的少缴税款,从"应交税费—待抵扣进项税额"中抵减;抵减后仍有余额的,计入发生销售折让、中止或者退回当期的应纳税额一并申报缴纳。

转登记纳税人因税务稽查、补充申报等原因,需要对一般纳税人期间的销项税额、进项税额和应纳税额进行调整的,按照上述规定处理。

转登记纳税人应准确核算"应交税费—待抵扣进项税额"的变动情况。

六、转登记纳税人可以继续使用现有税控设备开具增值税发票,不需要缴销税控设备和增值税发票。

转登记纳税人自转登记日的下期起,发生增值税应税销售行为,应当按照征收率开具增值税发票;转登记日前已作增值税专用发票票种核定的,继续通过增值税发票管理系统自行开具增值税专用发票;销售其取得的不动产,需要开具增值税专用发票的,应当按照有关规定向税务机关申请代开。

七、转登记纳税人在一般纳税人期间发生的增值税应税销售行为,未开具增值税发票需要补开的,应当按照原适用税率或者征收率补开增值税发票;发生销售折让、中止或者退回等情形,需要开具红字发票的,按照原蓝字发票记载的内容开具红字发票;开票有误需要重新开具的,先按照原蓝字发票记载的内容开具红字发票后,再重新开具正确的蓝字发票。

转登记纳税人发生上述行为,需要按照原适用税率开具增值税发票的,应当在互联网连接状态下开具。按照有关规定不使用网络办税的特定纳税人,可以通过离线方式开具增值税发票。

八、自转登记日的下期起连续不超过 12 个月或者连续不超过 4 个季度的经营期内,转登记纳税人应税销售额超过财政部、国家税务总局规定的小规模纳税人标准的,应当按照《增值税一般纳税人登记管理办法》(国家税务总局令第 43 号)的有关规定,向主管税务机关办理一般纳税人登记。

转登记纳税人按规定再次登记为一般纳税人后,不得再转登记为小规模纳税人。

九、一般纳税人在增值税税率调整前已按原适用税率开具的增值税发票,发生销售折让、中止或者退回等情形需要开具红字发票的,按照原适用税率开具红字发票;开票有误需要重新开具的,先按照原适用税率开具红字发票后,再重新开具正确的蓝字发票。

一般纳税人在增值税税率调整前未开具增值税发票的增值税应税销售行为,需要补开增值税发票的,应当按照原适用税率补开。

增值税发票税控开票软件税率栏次默认显示调整后税率,一般纳税人发生上述行为可以手工选择原适用税率开具增值税发票。

十、国家税务总局在增值税发票管理系统中更新了《商品和服务税收分类编码表》,纳税人应当按照更新后的《商品和服务税收分类编码表》开具增值税发票。

转登记纳税人和一般纳税人应当及时完成增值税发票税控开票软件升级、税控设备变更发行和自身业务系统调整。

十一、本公告自 2018 年 5 月 1 日起施行。《国家税务总局关于增值税一般纳税人登记管理若干事项的公告》(国家税务总局公告 2018 年第 6 号)第七条同时废止。

特此公告。

附件:一般纳税人转为小规模纳税人登记表(略)

国家税务总局
2018 年 4 月 20 日

关于《国家税务总局关于统一小规模纳税人标准等若干增值税问题的公告》的解读

按照深化增值税改革后续工作安排,结合《财政部 税务总局关于调整增值税税率的通知》(财税〔2018〕32 号)、《财政部 税务总局关于统一增值税小规模纳税人标准的通知》(财税〔2018〕33 号),针对政策调整涉及的征管操作问题,税务总局发布了《国家税务总局关于统一小规模纳税人标准等若干增值税问题的公告》(以下简称《公告》),现将《公告》的主要内容解读如下:

一、关于一般纳税人转为小规模纳税人的条件

《公告》第一条规定,一般纳税人转登记为小规模纳税人,应同时符合以下两个条件:一是按照《增值税暂行条例》和《增值税暂行条例实施细则》的有关规定,已登记为一般纳税人;二是转登记日前连续 12 个月(按月申报纳税人)或连续 4 个季度(按季申报纳税人)累计应税销售额未超过 500 万元。如果纳税人在转登记日前的经营期尚不满 12 个月或 4 个季度,则按照月(或季度)平均销售额估算 12 个月或 4 个季度的累计销售额。

需要明确的是,纳税人是否由一般纳税人转为小规模纳税人,由其自主选择,符合上述规定的纳税人,在2018年5月1日之后仍可继续作为一般纳税人。

二、关于纳税人转登记的办理程序

转登记的程序由纳税人发起。《公告》第二条规定,纳税人应正确、完整填写本公告所附《一般纳税人转为小规模纳税人登记表》,并提供税务登记证件(根据《国家税务总局关于取消一批涉税事项和报送资料的通知》(税总函〔2017〕403号)的有关规定,已实行实名办税的纳税人,无需提供税务登记证件),由主管税务机关核对相关信息,符合条件的当即完成转登记;如果税务机关认为纳税人不符合相关条件,应当场告知纳税人需要补正的内容。

三、关于转登记前后计税方法的衔接

《公告》第三条规定,纳税人转登记后,自转登记下期起(按季申报纳税人自下一季度开始;按月申报纳税人自下月开始),按照小规模纳税人适用简易计税方法计税;转登记当期,仍按照一般纳税人的有关规定计税。

四、关于转登记纳税人尚未申报抵扣或留抵进项税额的处理

《公告》第四条规定,转登记纳税人尚未申报抵扣的进项税额,以及转登记日当期的期末留抵税额,暂挂账处理,统一计入"应交税费——待抵扣进项税额"科目中核算。尚未申报抵扣的进项税额计入"应交税费——待抵扣进项税额"时:

(一)转登记日当期已经取得的增值税专用发票、机动车销售统一发票、收费公路通行费增值税电子普通发票,应当已经通过增值税发票选择确认平台进行选择确认或认证后稽核比对相符;经稽核比对异常的,应当按照现行规定进行核查处理。已经取得的海关进口增值税专用缴款书,经稽核比对相符的,应当自行下载《海关进口增值税专用缴款书稽核结果通知书》;经稽核比对异常的,应当按照现行规定进行核查处理。

(二)转登记日当期尚未取得的增值税专用发票、机动车销售统一发票、收费公路通行费增值税电子普通发票,转登记纳税人在取得以后应当持税控设备,由主管税务机关通过增值税发票选择确认平台(税务局端)为其办理选择确认。尚未取得的海关进口增值税专用缴款书,转登记纳税人在取得以后,经稽核比对相符的,应当由主管税务机关通过稽核系统为其下载《海关进口增值税专用缴款书稽核结果通知书》;经稽核比对异常的,应当按照现行规定进行核查处理。

五、关于转登记纳税人在一般纳税人期间销售和购进业务在转登记后发生销售折让、中止或者退回的处理

转登记纳税人作为一般纳税人经营期间的销售或者购进业务,在转登记后发生销售折让、中止或者退回的,应按照一般计税方法进行调整。因此《公告》第五条规定,纳税人发生上述情形的,应调整一般纳税人期间最后一期销项税额、进项税额、应纳税额。

(一)调整后的应纳税额小于转登记日当期申报的应纳税额形成的多缴税款,从发生销售折让、中止或者退回当期的应纳税额中抵减;不足抵减的,结转下期继续抵减。

(二)调整后的应纳税额大于转登记日当期申报的应纳税额形成的少缴税款,从"应交税费——待抵扣进项税额"中抵减;抵减后仍有余额的,计入发生销售折让、中止或者退回当期的应纳税额一并申报缴纳。

六、关于转登记纳税人增值税发票开具问题

为了给纳税人开具增值税发票提供便利,《公告》第六条规定,纳税人在转登记后可以使用现有税控设备继续开具增值税发票。转登记纳税人除了可以开具增值税普通发票外,在转登

记日前已做增值税专用发票票种核定的,还可以继续通过增值税发票管理系统自行开具增值税专用发票。

《公告》第七条规定,转登记纳税人在一般纳税人期间发生的增值税应税销售行为,未开具增值税发票需要补开的,应当按照原适用税率或者征收率补开增值税发票;发生销售折让、中止或者退回等情形,需要开具红字发票的,按照原蓝字发票记载的内容开具红字发票;开票有误需要重新开具的,先按照原蓝字发票记载的内容开具红字发票后,再重新开具正确的蓝字发票。

七、关于再次登记为一般纳税人的条件

《公告》第八条规定,转登记为小规模纳税人后,如纳税人连续12个月或者4个季度的销售额超过500万元,则应按照规定,再次登记为一般纳税人。

八、关于税率调整后一般纳税人的开票处理

《公告》第九条明确,增值税税率调整后,一般纳税人在税率调整前已按原税率开具发票的业务,如发生销售折让、中止、退回或开票有误的,按原适用税率开具红字发票。

一般纳税人在增值税税率调整前未开具增值税发票的,增值税应税销售行为应当按照原适用税率补开。

财政部 税务总局 科技部 教育部关于科技企业孵化器大学科技园和众创空间税收政策的通知

财税〔2018〕120号

各省、自治区、直辖市、计划单列市财政厅(局)、科技厅(局)、教育厅(局),国家税务总局各省、自治区、直辖市、计划单列市税务局,新疆生产建设兵团财政局、科技局、教育局:

为进一步鼓励创业创新,现就科技企业孵化器、大学科技园、众创空间有关税收政策通知如下:

一、自2019年1月1日至2021年12月31日,对国家级、省级科技企业孵化器、大学科技园和国家备案众创空间自用以及无偿或通过出租等方式提供给在孵对象使用的房产、土地,免征房产税和城镇土地使用税;对其向在孵对象提供孵化服务取得的收入,免征增值税。

本通知所称孵化服务是指为在孵对象提供的经纪代理、经营租赁、研发和技术、信息技术、鉴证咨询服务。

二、国家级、省级科技企业孵化器、大学科技园和国家备案众创空间应当单独核算孵化服务收入。

三、国家级科技企业孵化器、大学科技园和国家备案众创空间认定和管理办法由国务院科技、教育部门另行发布;省级科技企业孵化器、大学科技园认定和管理办法由省级科技、教育部门另行发布。

本通知所称在孵对象是指符合前款认定和管理办法规定的孵化企业、创业团队和个人。

四、国家级、省级科技企业孵化器、大学科技园和国家备案众创空间应按规定申报享受免税政策,并将房产土地权属资料、房产原值资料、房产土地租赁合同、孵化协议等留存备查,税务部门依法加强后续管理。

2018年12月31日以前认定的国家级科技企业孵化器、大学科技园,自2019年1月1日起享受本通知规定的税收优惠政策。2019年1月1日以后认定的国家级、省级科技企业孵化器、大学科技园和国家备案众创空间,自认定之日次月起享受本通知规定的税收优惠政策。2019年1月1日以后被取消资格的,自取消资格之日次月起停止享受本通知规定的税收优惠政策。

五、科技、教育和税务部门应建立信息共享机制,及时共享国家级、省级科技企业孵化器、大学科技园和国家备案众创空间相关信息,加强协调配合,保障优惠政策落实到位。

财政部　税务总局　科技部　教育部
2018年11月1日

第四部分　消费税篇

大企业直接相关的减税降费政策

财政部　税务总局关于延长对废矿物油再生油品免征消费税政策实施期限的通知

财税〔2018〕144号

各省、自治区、直辖市、计划单列市财政厅(局),国家税务总局各省、自治区、直辖市、计划单列市税务局,新疆生产建设兵团财政局:

为进一步促进资源综合利用和环境保护,经国务院批准,《财政部　国家税务总局关于对废矿物油再生油品免征消费税的通知》(财税〔2013〕105号)实施期限延长5年,自2018年11月1日至2023年10月31日止。自2018年11月1日至本通知下发前,纳税人已经缴纳的消费税,符合本通知免税规定的予以退还。

财政部　税务总局
2018年12月7日

第五部分　进出口税收篇

(一)大企业直接相关的减税降费政策

国家税务总局关于发布出口退税率文库2019A版的通知

税总函〔2019〕53号

国家税务总局各省、自治区、直辖市和计划单列市税务局,国家税务总局驻各地特派员办事处:

根据国家税收政策和进出口税则的调整情况,国家税务总局编制了2019A版出口退税率

文库(以下简称"文库"),现将有关事项通知如下:

一、文库放置在国家税务总局可控FTP系统(100.16.92.60)"程序发布"目录下,请各地及时下载,并在出口退税审核系统进行文库升级。各地应及时将文库发放给出口企业。

二、各地要严格执行出口退税率。严禁擅自改变出口退税率,一经发现,要追究相关人员责任。

三、对执行中发现的问题,请及时报告国家税务总局(货物和劳务税司)。

国家税务总局
2019年2月2日

财政部 海关总署 税务总局关于完善启运港退税政策的通知

财税〔2018〕5号

各省、自治区、直辖市、计划单列市财政厅(局)、国家税务局,海关总署广东分署、各直属海关,新疆生产建设兵团财务局:

为进一步完善启运港退税政策,扩大政策成效,结合前期政策实施情况,现将有关事项通知如下:

一、对符合条件的出口企业从启运地口岸(以下称启运港)启运报关出口,由符合条件的运输企业承运,从水路转关直航或经停指定口岸(以下称经停港),自离境地口岸(以下称离境港)离境的集装箱货物,实行启运港退税政策。

对从经停港报关出口、由符合条件的运输企业途中加装的集装箱货物,符合前款规定的运输方式、离境地点要求的,以经停港作为货物的启运港,也实行启运港退税政策。

二、政策适用范围

(一)启运港。

启运港为泸州市泸州港、重庆市果园港、宜昌市云池港、岳阳市城陵矶港、武汉市阳逻港、九江市城西港、芜湖市朱家桥港、南京市龙潭港、张家港市永嘉港、南通市狼山港、苏州市太仓港、连云港市连云港港、青岛市前湾港。

(二)离境港。

离境港为上海市外高桥港区、上海市洋山保税港区。

(三)经停港。

承运适用启运港退税政策货物的船舶,可经停南京市龙潭港、武汉市阳逻港、苏州市太仓港加装货物,但不得经停除上述港口以外的其他港口或在上述港口卸载货物。

从经停港加装的货物,需为已报关出口、经由上述第(二)项规定的离境港离境的集装箱货物。

(四)运输企业及运输工具。

运输企业为在海关的信用等级为一般信用企业或认证企业,并且纳税信用级别为B级及以上的航运企业。

运输工具为配备导航定位、全程视频监控设备并且符合海关对承运海关监管货物运输工具要求的船舶。

税务总局定期向海关总署传送纳税信用等级为 B 级及以上的企业名单。企业纳税信用等级发生变化的，定期传送变化企业名单。海关总署根据上述纳税信用等级等信息确认符合条件的运输企业和运输工具。

（五）出口企业。

出口企业的出口退（免）税分类管理类别为一类或二类，并且在海关的信用等级为一般信用企业或认证企业。

海关总署定期向税务总局传送一般信用企业或认证企业名单。企业信用等级发生变化的，定期传送变化企业名单。税务总局根据上述名单等信息确认符合条件的出口企业。

三、主要流程

（一）启运地海关依出口企业申请，对从启运港启运的符合条件的货物办理放行手续后，生成启运港出口货物报关单电子信息。以经停港作为货物启运港的，经停地海关依出口企业申请，对从经停港加装的符合条件的货物办理放行手续后，生成启运港出口货物报关单电子信息。

（二）海关总署按日将启运港出口货物报关单电子信息（加启运港退税标识）通过电子口岸传输给税务总局。

（三）出口企业凭启运港出口货物报关单电子信息及相关材料到主管退税的税务机关申请办理退税。出口企业首次申请办理退税前，应向主管出口退税的税务机关进行启运港退税备案。

（四）主管出口退税的税务机关，根据企业出口退（免）税分类管理类别信息、税务总局清分的企业海关信用等级信息和启运港出口货物报关单信息，为出口企业办理退税。出口企业在申请退税时，上述信息显示其不符合启运港退税条件的，主管税务机关根据税务总局清分的结关核销的报关单数据（加启运港退税标识）办理退税。

（五）启运港启运以及经停港加装的出口货物自离境港实际离境后，海关总署按日将正常结关核销的报关单数据（加启运港退税标识）传送给税务总局，税务总局按日将已退税的报关单数据（加启运港退税标识）反馈海关总署。

（六）货物如未运抵离境港不再出口，启运地或经停地海关应撤销出口货物报关单，并由海关总署向税务总局提供相关电子数据。上述不再出口货物如已办理出口退税手续，出口企业应补缴税款，并向启运地或经停地海关提供税务机关出具的货物已补税证明。

对已办理出口退税手续但自启运日起超过 2 个月仍未办理结关核销手续的货物，除因不可抗力或属于上述第（六）项情形且出口企业已补缴税款外，视为未实际出口，税务机关应追缴已退税款，不再适用启运港退税政策。

（七）主管出口退税的税务机关，根据税务总局清分的正常结关核销的报关单数据，核销或调整已退税额。

四、海关总署、税务总局可在本通知的基础上制定启运港退税的具体管理办法。

五、各地海关和国税部门应加强沟通，建立联系配合机制，互通企业守法诚信信息和货物异常出运情况。财政、海关和国税部门要密切跟踪启运港退税政策运行情况，对工作中出现的问题及时上报财政部（税政司）、海关总署（监管司）和税务总局（货物和劳务税司）。

六、本通知自印发之日起执行。《财政部 海关总署 国家税务总局关于扩大启运港退税政策试点范围的通知》(财税〔2014〕53号)同时废止。海关总署和税务总局对启运出口货物报关单电子信息(加启运港退税标识)、正常结关核销报关单数据(加启运港退税标识)以及已退税的报关单数据(加启运港退税标识)实现按日电子化传输前,启运港出口退税仍按现行纸质报关单签发流程办理。

财政部 海关总署 税务总局
2018年1月8日

国家税务总局关于发布《启运港退(免)税管理办法 (2018年12月28日修订)》的公告

国家税务总局公告2018年第66号

为优化启运港退(免)税管理,根据《财政部 海关总署 税务总局关于完善启运港退税政策的通知》(财税〔2018〕5号),现将修订后的《启运港退(免)税管理办法(2018年12月28日修订)》予以发布,自2019年1月1日起施行。

特此公告。

国家税务总局
2018年12月28日

启运港退(免)税管理办法
(2018年12月28日修订)

第一条 为规范启运港退(免)税管理,根据《财政部 海关总署 税务总局关于完善启运港退税政策的通知》的有关规定,制定本办法。

第二条 出口企业适用启运港退(免)税政策须同时满足以下条件:

(一)出口企业的出口退(免)税分类管理类别为一类或二类,并且在海关的信用等级为一般信用企业或认证企业(以税务总局清分的企业海关信用等级信息为准);

(二)出口企业出口适用退(免)税政策的货物,并且能够取得海关提供的启运港出口货物报关单电子信息;

(三)除本公告另有规定外,出口货物自启运日(以启运港出口货物报关单电子信息上注明的出口日期为准,下同)起2个月内办理结关核销手续。

第三条 适用启运港退(免)税政策的出口货物,其退税率执行时间以启运港出口货物报关单电子信息上注明的出口日期为准。

第四条 出口企业应自启运日起2个月内,凭启运港出口货物报关单电子信息及相关材料向主管出口退税的税务机关申报办理启运港退(免)税。

出口企业自启运日起超过2个月未办理结关核销手续或未申报启运港退(免)税的出口货物,应使用正常结关核销的出口货物报关单电子信息及相关材料按照现行规定申报办理退(免)税。

出口企业申报办理启运港退(免)税时,应在申报明细表的"退(免)税业务类型"栏内填写"QYGTS"标识。外贸企业应使用单独关联号申报适用本办法的出口货物退（免）税。

第五条 主管出口退税的税务机关受理出口企业启运港退（免）税首次申报时，即视为出口企业完成启运港退（免）税备案。

第六条 主管出口退税的税务机关办理启运港退（免）税相关事项所使用的信息，应以税务总局清分的下列信息为准：

（一）企业海关信用等级信息；

（二）启运港出口货物报关单信息（加启运港退税标识，以下简称"启运数据"）；

（三）正常结关核销的报关单数据（加启运港退税标识，以下简称"结关数据"）；

（四）货物未运抵离境港不再出口，海关撤销的报关单数据（以下简称"撤销数据"）。

第七条 主管出口退税的税务机关应使用启运数据受理审核启运港退（免）税。

第八条 主管出口退税的税务机关应定期使用结关数据和撤销数据开展启运港退（免）税复核工作。对复核比对异常的，按以下原则进行处理：

（一）启运数据中的出口数量及单位、总价等项目与结关数据不一致的，以结关数据为准进行调整或追缴已退（免）税款；

（二）涉及撤销数据的，根据现行规定进行调整或追缴已退（免）税款；

（三）自启运日起超过2个月仍未收到结关数据（以下简称"到期未结关数据"）的，除本办法第九条规定情形外，根据现行规定追缴已退（免）税款，该笔出口货物不再适用启运港退（免）税政策。

第九条 出口企业已申报办理启运港退（免）税的货物，因自然灾害、社会突发事件等不可抗力因素，预计2个月内无法办理结关核销手续的，应自启运日起2个月内向主管出口退税的税务机关提出申请，经主管出口退税的税务机关同意后，暂不追缴已退（免）税款。

上述货物在启运日次年的退（免）税申报期限截止之日前，主管出口退税的税务机关收到结关数据的，应按照本办法第八条规定处理；仍未收到结关数据的（以下简称"次年未结关数据"），该笔出口货物不再适用启运港退（免）税政策，主管出口退税的税务机关根据现行规定追缴已退（免）税款。

第十条 按第八条、第九条规定已追缴退（免）税款或进行调整处理的到期未结关数据和次年未结关数据，海关又办理结关核销手续的，出口企业可凭正常结关核销的出口货物报关单电子信息及相关材料重新申报出口退（免）税，主管出口退税的税务机关依据结关数据按照现行规定审核办理退（免）税。

第十一条 货物未运抵离境港不再出口，海关撤销出口货物报关单的，出口企业应按照现行规定向主管出口退税的税务机关申请出具《出口货物退运已补税（未退税）证明》，主管出口退税的税务机关在出具证明时，应使用撤销数据进行审核比对。出口企业未申报退（免）税的，不得再申报退（免）税；已申报办理退（免）税的，应补缴已退（免）税款。

第十二条 2018年4月10日（以海关出口报关单电子信息注明的出口日期为准）以后的启运港出口货物，出口企业不再提供纸质出口货物报关单（出口退税专用）。

第十三条 本办法施行前符合本办法规定的适用启运港退（免）税办法的出口货物，可按本办法申报办理出口退（免）税相关事项。此前已按结关数据办理出口退（免）税事项的，不作调整。

第十四条 本办法未尽事宜,按照现行出口退(免)税相关规定执行。

第十五条 本办法自2019年1月1日起施行,启运港出口货物报关单电子信息上注明的出口日期为2019年1月1日以后(含)的启运港退(免)税事项按本办法执行。《启运港退(免)税管理办法》(国家税务总局公告2014年第52号发布,国家税务总局公告2018年第31号修改)同时废止。

关于《国家税务总局关于发布〈启运港退(免)税管理办法(2018年12月28日修订)〉的公告》的解读

现就《国家税务总局关于发布〈启运港退(免)税管理办法(2018年12月28日修订)〉的公告》(以下简称《公告》)有关内容解读如下:

一、《公告》出台背景

为进一步完善启运港退税政策,扩大政策成效,财政部、海关总署、国家税务总局联合制发了《财政部 海关总署 税务总局关于完善启运港退税政策的通知》(财税〔2018〕5号,以下称《通知》)。为贯彻落实《通知》,税务总局对《启运港退(免)税管理办法》(国家税务总局公告2014年第52号发布,国家税务总局公告2018年第31号修改)进行了调整完善,制发了《公告》。

二、《公告》主要内容解读

(一)关于出口企业适用启运港退(免)税政策须满足的条件

出口企业适用启运港退(免)税政策须满足以下条件:

一是出口企业的出口退(免)税分类管理类别为一类或二类,海关的信用等级为一般信用企业或认证企业。

二是出口企业出口适用退(免)税政策的货物,并且能够取得海关提供的启运港出口货物报关单电子信息。

三是除本公告另有规定外,出口货物自启运日(以启运港出口货物报关单电子信息上注明的出口日期为准,下同)起2个月内办理结关核销手续。

(二)如何确定适用启运港退(免)税政策的出口货物的退税率

适用启运港退(免)税政策的出口货物,其退税率的执行时间以启运港出口货物报关单电子信息上注明的出口日期为准。

(三)出口企业如何办理启运港退(免)税备案

为减轻纳税人负担,简化出口退(免)税手续,《公告》第五条明确,出口企业无需单独申请启运港退(免)税备案。主管出口退税的税务机关受理出口企业启运港退(免)税首次申报时,即视为出口企业完成启运港退(免)税备案。

(四)出口企业如何办理启运港退(免)税申报

出口企业应自启运日起2个月内,凭启运港出口货物报关单电子信息及相关材料向主管出口退税的税务机关申报办理启运港退(免)税。在申报启运港退(免)税时,还应注意以下事项:一是出口企业填报申报明细表时,应在"退(免)税业务类型"栏内填写"QYGTS"标识。二是外贸企业应当使用单独的关联号申报启运港退(免)税。

(五)税务部门如何审核办理启运港退(免)税业务

主管出口退税的税务机关应结合税务总局清分的企业海关信用等级信息,使用启运港出口货物报关单信息(加启运港退税标识,以下简称"启运数据"),审核办理出口企业的启运港退(免)税申报;使用正常结关核销的报关单数据(加启运港退税标识,以下简称"结关数据")、海关撤销的报关单数据(以下简称"撤销数据")开展启运港退(免)税复核。

主管出口退税的税务机关对复核比对时发现的下列异常情形,应分别进行处理:

一是启运数据中出口货物的数量、单位、总价等项目与结关数据不一致的,主管出口退税的税务机关应按照结关数据对相应的已退(免)税款进行调整或追回处理。

二是对于已办理启运港退(免)税的出口货物,如涉及撤销数据的,主管出口退税的税务机关应根据规定调整或追回相应的已退(免)税款。

三是除因不可抗力等规定情形外,自启运日起超过2个月,未收到相关结关数据(以下简称"到期未结关数据")的,主管出口退税的税务机关应按规定追回已退(免)税款,出口企业的该笔出口业务不再适用启运港退(免)税政策。

(六)出口企业自启运日起超过2个月未办理结关核销手续或未申报启运港退(免)税的,应当如何处理

出口企业自启运日起超过2个月未办理结关核销手续或未申报启运港退(免)税的,出口企业的该笔出口业务不再适用启运港退(免)税政策。出口企业应改为使用正常结关核销的出口货物报关单电子信息及相关材料,按照规定申报办理出口退(免)税。

但对于因自然灾害、社会突发事件等不可抗力因素,预计2个月内无法办理结关核销手续的,做了例外规定。即自启运日起2个月内向主管出口退税的税务机关提出申请,经主管出口退税的税务机关同意后,暂不追回已退(免)税款。主管出口退税的税务机关如在启运日次年的退(免)税申报期限截至日前,仍未收到上述货物对应的结关数据(以下简称"次年未结关数据")的,则应根据现行规定追回已退(免)税款。出口企业的该笔出口业务不再适用启运港退(免)税政策。

(七)关于调整或追回已退(免)税款的启运港出口货物的后续处理

对于已调整或追回退(免)税款的到期未结关数据和次年未结关数据,如果后续又办理了结关核销手续的,出口企业可凭正常结关数据及相关材料重新申报出口退(免)税,主管出口退税的税务机关依据税务总局清分的结关数据按照现行规定审核办理退(免)税。

对于货物未运抵离境港不再出口,海关撤销出口货物报关单的,出口企业应按照现行规定向主管出口退税的税务机关申请出具《出口货物退运已补税(未退税)证明》,主管出口退税的税务机关在出具证明时,应使用撤销数据进行审核比对。出口企业尚未申报退(免)税的,不得再申报退(免)税;已申报办理退(免)税的,应补缴已退(免)税款。

(八)启运港出口货物报关单无纸化后的申报要求

鉴于2018年4月10日以后海关对实施启运港政策出口的货物,不再签发纸质报关单。因此,出口企业2018年4月10日(以海关出口报关单电子信息注明的出口日期为准)以后的启运港出口货物,在申报启运港退(免)税时,无需提供纸质报关单。

三、《公告》施行日期

《公告》自2019年1月1日起施行。启运港出口货物报关单电子信息上注明的出口日期为2019年1月1日以后(含)的启运港退(免)税事项按本办法执行。

财政部 税务总局关于提高机电文化等产品出口退税率的通知

财税〔2018〕93号

各省、自治区、直辖市、计划单列市财政厅(局)、国家税务总局各省、自治区、直辖市、计划单列市税务局,新疆生产建设兵团财政局:

为完善出口退税政策,对机电、文化等产品提高增值税出口退税率。现就有关事项通知如下:

一、将多元件集成电路、非电磁干扰滤波器、书籍、报纸等产品出口退税率提高至16%。

将竹刻、木扇等产品出口退税率提高至13%。

将玄武岩纤维及其制品、安全别针等产品出口退税率提高至9%。

提高出口退税率的产品清单见附件。

二、本通知自2018年9月15日起执行。本通知所列货物适用的出口退税率,以出口货物报关单上注明的出口日期界定。

附件:提高出口退税率的产品清单(略)

财政部 税务总局
2018年9月5日

 ## 国家税务总局关于外贸综合服务企业办理出口货物退(免)税有关事项的公告

国家税务总局公告2018年第25号

《国家税务总局关于调整完善外贸综合服务企业办理出口货物退(免)税有关事项的公告》(国家税务总局公告2017年第35号)实施以来,部分外贸综合服务企业(以下简称综服企业)反映部分老合同无法按照35号公告规定办理退税的问题。为解决综服企业反映的问题,促进综服企业规范健康发展,现将有关出口货物退(免)税问题明确如下:

一、综服企业在2017年11月1日至2018年2月28日期间出口的货物,符合《国家税务总局关于外贸综合服务企业出口货物退(免)税有关问题的公告》(国家税务总局公告2014年第13号)规定的,允许在2018年6月30日前,按照国家税务总局公告2014年第13号的规定申报办理出口退(免)税。

出口货物的出口时间,以出口货物报关单上注明的出口日期为准。

二、综服企业按照本公告第一条的规定申报出口退(免)税时,必须在《外贸企业出口退税进货明细申报表》"备注"栏、《外贸企业出口退税出口明细申报表》"备注"栏填写"WMZH-FW"。否则,不得执行本公告第一条的规定。

三、本公告自发布之日起施行。

特此公告。

国家税务总局
2018年5月14日

关于《国家税务总局关于外贸综合服务企业办理出口货物退（免）税有关事项的公告》的解读

一、《公告》出台的背景

《国家税务总局关于调整完善外贸综合服务企业办理出口货物退（免）税有关事项的公告》（国家税务总局公告2017年第35号，以下简称"35号公告"）发布后，外贸综合服务企业（以下简称"综服企业"）代办退税管理办法涉及的代办退税备案、开具代办退税发票、申报办理退税、开具收入退还书和国库办理退库等各环节工作运转正常，基本实现了代办退税办法出台的初衷。

近期，部分综服企业以及税务机关反映，35号公告自2017年11月1日起施行，此前，部分生产企业已签订了2018年春节前后的出口合同，并委托综服企业代理出口。这部分合同的出口货物在2017年11月1日之后报关出口，但未能在2017年11月1日前开具增值税专用发票，且这些生产企业目前尚未按照35号公告规定完成委托代办退税备案。因此，这部分出口货物既不能按照35号公告规定进行代办退税，也不能按照《国家税务总局关于外贸综合服务企业出口货物退（免）税有关问题的公告》（国家税务总局公告2014年第13号）的规定办理出口退（免）税。

为解决上述问题，鼓励生产企业出口，促进综服企业规范健康发展，支持外贸稳定发展，国家税务总局制发了《国家税务总局关于外贸综合服务企业办理出口货物退（免）税有关事项的公告》（以下简称《公告》）。

二、《公告》的主要内容解读

一是明确了综服企业新老政策衔接问题。《公告》规定综服企业在2017年11月1日至2018年2月28日期间出口的货物，符合国家税务总局公告2014年第13号规定的，允许在2018年6月30日前，按照国家税务总局公告2014年第13号的规定申报办理出口退（免）税。

二是明确了申报资料的填报事项。《公告》规定综服企业按照本公告第一条的规定申报出口退（免）税时，必须在《外贸企业出口退税进货明细申报表》"备注"栏、《外贸企业出口退税出口明细申报表》"备注"栏填写"WMZHFW"。否则，不得执行本公告第一条的规定。

 国家税务总局关于加快出口退税进度有关事项的公告

国家税务总局公告2018年第48号

为深入贯彻落实国务院关于加快出口退税进度的决定，现将有关事项公告如下：

一、优化出口退（免）税企业分类管理

（一）调整出口企业管理类别评定标准：

1. 将一类生产企业评定标准中的"上一年度的年末净资产大于上一年度该企业已办理的出口退税额（不含免抵税额）"调整为"上一年度的年末净资产大于上一年度该企业已办理的出口退税额（不含免抵税额）的60%"。

2. 取消三类出口企业评定标准中"上一年度累计6个月以上未申报出口退（免）税（从事

对外援助、对外承包、境外投资业务的,以及出口季节性商品或出口生产周期较长的大型设备的出口企业除外)"的评定条件。

(二)取消管理类别年度评定次数限制。出口企业相关情形发生变更并申请调整管理类别的,主管税务机关应按照有关规定及时开展评定工作。

(三)评定标准调整后,符合一类出口企业评定标准的生产企业,可按照规定提交相关资料申请变更其管理类别。税务机关应自受理企业资料之日起 15 个工作日内完成评定调整工作。

评定标准调整后,对符合二类出口企业评定标准的企业,税务机关应于 15 个工作日内完成评定调整工作。

二、全面推行无纸化退税申报

(一)实现无纸化退税申报地域全覆盖。各地税务机关应利用信息技术,实现申报、证明办理、核准、退库等出口退(免)税业务"网上办理",切实方便出口企业办理退税,提高退税效率。2018 年 12 月 31 日前,在全国推广实施无纸化退税申报。

(二)实现无纸化退税申报一类、二类出口企业全覆盖。按照企业自愿的原则,于 2018 年 12 月 31 日前,实现出口退(免)税管理类别为一类、二类的出口企业全面推行无纸化退税申报。

三、大力支持外贸新业态发展

(一)鼓励外贸综合服务企业为中小企业代办退税。各地税务机关要认真落实外贸综合服务企业退税管理相关规定,做好外贸综合服务企业和生产企业的备案、实地核查、代办退税发票开具、退税信息传递等工作,支持外贸新业态发展。

(二)指导外贸综合服务企业防范业务风险。主管税务机关要根据企业需求,指导外贸综合服务企业建立内部风险管控制度,建设内部风险管控信息系统,防范代办退税业务风险。

四、积极做好出口退(免)税服务

(一)各级税务机关应加强政策宣传辅导,通过新闻媒体、网站、短信平台、电子邮件、微信等多种途径开展政策宣讲和业务培训,便于出口企业及时收集单证,尽快满足退税申报条件。

(二)各级税务机关要定期提醒出口企业退(免)税申报、审核、退库进度及申报退(免)税期限等情况,便于出口企业及时、足额获取出口退税。

五、施行日期

本公告自发布之日起施行。《出口退(免)税企业分类管理办法》(国家税务总局公告 2016 年第 46 号发布)第五条第一项第 3 目、第六条第三项、第九条"出口企业管理类别评定工作每年进行 1 次,应于企业纳税信用级别评价结果确定后 1 个月内完成"的规定同时废止。

特此公告。

国家税务总局
2018 年 10 月 15 日

 关于《国家税务总局关于加快出口退税进度有关事项的公告》的政策解读

现就《国家税务总局关于加快出口退税进度有关事项的公告》(以下简称《公告》)有关内容解读如下:

一、《公告》出台的背景

为深入贯彻落实国务院关于加快出口退税进度的决定,通过优化出口退(免)税企业分类管理、全面推行无纸化退税申报、大力支持外贸新业态发展和积极做好出口退(免)税服务等项工作,促进外贸稳定增长,税务总局制发了《公告》。

二、《公告》主要内容解读

(一)优化出口退(免)税企业分类管理

1. 调整出口企业管理类别评定标准:

一是适当降低了一类生产企业评定标准中企业年末净资产的比例。《出口退(免)税企业分类管理办法》(国家税务总局公告2016年第46号发布,以下简称《办法》)规定,一类生产企业要符合"上一年度的年末净资产大于上一年度该企业已办理的出口退税额(不含免抵税额)"的条件,此次将该条件调整为"上一年度的年末净资产大于上一年度该企业已办理的出口退税额(不含免抵税额)的60%",使得一类生产企业和一类外贸企业关于年末净资产比例要求的评定标准一致,在有效控制风险的同时,提高一类企业户数。

二是取消三类出口企业评定标准中"上一年度累计6个月以上未申报出口退(免)税"的评定条件。此前,由于该条件限制,部分出口业务量小的中小出口企业不能被评为一、二类企业,取消此项条件后,原三类企业中其他条件符合一、二类企业评定标准的中小企业,可按规定调高分类管理类别,进而加快退税进度。

2. 取消管理类别年度评定次数限制。《办法》规定出口企业管理类别评定工作每年进行1次,《国家税务总局关于出口退(免)税申报有关问题的公告》(国家税务总局公告2018年第16号)明确"出口企业因纳税信用级别、海关企业信用管理类别、外汇管理的分类管理等级等发生变化,或者对分类管理类别评定结果有异议的,可以书面向负责评定出口企业管理类别的税务机关提出重新评定管理类别",此次《公告》进一步明确"出口企业相关情形发生变更并申请调整管理类别的,主管税务机关应按照有关规定及时开展评定工作"。今后信用评级高、纳税记录好的出口企业只要达到一、二类管理类别标准,就能尽快调整管理类别,提高其退税效率。

3. 此前,按照相关规定,分类调整工作一般要求在20工作日内完成。此次标准调整后,尽管调整户数较多,但为尽快完成调整工作,进而加快退税进度,《公告》要求各地税务机关要按规定在15个工作日内完成此次评定调整工作。

(二)全面推行无纸化退税申报

税务总局自2015年4月部署开展出口退税无纸化试点管理工作,目前全国除西藏以外的地区均已开展了无纸化退税申报试点工作。实行无纸化退税申报的出口企业,进行出口退(免)税正式申报以及申请办理出口退(免)税相关证明时,只需按规定提供正式电子数据,原规定应向主管税务机关报送的纸质凭证和纸质申报表留存企业备查。在前期试点工作的基础上,《公告》提出2018年12月31日前,在全国推广实施无纸化退税申报,并按照企业自愿的原则,实现无纸化退税申报一类、二类出口企业全覆盖。

(三)大力支持外贸新业态发展

为鼓励外贸综合服务企业为中小企业代办退税,《公告》提出各地税务机关要认真落实外贸综合服务企业退税管理相关规定,进一步支持外贸新业态发展。此外,为指导外贸综合服务企业化解代办退税风险,促进外贸综合服务企业规范健康发展,《公告》明确主管税务机关要根据企业需求,指导外贸综合服务企业建立内部风险管控制度,建设内部风险管控信息系统,防范代办退税业务风险。

(四)积极做好出口退(免)税服务

针对出口企业在货物报关出口后,企业收齐单证到申报退税时间较长,影响企业申报退税问题,《公告》要求各级税务机关应加强政策宣传辅导,通过新闻媒体、网站、短信平台、电子邮件、微信等多种途径开展政策宣讲和业务培训,便于出口企业及时收集单证,尽快满足退税申报条件。

此外,为减少出口企业因未按规定时限办理退税造成的损失,《公告》要求各级税务机关要定期提醒出口企业退(免)税申报、审核、退库进度及申报退(免)税期限等情况,便于出口企业及时、足额获取出口退税。

(五)明确了施行日期

本公告自发布之日起施行。《办法》第五条第一项第3目、第八条第三项、第九条"出口企业管理类别评定工作每年进行1次,应于企业纳税信用级别评价结果确定后1个月内完成"的规定同时废止。

国家税务总局关于出口退(免)税申报有关问题的公告

国家税务总局公告 2018 年第 16 号

为进一步落实税务系统"放管服"改革要求,简化出口退(免)税手续,优化出口退(免)税服务,持续加快退税进度,支持外贸出口,现就出口退(免)税申报有关问题公告如下:

一、出口企业或其他单位办理出口退(免)税备案手续时,应按规定向主管税务机关填报修改后的《出口退(免)税备案表》(附件1)。

二、出口企业和其他单位申报出口退(免)税时,不再进行退(免)税预申报。主管税务机关确认申报凭证的内容与对应的管理部门电子信息无误后方可受理出口退(免)税申报。

三、实行免抵退税办法的出口企业或其他单位在申报办理出口退(免)税时,不再报送当期《增值税纳税申报表》。

四、出口企业按规定申请开具代理进口货物证明时,不再提供进口货物报关单(加工贸易专用)。

五、外贸企业购进货物需分批申报退(免)税的以及生产企业购进非自产应税消费品需分批申报消费税退税的,出口企业不再向主管税务机关填报《出口退税进货分批申报单》,由主管税务机关通过出口税收管理系统对进货凭证进行核对。

六、出口企业或其他单位在出口退(免)税申报期限截止之日前,申报出口退(免)税的出口报关单、代理出口货物证明、委托出口货物证明、增值税进货凭证仍没有电子信息或凭证的内容与电子信息比对不符的,应在出口退(免)税申报期限截止之日前,向主管税务机关报送《出口退(免)税凭证无相关电子信息申报表》(附件2)。相关退(免)税申报凭证及资料留存企业备查,不再报送。

七、出口企业或其他单位出口货物劳务、发生增值税跨境应税行为,由于以下原因未收齐单证,无法在规定期限内申报的,应在出口退(免)税申报期限截止之日前,向负责管理出口退(免)税的主管税务机关报送《出口退(免)税延期申报申请表》(附件3)及相关举证资料,提出延期申报申请。主管税务机关自受理企业申请之日起 20 个工作日内完成核准,并将结果告知出口企业或其他单位。

（一）自然灾害、社会突发事件等不可抗力因素；

（二）出口退（免）税申报凭证被盗、抢，或者因邮寄丢失、误递；

（三）有关司法、行政机关在办理业务或者检查中，扣押出口退（免）税申报凭证；

（四）买卖双方因经济纠纷，未能按时取得出口退（免）税申报凭证；

（五）由于企业办税人员伤亡、突发危重疾病或者擅自离职，未能办理交接手续，导致不能按期提供出口退（免）税申报凭证；

（六）由于企业向海关提出修改出口货物报关单申请，在出口退（免）税申报期限截止之日前海关未完成修改，导致不能按期提供出口货物报关单；

（七）有关政府部门在出口退（免）税申报期限截止之日前未出具出口退（免）税申报所需凭证资料；

（八）国家税务总局规定的其他情形。

八、出口企业申报退（免）税的出口货物，应按照《国家税务总局关于出口企业申报出口货物退（免）税提供收汇资料有关问题的公告》（国家税务总局公告 2013 年第 30 号，以下称"30 号公告"）的规定在出口退（免）税申报截止之日前收汇，未按规定收汇的出口货物适用增值税免税政策。对有下列情形之一的出口企业，在申报出口退（免）税时，须按照 30 号公告的规定提供收汇资料：

（一）出口退（免）税企业分类管理类别为四类的；

（二）主管税务机关发现出口企业申报的不能收汇原因是虚假的；

（三）主管税务机关发现出口企业提供的出口货物收汇凭证是冒用的。

上述第（一）种情形自出口企业被主管税务机关评定为四类企业的次月起执行；第（二）种至第（三）种情形自主管税务机关通知出口企业之日起 24 个月内执行。上述情形的执行时间以申报退（免）税时间为准。

出口企业同时存在上述两种以上情形的，执行时间的截止时间为几种情形中的最晚截止时间。

九、生产企业应于每年 4 月 20 日前，按以下规定向主管税务机关申请办理上年度海关已核销的进料加工手册（账册）项下的进料加工业务核销手续。4 月 20 日前未进行核销的，对该企业的出口退（免）税业务，主管税务机关暂不办理，在其进行核销后再办理。

（一）生产企业申请核销前，应从主管税务机关获取海关联网监管加工贸易电子数据中的进料加工"电子账册（电子化手册）核销数据"以及进料加工业务的进口和出口货物报关单数据。

生产企业将获取的反馈数据与进料加工手册（账册）实际发生的进口和出口情况核对后，填报《生产企业进料加工业务免抵退税核销表》（附件 4）向主管税务机关申请核销。如果核对发现，实际业务与反馈数据不一致的，生产企业还应填写《已核销手册（账册）海关数据调整表》（附件 5）连同电子数据和证明材料一并报送主管税务机关。

（二）主管税务机关应将企业报送的电子数据读入出口退税审核系统，对《生产企业进料加工业务免抵退税核销表》和《已核销手册（账册）海关数据调整表》及证明资料进行审核。

（三）主管税务机关确认核销后，生产企业应以《生产企业进料加工业务免抵退税核销表》中的"已核销手册（账册）综合实际分配率"，作为当年度进料加工计划分配率。同时，应在核销确认的次月，根据《生产企业进料加工业务免抵退税核销表》确认的不得免征和抵扣税额在纳税申报时申报调整；应在确认核销后的首次免抵退税申报时，根据《生产企业进料加工业务免抵退税核销表》确认的调整免抵退税额申报调整当期免抵退税额。

（四）生产企业发现核销数据有误的，应在发现次月按照本条第（一）项至第（三）项的有关规定向主管税务机关重新办理核销手续。

十、出口企业因纳税信用级别、海关企业信用管理类别、外汇管理的分类管理等级等发生变化，或者对分类管理类别评定结果有异议的，可以书面向负责评定出口企业管理类别的税务机关提出重新评定管理类别。有关税务机关应按照《国家税务总局关于发布修订后的〈出口退（免）税企业分类管理办法〉的公告》（国家税务总局公告2016年第46号）的规定，自收到企业复评资料之日起20个工作日内完成评定工作。

十一、境内单位提供航天运输服务或在轨交付空间飞行器及相关货物，在进行出口退（免）税申报时，应填报《航天发射业务出口退税申报明细表》（附件6），并提供下列资料及原始凭证的复印件：

（一）签订的发射合同或在轨交付合同；

（二）发射合同或在轨交付合同对应的项目清单项下购进航天运输器及相关货物和空间飞行器及相关货物的增值税专用发票或海关进口增值税专用缴款书、接受发射运行保障服务的增值税专用发票；

（三）从与之签订航天运输服务合同的单位取得收入的收款凭证。

《国家税务总局关于发布〈适用增值税零税率应税服务退（免）税管理办法〉的公告》（国家税务总局公告2014年第11号）第九条第二项第1目规定的其他具有提供商业卫星发射服务资质的证明材料，包括国家国防科技工业局颁发的《民用航天发射项目许可证》。

十二、《废止文件、条款目录》见附件7。

本公告自2018年5月1日起施行。

特此公告。

附件：1. 出口退（免）税备案表（略）
2. 出口退（免）税凭证无相关电子信息申报表（略）
3. 出口退（免）税延期申报申请表（略）
4. 生产企业进料加工业务免抵退税核销表（略）
5. 已核销手册（账册）海关数据调整表（略）
6. 航天发射业务出口退税申报明细表（略）
7. 废止文件、条款目录（略）

国家税务总局
2018年4月19日

财政部　海关总署　税务总局关于调整天然气进口税收优惠政策有关问题的通知

财关税〔2018〕36号

各省、自治区、直辖市、计划单列市财政厅（局），海关总署广东分署、各直属海关，国家税务总局各省、自治区、直辖市、计划单列市税务局，财政部驻各省、自治区、直辖市、计划单列市财政监察专员办事处：

根据 2018 年 6 月国家发展改革委对非居民用天然气价格调整情况，现对《财政部海关总署 国家税务总局关于对 2011—2020 年期间进口天然气及 2010 年底前"中亚气"项目进口天然气按比例返还进口环节增值税有关问题的通知》（财关税〔2011〕39 号）和《财政部 海关总署 国家税务总局关于调整进口天然气税收优惠政策有关问题的通知》（财关税〔2017〕41 号）有关事项进行调整，具体通知如下：

一、自 2018 年 7 月 1 日起，将液化天然气销售定价调整为 28.06 元/GJ，将管道天然气销售定价调整为 0.99 元/立方米。

二、2018 年 4—6 月期间，液化天然气销售定价适用 27.35 元/GJ，管道天然气销售定价适用 0.97 元/立方米。

三、本文印发前已办理退库手续的，准予按本文规定调整。

特此通知。

财政部　海关总署　税务总局
2018 年 10 月 17 日

财政部　海关总署　税务总局关于调整享受税收优惠政策天然气进口项目的通知

财关税〔2018〕35 号

各省、自治区、直辖市、计划单列市财政厅（局），海关总署广东分署、各直属海关，国家税务总局各省、自治区、直辖市、计划单列市税务局，财政部驻各省、自治区、直辖市、计划单列市财政监察专员办事处：

根据《财政部 海关总署 国家税务总局关于对 2011—2020 年期间进口天然气及 2010 年底前"中亚气"项目进口天然气按比例返还进口环节增值税有关问题的通知》（财关税〔2011〕39 号）和《财政部 海关总署 国家税务总局关于调整进口天然气税收优惠政策有关问题的通知》（财关税〔2013〕74 号）中的有关规定，对进口天然气具体项目进行调整，具体如下：

一、新增加浙江舟山液化天然气项目享受优惠政策。该项目进口规模为 300 万吨/年，进口企业为新奥（舟山）天然气销售有限公司，享受政策起始时间为 2018 年 8 月 7 日。

二、自 2017 年 1 月 1 日起，将山东液化天然气项目可享受政策的进口规模由 300 万吨/年调整为 600 万吨/年。

特此通知。

财政部　海关总署　税务总局
2018 年 10 月 17 日

(二) 大企业间接相关的减税降费政策

财政部 税务总局 商务部 海关总署关于跨境电子商务综合试验区零售出口货物税收政策的通知

财税〔2018〕103号

各省、自治区、直辖市、计划单列市财政厅(局)、商务主管部门,国家税务总局各省、自治区、直辖市、计划单列市税务局,国家税务总局驻各地特派员办事处,海关总署广东分署、各直属海关:

为进一步促进跨境电子商务健康快速发展,培育贸易新业态新模式,现将跨境电子商务综合试验区(以下简称综试区)内的跨境电子商务零售出口(以下简称电子商务出口)货物有关税收政策通知如下:

一、对综试区电子商务出口企业出口未取得有效进货凭证的货物,同时符合下列条件的,试行增值税、消费税免税政策:

(一)电子商务出口企业在综试区注册,并在注册地跨境电子商务线上综合服务平台登记出口日期、货物名称、计量单位、数量、单价、金额。

(二)出口货物通过综试区所在地海关办理电子商务出口申报手续。

(三)出口货物不属于财政部和税务总局根据国务院决定明确取消出口退(免)税的货物。

二、各综试区建设领导小组办公室和商务主管部门应统筹推进部门之间的沟通协作和相关政策落实,加快建立电子商务出口统计监测体系,促进跨境电子商务健康快速发展。

三、海关总署定期将电子商务出口商品申报清单电子信息传输给税务总局。各综试区税务机关根据税务总局清分的出口商品申报清单电子信息加强出口货物免税管理。具体免税管理办法由省级税务部门商财政、商务部门制定。

四、本通知所称综试区,是指经国务院批准的跨境电子商务综合试验区;本通知所称电子商务出口企业,是指自建跨境电子商务销售平台或利用第三方跨境电子商务平台开展电子商务出口的单位和个体工商户。

五、本通知自2018年10月1日起执行,具体日期以出口商品申报清单注明的出口日期为准。

财政部 税务总局 商务部 海关总署
2018年9月28日

第六部分 企业所得税篇

(一) 大企业直接相关的减税降费政策

国家税务总局关于责任保险费企业所得税税前扣除有关问题的公告

国家税务总局公告2018年第52号

根据《中华人民共和国企业所得税法》和《中华人民共和国企业所得税法实施条例》有关规

定,现就雇主责任险、公众责任险等责任保险有关税务处理问题公告如下:

企业参加雇主责任险、公众责任险等责任保险,按照规定缴纳的保险费,准予在企业所得税税前扣除。

本公告适用于2018年度及以后年度企业所得税汇算清缴。

特此公告。

国家税务总局

2018年10月31日

关于《国家税务总局关于责任保险费企业所得税税前扣除有关问题的公告》的解读

近期,税务总局发布了《国家税务总局关于责任保险费企业所得税税前扣除有关问题的公告》(以下简称《公告》),对雇主责任险、公众责任险等责任保险的税前扣除问题进行了明确。现就《公告》的主要内容解读如下:

一、出台背景

随着我国经济的发展,责任保险在企业经营活动中的使用频率越来越高,对企业分散经营责任风险、切实保护当事人权益、促进社会和谐稳定具有重要的作用。近期,有关部门、企业反映雇主责任险、公众责任险等责任保险费企业所得税税前扣除问题。为统一责任保险费税前扣除政策口径,便于纳税人执行,更好地促进企业化解经营责任风险,增强抗风险能力,我局发布了《公告》。

二、主要内容

雇主责任险、公众责任险等责任保险是参加责任保险的企业出现保单中所列明的事故,需对第三者如损害赔偿责任时,由承保人代其履行赔偿责任的一种保险。由于企业参加雇主责任险、公众责任险等责任保险缴纳的保险费支出是企业实际发生的,《保险法》也规定财产保险业务包括责任保险,为此,根据《中华人民共和国企业所得税法》及其实施条例有关规定,《公告》明确,企业参加雇主责任险、公众责任险等责任保险,按照规定缴纳的保险费,准予在企业所得税前扣除。

三、执行日期

根据企业所得税按年计算的原则,《公告》适用于2018年度及以后年度企业所得税汇算清缴。

财政部 税务总局关于企业职工教育经费税前扣除政策的通知

财税〔2018〕51号

各省、自治区、直辖市、计划单列市财政厅(局)、国家税务局、地方税务局,新疆生产建设兵团财政局:

为鼓励企业加大职工教育投入,现就企业职工教育经费税前扣除政策通知如下:

一、企业发生的职工教育经费支出,不超过工资薪金总额8%的部分,准予在计算企业所得税应纳税所得额时扣除;超过部分,准予在以后纳税年度结转扣除。

二、本通知自2018年1月1日起执行。

财政部　税务总局
2018年5月7日

财政部　税务总局　证监会关于支持原油等货物期货市场对外开放税收政策的通知

财税〔2018〕21号

各省、自治区、直辖市、计划单列市财政厅(局)、国家税务局、地方税务局,新疆生产建设兵团财政局:

为支持原油等货物期货市场对外开放,现将有关税收政策通知如下:

一、对在中国境内未设立机构、场所的,或者虽设立机构、场所但取得的所得与其所设机构、场所没有实际联系的境外机构投资者(包括境外经纪机构),从事中国境内原油期货交易取得的所得(不含实物交割所得),暂不征收企业所得税;对境外经纪机构在境外为境外投资者提供中国境内原油期货经纪业务取得的佣金所得,不属于来源于中国境内的劳务所得,不征收企业所得税。

二、自原油期货对外开放之日起,对境外个人投资者投资中国境内原油期货取得的所得,三年内暂免征收个人所得税。

三、经国务院批准对外开放的其他货物期货品种,按照本通知规定的税收政策执行。

四、本通知自发布之日起施行。

财政部　税务总局　证监会
2018年3月13日

财政部　税务总局　商务部　科技部　国家发展改革委关于将服务贸易创新发展试点地区技术先进型服务企业所得税政策推广至全国实施的通知

财税〔2018〕44号

各省、自治区、直辖市、计划单列市财政厅(局)、国家税务局、地方税务局、商务主管部门、科技厅(委、局)、发展改革委,新疆生产建设兵团财政局、商务局、科技局、发展改革委:

为进一步推动服务贸易创新发展、优化外贸结构,现就服务贸易类技术先进型服务企业所得税优惠政策通知如下:

一、自2018年1月1日起,对经认定的技术先进型服务企业(服务贸易类),减按15%的税率征收企业所得税。

二、本通知所称技术先进型服务企业(服务贸易类)须符合的条件及认定管理事项,按照《财政部 税务总局 商务部 科技部 国家发展改革委关于将技术先进型服务企业所得税政策推广至全国实施的通知》(财税〔2017〕79号)的相关规定执行。其中,企业须满足的技术先进型服务业务领域范围按照本通知所附《技术先进型服务业务领域范围(服务贸易类)》执行。

三、省级科技部门应会同本级商务、财政、税务和发展改革部门及时将《技术先进型服务业务领域范围(服务贸易类)》增补入本地区技术先进型服务企业认定管理办法,并据此开展认定管理工作。省级人民政府财政、税务、商务、科技和发展改革部门应加强沟通与协作,发现新情况、新问题及时上报财政部、税务总局、商务部、科技部和国家发展改革委。

四、省级科技、商务、财政、税务和发展改革部门及其工作人员在认定技术先进型服务企业工作中,存在违法违纪行为的,按照《公务员法》《行政监察法》等国家有关规定追究相应责任;涉嫌犯罪的,移送司法机关处理。

附件:技术先进型服务业务领域范围(服务贸易类)

财政部 税务总局 商务部 科技部 国家发展改革委
2018年5月19日

附件 **技术先进型服务业务领域范围(服务贸易类)**

类 别	适用范围
一、计算机和信息服务	
1. 信息系统集成服务	系统集成咨询服务;系统集成工程服务;提供硬件设备现场组装、软件安装与调试及相关运营维护支撑服务;系统运营维护服务,包括系统运行检测监控、故障定位与排除、性能管理、优化升级等。
2. 数据服务	数据存储管理服务,提供数据规划、评估、审计、咨询、清洗、整理、应用服务,数据增值服务,提供其他未分类数据处理服务。
二、研究开发和技术服务	
3. 研究和实验开发服务	物理学、化学、生物学、基因学、工程学、医学、农业科学、环境科学、人类地理科学、经济学和人文科学等领域的研究和实验开发服务。
4. 工业设计服务	对产品的材料、结构、机理、形状、颜色和表面处理的设计与选择;对产品进行的综合设计服务,即产品外观的设计、机械结构和电路设计等服务。
5. 知识产权跨境许可与转让	以专利、版权、商标等为载体的技术贸易。知识产权跨境许可是指授权境外机构有偿使用专利、版权和商标等;知识产权跨境转让是指将专利、版权和商标等知识产权售卖给境外机构。
三、文化技术服务	
6. 文化产品数字制作及相关服务	采用数字技术对舞台剧目、音乐、美术、文物、非物质文化遗产、文献资源等文化内容以及各种出版物进行数字化转化和开发,为种显示终端提供内容,以及采用数字技术传播、经营文化产品等相关服务。
7. 文化产品的对外翻译、配音及制作服务	将本国文化产品翻译或配音成其他国家语言,将其他国家文化产品翻译或配音成本国语言以及与其相关的制作服务。
四、中医药医疗服务	
8. 中医药医疗保健及相关服务	与中医药相关的远程医疗保健、教育培训、文化交流等服务。

财政部　税务总局关于保险保障基金有关税收政策问题的通知

财税〔2018〕41 号

各省、自治区、直辖市、计划单列市财政厅(局)、国家税务局、地方税务局，新疆生产建设兵团财政局：

为支持保险保障基金发展，增强行业经营风险防范能力，现将保险保障基金有关税收政策事项明确如下：

一、对中国保险保障基金有限责任公司(以下简称保险保障基金公司)根据《保险保障基金管理办法》取得的下列收入，免征企业所得税：

1. 境内保险公司依法缴纳的保险保障基金；
2. 依法从撤销或破产保险公司清算财产中获得的受偿收入和向有关责任方追偿所得，以及依法从保险公司风险处置中获得的财产转让所得；
3. 接受捐赠收入；
4. 银行存款利息收入；
5. 购买政府债券、中央银行、中央企业和中央级金融机构发行债券的利息收入；
6. 国务院批准的其他资金运用取得的收入。

二、对保险保障基金公司下列应税凭证，免征印花税：

1. 新设立的资金账簿；
2. 在对保险公司进行风险处置和破产救助过程中签订的产权转移书据；
3. 在对保险公司进行风险处置过程中与中国人民银行签订的再贷款合同；
4. 以保险保障基金自有财产和接收的受偿资产与保险公司签订的财产保险合同；

对与保险保障基金公司签订上述产权转移书据或应税合同的其他当事人照章征收印花税。

三、本通知自 2018 年 1 月 1 日起至 2020 年 12 月 31 日止执行。《财政部　国家税务总局关于保险保障基金有关税收政策问题的通知》(财税〔2016〕10 号)同时废止。

财政部　税务总局
2018 年 4 月 27 日

 财政部　税务总局关于设备器具扣除有关企业所得税政策的通知

财税〔2018〕54 号

各省、自治区、直辖市、计划单列市财政厅(局)、国家税务局、地方税务局，新疆生产建设兵团财政局：

为引导企业加大设备、器具投资力度，现就有关企业所得税政策通知如下：

一、企业在 2018 年 1 月 1 日至 2020 年 12 月 31 日期间新购进的设备、器具，单位价值不超过 500 万元的，允许一次性计入当期成本费用在计算应纳税所得额时扣除，不再分年度计算折旧；单位价值超过 500 万元的，仍按企业所得税法实施条例、《财政部　国家税务总局关于完善固定资产加速折旧企业所得税政策的通知》(财税〔2014〕75号)、《财政部　国家税务总局关于进一步完善固定资产加速折旧企业所得税政策的通知》(财税〔2015〕106号)等相关规定执行。

二、本通知所称设备、器具,是指除房屋、建筑物以外的固定资产。

财政部　税务总局
2018年5月7日

国家税务总局关于设备器具扣除有关企业所得税政策执行问题的公告

国家税务总局公告2018年第46号

根据《中华人民共和国企业所得税法》及其实施条例(以下简称企业所得税法及其实施条例)、《财政部　税务总局关于设备器具扣除有关企业所得税政策的通知》(财税〔2018〕54号)规定,现就设备、器具扣除有关企业所得税政策执行问题公告如下:

一、企业在2018年1月1日至2020年12月31日期间新购进的设备、器具,单位价值不超过500万元的,允许一次性计入当期成本费用在计算应纳税所得额时扣除,不再分年度计算折旧(以下简称一次性税前扣除政策)。

(一)所称设备、器具,是指除房屋、建筑物以外的固定资产(以下简称固定资产);所称购进,包括以货币形式购进或自行建造,其中以货币形式购进的固定资产包括购进的使用过的固定资产;以货币形式购进的固定资产,以购买价款和支付的相关税费以及直接归属于使该资产达到预定用途发生的其他支出确定单位价值,自行建造的固定资产,以竣工结算前发生的支出确定单位价值。

(二)固定资产购进时点按以下原则确认:以货币形式购进的固定资产,除采取分期付款或赊销方式购进外,按发票开具时间确认;以分期付款或赊销方式购进的固定资产,按固定资产到货时间确认;自行建造的固定资产,按竣工结算时间确认。

二、固定资产在投入使用月份的次月所属年度一次性税前扣除。

三、企业选择享受一次性税前扣除政策的,其资产的税务处理可与会计处理不一致。

四、企业根据自身生产经营核算需要,可自行选择享受一次性税前扣除政策。未选择享受一次性税前扣除政策的,以后年度不得再变更。

五、企业按照《国家税务总局关于发布修订后的〈企业所得税优惠政策事项办理办法〉的公告》(国家税务总局公告2018年第23号)的规定办理享受政策的相关手续,主要留存备查资料如下:

(一)有关固定资产购进时点的资料(如以货币形式购进固定资产的发票,以分期付款或赊销方式购进固定资产的到货时间说明,自行建造固定资产的竣工决算情况说明等);

(二)固定资产记账凭证;

(三)核算有关资产税务处理与会计处理差异的台账。

六、单位价值超过500万元的固定资产,仍按照企业所得税法及其实施条例、《财政部　国家税务总局关于完善固定资产加速折旧企业所得税政策的通知》(财税〔2014〕75号)、《财政部　国家税务总局关于进一步完善固定资产加速折旧企业所得税政策的通知》(财税〔2015〕106号)、《国家税务总局关于固定资产加速折旧税收政策有关问题的公告》(国家税务总局公告

2014年第64号)、《国家税务总局关于进一步完善固定资产加速折旧企业所得税政策有关问题的公告》(国家税务总局公告2015年第68号)等相关规定执行。

特此公告。

国家税务总局

2018年8月23日

关于《国家税务总局关于设备器具扣除有关企业所得税政策执行问题的公告》的解读

一、公告出台背景

为进一步支持科技创新，促进企业提质增效，根据国务院决定，财政部、税务总局先后于2014年、2015年两次下发文件，出台了固定资产加速折旧政策，主要包括：一是六大行业和四个领域重点行业企业新购进的固定资产允许加速折旧。二是上述行业小型微利企业新购进的研发和生产经营共用的仪器、设备，单位价值不超过100万元的，可一次性税前扣除；三是所有行业企业新购进的专门用于研发的仪器、设备，单位价值不超过100万元的，可一次性税前扣除，超过100万元，允许加速折旧；四是所有行业企业持有的单位价值不超过5 000元的固定资产，可一次性税前扣除。

为进一步扩大优惠范围，引导企业加大设备、器具投资力度，提高企业创业创新积极性，4月25日国务院常务会议决定，自2018年1月1日至2020年12月31日，将固定资产一次性税前扣除优惠政策范围由企业新购进的单位价值不超过100万元的研发仪器、设备扩大至企业新购进的单位价值500万元以下设备、器具。财政部和税务总局根据国务院决定，联合下发了《财政部 税务总局关于设备器具扣除有关企业所得税政策的通知》(财税〔2018〕54号，以下简称《通知》)，明确了设备、器具一次性税前扣除政策。

为贯彻落实好国务院常务会议精神及《通知》的政策规定，税务总局制定本公告，进一步明确相关政策具体执行口径和征管要求，保证政策有效贯彻实施。

二、公告主要内容

（一）明确设备、器具一次性税前扣除政策

《通知》规定，2018年1月1日至2020年12月31日，企业新购进的单位价值不超过500万元的设备、器具可一次性在税前扣除。考虑到本次政策受惠面比较广，企业享受意愿强，为增强政策确定性，便于具体操作，公告对有关执行口径进行了明确：

一是明确"购进"的概念。取得固定资产包括外购、自行建造、融资租入、捐赠、投资、非货币性资产交换、债务重组等多种方式。公告明确"购进"包括以货币形式购进或自行建造两种形式。将自行建造也纳入享受优惠的范围，主要是考虑到自行建造固定资产所使用的材料实际也是购进的，因此把自行建造的固定资产也看作是"购进"的。此外，"新购进"中的"新"字，只是区别于原已购进的固定资产，不是规定非要购进全新的固定资产，因此，公告明确以货币形式购进的固定资产包括企业购进的使用过的固定资产。

二是明确"单位价值"的计算方法。此前的政策文件中未对单位价值的计算方法进行明确。《通知》下发后，不少企业询问如何确定固定资产的单位价值，如是否包含安装费等。为统一政策执行口径,公告对单位价值的计算方法进行了明确。单位价值的计算方法与企业所得税法实施条例第五十八条规定的固定资产计税基础的计算方法保持一致,具体为:以货币形式购进的固定资产,以购买价款和支付的相关税费以及直接归属于使该资产达到预定用途发生的其他支出确定单位价值;自行建造的固定资产,以竣工结算前发生的支出确定单位价值。

三是明确购进时点的确定原则。设备、器具一次性税前扣除政策的执行时间为2018年1月1日至2020年12月31日,因此,需要依据设备、器具的购进时点确定其是否属于可享受优惠政策的范围。公告明确,以货币形式购进的固定资产,以发票开具时间确认购进时点,但考虑到分期付款可能会分批开具发票,赊销方式会在销售方取得货款后才开具发票的特殊情况,公告对这两种情况进行了例外规定,以固定资产到货时间确认购进时点。对于自行建造的固定资产,以竣工结算时间确认购进时点。

(二)明确一次性税前扣除的时点

企业所得税法实施条例规定,企业应当自固定资产投入使用月份的次月起计算折旧。固定资产一次性税前扣除政策仅仅是固定资产税前扣除的一种特殊方式,因此,其税前扣除的时点应与固定资产计算折旧的处理原则保持一致。公告对此进行了相应规定。比如,某企业于2018年12月购进了一项单位价值为300万元的设备并于当月投入使用,则该设备可在2019年一次性税前扣除。

(三)明确固定资产税务处理可与会计处理不一致

企业会计处理上是否采取一次性税前扣除方法,不影响企业享受一次性税前扣除政策,企业在享受一次性税前扣除政策时,不需要会计上也同时采取与税收上相同的折旧方法。

(四)明确企业可自主选择享受一次性税前扣除政策,但未选择的不得变更

实行一次性税前扣除政策后,纳税人可能会由于税前扣除的固定资产与财务核算的固定资产折旧费用不同,而产生复杂的纳税调整问题,加之一些固定资产核算期限较长,也会增加会计核算负担和遵从风险。对于短期无法实现盈利的亏损企业而言,选择实行一次性税前扣除政策会进一步加大亏损,且由于税法规定的弥补期限的限制,该亏损可能无法得到弥补,实际上减少了税前扣除额。此外,企业在定期减免税期间往往不会选择一次性税前扣除政策。考虑到享受税收优惠是纳税人的一项权利,纳税人可以自主选择是否享受优惠,因此,公告规定企业根据自身生产经营需要,可自行选择享受一次性税前扣除政策。但为避免恶意套取税收优惠,公告明确企业未选择享受的,以后年度不得再变更。需要注意的是,以后年度不得再变更的规定是针对单个固定资产而言,单个固定资产未选择享受的,不影响其他固定资产选择享受一次性税前扣除政策。

(五)明确企业享受一次性税前扣除政策的管理要求

为保证优惠政策的准确执行,公告明确按照《国家税务总局关于发布修订后的〈企业所得税优惠政策事项办理办法〉的公告》(国家税务总局公告2018年第23号)的规定办理有关手续。此外,在国家税务总局公告2018年第23号规定的"固定资产加速折旧或一次性扣除"优惠事项主要留存备查资料的基础上,对留存备查资料的相关内容进行了调整,具体为:有关固定资产购进时点的资料(如以货币形式购进固定资产的合同、发票,以分期付款或赊销方式购进固定资产的到货时间说明,自行建造固定资产的竣工决算情况说明等)、固定资产记账凭证、核算有关资产税务处理与会计处理差异的台账。

(六)明确单位价值超过500万元的固定资产税务处理

为保证政策的完整性,公告明确单位价值超过500万元的固定资产,仍按照企业所得税法

及其实施条例、《财政部 国家税务总局关于完善固定资产加速折旧企业所得税政策的通知》（财税〔2014〕75号）、《财政部 国家税务总局关于进一步完善固定资产加速折旧企业所得税政策的通知》（财税〔2015〕106号）、《国家税务总局关于固定资产加速折旧税收政策有关问题的公告》（国家税务总局公告2014年第64号）、《国家税务总局关于进一步完善固定资产加速折旧企业所得税政策有关问题的公告》（国家税务总局公告2015年第68号）等相关规定执行。

财政部 税务总局 科技部关于提高研究开发费用税前加计扣除比例的通知

财税〔2018〕99号

各省、自治区、直辖市、计划单列市财政厅（局）、科技厅（局），国家税务总局各省、自治区、直辖市、计划单列市税务局，新疆生产建设兵团财政局、科技局：

为进一步激励企业加大研发投入，支持科技创新，现就提高企业研究开发费用（以下简称研发费用）税前加计扣除比例有关问题通知如下：

一、企业开展研发活动中实际发生的研发费用，未形成无形资产计入当期损益的，在按规定据实扣除的基础上，在2018年1月1日至2020年12月31日期间，再按照实际发生额的75%在税前加计扣除；形成无形资产的，在上述期间按照无形资产成本的175%在税前摊销。

二、企业享受研发费用税前加计扣除政策的其他政策口径和管理要求按照《财政部 国家税务总局 科技部关于完善研究开发费用税前加计扣除政策的通知》（财税〔2015〕119号）、《财政部 税务总局 科技部关于企业委托境外研究开发费用税前加计扣除有关政策问题的通知》（财税〔2018〕64号）、《国家税务总局关于企业研究开发费用税前加计扣除政策有关问题的公告》（国家税务总局公告2015年第97号）等文件规定执行。

财政部 税务总局 科技部
2018年9月20日

财政部 税务总局 科技部关于企业委托境外研究开发费用税前加计扣除有关政策问题的通知

财税〔2018〕64号

各省、自治区、直辖市、计划单列市财政厅（局）、科技厅（局），国家税务总局各省、自治区、直辖市、计划单列市税务局，新疆生产建设兵团财政局、科技局：

为进一步激励企业加大研发投入，加强创新能力开放合作，现就企业委托境外进行研发活动发生的研究开发费用（以下简称研发费用）企业所得税前加计扣除有关政策问题通知如下：

一、委托境外进行研发活动所发生的费用，按照费用实际发生额的80%计入委托方的委托境外研发费用。委托境外研发费用不超过境内符合条件的研发费用三分之二的部分，可以按规定在企业所得税前加计扣除。

上述费用实际发生额应按照独立交易原则确定。委托方与受托方存在关联关系的,受托方应向委托方提供研发项目费用支出明细情况。

二、委托境外进行研发活动应签订技术开发合同,并由委托方到科技行政主管部门进行登记。相关事项按技术合同认定登记管理办法及技术合同认定规则执行。

三、企业应在年度申报享受优惠时,按照《国家税务总局关于发布修订后的〈企业所得税优惠政策事项办理办法〉的公告》(国家税务总局公告2018年第23号)的规定办理有关手续,并留存备查以下资料:

(一)企业委托研发项目计划书和企业有权部门立项的决议文件;

(二)委托研究开发专门机构或项目组的编制情况和研发人员名单;

(三)经科技行政主管部门登记的委托境外研发合同;

(四)"研发支出"辅助账及汇总表;

(五)委托境外研发银行支付凭证和受托方开具的收款凭据;

(六)当年委托研发项目的进展情况等资料。

企业如果已取得地市级(含)以上科技行政主管部门出具的鉴定意见,应作为资料留存备查。

四、企业对委托境外研发费用以及留存备查资料的真实性、合法性承担法律责任。

五、委托境外研发费用加计扣除其他政策口径和管理要求按照《财政部 国家税务总局 科技部关于完善研究开发费用税前加计扣除政策的通知》(财税〔2015〕119号)、《财政部 税务总局 科技部关于提高科技型中小企业研究开发费用税前加计扣除比例的通知》(财税〔2017〕34号)、《国家税务总局关于企业研究开发费用税前加计扣除政策有关问题的公告》(国家税务总局公告2015年第97号)等文件规定执行。

六、本通知所称委托境外进行研发活动不包括委托境外个人进行的研发活动。

七、本通知自2018年1月1日起执行。财税〔2015〕119号文件第二条中"企业委托境外机构或个人进行研发活动所发生的费用,不得加计扣除"的规定同时废止。

财政部 税务总局 科技部
2018年6月25日

财政部 税务总局关于延长高新技术企业和科技型中小企业亏损结转年限的通知

财税〔2018〕76号

各省、自治区、直辖市、计划单列市财政厅(局),国家税务总局各省、自治区、直辖市、计划单列市税务局,新疆生产建设兵团财政局:

为支持高新技术企业和科技型中小企业发展,现就高新技术企业和科技型中小企业亏损结转年限政策通知如下:

一、自2018年1月1日起,当年具备高新技术企业或科技型中小企业资格(以下统称资格)的企业,其具备资格年度之前5个年度发生的尚未弥补完的亏损,准予结转以后年度弥补,最长结转年限由5年延长至10年。

二、本通知所称高新技术企业,是指按照《科技部 财政部 国家税务总局关于修订印发〈高新技术企业认定管理办法〉的通知》(国科发火〔2016〕32号)规定认定的高新技术企业;所称科技型中小企业,是指按照《科技部 财政部 国家税务总局关于印发〈科技型中小企业评价办法〉的通知》(国科发政〔2017〕115号)规定取得科技型中小企业登记编号的企业。

三、本通知自2018年1月1日开始执行。

财政部 税务总局
2018年7月11日

国家税务总局关于延长高新技术企业和科技型中小企业亏损结转弥补年限有关企业所得税处理问题的公告

国家税务总局公告2018年第45号

为支持高新技术企业和科技型中小企业发展,根据《中华人民共和国企业所得税法》及其实施条例、《财政部 税务总局关于延长高新技术企业和科技型中小企业亏损结转年限的通知》(财税〔2018〕76号,以下简称《通知》)规定,现就延长高新技术企业和科技型中小企业亏损结转弥补年限有关企业所得税处理问题公告如下:

一、《通知》第一条所称当年具备高新技术企业或科技型中小企业资格(以下统称"资格")的企业,其具备资格年度之前5个年度发生的尚未弥补完的亏损,是指当年具备资格的企业,其前5个年度无论是否具备资格,所发生的尚未弥补完的亏损。

2018年具备资格的企业,无论2013年至2017年是否具备资格,其2013年至2017年发生的尚未弥补完的亏损,均准予结转以后年度弥补,最长结转年限为10年。2018年以后年度具备资格的企业,依此类推,进行亏损结转弥补税务处理。

二、高新技术企业按照其取得的高新技术企业证书注明的有效期所属年度,确定其具备资格的年度。

科技型中小企业按照其取得的科技型中小企业入库登记编号注明的年度,确定其具备资格的年度。

三、企业发生符合特殊性税务处理规定的合并或分立重组事项的,其尚未弥补完的亏损,按照《财政部国家税务总局关于企业重组业务企业所得税处理若干问题的通知》(财税〔2009〕59号)和本公告有关规定进行税务处理:

(一)合并企业承继被合并企业尚未弥补完的亏损的结转年限,按照被合并企业的亏损结转年限确定;

(二)分立企业承继被分立企业尚未弥补完的亏损的结转年限,按照被分立企业的亏损结转年限确定;

(三)合并企业或分立企业具备资格的,其承继被合并企业或被分立企业尚未弥补完的亏损的结转年限,按照《通知》第一条和本公告第一条规定处理。

四、符合《通知》和本公告规定延长亏损结转弥补年限条件的企业,在企业所得税预缴和汇算清缴时,自行计算亏损结转弥补年限,并填写相关纳税申报表。

五、本公告自 2018 年 1 月 1 日起施行。

特此公告。

国家税务总局

2018 年 8 月 23 日

财政部 税务总局 国家发展改革委 工业和信息化部关于集成电路生产企业有关企业所得税政策问题的通知

财税〔2018〕27 号

各省、自治区、直辖市、计划单列市财政厅(局)、国家税务局、地方税务局、发展改革委、工业和信息化主管部门,新疆生产建设兵团财政局、发展改革委、工业和信息化委员会:

为进一步支持集成电路产业发展,现就有关企业所得税政策问题通知如下:

一、2018 年 1 月 1 日后投资新设的集成电路线宽小于 130 纳米,且经营期在 10 年以上的集成电路生产企业或项目,第一年至第二年免征企业所得税,第三年至第五年按照 25% 的法定税率减半征收企业所得税,并享受至期满为止。

二、2018 年 1 月 1 日后投资新设的集成电路线宽小于 65 纳米或投资额超过 150 亿元,且经营期在 15 年以上的集成电路生产企业或项目,第一年至第五年免征企业所得税,第六年至第十年按照 25% 的法定税率减半征收企业所得税,并享受至期满为止。

三、对于按照集成电路生产企业享受本通知第一条、第二条税收优惠政策的,优惠期自企业获利年度起计算;对于按照集成电路生产项目享受上述优惠的,优惠期自项目取得第一笔生产经营收入所属纳税年度起计算。

四、享受本通知第一条、第二条税收优惠政策的集成电路生产项目,其主体企业应符合集成电路生产企业条件,且能够对该项目单独进行会计核算、计算所得,并合理分摊期间费用。

五、2017 年 12 月 31 日前设立但未获利的集成电路线宽小于 0.25 微米或投资额超过 80 亿元,且经营期在 15 年以上的集成电路生产企业,自获利年度起第一年至第五年免征企业所得税,第六年至第十年按照 25% 的法定税率减半征收企业所得税,并享受至期满为止。

六、2017 年 12 月 31 日前设立但未获利的集成电路线宽小于 0.8 微米(含)的集成电路生产企业,自获利年度起第一年至第二年免征企业所得税,第三年至第五年按照 25% 的法定税率减半征收企业所得税,并享受至期满为止。

七、享受本通知规定税收优惠政策的集成电路生产企业的范围和条件,按照《财政部 国家税务总局 发展改革委 工业和信息化部关于软件和集成电路产业企业所得税优惠政策有关问题的通知》(财税〔2016〕49 号)第二条执行;财税〔2016〕49 号文件第二条第(二)项中"具有劳动合同关系"调整为"具有劳动合同关系或劳务派遣、聘用关系",第(三)项中汇算清缴年度研究开发费用总额占企业销售(营业)收入总额(主营业务收入与其他业务收入之和)的比例由"不低于 5%"调整为"不低于 2%",同时企业应持续加强研发活动,不断提高研发能力。

八、集成电路生产企业或项目享受上述企业所得税优惠的有关管理问题,按照财税〔2016〕49 号文件和税务总局关于办理企业所得税优惠政策事项的相关规定执行。

九、本通知自 2018 年 1 月 1 日起执行。

财政部　税务总局
国家发展改革委　工业和信息化部
2018 年 3 月 28 日

国家税务总局关于企业所得税资产损失资料留存备查有关事项的公告

国家税务总局公告 2018 年第 15 号

为了进一步深化税务系统"放管服"改革，简化企业纳税申报资料报送，减轻企业办税负担，现就企业所得税资产损失资料留存备查有关事项公告如下：

一、企业向税务机关申报扣除资产损失，仅需填报企业所得税年度纳税申报表《资产损失税前扣除及纳税调整明细表》，不再报送资产损失相关资料。相关资料由企业留存备查。

二、企业应当完整保存资产损失相关资料，保证资料的真实性、合法性。

三、本公告规定适用于 2017 年度及以后年度企业所得税汇算清缴。《国家税务总局关于发布〈企业资产损失所得税税前扣除管理办法〉的公告》（国家税务总局公告 2011 年第 25 号）第四条、第七条、第八条、第十三条有关资产损失证据资料、会计核算资料、纳税资料等相关资料报送的内容同时废止。

特此公告。

国家税务总局
2018 年 4 月 10 日

关于《国家税务总局关于企业所得税资产损失资料留存备查有关事项的公告》的解读

一、公告发布背景

为深入贯彻落实税务系统"放管服"改革要求，优化税收营商环境，减轻企业办税负担，制定了《国家税务总局关于企业所得税资产损失资料留存备查有关事项的公告》（以下简称《公告》）。

二、公告主要内容

（一）明确取消企业资产损失报送资料

简化企业资产损失资料报送，是为了切实减轻企业办税负担。同时，考虑到现行企业所得税年度纳税申报表已有资产损失栏目，企业可以通过填列资产损失具体数额的方式，实现资产损失申报。因此，《公告》第一条明确，企业向税务机关申报扣除资产损失，仅需填报企业所得税年度纳税申报表《资产损失税前扣除及纳税调整明细表》，不再报送资产损失相关资料。相关资料由企业留存备查。《公告》发布后，企业按照《国家税务总局关于发布〈企业资产损失所得税税前扣除管理办法〉的公告》(国家税务总局公告2011年第25号)有关规定,对资产损失相关资料进行收集、整理、归集,并妥善保管,不需在申报环节向税务机关报送。

(二)明确企业资产损失资料留存备查要求

企业资产损失资料是证明企业资产损失真实发生的重要依据,也是税务机关有效监管的重要抓手。因此,《公告》第二条明确,企业应当完整保存资产损失相关资料,保证资料的真实性、合法性,否则要承担《中华人民共和国税收征收管理法》等法律、行政法规规定的法律责任。

(三)明确公告规定适用时间

目前2017年度企业所得税汇算清缴尚未结束,公告规定适用于2017年度及以后年度企业所得税汇算清缴。

(二)大企业间接相关的减税降费政策

 国家税务总局关于实施小型微利企业普惠性所得税减免政策有关问题的公告

国家税务总局公告2019年第2号

根据《中华人民共和国企业所得税法》及其实施条例、《财政部 税务总局关于实施小微企业普惠性税收减免政策的通知》(财税〔2019〕13号,以下简称《通知》)等规定,现就小型微利企业普惠性所得税减免政策有关问题公告如下:

一、自2019年1月1日至2021年12月31日,对小型微利企业年应纳税所得额不超过100万元的部分,减按25%计入应纳税所得额,按20%的税率缴纳企业所得税;对年应纳税所得额超过100万元但不超过300万元的部分,减按50%计入应纳税所得额,按20%的税率缴纳企业所得税。

小型微利企业无论按查账征收方式或核定征收方式缴纳企业所得税,均可享受上述优惠政策。

二、本公告所称小型微利企业是指从事国家非限制和禁止行业,且同时符合年度应纳税所得额不超过300万元、从业人数不超过300人、资产总额不超过5 000万元等三个条件的企业。

三、小型微利企业所得税统一实行按季度预缴。

预缴企业所得税时,小型微利企业的资产总额、从业人数、年度应纳税所得额指标,暂按当年度截至本期申报所属期末的情况进行判断。其中,资产总额、从业人数指标比照《通知》第二条中"全年季度平均值"的计算公式,计算截至本期申报所属期末的季度平均值;年度应纳税所得额指标暂按截至本期申报所属期末不超过300万元的标准判断。

四、原不符合小型微利企业条件的企业,在年度中间预缴企业所得税时,按本公告第三条规定判断符合小型微利企业条件的,应按照截至本期申报所属期末累计情况计算享受小型微利企业所得税减免政策。当年度此前期间因不符合小型微利企业条件而多预缴的企业所得税税款,可在以后季度应预缴的企业所得税税款中抵减。

按月度预缴企业所得税的企业,在当年度4月、7月、10月预缴申报时,如果按照本公告第三条规定判断符合小型微利企业条件的,下一个预缴申报期起调整为按季度预缴申报,一经调整,当年度内不再变更。

五、小型微利企业在预缴和汇算清缴企业所得税时,通过填写纳税申报表相关内容,即可享受小型微利企业所得税减免政策。

六、实行核定应纳所得税额征收的企业,根据小型微利企业所得税减免政策规定需要调减定额的,由主管税务机关按照程序调整,并及时将调整情况告知企业。

七、企业预缴企业所得税时已享受小型微利企业所得税减免政策,汇算清缴企业所得税时不符合《通知》第二条规定的,应当按照规定补缴企业所得税税款。

八、《国家税务总局关于贯彻落实进一步扩大小型微利企业所得税优惠政策范围有关征管问题的公告》(国家税务总局公告2018年第40号)在2018年度企业所得税汇算清缴结束后废止。

特此公告。

国家税务总局
2019 年 1 月 18 日

关于《国家税务总局关于实施小型微利企业普惠性所得税减免政策有关问题的公告》的解读

为落实好小型微利企业普惠性所得税减免政策,税务总局发布了《关于实施小型微利企业普惠性所得税减免政策有关问题的公告》(以下简称《公告》)。现解读如下:

一、制定《公告》的背景

为了贯彻习近平总书记关于减税降费工作的重要指示精神,落实党中央、国务院关于支持小微企业发展的决策部署,近日,财政部、税务总局发布《关于实施小微企业普惠性税收减免政策的通知》(财税〔2019〕13号,以下简称《通知》),进一步加大企业所得税优惠力度,放宽小型微利企业标准。《通知》规定,自2019年1月1日至2021年12月31日,从事国家非限制和禁止行业,且同时符合年度应纳税所得额不超过300万元、从业人数不超过300人、资产总额不超过5 000万元等三个条件的企业,对其年应纳税所得额不超过100万元的部分,减按25%计入应纳税所得额,按20%的税率缴纳企业所得税;对年应纳税所得额超过100万元但不超过300万元的部分,减按50%计入应纳税所得额,按20%的税率缴纳企业所得税。为确保广大企业能够及时、准确享受上述政策,税务总局制定了《公告》。

二、《公告》的主要内容

(一)明确小型微利企业普惠性所得税减免政策的适用范围

为了确保小型微利企业应享尽享普惠性所得税减免政策,《公告》明确了无论企业所得税实行查账征收方式还是核定征收方式的企业,只要符合条件,均可以享受小型微利企业普惠性所得税减免政策。

(二)明确预缴企业所得税时小型微利企业的判断方法

从2019年度开始,在预缴企业所得税时,企业可直接按当年度截至本期末的资产总额、从业人数、应纳税所得额等情况判断是否为小型微利企业。与此前需要结合企业上一个纳税年度是否为小型微利企业的情况进行判断相比,方法更简单、确定性更强。

具体判断方法为:资产总额、从业人数指标比照《通知》第二条规定中"全年季度平均值"的计算公式,计算截至本期末的季度平均值;年应纳税所得额指标按截至本期末不超过300万元的标准判断。示例如下:

例1 A企业2017年成立,从事国家非限制和禁止行业,2019年各季度的资产总额、从业人数以及累计应纳税所得额情况如下表所示:

季度	从业人数		资产总额(万元)		应纳税所得额(累计值,万元)
	期初	期末	期初	期末	
第1季度	120	200	2 000	4 000	150
第2季度	400	500	4 000	6 600	200
第3季度	350	200	6 600	7 000	280
第4季度	220	210	7 000	2 500	350

解析:A企业在预缴2019年度企业所得税时,判断是否符合小型微利企业条件的具体过程如下:

指标		第1季度	第2季度	第3季度	第4季度
从业人数	季初	120	400	350	220
	季末	200	500	200	210
	季度平均值	(120+200)÷2=160	(400+500)÷2=450	(350+200)÷2=275	(220+210)÷2=215
	截至本期末季度平均值	160	(160+450)÷2=305	(160+450+275)÷3=295	(160+450+275+215)÷4=275
资产总额(万元)	季初	2 000	4 000	6 600	7 000
	季末	4 000	6 600	7 000	2 500
	季度平均值	(2 000+4 000)÷2=3 000	(4 000+6 600)÷2=5 300	(6 600+7 000)÷2=6 800	(7 000+2 500)÷2=4 750
	截至本期末季度平均值	3 000	(3 000+5 300)÷2=4 150	(3 000+5 300+6 800)÷3=5 033.33	(3 000+5 300+6 800+4 750)÷4=4 962.5
应纳税所得额(累计值,万元)		150	200	280	350
判断结果		符合	不符合(从业人数超标)	不符合(资产总额超标)	不符合(应纳税所得额超标)

例2 B企业2019年5月成立,从事国家非限制和禁止行业,2019年各季度的资产总额、从业人数以及累计应纳税所得额情况如下表所示:

季度	从业人数		资产总额(万元)		应纳税所得额(累计值,万元)
	期初	期末	期初	期末	
第2季度	100	200	1 500	3 000	200
第3季度	260	300	3 000	5 000	350
第4季度	280	330	5 000	6 000	280

解析：B企业在预缴2019年度企业所得税时，判断是否符合小型微利企业条件的具体过程如下：

	指标	第2季度	第3季度	第4季度
从业人数	季初	100	260	280
	季末	200	300	330
	季度平均值	(100+200)÷2=150	(260+300)÷2=280	(280+330)÷2=305
	截至本期末季度平均值	150	(150+280)÷2=215	(150+280+305)÷3=245
资产总额(万元)	季初	1 500	3 000	5 000
	季末	3 000	5 000	6 000
	季度平均值	(1 500+3 000)÷2=2 250	(3 000+5 000)÷2=4 000	(5 000+6 000)÷2=5 500
	截至本期末季度平均值	2 250	(2 250+4 000)÷2=3 125	(2 250+4 000+5 500)÷3=3 916.67
应纳税所得额(累计值,万元)		200	350	280
判断结果		符合	不符合(应纳税所得额超标)	符合

（三）明确预缴企业所得税时小型微利企业实际应纳所得税额和减免税额的计算方法

根据《通知》规定，小型微利企业年应纳税所得额不超过100万元、超过100万元但不超过300万元的部分，分别减按25%、50%计入应纳税所得额，按20%的税率缴纳企业所得税。示例如下：

例3　C企业2019年第1季度预缴企业所得税时，经过判断不符合小型微利企业条件，但是此后的第2季度和第3季度预缴企业所得税时，经过判断符合小型微利企业条件。第1季度至第3季度预缴企业所得税时，相应的累计应纳税所得额分别为50万元、100万元、200万元。

解析：C企业在预缴2019年第1季度至第3季度企业所得税时，实际应纳所得税额和减免税额的计算过程如下：

计算过程	第1季度	第2季度	第3季度
预缴时,判断是否为小型微利企业	不符合小型微利企业条件	符合小型微利企业条件	符合小型微利企业条件
应纳税所得额（累计值,万元）	50	100	200
实际应纳所得税额（累计值,万元）	$50\times25\%=12.5$	$100\times25\%\times20\%=5$	$100\times25\%\times20\%+(200-100)\times50\%\times20\%=15$
本期应补(退)所得税额（万元）	12.5	0(5−12.5<0,本季度应缴税款为0)	$15-12.5=2.5$
已纳所得税额（累计值,万元）	12.5	$12.5+0=12.5$	$12.5+0+2.5=15$
减免所得税额（累计值,万元）	$50\times25\%-12.5=0$	$100\times25\%-5=20$	$200\times25\%-15=35$

（四）明确小型微利企业的企业所得税预缴期限

为了推进办税便利化改革,从2016年4月开始,小型微利企业统一实行按季度预缴企业所得税。因此,按月度预缴企业所得税的企业,在年度中间4月、7月、10月的纳税申报期进行预缴申报时,如果按照规定判断为小型微利企业的,其纳税期限将统一调整为按季度预缴。同时,为了避免年度内频繁调整纳税期限,《公告》规定,一经调整为按季度预缴,当年度内不再变更。

（五）明确实行核定应纳所得税额征收方式的企业也可以享受小型微利企业普惠性所得税减免政策

与实行查账征收方式和实行核定应税所得率征收方式的企业通过填报纳税申报表计算享受税收优惠不同,实行核定应纳所得税额征收方式的企业,由主管税务机关根据小型微利企业普惠性所得税减免政策的条件与企业的情况进行判断,符合条件的,由主管税务机关按照程序调整企业的应纳所得税额。相关调整情况,主管税务机关应当及时告知企业。

三、《公告》执行时间

《公告》是与《通知》相配套的征管办法,执行时间与其一致。

国家税务总局关于修订《中华人民共和国企业所得税月(季)度预缴纳税申报表(A类2018年版)》等部分表单样式及填报说明的公告

国家税务总局公告2019年第3号

为贯彻落实小型微利企业普惠性所得税减免政策,税务总局对《中华人民共和国企业所得税月(季)度预缴纳税申报表(A类,2018年版)》《中华人民共和国企业所得税月(季)度预缴和年度纳税申报表(B类,2018年版)》《中华人民共和国企业所得税年度纳税申报表(A类,2017年版)》的部分表单和填报说明进行了修订。现将有关事项公告如下:

一、对《中华人民共和国企业所得税月(季)度预缴纳税申报表(A类)》(A200000)、《中华人民共和国企业所得税月(季)度预缴和年度纳税申报表(B类,2018年版)》(B100000)的表单样式和填报说明进行修订。

二、将《减免所得税优惠明细表》(A201030)第1行"一、符合条件的小型微利企业减免企业所得税"的填报说明修改为"填报享受小型微利企业普惠性所得税减免政策减免企业所得税的金额。本行填报根据本期《中华人民共和国企业所得税月(季)度预缴纳税申报表(A类)》(A200000)第9行计算的减免企业所得税的本年累计金额。"

将《企业所得税年度纳税申报基础信息表》(A000000)"109 小型微利企业"的填报说明修改为"纳税人符合小型微利企业普惠性所得税减免政策的,选择'是',其他选择'否'。"

将《减免所得税优惠明细表》(A107040)第1行"一、符合条件的小型微利企业减免企业所得税"的填报说明修改为"填报享受小型微利企业普惠性所得税减免政策减免企业所得税的金额。本行填报根据本期《中华人民共和国企业所得税年度纳税申报表(A类)》(A100000)第23行计算的减免企业所得税的本年金额。"

三、本公告适用于2019年度及以后年度企业所得税预缴和汇算清缴纳税申报。《国家税务总局关于发布〈中华人民共和国企业所得税月(季)度预缴纳税申报表(A类,2018年版)〉等报表的公告》(国家税务总局公告2018年第26号)和《国家税务总局关于修订〈中华人民共和国企业所得税年度纳税申报表(A类,2017年版)〉部分表单样式及填报说明的公告》(国家税务总局公告2018年第57号)中的上述表单和填报说明于2018年度企业所得税汇算清缴结束后废止。

特此公告。

附件:《中华人民共和国企业所得税月(季)度预缴纳税申报表(A类)》(A200000)(略)
《中华人民共和国企业所得税月(季)度预缴和年度纳税申报表(B类,2018年版)》(B100000)(略)

国家税务总局
2019年1月18日

关于《国家税务总局关于修订〈中华人民共和国企业所得税月(季)度预缴纳税申报表(A类,2018年版)〉等部分表单样式及填报说明的公告》的解读

近日,税务总局发布《关于修订〈中华人民共和国企业所得税月(季)度预缴纳税申报表(A类,2018年版)〉等部分表单样式及填报说明的公告》。现解读如下:

一、修订背景

2019年1月,为落实小型微利企业普惠性所得税减免政策,税务总局发布《关于实施小型微利企业普惠性所得税减免政策有关问题的公告》(国家税务总局公告2019年第2号),对小型微利企业享受普惠性所得税减免政策的有关征管问题进行了明确。为了确保在纳税申报时小型微利企业能够及时、准确计算享受优惠政策,税务总局对《中华人民共和国企业所得税月(季)度预缴纳税申报表(A类,2018年版)》《中华人民共和国企业所得税月(季)度预缴和年度纳税申报表(B类,2018年版)》《中华人民共和国企业所得税年度纳税申报表(A类,2017年

版)》的部分表单和填报说明进行了相应修订。

二、修订内容

为落实小型微利企业普惠性所得税减免政策,本次共修订5张表单及填报说明。其中,《中华人民共和国企业所得税月(季)度预缴纳税申报表(A类)》(A200000)、《中华人民共和国企业所得税月(季)度预缴和年度纳税申报表(B类,2018年版)》(B100000)修订了表单样式和填报说明,《减免所得税优惠明细表》(A201030)、《企业所得税年度纳税申报基础信息表》(A000000)、《减免所得税优惠明细表》(A107040)修订了填报说明。主要修订内容如下:

(一)落实政策要求

在表A200000、表B100000中设置"按季度填报信息"项目,满足精准、便捷识别小型微利企业的需要。同时,对表A201030、表A000000、表A107040中有关项目的填报说明,按照实施后的小型微利企业普惠性所得税减免政策进行了相应调整。

(二)减轻计算负担

将小型微利企业条件中的"资产总额""从业人数"等需要计算的指标细化为"季初资产总额(万元)""季末资产总额(万元)""季初从业人数""季末从业人数"项目,由企业依据会计核算、人员管理等日常生产经营活动中既有的数据直接填列,无需再为享受税收优惠而特别计算。

三、填报服务

税务机关将根据本次申报表的修订情况,进一步升级和优化税收征管系统,通过自动识别、自动计算、自动成表等功能,提高小型微利企业普惠性所得税减免政策落实的精准性、提升企业享受优惠政策的便利性。进行电子申报的企业,征管系统将根据申报表相关数据,自动判断企业是否符合小型微利企业条件;符合条件的,系统还将进一步自动计算减免税金额,自动生成表A201030,为企业减轻计算、填报负担。

四、实施时间

修订后的申报表将适用于2019年度及以后年度企业所得税预缴和汇算清缴纳税申报。

国家税务总局关于简化小型微利企业所得税年度纳税申报有关措施的公告

国家税务总局公告2018年第58号

为切实减轻小型微利企业纳税申报负担,根据《国家税务总局关于进一步深化税务系统"放管服"改革 优化税收环境的若干意见》(税总发〔2017〕101号)有关精神,现就实行查账征收企业所得税的小型微利企业(以下简称"小型微利企业")填报《中华人民共和国企业所得税年度纳税申报表(A类,2017年版)》(国家税务总局公告2017年第54号发布,国家税务总局公告2018年第57号修订)有关事项公告如下:

一、《中华人民共和国企业所得税年度纳税申报表(A类)》(A100000)为小型微利企业必填表单。

二、《企业所得税年度纳税申报基础信息表》(A000000)中的"基本经营情况"为小型微利企业必填项目;"有关涉税事项情况"为选填项目,存在或者发生相关事项时小型微利企业必须填报;"主要股东及分红情况"为小型微利企业免填项目。

三、小型微利企业免于填报《一般企业收入明细表》(A101010)、《金融企业收入明细表》(A101020)、《一般企业成本支出明细表》(A102010)、《金融企业支出明细表》(A102020)、《事业单位、民间非营利组织收入、支出明细表》(A103000)、《期间费用明细表》(A104000)。

上述表单相关数据应当在《中华人民共和国企业所得税年度纳税申报表(A类)》(A100000)中直接填写。

四、除本公告第一条、第二条、第三条规定的表单、项目外,小型微利企业可结合自身经营情况,选择表单填报。未发生表单中规定的事项,无需填报。

五、本公告所称小型微利企业,是指符合《中华人民共和国企业所得税法》及其实施条例、《财政部 税务总局关于进一步扩大小型微利企业所得税优惠政策范围的通知》(财税〔2018〕77号)等规定的企业。上述政策规定发生调整的,按照最新政策规定执行。

六、本公告适用于小型微利企业2018年度及以后年度企业所得税汇算清缴纳税申报。

特此公告。

国家税务总局
2018年12月17日

关于《国家税务总局关于简化小型微利企业所得税年度纳税申报有关措施的公告》的解读

近日,税务总局发布了《国家税务总局关于简化小型微利企业所得税年度纳税申报有关措施的公告》(以下简称《公告》)。现解读如下:

一、有关背景

2018年,为落实企业所得税有关政策,税务总局对《中华人民共和国企业所得税年度纳税申报表(A类,2017年版)》(以下简称《年度纳税申报表(A类,2017年版)》)进行了修订。为进一步优化营商环境,减轻小型微利企业纳税申报负担,根据《国家税务总局关于进一步深化税务系统"放管服"改革 优化税收环境的若干意见》(税总发〔2017〕101号)有关精神,税务总局发布《公告》,推出简化小型微利企业年度纳税申报措施。

二、主要内容

(一)适用范围

《公告》适用于实行查账征收方式的小型微利企业。小型微利企业应符合《中华人民共和国企业所得税法》及实施条例、《财政部 税务总局关于进一步扩大小型微利企业所得税优惠政策范围的通知》(财税〔2018〕77号)等文件规定的相关条件。上述政策规定如进行调整,按照最新政策规定执行。

(二)简化措施

1. 简化《企业所得税年度纳税申报基础信息表》(A000000)填报。小型微利企业原则上仅需要填报《企业所得税年度纳税申报基础信息表》(A000000)中的"基本经营情况"项目中的10个数据项;"有关涉税事项情况"项目中的数据项为选填内容,只有当小型微利企业发生这类事项时才需要填报;免于填报"主要股东及分红情况"项目中的数据项。

2. 免于填报《一般企业收入明细表》(A101010)等6张表单。《中华人民共和国企业所得税年度纳税申报表(A类)》(A100000)中的"营业收入""营业成本""税金及附加""销售费用""管理费用""财务费用""资产减值损失""公允价值变动收益""投资收益""营业外收入""营业外支出"项目,按照申报表体系的设计要求,应当通过填报《一般企业收入明细表》(A101010)、《金融企业收入明细表》(A101020)、《一般企业成本支出明细表》(A102010)、《金融企业支出明细表》(A102020)、《事业单位、民间非营利组织收入、支出明细表》(A103000)、《期间费用明细表》(A104000)等附表后汇总生成。为减轻小型微利企业填报负担,《公告》规定小型微利企业免于填报相关附表,可直接将相关项目金额填入《中华人民共和国企业所得税年度纳税申报表(A类)》(A100000)中的相应行次。

3. 明确其他表单填报规则。除《公告》第一条、第二条、第三条中规定的表单外,如未发生其他事项,小型微利企业无需填报其他表单。

由于《中华人民共和国企业所得税年度纳税申报表(A类)》(A100000)是企业所得税年度纳税申报的主表,企业所得税年度汇算清缴的结果主要是通过该表计算的,因此,小型微利企业仍需填报该表。

三、实施时间

《公告》适用于小型微利企业2018年度及以后年度企业所得税汇算清缴纳税申报。以前年度企业所得税年度纳税申报表相关规则与本《公告》不一致的,不追溯调整。纳税人调整以前年度涉税事项的,按照相应年度的企业所得税年度纳税申报表相关规则调整。

第七部分 国际税收篇

大企业直接相关的减税降费政策

 国家税务总局关于哈萨克斯坦超额利润税税收抵免有关问题的公告

国家税务总局公告2019年第1号

根据《中华人民共和国企业所得税法》及其实施条例(以下简称企业所得税法及其实施条例)、《财政部 国家税务总局关于企业境外所得税收抵免有关问题的通知》(财税〔2009〕125号)、《国家税务总局关于发布〈企业境外所得税收抵免操作指南〉的公告》(国家税务总局公告2010年第1号)和《财政部 税务总局关于完善企业境外所得税收抵免政策问题的通知》(财税〔2017〕84号)等有关规定,现就企业在哈萨克斯坦缴纳的超额利润税税收抵免有关问题公告如下:

企业在哈萨克斯坦缴纳的超额利润税,属于企业在境外缴纳的企业所得税性质的税款,依据企业所得税法及其实施条例、财税〔2009〕125号文件、国家税务总局公告2010年第1号和财税〔2017〕84号文件等有关规定,应纳入可抵免境外所得税额范围,计算境外税收抵免。

本公告适用于2018年及以后年度企业所得税汇算清缴。

特此公告。

国家税务总局
2019年1月3日

关于《国家税务总局关于哈萨克斯坦超额利润税税收抵免有关问题的公告》的解读

一、公告出台背景

据部分"走出去"企业反映,哈萨克斯坦针对签订地下使用合同的企业的所得,除征收企业所得税外,还征收超额利润税。由于超额利润税未直接命名为所得税,是否可以作为企业所得税性质税款抵免,目前没有明确的政策规定。

《财政部 国家税务总局关于企业境外所得税收抵免有关问题的通知》(财税〔2009〕125号)第四条规定:可抵免境外所得税税额,是指企业来源于中国境外的所得依照中国境外税收法律以及相关规定应当缴纳并已实际缴纳的企业所得税性质的税款。据哈萨克斯坦财政部提供的官方材料,哈萨克斯坦超额利润税是针对签订地下使用合同的企业的所得征收的税种。《国家税务总局关于发布〈企业境外所得税收抵免操作指南〉的公告》(国家税务总局公告2010年第1号)第15项规定:"判定是否属于企业所得税性质的税额,主要看其是否是针对企业净所得征收的税额"。

为贯彻落实十九大精神,鼓励企业"走出去",减轻企业税负,提高企业国际竞争力,进一步完善税收政策,根据《中华人民共和国企业所得税法》及其实施条例、《财政部 国家税务总局关于企业境外所得税收抵免有关问题的通知》(财税〔2009〕125号)、《国家税务总局关于发布〈企业境外所得税收抵免操作指南〉的公告》(国家税务总局公告2010年第1号)和《财政部 税务总局关于完善企业境外所得税收抵免政策问题的通知》(财税〔2017〕84号)的有关规定,制订本公告。

二、公告主要内容

公告明确企业在哈萨克斯坦缴纳的超额利润税,属于企业在境外缴纳的企业所得税性质的税款,应按规定纳入可抵免境外所得税税额范围,计算境外税收抵免。在执行时间上,公告适用于2018年度及以后年度企业所得税汇算清缴。

 ## 财政部 税务总局 国家发展改革委 商务部关于扩大境外投资者以分配利润直接投资暂不征收预提所得税政策适用范围的通知

财税〔2018〕102号

各省、自治区、直辖市、计划单列市财政厅(局)、发展改革委、商务主管部门,国家税务总局各省、自治区、直辖市、计划单列市税务局,新疆生产建设兵团财政局、发展改革委、商务局:

为贯彻落实党中央、国务院决策部署,进一步鼓励境外投资者在华投资,现就境外投资者以分配利润直接投资暂不征收预提所得税政策问题通知如下:

二、境外投资者暂不征收预提所得税须同时满足以下条件:

(一)境外投资者以分得利润进行的直接投资,包括境外投资者以分得利润进行的增资、新建、股权收购等权益性投资行为,但不包括新增、转增、收购上市公司股份(符合条件的战略投资除外)。具体是指:

1. 新增或转增中国境内居民企业实收资本或者资本公积；
2. 在中国境内投资新建居民企业；
3. 从非关联方收购中国境内居民企业股权；
4. 财政部、税务总局规定的其他方式。

境外投资者采取上述投资行为所投资的企业统称为被投资企业。

（二）境外投资者分得的利润属于中国境内居民企业向投资者实际分配已经实现的留存收益而形成的股息、红利等权益性投资收益。

（三）境外投资者用于直接投资的利润以现金形式支付的，相关款项从利润分配企业的账户直接转入被投资企业或股权转让方账户，在直接投资前不得在境内外其他账户周转；境外投资者用于直接投资的利润以实物、有价证券等非现金形式支付的，相关资产所有权直接从利润分配企业转入被投资企业或股权转让方，在直接投资前不得由其他企业、个人代为持有或临时持有。

三、境外投资者符合本通知第二条规定条件的，应按照税收管理要求进行申报并如实向利润分配企业提供其符合政策条件的资料。利润分配企业经适当审核后认为境外投资者符合本通知规定的，可暂不按照企业所得税法第三十七条规定扣缴预提所得税，并向其主管税务机关履行备案手续。

四、税务部门依法加强后续管理。境外投资者已享受本通知规定的暂不征收预提所得税政策，经税务部门后续管理核实不符合规定条件的，除属于利润分配企业责任外，视为境外投资者未按照规定申报缴纳企业所得税，依法追究延迟纳税责任，税款延迟缴纳期限自相关利润支付之日起计算。

五、境外投资者按照本通知规定可以享受暂不征收预提所得税政策但未实际享受的，可在实际缴纳相关税款之日起三年内申请追补享受该政策，退还已缴纳的税款。

六、境外投资者通过股权转让、回购、清算等方式实际收回享受暂不征收预提所得税政策待遇的直接投资，在实际收取相应款项后7日内，按规定程序向税务部门申报补缴递延的税款。

七、境外投资者享受本通知规定的暂不征收预提所得税政策待遇后，被投资企业发生重组符合特殊性重组条件，并实际按照特殊性重组进行税务处理的，可继续享受暂不征收预提所得税政策待遇，不按本通知第六条规定补缴递延的税款。

八、本通知所称"境外投资者"，是指适用《企业所得税法》第三条第三款规定的非居民企业；本通知所称"中国境内居民企业"，是指依法在中国境内成立的居民企业。

九、本通知自2018年1月1日起执行。《财政部 税务总局 国家发展改革委 商务部关于境外投资者以分配利润直接投资暂不征收预提所得税政策问题的通知》（财税〔2017〕88号）同时废止。境外投资者在2018年1月1日（含当日）以后取得的股息、红利等权益性投资收益可适用本通知，已缴税款按本通知第五条规定执行。

财政部 税务总局
国家发展改革委 商务部
2018年9月29日

国家税务总局关于扩大境外投资者以分配利润直接投资暂不征收预提所得税政策适用范围有关问题的公告

国家税务总局公告 2018 年第 53 号

根据国务院决定,财政部、国家税务总局、国家发展和改革委员会、商务部联合发布了《关于扩大境外投资者以分配利润直接投资暂不征收预提所得税政策适用范围的通知》(财税〔2018〕102号,以下称《通知》),对境外投资者从中国境内居民企业分配的利润,用于境内直接投资暂不征收预提所得税政策的适用范围,由外商投资鼓励类项目扩大至所有非禁止外商投资的项目和领域。现对有关执行问题公告如下:

一、境外投资者以分得的利润用于补缴其在境内居民企业已经认缴的注册资本,增加实收资本或资本公积的,属于符合"新增或转增中国境内居民企业实收资本或者资本公积"情形。

二、境外投资者按照金融主管部门的规定,通过人民币再投资专用存款账户划转再投资资金,并在相关款项从利润分配企业账户转入境外投资者人民币再投资专用存款账户的当日,再由境外投资者人民币再投资专用存款账户转入被投资企业或股权转让方账户的,视为符合"境外投资者用于直接投资的利润以现金形式支付的,相关款项从利润分配企业的账户直接转入被投资企业或股权转让方账户,在直接投资前不得在境内外其他账户周转"的规定。

三、按照《通知》第四条或者第六条规定补缴税款的,境外投资者可按照有关规定享受税收协定待遇,但是仅可适用相关利润支付时有效的税收协定。后续税收协定另有规定的,按后续税收协定执行。

四、境外投资者按照《通知》第二条规定享受暂不征税政策时,应当填写《非居民企业递延缴纳预提所得税信息报告表》(附件),并提交给利润分配企业。

境外投资者按照《通知》第五条规定追补享受暂不征税政策时,应向利润分配企业主管税务机关提交《非居民企业递延缴纳预提所得税信息报告表》以及相关合同、支付凭证等办理退税的其他资料。

境外投资者按照《通知》第四条或者第六条规定补缴税款时,应当填写《中华人民共和国扣缴企业所得税报告表》,并提交给利润分配企业主管税务机关。

五、利润分配企业应当按照《通知》第三条规定审核境外投资者提交的资料信息,并确认以下结果后,执行暂不征税政策:

(一)境外投资者填报的信息完整,没有缺项;

(二)利润实际支付过程与境外投资者填报信息吻合;

(三)境外投资者填报信息涉及利润分配企业的内容真实、准确。

六、利润分配企业已按照《通知》第三条规定执行暂不征税政策的,应在实际支付利润之日起7日内,向主管税务机关提交以下资料:

(一)由利润分配企业填写的《中华人民共和国扣缴企业所得税报告表》;

(二)由境外投资者提交并经利润分配企业补填信息后的《非居民企业递延缴纳预提所得税信息报告表》。

利润分配企业主管税务机关应在收到《非居民企业递延缴纳预提所得税信息报告表》后10个工作日内,向《通知》第二条第一项规定的被投资企业(以下称被投资企业)主管税务机关或其他相关税务机关发送《非居民企业税务事项联络函》,转发相关信息。

七、被投资企业主管税务机关或者其他税务机关发现以下情况的,应在5个工作日内以《非居民企业税务事项联络函》反馈给利润分配企业主管税务机关:

(一)被投资企业不符合享受暂不征税政策条件的相关事实或信息;

(二)境外投资者处置已享受暂不征税政策的投资的相关事实或信息。

八、主管税务机关在税务管理中可以依法要求境外投资者、利润分配企业、被投资企业、股权转让方等相关单位或个人限期提供与境外投资者享受暂不征税政策相关的资料和信息。

九、利润分配企业未按照本公告第五条审核确认境外投资者提交的资料信息,致使不应享受暂不征税政策的境外投资者实际享受了暂不征税政策的,利润分配企业主管税务机关依照有关规定追究利润分配企业应扣未扣税款的责任,并依法向境外投资者追缴应当缴纳的税款。

十、境外投资者填报信息有误,致使其本不应享受暂不征税政策,但实际享受暂不征税政策的,利润分配企业主管税务机关依照《通知》第四条规定处理。

十一、境外投资者部分处置持有的包含已享受暂不征税政策和未享受暂不征税政策的同一项中国境内居民企业投资,视为先行处置已享受暂不征税政策的投资。

境外投资者未按照《通知》第六条规定补缴递延税款的,利润分配企业主管税务机关追究境外投资者延迟缴纳税款责任,税款延迟缴纳期限自实际收取相关款项后第8日(含第8日)起计算。

十二、境外投资者、利润分配企业可以委托代理人办理本公告规定的相关事项,但应当向主管税务机关提供书面委托证明。

十三、本公告自2018年1月1日起施行。《国家税务总局关于境外投资者以分配利润直接投资暂不征收预提所得税政策有关执行问题的公告》(国家税务总局公告2018年第3号)同时废止。

特此公告。

国家税务总局
2018年10月29日

82 关于《国家税务总局关于扩大境外投资者以分配利润直接投资暂不征收预提所得税政策适用范围有关问题的公告》的解读

为落实国务院决定,财政部、国家税务总局、国家发展和改革委员会、商务部联合发布了《关于扩大境外投资者以分配利润直接投资暂不征收预提所得税政策适用范围的通知》(财税〔2018〕102号,以下称《通知》)。为配合《通知》执行,国家税务总局发布《关于境外投资者以分配利润直接投资暂不征收预提所得税政策适用范围有关问题的公告》(国家税务总局公告2018年第53号,以下称《公告》)。现就执行扩大境外投资者以分配利润直接投资暂不征收预提所得税(以下下称"暂不征税")政策适用范围有关问题解读如下:

一、境外投资者以分得的利润用于补缴以前已经承诺的注册资本出资份额的,是否可以享受暂不征税优惠待遇?

境外投资者以分得的利润用于补缴其作为境内居民企业股东认缴的出资额的,属于《通知》第二条第(一)项第1目规定的"新增或转增中国境内居民企业实收资本或者资本公积"的情形,凡符合《通知》规定的其他条件的,可以按规定享受暂不征收预提所得税的政策。

二、境外投资者通过人民币再投资专用存款账户划转用于投资的利润款项的,可以享受暂不征税优惠待遇吗?

《外商直接投资人民币结算业务管理办法》(银发〔2011〕23号)第十四条规定,境外投资者可以通过人民币再投资专用账户划转其在境内的人民币利润所得,用于境内直接投资。如果境外投资者按照该项规定划转再投资款项,凡在相关人民币利润款项从利润分配企业账户转入境外投资者人民币再投资专用存款账户当日内,再由境外投资者人民币再投资专用存款账户转入被投资企业或股权转让方账户的,视为符合《通知》第二条第(三)项规定"境外投资者用于直接投资的利润以现金形式支付的,相关款项从利润分配企业的账户直接转入被投资企业或股权转让方账户,在直接投资前不得在境内外其他账户周转"的条件。

三、在2017年1月1日至2018年1月1日间发生的利润再投资行为符合享受暂不征税条件,但没有实际享受优惠待遇的,是否可以申请退税,追补享受优惠政策?

按照《通知》第九条规定,《通知》自2018年1月1日起执行,《财政部 税务总局 国家发展改革委 商务部关于境外投资者以分配利润直接投资暂不征收预提所得税政策问题的通知》(财税〔2017〕88号)同时废止。按照《公告》第十三条规定,《公告》自2018年1月1日起执行,《国家税务总局关于境外投资者以分配利润直接投资暂不征收预提所得税政策有关执行问题的公告》(国家税务总局公告2018年第3号)同时废止。《通知》和《公告》适用于境外投资者在2018年1月1日(含当日)以后取得股息、红利等权益性投资收益。在2017年1月1日(含当日)至2018年1月1日(不含当日)间发生的利润再投资行为适用暂不征税政策问题,仍应按照财税〔2017〕88号、国家税务总局公告2018年第3号等可适用规定处理。凡按可适用规定可以享受暂不征税优惠待遇的,仍可以按照财税〔2017〕88号第五条规定申请退还已经缴纳的税款,追补享受优惠待遇。

国家税务总局关于税收协定执行若干问题的公告

国家税务总局公告2018年第11号

为统一和规范我国政府对外签署的避免双重征税协定(简称"税收协定")的执行,现对税收协定中常设机构、海运和空运、演艺人员和运动员条款,以及合伙企业适用税收协定等有关事项公告如下:

一、不具有法人资格的中外合作办学机构,以及中外合作办学项目中开展教育教学活动的场所构成税收协定缔约对方居民在中国的常设机构。

常设机构条款中关于劳务活动构成常设机构的表述为"在任何十二个月中连续或累计超过六个月"的,按照"在任何十二个月中连续或累计超过183天"的表述执行。

二、海运和空运条款与《中华人民共和国政府和新加坡共和国政府关于对所得避免双重征税和防止偷漏税的协定》及议定书(以下简称"中新税收协定")第八条(海运和空运)规定内容一致的,按照以下原则执行:

(一)缔约国一方企业以船舶或飞机从事国际运输业务从缔约国另一方取得的收入,在缔约国另一方免予征税。

从事国际运输业务取得的收入,是指企业以船舶或飞机经营客运或货运取得的收入,以及以程租、期租形式出租船舶或以湿租形式出租飞机(包括所有设备、人员及供应)取得的租赁收入。

(二)上述第(一)项的免税规定也适用于参加合伙经营、联合经营或参加国际经营机构取得的收入。对于多家公司联合经营国际运输业务的税务处理,应由各参股或合作企业就其分得利润分别在其所属居民国纳税。

(三)中新税收协定第八条第三款中"缔约国一方企业从附属于以船舶或飞机经营国际运输业务有关的存款中取得的利息收入",是指缔约国双方从事国际运输业务的海运或空运企业,从对方取得的运输收入存于对方产生的利息。该利息不适用中新税收协定第十一条(利息)的规定,应视为国际运输业务附带发生的收入,在来源国免予征税。

(四)企业从事以光租形式出租船舶或以干租形式出租飞机,以及使用、保存或出租用于运输货物或商品的集装箱(包括拖车和运输集装箱的有关设备)等租赁业务取得的收入不属于国际运输收入,但根据中新税收协定第八条第四款,附属于国际运输业务的上述租赁业务收入应视同国际运输收入处理。

"附属"是指与国际运输业务有关且服务于国际运输业务,属于支持和附带性质。企业就其从事附属于国际运输业务的上述租赁业务取得的收入享受海运和空运条款协定待遇,应满足以下三个条件:

1. 企业工商登记及相关凭证资料能够证明企业主营业务为国际运输;

2. 企业从事的附属业务是其在经营国际运输业务时,从事的对主营业务贡献较小但与主营业务联系非常紧密、不能作为一项单独业务或所得来源的活动;

3. 在一个会计年度内,企业从事附属业务取得的收入占其国际运输业务总收入的比例原则上不超过10%。

(五)下列与国际运输业务紧密相关的收入应作为国际运输收入的一部分:

1. 为其他国际运输企业代售客票取得的收入;

2. 从市区至机场运送旅客取得的收入;

3. 通过货车从事货仓至机场、码头或者后者至购货者间的运输,以及直接将货物发送至购货者取得的运输收入;

4. 企业仅为其承运旅客提供中转住宿而设置的旅馆取得的收入。

(六)非专门从事国际运输业务的企业,以其拥有的船舶或飞机经营国际运输业务取得的收入属于国际运输收入。

三、海运和空运条款中没有中新税收协定第八条第四款规定的,有关税收协定缔约对方居民从事本公告第二条第(四)项所述租赁业务取得的收入的处理,参照本公告第二条第(四)项执行。

四、演艺人员和运动员条款与中新税收协定第十七条(艺术家和运动员)规定内容一致的,按照以下原则执行:

(一)演艺人员活动包括演艺人员从事的舞台、影视、音乐等各种艺术形式的活动;以演艺人员身份开展的其他个人活动(例如演艺人员开展的电影宣传活动,演艺人员或运动员参加广告拍摄、企业年会、企业剪彩等活动);具有娱乐性质的涉及政治、社会、宗教或慈善事业的活动。

演艺人员活动不包括会议发言,以及以随行行政、后勤人员(例如摄影师、制片人、导演、舞蹈设计人员、技术人员以及流动演出团组的运送人员等)身份开展的活动。

在商业活动中进行具有演出性质的演讲不属于会议发言。

(二)运动员活动包括参加赛跑、跳高、游泳等传统体育项目的活动;参加高尔夫球、赛马、足球、板球、网球、赛车等运动项目的活动;参加台球、象棋、桥牌比赛、电子竞技等具有娱乐性质的赛事的活动。

(三)以演艺人员或运动员身份开展个人活动取得的所得包括开展演出活动取得的所得(例如出场费),以及与开展演出活动有直接或间接联系的所得(例如广告费)。

对于从演出活动音像制品出售产生的所得中分配给演艺人员或运动员的所得,以及与演艺人员或运动员有关的涉及版权的所得,按照中新税收协定第十二条(特许权使用费)的规定处理。

(四)在演艺人员或运动员直接或间接取得所得的情况下,依据中新税收协定第十七条第一款规定,演出活动发生的缔约国一方可以根据其国内法,对演艺人员或运动员取得的所得征税,不受到中新税收协定第十四条(独立个人劳务)和第十五条(非独立个人劳务)规定的限制。

(五)在演出活动产生的所得全部或部分由其他人(包括个人、公司和其他团体)收取的情况下,如果依据演出活动发生的缔约国一方国内法规定,由其他人收取的所得应被视为由演艺人员或运动员取得,则依据中新税收协定第十七条第一款规定,演出活动发生的缔约国一方可以根据其国内法,向演艺人员或运动员就演出活动产生的所得征税,不受到中新税收协定第十四条(独立个人劳务)和第十五条(非独立个人劳务)规定的限制;如果演出活动发生的缔约国一方不能依据其国内法将由其他人收取的所得视为由演艺人员或运动员取得,则依据中新税收协定第十七条第二款规定,该国可以根据其国内法,向收取所得的其他人就演出活动产生的所得征税,不受到中新税收协定第七条(营业利润)、第十四条(独立个人劳务)和第十五条(非独立个人劳务)规定的限制。

五、有关合伙企业及其他类似实体(以下简称"合伙企业")适用税收协定的问题,应按以下原则执行:

(一)依照中国法律在中国境内成立的合伙企业,其合伙人为税收协定缔约对方居民的,该合伙人在中国负有纳税义务的所得被缔约对方视为其居民的所得的部分,可以在中国享受协定待遇。

(二)依照外国(地区)法律成立的合伙企业,其实际管理机构不在中国境内,但在中国境内设立机构、场所的,或者在中国境内未设立机构、场所,但有来源于中国境内所得的,是中国企业所得税的非居民企业纳税人。除税收协定另有规定的以外,只有当该合伙企业是缔约对方居民的情况下,其在中国负有纳税义务的所得才能享受协定待遇。该合伙企业根据《非居民纳税人享受税收协定待遇管理办法》(国家税务总局公告 2015 年第 60 号发布)第七条报送的由缔约对方税务主管当局开具的税收居民身份证明,应能证明其根据缔约对方国内法,因住所、居所、成立地、管理机构所在地或其他类似标准,在缔约对方负有纳税义务。

税收协定另有规定的情况是指,税收协定规定,当根据缔约对方国内法,合伙企业取得的所得被视为合伙人取得的所得,则缔约对方居民合伙人应就其从合伙企业取得所得中分得的相应份额享受协定待遇。

六、内地与香港、澳门特别行政区签署的避免双重征税安排执行的有关问题适用本公告。

七、本公告自 2018 年 4 月 1 日起施行。《〈中华人民共和国政府和新加坡共和国政府关于对所得避免双重征税和防止偷漏税的协定〉及议定书条文解释》(国税发〔2010〕75 号)第八条和第十七条同时废止。

特此公告。

国家税务总局
2018 年 2 月 9 日

关于《国家税务总局关于税收协定执行若干问题的公告》的解读

本公告对税收协定中常设机构、海运和空运、演艺人员和运动员条款,以及合伙企业适用税收协定等有关事项作出进一步明确,主要内容如下:

一、常设机构条款有关问题

（一）明确中外合作办学有关机构、场所构成常设机构

公告明确,不具有法人资格的中外合作办学机构,以及中外合作办学项目中开展教育教学活动的场所构成税收协定缔约对方居民在中国的常设机构。

（二）明确"六个月"和"183 天"作相同理解

公告明确,常设机构条款中关于劳务活动构成常设机构的表述为"在任何十二个月中连续或累计超过六个月"的,按照"在任何十二个月中连续或累计超过 183 天"的表述执行。

二、海运和空运条款有关问题

（一）明确湿租、程租、期租属于国际运输业务

从事国际运输业务的企业经常会以程租、期租形式租赁船舶或以湿租形式租赁飞机,以节约资金、缓解运力不足。公告参考了 2014 版经济合作与发展组织（OECD）范本和 2011 版联合国（UN）范本注释以及国际通行做法,明确通过这类租赁形式取得的收入也属于国际运输收入;同时根据行业惯例,对国际运输中的程租、期租、湿租、光租、干租的表述加以区分。

（二）明确光租和干租适用海运和空运条款相关问题

公告明确,企业从事以光租形式出租船舶或以干租形式出租飞机,以及使用、保存或出租用于运输货物或商品的集装箱（包括拖车和运输集装箱的有关设备）等租赁业务取得的收入不属于国际运输收入,但根据中新税收协定第八条第四款,附属于国际运输业务的上述租赁业务收入应视同国际运输收入处理。

同时,公告参考了 2014 版 OECD 范本注释,规定海运和空运条款中没有中新税收协定第八条第四款规定的,有关税收协定缔约对方居民从事附属于国际运输业务的上述租赁业务取得的收入的处理,参照上述规定执行。

（三）明确"附属"业务的判断标准

公告参考了 2014 版 OECD 范本注释,规范了"附属"业务的判断标准,明确企业从事的附属业务应是其在经营国际运输业务时,从事的对主营业务贡献较小但与主营业务联系非常紧密、不能作为一项单独业务或所得来源的活动。

三、演艺人员和运动员条款有关问题

（一）明确演艺人员和运动员条款适用的活动范围

公告明确,演艺人员活动包括演艺人员从事的舞台、影视、音乐等各种艺术形式的活动,以

及以演艺人员身份开展的其他个人活动,比如演艺人员开展的电影宣传活动,演艺人员或运动员参加广告拍摄、企业年会、企业剪彩等活动;会议发言一般不属于演艺人员活动,比如,外国前政要应邀来华参加学术会议并发言不属于演艺人员活动,但如果其在商业活动中进行具有演出性质的演讲,应不属于会议发言,而是属于演艺人员活动。另外,公告明确演艺人员和运动员条款适用于电子竞技活动。

(二)明确演艺人员和运动员条款的具体适用规则

公告明确了演艺人员或运动员直接或间接取得所得,以及在演出活动产生的所得由其他人收取的情况下,演艺人员和运动员条款的具体适用规则。为方便理解,举例如下:

例1:交响乐团的成员不是按每次演出直接取得所得,而是以工资的形式取得所得。依据中新税收协定第十七条第一款规定,演出活动发生的缔约国一方对乐团成员工资中与该次演出活动对应的部分有征税权。对于由交响乐团收取但未支付给乐团成员的部分演出报酬,依据中新税收协定第十七条第二款规定,演出活动发生的缔约国一方可以对交响乐团从演出活动取得的利润征税,不论其是否构成常设机构。

例2:在演艺人员或运动员受雇于缔约国一方"一人公司"的情况下,如果演出活动发生的缔约国另一方国内法将该"一人公司"视为本国的非居民企业纳税人,则处理方式与上述交响乐团的情形一致,分别对个人和公司就其取得的演出报酬的部分征税。如果缔约国另一方国内法将该"一人公司"视为税收透明体,即将其收取的演出报酬视为全部由演艺人员或运动员直接取得,则依据中新税收协定第十七条第一款规定,该国可以对演艺人员或运动员就演出活动产生的全部所得征税,不考虑报酬是否确实支付给上述个人。

例3:在一些避税安排中,演出报酬未支付给演艺人员或运动员,而是由其他人(包括个人、公司和其他团体)收取。在这种情况下,如果依据演出活动发生的缔约国一方国内法的反避税规则,可以将由其他人收取的所得视为由演艺人员或运动员取得,则依据中新税收协定第十七条第一款规定,该国可以根据其国内法,对演艺人员或运动员就该笔所得征税。如果该国国内法没有上述反避税规则,则依据中新税收协定第十七条第二款规定,该国可以根据其国内法,向收取所得的其他人征税。如果所得由公司或其他团体收取,该国征税不受中新税收协定第七条(营业利润)规定的限制,如果所得由个人收取,该国征税不受中新税收协定第十四条(独立个人劳务)和第十五条(非独立个人劳务)规定的限制。

四、明确合伙企业适用税收协定的问题

(一)针对合伙企业设在中国境内的情形

我国《合伙企业法》第二条规定,"本法所称合伙企业,是指自然人、法人和其他组织依照本法在中国境内设立的普通合伙企业和有限合伙企业。"第六条规定,"合伙企业的生产经营所得和其他所得,按照国家有关税收规定,由合伙人分别缴纳所得税。"因此,依照该法在中国境内成立的合伙企业,其合伙人是中国所得税的纳税人。税收协定第一条(人的范围)一般规定,本协定适用于缔约国一方或者同时为双方居民的人,因此,如果合伙人为税收协定缔约对方居民,则该合伙人属于税收协定适用的范围,该合伙人在中国负有纳税义务的所得被缔约对方视为其居民取得的部分,可以享受协定待遇。

(二)针对合伙企业设在中国境外的情形

对于依照外国(地区)法律成立的合伙企业的税务处理,我国《合伙企业法》没有规定。我国《企业所得税法》第一条规定,"在中华人民共和国境内,企业和其他取得收入的组织(以下统称企业)为企业所得税的纳税人,依照本法的规定缴纳企业所得税。个人独资企业、合伙企业不适用本法。"《企业所得税法实施条例》第二条规定,"企业所得税法第一条所称个人独资企业、合伙企业,是指依照中国法律、行政法规成立的个人独资企业、合伙企业。"因此,依照外国(地区)法律成立的合伙企业不属于《企业所得税法》第一条规定的排除范围,应适用《企业所得税法》的规定。

我国《企业所得税法》第二条规定,"本法所称非居民企业,是指依照外国(地区)法律成立且实际管理机构不在中国境内,但在中国境内设立机构、场所的,或者在中国境内未设立机构、场所,但有来源于中国境内所得的企业。"因此,依照外国(地区)法律成立且实际管理机构不在中国境内,但在中国境内设立机构、场所的,或者在中国境内未设立机构、场所,但有来源于中国境内所得的合伙企业,是我国企业所得税的非居民企业纳税人。在适用税收协定时,除非协定另有规定,否则,只有当该合伙企业是缔约对方居民的情况下,其在中国负有纳税义务的所得才能享受协定待遇。如果根据缔约对方国内法,合伙企业不是其居民,则该合伙企业不适用税收协定。

(三)依照外国(地区)法律成立的合伙企业税收居民身份证明的问题

税收协定中居民条款一般规定,在协定中,"缔约国一方居民"一语是指按照该缔约国法律,由于住所、居所、成立地、实际管理机构所在地,或其他类似的标准,在该缔约国负有纳税义务的人,并且包括该缔约国及其地方当局。因此,合伙企业根据《非居民纳税人享受税收协定待遇管理办法》(国家税务总局公告 2015 年第 60 号发布)第七条报送的由缔约对方税务主管当局开具的税收居民身份证明,应能证明其根据缔约对方国内法,因住所、居所、成立地、管理机构所在地或其他类似标准,在缔约对方负有纳税义务。如果根据缔约对方国内法,合伙企业不符合上述条件,则即使缔约对方税务主管当局以享受协定待遇为目的开具了税收居民身份证明,但如果未证明该合伙企业根据缔约对方国内法,因住所、居所、成立地、管理机构所在地或其他类似标准,在缔约对方负有纳税义务,则不能充分证明该合伙企业为税收协定意义上的缔约对方居民。

五、公告的施行时间和废止条款

本公告自 2018 年 4 月 1 日起施行。《〈中华人民共和国政府和新加坡共和国政府关于对所得避免双重征税和防止偷漏税的协定〉及议定书条文解释》(国税发〔2010〕75 号)第八条和第十七条同时废止。

国家税务总局关于税收协定中"受益所有人"有关问题的公告

国家税务总局公告 2018 年第 9 号

为执行中华人民共和国政府对外签署的避免双重征税协定(简称"税收协定"),现就税收协定股息、利息、特许权使用费条款中"受益所有人"身份判定有关问题公告如下:

一、"受益所有人"是指对所得或所得据以产生的权利或财产具有所有权和支配权的人。

二、判定需要享受税收协定待遇的缔约对方居民(以下简称"申请人")"受益所有人"身份时,应根据本条所列因素,结合具体案例的实际情况进行综合分析。一般来说,下列因素不利于对申请人"受益所有人"身份的判定:

(一)申请人有义务在收到所得的 12 个月内将所得的 50% 以上支付给第三国(地区)居民,"有义务"包括约定义务和虽未约定义务但已形成支付事实的情形。

（二）申请人从事的经营活动不构成实质性经营活动。实质性经营活动包括具有实质性的制造、经销、管理等活动。申请人从事的经营活动是否具有实质性，应根据其实际履行的功能及承担的风险进行判定。

申请人从事的具有实质性的投资控股管理活动，可以构成实质性经营活动；申请人从事不构成实质性经营活动的投资控股管理活动，同时从事其他经营活动的，如果其他经营活动不够显著，不构成实质性经营活动。

（三）缔约对方国家（地区）对有关所得不征税或免税，或征税但实际税率极低。

（四）在利息据以产生和支付的贷款合同之外，存在债权人与第三人之间在数额、利率和签订时间等方面相近的其他贷款或存款合同。

（五）在特许权使用费据以产生和支付的版权、专利、技术等使用权转让合同之外，存在申请人与第三人之间在有关版权、专利、技术等的使用权或所有权方面的转让合同。

三、申请人从中国取得的所得为股息时，申请人虽不符合"受益所有人"条件，但直接或间接持有申请人100%股份的人符合"受益所有人"条件，并且属于以下两种情形之一的，应认为申请人具有"受益所有人"身份：

（一）上述符合"受益所有人"条件的人为申请人所属居民国（地区）居民；

（二）上述符合"受益所有人"条件的人虽不为申请人所属居民国（地区）居民，但该人和间接持有股份情形下的中间层均为符合条件的人。

"符合'受益所有人'条件"是指根据本公告第二条的规定，综合分析后可以判定具有"受益所有人"身份。

"符合条件的人"是指该人从中国取得的所得为股息时根据中国与其所属居民国（地区）签署的税收协定可享受的税收协定待遇和申请人可享受的税收协定待遇相同或更为优惠。

四、下列申请人从中国取得的所得为股息时，可不根据本公告第二条规定的因素进行综合分析，直接判定申请人具有"受益所有人"身份：

（一）缔约对方政府；

（二）缔约对方居民且在缔约对方上市的公司；

（三）缔约对方居民个人；

（四）申请人被第（一）至（三）项中的一人或多人直接或间接持有100%股份，且间接持有股份情形下的中间层为中国居民或缔约对方居民。

五、本公告第三条、第四条要求的持股比例应当在取得股息前连续12个月以内任何时候均达到规定比例。

六、代理人或指定收款人等（以下统称"代理人"）不属于"受益所有人"。申请人通过代理人代为收取所得的，无论代理人是否属于缔约对方居民，都不应据此影响对申请人"受益所有人"身份的判定。

股东基于持有股份取得股息，债权人基于持有债权取得利息，特许权授予人基于授予特许权取得特许权使用费，不属于本条所称的"代为收取所得"。

七、根据本公告第二条规定的各项因素判定"受益所有人"身份时，可区分不同所得类型通过公司章程、公司财务报表、资金流向记录、董事会会议记录、董事会决议、人力和物力配备情况、相关费用支出、职能和风险承担情况、贷款合同、特许权使用合同或转让合同、专利注册证书、版权所属证明等资料进行综合分析；判断是否为本公告第六条规定的"代理人代为收取所得"情形时，应根据代理合同或指定收款合同等资料进行分析。

八、申请人需要证明具有"受益所有人"身份的,应将相关证明资料按照《国家税务总局关于发布〈非居民纳税人享受税收协定待遇管理办法〉的公告》(国家税务总局公告2015年第60号)第七条的规定报送。其中,申请人根据本公告第三条规定具有"受益所有人"身份的,除提供申请人的税收居民身份证明外,还应提供符合"受益所有人"条件的人和符合条件的人所属居民国(地区)税务主管当局为该人开具的税收居民身份证明;申请人根据本公告第四条第(四)项规定具有"受益所有人"身份的,除提供申请人的税收居民身份证明外,还应提供直接或间接持有申请人100%股份的人和中间层所属居民国(地区)税务主管当局为该人和中间层开具的税收居民身份证明;税收居民身份证明均应证明取得所得的当年度或上一年度的税收居民身份。

九、在主管税务机关后续管理中,申请人因不具有"受益所有人"身份而自行补缴税款的,主管税务机关应将相关案件层报省税务机关备案;主管税务机关认为应该否定申请人"受益所有人"身份的,应报经省税务机关同意后执行。

十、申请人虽具有"受益所有人"身份,但主管税务机关发现需要适用税收协定主要目的测试条款或国内税收法律规定的一般反避税规则的,适用一般反避税相关规定。

十一、《内地和香港特别行政区关于对所得避免双重征税和防止偷漏税的安排》和《内地和澳门特别行政区关于对所得避免双重征税和防止偷漏税的安排》股息、利息、特许权使用费条款中"受益所有人"身份判定按照本公告执行。

香港居民提供税收居民身份证明按照《国家税务总局关于在内地使用香港居民身份证明有关问题的公告》(国家税务总局公告2016年第35号)的规定执行。

十二、本公告适用于2018年4月1日及以后发生纳税义务或扣缴义务需要享受税收协定待遇的事项。《国家税务总局关于如何理解和认定税收协定中"受益所有人"的通知》(国税函〔2009〕601号)、《国家税务总局关于认定税收协定中"受益所有人"的公告》(国家税务总局公告2012年第30号)同时废止。

特此公告。

国家税务总局
2018年2月3日

关于《国家税务总局关于税收协定中"受益所有人"有关问题的公告》的解读

一、公告出台背景

为规范税收协定股息、利息、特许权使用费条款中"受益所有人"概念的应用,税务总局先后下发《国家税务总局关于如何理解和认定税收协定中"受益所有人"的通知》(国税函〔2009〕601号,以下简称"601号文件")、《国家税务总局关于认定税收协定中"受益所有人"的公告》(国家税务总局公告2012年第30号,以下简称"30号公告")等文件,明确"受益所有人"的条件和判定标准,在防范协定滥用中发挥了重要作用,但是也遇到了一些问题。

为加强税收协定执行工作,进一步完善"受益所有人"规则,税务总局发布了《国家税务总局关于税收协定中"受益所有人"有关问题的公告》(以下简称"公告")。公告一方面旨在允许没有滥用协定目的和结果的案件得以享受税收协定待遇,并提高其享受税收协定待遇的确定性,减少征纳双方成本,进一步优化营商环境;另一方面借鉴"税基侵蚀与利润转移"(BEPS)第六项行动计划(防止税收协定待遇的不当授予)成果,提高"受益所有人"判定标准的刚性,对滥用协定风险较高的安排进行更加有效的防范。公告对 601 号文件和 30 号公告部分规定进行了修订,同时延续了 601 号文件和 30 号公告的部分规定。

二、公告主要内容

缔约对方居民需要享受税收协定待遇的,按照《国家税务总局关于发布〈非居民纳税人享受税收协定待遇管理办法〉的公告》(国家税务总局公告 2015 年第 60 号,以下简称"60 号公告")规定报送资料并接受税务机关后续管理,不再需要事前提交申请,但为便于表述和理解,公告仍将"需要享受税收协定待遇的缔约对方居民"简称为"申请人"。

(一)扩大 30 号公告规定的安全港范围

30 号公告第三条规定满足一定条件时,不再依据"受益所有人"判断因素进行综合分析,直接认定申请人具有"受益所有人"身份,即对"受益所有人"身份的认定设置了安全港。通常认为,当申请人或者持有申请人 100%股份的人是缔约对方政府、缔约对方居民且在缔约对方上市的公司或缔约对方居民个人时,与居民国(地区)有较强联系,一般也没有滥用协定的风险,因此公告第四条放宽了安全港要求的条件,扩大了安全港的范围。

对于符合安全港的情形,为便于理解,举例如下:

示例 1 投资架构(见附件,下同),香港居民 A 投资内地居民并取得股息时,其为香港政府或者在香港上市的公司或者香港居民个人,可直接判定香港居民 A 具有"受益所有人"身份。需要注意的是,根据内地与香港税收安排第十条(股息)规定,如果香港居民 A 是在香港上市的公司且持有申请人 25%以上股份,可以享受 5%的优惠税率待遇;如果香港居民 A 是香港居民个人,为内地与香港税收安排第十条(股息)规定的其他情况,可以享受 10%的优惠税率待遇。

示例 2 投资架构,香港居民 B 投资内地居民并取得股息时,香港居民 A 通过香港居民 C 间接持有香港居民 B100%股份,如果香港居民 A 为香港政府、香港居民且在香港上市的公司或香港居民个人,可直接判定香港居民 B 具有"受益所有人"身份。

示例 3 投资架构,香港居民 D 投资内地居民并取得股息,直接持有香港居民 D100%股份的人为香港政府、香港居民且在香港上市的公司或香港居民个人,可直接判定香港居民 D 具有"受益所有人"身份。

(二)对于不符合"受益所有人"条件但符合一定条件的申请人给予享受税收协定待遇的机会

根据 601 号文件和 30 号公告规定,如果申请人不符合"受益所有人"条件,也不符合安全港的条件,其从中国取得的所得就不能享受税收协定待遇。

公告第三条规定,申请人取得的所得为股息时,申请人虽不符合"受益所有人"条件,但符合本条规定的,应认为申请人具有"受益所有人"身份。公告第三条第一款规定了两种情形。公告第三条第一款第(一)项规定的情形下,也即当符合"受益所有人"条件的人为申请人所属居民国(地区)居民时,对间接持有股份情形下的中间层无要求;公告第三条第一款第(二)项规定的情形下,也即当符合"受益所有人"条件的人不为申请人所属居民国(地区)居民时,该人和间接持有股份情形下的中间层应为符合条件的人。

与公告第四条规定的安全港规则不同的是,此条规定的情形不能直接判定申请人为"受益所有人"，应根据公告第二条所列因素对直接或间接持有申请人100%股份的人是否具有"受益所有人"身份进行综合分析。

对于符合此条规定的情形，为便于理解，举例如下：

示例4 投资架构，为本条第一款第（一）项规定的情形，香港居民E投资内地居民并取得股息，香港居民F直接持有香港居民E100%的股份，虽然香港居民E不符合"受益所有人"条件，但是，如果香港居民F符合"受益所有人"条件，应认为香港居民E具有"受益所有人"身份；

示例5 投资架构，为本条第一款第（一）项规定的情形，香港居民E投资内地居民并取得股息，香港居民F通过在BVI注册成立的公司（不论该公司是否为香港居民）间接持有香港居民E100%的股份，虽然香港居民E不符合"受益所有人"条件，但是，如果香港居民F符合"受益所有人"条件，应认为香港居民E具有"受益所有人"身份；

示例6 投资架构，为本条第一款第（二）项规定的情形，香港居民G投资内地居民并取得股息，新加坡居民I通过新加坡居民H间接持有香港居民G100%的股份，虽然香港居民G不符合"受益所有人"条件，但是，如果新加坡居民I符合"受益所有人"条件，并且新加坡居民I和新加坡居民H从中国取得的所得为股息时，根据中国与新加坡签署的税收协定可享受的税收协定待遇均和香港居民G可享受的税收协定待遇相同，应认为香港居民G具有"受益所有人"身份，香港居民G可根据内地与香港签署的税收安排享受税收协定待遇。

（三）对公告第三条、第四条中的持股比例规定时间标准

为防止人为筹划取得股息的时点达到公告第三条、第四条要求的持股比例，公告第五条明确公告第三条、第四条要求的持股比例应当在取得股息前连续12个月以内任何时候均达到规定比例。

（四）修改601号文件规定的"受益所有人"身份判定的不利因素

601号文件第二条列举了"受益所有人"身份判定的七项不利因素，公告对其中两项做了修改，并删除了两项因素：

1. 修改601号文件第二条第一项不利因素

公告第二条将601号文件第二条第一项不利因素修改为："申请人有义务在收到所得的12个月内将所得的50%以上支付给第三国（地区）居民，'有义务'包括约定义务和虽未约定义务但已形成支付事实的情形。"

实践中有的案例，从表面上看，申请人从中国收到股息所得后，每年向母公司分配的股息均未超过当年从中国收到股息所得的50%，且分配时未发生现金流，而是被母公司用来偿还向申请人的关联贷款。经进一步查看申请人银行对账单、银行支付流水、财务报表等信息，发现其在从中国收到每笔股息所得的一个月内即通过关联贷款的名义将该笔所得的80%以上支付给母公司，形成了该条所述"在收到所得的12个月内将所得的50%以上支付给第三国（地区）居民"的支付事实。对关联贷款协议等资料详细查看，发现该协议仅约定一个贷款额度，并约定在申请人现金流允许并经申请人同意的情况下，随时向母公司发放贷款；未约定还款期限，母公司可在任意时间偿还全部或部分贷款；贷款利率仅0.5%，低于申请人所在国的银行同期贷款利率，上述事实对判定其"受益所有人"身份非常不利。

在另一个案例中，申请人取得的每笔股息所得均转增已投资项目的资本，或者用于投资在中国境内的新项目，不属于"在收到所得的12个月内将所得的50%以上支付给第三国（地区）居民"的情形。

2. 修改601号文件第二条第二项不利因素,并删除601号文件第二条第三、四项不利因素

公告第二条将601号文件第二条第二项不利因素修改为:

"申请人从事的经营活动不构成实质性经营活动。实质性经营活动包括具有实质性的制造、经销、管理等活动。申请人从事的经营活动是否具有实质性应根据其实际履行的功能及承担的风险进行判定。

申请人从事的具有实质性的投资控股管理活动,可以构成实质性经营活动;申请人从事不构成实质性经营活动的投资控股管理活动,同时从事其他经营活动的,如果其他经营活动不够显著,不构成实质性经营活动。"

分析申请人是否从事实质性经营活动时,通常还应当关注:申请人是否拥有与其履行的功能相匹配的资产和人员配置;对于所得或所得据以产生的财产或权利,申请人是否承担相应风险,等等。由于601号文件第二条第三、四项不利因素需要分析的内容与此类似,故予以删除。

为便于理解本条规定,以下所举案例的前提均为:按照中国与A国、B国的税收协定,A国居民可享受的股息优惠税率为10%,B国居民可享受的股息优惠税率为5%。

(1) 如何判断投资控股管理活动是否构成实质性经营活动

公告明确:"申请人从事的具有实质性的投资控股管理活动,可以构成实质性经营活动。"投资控股管理活动作为管理活动的一种,可以构成实质性经营活动,但需要符合一定条件,即实际履行的功能及承担的风险足以证实其活动具有实质性。一般而言,申请人需要从事投资前期研究、评估分析、投资决策、投资实施以及投资后续管理等活动。

以下案例中B国公司声称的投资控股管理活动不具有实质性:A国公司通过设立在B国的子公司投资中国,B国公司拟就其从中国取得的股息所得享受税收协定待遇。B国公司声称其从事投资控股管理活动并有5名雇员,但经核实,B国公司并未开展行业研究、市场分析等,未履行投资控股管理等功能,其声称的5名雇员实际与A国公司签订合同并履行A国公司的职能;其收到的股息暂无投资计划,在账户中闲置;中国公司的外方董事不是由其直接股东B国公司派出而是由A国公司直接派出;中国公司的章程称该公司的招聘、培训、融资、财务等责任由B国公司承担,但B国公司并无承担上述责任的人员,经核实上述责任实际为A国公司在北京的办事处承担;B国公司对中国公司和从中国公司取得的股息不承担相应风险。该案例中B国公司虽声称从事投资控股管理活动,但实际履行的功能及承担的风险有限,不足以证实其活动具有实质性。

以下案例中B国公司承担的区域总部功能具有一定实质性:A国公司在B国设立公司作为亚洲区域总部,B国公司除投资中国外,还投资日本、韩国、新加坡、越南等十余个国家近50家公司。虽然中国境内的市场调研、行业研究等部分功能由设在中国的投资公司承担,但评估分析、投资决策以及亚洲区域内各公司之间的资金统筹调配等功能由B国公司承担,应认为B国公司承担的区域总部功能具有一定实质性。如果相关功能表面上由B国公司承担,但B国公司仅有8名员工,不足以承担相关功能,实际由A国公司承担或A国公司团队提供支撑,应认为B国公司从事的活动不具有实质性。

以下案例中B国公司承担的融资功能具有一定实质性:A国公司计划投资中国,但自有资金仅有所需资金的70%,故选择在金融业较为发达、资本较为充足、融资较为便利的B国设立公司作为融资平台,从符合公告第四条所列安全港条件的B国的非关联公司募集完成所需

资金的30%后,由B国公司投资中国并取得股息。该案例中B国公司作为融资平台,履行了一定功能,承担了一定风险,并且所需资金的30%从B国融入,与B国有一定联系,应认为B国公司承担的融资功能具有一定实质性。

(2) 如何判断其他经营活动是否构成实质性经营活动

公告明确:"申请人从事不构成实质性经营活动的投资控股管理活动,同时从事其他经营活动的,如果其他经营活动不够显著,不构成实质性经营活动。"

以下案例中的其他经营活动不够显著,不构成实质性经营活动:A国公司自20世纪90年代以来陆续在中国直接投资设立十余家子公司并直接取得股息。2007年,A国公司在B国设立子公司,并进行集团内重组,由B国公司控股内地各子公司并取得股息。B国公司从事的投资控股管理活动不构成实质性经营活动,同时向集团内其他公司提供采购服务并收取服务费,或者从集团外其他公司采购然后销售给集团内公司并赚取进销差价。但是,经核实,相关采购活动之前由A国公司设立在中国某省的子公司从事,2010年集团将相关采购活动调整为由B国公司从事,B国公司无法证明做此调整的商业必要性,并且B国公司从事的采购等其他经营活动取得的所得占其全部所得(含从中国境内取得的全部所得)的比例仅为8%。上述案例可以认为申请人从事的其他经营活动不够显著,不构成实质性经营活动。

3. 综合分析后可以认为申请人具有"受益所有人"身份的案例

A国公司想要在亚洲进行业务扩张,考虑B国法律制度、地域、语言、税制等方面的优势,在B国设立区域性投资控股公司。B国公司有超过50个员工,公司的主要功能是选择和收购IT领域的企业,行业研究、区域市场调研、投资项目评估、投资风险分析、被投资对象的选择、投资决策及投资后续管理等职能均由B国公司自己的团队而非A国公司履行。B国公司对收购的子公司行使积极的管理职能,不向A国公司分配利润,而是选择将利润再投资于收购活动以及对已收购公司的业务扩展。B国公司投资控股的子公司有60%在中国,40%在中国周边国家。经对该案例综合分析后,倾向于认为B国公司具有"受益所有人"身份。

(五) 明确不属于"代为收取所得"的情形

30号公告第四条规定:"代理人代为收取所得的,无论代理人是否属于缔约对方居民,都不应据此影响对申请人受益所有人身份的认定。"实践中有一些案例,申请人为股东基于持有股份从子公司取得股息,或者为债权人基于持有债权从债务人取得利息,或者为特许权授予人基于授予特许权从特许权使用人取得特许权使用费,但自称代其他人收取所得,公告第六条明确以上情形不属于"代为收取所得"。

30号公告第四条规定:"代理人应向税务机关声明其本身不具有受益所有人身份。"由于60号公告已要求申请人填报"是否通过代理人取得该项所得"以及代理的相关信息,为避免重复报送,公告取消报送该声明。

(六) 明确应当提供证明"受益所有人"身份的资料

公告第八条明确证明"受益所有人"身份的资料属于60号公告第七条第五项规定的其他税收规范性文件规定的证明资料,相关证明资料应按照60号公告第七条的规定报送。

60号公告第七条要求的税收居民身份证明为税务主管当局在纳税申报或扣缴申报前一个公历年度开始以后出具的税收居民身份证明。现实中有案例发现,纳税人提供的税收居民身份证明开具的时间虽然符合规定,但证明的是以前年度的税收居民身份;还有一些案例,纳税人以前年度未享受税收协定待遇,现补充享受税收协定待遇并申请退税,提供的税收居民身份证明仅能证明补充享受税收协定待遇所在年度的税收居民身份。为明确上述问题,在60号公告要求开具时间的基础上,公告第八条对税收居民身份证明增加新的要求,即要求税收居民身份证明应能证明取得所得的当年度或上一年度的税收居民身份。

如果申请人根据公告第三条、第四条规定具有"受益所有人"身份,因需要根据直接或间接持有申请人100%股份的人和中间层的税收居民身份证明来判断其是否为申请人所属居民国(地区)居民或者为符合条件的人,因此公告第八条规定应当提供税收居民身份证明的情形。

(七)明确需报省税务机关的案件

公告第九条明确,在主管税务机关后续管理中,申请人发现其不具有"受益所有人"身份而自行补缴税款的,主管税务机关应将相关案件层报省税务机关备案;主管税务机关认为应该否定申请人的"受益所有人"身份的,应报经省税务机关同意后执行。

(八)明确适用一般反避税相关规定的情形

公告第十条明确,申请人虽具有"受益所有人"身份,但主管税务机关发现需要适用税收协定主要目的测试条款或国内税收法律规定的一般反避税规则的,适用一般反避税相关规定。

三、公告施行日期及废止文件

公告适用于2018年4月1日及以后发生纳税义务或扣缴义务需要享受税收协定待遇的事项。公告全面完善了"受益所有人"规则,为便于纳税人和税务机关理解和执行,将601号文件、30号公告和此次修改内容整合成为一个公告,同时全文废止601号文件和30号公告。公告施行后,《国家税务总局关于委托投资情况下认定受益所有人问题的公告》(国家税务总局公告2014年第24号)中有关601号文件和30号公告的规定按照本公告执行。

附件:投资架构示例图

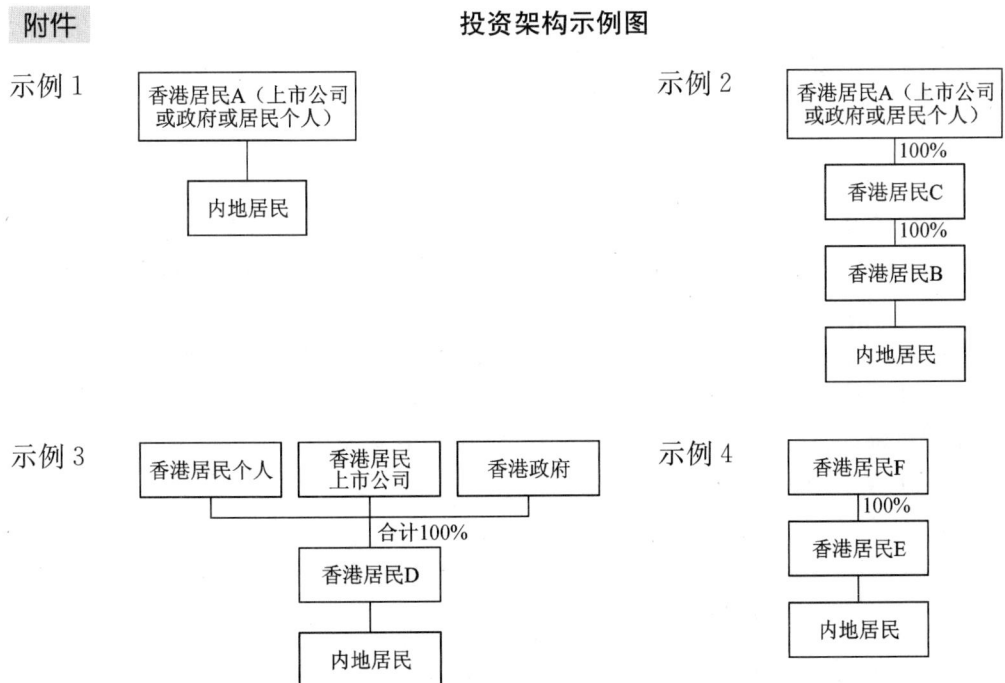

投资架构示例图

示例 5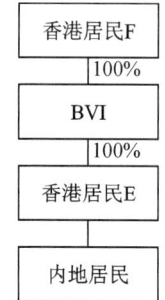

示例 6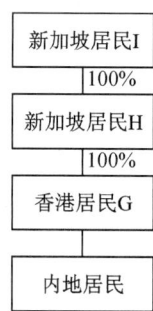

 国家税务总局关于明确同期资料主体文档提供及
管理有关事项的公告

国家税务总局公告 2018 年第 14 号

为进一步深化"放管服"改革，优化税收环境，简化办税程序，减轻纳税人负担，现就落实《国家税务总局关于完善关联申报和同期资料管理有关事项的公告》（国家税务总局公告 2016 年第 42 号）关于同期资料准备及提供要求的有关事项公告如下：

一、依照规定需要准备主体文档的企业集团，如果集团内企业分属两个以上税务机关管辖，可以选择任一企业主管税务机关主动提供主体文档。集团内其他企业被主管税务机关要求提供主体文档时，在向主管税务机关书面报告集团主动提供主体文档情况后，可免于提供。

本公告所称"主动提供"是指在税务机关实施特别纳税调查前企业提供主体文档的情形。如果集团内一家企业被税务机关实施特别纳税调查并已按主管税务机关要求提供主体文档，集团内其他企业不能免于提供主体文档，但集团仍然可以选择其他任一企业适用前款规定。

二、收到企业主动提供主体文档的主管税务机关应区分以下情况进行处理：

（一）企业集团内各企业均属一个省、自治区、直辖市、计划单列市税务机关管辖的，收到主体文档的主管税务机关需层报至省税务机关，由省税务机关负责主体文档管理，统一组织协调，按需求提供给集团内各企业主管税务机关使用。

（二）企业集团内各企业分属两个或者两个以上省、自治区、直辖市、计划单列市税务机关管辖的，收到主体文档的主管税务机关需层报至国家税务总局，由国家税务总局负责主体文档管理，统一组织协调，按需求提供给集团内各企业主管税务机关使用。

三、本公告自 2018 年 5 月 20 日起施行。

特此公告。

国家税务总局
2018 年 4 月 4 日

关于《国家税务总局关于明确同期资料主体文档提供及管理有关事项的公告》的解读

为进一步深化税务系统"放管服"改革,简化办税程序,减轻纳税人负担,优化同期资料管理,国家税务总局发布了《关于明确同期资料主体文档提供及管理有关事项的公告》(国家税务总局公告2018年第14号,以下简称《公告》),就主体文档的简并提供程序作出规定。现就有关问题解读如下:

一、主体文档简并提供需要符合哪些条件?

按照《公告》要求,企业只要符合以下条件即可简并提供主体文档:一是符合《国家税务总局关于完善关联申报和同期资料管理有关事项的公告》(国家税务总局公告2016年第42号)中主体文档的准备条件;二是集团内企业分属两个以上税务机关管辖;三是企业主动提供主体文档。需要注意的是,本公告所称"主动提供"是指在税务机关实施特别纳税调查前企业提供主体文档的情形。

二、某企业集团符合简并提供条件,如果集团内一家子公司被税务机关实施特别纳税调查并已按主管税务机关要求提供主体文档,集团内其他企业是否免于提供主体文档?

"被税务机关实施特别纳税调查后提供主体文档"不属于《公告》所述的"主动提供"的情形,所以集团内其他企业不能免于提供主体文档。但集团仍然可以选择其他任一企业主管税务机关主动提供主体文档,适用简并提供程序。

三、企业集团选择任一企业主管税务机关主动提供主体文档后,集团内其他企业被主管税务机关要求提供主体文档时应如何处理?

按照《公告》要求,其他企业只需向主管税务机关书面报告集团已提供主体文档的情况,包括提供时间及已接收主体文档的税务机关名称等相关信息,即可免于提供。

四、对企业主动提供的主体文档,税务机关如何管理?

根据企业集团内各企业的属地情况,税务机关管理主体文档的流程分两种情况:

第一,企业集团内各企业均属一个省、自治区、直辖市、计划单列市税务机关管辖的,收到主体文档的主管税务机关需层报至省税务机关,由省税务机关负责主体文档管理,统一组织协调,按需求提供给集团内各企业主管税务机关使用。

第二,企业集团内各企业分属两个或者两个以上省、自治区、直辖市、计划单列市税务机关管辖的,收到主体文档的主管税务机关需层报至国家税务总局,由国家税务总局负责主体文档管理,统一组织协调,按需求提供给集团内各企业主管税务机关使用。

国家税务总局关于适用中智税收协定利息条款最惠国待遇的公告

国家税务总局公告2018年第37号

智利税务主管当局与我国税务主管当局分别于2018年4月16日和2018年6月6日通过换函确认,《中华人民共和国政府和智利共和国政府对所得避免双重征税和防止逃避税的协定》(以下简称"中智税收协定")议定书第十条第三款规定的利息最惠国待遇适用条件已满足。

一、中智税收协定第十一条(利息)第二款应当自2017年1月1日起采用如下表述:

"二、然而,这些利息也可以在其发生的缔约国,按照该缔约国的法律征税。但是,如果利息受益所有人是缔约国另一方居民,则所征税款:

"(一)不应超过因银行、保险公司和其他金融机构提供的贷款而取得的利息总额的4%。'其他金融机构'一语是指其他主要通过在金融市场进行债务融资或吸收有息存款,并利用这些资金提供金融业务来获取利润的企业;

"(二)不应超过利息总额的4%,如果利息受益所有人是:

"1.主要通过与非关联方进行积极、经常性的贷款或融资业务取得总收入的企业,且该企业与利息支付方无关联关系。在本条款中,'贷款或融资业务'一语包括开具信用证、提供担保或提供信用卡服务等业务;

"2.机械或设备销售企业,且利息产生于该企业赊销其机械或设备所形成的债权;

"(三)不应超过因经常并主要在被认可的证券交易所交易的债券或证券而产生利息总额的5%;

"(四)在其他情况下,不应超过利息总额的10%。

"在第(二)项第1目中,如果某企业与某人没有第九条第一款第(一)项或第(二)项所述关系,则该企业与该人为非关联方。

"虽有第(二)项的规定,如果该项所述利息是由于作为包含背对背贷款的安排的一部分,或是作为在经济上等同于并意在取得与包含背对背贷款的安排相似效果的其他安排的一部分而支付的,则这些利息可以在其发生的缔约国征税,但是所征税款不应超过利息总额的10%。

"双方认为,'包含背对背贷款的安排'一语包括以下任何形式的安排:作为缔约国一方居民的金融机构取得发生于缔约国另一方的利息且向另一人支付同等的利息,而如果该另一人直接从该缔约国另一方取得该利息,不能就该利息在该缔约国另一方享受本协定第十一条第二款第(一)项的限制税率。"

二、中智税收协定议定书第十条第一款应当自2017年1月1日起采用如下表述:

"十、关于第十一条,

"(一)第二款规定开始适用之日起2年内,应以15%的税率替代第二款第(四)项中的税率。"

两国税务主管当局间换函文本已在国家税务总局网站发布。

特此公告。

国家税务总局
2018年7月1日

关于《国家税务总局关于适用中智税收协定利息条款最惠国待遇的公告》的解读

智利税务主管当局与我国税务主管当局分别于2018年4月16日和2018年6月6日通过换函确认,《中华人民共和国政府和智利共和国政府对所得避免双重征税和防止逃避税的协定》(以下简称"中智税收协定")议定书第十条第三款规定的利息最惠国待遇适用条件已满足。现解读如下:

一、相关背景

中智税收协定于2015年5月25日在圣地亚哥签署,已于2016年8月8日生效,自2017年1月1日起执行。

中智税收协定议定书第十条第三款规定:"在本协定签订后,如果智利在与另一个国家达成的协定中同意第十一条第二款采取更低的税率,特别是针对政府完全拥有的金融机构,那么在该另一个协定的规定开始适用时,在同等条件下,该新税率将自动适用于本协定。在这种情况下,缔约国双方主管当局应协商确定实施本款的方式。"

2018年4月智利国内收入局来函告知税务总局,智利与日本及智利与意大利税收协定中利息的限制税率低于中智税收协定,根据中智税收协定议定书中关于利息最惠国待遇的条款,智日、智意税收协定利息条款更低的限制税率将自动适用于中智税收协定。税务总局于6月回函确认对适用中智税收协定利息最惠国待遇的理解。双方来往信函将构成两国主管当局间协议。

二、中智税收协定适用最惠国待遇后的变化

(一)适用最惠国待遇后,中智税收协定利息条款将比照智日税收协定增加以下两项适用4%限制税率的情形:

1. 受益所有人是主要通过与非关联方进行积极、经常性的贷款或融资业务取得总收入的企业,且该企业与利息支付方无关联关系。"贷款或融资业务"一语包括开具信用证、提供担保或提供信用卡服务等业务。

2. 受益所有人是机械或设备销售企业,且利息产生于该企业赊销其机械或设备所形成的债权。

但是,上述两项规定不适用于因包含背对背贷款的安排或类似安排的一部分而支付的利息,此类利息的限制税率为10%。

(二)适用最惠国待遇后,中智税收协定利息条款将比照智意税收协定增加一项适用5%限制税率的情形,即因经常并主要在被认可的证券交易所交易的债券或证券而产生的利息。

(三)在适用最惠国待遇后,中智税收协定议定书第十条第一款所提及的"第十一条第二款第(二)项"现应当被理解为是指新的"第十一条第二款第(四)项"。

三、最惠国待遇的适用时间

中智税收协定第十一条(利息)第二款和中智税收协定议定书第十条第一款应当自2017年1月1日起依据本公告新表述执行。

第八部分　财产和行为税篇

(一) 大企业直接相关的减税降费政策

 **财政部　税务总局关于继续实施企业改制重组有关土地增值税政策的通知**

财税〔2018〕57号

各省、自治区、直辖市、计划单列市财政厅(局)、地方税务局,西藏、宁夏自治区国家税务局,新疆生产建设兵团财政局:

为支持企业改制重组，优化市场环境，现将继续执行企业在改制重组过程中涉及的土地增值税政策通知如下：

一、按照《中华人民共和国公司法》的规定，非公司制企业整体改制为有限责任公司或者股份有限公司，有限责任公司（股份有限公司）整体改制为股份有限公司（有限责任公司），对改制前的企业将国有土地使用权、地上的建筑物及其附着物（以下称房地产）转移、变更到改制后的企业，暂不征土地增值税。

本通知所称整体改制是指不改变原企业的投资主体，并承继原企业权利、义务的行为。

二、按照法律规定或者合同约定，两个或两个以上企业合并为一个企业，且原企业投资主体存续的，对原企业将房地产转移、变更到合并后的企业，暂不征土地增值税。

三、按照法律规定或者合同约定，企业分设为两个或两个以上与原企业投资主体相同的企业，对原企业将房地产转移、变更到分立后的企业，暂不征土地增值税。

四、单位、个人在改制重组时以房地产作价入股进行投资，对其将房地产转移、变更到被投资的企业，暂不征土地增值税。

五、上述改制重组有关土地增值税政策不适用于房地产转移任意一方为房地产开发企业的情形。

六、企业改制重组后再转让国有土地使用权并申报缴纳土地增值税时，应以改制前取得该宗国有土地使用权所支付的地价款和按国家统一规定缴纳的有关费用，作为该企业"取得土地使用权所支付的金额"扣除。企业在改制重组过程中经省级以上（含省级）国土管理部门批准，国家以国有土地使用权作价出资入股的，再转让该宗国有土地使用权并申报缴纳土地增值税时，应以该宗土地作价入股时省级以上（含省级）国土管理部门批准的评估价格，作为该企业"取得土地使用权所支付的金额"扣除。办理纳税申报时，企业应提供该宗土地作价入股时省级以上（含省级）国土管理部门的批准文件和批准的评估价格，不能提供批准文件和批准的评估价格的，不得扣除。

七、企业在申请享受上述土地增值税优惠政策时，应向主管税务机关提交房地产转移双方营业执照、改制重组协议或等效文件，相关房地产权属和价值证明、转让方改制重组前取得土地使用权所支付地价款的凭据（复印件）等书面材料。

八、本通知所称不改变原企业投资主体、投资主体相同，是指企业改制重组前后出资人不发生变动，出资人的出资比例可以发生变动；投资主体存续，是指原企业出资人必须存在于改制重组后的企业，出资人的出资比例可以发生变动。

九、本通知执行期限为 2018 年 1 月 1 日至 2020 年 12 月 31 日。

财政部　税务总局
2018 年 5 月 16 日

92 财政部　税务总局关于继续支持企业事业单位改制重组有关契税政策的通知

财税〔2018〕17 号

各省、自治区、直辖市、计划单列市财政厅（局）、地方税务局，西藏、宁夏、青海省（自治区）国家税务局，新疆生产建设兵团财政局：

为贯彻落实《国务院关于进一步优化企业兼并重组市场环境的意见》(国发〔2014〕14号),继续支持企业、事业单位改制重组,现就企业、事业单位改制重组涉及的契税政策通知如下:

一、企业改制

企业按照《中华人民共和国公司法》有关规定整体改制,包括非公司制企业改制为有限责任公司或股份有限公司,有限责任公司变更为股份有限公司,股份有限公司变更为有限责任公司,原企业投资主体存续并在改制(变更)后的公司中所持股权(股份)比例超过75%,且改制(变更)后公司承继原企业权利、义务的,对改制(变更)后公司承受原企业土地、房屋权属,免征契税。

二、事业单位改制

事业单位按照国家有关规定改制为企业,原投资主体存续并在改制后企业中出资(股权、股份)比例超过50%的,对改制后企业承受原事业单位土地、房屋权属,免征契税。

三、公司合并

两个或两个以上的公司,依照法律规定、合同约定,合并为一个公司,且原投资主体存续的,对合并后公司承受原合并各方土地、房屋权属,免征契税。

四、公司分立

公司依照法律规定、合同约定分立为两个或两个以上与原公司投资主体相同的公司,对分立后公司承受原公司土地、房屋权属,免征契税。

五、企业破产

企业依照有关法律法规规定实施破产,债权人(包括破产企业职工)承受破产企业抵偿债务的土地、房屋权属,免征契税;对非债权人承受破产企业土地、房屋权属,凡按照《中华人民共和国劳动法》等国家有关法律法规政策妥善安置原企业全部职工规定,与原企业全部职工签订服务年限不少于三年的劳动用工合同的,对其承受所购企业土地、房屋权属,免征契税;与原企业超过30%的职工签订服务年限不少于三年的劳动用工合同的,减半征收契税。

六、资产划转

对承受县级以上人民政府或国有资产管理部门按规定进行行政性调整、划转国有土地、房屋权属的单位,免征契税。

同一投资主体内部所属企业之间土地、房屋权属的划转,包括母公司与其全资子公司之间,同一公司所属全资子公司之间,同一自然人与其设立的个人独资企业、一人有限公司之间土地、房屋权属的划转,免征契税。

母公司以土地、房屋权属向其全资子公司增资,视同划转,免征契税。

七、债权转股权

经国务院批准实施债权转股权的企业,对债权转股权后新设立的公司承受原企业的土地、房屋权属,免征契税。

八、划拨用地出让或作价出资

以出让方式或国家作价出资(入股)方式承受原改制重组企业、事业单位划拨用地的,不属上述规定的免税范围,对承受方应按规定征收契税。

九、公司股权(股份)转让

在股权(股份)转让中,单位、个人承受公司股权(股份),公司土地、房屋权属不发生转移,不征收契税。

十、有关用语含义

本通知所称企业、公司,是指依照我国有关法律法规设立并在中国境内注册的企业、公司。

本通知所称投资主体存续,是指原企业、事业单位的出资人必须存在于改制重组后的企业,出资人的出资比例可以发生变动;投资主体相同,是指公司分立前后出资人不发生变动,出资人的出资比例可以发生变动。

本通知自 2018 年 1 月 1 日起至 2020 年 12 月 31 日执行。本通知发布前,企业、事业单位改制重组过程中涉及的契税尚未处理的,符合本通知规定的可按本通知执行。

财政部　税务总局
2018 年 3 月 2 日

财政部　国家税务总局关于易地扶贫搬迁税收优惠政策的通知

财税〔2018〕135 号

各省、自治区、直辖市、计划单列市财政厅(局),国家税务总局各省、自治区、直辖市、计划单列市税务局,新疆生产建设兵团财政局:

为贯彻落实《中共中央国务院关于打赢脱贫攻坚战三年行动的指导意见》,助推易地扶贫搬迁工作,现将易地扶贫搬迁有关税收优惠政策通知如下:

一、关于易地扶贫搬迁贫困人口税收政策

(一)对易地扶贫搬迁贫困人口按规定取得的住房建设补助资金、拆旧复垦奖励资金等与易地扶贫搬迁相关的货币化补偿和易地扶贫搬迁安置住房(以下简称安置住房),免征个人所得税。

(二)对易地扶贫搬迁贫困人口按规定取得的安置住房,免征契税。

二、关于易地扶贫搬迁安置住房税收政策

(一)对易地扶贫搬迁项目实施主体(以下简称项目实施主体)取得用于建设安置住房的土地,免征契税、印花税。

(二)对安置住房建设和分配过程中应由项目实施主体、项目单位缴纳的印花税,予以免征。

(三)对安置住房用地,免征城镇土地使用税。

(四)在商品住房等开发项目中配套建设安置住房的,按安置住房建筑面积占总建筑面积的比例,计算应予免征的安置住房用地相关的契税、城镇土地使用税,以及项目实施主体、项目单位相关的印花税。

(五)对项目实施主体购买商品住房或者回购保障性住房作为安置住房房源的,免征契税、印花税。

三、其他相关事项

(一)易地扶贫搬迁项目、项目实施主体、易地扶贫搬迁贫困人口、相关安置住房等信息由易地扶贫搬迁工作主管部门确定。县级易地扶贫搬迁工作主管部门应当将上述信息及时提供给同级税务部门。

(二)本通知执行期限为 2018 年 1 月 1 日至 2020 年 12 月 31 日。自执行之日起的已征税款,除以贴花方式缴纳的印花税外,依申请予以退税。

财政部 国家税务总局
2018 年 11 月 29 日

财政部 税务总局关于物流企业承租用于大宗商品仓储设施的土地城镇土地使用税优惠政策的通知

财税〔2018〕62 号

各省、自治区、直辖市、计划单列市财政厅(局)、地方税务局,西藏、宁夏自治区国家税务局,新疆生产建设兵团财政局:

为促进物流业健康发展,现对物流企业承租用于大宗商品仓储设施的土地城镇土地使用税政策通知如下:

自 2018 年 5 月 1 日起至 2019 年 12 月 31 日止,对物流企业承租用于大宗商品仓储设施的土地,减按所属土地等级适用税额标准的 50% 计征城镇土地使用税。

符合减税条件的纳税人需持相关材料向主管税务机关办理备案手续。

本通知所称的物流企业、大宗商品仓储设施范围及其他未尽事项,按照《财政部 税务总局关于继续实施物流企业大宗商品仓储设施用地城镇土地使用税优惠政策的通知》(财税〔2017〕33 号)执行。

请遵照执行。

财政部 税务总局
2018 年 6 月 1 日

财政部 税务总局关于去产能和调结构房产税城镇土地使用税政策的通知

财税〔2018〕107 号

各省、自治区、直辖市、计划单列市财政厅(局),国家税务总局各省、自治区、直辖市、计划单列市税务局,新疆生产建设兵团财政局:

为推进去产能、调结构,促进产业转型升级,现将有关房产税、城镇土地使用税政策明确如下:

一、对按照去产能和调结构政策要求停产停业、关闭的企业,自停产停业次月起,免征房产税、城镇土地使用税。企业享受免税政策的期限累计不得超过两年。

二、按照去产能和调结构政策要求停产停业、关闭的中央企业名单由国务院国有资产监督管理部门认定发布,其他企业名单由省、自治区、直辖市人民政府确定的去产能、调结构主管部门认定发布。认定部门应当及时将认定发布的企业名单(含停产停业、关闭时间)抄送同级财政和税务部门。

各级认定部门应当每年核查名单内企业情况,将恢复生产经营、终止关闭注销程序的企业名单及时通知财政和税务部门。

三、企业享受本通知规定的免税政策,应按规定进行减免税申报,并将房产土地权属资料、房产原值资料等留存备查。

四、本通知自2018年10月1日至2020年12月31日执行。本通知发布前,企业按照去产能和调结构政策要求停产停业、关闭但涉及的房产税、城镇土地使用税尚未处理的,可按本通知执行。

财政部 税务总局关于对营业账簿减免印花税的通知

财税〔2018〕50号

各省、自治区、直辖市、计划单列市财政厅(局)、国家税务局、地方税务局,新疆生产建设兵团财政局:

为减轻企业负担,鼓励投资创业,现就减免营业账簿印花税有关事项通知如下:

自2018年5月1日起,对按万分之五税率贴花的资金账簿减半征收印花税,对按件贴花五元的其他账簿免征印花税。

请遵照执行。

财政部 税务总局
2018年5月3日

财政部 税务总局关于对页岩气减征资源税的通知

财税〔2018〕26号

各省、自治区、直辖市、计划单列市财政厅(局)、国家税务局、地方税务局,新疆生产建设兵团财政局:

为促进页岩气开发利用,有效增加天然气供给,经国务院同意,自2018年4月1日至2021年3月31日,对页岩气资源税(按6%的规定税率)减征30%。

请遵照执行。

财政部 税务总局
2018年3月29日

财政部 税务总局 工业和信息化部 交通运输部关于节能新能源车船享受车船税优惠政策的通知

财税〔2018〕74号

各省、自治区、直辖市、计划单列市财政厅(局)、工业和信息化主管部门、交通运输厅(局),国家税务总局各省、自治区、直辖市、计划单列市税务局,新疆生产建设兵团财政局、工业和信息化委员会:

为促进节约能源,鼓励使用新能源,根据《中华人民共和国车船税法》及其实施条例有关规定,经国务院批准,现将节约能源、使用新能源(以下简称节能、新能源)车船的车船税优惠政策通知如下:

一、对节能汽车,减半征收车船税。

(一)减半征收车船税的节能乘用车应同时符合以下标准:

1. 获得许可在中国境内销售的排量为1.6升以下(含1.6升)的燃用汽油、柴油的乘用车(含非插电式混合动力、双燃料和两用燃料乘用车);

2. 综合工况燃料消耗量应符合标准,具体要求见附件1。

(二)减半征收车船税的节能商用车应同时符合以下标准:

1. 获得许可在中国境内销售的燃用天然气、汽油、柴油的轻型和重型商用车(含非插电式混合动力、双燃料和两用燃料轻型和重型商用车);

2. 燃用汽油、柴油的轻型和重型商用车综合工况燃料消耗量应符合标准,具体标准见附件2、附件3。

二、对新能源车船,免征车船税。

(一)免征车船税的新能源汽车是指纯电动商用车、插电式(含增程式)混合动力汽车、燃料电池商用车。纯电动乘用车和燃料电池乘用车不属于车船税征税范围,对其不征车船税。

(二)免征车船税的新能源汽车应同时符合以下标准:

1. 获得许可在中国境内销售的纯电动商用车、插电式(含增程式)混合动力汽车、燃料电池商用车;

2. 符合新能源汽车产品技术标准,具体标准见附件4;

3. 通过新能源汽车专项检测,符合新能源汽车标准,具体标准见附件5;

4. 新能源汽车生产企业或进口新能源汽车经销商在产品质量保证、产品一致性、售后服务、安全监测、动力电池回收利用等方面符合相关要求,具体要求见附件6。

(三)免征车船税的新能源船舶应符合以下标准:

船舶的主推进动力装置为纯天然气发动机。发动机采用微量柴油引燃方式且引燃油热值占全部燃料总热值的比例不超过5%的,视同纯天然气发动机。

三、符合上述标准的节能、新能源汽车,由工业和信息化部、税务总局不定期联合发布《享受车船税减免优惠的节约能源使用新能源汽车车型目录》(以下简称《目录》)予以公告。

四、汽车生产企业或进口汽车经销商(以下简称汽车企业)可通过工业和信息化部节能与新能源汽车财税优惠目录申报管理系统,自愿提交节能车型报告、新能源车型报告(报告样本见附件7、附件8),申请将其产品列入《目录》,并对申报资料的真实性负责。

工业和信息化部、税务总局委托工业和信息化部装备工业发展中心负责《目录》组织申报、宣传培训及具体技术审查、监督检查工作。工业和信息化部装备工业发展中心审查结果在工业和信息化部网站公示5个工作日,没有异议的,列入《目录》予以发布。对产品与申报材料不符、产品性能指标未达到标准或者汽车企业提供其他虚假信息,以及列入《目录》后12个月内无产量或进口量的车型,在工业和信息化部网站公示5个工作日,没有异议的,从《目录》中予以撤销。

五、船舶检验机构在核定检验船舶主推进动力装置时,对满足本通知新能源船舶标准的,在其船用产品证书上标注"纯天然气发动机"字段;在船舶建造检验时,对船舶主推进动力装置船用产品证书上标注有"纯天然气发动机"字段的,在其检验证书服务簿中标注"纯天然气动力船舶"字段。

对使用未标记"纯天然气发动机"字段主推进动力装置的船舶,船舶所有人或者管理人认为符合本通知新能源船舶标准的,在船舶年度检验时一并向船舶检验机构提出认定申请,同时提交支撑材料,并对提供信息的真实性负责。船舶检验机构通过审核材料和现场检验予以确认,符合本通知新能源船舶标准的,在船舶检验证书服务簿中标注"纯天然气动力船舶"字段。

纳税人凭标注"纯天然气动力船舶"字段的船舶检验证书享受车船税免税优惠。

六、财政部、税务总局、工业和信息化部、交通运输部根据汽车和船舶技术进步、产业发展等因素适时调整节能、新能源车船的认定标准。在开展享受车船税减免优惠的节能、新能源车船审查和认定等相关管理工作过程中,相关部门及其工作人员存在玩忽职守、滥用职权、徇私舞弊等违法行为的,按照《公务员法》《行政监察法》《财政违法行为处罚处分条例》等有关国家规定追究相应责任;涉嫌犯罪的,移送司法机关处理。

对提供虚假信息骗取列入《目录》资格的汽车企业,以及提供虚假资料的船舶所有人或者管理人,应依照相关法律法规予以处理。

七、本通知发布后,列入新公告的各批次《目录》(以下简称新《目录》)的节能、新能源汽车,自新《目录》公告之日起,按新《目录》和本通知相关规定享受车船税减免优惠政策。新《目录》公告后,第一批、第二批、第三批车船税优惠车型目录同时废止;新《目录》公告前已取得的列入第一批、第二批、第三批车船税优惠车型目录的节能、新能源汽车,不论是否转让,可继续享受车船税减免优惠政策。

八、本通知自发布之日起执行。《财政部 国家税务总局 工业和信息化部关于节约能源使用新能源车船车船税优惠政策的通知》(财税〔2015〕51号)以及财政部办公厅、税务总局办公厅、工业和信息化部办公厅《关于加强〈享受车船税减免优惠的节约能源使用新能源汽车车型目录〉管理工作的通知》(财办税〔2017〕63号)同时废止。

附件:1. 节能乘用车综合工况燃料消耗量限值标准(略)
   2. 节能轻型商用车综合工况燃料消耗量限值标准(略)
   3. 节能重型商用车综合工况燃料消耗量限值标准(略)
   4. 新能源汽车产品技术标准(略)
   5. 新能源汽车产品专项检验标准目录(略)
   6. 新能源汽车企业要求(略)
   7. 节能车型报告(略)
   8. 新能源车型报告(略)

财政部 税务总局关于增值税期末留抵退税有关城市维护建设税教育费附加和地方教育附加政策的通知

财税〔2018〕80号

各省、自治区、直辖市、计划单列市财政厅(局),国家税务总局各省、自治区、直辖市、计划单列市税务局,新疆生产建设兵团财政局:

为保证增值税期末留抵退税政策有效落实,现就留抵退税涉及的城市维护建设税、教育费

附加和地方教育附加问题通知如下:

对实行增值税期末留抵退税的纳税人,允许其从城市维护建设税、教育费附加和地方教育附加的计税(征)依据中扣除退还的增值税税额。

本通知自发布之日起施行。

财政部　税务总局

2018 年 7 月 27 日

(二) 大企业间接相关的减税降费政策

国家税务总局关于增值税小规模纳税人地方税种和相关附加减征政策有关征管问题的公告

国家税务总局公告 2019 年第 5 号

根据《财政部　税务总局关于实施小微企业普惠性税收减免政策的通知》(财税〔2019〕13号),现就增值税小规模纳税人地方税种和相关附加减征政策有关征管问题公告如下:

一、关于申报表的修订

修订《资源税纳税申报表》《城市维护建设税　教育费附加　地方教育附加申报表》《房产税纳税申报表》《城镇土地使用税纳税申报表》《印花税纳税申报(报告)表》《耕地占用税纳税申报表》,增加增值税小规模纳税人减征优惠申报有关数据项目,相应修改有关填表说明(具体见附件)。

二、关于纳税人类别变化时减征政策适用时间的确定

缴纳资源税、城市维护建设税、房产税、城镇土地使用税、印花税、耕地占用税、教育费附加和地方教育附加的增值税一般纳税人按规定转登记为小规模纳税人的,自成为小规模纳税人的当月起适用减征优惠。增值税小规模纳税人按规定登记为一般纳税人的,自一般纳税人生效之日起不再适用减征优惠;增值税年应税销售额超过小规模纳税人标准应当登记为一般纳税人而未登记,经税务机关通知,逾期仍不办理登记的,自逾期次月起不再适用减征优惠。

三、关于减征优惠的办理方式

纳税人自行申报享受减征优惠,不需额外提交资料。

四、关于纳税人未及时享受减征优惠的处理方式

纳税人符合条件但未及时申报享受减征优惠的,可依法申请退税或者抵减以后纳税期的应纳税款。

五、施行时间

本公告自 2019 年 1 月 1 日起施行。本公告修订的表单自各省(自治区、直辖市)人民政府确定减征比例的规定公布当日正式启用。各地启用本公告修订的表单后,不再使用《国家税务总局关于发布修订后的〈资源税纳税申报表〉的公告》(国家税务总局公告 2016 年第 38 号)中的《资源税纳税申报表》主表、《国家税务总局关于发布〈耕地占用税管理规程(试行)〉的公告》(国家税务总局公告 2016 年第 2 号,国家税务总局公告 2018 年第 31 号修改)中的《耕地占用税纳税申报表》。

特此公告。

附件：1. 资源税纳税申报表（略）
2. 城市维护建设税　教育费附加　地方教育附加申报表（略）
3. 房产税纳税申报表（略）
4. 城镇土地使用税纳税申报表（略）
5. 印花税纳税申报（报告）表（略）
6. 耕地占用税纳税申报表（略）

国家税务总局
2019 年 1 月 19 日

关于《国家税务总局关于增值税小规模纳税人地方税种和相关附加减征政策有关征管问题的公告》的解读

为落实《财政部　税务总局关于实施小微企业普惠性税收减免政策的通知》（财税〔2019〕13 号，以下简称《通知》），税务总局发布《关于增值税小规模纳税人地方税种和相关附加减征政策有关征管问题的公告》（以下简称《公告》）。现解读如下：

一、制定《公告》背景

为贯彻习近平总书记关于减税降费工作的重要指示精神，落实党中央、国务院关于支持小微企业发展的决策部署，财政部、税务总局联合下发了《通知》，明确由省、自治区、直辖市人民政府根据本地区实际情况，以及宏观调控需要确定，对增值税小规模纳税人可以在 50% 的税额幅度内减征资源税、城市维护建设税、房产税、城镇土地使用税、印花税、耕地占用税和教育费附加、地方教育附加。为确保广大增值税小规模纳税人能够及时、准确、便利享受减征优惠政策，税务总局制发本《公告》。

二、《公告》主要内容

（一）关于申报表的修订

本次共修订资源税、城市维护建设税、房产税、城镇土地使用税、印花税、耕地占用税、教育费附加和地方教育附加涉及的 6 张表单及填表说明。

一是落实政策要求，补充数据项目。考虑政策落地、便捷识别和计算税款的需要，在资源税、城市维护建设税、印花税、耕地占用税和教育费附加、地方教育附加涉及的 4 张纳税申报表主表上设置"本期是否适用增值税小规模纳税人减征政策""减征比例""本期增值税小规模纳税人减征额" 3 个项目。在房产税、城镇土地使用税（以下简称房土税）涉及的 2 张纳税申报表主表上设置"本期是否适用增值税小规模纳税人减征政策""减征比例""本期增值税小规模纳税人减征额""本期适用增值税小规模纳税人减征政策起始时间""本期适用增值税小规模纳税人减征政策终止时间" 5 个项目。

二是优化表单设计，减轻填报负担。本着减轻纳税人填报负担的原则，科学设计填报项目。上述项目中，"本期是否适用增值税小规模纳税人减征政策"项目为纳税人自主勾选项目。"减征比例"和"本期增值税小规模纳税人减征额" 2 个项目为系统后台配置和自动生成数据，不需要纳税人填报。房土税纳税申报表主表中"本期适用增值税小规模纳税人减征政策起始时间""本期适用增值税小规模纳税人减征政策终止时间"2个项目为纳税人类别发生变化时需填报项目,不发生变化,则无须填报。

同时,在6张表单的填表说明中对补充数据项目进行了说明,对关联数据项目"本期应补(退)税额"说明进行了相应修改。

(二)关于纳税人类别变化时减征政策适用时间的确定

为避免纳税人和税务机关对纳税人类型发生变化时享受减征优惠的具体时间产生理解歧义,根据《增值税一般纳税人登记管理办法》(国家税务总局令第43号公布)和《国家税务总局关于统一小规模纳税人标准等若干增值税问题的公告》(国家税务总局公告2018年第18号),本着有利于纳税人和简化申报的原则,明确了有关规定。

缴纳资源税、城市维护建设税、房产税、城镇土地使用税、印花税、耕地占用税、教育费附加和地方教育附加的增值税一般纳税人按规定转登记为小规模纳税人的,自成为小规模纳税人的当月起适用减征优惠。增值税小规模纳税人按规定登记为一般纳税人的,自一般纳税人生效之日起不再适用减征优惠;增值税年应税销售额超过小规模纳税人标准应当登记为一般纳税人而未登记,经税务机关通知,逾期仍不办理登记的,自逾期次月起不再适用减征优惠。

(三)关于减征优惠办理方式

深入贯彻"放管服"改革要求,减轻纳税人报送资料负担,《公告》规定,本次减征优惠实行自行申报享受方式,不需额外提交资料。纳税人只要在申报表中勾选是否享受增值税小规模纳税人减征政策选项,系统自动计算减征金额,纳税人确认即可。

(四)关于纳税人未及时享受减征优惠的处理方式

《通知》规定,政策自2019年1月1日起执行。为确保纳税人足额享受减征优惠,《公告》规定,纳税人符合条件但未及时申报享受减征优惠的,可依法申请退税或者抵减以后纳税期的应纳税款。

三、申报服务

税务机关将根据本次申报表修订情况,进一步升级和优化税收征管系统,通过信息推送、自动计算、自动成表等功能,提高政策落实的精准性、便利性,减轻纳税人的填报负担。

四、施行时间

《公告》是与《通知》相配套的征管办法,自2019年1月1日起施行。鉴于各省(自治区、直辖市)人民政府确定减征比例的时点不同,《公告》明确,修订的表单自各省(自治区、直辖市)人民政府确定减征比例的规定公布当日正式启用。

财政部 税务总局 科技部 教育部关于科技企业孵化器 大学科技园和众创空间税收政策的通知

财税〔2018〕120号

各省、自治区、直辖市、计划单列市财政厅(局)、科技厅(局)、教育厅(局),国家税务总局各省、自治区、直辖市、计划单列市税务局,新疆生产建设兵团财政局、科技局、教育局:

为进一步鼓励创业创新,现就科技企业孵化器、大学科技园、众创空间有关税收政策通知如下:

一、自2019年1月1日至2021年12月31日,对国家级、省级科技企业孵化器、大学科技园和国家备案众创空间自用以及无偿或通过出租等方式提供给在孵对象使用的房产、土地,免征房产税和城镇土地使用税;对其向在孵对象提供孵化服务取得的收入,免征增值税。

本通知所称孵化服务是指为在孵对象提供的经纪代理、经营租赁、研发和技术、信息技术、鉴证咨询服务。

二、国家级、省级科技企业孵化器、大学科技园和国家备案众创空间应当单独核算孵化服务收入。

三、国家级科技企业孵化器、大学科技园和国家备案众创空间认定和管理办法由国务院科技、教育部门另行发布;省级科技企业孵化器、大学科技园认定和管理办法由省级科技、教育部门另行发布。

本通知所称在孵对象是指符合前款认定和管理办法规定的孵化企业、创业团队和个人。

四、国家级、省级科技企业孵化器、大学科技园和国家备案众创空间应按规定申报享受免税政策,并将房产土地权属资料、房产原值资料、房产土地租赁合同、孵化协议等留存备查,税务部门依法加强后续管理。

2018年12月31日以前认定的国家级科技企业孵化器、大学科技园,自2019年1月1日起享受本通知规定的税收优惠政策。2019年1月1日以后认定的国家级、省级科技企业孵化器、大学科技园和国家备案众创空间,自认定之日次月起享受本通知规定的税收优惠政策。2019年1月1日以后被取消资格的,自取消资格之日次月起停止享受本通知规定的税收优惠政策。

五、科技、教育和税务部门应建立信息共享机制,及时共享国家级、省级科技企业孵化器、大学科技园和国家备案众创空间相关信息,加强协调配合,保障优惠政策落实到位。

财政部 税务总局 科技部 教育部
2018年11月1日

第九部分 环境保护税篇

大企业直接相关的减税降费政策

财政部 税务总局 生态环境部关于明确环境保护税应税污染物适用等有关问题的通知

财税〔2018〕117号

各省、自治区、直辖市、计划单列市财政厅(局)、环境保护厅(局),国家税务总局各省、自治区、直辖市、计划单列市税务局,新疆生产建设兵团财政局、环境保护局:

为保障《中华人民共和国环境保护税法》及其实施条例有效实施,现就环境保护税征收有关问题通知如下:

一、关于应税污染物适用问题

燃烧产生废气中的颗粒物,按照烟尘征收环境保护税。排放的扬尘、工业粉尘等颗粒物,除可以确定为烟尘、石棉尘、玻璃棉尘、炭黑尘的外,按照一般性粉尘征收环境保护税。

二、关于税收减免适用问题

依法设立的生活垃圾焚烧发电厂、生活垃圾填埋场、生活垃圾堆肥厂,属于生活垃圾集中处理场所,其排放应税污染物不超过国家和地方规定的排放标准的,依法予以免征环境保护税。纳税人任何一个排放口排放应税大气污染物、水污染物的浓度值,以及没有排放口排放应税大气污染物的浓度值,超过国家和地方规定的污染物排放标准的,依法不予减征环境保护税。

三、关于应税污染物排放量的监测计算问题

(一)纳税人按照规定须安装污染物自动监测设备并与生态环境主管部门联网的,当自动监测设备发生故障、设备维护、启停炉、停运等状态时,应当按照相关法律法规和《固定污染源烟气(SO_2、NO_x、颗粒物)排放连续监测技术规范》(HJ 75—2017)、《水污染源在线监测系统数据有效性判别技术规范》(HJ/T 356—2007)等规定,对数据状态进行标记,以及对数据缺失、无效时段的污染物排放量进行修约和替代处理,并按标记、处理后的自动监测数据计算应税污染物排放量。相关纳税人当月不能提供符合国家规定和监测规范的自动监测数据的,应当按照排污系数、物料衡算方法计算应税污染物排放量。纳入排污许可管理行业的纳税人,其应税污染物排放量的监测计算方法按照排污许可管理要求执行。

纳税人主动安装使用符合国家规定和监测规范的污染物自动监测设备,但未与生态环境主管部门联网的,可以按照自动监测数据计算应税污染物排放量;不能提供符合国家规定和监测规范的自动监测数据的,应当按照监测机构出具的符合监测规范的监测数据或者排污系数、物料衡算方法计算应税污染物排放量。

(二)纳税人委托监测机构监测应税污染物排放量的,应当按照国家有关规定制定监测方案,并将监测数据资料及时报送生态环境主管部门。监测机构实施的监测项目、方法、时限和频次应当符合国家有关规定和监测规范要求。监测机构出具的监测报告应当包括应税水污染物种类、浓度值和污水流量;应税大气污染物种类、浓度值、排放速率和烟气量;执行的污染物排放标准和排放浓度限值等信息。监测机构对监测数据的真实性、合法性负责,凡发现监测数据弄虚作假的,依照相关法律法规的规定追究法律责任。

纳税人采用委托监测方式,在规定监测时限内当月无监测数据的,可以沿用最近一次的监测数据计算应税污染物排放量,但不得跨季度沿用监测数据。纳税人采用监测机构出具的监测数据申报减免环境保护税的,应当取得申报当月的监测数据;当月无监测数据的,不予减免环境保护税。有关污染物监测浓度值低于生态环境主管部门规定的污染物检出限的,除有特殊管理要求外,视同该污染物排放量为零。生态环境主管部门、计量主管部门发现委托监测数据失真或者弄虚作假的,税务机关应当按照同一纳税期内的监督性监测数据或者排污系数、物料衡算方法计算应税污染物排放量。

(三)在建筑施工、货物装卸和堆存过程中无组织排放应税大气污染物的,按照生态环境部规定的排污系数、物料衡算方法计算应税污染物排放量;不能按照生态环境部规定的排污系数、物料衡算方法计算的,按照省、自治区、直辖市生态环境主管部门规定的抽样测算的方法核定计算应税污染物排放量。

(四)纳税人因环境违法行为受到行政处罚的,应当依据相关法律法规和处罚信息计算违法行为所属期的应税污染物排放量。生态环境主管部门发现纳税人申报信息有误的,应当通知税务机关处理。

四、关于环境保护税征管协作配合问题

各级税务、生态环境主管部门要加快建设和完善涉税信息共享平台,进一步规范涉税信息交换的数据项、交换频率和数据格式,并提高涉税信息交换的及时性、准确性,保障环境保护税征管工作运转顺畅。

财政部　税务总局　生态环境部
2018年10月25日

第十部分　车辆购置税篇

大企业直接相关的减税降费政策

财政部　税务总局　工业和信息化部关于对挂车减征车辆购置税的公告

财政部　税务总局　工业和信息化部公告2018年第69号

为促进甩挂运输发展,提高物流效率和降低物流成本,现将减征挂车车辆购置税有关事项公告如下:

一、自2018年7月1日至2021年6月30日,对购置挂车减半征收车辆购置税。购置日期按照《机动车销售统一发票》《海关关税专用缴款书》或者其他有效凭证的开具日期确定。

二、本公告所称挂车,是指由汽车牵引才能正常使用且用于载运货物的无动力车辆。

三、对挂车产品通过标注减征车辆购置税标识进行管理,具体要求如下:

(一)标注减税标识。

1. 国产挂车:企业上传《机动车整车出厂合格证》信息时,在"是否属于减征车辆购置税挂车"字段标注"是"(即减税标识)。

2. 进口挂车:汽车经销商或个人上传《进口机动车车辆电子信息单》时,在"是否属于减征车辆购置税挂车"字段标注"是"(即减税标识)。

(二)工业和信息化部对企业和个人上传的《机动车整车出厂合格证》或者《进口机动车车辆电子信息单》中减税标识进行核实,并将核实的信息传送给国家税务总局。

(三)税务机关依据工业和信息化部核实后的减税标识以及办理车辆购置税纳税申报需提供的其他资料,办理车辆购置税减征手续。

四、在《机动车整车出厂合格证》或者《进口机动车车辆电子信息单》中标注挂车减税标识的企业和个人,应当保证车辆产品与合格证信息或者车辆电子信息相一致。对提供虚假信息等手段骗取减征车辆购置税的企业和个人,经查实后,依照相关法律法规规定予以处罚。

财政部　税务总局　工业和信息化部
2018年5月25日

第十一部分　个人所得税篇

大企业直接相关的减税降费政策

中华人民共和国个人所得税法

（1980年9月10日第五届全国人民代表大会第三次会议通过　根据1993年10月31日第八届全国人民代表大会常务委员会第四次会议《关于修改〈中华人民共和国个人所得税法〉的决定》第一次修正　根据1999年8月30日第九届全国人民代表大会常务委员会第十一次会议《关于修改〈中华人民共和国个人所得税法〉的决定》第二次修正　根据2005年10月27日第十届全国人民代表大会常务委员会第十八次会议《关于修改〈中华人民共和国个人所得税法〉的决定》第三次修正　根据2007年6月29日第十届全国人民代表大会常务委员会第二十八次会议《关于修改〈中华人民共和国个人所得税法〉的决定》第四次修正　根据2007年12月29日第十届全国人民代表大会常务委员会第三十一次会议《关于修改〈中华人民共和国个人所得税法〉的决定》第五次修正　根据2011年6月30日第十一届全国人民代表大会常务委员会第二十一次会议《关于修改〈中华人民共和国个人所得税法〉的决定》第六次修正　根据2018年8月31日第十三届全国人民代表大会常务委员会第五次会议《关于修改〈中华人民共和国个人所得税法〉的决定》第七次修正）

第一条　在中国境内有住所，或者无住所而一个纳税年度内在中国境内居住累计满一百八十三天的个人，为居民个人。居民个人从中国境内和境外取得的所得，依照本法规定缴纳个人所得税。

在中国境内无住所又不居住，或者无住所而一个纳税年度内在中国境内居住累计不满一百八十三天的个人，为非居民个人。非居民个人从中国境内取得的所得，依照本法规定缴纳个人所得税。

纳税年度，自公历一月一日起至十二月三十一日止。

第二条　下列各项个人所得，应当缴纳个人所得税：

（一）工资、薪金所得；

（二）劳务报酬所得；

（三）稿酬所得；

（四）特许权使用费所得；

（五）经营所得；

（六）利息、股息、红利所得；

（七）财产租赁所得；

（八）财产转让所得；

（九）偶然所得。

居民个人取得前款第一项至第四项所得（以下称综合所得），按纳税年度合并计算个人所得税；非居民个人取得前款第一项至第四项所得，按月或者按次分项计算个人所得税。纳税人取得前款第五项至第九项所得，依照本法规定分别计算个人所得税。

第三条　个人所得税的税率：

（一）综合所得，适用百分之三至百分之四十五的超额累进税率（税率表附后）；

（二）经营所得，适用百分之五至百分之三十五的超额累进税率（税率表附后）；

（三）利息、股息、红利所得，财产租赁所得，财产转让所得和偶然所得，适用比例税率，税率为百分之二十。

第四条 下列各项个人所得，免征个人所得税：

（一）省级人民政府、国务院部委和中国人民解放军军以上单位，以及外国组织、国际组织颁发的科学、教育、技术、文化、卫生、体育、环境保护等方面的奖金；

（二）国债和国家发行的金融债券利息；

（三）按照国家统一规定发给的补贴、津贴；

（四）福利费、抚恤金、救济金；

（五）保险赔款；

（六）军人的转业费、复员费、退役金；

（七）按照国家统一规定发给干部、职工的安家费、退职费、基本养老金或者退休费、离休费、离休生活补助费；

（八）依照有关法律规定应予免税的各国驻华使馆、领事馆的外交代表、领事官员和其他人员的所得；

（九）中国政府参加的国际公约、签订的协议中规定免税的所得；

（十）国务院规定的其他免税所得。

前款第十项免税规定，由国务院报全国人民代表大会常务委员会备案。

第五条 有下列情形之一的，可以减征个人所得税，具体幅度和期限，由省、自治区、直辖市人民政府规定，并报同级人民代表大会常务委员会备案：

（一）残疾、孤老人员和烈属的所得；

（二）因自然灾害遭受重大损失的。

国务院可以规定其他减税情形，报全国人民代表大会常务委员会备案。

第六条 应纳税所得额的计算：

（一）居民个人的综合所得，以每一纳税年度的收入额减除费用六万元以及专项扣除、专项附加扣除和依法确定的其他扣除后的余额，为应纳税所得额。

（二）非居民个人的工资、薪金所得，以每月收入额减除费用五千元后的余额为应纳税所得额；劳务报酬所得、稿酬所得、特许权使用费所得，以每次收入额为应纳税所得额。

（三）经营所得，以每一纳税年度的收入总额减除成本、费用以及损失后的余额，为应纳税所得额。

（四）财产租赁所得，每次收入不超过四千元的，减除费用八百元；四千元以上的，减除百分之二十的费用，其余额为应纳税所得额。

（五）财产转让所得，以转让财产的收入额减除财产原值和合理费用后的余额，为应纳税所得额。

（六）利息、股息、红利所得和偶然所得，以每次收入额为应纳税所得额。

劳务报酬所得、稿酬所得、特许权使用费所得以收入减除百分之二十的费用后的余额为收入额。稿酬所得的收入额减按百分之七十计算。

个人将其所得对教育、扶贫、济困等公益慈善事业进行捐赠，捐赠额未超过纳税人申报的应纳税所得额百分之三十的部分，可以从其应纳税所得额中扣除；国务院规定对公益慈善事业捐赠实行全额税前扣除的,从其规定。

本条第一款第一项规定的专项扣除,包括居民个人按照国家规定的范围和标准缴纳的基本养老保险、基本医疗保险、失业保险等社会保险费和住房公积金等;专项附加扣除,包括子女教育、继续教育、大病医疗、住房贷款利息或者住房租金、赡养老人等支出,具体范围、标准和实施步骤由国务院确定,并报全国人民代表大会常务委员会备案。

第七条 居民个人从中国境外取得的所得,可以从其应纳税额中抵免已在境外缴纳的个人所得税税额,但抵免额不得超过该纳税人境外所得依照本法规定计算的应纳税额。

第八条 有下列情形之一的,税务机关有权按照合理方法进行纳税调整:

(一)个人与其关联方之间的业务往来不符合独立交易原则而减少本人或者其关联方应纳税额,且无正当理由;

(二)居民个人控制的,或者居民个人和居民企业共同控制的设立在实际税负明显偏低的国家(地区)的企业,无合理经营需要,对应当归属于居民个人的利润不作分配或者减少分配;

(三)个人实施其他不具有合理商业目的的安排而获取不当税收利益。

税务机关依照前款规定作出纳税调整,需要补征税款的,应当补征税款,并依法加收利息。

第九条 个人所得税以所得人为纳税人,以支付所得的单位或者个人为扣缴义务人。

纳税人有中国公民身份号码的,以中国公民身份号码为纳税人识别号;纳税人没有中国公民身份号码的,由税务机关赋予其纳税人识别号。扣缴义务人扣缴税款时,纳税人应当向扣缴义务人提供纳税人识别号。

第十条 有下列情形之一的,纳税人应当依法办理纳税申报:

(一)取得综合所得需要办理汇算清缴;

(二)取得应税所得没有扣缴义务人;

(三)取得应税所得,扣缴义务人未扣缴税款;

(四)取得境外所得;

(五)因移居境外注销中国户籍;

(六)非居民个人在中国境内从两处以上取得工资、薪金所得;

(七)国务院规定的其他情形。

扣缴义务人应当按照国家规定办理全员全额扣缴申报,并向纳税人提供其个人所得和已扣缴税款等信息。

第十一条 居民个人取得综合所得,按年计算个人所得税;有扣缴义务人的,由扣缴义务人按月或者按次预扣预缴税款;需要办理汇算清缴的,应当在取得所得的次年三月一日至六月三十日内办理汇算清缴。预扣预缴办法由国务院税务主管部门制定。

居民个人向扣缴义务人提供专项附加扣除信息的,扣缴义务人按月预扣预缴税款时应当按照规定予以扣除,不得拒绝。

非居民个人取得工资、薪金所得,劳务报酬所得,稿酬所得和特许权使用费所得,有扣缴义务人的,由扣缴义务人按月或者按次代扣代缴税款,不办理汇算清缴。

第十二条 纳税人取得经营所得,按年计算个人所得税,由纳税人在月度或者季度终了后十五日内向税务机关报送纳税申报表,并预缴税款;在取得所得的次年三月三十一日前办理汇算清缴。

纳税人取得利息、股息、红利所得,财产租赁所得,财产转让所得和偶然所得,按月或者按次计算个人所得税,有扣缴义务人的,由扣缴义务人按月或者按次代扣代缴税款。

第十三条 纳税人取得应税所得没有扣缴义务人的,应当在取得所得的次月十五日内向税务机关报送纳税申报表,并缴纳税款。

纳税人取得应税所得,扣缴义务人未扣缴税款的,纳税人应当在取得所得的次年六月三十日前,缴纳税款;税务机关通知限期缴纳的,纳税人应当按照期限缴纳税款。

居民个人从中国境外取得所得的,应当在取得所得的次年三月一日至六月三十日内申报纳税。

非居民个人在中国境内从两处以上取得工资、薪金所得的,应当在取得所得的次月十五日内申报纳税。

纳税人因移居境外注销中国户籍的,应当在注销中国户籍前办理税款清算。

第十四条 扣缴义务人每月或者每次预扣、代扣的税款,应当在次月十五日内缴入国库,并向税务机关报送扣缴个人所得税申报表。

纳税人办理汇算清缴退税或者扣缴义务人为纳税人办理汇算清缴退税的,税务机关审核后,按照国库管理的有关规定办理退税。

第十五条 公安、人民银行、金融监督管理等相关部门应当协助税务机关确认纳税人的身份、金融账户信息。教育、卫生、医疗保障、民政、人力资源社会保障、住房城乡建设、公安、人民银行、金融监督管理等相关部门应当向税务机关提供纳税人子女教育、继续教育、大病医疗、住房贷款利息、住房租金、赡养老人等专项附加扣除信息。

个人转让不动产的,税务机关应当根据不动产登记等相关信息核验应缴的个人所得税,登记机构办理转移登记时,应当查验与该不动产转让相关的个人所得税的完税凭证。个人转让股权办理变更登记的,市场主体登记机关应当查验与该股权交易相关的个人所得税的完税凭证。

有关部门依法将纳税人、扣缴义务人遵守本法的情况纳入信用信息系统,并实施联合激励或者惩戒。

第十六条 各项所得的计算,以人民币为单位。所得为人民币以外的货币的,按照人民币汇率中间价折合成人民币缴纳税款。

第十七条 对扣缴义务人按照所扣缴的税款,付给百分之二的手续费。

第十八条 对储蓄存款利息所得开征、减征、停征个人所得税及其具体办法,由国务院规定,并报全国人民代表大会常务委员会备案。

第十九条 纳税人、扣缴义务人和税务机关及其工作人员违反本法规定的,依照《中华人民共和国税收征收管理法》和有关法律法规的规定追究法律责任。

第二十条 个人所得税的征收管理,依照本法和《中华人民共和国税收征收管理法》的规定执行。

第二十一条 国务院根据本法制定实施条例。

第二十二条 本法自公布之日起施行。

中华人民共和国个人所得税法实施条例

(1994年1月28日中华人民共和国国务院令第142号发布 根据2005年12月19日《国务院关于修改〈中华人民共和国个人所得税法实施条例〉的决定》第一次修订 根据2008年2月18日《国务院关于修改〈中华人民共和国个人所得税法实施条例〉的决定》第二次修订 根据

2011年7月19日《国务院关于修改〈中华人民共和国个人所得税法实施条例〉的决定》第三次修订 2018年12月18日中华人民共和国国务院令第707号第四次修订）

第一条 根据《中华人民共和国个人所得税法》（以下简称个人所得税法），制定本条例。

第二条 个人所得税法所称在中国境内有住所，是指因户籍、家庭、经济利益关系而在中国境内习惯性居住；所称从中国境内和境外取得的所得，分别是指来源于中国境内的所得和来源于中国境外的所得。

第三条 除国务院财政、税务主管部门另有规定外，下列所得，不论支付地点是否在中国境内，均为来源于中国境内的所得：

（一）因任职、受雇、履约等在中国境内提供劳务取得的所得；

（二）将财产出租给承租人在中国境内使用而取得的所得；

（三）许可各种特许权在中国境内使用而取得的所得；

（四）转让中国境内的不动产等财产或者在中国境内转让其他财产取得的所得；

（五）从中国境内企业、事业单位、其他组织以及居民个人取得的利息、股息、红利所得。

第四条 在中国境内无住所的个人，在中国境内居住累计满183天的年度连续不满六年的，经向主管税务机关备案，其来源于中国境外且由境外单位或者个人支付的所得，免予缴纳个人所得税；在中国境内居住累计满183天的任一年度中有一次离境超过30天的，其在中国境内居住累计满183天的年度的连续年限重新起算。

第五条 在中国境内无住所的个人，在一个纳税年度内在中国境内居住累计不超过90天的，其来源于中国境内的所得，由境外雇主支付并且不由该雇主在中国境内的机构、场所负担的部分，免予缴纳个人所得税。

第六条 个人所得税法规定的各项个人所得的范围：

（一）工资、薪金所得，是指个人因任职或者受雇取得的工资、薪金、奖金、年终加薪、劳动分红、津贴、补贴以及与任职或者受雇有关的其他所得。

（二）劳务报酬所得，是指个人从事劳务取得的所得，包括从事设计、装潢、安装、制图、化验、测试、医疗、法律、会计、咨询、讲学、翻译、审稿、书画、雕刻、影视、录音、录像、演出、表演、广告、展览、技术服务、介绍服务、经纪服务、代办服务以及其他劳务取得的所得。

（三）稿酬所得，是指个人因其作品以图书、报刊等形式出版、发表而取得的所得。

（四）特许权使用费所得，是指个人提供专利权、商标权、著作权、非专利技术以及其他特许权的使用权取得的所得；提供著作权的使用权取得的所得，不包括稿酬所得。

（五）经营所得，是指：

1. 个体工商户从事生产、经营活动取得的所得，个人独资企业投资人、合伙企业的个人合伙人来源于境内注册的个人独资企业、合伙企业生产、经营的所得；

2. 个人依法从事办学、医疗、咨询以及其他有偿服务活动取得的所得；

3. 个人对企业、事业单位承包经营、承租经营以及转包、转租取得的所得；

4. 个人从事其他生产、经营活动取得的所得。

（六）利息、股息、红利所得，是指个人拥有债权、股权等而取得的利息、股息、红利所得。

（七）财产租赁所得，是指个人出租不动产、机器设备、车船以及其他财产取得的所得。

（八）财产转让所得，是指个人转让有价证券、股权、合伙企业中的财产份额、不动产、机器设备、车船以及其他财产取得的所得。

（九）偶然所得，是指个人得奖、中奖、中彩以及其他偶然性质的所得。

个人取得的所得，难以界定应纳税所得项目的，由国务院税务主管部门确定。

第七条 对股票转让所得征收个人所得税的办法，由国务院另行规定，并报全国人民代表大会常务委员会备案。

第八条 个人所得的形式，包括现金、实物、有价证券和其他形式的经济利益；所得为实物的，应当按照取得的凭证上所注明的价格计算应纳税所得额，无凭证的实物或者凭证上所注明的价格明显偏低的，参照市场价格核定应纳税所得额；所得为有价证券的，根据票面价格和市场价格核定应纳税所得额；所得为其他形式的经济利益的，参照市场价格核定应纳税所得额。

第九条 个人所得税法第四条第一款第二项所称国债利息，是指个人持有中华人民共和国财政部发行的债券而取得的利息；所称国家发行的金融债券利息，是指个人持有经国务院批准发行的金融债券而取得的利息。

第十条 个人所得税法第四条第一款第三项所称按照国家统一规定发给的补贴、津贴，是指按照国务院规定发给的政府特殊津贴、院士津贴，以及国务院规定免予缴纳个人所得税的其他补贴、津贴。

第十一条 个人所得税法第四条第一款第四项所称福利费，是指根据国家有关规定，从企业、事业单位、国家机关、社会组织提留的福利费或者工会经费中支付给个人的生活补助费；所称救济金，是指各级人民政府民政部门支付给个人的生活困难补助费。

第十二条 个人所得税法第四条第一款第八项所称依照有关法律规定应予免税的各国驻华使馆、领事馆的外交代表、领事官员和其他人员的所得，是指依照《中华人民共和国外交特权与豁免条例》和《中华人民共和国领事特权与豁免条例》规定免税的所得。

第十三条 个人所得税法第六条第一款第一项所称依法确定的其他扣除，包括个人缴付符合国家规定的企业年金、职业年金，个人购买符合国家规定的商业健康保险、税收递延型商业养老保险的支出，以及国务院规定可以扣除的其他项目。

专项扣除、专项附加扣除和依法确定的其他扣除，以居民个人一个纳税年度的应纳税所得额为限额；一个纳税年度扣除不完的，不结转以后年度扣除。

第十四条 个人所得税法第六条第一款第二项、第四项、第六项所称每次，分别按照下列方法确定：

（一）劳务报酬所得、稿酬所得、特许权使用费所得，属于一次性收入的，以取得该项收入为一次；属于同一项目连续性收入的，以一个月内取得的收入为一次。

（二）财产租赁所得，以一个月内取得的收入为一次。

（三）利息、股息、红利所得，以支付利息、股息、红利时取得的收入为一次。

（四）偶然所得，以每次取得该项收入为一次。

第十五条 个人所得税法第六条第一款第三项所称成本、费用，是指生产、经营活动中发生的各项直接支出和分配计入成本的间接费用以及销售费用、管理费用、财务费用；所称损失，是指生产、经营活动中发生的固定资产和存货的盘亏、毁损、报废损失，转让财产损失，坏账损失，自然灾害等不可抗力因素造成的损失以及其他损失。

取得经营所得的个人，没有综合所得的，计算其每一纳税年度的应纳税所得额时，应当减除费用6万元、专项扣除、专项附加扣除以及依法确定的其他扣除。专项附加扣除在办理汇算清缴时减除。

从事生产、经营活动，未提供完整、准确的纳税资料，不能正确计算应纳税所得额的，由主管税务机关核定应纳税所得额或者应纳税额。

第十六条　个人所得税法第六条第一款第五项规定的财产原值,按照下列方法确定:

(一)有价证券,为买入价以及买入时按照规定交纳的有关费用;

(二)建筑物,为建造费或者购进价格以及其他有关费用;

(三)土地使用权,为取得土地使用权所支付的金额、开发土地的费用以及其他有关费用;

(四)机器设备、车船,为购进价格、运输费、安装费以及其他有关费用。

其他财产,参照前款规定的方法确定财产原值。

纳税人未提供完整、准确的财产原值凭证,不能按照本条第一款规定的方法确定财产原值的,由主管税务机关核定财产原值。

个人所得税法第六条第一款第五项所称合理费用,是指卖出财产时按照规定支付的有关税费。

第十七条　财产转让所得,按照一次转让财产的收入额减除财产原值和合理费用后的余额计算纳税。

第十八条　两个以上的个人共同取得同一项收入的,应当对每个人取得的收入分别按照个人所得税法的规定计算纳税。

第十九条　个人所得税法第六条第三款所称个人将其所得对教育、扶贫、济困等公益慈善事业进行捐赠,是指个人将其所得通过中国境内的公益性社会组织、国家机关向教育、扶贫、济困等公益慈善事业的捐赠;所称应纳税所得额,是指计算扣除捐赠额之前的应纳税所得额。

第二十条　居民个人从中国境内和境外取得的综合所得、经营所得,应当分别合并计算应纳税额;从中国境内和境外取得的其他所得,应当分别单独计算应纳税额。

第二十一条　个人所得税法第七条所称已在境外缴纳的个人所得税税额,是指居民个人来源于中国境外的所得,依照该所得来源国家(地区)的法律应当缴纳并且实际已经缴纳的所得税税额。

个人所得税法第七条所称纳税人境外所得依照本法规定计算的应纳税额,是居民个人抵免已在境外缴纳的综合所得、经营所得以及其他所得的所得税税额的限额(以下简称抵免限额)。除国务院财政、税务主管部门另有规定外,来源于中国境外一个国家(地区)的综合所得抵免限额、经营所得抵免限额以及其他所得抵免限额之和,为来源于该国家(地区)所得的抵免限额。

居民个人在中国境外一个国家(地区)实际已经缴纳的个人所得税税额,低于依照前款规定计算出的来源于该国家(地区)所得的抵免限额的,应当在中国缴纳差额部分的税款;超过来源于该国家(地区)所得的抵免限额的,其超过部分不得在本纳税年度的应纳税额中抵免,但是可以在以后纳税年度来源于该国家(地区)所得的抵免限额的余额中补扣。补扣期限最长不得超过五年。

第二十二条　居民个人申请抵免已在境外缴纳的个人所得税税额,应当提供境外税务机关出具的税款所属年度的有关纳税凭证。

第二十三条　个人所得税法第八条第二款规定的利息,应当按照税款所属纳税申报期最后一日中国人民银行公布的与补税期间同期的人民币贷款基准利率计算,自税款纳税申报期满次日起至补缴税款期限届满之日止按日加收。纳税人在补缴税款期限届满前补缴税款的,利息加收至补缴税款之日。

第二十四条　扣缴义务人向个人支付应税款项时,应当依照个人所得税法规定预扣或者代扣税款,按时缴库,并专项记载备查。

前款所称支付,包括现金支付、汇拨支付、转账支付和以有价证券、实物以及其他形式的支付。

第二十五条 取得综合所得需要办理汇算清缴的情形包括:

(一)从两处以上取得综合所得,且综合所得年收入额减除专项扣除的余额超过6万元;

(二)取得劳务报酬所得、稿酬所得、特许权使用费所得中一项或者多项所得,且综合所得年收入额减除专项扣除的余额超过6万元;

(三)纳税年度内预缴税额低于应纳税额;

(四)纳税人申请退税。

纳税人申请退税,应当提供其在中国境内开设的银行账户,并在汇算清缴地就地办理税款退库。

汇算清缴的具体办法由国务院税务主管部门制定。

第二十六条 个人所得税法第十条第二款所称全员全额扣缴申报,是指扣缴义务人在代扣税款的次月十五日内,向主管税务机关报送其支付所得的所有个人的有关信息、支付所得数额、扣除事项和数额、扣缴税款的具体数额和总额以及其他相关涉税信息资料。

第二十七条 纳税人办理纳税申报的地点以及其他有关事项的具体办法,由国务院税务主管部门制定。

第二十八条 居民个人取得工资、薪金所得时,可以向扣缴义务人提供专项附加扣除有关信息,由扣缴义务人扣缴税款时减除专项附加扣除。纳税人同时从两处以上取得工资、薪金所得,并由扣缴义务人减除专项附加扣除的,对同一专项附加扣除项目,在一个纳税年度内只能选择从一处取得的所得中减除。

居民个人取得劳务报酬所得、稿酬所得、特许权使用费所得,应当在汇算清缴时向税务机关提供有关信息,减除专项附加扣除。

第二十九条 纳税人可以委托扣缴义务人或者其他单位和个人办理汇算清缴。

第三十条 扣缴义务人应当按照纳税人提供的信息计算办理扣缴申报,不得擅自更改纳税人提供的信息。

纳税人发现扣缴义务人提供或者扣缴申报的个人信息、所得、扣缴税款等与实际情况不符的,有权要求扣缴义务人修改。扣缴义务人拒绝修改的,纳税人应当报告税务机关,税务机关应当及时处理。

纳税人、扣缴义务人应当按照规定保存与专项附加扣除相关的资料。税务机关可以对纳税人提供的专项附加扣除信息进行抽查,具体办法由国务院税务主管部门另行规定。税务机关发现纳税人提供虚假信息的,应当责令改正并通知扣缴义务人;情节严重的,有关部门应当依法予以处理,纳入信用信息系统并实施联合惩戒。

第三十一条 纳税人申请退税时提供的汇算清缴信息有错误的,税务机关应当告知其更正;纳税人更正的,税务机关应当及时办理退税。

扣缴义务人未将扣缴的税款解缴入库的,不影响纳税人按照规定申请退税,税务机关应当凭纳税人提供的有关资料办理退税。

第三十二条 所得为人民币以外货币的,按照办理纳税申报或者扣缴申报的上一月最后一日人民币汇率中间价,折合成人民币计算应纳税所得额。年度终了后办理汇算清缴的,对已经按月、按季或者按次预缴税款的人民币以外货币所得,不再重新折算;对应当补缴税款的所得部分,按照上一纳税年度最后一日人民币汇率中间价,折合成人民币计算应纳税所得额。

第三十三条 税务机关按照个人所得税法第十七条的规定付给扣缴义务人手续费,应当填开退还书;扣缴义务人凭退还书,按照国库管理有关规定办理退库手续。

第三十四条 个人所得税纳税申报表、扣缴个人所得税报告表和个人所得税完税凭证式样,由国务院税务主管部门统一制定。

第三十五条 军队人员个人所得税征收事宜,按照有关规定执行。

第三十六条 本条例自 2019 年 1 月 1 日起施行。

国务院关于印发个人所得税专项附加扣除暂行办法的通知

国发〔2018〕41 号

各省、自治区、直辖市人民政府,国务院各部委、各直属机构:

现将《个人所得税专项附加扣除暂行办法》印发给你们,请认真贯彻执行。

国务院
2018 年 12 月 13 日

个人所得税专项附加扣除暂行办法

第一章 总 则

第一条 根据《中华人民共和国个人所得税法》(以下简称个人所得税法)规定,制定本办法。

第二条 本办法所称个人所得税专项附加扣除,是指个人所得税法规定的子女教育、继续教育、大病医疗、住房贷款利息或者住房租金、赡养老人等 6 项专项附加扣除。

第三条 个人所得税专项附加扣除遵循公平合理、利于民生、简便易行的原则。

第四条 根据教育、医疗、住房、养老等民生支出变化情况,适时调整专项附加扣除范围和标准。

第二章 子 女 教 育

第五条 纳税人的子女接受全日制学历教育的相关支出,按照每个子女每月 1 000 元的标准定额扣除。

学历教育包括义务教育(小学、初中教育)、高中阶段教育(普通高中、中等职业、技工教育)、高等教育(大学专科、大学本科、硕士研究生、博士研究生教育)。

年满 3 岁至小学入学前处于学前教育阶段的子女,按本条第一款规定执行。

第六条 父母可以选择由其中一方按扣除标准的 100% 扣除,也可以选择由双方分别按扣除标准的 50% 扣除,具体扣除方式在一个纳税年度内不能变更。

第七条 纳税人子女在中国境外接受教育的,纳税人应当留存境外学校录取通知书、留学签证等相关教育的证明资料备查。

第三章 继 续 教 育

第八条 纳税人在中国境内接受学历(学位)继续教育的支出,在学历(学位)教育期间按照每月 400 元定额扣除。同一学历(学位)继续教育的扣除期限不能超过 48 个月。纳税人接受技能人员职业资格继续教育、专业技术人员职业资格继续教育的支出,在取得相关证书的当年,按照3 600元定额扣除。

第九条 个人接受本科及以下学历(学位)继续教育,符合本办法规定扣除条件的,可以选择由其父母扣除,也可以选择由本人扣除。

第十条 纳税人接受技能人员职业资格继续教育、专业技术人员职业资格继续教育的,应当留存相关证书等资料备查。

第四章 大病医疗

第十一条 在一个纳税年度内,纳税人发生的与基本医保相关的医药费用支出,扣除医保报销后个人负担(指医保目录范围内的自付部分)累计超过15 000元的部分,由纳税人在办理年度汇算清缴时,在80 000元限额内据实扣除。

第十二条 纳税人发生的医药费用支出可以选择由本人或者其配偶扣除;未成年子女发生的医药费用支出可以选择由其父母一方扣除。

纳税人及其配偶、未成年子女发生的医药费用支出,按本办法第十一条规定分别计算扣除额。

第十三条 纳税人应当留存医药服务收费及医保报销相关票据原件(或者复印件)等资料备查。医疗保障部门应当向患者提供在医疗保障信息系统记录的本人年度医药费用信息查询服务。

第五章 住房贷款利息

第十四条 纳税人本人或者配偶单独或者共同使用商业银行或者住房公积金个人住房贷款为本人或者其配偶购买中国境内住房,发生的首套住房贷款利息支出,在实际发生贷款利息的年度,按照每月1 000元的标准定额扣除,扣除期限最长不超过240个月。纳税人只能享受一次首套住房贷款的利息扣除。

本办法所称首套住房贷款是指购买住房享受首套住房贷款利率的住房贷款。

第十五条 经夫妻双方约定,可以选择由其中一方扣除,具体扣除方式在一个纳税年度内不能变更。

夫妻双方婚前分别购买住房发生的首套住房贷款,其贷款利息支出,婚后可以选择其中一套购买的住房,由购买方按扣除标准的100%扣除,也可以由夫妻双方对各自购买的住房分别按扣除标准的50%扣除,具体扣除方式在一个纳税年度内不能变更。

第十六条 纳税人应当留存住房贷款合同、贷款还款支出凭证备查。

第六章 住房租金

第十七条 纳税人在主要工作城市没有自有住房而发生的住房租金支出,可以按照以下标准定额扣除:

(一)直辖市、省会(首府)城市、计划单列市以及国务院确定的其他城市,扣除标准为每月1 500元;

(二)除第一项所列城市以外,市辖区户籍人口超过100万的城市,扣除标准为每月1 100元;市辖区户籍人口不超过100万的城市,扣除标准为每月800元。

纳税人的配偶在纳税人的主要工作城市有自有住房的,视同纳税人在主要工作城市有自有住房。

市辖区户籍人口,以国家统计局公布的数据为准。

第十八条　本办法所称主要工作城市是指纳税人任职受雇的直辖市、计划单列市、副省级城市、地级市(地区、州、盟)全部行政区域范围；纳税人无任职受雇单位的，为受理其综合所得汇算清缴的税务机关所在城市。

夫妻双方主要工作城市相同的，只能由一方扣除住房租金支出。

第十九条　住房租金支出由签订租赁住房合同的承租人扣除。

第二十条　纳税人及其配偶在一个纳税年度内不能同时分别享受住房贷款利息和住房租金专项附加扣除。

第二十一条　纳税人应当留存住房租赁合同、协议等有关资料备查。

第七章　赡养老人

第二十二条　纳税人赡养一位及以上被赡养人的赡养支出，统一按照以下标准定额扣除：

(一)纳税人为独生子女的，按照每月2000元的标准定额扣除；

(二)纳税人为非独生子女的，由其与兄弟姐妹分摊每月2000元的扣除额度，每人分摊的额度不能超过每月1000元。可以由赡养人均摊或者约定分摊，也可以由被赡养人指定分摊。约定或者指定分摊的须签订书面分摊协议，指定分摊优先于约定分摊。具体分摊方式和额度在一个纳税年度内不能变更。

第二十三条　本办法所称被赡养人是指年满60岁的父母，以及子女均已去世的年满60岁的祖父母、外祖父母。

第八章　保障措施

第二十四条　纳税人向收款单位索取发票、财政票据、支出凭证，收款单位不能拒绝提供。

第二十五条　纳税人首次享受专项附加扣除，应当将专项附加扣除相关信息报交扣缴义务人或者税务机关，扣缴义务人应当及时将相关信息报送税务机关，纳税人对所提交信息的真实性、准确性、完整性负责。专项附加扣除信息发生变化的，纳税人应当及时向扣缴义务人或者税务机关提供相关信息。

前款所称专项附加扣除相关信息，包括纳税人本人、配偶、子女、被赡养人等个人身份信息，以及国务院税务主管部门规定的其他与专项附加扣除相关的信息。

本办法规定纳税人需要留存备查的相关资料应当留存五年。

第二十六条　有关部门和单位有责任和义务向税务部门提供或者协助核实以下与专项附加扣除有关的信息：

(一)公安部门有关户籍人口基本信息、户成员关系信息、出入境证件信息、相关出国人员信息、户籍人口死亡标识等信息；

(二)卫生健康部门有关出生医学证明信息、独生子女信息；

(三)民政部门、外交部门、法院有关婚姻状况信息；

(四)教育部门有关学生学籍信息(包括学历继续教育学生学籍、考籍信息)、在相关部门备案的境外教育机构资质信息；

(五)人力资源社会保障等部门有关技工院校学生学籍信息、技能人员职业资格继续教育信息、专业技术人员职业资格继续教育信息；

(六)住房城乡建设部门有关房屋(含公租房)租赁信息、住房公积金管理机构有关住房公积金贷款还款支出信息；

(七)自然资源部门有关不动产登记信息；

（八）人民银行、金融监督管理部门有关住房商业贷款还款支出信息；

（九）医疗保障部门有关在医疗保障信息系统记录的个人负担的医药费用信息；

（十）国务院税务主管部门确定需要提供的其他涉税信息。

上述数据信息的格式、标准、共享方式，由国务院税务主管部门及各省、自治区、直辖市和计划单列市税务局商有关部门确定。

有关部门和单位拥有专项附加扣除涉税信息，但未按规定要求向税务部门提供的，拥有涉税信息的部门或者单位的主要负责人及相关人员承担相应责任。

第二十七条 扣缴义务人发现纳税人提供的信息与实际情况不符的，可以要求纳税人修改。纳税人拒绝修改的，扣缴义务人应当报告税务机关，税务机关应当及时处理。

第二十八条 税务机关核查专项附加扣除情况时，纳税人任职受雇单位所在地、经常居住地、户籍所在地的公安派出所、居民委员会或者村民委员会等有关单位和个人应当协助核查。

第九章 附 则

第二十九条 本办法所称父母，是指生父母、继父母、养父母。本办法所称子女，是指婚生子女、非婚生子女、继子女、养子女。父母之外的其他人担任未成年人的监护人的，比照本办法规定执行。

第三十条 个人所得税专项附加扣除额一个纳税年度扣除不完的，不能结转以后年度扣除。

第三十一条 个人所得税专项附加扣除具体操作办法，由国务院税务主管部门另行制定。

第三十二条 本办法自2019年1月1日起施行。

财政部 税务总局关于2018年第四季度个人所得税减除费用和税率适用问题的通知

财税〔2018〕98号

各省、自治区、直辖市、计划单列市财政厅（局），国家税务总局各省、自治区、直辖市、计划单列市税务局，新疆生产建设兵团财政局：

根据第十三届全国人大常委会第五次会议审议通过的《全国人民代表大会常务委员会关于修改〈中华人民共和国个人所得税法〉的决定》，现就2018年第四季度纳税人适用个人所得税减除费用和税率有关问题通知如下：

一、关于工资、薪金所得适用减除费用和税率问题

对纳税人在2018年10月1日（含）后实际取得的工资、薪金所得，减除费用统一按照5 000元/月执行，并按照本通知所附个人所得税税率表一计算应纳税额。对纳税人在2018年9月30日（含）前实际取得的工资、薪金所得，减除费用按照税法修改前规定执行。

二、关于个体工商户业主、个人独资企业和合伙企业自然人投资者、企事业单位承包承租经营者的生产经营所得计税方法问题

（一）对个体工商户业主、个人独资企业和合伙企业自然人投资者、企事业单位承包承租经营者2018年第四季度取得的生产经营所得，减除费用按照5 000元/月执行，前三季度减除

费用按照 3 500 元/月执行。

（二）对个体工商户业主、个人独资企业和合伙企业自然人投资者、企事业单位承包承租经营者 2018 年取得的生产经营所得，用全年应纳税所得额分别计算应纳前三季度税额和应纳第四季度税额，其中应纳前三季度税额按照税法修改前规定的税率和前三季度实际经营月份的权重计算，应纳第四季度税额按照本通知所附个人所得税税率表二（以下称税法修改后规定的税率）和第四季度实际经营月份的权重计算。具体计算方法：

1. 月（季）度预缴税款的计算。

本期应缴税额＝累计应纳税额－累计已缴税额

累计应纳税额＝应纳 10 月 1 日以前税额＋应纳 10 月 1 日以后税额

应纳 10 月 1 日以前税额 ＝ (累计应纳税所得额 × 税法修改前规定的税率 － 税法修改前规定的速算扣除数) × 10 月 1 日以前实际经营月份数 ÷ 累计实际经营月份数

应纳 10 月 1 日以后税额 ＝ (累计应纳税所得额 × 税法修改后规定的税率 － 税法修改后规定的速算扣除数) × 10 月 1 日以后实际经营月份数 ÷ 累计实际经营月份数

2. 年度汇算清缴税款的计算。

汇缴应补退税额＝全年应纳税额－累计已缴税额

全年应纳税额＝应纳前三季度税额＋应纳第四季度税额

应纳前三季度税额 ＝ (全年应纳税所得额 × 税法修改前规定的税率 － 税法修改前规定的速算扣除数) × 前三季度实际经营月份数 ÷ 全年实际经营月份数

应纳第四季度税额 ＝ (全年应纳税所得额 × 税法修改后规定的税率 － 税法修改后规定的速算扣除数) × 第四季度实际经营月份数 ÷ 全年实际经营月份数

三、《财政部 国家税务总局关于调整个体工商户业主个人独资企业和合伙企业自然人投资者个人所得税费用扣除标准的通知》（财税〔2011〕62 号）自 2018 年 10 月 1 日起废止。

附件：1. 个人所得税税率表一（工资薪金所得适用）
　　　2. 个人所得税税率表二（个体工商户的生产、经营所得和对企事业单位的承包经营、承租经营所得适用）

财政部　税务总局
2018 年 9 月 7 日

附件 1　　**个人所得税税率表一（工资薪金所得适用）**

级数	全月应纳税所得额	税率	速算扣除数
1	不超过 3 000 元的	3%	0
2	超过 3 000 元至 12 000 元的部分	10%	210
3	超过 12 000 元至 25 000 元的部分	20%	1 410
4	超过 25 000 元至 35 000 元的部分	25%	2 660
5	超过 35 000 元至 55 000 元的部分	30%	4 410
6	超过 55 000 元至 80 000 元的部分	35%	7 160
7	超过 80 000 元的部分	45%	15 160

附件2　　　　　个人所得税税率表二（个体工商户的生产、经营所得和
对企事业单位的承包经营、承租经营所得适用）

级数	全年应纳税所得额	税率	速算扣除数
1	不超过 30 000 元的	5%	0
2	超过 30 000 元至 90 000 元的部分	10%	1 500
3	超过 90 000 元至 300 000 元的部分	20%	10 500
4	超过 300 000 元至 500 000 元的部分	30%	40 500
5	超过 500 000 元的部分	35%	65 500

国家税务总局关于严格按照 5 000 元费用减除标准执行税收政策的公告

国家税务总局公告 2018 年第 51 号

近期，有纳税人反映，部分扣缴单位在 10 月份发放工资薪金时没有按照 5 000 元/月费用减除标准扣除计税。为保障纳税人合法权益，让纳税人全面及时享受个人所得税改革红利，现就有关事项公告如下：

一、根据修改后的个人所得税法和有关规定，纳税人在今年 10 月 1 日（含）后实际取得的工资薪金所得，应当适用 5 000 元/月的费用减除标准。对于符合上述情形的，扣缴义务人要严格按照 5 000 元/月费用减除标准代扣代缴税款，确保纳税人不打折扣地享受税改红利。

二、对于纳税人 2018 年 10 月 1 日（含）后实际取得的工资薪金所得，如果扣缴义务人办理申报时将"税款所属月份"误选为"2018 年 9 月"，导致未享受 5 000 元/月的减除费用，纳税人、扣缴义务人可以依法向税务机关申请退还多缴的税款。

三、对于扣缴单位在今年 10 月 1 日（含）后发放工资薪金时，没有按照 5 000 元费用减除标准扣除的，纳税人可向税务机关投诉，税务机关应当及时核实，并向扣缴单位做好宣传辅导，尽快给予解决，切实保障纳税人合法权益。

投诉电话：12366

特此公告。

国家税务总局
2018 年 11 月 2 日

财政部　税务总局关于个人所得税法修改后有关优惠政策衔接问题的通知

财税〔2018〕164 号

各省、自治区、直辖市、计划单列市财政厅（局），国家税务总局各省、自治区、直辖市、计划单列市税务局，新疆生产建设兵团财政局：

为贯彻落实修改后的《中华人民共和国个人所得税法》，现将个人所得税优惠政策衔接有关事项通知如下：

一、关于全年一次性奖金、中央企业负责人年度绩效薪金延期兑现收入和任期奖励的政策

（一）居民个人取得全年一次性奖金，符合《国家税务总局关于调整个人取得全年一次性奖金等计算征收个人所得税方法问题的通知》（国税发〔2005〕9号）规定的，在2021年12月31日前，不并入当年综合所得，以全年一次性奖金收入除以12个月得到的数额，按照本通知所附按月换算后的综合所得税率表（以下简称月度税率表），确定适用税率和速算扣除数，单独计算纳税。计算公式为：

$$应纳税额＝全年一次性奖金收入×适用税率－速算扣除数$$

居民个人取得全年一次性奖金，也可以选择并入当年综合所得计算纳税。

自2022年1月1日起，居民个人取得全年一次性奖金，应并入当年综合所得计算缴纳个人所得税。

（二）中央企业负责人取得年度绩效薪金延期兑现收入和任期奖励，符合《国家税务总局关于中央企业负责人年度绩效薪金延期兑现收入和任期奖励征收个人所得税问题的通知》（国税发〔2007〕118号）规定的，在2021年12月31日前，参照本通知第一条第（一）项执行；2022年1月1日之后的政策另行明确。

二、关于上市公司股权激励的政策

（一）居民个人取得股票期权、股票增值权、限制性股票、股权奖励等股权激励（以下简称股权激励），符合《财政部 国家税务总局关于个人股票期权所得征收个人所得税问题的通知》（财税〔2005〕35号）、《财政部 国家税务总局关于股票增值权所得和限制性股票所得征收个人所得税有关问题的通知》（财税〔2009〕5号）、《财政部 国家税务总局关于将国家自主创新示范区有关税收试点政策推广到全国范围实施的通知》（财税〔2015〕116号）第四条、《财政部 国家税务总局关于完善股权激励和技术入股有关所得税政策的通知》（财税〔2016〕101号）第四条第（一）项规定的相关条件的，在2021年12月31日前，不并入当年综合所得，全额单独适用综合所得税率表，计算纳税。计算公式为：

$$应纳税额＝股权激励收入×适用税率－速算扣除数$$

（二）居民个人一个纳税年度内取得两次以上（含两次）股权激励的，应合并按本通知第二条第（一）项规定计算纳税。

（三）2022年1月1日之后的股权激励政策另行明确。

三、关于保险营销员、证券经纪人佣金收入的政策

保险营销员、证券经纪人取得的佣金收入，属于劳务报酬所得，以不含增值税的收入减除20%的费用后的余额为收入额，收入额减去展业成本以及附加税费后，并入当年综合所得，计算缴纳个人所得税。保险营销员、证券经纪人展业成本按照收入额的25%计算。

扣缴义务人向保险营销员、证券经纪人支付佣金收入时，应按照《个人所得税扣缴申报管理办法（试行）》（国家税务总局公告2018年第61号）规定的累计预扣法计算预扣税款。

四、关于个人领取企业年金、职业年金的政策

个人达到国家规定的退休年龄，领取的企业年金、职业年金，符合《财政部 人力资源社会保障部 国家税务总局关于企业年金 职业年金个人所得税有关问题的通知》（财税〔2013〕103

号)规定的,不并入综合所得,全额单独计算应纳税款。其中按月领取的,适用月度税率表计算纳税;按季领取的,平均分摊计入各月,按每月领取额适用月度税率表计算纳税;按年领取的,适用综合所得税率表计算纳税。

个人因出境定居而一次性领取的年金个人账户资金,或个人死亡后,其指定的受益人或法定继承人一次性领取的年金个人账户余额,适用综合所得税率表计算纳税。对个人除上述特殊原因外一次性领取年金个人账户资金或余额的,适用月度税率表计算纳税。

五、关于解除劳动关系、提前退休、内部退养的一次性补偿收入的政策

(一)个人与用人单位解除劳动关系取得一次性补偿收入(包括用人单位发放的经济补偿金、生活补助费和其他补助费),在当地上年职工平均工资3倍数额以内的部分,免征个人所得税;超过3倍数额的部分,不并入当年综合所得,单独适用综合所得税率表,计算纳税。

(二)个人办理提前退休手续而取得的一次性补贴收入,应按照办理提前退休手续至法定离退休年龄之间实际年度数平均分摊,确定适用税率和速算扣除数,单独适用综合所得税率表,计算纳税。计算公式:

应纳税额={[(一次性补贴收入÷办理提前退休手续至法定退休年龄的实际年度数)-费用扣除标准]×适用税率-速算扣除数}×办理提前退休手续至法定退休年龄的实际年度数

(三)个人办理内部退养手续而取得的一次性补贴收入,按照《国家税务总局关于个人所得税有关政策问题的通知》(国税发〔1999〕58号)规定计算纳税。

六、关于单位低价向职工售房的政策

单位按低于购置或建造成本价格出售住房给职工,职工因此而少支出的差价部分,符合《财政部 国家税务总局关于单位低价向职工售房有关个人所得税问题的通知》(财税〔2007〕13号)第二条规定的,不并入当年综合所得,以差价收入除以12个月得到的数额,按照月度税率表确定适用税率和速算扣除数,单独计算纳税。计算公式为:

应纳税额 = (职工实际支付的购房价款低于该房屋的购置或建造成本价格的差额) × 适用税率 - 速算扣除数

七、关于外籍个人有关津补贴的政策

(一)2019年1月1日至2021年12月31日期间,外籍个人符合居民个人条件的,可以选择享受个人所得税专项附加扣除,也可以选择按照《财政部 国家税务总局关于个人所得税若干政策问题的通知》(财税〔1994〕20号)、《国家税务总局关于外籍个人取得有关补贴征免个人所得税执行问题的通知》(国税发〔1997〕54号)和《财政部 国家税务总局关于外籍个人取得港澳地区住房等补贴征免个人所得税的通知》(财税〔2004〕29号)规定,享受住房补贴、语言训练费、子女教育费等津补贴免税优惠政策,但不得同时享受。外籍个人一经选择,在一个纳税年度内不得变更。

(二)自2022年1月1日起,外籍个人不再享受住房补贴、语言训练费、子女教育费津补贴免税优惠政策,应按规定享受专项附加扣除。

八、除上述衔接事项外,其他个人所得税优惠政策继续按照原文件规定执行。

九、本通知自2019年1月1日起执行。下列文件或文件条款同时废止:

(一)《财政部 国家税务总局关于个人与用人单位解除劳动关系取得的一次性补偿收入征免个人所得税问题的通知》(财税〔2001〕157号)第一条;

(二)《财政部 国家税务总局关于个人股票期权所得征收个人所得税问题的通知》(财税

〔2005〕35号)第四条第(一)项;

(三)《财政部 国家税务总局关于单位低价向职工售房有关个人所得税问题的通知》(财税〔2007〕13号)第三条;

(四)《财政部 人力资源社会保障部 国家税务总局关于企业年金职业年金个人所得税有关问题的通知》(财税〔2013〕103号)第三条第1项和第3项;

(五)《国家税务总局关于个人认购股票等有价证券而从雇主取得折扣或补贴收入有关征收个人所得税问题的通知》(国税发〔1998〕9号);

(六)《国家税务总局关于保险企业营销员(非雇员)取得的收入计征个人所得税问题的通知》(国税发〔1998〕13号);

(七)《国家税务总局关于个人因解除劳动合同取得经济补偿金征收个人所得税问题的通知》(国税发〔1999〕178号);

(八)《国家税务总局关于国有企业职工因解除劳动合同取得一次性补偿收入征免个人所得税问题的通知》(国税发〔2000〕77号);

(九)《国家税务总局关于调整个人取得全年一次性奖金等计算征收个人所得税方法问题的通知》(国税发〔2005〕9号)第二条;

(十)《国家税务总局关于保险营销员取得佣金收入征免个人所得税问题的通知》(国税函〔2006〕454号);

(十一)《国家税务总局关于个人股票期权所得缴纳个人所得税有关问题的补充通知》(国税函〔2006〕902号)第七条、第八条;

(十二)《国家税务总局关于中央企业负责人年度绩效薪金延期兑现收入和任期奖励征收个人所得税问题的通知》(国税发〔2007〕118号)第一条;

(十三)《国家税务总局关于个人提前退休取得补贴收入个人所得税问题的公告》(国家税务总局公告2011年第6号)第二条;

(十四)《国家税务总局关于证券经纪人佣金收入征收个人所得税问题的公告》(国家税务总局公告2012年第45号)。

附件:按月换算后的综合所得税率表

财政部 税务总局
2018年12月27日

附件   **按月换算后的综合所得税率表**

级数	全月应纳税所得额	税率(%)	速算扣除数
1	不超过3 000元的	3	0
2	超过3 000元至12 000元的部分	10	210
3	超过12 000元至25 000元的部分	20	1 410
4	超过25 000元至35 000元的部分	25	2 660
5	超过35 000元至55 000元的部分	30	4 410
6	超过55 000元至80 000元的部分	35	7 160
7	超过80 000元的部分	45	15 160

财政部 税务总局关于继续有效的个人所得税优惠政策目录的公告

财政部 税务总局公告2018年第177号

为贯彻落实修改后的《中华人民共和国个人所得税法》，现将继续有效的个人所得税优惠政策涉及的文件目录予以公布。

特此公告。

附件：继续有效的个人所得税优惠政策涉及的文件目录

财政部 税务总局
2018年12月29日

附件 继续有效的个人所得税优惠政策涉及的文件目录

序号	制定机关	优惠政策文件名称	文号
1	财政部	财政部关于外国来华工作人员缴纳个人所得税问题的通知	(80)财税字第189号
2	财政部、税务总局	财政部 国家税务总局关于个人所得税若干政策问题的通知	财税字〔1994〕020号
3	财政部、税务总局	财政部 国家税务总局关于西藏自治区贯彻施行《中华人民共和国个人所得税法》有关问题的批复	财税字〔1994〕021号
4	税务总局	国家税务总局关于印发《征收个人所得税若干问题的规定》的通知	国税发〔1994〕089号
5	税务总局	国家税务总局关于社会福利有奖募捐发行收入税收问题的通知	国税发〔1994〕127号
6	税务总局	国家税务总局关于曾宪梓教育基金会教师奖免征个人所得税的函	国税函发〔1994〕376号
7	财政部、税务总局	财政部 国家税务总局关于发给见义勇为者的奖金免征个人所得税问题的通知	财税字〔1995〕25号
8	税务总局	国家税务总局关于个人取得青苗补偿费收入征免个人所得税的批复	国税函发〔1995〕079号
9	财政部、税务总局	财政部 税务总局关于军队干部工资薪金收入征收个人所得税的通知	财税字〔1996〕14号
10	财政部、税务总局	财政部 国家税务总局关于西藏特殊津贴免征个人所得税的批复	财税字〔1996〕91号
11	财政部、税务总局	财政部 国家税务总局关于国际青少年消除贫困奖免征个人所得税的通知	财税字〔1997〕51号
12	税务总局	国家税务总局关于股份制企业转增股本和派发红股征免个人所得税的通知	国税发〔1997〕198号
13	财政部、税务总局	财政部 国家税务总局关于个人取得体育彩票中奖所得征免个人所得税问题的通知	财税字〔1998〕12号

(续表)

序号	制定机关	优惠政策文件名称	文号
14	财政部、税务总局	财政部 国家税务总局关于证券投资基金税收问题的通知	财税字〔1998〕55号
15	财政部、税务总局	财政部 国家税务总局关于个人转让股票所得继续暂免征收个人所得税的通知	财税字〔1998〕61号
16	税务总局	国家税务总局关于原城市信用社在转制为城市合作银行过程中个人股增值所得应纳个人所得税的批复	国税函〔1998〕289号
17	税务总局	国家税务总局关于"长江学者奖励计划"有关个人收入免征个人所得税的通知	国税函〔1998〕632号
18	财政部、税务总局	财政部 国家税务总局关于促进科技成果转化有关税收政策的通知	财税字〔1999〕45号
19	税务总局	国家税务总局关于个人所得税有关政策问题的通知	国税发〔1999〕58号
20	税务总局	国家税务总局关于促进科技成果转化有关个人所得税问题的通知	国税发〔1999〕125号
21	财政部、税务总局	财政部 国家税务总局关于住房公积金 医疗保险金 基本养老保险金 失业保险基金个人账户存款利息所得免征个人所得税的通知	财税字〔1999〕267号
22	税务总局	国家税务总局关于"特聘教授奖金"免征个人所得税的通知	国税函〔1999〕525号
23	税务总局	国家税务总局关于企业改组改制过程中个人取得的量化资产征收个人所得税问题的通知	国税发〔2000〕60号
24	财政部、税务总局	财政部 国家税务总局关于随军家属就业有关税收政策的通知	财税〔2000〕84号
25	财政部、税务总局	财政部 国家税务总局关于调整住房租赁市场税收政策的通知	财税〔2000〕125号
26	税务总局	国家税务总局关于律师事务所从业人员取得收入征收个人所得税有关业务问题的通知	国税发〔2000〕149号
27	税务总局	国家税务总局关于"长江小小科学家"奖金免征个人所得税的通知	国税函〔2000〕688号
28	税务总局	国家税务总局关于《关于个人独资企业和合伙企业投资者征收个人所得税的规定》执行口径的通知	国税函〔2001〕84号
29	财政部、税务总局	财政部 国家税务总局关于个人与用人单位解除劳动关系取得的一次性补偿收入征免个人所得税问题的通知	财税〔2001〕157号
30	财政部、税务总局	财政部 国家税务总局关于开放式证券投资基金有关税收问题的通知	财税〔2002〕128号
31	财政部、税务总局	财政部 国家税务总局关于自主择业的军队转业干部有关税收政策问题的通知	财税〔2003〕26号
32	税务总局	国家税务总局关于个人取得"母亲河(波司登)奖"奖金所得免征个人所得税问题的批复	国税函〔2003〕961号

(续表)

序号	制定机关	优惠政策文件名称	文号
33	财政部、税务总局	财政部 国家税务总局关于外籍个人取得港澳地区住房等补贴征免个人所得税的通知	财税〔2004〕29号
34	财政部、税务总局	财政部 国家税务总局关于农村税费改革试点地区有关个人所得税问题的通知	财税〔2004〕30号
35	财政部、税务总局	财政部 国家税务总局关于教育税收政策的通知	财税〔2004〕39号
36	税务总局	国家税务总局关于国际组织驻华机构 外国政府驻华使领馆和驻华新闻机构雇员个人所得税征收方式的通知	国税函〔2004〕808号
37	财政部、税务总局	财政部 国家税务总局关于城镇房屋拆迁有关税收政策的通知	财税〔2005〕45号
38	财政部、税务总局	财政部 国家税务总局关于股权分置试点改革有关税收政策问题的通知	财税〔2005〕103号
39	财政部、税务总局	财政部 国家税务总局关于基本养老保险费基本医疗保险费失业保险费住房公积金有关个人所得税政策的通知	财税〔2006〕10号
40	税务总局	国家税务总局关于陈嘉庚科学奖获奖个人取得的奖金收入免征个人所得税的通知	国税函〔2006〕561号
41	财政部、税务总局	财政部 国家税务总局关于单位低价向职工售房有关个人所得税问题的通知	财税〔2007〕13号
42	财政部、税务总局	财政部 国家税务总局关于个人取得有奖发票奖金征免个人所得税问题的通知	财税〔2007〕34号
43	财政部、税务总局	财政部 国家税务总局关于《建立亚洲开发银行协定》有关个人所得税问题的补充通知	财税〔2007〕93号
44	财政部、税务总局	财政部 国家税务总局关于高级专家延长离休退休期间取得工资薪金所得有关个人所得税问题的通知	财税〔2008〕7号
45	财政部、税务总局	财政部 国家税务总局关于生育津贴和生育医疗费有关个人所得税政策的通知	财税〔2008〕8号
46	财政部、税务总局	财政部 国家税务总局关于廉租住房经济适用住房和住房租赁有关税收政策的通知	财税〔2008〕24号
47	财政部、税务总局	财政部 国家税务总局关于认真落实抗震救灾及灾后重建税收政策问题的通知	财税〔2008〕62号
48	财政部、税务总局	财政部 国家税务总局关于储蓄存款利息所得有关个人所得税政策的通知	财税〔2008〕132号
49	财政部、税务总局	财政部 国家税务总局关于证券市场个人投资者证券交易结算资金利息所得有关个人所得税政策的通知	财税〔2008〕140号
50	财政部、税务总局	财政部 国家税务总局关于个人无偿受赠房屋有关个人所得税问题的通知	财税〔2009〕78号

(续表)

序号	制定机关	优惠政策文件名称	文号
51	税务总局	国家税务总局关于明确个人所得税若干政策执行问题的通知	国税发〔2009〕121号
52	税务总局	国家税务总局关于刘东生青年科学家奖和刘东生地球科学奖学金获奖者奖金免征个人所得税的通知	国税函〔2010〕74号
53	税务总局	国家税务总局关于全国职工职业技能大赛奖金免征个人所得税的通知	国税函〔2010〕78号
54	财政部、税务总局	财政部 国家税务总局关于个人独资企业和合伙企业投资者取得种植业 养殖业 饲养业 捕捞业所得有关个人所得税问题的批复	财税〔2010〕96号
55	税务总局	国家税务总局关于中华宝钢环境优秀奖奖金免征个人所得税问题的通知	国税函〔2010〕130号
56	财政部、税务总局	财政部 国家税务总局关于企业促销展业赠送礼品有关个人所得税问题的通知	财税〔2011〕50号
57	税务总局	国家税务总局关于2011年度李四光地质科学奖奖金免征个人所得税的公告	国家税务总局公告2011年第68号
58	财政部、税务总局	财政部 国家税务总局关于退役士兵退役金和经济补助免征个人所得税问题的通知	财税〔2011〕109号
59	税务总局	国家税务总局关于第五届黄汲清青年地质科学技术奖奖金免征个人所得税问题的公告	国家税务总局公告2012年第4号
60	税务总局	国家税务总局关于明天小小科学家奖金免征个人所得税问题的公告	国家税务总局公告2012年第28号
61	财政部、税务总局	财政部 国家税务总局关于工伤职工取得的工伤保险待遇有关个人所得税政策的通知	财税〔2012〕40号
62	财政部、税务总局	财政部 国家税务总局关于地方政府债券利息免征所得税问题的通知	财税〔2013〕5号
63	财政部、税务总局	财政部 国家税务总局关于棚户区改造有关税收政策的通知	财税〔2013〕101号
64	财政部、人力资源社会保障部、税务总局	财政部 人力资源社会保障部 国家税务总局关于企业年金职业年金个人所得税有关问题的通知	财税〔2013〕103号
65	财政部、税务总局	财政部 国家税务总局关于广东横琴新区个人所得税优惠政策的通知	财税〔2014〕23号
66	财政部、税务总局	财政部 国家税务总局关于福建平潭综合实验区个人所得税优惠政策的通知	财税〔2014〕24号
67	财政部、税务总局	财政部 国家税务总局关于深圳前海深港现代服务业合作区个人所得税优惠政策的通知	财税〔2014〕25号
68	财政部、税务总局、证监会	财政部 国家税务总局 证监会关于沪港股票市场交易互联互通机制试点有关税收政策的通知	财税〔2014〕81号

(续表)

序号	制定机关	优惠政策文件名称	文号
69	财政部、海关总署、税务总局	财政部 海关总署 国家税务总局关于支持鲁甸地震灾后恢复重建有关税收政策问题的通知	财税〔2015〕27号
70	财政部、税务总局	财政部 国家税务总局关于个人非货币性资产投资有关个人所得税政策的通知	财税〔2015〕41号
71	财政部、税务总局、证监会	财政部 国家税务总局 证监会关于上市公司股息红利差别化个人所得税政策有关问题的通知	财税〔2015〕101号
72	财政部、税务总局	财政部 国家税务总局关于将国家自主创新示范区有关税收试点政策推广到全国范围实施的通知	财税〔2015〕116号
73	财政部、税务总局、证监会	财政部 国家税务总局 证监会关于内地与香港基金互认有关税收政策的通知	财税〔2015〕125号
74	财政部、税务总局	财政部 国家税务总局关于行政和解金有关税收政策问题的通知	财税〔2016〕100号
75	财政部、税务总局	财政部 国家税务总局关于完善股权激励和技术入股有关所得税政策的通知	财税〔2016〕101号
76	财政部、税务总局、证监会	财政部 国家税务总局 证监会关于深港股票市场交易互联互通机制试点有关税收政策的通知	财税〔2016〕127号
77	财政部、税务总局、民政部	财政部 税务总局 民政部关于继续实施扶持自主就业退役士兵创业就业有关税收政策的通知	财税〔2017〕46号
78	财政部、税务总局、人力资源社会保障部	财政部 税务总局 人力资源社会保障部关于继续实施支持和促进重点群体创业就业有关税收政策的通知	财税〔2017〕49号
79	财政部、税务总局、海关总署	财政部 税务总局 海关总署关于北京2022年冬奥会和冬残奥会税收政策的通知	财税〔2017〕60号
80	财政部、税务总局、证监会	财政部 税务总局 证监会关于沪港股票市场交易互联互通机制试点有关税收政策的通知	财税〔2017〕78号
81	财政部、税务总局、证监会	财政部 税务总局 证监会关于支持原油等货物期货市场对外开放税收政策的通知	财税〔2018〕21号
82	财政部、税务总局、人力资源社会保障部、中国银行保险监督管理委员会、证监会	财政部 税务总局 人力资源社会保障部 中国银行保险监督管理委员会 证监会关于开展个人税收递延型商业养老保险试点的通知	财税〔2018〕22号
83	财政部、税务总局	财政部 税务总局关于创业投资企业和天使投资个人有关税收政策的通知	财税〔2018〕55号
84	财政部、税务总局、科技部	财政部 税务总局 科技部关于科技人员取得职务科技成果转化现金奖励有关个人所得税政策的通知	财税〔2018〕58号
85	财政部、税务总局	财政部 税务总局关于易地扶贫搬迁税收优惠政策的通知	财税〔2018〕135号

(续表)

序号	制定机关	优惠政策文件名称	文号
86	财政部、税务总局、证监会	财政部 税务总局 证监会关于个人转让全国中小企业股份转让系统挂牌公司股票有关个人所得税政策的通知	财税〔2018〕137号
87	财政部、税务总局、证监会	财政部税务总局 证监会关于继续执行内地与香港基金互认有关个人所得税政策的通知	财税〔2018〕154号
88	财政部、税务总局	财政部 税务总局关于个人所得税法修改后有关优惠政策衔接问题的通知	财税〔2018〕164号

注：上述文件中个人所得税优惠政策继续有效，已废止或者失效的部分条款除外。

国家税务总局关于发布《个人所得税专项附加扣除操作办法（试行）》的公告

国家税务总局公告2018年第60号

为贯彻落实新修改的《中华人民共和国个人所得税法》和《国务院关于印发个人所得税专项附加扣除暂行办法的通知》（国发〔2018〕41号），国家税务总局制定了《个人所得税专项附加扣除操作办法（试行）》。现予以发布，自2019年1月1日起施行。

特此公告。

附件：个人所得税专项附加扣除信息表及填表说明（略）

国家税务总局
2018年12月21日

个人所得税专项附加扣除操作办法（试行）

第一章 总 则

第一条 为了规范个人所得税专项附加扣除行为，切实维护纳税人合法权益，根据新修改的《中华人民共和国个人所得税法》及其实施条例、《中华人民共和国税收征收管理法》及其实施细则、《国务院关于印发个人所得税专项附加扣除暂行办法的通知》（国发〔2018〕41号）的规定，制定本办法。

第二条 纳税人享受子女教育、继续教育、大病医疗、住房贷款利息或者住房租金、赡养老人专项附加扣除的，依照本办法规定办理。

第二章 享受扣除及办理时间

第三条 纳税人享受符合规定的专项附加扣除的计算时间分别为：

（一）子女教育。学前教育阶段，为子女年满3周岁当月至小学入学前一月。学历教育，为子女接受全日制学历教育入学的当月至全日制学历教育结束的当月。

（二）继续教育。学历（学位）继续教育，为在中国境内接受学历（学位）继续教育入学的当月至学历（学位）继续教育结束的当月，同一学历（学位）继续教育的扣除期限最长不得超过48

个月。技能人员职业资格继续教育、专业技术人员职业资格继续教育,为取得相关证书的当年。

(三)大病医疗。为医疗保障信息系统记录的医药费用实际支出的当年。

(四)住房贷款利息。为贷款合同约定开始还款的当月至贷款全部归还或贷款合同终止的当月,扣除期限最长不得超过 240 个月。

(五)住房租金。为租赁合同(协议)约定的房屋租赁期开始的当月至租赁期结束的当月。提前终止合同(协议)的,以实际租赁期限为准。

(六)赡养老人。为被赡养人年满 60 周岁的当月至赡养义务终止的年末。

前款第一项、第二项规定的学历教育和学历(学位)继续教育的期间,包含因病或其他非主观原因休学但学籍继续保留的休学期间,以及施教机构按规定组织实施的寒暑假等假期。

第四条 享受子女教育、继续教育、住房贷款利息或者住房租金、赡养老人专项附加扣除的纳税人,自符合条件开始,可以向支付工资、薪金所得的扣缴义务人提供上述专项附加扣除有关信息,由扣缴义务人在预扣预缴税款时,按其在本单位本年可享受的累计扣除额办理扣除;也可以在次年 3 月 1 日至 6 月 30 日内,向汇缴地主管税务机关办理汇算清缴申报时扣除。

纳税人同时从两处以上取得工资、薪金所得,并由扣缴义务人办理上述专项附加扣除的,对同一专项附加扣除项目,一个纳税年度内,纳税人只能选择从其中一处扣除。

享受大病医疗专项附加扣除的纳税人,由其在次年 3 月 1 日至 6 月 30 日内,自行向汇缴地主管税务机关办理汇算清缴申报时扣除。

第五条 扣缴义务人办理工资、薪金所得预扣预缴税款时,应当根据纳税人报送的《个人所得税专项附加扣除信息表》(以下简称《扣除信息表》,见附件)为纳税人办理专项附加扣除。

纳税人年度中间更换工作单位的,在原单位任职、受雇期间已享受的专项附加扣除金额,不得在新任职、受雇单位扣除。原扣缴义务人应当自纳税人离职不再发放工资薪金所得的当月起,停止为其办理专项附加扣除。

第六条 纳税人未取得工资、薪金所得,仅取得劳务报酬所得、稿酬所得、特许权使用费所得需要享受专项附加扣除的,应当在次年 3 月 1 日至 6 月 30 日内,自行向汇缴地主管税务机关报送《扣除信息表》,并在办理汇算清缴申报时扣除。

第七条 一个纳税年度内,纳税人在扣缴义务人预扣预缴税款环节未享受或未足额享受专项附加扣除的,可以在当年内向支付工资、薪金的扣缴义务人申请在剩余月份发放工资、薪金时补充扣除,也可以在次年 3 月 1 日至 6 月 30 日内,向汇缴地主管税务机关办理汇算清缴时申报扣除。

第三章 报送信息及留存备查资料

第八条 纳税人选择在扣缴义务人发放工资、薪金所得时享受专项附加扣除的,首次享受时应当填写并向扣缴义务人报送《扣除信息表》;纳税年度中间相关信息发生变化的,纳税人应当更新《扣除信息表》相应栏次,并及时报送给扣缴义务人。

更换工作单位的纳税人,需要由新任职、受雇扣缴义务人办理专项附加扣除的,应当在入职的当月,填写并向扣缴义务人报送《扣除信息表》。

第九条 纳税人次年需要由扣缴义务人继续办理专项附加扣除的,应当于每年 12 月份对次年享受专项附加扣除的内容进行确认,并报送至扣缴义务人。纳税人未及时确认的,扣缴义务人于次年 1 月起暂停扣除,待纳税人确认后再行办理专项附加扣除。

扣缴义务人应当将纳税人报送的专项附加扣除信息，在次月办理扣缴申报时一并报送至主管税务机关。

第十条 纳税人选择在汇算清缴申报时享受专项附加扣除的，应当填写并向汇缴地主管税务机关报送《扣除信息表》。

第十一条 纳税人将需要享受的专项附加扣除项目信息填报至《扣除信息表》相应栏次。填报要素完整的，扣缴义务人或者主管税务机关应当受理；填报要素不完整的，扣缴义务人或者主管税务机关应当及时告知纳税人补正或重新填报。纳税人未补正或重新填报的，暂不办理相关专项附加扣除，待纳税人补正或重新填报后再行办理。

第十二条 纳税人享受子女教育专项附加扣除，应当填报配偶及子女的姓名、身份证件类型及号码、子女当前受教育阶段及起止时间、子女就读学校以及本人与配偶之间扣除分配比例等信息。

纳税人需要留存备查资料包括：子女在境外接受教育的，应当留存境外学校录取通知书、留学签证等境外教育佐证资料。

第十三条 纳税人享受继续教育专项附加扣除，接受学历（学位）继续教育的，应当填报教育起止时间、教育阶段等信息；接受技能人员或者专业技术人员职业资格继续教育的，应当填报证书名称、证书编号、发证机关、发证（批准）时间等信息。

纳税人需要留存备查资料包括：纳税人接受技能人员职业资格继续教育、专业技术人员职业资格继续教育的，应当留存职业资格相关证书等资料。

第十四条 纳税人享受住房贷款利息专项附加扣除，应当填报住房权属信息、住房坐落地址、贷款方式、贷款银行、贷款合同编号、贷款期限、首次还款日期等信息；纳税人有配偶的，填写配偶姓名、身份证件类型及号码。

纳税人需要留存备查资料包括：住房贷款合同、贷款还款支出凭证等资料。

第十五条 纳税人享受住房租金专项附加扣除，应当填报主要工作城市、租赁住房坐落地址、出租人姓名及身份证件类型和号码或者出租方单位名称及纳税人识别号（社会统一信用代码）、租赁起止时间等信息；纳税人有配偶的，填写配偶姓名、身份证件类型及号码。

纳税人需要留存备查资料包括：住房租赁合同或协议等资料。

第十六条 纳税人享受赡养老人专项附加扣除，应当填报纳税人是否为独生子女、月扣除金额、被赡养人姓名及身份证件类型和号码、与纳税人关系；有共同赡养人的，需填报分摊方式、共同赡养人姓名及身份证件类型和号码等信息。

纳税人需要留存备查资料包括：约定或指定分摊的书面分摊协议等资料。

第十七条 纳税人享受大病医疗专项附加扣除，应当填报患者姓名、身份证件类型及号码、与纳税人关系、与基本医保相关的医药费用总金额、医保目录范围内个人负担的自付金额等信息。

纳税人需要留存备查资料包括：大病患者医药服务收费及医保报销相关票据原件或复印件，或者医疗保障部门出具的纳税年度医药费用清单等资料。

第十八条 纳税人应当对报送的专项附加扣除信息的真实性、准确性、完整性负责。

第四章　信息报送方式

第十九条 纳税人可以通过远程办税端、电子或者纸质报表等方式，向扣缴义务人或者主管税务机关报送个人专项附加扣除信息。

第二十条　纳税人选择纳税年度内由扣缴义务人办理专项附加扣除的,按下列规定办理:

(一)纳税人通过远程办税端选择扣缴义务人并报送专项附加扣除信息的,扣缴义务人根据接收的扣除信息办理扣除。

(二)纳税人通过填写电子或者纸质《扣除信息表》直接报送扣缴义务人的,扣缴义务人将相关信息导入或者录入扣缴端软件,并在次月办理扣缴申报时提交给主管税务机关。《扣除信息表》应当一式两份,纳税人和扣缴义务人签字(章)后分别留存备查。

第二十一条　纳税人选择年度终了后办理汇算清缴申报时享受专项附加扣除的,既可以通过远程办税端报送专项附加扣除信息,也可以将电子或者纸质《扣除信息表》(一式两份)报送给汇缴地主管税务机关。

报送电子《扣除信息表》的,主管税务机关受理打印,交由纳税人签字后,一份由纳税人留存备查,一份由税务机关留存;报送纸质《扣除信息表》的,纳税人签字确认、主管税务机关受理签章后,一份退还纳税人留存备查,一份由税务机关留存。

第二十二条　扣缴义务人和税务机关应当告知纳税人办理专项附加扣除的方式和渠道,鼓励并引导纳税人采用远程办税端报送信息。

第五章　后续管理

第二十三条　纳税人应当将《扣除信息表》及相关留存备查资料,自法定汇算清缴期结束后保存五年。

纳税人报送给扣缴义务人的《扣除信息表》,扣缴义务人应当自预扣预缴年度的次年起留存五年。

第二十四条　纳税人向扣缴义务人提供专项附加扣除信息的,扣缴义务人应当按照规定予以扣除,不得拒绝。扣缴义务人应当为纳税人报送的专项附加扣除信息保密。

第二十五条　扣缴义务人应当及时按照纳税人提供的信息计算办理扣缴申报,不得擅自更改纳税人提供的相关信息。

扣缴义务人发现纳税人提供的信息与实际情况不符,可以要求纳税人修改。纳税人拒绝修改的,扣缴义务人应当向主管税务机关报告,税务机关应当及时处理。

除纳税人另有要求外,扣缴义务人应当于年度终了后两个月内,向纳税人提供已办理的专项附加扣除项目及金额等信息。

第二十六条　税务机关定期对纳税人提供的专项附加扣除信息开展抽查。

第二十七条　税务机关核查时,纳税人无法提供留存备查资料,或者留存备查资料不能支持相关情况的,税务机关可以要求纳税人提供其他佐证;不能提供其他佐证材料,或者佐证材料仍不足以支持的,不得享受相关专项附加扣除。

第二十八条　税务机关核查专项附加扣除情况时,可以提请有关单位和个人协助核查,相关单位和个人应当协助。

第二十九条　纳税人有下列情形之一的,主管税务机关应当责令其改正;情形严重的,应当纳入有关信用信息系统,并按照国家有关规定实施联合惩戒;涉及违反税收征管法等法律法规的,税务机关依法进行处理:

(一)报送虚假专项附加扣除信息;

(二)重复享受专项附加扣除;

(三)超范围或标准享受专项附加扣除;

（四）拒不提供留存备查资料；

（五）税务总局规定的其他情形。

纳税人在任职、受雇单位报送虚假扣除信息的,税务机关责令改正的同时,通知扣缴义务人。

第三十条 本办法自2019年1月1日起施行。

关于《国家税务总局关于发布〈个人所得税专项附加扣除操作办法(试行)〉公告》的解读

为贯彻落实新修改的《中华人民共和国个人所得税法》和《国务院办公厅关于印发〈个人所得税专项附加扣除暂行办法〉的通知》等有关规定,让广大纳税人及时享受改革红利,近日,国家税务总局制定了《关于发布〈个人所得税专项附加扣除操作办法(试行)〉的公告》(国家税务总局公告2018年第41号,以下简称《公告》)。现解读如下：

一、《公告》发布背景

为贯彻落实党中央、国务院部署,积极回应社会各界对子女教育、大病医疗等支出纳入个人所得税税前扣除的呼声,此次修改个人所得税法,首次增加了子女教育、继续教育、大病医疗、住房贷款利息或者住房租金、赡养老人等六项专项附加扣除。为切实将专项附加扣除政策精准落地,让纳税人能够清楚自己如何可以享受专项附加扣除,具体享受扣除的起始时间、标准和办理途径,让扣缴义务人知晓该如何在预扣环节为纳税人办理扣除,以及在办理专项附加扣除工作中应承担的责任和义务等,国家税务总局制定了《公告》。

二、《办法》的主要内容

《办法》分总则、享受扣除及办理时间、报送信息及留存备查资料、信息报送方式和后续管理等五章共30条。主要内容如下：

（一）明确了享受每个专项附加扣除项目计算起止时间。除规定了一般时间外,明确了对接受学历教育和学历(学位)继续教育的,因病或其他非主观原因休学且学籍继续保留的休学期间,以及施教机构按规定组织实施的寒暑假等假期连续计算。

（二）明确了享受专项附加扣除的途径和时间。如：享受子女教育、继续教育、住房贷款利息或住房租金、赡养老人专项附加扣除的纳税人,自符合条件开始,可以向支付工资、薪金所得的扣缴义务人提供上述专项附加扣除有关信息,由扣缴义务人在预扣预缴税款时,按其在本单位本年可享受的累计扣除额办理扣除；也可以在次年3月1日至6月30日内,向汇缴地主管税务机关办理汇算清缴申报时扣除。享受大病医疗专项附加扣除的纳税人,由其在次年3月1日至6月30日内,自行向汇缴地主管税务机关办理汇算清缴申报时扣除。同时,对从两处以上取得工资、薪金所得的,如何享受专项附加扣除进行了明确。

（三）《公告》规定,纳税人年度中间更换工作单位的,已经享受过的专项附加扣除的金额,不得在新任职、受雇单位重复享受。

（四）明确了仅取得劳务报酬所得、稿酬所得、特许权使用费所得需要享受专项附加扣除的纳税人,应当在次年3月1日至6月30日内,自行向汇缴地主管税务机关报送相关专项附加扣除信息,在办理汇算清缴申报时扣除。

（五）为确保纳税人合法权益，《公告》规定，一个纳税年度内，纳税人在扣缴义务人预扣预缴税款环节未享受或未足额享受专项附加扣除的，可以在当年内向该扣缴义务人申请补充扣除，也可以在次年3月1日至6月30日内，向汇缴地主管税务机关办理汇算清缴时申报扣除。

（六）纳税人选择在扣缴义务人发放工资、薪金所得时享受专项附加扣除的，向扣缴义务人报送相关专项附加扣除信息。

（七）持续享受专项附加扣除的纳税人，每年12月份应当对相关专项附加扣除信息进行确认。

（八）纳税人选择在汇算清缴申报时享受专项附加扣除的，向汇缴地主管税务机关报送相关专项附加扣除信息。

（九）明确了纳税人报送信息不完整的，应当补充完整；相关信息发生变化的，应当及时报送变化情况。

（十）明确了享受各项专项附加扣除的纳税人，需要报送的相关专项附加扣除信息内容、留存备查的相关资料。

（十一）明确了纳税人专项附加扣除信息的报送方式，如：纳税人可以通过远程办税端、电子模板或者纸质报表等方式，向扣缴义务人或者主管税务机关报送个人专项附加扣除信息。并根据纳税人享受专项附加扣除的不同方式，细化明确了具体的信息报送方式及要求。同时，鼓励并引导纳税人采用远程办税端报送信息。

（十二）明确了专项附加扣除后续管理相关规定。如：纳税人应当对报送专项附加扣除信息的真实性、准确性、完整性负责。扣缴义务人应当及时按照纳税人提交的信息计算办理扣缴申报，不得擅自更改纳税人提供的相关信息。专项附加扣除信息报表及相关备查资料，应当自法定汇算清缴期结束后保存五年；扣缴义务人对纳税人报送的相关专项附加扣除信息资料应当自预扣预缴年度的次年起五年内留存备查。税务机关核查时，纳税人无法提供留存备查资料，或者留存备查资料不能支持相关情况的，税务机关可以要求纳税人提供其他佐证；不能提供其他佐证材料，或者佐证材料仍不足以支持的，不得享受相关专项附加扣除。税务机关核查专项附加扣除情况时，可提请有关单位和个人协助核查，相关单位和个人应当协助核查。纳税人存在报送虚假专项附加扣除信息、重复享受专项附加扣除、超范围或标准享受专项附加扣除、拒不提供留存备查资料以及税务总局规定的其他情形之一的，主管税务机关应当责令其改正；五年内再次发现的，视情形记入有关信用信息系统，并按照国家有关规定实施联合惩戒；涉及违反税收征管法等法律法规的，税务机关依法进行处理。

（十三）《公告》明确了实施的时间为2019年1月1日。

国家税务总局关于发布《个人所得税扣缴申报管理办法（试行）》的公告

国家税务总局公告2018年第61号

为贯彻落实新修改的《中华人民共和国个人所得税法》及其实施条例，国家税务总局制定了《个人所得税扣缴申报管理办法（试行）》，现予以发布，自2019年1月1日起施行。

特此公告。

附件：个人所得税税率表及预扣率表(略)

国家税务总局
2018年12月21日

个人所得税扣缴申报管理办法(试行)

第一条 为规范个人所得税扣缴申报行为,维护纳税人和扣缴义务人合法权益,根据《中华人民共和国个人所得税法》及其实施条例、《中华人民共和国税收征收管理法》及其实施细则等法律法规的规定,制定本办法。

第二条 扣缴义务人,是指向个人支付所得的单位或者个人。扣缴义务人应当依法办理全员全额扣缴申报。

全员全额扣缴申报,是指扣缴义务人应当在代扣税款的次月十五日内,向主管税务机关报送其支付所得的所有个人的有关信息、支付所得数额、扣除事项和数额、扣缴税款的具体数额和总额以及其他相关涉税信息资料。

第三条 扣缴义务人每月或者每次预扣、代扣的税款,应当在次月十五日内缴入国库,并向税务机关报送《个人所得税扣缴申报表》。

第四条 实行个人所得税全员全额扣缴申报的应税所得包括：

(一)工资、薪金所得；

(二)劳务报酬所得；

(三)稿酬所得；

(四)特许权使用费所得；

(五)利息、股息、红利所得；

(六)财产租赁所得；

(七)财产转让所得；

(八)偶然所得。

第五条 扣缴义务人首次向纳税人支付所得时,应当按照纳税人提供的纳税人识别号等基础信息,填写《个人所得税基础信息表(A表)》,并于次月扣缴申报时向税务机关报送。

扣缴义务人对纳税人向其报告的相关基础信息变化情况,应当于次月扣缴申报时向税务机关报送。

第六条 扣缴义务人向居民个人支付工资、薪金所得时,应当按照累计预扣法计算预扣税款,并按月办理扣缴申报。

累计预扣法,是指扣缴义务人在一个纳税年度内预扣预缴税款时,以纳税人在本单位截至当前月份工资、薪金所得累计收入减除累计免税收入、累计减除费用、累计专项扣除、累计专项附加扣除和累计依法确定的其他扣除后的余额为累计预扣预缴应纳税所得额,适用个人所得税预扣率表一(见附件),计算累计应预扣预缴税额,再减除累计减免税额和累计已预扣预缴税额,其余额为本期应预扣预缴税额。余额为负值时,暂不退税。纳税年度终了后余额仍为负值时,由纳税人通过办理综合所得年度汇算清缴,税款多退少补。

具体计算公式如下：

$$\begin{aligned}\text{本期应预扣}\atop\text{预缴税额}=&\left({\text{累计预扣预缴}\atop\text{应纳税所得额}}\times{\text{预扣}\atop\text{率}}-{\text{速算}\atop\text{扣除数}}\right)-{\text{累计减}\atop\text{免税额}}-{\text{累计已预}\atop\text{扣预缴税额}}\end{aligned}$$

$$\begin{aligned}{\text{累计预扣预缴}\atop\text{应纳税所得额}}=&{\text{累计}\atop\text{收入}}-{\text{累计免}\atop\text{税收入}}-{\text{累计减}\atop\text{除费用}}-{\text{累计专}\atop\text{项扣除}}-{\text{累计专项}\atop\text{附加扣除}}-{\text{累计依法确定}\atop\text{的其他扣除}}\end{aligned}$$

其中：累计减除费用，按照5 000元/月乘以纳税人当年截至本月在本单位的任职受雇月份数计算。

第七条 居民个人向扣缴义务人提供有关信息并依法要求办理专项附加扣除的，扣缴义务人应当按照规定在工资、薪金所得按月预扣预缴税款时予以扣除，不得拒绝。

第八条 扣缴义务人向居民个人支付劳务报酬所得、稿酬所得、特许权使用费所得时，应当按照以下方法按次或者按月预扣预缴税款：

劳务报酬所得、稿酬所得、特许权使用费所得以收入减除费用后的余额为收入额；其中，稿酬所得的收入额减按百分之七十计算。

减除费用：预扣预缴税款时，劳务报酬所得、稿酬所得、特许权使用费所得每次收入不超过四千元的，减除费用按八百元计算；每次收入四千元以上的，减除费用按收入的百分之二十计算。

应纳税所得额：劳务报酬所得、稿酬所得、特许权使用费所得，以每次收入额为预扣预缴应纳税所得额，计算应预扣预缴税额。劳务报酬所得适用个人所得税预扣率表二（见附件），稿酬所得、特许权使用费所得适用百分之二十的比例预扣率。

居民个人办理年度综合所得汇算清缴时，应当依法计算劳务报酬所得、稿酬所得、特许权使用费所得的收入额，并入年度综合所得计算应纳税款，税款多退少补。

第九条 扣缴义务人向非居民个人支付工资、薪金所得，劳务报酬所得，稿酬所得和特许权使用费所得时，应当按照以下方法按月或者按次代扣代缴税款：

非居民个人的工资、薪金所得，以每月收入额减除费用五千元后的余额为应纳税所得额；劳务报酬所得、稿酬所得、特许权使用费所得，以每次收入额为应纳税所得额，适用个人所得税税率表三（见附件）计算应纳税额。劳务报酬所得、稿酬所得、特许权使用费所得以收入减除百分之二十的费用后的余额为收入额；其中，稿酬所得的收入额减按百分之七十计算。

非居民个人在一个纳税年度内税款扣缴方法保持不变，达到居民个人条件时，应当告知扣缴义务人基础信息变化情况，年度终了后按照居民个人有关规定办理汇算清缴。

第十条 扣缴义务人支付利息、股息、红利所得，财产租赁所得，财产转让所得或者偶然所得时，应当依法按次或者按月代扣代缴税款。

第十一条 劳务报酬所得、稿酬所得、特许权使用费所得，属于一次性收入的，以取得该项收入为一次；属于同一项目连续性收入的，以一个月内取得的收入为一次。

财产租赁所得，以一个月内取得的收入为一次。

利息、股息、红利所得，以支付利息、股息、红利时取得的收入为一次。

偶然所得，以每次取得该项收入为一次。

第十二条 纳税人需要享受税收协定待遇的，应当在取得应税所得时主动向扣缴义务人提出，并提交相关信息、资料，扣缴义务人代扣代缴税款时按照享受税收协定待遇有关办法办理。

第十三条 支付工资、薪金所得的扣缴义务人应当于年度终了后两个月内，向纳税人提供其个人所得和已扣缴税款等信息。纳税人年度中间需要提供上述信息的，扣缴义务人应当提供。

纳税人取得除工资、薪金所得以外的其他所得,扣缴义务人应当在扣缴税款后,及时向纳税人提供其个人所得和已扣缴税款等信息。

第十四条　扣缴义务人应当按照纳税人提供的信息计算税款、办理扣缴申报,不得擅自更改纳税人提供的信息。

扣缴义务人发现纳税人提供的信息与实际情况不符的,可以要求纳税人修改。纳税人拒绝修改的,扣缴义务人应当报告税务机关,税务机关应当及时处理。

纳税人发现扣缴义务人提供或者扣缴申报的个人信息、支付所得、扣缴税款等信息与实际情况不符的,有权要求扣缴义务人修改。扣缴义务人拒绝修改的,纳税人应当报告税务机关,税务机关应当及时处理。

第十五条　扣缴义务人对纳税人提供的《个人所得税专项附加扣除信息表》,应当按照规定妥善保存备查。

第十六条　扣缴义务人应当依法对纳税人报送的专项附加扣除等相关涉税信息和资料保密。

第十七条　对扣缴义务人按照规定扣缴的税款,按年付给百分之二的手续费。不包括税务机关、司法机关等查补或者责令补扣的税款。

扣缴义务人领取的扣缴手续费可用于提升办税能力、奖励办税人员。

第十八条　扣缴义务人依法履行代扣代缴义务,纳税人不得拒绝。纳税人拒绝的,扣缴义务人应当及时报告税务机关。

第十九条　扣缴义务人有未按照规定向税务机关报送资料和信息、未按照纳税人提供信息虚报虚扣专项附加扣除、应扣未扣税款、不缴或少缴已扣税款、借用或冒用他人身份等行为的,依照《中华人民共和国税收征收管理法》等相关法律、行政法规处理。

第二十条　本办法相关表证单书式样,由国家税务总局另行制定发布。

第二十一条　本办法自 2019 年 1 月 1 日起施行。《国家税务总局关于印发〈个人所得税全员全额扣缴申报管理暂行办法〉的通知》(国税发〔2005〕205 号)同时废止。

关于《国家税务总局关于发布〈个人所得税扣缴申报管理办法(试行)〉的公告》的解读

现就《国家税务总局关于发布〈个人所得税扣缴申报管理办法(试行)〉的公告》(以下简称《公告》)有关内容解读如下:

一、公告背景

2018 年 8 月 31 日,第十三届全国人民代表大会常务委员会第五次会议通过了《全国人民代表大会常务委员会关于修改〈中华人民共和国个人所得税法〉的决定》,明确综合与分类相结合的个人所得税制将于 2019 年 1 月 1 日起施行。新修改的个人所得税法规定:扣缴义务人支付所得时,应当按月或者按次代扣代缴税款,并办理全员全额扣缴申报;居民纳税人取得综合所得有扣缴义务人的,由扣缴义务人按月或者按次预扣预缴税款;预扣预缴办法由国务院税务主管部门制定。为全面贯彻落实修改后的个人所得税法及其实施条例,明确预扣、代扣税款的有关规定,税务总局制发了《公告》。

二、公告主要内容

（一）居民个人工资、薪金所得预扣预缴税款的方法

扣缴义务人向居民个人支付工资、薪金所得时，按照累计预扣法计算预扣税款，并按月办理扣缴申报。累计预扣法，是指扣缴义务人在一个纳税年度内预扣预缴税款时，以纳税人在本单位截至本月取得工资、薪金所得累计收入减除累计免税收入、累计减除费用、累计专项扣除、累计专项附加扣除和累计依法确定的其他扣除后的余额为累计预扣预缴应纳税所得额，适用个人所得税预扣率表一（见下表），计算累计应预扣预缴税额，再减除累计减免税额和累计已预扣预缴税额，其余额为本期应预扣预缴税额。余额为负值时，暂不退税。纳税年度终了后余额仍为负值时，由纳税人通过办理综合所得年度汇算清缴，税款多退少补。具体计算公式如下：

$$本期应预扣预缴税额 = (累计预扣预缴应纳税所得额 \times 预扣率 - 速算扣除数) - 累计减免税额 - 累计已预扣预缴税额$$

$$累计预扣预缴应纳税所得额 = 累计收入 - 累计免税收入 - 累计减除费用 - 累计专项扣除 - 累计专项附加扣除 - 累计依法确定的其他扣除$$

个人所得税预扣率表一
（居民个人工资、薪金所得预扣预缴适用）

级数	累计预扣预缴应纳税所得额	预扣率（%）	速算扣除数
1	不超过36 000元的	3	0
2	超过36 000元至144 000元的部分	10	2 520
3	超过144 000元至300 000元的部分	20	16 920
4	超过300 000元至420 000元的部分	25	31 920
5	超过420 000元至660 000元的部分	30	52 920
6	超过660 000元至960 000元的部分	35	85 920
7	超过960 000元的部分	45	181 920

其中：累计减除费用，按照5 000元/月乘以纳税人当年截至本月在本单位的任职受雇月份数计算。即纳税人如果5月份入职，则扣缴义务人发放5月份工资扣缴税款时，减除费用按5 000元计算；6月份发工资扣缴税款时，减除费用按10 000元计算，以此类推。

（二）预扣预缴环节享受专项附加扣除的方法

居民个人向扣缴义务人提供有关信息并依法要求办理专项附加扣除的，扣缴义务人应当按照规定在工资、薪金所得按月预扣预缴税款时予以扣除，不得拒绝。

（三）居民个人劳务报酬所得、稿酬所得、特许权使用费所得预扣预缴税款的方法

扣缴义务人向居民个人支付劳务报酬所得、稿酬所得和特许权使用费所得的，按以下方法按次或者按月预扣预缴个人所得税：

劳务报酬所得、稿酬所得、特许权使用费所得以每次收入减除费用后的余额为收入额；其中，稿酬所得的收入额减按百分之七十计算。

预扣预缴税款时，劳务报酬所得、稿酬所得、特许权使用费所得每次收入不超过四千元的，减除费用按八百元计算；每次收入四千元以上的，减除费用按收入的百分之二十计算。

劳务报酬所得、稿酬所得、特许权使用费所得，以每次收入额为预扣预缴应纳税所得额，计算应预扣预缴税额。劳务报酬所得适用个人所得税预扣率表二（见下表），稿酬所得、特许权使用费所得适用百分之二十的比例预扣率。

个人所得税预扣率表二
(居民个人劳务报酬所得预扣预缴适用)

级数	预扣预缴应纳税所得额	预扣率(%)	速算扣除数
1	不超过20 000元的	20	0
2	超过20 000元至50 000元的部分	30	2 000
3	超过50 000元的部分	40	7 000

(四)非居民个人工资、薪金所得,劳务报酬所得,稿酬所得和特许权使用费所得代扣代缴税款的方法

扣缴义务人向非居民个人支付工资、薪金所得,劳务报酬所得,稿酬所得和特许权使用费所得时,按以下方法按月或者按次代扣代缴税款:

非居民个人的工资、薪金所得,以每月收入额减除费用五千元后的余额为应纳税所得额;劳务报酬所得、稿酬所得、特许权使用费所得,以每次收入额为应纳税所得额,适用个人所得税税率表三(见下表)计算应纳税额。劳务报酬所得、稿酬所得、特许权使用费所得以收入减除百分之二十的费用后的余额为收入额。其中,稿酬所得的收入额减按百分之七十计算。

个人所得税税率表三
(非居民个人工资、薪金所得,劳务报酬所得,稿酬所得,特许权使用费所得适用)

级数	应纳税所得额	税率(%)	速算扣除数
1	不超过3 000元的	3	0
2	超过3 000元至12 000元的部分	10	210
3	超过12 000元至25 000元的部分	20	1 410
4	超过25 000元至35 000元的部分	25	2 660
5	超过35 000元至55 000元的部分	30	4 410
6	超过55 000元至80 000元的部分	35	7 160
7	超过80 000元的部分	45	15 160

(五)扣缴义务人向纳税人反馈扣缴信息的规定

支付工资、薪金所得的扣缴义务人应当于年度终了后两个月内,向纳税人提供其个人所得和已扣缴税款等信息;纳税人年度中间需要提供上述信息的,扣缴义务人应当提供;纳税人取得除工资、薪金所得以外的其他所得,扣缴义务人应当在扣缴税款后,及时向纳税人提供其个人所得和已扣缴税款等信息。

(六)发现纳税人涉税信息与实际不符的处理方法

扣缴义务人应当按照纳税人提供的信息计算税款、办理扣缴申报,不得擅自更改纳税人提供的信息。扣缴义务人发现纳税人提供的信息与实际情况不符的,可以要求纳税人修改。纳税人拒绝修改的,扣缴义务人应当报告税务机关,税务机关应当及时处理。纳税人发现扣缴义务人提供或者扣缴申报的个人信息、支付所得、扣缴税款等信息与实际情况不符的,有权要求扣缴义务人修改。扣缴义务人拒绝修改的,纳税人应当报告税务机关,税务机关应当及时

处理。

（七）涉税资料和信息留存备查与保密的规定

扣缴义务人对纳税人提供的《个人所得税专项附加扣除信息表》，应当按照规定妥善留存备查；扣缴义务人应当依法对纳税人报送的专项附加扣除等相关涉税信息和资料保密。

（八）代扣代缴手续费的规定

对扣缴义务人按照规定扣缴的税款，不包括税务机关、司法机关等查补或责令补扣的税款，按年付给百分之二的手续费；扣缴义务人可将代扣代缴手续费用于提升办税能力、奖励办税人员。

（九）纳税人拒绝扣缴税款的处理方法

扣缴义务人依法履行代扣代缴义务，纳税人不得拒绝。纳税人拒绝的，扣缴义务人应当及时报告税务机关。

三、公告的施行

本公告自2019年1月1日起施行。

国家税务总局关于个人所得税自行纳税申报有关问题的公告

国家税务总局公告2018年第62号

根据新修改的《中华人民共和国个人所得税法》及其实施条例，现就个人所得税自行纳税申报有关问题公告如下：

一、取得综合所得需要办理汇算清缴的纳税申报

取得综合所得且符合下列情形之一的纳税人，应当依法办理汇算清缴：

（一）从两处以上取得综合所得，且综合所得年收入额减除专项扣除后的余额超过6万元；

（二）取得劳务报酬所得、稿酬所得、特许权使用费所得中一项或者多项所得，且综合所得年收入额减除专项扣除的余额超过6万元；

（三）纳税年度内预缴税额低于应纳税额；

（四）纳税人申请退税。

需要办理汇算清缴的纳税人，应当在取得所得的次年3月1日至6月30日内，向任职、受雇单位所在地主管税务机关办理纳税申报，并报送《个人所得税年度自行纳税申报表》。纳税人有两处以上任职、受雇单位的，选择向其中一处任职、受雇单位所在地主管税务机关办理纳税申报；纳税人没有任职、受雇单位的，向户籍所在地或经常居住地主管税务机关办理纳税申报。

纳税人办理综合所得汇算清缴，应当准备与收入、专项扣除、专项附加扣除、依法确定的其他扣除、捐赠、享受税收优惠等相关的资料，并按规定留存备查或报送。

纳税人取得综合所得办理汇算清缴的具体办法，另行公告。

二、取得经营所得的纳税申报

个体工商户业主、个人独资企业投资者、合伙企业个人合伙人、承包承租经营者个人以及其他从事生产、经营活动的个人取得经营所得，包括以下情形：

（一）个体工商户从事生产、经营活动取得的所得，个人独资企业投资人、合伙企业的个人

合伙人来源于境内注册的个人独资企业、合伙企业生产、经营的所得；

（二）个人依法从事办学、医疗、咨询以及其他有偿服务活动取得的所得；

（三）个人对企业、事业单位承包经营、承租经营以及转包、转租取得的所得；

（四）个人从事其他生产、经营活动取得的所得。

纳税人取得经营所得，按年计算个人所得税，由纳税人在月度或季度终了后15日内，向经营管理所在地主管税务机关办理预缴纳税申报，并报送《个人所得税经营所得纳税申报表（A表）》。在取得所得的次年3月31日前，向经营管理所在地主管税务机关办理汇算清缴，并报送《个人所得税经营所得纳税申报表（B表）》；从两处以上取得经营所得的，选择向其中一处经营管理所在地主管税务机关办理年度汇总申报，并报送《个人所得税经营所得纳税申报表（C表）》。

三、取得应税所得，扣缴义务人未扣缴税款的纳税申报

纳税人取得应税所得，扣缴义务人未扣缴税款的，应当区别以下情形办理纳税申报：

（一）居民个人取得综合所得的，按照本公告第一条办理。

（二）非居民个人取得工资、薪金所得，劳务报酬所得，稿酬所得，特许权使用费所得的，应当在取得所得的次年6月30日前，向扣缴义务人所在地主管税务机关办理纳税申报，并报送《个人所得税自行纳税申报表（A表）》。有两个以上扣缴义务人均未扣缴税款的，选择向其中一处扣缴义务人所在地主管税务机关办理纳税申报。

非居民个人在次年6月30日前离境（临时离境除外）的，应当在离境前办理纳税申报。

（三）纳税人取得利息、股息、红利所得，财产租赁所得，财产转让所得和偶然所得的，应当在取得所得的次年6月30日前，按相关规定向主管税务机关办理纳税申报，并报送《个人所得税自行纳税申报表（A表）》。

税务机关通知限期缴纳的，纳税人应当按照期限缴纳税款。

四、取得境外所得的纳税申报

居民个人从中国境外取得所得的，应当在取得所得的次年3月1日至6月30日内，向中国境内任职、受雇单位所在地主管税务机关办理纳税申报；在中国境内没有任职、受雇单位的，向户籍所在地或中国境内经常居住地主管税务机关办理纳税申报；户籍所在地与中国境内经常居住地不一致的，选择其中一地主管税务机关办理纳税申报；在中国境内没有户籍的，向中国境内经常居住地主管税务机关办理纳税申报。

纳税人取得境外所得办理纳税申报的具体规定，另行公告。

五、因移居境外注销中国户籍的纳税申报

纳税人因移居境外注销中国户籍的，应当在申请注销中国户籍前，向户籍所在地主管税务机关办理纳税申报，进行税款清算。

（一）纳税人在注销户籍年度取得综合所得的，应当在注销户籍前，办理当年综合所得的汇算清缴，并报送《个人所得税年度自行纳税申报表》。尚未办理上一年度综合所得汇算清缴的，应当在办理注销户籍纳税申报时一并办理。

（二）纳税人在注销户籍年度取得经营所得的，应当在注销户籍前，办理当年经营所得的汇算清缴，并报送《个人所得税经营所得纳税申报表（B表）》。从两处以上取得经营所得的，还应当一并报送《个人所得税经营所得纳税申报表（C表）》。尚未办理上一年度经营所得汇算清缴的，应当在办理注销户籍纳税申报时一并办理。

（三）纳税人在注销户籍当年取得利息、股息、红利所得，财产租赁所得，财产转让所得和偶然所得的，应当在注销户籍前，申报当年上述所得的完税情况，并报送《个人所得税自行纳税申报表(A表)》。

(四)纳税人有未缴或者少缴税款的,应当在注销户籍前,结清欠缴或未缴的税款。纳税人存在分期缴税且未缴纳完毕的,应当在注销户籍前,结清尚未缴纳的税款。

(五)纳税人办理注销户籍纳税申报时,需要办理专项附加扣除、依法确定的其他扣除的,应当向税务机关报送《个人所得税专项附加扣除信息表》《商业健康保险税前扣除情况明细表》《个人税收递延型商业养老保险税前扣除情况明细表》等。

六、非居民个人在中国境内从两处以上取得工资、薪金所得的纳税申报

非居民个人在中国境内从两处以上取得工资、薪金所得的,应当在取得所得的次月15日内,向其中一处任职、受雇单位所在地主管税务机关办理纳税申报,并报送《个人所得税自行纳税申报表(A表)》。

七、纳税申报方式

纳税人可以采用远程办税端、邮寄等方式申报,也可以直接到主管税务机关申报。

八、其他有关问题

(一)纳税人办理自行纳税申报时,应当一并报送税务机关要求报送的其他有关资料。首次申报或者个人基础信息发生变化的,还应报送《个人所得税基础信息表(B表)》。

本公告涉及的有关表证单书,由国家税务总局统一制定式样,另行公告。

(二)纳税人在办理纳税申报时需要享受税收协定待遇的,按照享受税收协定待遇有关办法办理。

九、施行时间

本公告自2019年1月1日起施行。

特此公告。

国家税务总局
2018年12月21日

关于《国家税务总局关于个人所得税自行纳税申报有关问题的公告》的政策解读

为贯彻落实新修改的《中华人民共和国个人所得税法》及其实施条例,国家税务总局发布了《关于个人所得税自行纳税申报有关问题的公告》(国家税务总局公告2018年第62号,以下简称《公告》)。现将有关内容解读如下:

一、《公告》发布的背景

《中华人民共和国个人所得税法》第十条规定了取得综合所得需要办理汇算清缴等需办理自行纳税申报的情形。为使纳税人能够清晰了解哪些情形下需要办理自行纳税申报、什么时间申报、向哪个税务机关申报,确保2019年1月1日新税法实施后,符合自行申报条件的纳税人能够依法履行纳税申报义务,根据个人所得税法及其实施条例和有关税收规定,国家税务总局发布了《公告》。

二、《公告》的主要内容

《公告》共分九条,根据个人所得税法规定的需要自行纳税申报的情形,分别明确了综合所

得汇算清缴、经营所得、扣缴义务人未扣缴税款、取得境外所得、移居境外注销中国户籍、非居民个人在中国境内从两处以上取得工资、薪金所得等六种需要办理自行纳税申报情形的适用对象、申报时间、申报地点、需要填写的申报表等,以及自行纳税申报的申报方式、表证单书和《公告》的施行时间,具体如下:

(一)取得综合所得需要办理汇算清缴的纳税申报

一是《公告》将需要办理汇算清缴纳税申报的情形进行了细化,分为以下四种情形:

1. 纳税人从两处以上取得综合所得,且综合所得年收入额减除专项扣除后的余额超过6万元的;

2. 纳税人取得劳务报酬所得、稿酬所得、特许权使用费所得中的一项或多项所得,且综合所得的年收入减除百分之二十的费用,再减除年度专项扣除后的余额超过6万元的;

3. 纳税年度内预扣预缴税额,低于依法计算的年度综合所得应纳税额的;

4. 纳税人申请退税的。

二是明确了办理汇算清缴申报的时间,区分有无任职、受雇单位等情形,明确了纳税申报地点,如:纳税人应当于取得综合所得的次年3月1日至6月30日内,向任职、受雇单位所在地主管税务机关办理汇算清缴,并报送《个人所得税年度自行纳税申报表》。有两处以上任职、受雇单位的,选择向其中一处任职、受雇单位所在地主管税务机关办理纳税申报;纳税人没有任职、受雇单位的,向户籍所在地或经常居住地主管税务机关办理纳税申报。

(二)经营所得的纳税申报

一是明确了需要办理经营所得自行纳税申报的情形:

1. 个体工商户从事生产、经营活动取得的所得,个人独资企业投资人、合伙企业的个人合伙人来源于境内注册的个人独资企业、合伙企业生产、经营的所得;

2. 个人依法从事办学、医疗、咨询以及其他有偿服务活动取得的所得;

3. 个人对企业、事业单位承包经营、承租经营以及转包、转租取得的所得;

4. 个人从事其他生产、经营活动取得的所得。

二是按照经营所得征收方式,明确了经营所得纳税申报的期限及需要填报的申报表。即:纳税人取得经营所得的,应当在月度或季度终了后15日内,向经营管理所在地主管税务机关办理预缴纳税申报,并报送《个人所得税经营所得纳税申报表(A表)》,在取得所得的次年3月31日前,向经营管理所在地主管税务机关办理汇算清缴,并报送《个人所得税经营所得纳税申报表(B表)》。从两处以上取得经营所得的,选择向其中一处经营管理所在地主管税务机关办理年度汇总申报,并报送《个人所得税经营所得纳税申报表(C表)》。

(三)取得应税所得,扣缴义务人未扣缴税款的纳税申报

《公告》区分居民个人取得综合所得,非居民个人取得工资薪金所得、劳务报酬所得、稿酬所得、特许权使用费所得,纳税人(含居民个人和非居民个人)取得利息、股息、红利所得,财产租赁所得,财产转让所得,偶然所得等情形,分别规定了纳税申报时间、地点及适用的申报表。即:

1. 居民个人取得综合所得的,按照《公告》第一条办理。

2. 非居民个人取得工资、薪金所得,劳务报酬所得,稿酬所得,特许权使用费所得的,应当在取得所得的次年6月30日前,向扣缴义务人所在地主管税务机关办理纳税申报,并报送《个人所得税自行纳税申报表(A表)》。非居民个人在中国境内有两个以上扣缴义务人未扣缴税款的,纳税人应当选择向其中一处扣缴义务人所在地主管税务机关办理纳税申报。

3. 纳税人取得利息、股息、红利所得,财产租赁所得,财产转让所得和偶然所得的,应当在取得所得的次年 6 月 30 日前,按相关规定向主管税务机关办理纳税申报,报送《个人所得税自行纳税申报表(A 表)》。

同时,税务机关通知限期缴纳的,纳税人应当按照期限缴纳税款。

(四)取得境外所得的纳税申报

《公告》区分中国境内有无任职、受雇单位以及中国境内有无户籍的情形,分别明确了纳税申报的时间、地点。即:居民个人从中国境外取得所得的,应当在取得所得的次年 3 月 1 日至 6 月 30 日内,向中国境内任职、受雇单位主管税务机关办理纳税申报,并报送《个人所得税年度自行纳税申报表》;在中国境内没有任职、受雇单位的,向户籍所在地或中国境内经常居住地主管税务机关办理纳税申报;户籍所在地与中国境内经常居住地不一致的,选择向其中一地主管税务机关办理纳税申报;在中国境内没有户籍的,向中国境内经常居住地主管税务机关办理纳税申报。

《公告》明确纳税人取得境外所得办理纳税申报的具体办法,将另行公告。

(五)因移居境外注销中国户籍的纳税申报

一是《公告》明确居民个人因移居境外注销中国户籍的,应当在注销户籍前,向户籍所在地主管税务机关办理纳税申报,并报送相关报表。

二是在注销户籍时区分纳税人取得综合所得,经营所得,利息、股息、红利所得,财产租赁所得,财产转让所得和偶然所得,未缴或者少缴税款,以及需要办理专项附加扣除和依法确定的其他扣除等情形,规定了纳税申报事项及需要填报的申报表。分别为:

1. 纳税人在申请注销户籍年度取得综合所得、经营所得的,应当在注销户籍前,办理当年综合所得、经营所得的汇算清缴并分别报送相关纳税申报表。尚未办理上一年度综合所得、经营所得汇算清缴的,应当一并办理。

2. 纳税人在注销户籍当年取得利息、股息、红利所得,财产租赁所得,财产转让所得和偶然所得的,应当在注销户籍前,申报当年上述所得的完税情况。

3. 纳税人未缴或者少缴税款的,应当在注销户籍前,结清欠缴或未缴的税款。纳税人存在分期缴税且未缴纳完毕的,应当在注销户籍前,结清尚未缴纳的税款。

4. 纳税人办理注销户籍纳税申报时,需要办理专项附加扣除、依法确定的其他扣除的,应当向税务机关报送相关信息表。

(六)非居民个人在中国境内从两处以上取得工资、薪金所得的纳税申报

《公告》明确了办理纳税申报的时间、地点以及需要填报的申报表。即:非居民个人在中国境内从两处以上取得工资、薪金所得的,应当在取得所得的次月 15 日内,向其中一处任职、受雇单位所在地主管税务机关办理纳税申报,并报送《个人所得税自行纳税申报表(A 表)》。

(七)申报方式

《公告》明确纳税人可以采用远程办税端、邮寄等方式申报,也可以直接到主管税务机关申报。

(八)其他有关问题

《公告》明确了其他有关问题。一是纳税人办理自行纳税申报时,应当一并报送税务机关要求报送的其他有关资料。首次申报或者个人基础信息发生变化的,还应报送《个人所得税基础信息表(B 表)》。二是明确《公告》涉及的有关表证单书,由国家税务总局统一制定式样,另行公告。三是纳税人在办理申报纳税时需要享受税收协定待遇的,按照享受税收协定待遇有

关办法办理。

(九) 施行时间

《公告》明确了施行时间为 2019 年 1 月 1 日起。

国家税务总局关于将个人所得税《税收完税证明》(文书式)调整为《纳税记录》有关事项的公告

国家税务总局公告 2018 年第 55 号

为配合个人所得税制度改革,进一步落实国务院减证便民要求,优化纳税服务,国家税务总局决定将个人所得税《税收完税证明》(文书式)调整为《纳税记录》。现将有关事项公告如下:

一、从 2019 年 1 月 1 日起,纳税人申请开具税款所属期为 2019 年 1 月 1 日 (含) 以后的个人所得税缴(退)税情况证明的,税务机关不再开具《税收完税证明》(文书式),调整为开具《纳税记录》(具体内容及式样见附件);纳税人申请开具税款所属期为 2018 年 12 月 31 日(含)以前个人所得税缴(退)税情况证明的,税务机关继续开具《税收完税证明》(文书式)。

二、纳税人 2019 年 1 月 1 日以后取得应税所得并由扣缴义务人向税务机关办理了全员全额扣缴申报,或根据税法规定自行向税务机关办理纳税申报的,不论是否实际缴纳税款,均可以申请开具《纳税记录》。

三、纳税人可以通过电子税务局、手机 App 申请开具本人的个人所得税《纳税记录》,也可到办税服务厅申请开具。

四、纳税人可以委托他人持下列证件和资料到办税服务厅代为开具个人所得税《纳税记录》:

(一) 委托人及受托人有效身份证件原件;

(二) 委托人书面授权资料。

五、纳税人对个人所得税《纳税记录》存在异议的,可以向该项记录中列明的税务机关申请核实。

六、税务机关提供个人所得税《纳税记录》的验证服务,支持通过电子税务局、手机 App 等方式进行验证。具体验证方法见个人所得税《纳税记录》中的相关说明。

七、本公告自 2019 年 1 月 1 日起施行。

特此公告。

附件:个人所得税纳税记录(略)

国家税务总局

2018 年 12 月 5 日

119 关于《国家税务总局关于将个人所得税〈税收完税证明〉（文书式）调整为〈纳税记录〉有关事项的公告》的解读

一、公告背景

2018年8月31日，习近平主席签署了十三届全国人大常委会第五次会议表决通过的《关于修改〈中华人民共和国个人所得税法〉的决定》，个人所得税实现从分类税制向综合与分类相结合税制的转变，个人所得税的征收将由过去以扣缴义务人代扣代缴为主转为扣缴义务人代扣代缴和自然人纳税人自行申报相结合。为进一步贯彻落实党中央、国务院关于减证便民、优化服务的部署要求，适应个人所得税制度改革需要，国家税务总局决定将个人所得税《税收完税证明》（文书式）调整为《纳税记录》。

二、开具范围

纳税人可就其税款所属期为2019年1月1日（含）以后的个人所得税税缴（退）税情况，向税务机关申请开具个人所得税《纳税记录》。

税款所属期为2018年12月31日（含）以前的个人所得税税缴（退）税情况，税务机关继续开具个人所得税《税收完税证明》（文书式）。

三、开具方式

纳税人可通过电子税务局、手机App、办税服务厅等渠道申请开具本人的个人所得税《纳税记录》。

纳税人可以委托他人代为开具。由于个人所得税《纳税记录》涉及纳税人敏感信息，为更好地保护纳税人隐私，代为开具将实行更为严格的管理：一是受托人必须到办税服务厅办理，其他渠道不提供代为开具服务；二是受托人须提供本人和委托人有效身份证件原件以及委托人签发的书面授权，确保授权的真实性和合法性。

四、"零纳税"情形下《纳税记录》的开具

"零纳税"是指纳税人取得了应税收入但未达到起征点而没有实际缴纳税款的情形，在这种情形下仍然可以开具《纳税记录》。不会因税法修订或起征点提高而中断纳税人的纳税记录。

五、信息验证

为防止篡改、伪造个人所得税《纳税记录》，税务机关提供两种验证服务。一是纳税人、政府部门和其他第三方可以通过扫描个人所得税《纳税记录》中的二维码对相关信息进行验证；二是个人所得税《纳税记录》中还设有验证码，也可以通过登录电子税务局对个人所得税《纳税记录》进行验证。

六、异议处理

纳税人对个人所得税《纳税记录》存在异议的，可通过电子税务局、手机App渠道申请核实。纳税人也可到异议信息列明的税务机关申请核实。

七、式样说明

个人所得税《纳税记录》因不同打印设备造成的色差，不影响使用效力。

国家税务总局关于全面实施新个人所得税法若干征管衔接问题的公告

国家税务总局公告2018年第56号

为贯彻落实新修改的《中华人民共和国个人所得税法》(以下简称"新个人所得税法"),现就全面实施新个人所得税法后扣缴义务人对居民个人工资、薪金所得,劳务报酬所得,稿酬所得,特许权使用费所得预扣预缴个人所得税的计算方法,对非居民个人上述四项所得扣缴个人所得税的计算方法,公告如下:

一、居民个人预扣预缴方法

扣缴义务人向居民个人支付工资、薪金所得,劳务报酬所得,稿酬所得,特许权使用费所得时,按以下方法预扣预缴个人所得税,并向主管税务机关报送《个人所得税扣缴申报表》(见附件1)。年度预扣预缴税额与年度应纳税额不一致的,由居民个人于次年3月1日至6月30日向主管税务机关办理综合所得年度汇算清缴,税款多退少补。

(一)扣缴义务人向居民个人支付工资、薪金所得时,应当按照累计预扣法计算预扣税款,并按月办理全员全额扣缴申报。具体计算公式如下:

$$本期应预扣预缴税额=(累计预扣预缴应纳税所得额 \times 预扣率 - 速算扣除数) - 累计减免税额 - 累计已预扣预缴税额$$

$$累计预扣预缴应纳税所得额=累计收入-累计免税收入-累计减除费用-累计专项扣除-累计专项附加扣除-累计依法确定的其他扣除$$

其中:累计减除费用,按照5000元/月乘以纳税人当年截至本月在本单位的任职受雇月份数计算。

上述公式中,计算居民个人工资、薪金所得预扣预缴税额的预扣率、速算扣除数,按《个人所得税预扣率表一》(见附件2)执行。

(二)扣缴义务人向居民个人支付劳务报酬所得、稿酬所得、特许权使用费所得,按次或者按月预扣预缴个人所得税。具体预扣预缴方法如下:

劳务报酬所得、稿酬所得、特许权使用费所得以收入减除费用后的余额为收入额。其中,稿酬所得的收入额减按百分之七十计算。

减除费用:劳务报酬所得、稿酬所得、特许权使用费所得每次收入不超过四千元的,减除费用按八百元计算;每次收入四千元以上的,减除费用按百分之二十计算。

应纳税所得额:劳务报酬所得、稿酬所得、特许权使用费所得,以每次收入额为预扣预缴应纳税所得额。劳务报酬所得适用百分之二十至百分之四十的超额累进预扣率(见附件2《个人所得税预扣率表二》),稿酬所得、特许权使用费所得适用百分之二十的比例预扣率。

$$劳务报酬所得应预扣预缴税额=预扣预缴应纳税所得额 \times 预扣率 - 速算扣除数$$

$$稿酬所得、特许权使用费所得应预扣预缴税额=预扣预缴应纳税所得额 \times 20\%$$

二、非居民个人扣缴方法

扣缴义务人向非居民个人支付工资、薪金所得,劳务报酬所得,稿酬所得和特许权使用费所得时,应当按以下方法按月或者按次代扣代缴个人所得税:

非居民个人的工资、薪金所得,以每月收入额减除费用五千元后的余额为应纳税所得额;劳务报酬所得、稿酬所得、特许权使用费所得,以每次收入额为应纳税所得额,适用按月换算后的非居民个人月度税率表(见附件2《个人所得税税率表三》)计算应纳税额。其中,劳务报酬所得、稿酬所得、特许权使用费所得以收入减除百分之二十的费用后的余额为收入额。稿酬所得的收入额减按百分之七十计算。

非居民个人工资、薪金所得,劳务报酬所得,稿酬所得,特许权使用费所得应纳税额＝应纳税所得额×税率－速算扣除数

本公告自2019年1月1日起施行。

特此公告。

附件:1.《个人所得税扣缴申报表》及填表说明(略)
　　　2.个人所得税税率表及预扣率表(略)

国家税务总局
2018年12月19日

关于《国家税务总局关于全面实施新个人所得税法若干征管衔接问题的公告》的政策解读

现就《国家税务总局关于全面实施新个人所得税法若干征管衔接问题的公告》(以下简称《公告》)有关内容解读如下:

一、《公告》出台的背景

新修改的《中华人民共和国个人所得税法》(以下简称"新个人所得税法")将于2019年1月1日正式实施。为深入贯彻落实新个人所得税法精神,做好新旧税制转换衔接工作,对亟待执行的2019年度工资、薪金所得,劳务报酬所得,稿酬所得,特许权使用费所得个人所得税居民个人的预扣预缴和非居民个人的代扣代缴等问题的相关征管操作办法进行明确,保障纳税人和扣缴义务人及时掌握执行口径、履行相关权利义务,确保新旧税制平稳过渡,税务总局制发了《公告》。

二、《公告》的主要内容

根据新个人所得税法第十一条"预扣预缴办法由国务院税务主管部门制定",经大量测算以及征求纳税人、扣缴义务人、专家学者和基层税务机关意见,确定了工资、薪金所得,劳务报酬所得,稿酬所得,特许权使用费所得的个人所得税扣缴计算方法。为便于单位及时调整相关财务软件,如期为职工发放工资,《公告》先行明确了上述所得的个人所得税扣缴计算方法、申报表及报送资料。整体扣缴办法另行发布。

(一)居民个人的预扣预缴方法

为尽可能使居民个人日常被扣缴义务人预扣预缴的税款与其年度应纳税款接近,同时便于扣缴义务人和纳税人顺利适应税制转换,《公告》明确了居民个人的工资、薪金所得个人所得税,日常采取累计预扣法进行预扣预缴;劳务报酬所得、稿酬所得、特许权使用费所得个人所得税,采取基本平移现行规定的做法预扣预缴;非居民个人则依照税法规定计算并扣缴个人所得税。同时,因综合所得预扣预缴个人所得税额与居民个人年度综合所得应纳税额的计算方法存在一定差异,《公告》同时明确居民个人预缴税额与年度应纳税额之间的差额,年度终了后可

通过综合所得汇算清缴申报,税款多退少补。具体预扣预缴税款方法为:

1. 工资、薪金所得

(1) 个人所得税预扣预缴计算方法

扣缴义务人向居民个人支付工资、薪金所得时,应当按照累计预扣法计算预扣税款,并按月办理全员全额扣缴申报。具体计算公式如下:

$$本期应预扣预缴税额 = (累计预扣预缴应纳税所得额 \times 预扣率 - 速算扣除数) - 累计减免税额 - 累计已预扣预缴税额$$

$$累计预扣预缴应纳税所得额 = 累计收入 - 累计免税收入 - 累计减除费用 - 累计专项扣除 - 累计专项附加扣除 - 累计依法确定的其他扣除$$

其中:累计减除费用,按照5 000元/月乘以纳税人当年截至本月在本单位的任职受雇月份数计算。

上述公式中,计算居民个人工资、薪金所得预扣预缴税额的预扣率、速算扣除数,按个人所得税预扣率表一(居民个人工资、薪金所得预扣预缴适用)执行。

(2) 采用累计预扣法的考虑

累计预扣法主要是通过各月累计收入减去对应扣除,对照综合所得税率表计算累计应缴税额,再减去已缴税额,确定本期应缴税额的一种方法。这种方法,一方面对于大部分只有一处工资薪金所得的纳税人,纳税年度终了时预扣预缴的税款基本上等于年度应纳税款,因此无须再办理自行纳税申报、汇算清缴;另一方面,对需要补退税的纳税人,预扣预缴的税款与年度应纳税款差额相对较小,不会占用纳税人过多资金。

2. 劳务报酬、稿酬、特许权使用费所得

(1) 个人所得税预扣预缴计算方法

扣缴义务人向居民个人支付劳务报酬所得、稿酬所得、特许权使用费所得时,按次或者按月预扣预缴个人所得税。具体预扣预缴税款计算方法为:

劳务报酬所得、稿酬所得、特许权使用费所得以每次收入减除费用后的余额为收入额,稿酬所得的收入额减按百分之七十计算。

减除费用:劳务报酬所得、稿酬所得、特许权使用费所得预扣预缴税款时,每次收入不超过四千元的,减除费用按八百元计算;每次收入四千元以上的,减除费用按百分之二十计算。

应纳税所得额:劳务报酬所得、稿酬所得、特许权使用费所得,以每次收入额为预扣预缴应纳税所得额。劳务报酬所得适用百分之二十至百分之四十的超额累进预扣率,稿酬所得、特许权使用费所得适用百分之二十的比例预扣率。

$$劳务报酬所得应预扣预缴税额 = 预扣预缴应纳税所得额 \times 预扣率 - 速算扣除数$$

$$稿酬所得、特许权使用费所得应预扣预缴税额 = 预扣预缴应纳税所得额 \times 20\%$$

(2) 预扣预缴方法的考虑

居民个人劳务报酬所得、稿酬所得、特许权使用费所得个人所得税的预扣预缴方法,基本平移了现行税法的扣缴方法,特别是平移了对每次收入不超过四千元、费用按八百元计算的规定。这种预扣预缴方法对扣缴义务人和纳税人来讲既容易理解,也简便易行,方便扣缴义务人和纳税人操作。

(二) 非居民个人的扣缴方法

根据新个人所得税法第六条"非居民个人的工资、薪金所得,以每月收入额减除费用五千元后的余额为应纳税所得额;劳务报酬所得、稿酬所得、特许权使用费所得,以每次收入额为应纳税所得额",以及第十一条"非居民个人取得工资、薪金所得,劳务报酬所得,稿酬所得和特许权使用费所得,有扣缴义务人的,由扣缴义务人按月或者按次代扣代缴税款,不办理汇算清缴"的规定,《公告》明确,扣缴义务人向非居民个人支付工资、薪金所得,劳务报酬所得,稿酬所得和特许权使用费所得时,个人所得税按以下方法按月或者按次代扣代缴:

非居民个人的工资、薪金所得,以每月收入额减除费用五千元后的余额为应纳税所得额;劳务报酬所得、稿酬所得、特许权使用费所得,以每次收入额为应纳税所得额。其中,劳务报酬所得、稿酬所得、特许权使用费所得以收入减除百分之二十的费用后的余额为收入额。稿酬所得的收入额减按百分之七十计算。

上述四项所得的应纳税额=应纳税所得额×税率－速算扣除数

税率表为按月换算后的综合所得税率表。

三、明确了施行日期

本公告自2019年1月1日起施行。

国家税务总局关于自然人纳税人识别号有关事项的公告

国家税务总局公告2018年第59号

根据新修改的《中华人民共和国个人所得税法》,为便利纳税人办理涉税业务,现就自然人纳税人识别号有关事项公告如下:

一、自然人纳税人识别号,是自然人纳税人办理各类涉税事项的唯一代码标识。

二、有中国公民身份号码的,以其中国公民身份号码作为纳税人识别号;没有中国公民身份号码的,由税务机关赋予其纳税人识别号。

三、纳税人首次办理涉税事项时,应当向税务机关或者扣缴义务人出示有效身份证件,并报送相关基础信息。

四、税务机关应当在赋予自然人纳税人识别号后告知或者通过扣缴义务人告知纳税人其纳税人识别号,并为自然人纳税人查询本人纳税人识别号提供便利。

五、自然人纳税人办理纳税申报、税款缴纳、申请退税、开具完税凭证、纳税查询等涉税事项时应当向税务机关或扣缴义务人提供纳税人识别号。

六、本公告所称"有效身份证件",是指:

(一)纳税人为中国公民且持有有效《中华人民共和国居民身份证》(以下简称"居民身份证")的,为居民身份证。

(二)纳税人为华侨且没有居民身份证的,为有效的《中华人民共和国护照》和华侨身份证明。

(三)纳税人为港澳居民的,为有效的《港澳居民来往内地通行证》或《中华人民共和国港澳居民居住证》。

(四)纳税人为台湾居民的,为有效的《台湾居民来往大陆通行证》或《中华人民共和国台湾居民居住证》。

(五)纳税人为持有有效《中华人民共和国外国人永久居留身份证》(以下简称永久居留

证)的外籍个人的,为永久居留证和外国护照;未持有永久居留证但持有有效《中华人民共和国外国人工作许可证》(以下简称工作许可证)的,为工作许可证和外国护照;其他外籍个人,为有效的外国护照。

本公告自2019年1月1日起施行。

特此公告。

国家税务总局

2018年12月17日

关于《国家税务总局关于自然人纳税人识别号有关事项的公告》的解读

为贯彻落实新修改的《中华人民共和国个人所得税法》,国家税务总局发布了《关于自然人纳税人识别号有关事项的公告》(以下简称《公告》),现将有关内容解读如下:

一、发布《公告》的背景

自然人纳税人识别号是自然人纳税人办理各类涉税事项的唯一代码标识,也是税务机关开展征管工作的基础。为进一步梳理办事流程,明确事项要求,全面提升纳税服务质量,在充分征求各方的意见建议的基础上,国家税务总局制定了《国家税务总局关于自然人纳税人识别号有关事项的公告》。

二、《公告》的具体事项

《公告》围绕有无中国公民身份号码的两种情形,对不同身份纳税人所对应的有效身份证件作出了具体说明,同时对纳税人识别号的用途、办理的途径以及《公告》的实施时间进行了明确,具体如下:

(一)明确了自然人纳税人识别号是自然人纳税人办理各类涉税事项的唯一代码标识。

(二)明确了自然人纳税人办理纳税人识别号的时间、渠道及所需资料。即在首次办理涉税事项时,纳税人应向税务机关或扣缴义务人提供有效身份证件及相关信息。

(三)明确了税务机关应当在赋予自然人纳税人识别号后告知或者通过扣缴义务人告知纳税人其纳税人识别号,并为自然人纳税人查询本人纳税人识别号提供便利。

(四)列举了纳税人识别号的具体用途。如自然人纳税人用以办理纳税申报、税款缴纳、申请退税、开具完税凭证、纳税查询等涉税事项。

(五)根据不同的身份类型对"有效身份证件"做了具体阐述。如持有《中华人民共和国居民身份证》的中国公民,其有效身份证件为居民身份证;没有《中华人民共和国居民身份证》的华侨,其有效身份证件为有效的《中华人民共和国护照》和华侨身份证明;港澳居民,其有效身份证件为《港澳居民来往内地通行证》或《中华人民共和国港澳居民居住证》;台湾居民,其有效身份证件为《台湾居民来往大陆通行证》或《中华人民共和国台湾居民居住证》,同时又明确了存在多种有效身份证件的情况下,应提供有效身份证件的优先层级,如纳税人为外籍个人且持有有效的《中华人民共和国外国人永久居留身份证》(以下简称永久居留证)的,为永久居留证和外国护照;未持有永久居留证但持有有效的《中华人民共和国外国人工作许可证》(以下简称工作许可证)的自然人,为工作许可证和外国护照;其他外籍自然人,为外国护照。

三、《公告》施行时间

本公告自 2019 年 1 月 1 日起施行。

财政部 税务总局 证监会关于继续执行内地与香港基金互认有关个人所得税政策的通知

财税〔2018〕154 号

各省、自治区、直辖市、计划单列市财政厅(局)，新疆生产建设兵团财政局，国家税务总局各省、自治区、直辖市、计划单列市税务局，上海、深圳证券交易所，中国证券登记结算公司：

现就内地与香港基金互认有关个人所得税政策明确如下：

对内地个人投资者通过基金互认买卖香港基金份额取得的转让差价所得，自 2018 年 12 月 18 日起至 2019 年 12 月 4 日止，继续暂免征收个人所得税。

财政部 税务总局 证监会

2018 年 12 月 17 日

财政部 税务总局 发展改革委 证监会关于创业投资企业个人合伙人所得税政策问题的通知

财税〔2019〕8 号

各省、自治区、直辖市、计划单列市财政厅(局)、发展改革委、证券监督管理机构，国家税务总局各省、自治区、直辖市、计划单列市税务局，新疆生产建设兵团财政局、发展改革委：

为进一步支持创业投资企业(含创投基金，以下统称创投企业)发展，现将有关个人所得税政策问题通知如下：

一、创投企业可以选择按单一投资基金核算或者按创投企业年度所得整体核算两种方式之一，对其个人合伙人来源于创投企业的所得计算个人所得税应纳税额。

本通知所称创投企业，是指符合《创业投资企业管理暂行办法》(发展改革委等 10 部门令第 39 号)或者《私募投资基金监督管理暂行办法》(证监会令第 105 号)关于创业投资企业(基金)的有关规定，并按照上述规定完成备案且规范运作的合伙制创业投资企业(基金)。

二、创投企业选择按单一投资基金核算的，其个人合伙人从该基金应分得的股权转让所得和股息红利所得，按照 20% 税率计算缴纳个人所得税。

创投企业选择按年度所得整体核算的，其个人合伙人应从创投企业取得的所得，按照"经营所得"项目、5%~35% 的超额累进税率计算缴纳个人所得税。

三、单一投资基金核算，是指单一投资基金(包括不以基金名义设立的创投企业)在一个纳税年度内从不同创业投资项目取得的股权转让所得和股息红利所得按下述方法分别核算纳税：

(一)股权转让所得。单个投资项目的股权转让所得，按年度股权转让收入扣除对应股权原值和转让环节合理费用后的余额计算，股权原值和转让环节合理费用的确定方法，参照股权转让所得个人所得税有关政策规定执行;单一投资基金的股权转让所得,按一个纳税年度内不同投资项目的所得和损失相互抵减后的余额计算,余额大于或等于零的,即确认为该基金的年度股权转让所得;余额小于零的,该基金年度股权转让所得按零计算且不能跨年结转。

个人合伙人按照其应从基金年度股权转让所得中分得的份额计算其应纳税额,并由创投企业在次年3月31日前代扣代缴个人所得税。如符合《财政部 税务总局关于创业投资企业和天使投资个人有关税收政策的通知》(财税〔2018〕55号)规定条件的,创投企业个人合伙人可以按照被转让项目对应投资额的70%抵扣其应从基金年度股权转让所得中分得的份额后再计算其应纳税额,当期不足抵扣的,不得向以后年度结转。

(二)股息红利所得。单一投资基金的股息红利所得,以其来源于所投资项目分配的股息、红利收入以及其他固定收益类证券等收入的全额计算。

个人合伙人按照其应从基金股息红利所得中分得的份额计算其应纳税额,并由创投企业按次代扣代缴个人所得税。

(三)除前述可以扣除的成本、费用之外,单一投资基金发生的包括投资基金管理人的管理费和业绩报酬在内的其他支出,不得在核算时扣除。

本条规定的单一投资基金核算方法仅适用于计算创投企业个人合伙人的应纳税额。

四、创投企业年度所得整体核算,是指将创投企业以每一纳税年度的收入总额减除成本、费用以及损失后,计算应分配给个人合伙人的所得。如符合《财政部 税务总局关于创业投资企业和天使投资个人有关税收政策的通知》(财税〔2018〕55号)规定条件的,创投企业个人合伙人可以按照被转让项目对应投资额的70%抵扣其可以从创投企业应分得的经营所得后再计算其应纳税额。年度核算亏损的,准予按有关规定向以后年度结转。

按照"经营所得"项目计税的个人合伙人,没有综合所得的,可依法减除基本减除费用、专项扣除、专项附加扣除以及国务院确定的其他扣除。从多处取得经营所得的,应汇总计算个人所得税,只减除一次上述费用和扣除。

五、创投企业选择按单一投资基金核算或按创投企业年度所得整体核算后,3年内不能变更。

六、创投企业选择按单一投资基金核算的,应当在按照本通知第一条规定完成备案的30日内,向主管税务机关进行核算方式备案;未按规定备案的,视同选择按创投企业年度所得整体核算。2019年1月1日前已经完成备案的创投企业,选择按单一投资基金核算的,应当在2019年3月1日前向主管税务机关进行核算方式备案。创投企业选择一种核算方式满3年需要调整的,应当在满3年的次年1月31日前,重新向主管税务机关备案。

七、税务部门依法开展税收征管和后续管理工作,可转请发展改革部门、证券监督管理部门对创投企业及其所投项目是否符合有关规定进行核查,发展改革部门、证券监督管理部门应当予以配合。

八、本通知执行期限为2019年1月1日起至2023年12月31日止。

财政部 税务总局 发展改革委 证监会
2019年1月10日

126 财政部 税务总局关于创业投资企业和天使投资个人有关税收政策的通知

财税〔2018〕55号

各省、自治区、直辖市、计划单列市财政厅(局)、国家税务局、地方税务局,新疆生产建设兵团财政局:

为进一步支持创业投资发展,现就创业投资企业和天使投资个人有关税收政策问题通知如下:

一、税收政策内容

(一)公司制创业投资企业采取股权投资方式直接投资于种子期、初创期科技型企业(以下简称初创科技型企业)满2年(24个月,下同)的,可以按照投资额的70%在股权持有满2年的当年抵扣该公司制创业投资企业的应纳税所得额;当年不足抵扣的,可以在以后纳税年度结转抵扣。

(二)有限合伙制创业投资企业(以下简称合伙创投企业)采取股权投资方式直接投资于初创科技型企业满2年的,该合伙创投企业的合伙人分别按以下方式处理:

1. 法人合伙人可以按照对初创科技型企业投资额的70%抵扣法人合伙人从合伙创投企业分得的所得;当年不足抵扣的,可以在以后纳税年度结转抵扣。

2. 个人合伙人可以按照对初创科技型企业投资额的70%抵扣个人合伙人从合伙创投企业分得的经营所得;当年不足抵扣的,可以在以后纳税年度结转抵扣。

(三)天使投资个人采取股权投资方式直接投资于初创科技型企业满2年的,可以按照投资额的70%抵扣转让该初创科技型企业股权取得的应纳税所得额;当期不足抵扣的,可以在以后取得转让该初创科技型企业股权的应纳税所得额时结转抵扣。

天使投资个人投资多个初创科技型企业的,对其中办理注销清算的初创科技型企业,天使投资个人对其投资额的70%尚未抵扣完的,可自注销清算之日起36个月内抵扣天使投资个人转让其他初创科技型企业股权取得的应纳税所得额。

二、相关政策条件

(一)本通知所称初创科技型企业,应同时符合以下条件:

1. 在中国境内(不包括港、澳、台地区)注册成立、实行查账征收的居民企业;

2. 接受投资时,从业人数不超过200人,其中具有大学本科以上学历的从业人数不低于30%;资产总额和年销售收入均不超过3 000万元;

3. 接受投资时设立时间不超过5年(60个月);

4. 接受投资时以及接受投资后2年内未在境内外证券交易所上市;

5. 接受投资当年及下一纳税年度,研发费用总额占成本费用支出的比例不低于20%。

(二)享受本通知规定税收政策的创业投资企业,应同时符合以下条件:

1. 在中国境内(不含港、澳、台地区)注册成立、实行查账征收的居民企业或合伙创投企业,且不属于被投资初创科技型企业的发起人;

2. 符合《创业投资企业管理暂行办法》(发展改革委等10部门令第39号)规定或者《私募投资基金监督管理暂行办法》(证监会令第105号)关于创业投资基金的特别规定,按照上述规

定完成备案且规范运作;

3. 投资后2年内,创业投资企业及其关联方持有被投资初创科技型企业的股权比例合计应低于50%。

(三)享受本通知规定的税收政策的天使投资个人,应同时符合以下条件:

1. 不属于被投资初创科技型企业的发起人、雇员或其亲属(包括配偶、父母、子女、祖父母、外祖父母、孙子女、外孙子女、兄弟姐妹,下同),且与被投资初创科技型企业不存在劳务派遣等关系;

2. 投资后2年内,本人及其亲属持有被投资初创科技型企业股权比例合计应低于50%。

(四)享受本通知规定的税收政策的投资,仅限于通过向被投资初创科技型企业直接支付现金方式取得的股权投资,不包括受让其他股东的存量股权。

三、管理事项及管理要求

(一)本通知所称研发费用口径,按照《财政部 国家税务总局 科技部关于完善研究开发费用税前加计扣除政策的通知》(财税〔2015〕119号)等规定执行。

(二)本通知所称从业人数,包括与企业建立劳动关系的职工人员及企业接受的劳务派遣人员。从业人数和资产总额指标,按照企业接受投资前连续12个月的平均数计算,不足12个月的,按实际月数平均计算。

本通知所称销售收入,包括主营业务收入与其他业务收入;年销售收入指标,按照企业接受投资前连续12个月的累计数计算,不足12个月的,按实际月数累计计算。

本通知所称成本费用,包括主营业务成本、其他业务成本、销售费用、管理费用、财务费用。

(三)本通知所称投资额,按照创业投资企业或天使投资个人对初创科技型企业的实缴投资额确定。

合伙创投企业的合伙人对初创科技型企业的投资额,按照合伙创投企业对初创科技型企业的实缴投资额和合伙协议约定的合伙人占合伙创投企业的出资比例计算确定。合伙人从合伙创投企业分得的所得,按照《财政部 国家税务总局关于合伙企业合伙人所得税问题的通知》(财税〔2008〕159号)规定计算。

(四)天使投资个人、公司制创业投资企业、合伙创投企业、合伙创投企业法人合伙人、被投资初创科技型企业应按规定办理优惠手续。

(五)初创科技型企业接受天使投资个人投资满2年,在上海证券交易所、深圳证券交易所上市的,天使投资个人转让该企业股票时,按照现行限售股有关规定执行,其尚未抵扣的投资额,在税款清算时一并计算抵扣。

(六)享受本通知规定的税收政策的纳税人,其主管税务机关对被投资企业是否符合初创科技型企业条件有异议的,可以转请被投资企业主管税务机关提供相关材料。对纳税人提供虚假资料,违规享受税收政策的,应按税收征管法相关规定处理,并将其列入失信纳税人名单,按规定实施联合惩戒措施。

四、执行时间

本通知规定的天使投资个人所得税政策自2018年7月1日起执行,其他各项政策自2018年1月1日起执行。执行日期前2年内发生的投资,在执行日期后投资满2年,且符合本通知规定的其他条件的,可以适用本通知规定的税收政策。

《财政部 税务总局关于创业投资企业和天使投资个人有关税收试点政策的通知》(财税〔2017〕38号)自2018年7月1日起废止,符合试点政策条件的投资额可按本通知的规定继续抵扣。

财政部 税务总局
2018年5月14日

关于《财政部 税务总局关于创业投资企业和天使投资个人有关税收政策的通知》的解读

为贯彻落实《财政部 税务总局关于创业投资企业和天使投资个人有关税收政策的通知》(财税〔2018〕55号,以下简称《通知》),税务总局发布了《国家税务总局关于创业投资企业和天使投资个人税收政策有关问题的公告》(以下简称《公告》)。为便于纳税人、税务机关理解和执行,现对《公告》解读如下:

一、《公告》出台背景

为进一步落实创新驱动发展战略,促进创业投资持续健康发展,2017年,国务院常务会议决定在京津冀、上海、广东、安徽、四川、武汉、西安、沈阳8个全面创新改革试验地区和苏州工业园区开展创业投资企业和天使投资个人税收政策试点。为贯彻落实国务院常务会议精神,财政部、税务总局下发了《关于创业投资企业和天使投资个人有关税收试点政策的通知》(财税〔2017〕38号)和《关于创业投资企业和天使投资个人税收试点政策有关问题的公告》(国家税务总局公告2017年第20号,以下简称"试点政策公告"),保证税收优惠政策精准落地。

为更好地鼓励和扶持种子期、初创期科技型企业发展,推动大众创业、万众创新战略实施,2018年4月25日国务院常务会议决定将创业投资企业和天使投资个人税收试点政策推广到全国实施。财政部和税务总局根据国务院决定,联合下发了《通知》,就全国范围内实施的创业投资企业和天使投资个人税收政策进行明确。此次税务总局发布《公告》,就政策执行口径、办理程序和资料及其他管理要求进行明确,提高政策可操作性,便于纳税人准确享受税收优惠。

二、《公告》主要内容

(一)执行口径

为提高政策的可操作性和确定性,《公告》在《通知》的基础上进一步明确了部分执行口径。由于试点政策在试点期间执行情况良好,为保持政策的稳定性,《公告》所明确的政策执行口径与试点政策公告保持一致。具体执行口径如下:

一是明确满2年的口径及投资时间计算口径。《公告》明确,《通知》第一条称满2年是公司制创投企业、合伙创投企业、天使投资个人投资于初创科技型企业的实缴投资满2年,投资时间从初创科技型企业接受投资并完成工商变更登记的日期算起。需要注意的是,对于合伙创投企业投资初创科技型企业的,仅强调合伙创投企业投资于初创科技型企业的实缴投资满2年,取消了对合伙人对该合伙创投企业的实缴出资须满2年的要求,简化了政策条件,有利于企业准确执行政策。比如,某合伙创投企业于2018年12月投资初创科技型企业,假设其他条件均符合文件规定,合伙创投企业的某个法人合伙人于2019年1月对该合伙创投企业出资,2020年12月,合伙创投企业投资初创科技型企业满2年时,该法人合伙人同样可享受税收试点政策。

二是明确研发费用总额占成本费用支出的比例,指企业接受投资当年及下一个纳税年度的研发费用总额合计占同期成本费用总额合计的比例。此口径参考了高新技术企业研发费用占比的计算方法,一定程度上降低了享受优惠的门槛,使更多的企业可以享受到政策红利。比如,某公司制创投企业于2018年5月投资初创科技型企业,假设其他条件均符合文件规定,初创科技型企业2018年发生研发费用100万元,成本费用1 000万元,2018年研发费用占比10%,低于20%;2019年发生研发费用500万元,成本费用1 000万元,2019年研发费用占比50%,高于20%。如要求投资当年及下一年分别满足研发费用占比高于20%的条件,则该公司制创投企业不能享受税收优惠政策。但按照《公告》明确的口径,投资当年及下一年初创科技型企业研发费用平均占比为30%[(100+500)/(1 000+1 000)],该公司制创投企业可以享受税收优惠政策。

三是明确合伙创投企业合伙人出资比例的计算口径。由于合伙创投企业投资初创型科技企业的,在投资满2年的当年就可享受税收优惠政策,因此将计算出资比例的时点确定为投资满2年当年年末,对同一年满2年的投资统一计算,简化计算方法,减轻企业办税负担。

四是明确了从业人数、资产总额的计算方法。其计算方法参照了小型微利企业的计算方法,确保纳税人能准确理解政策、适用政策。

五是明确法人合伙人可合并计算抵扣。即法人合伙人投资于多家合伙创投企业,可以合并计算可抵扣的投资额和分得的所得。考虑到法人合伙人可能会投资多家符合条件的合伙创投企业,而合伙创投企业的分配可能会有所差别,有些因创业投资活动本身具有一定的风险,可能永远没有回报。因此允许合并计算抵扣,并将所有符合现行政策规定的合伙创投企业均纳入合并范围,将使法人合伙人能充分、及时抵扣,确保税收优惠政策效应得到充分发挥。

合并计算抵扣的范围既包括符合《通知》规定条件的合伙创投企业,也包括符合《国家税务总局关于有限合伙制创业投资企业法人合伙人企业所得税有关问题的公告》(国家税务总局公告2015年第81号)规定条件的合伙创投企业。

(二)办理程序及资料

1. 企业所得税方面

《国家税务总局关于发布修订后的〈企业所得税优惠政策事项办理办法〉的公告》(国家税务总局公告2018年第23号)明确企业享受优惠事项采取"自行判别、申报享受、相关资料留存备查"的办理方式,不再要求企业办理备案手续。《公告》据此对公司制创投企业和合伙创投企业法人合伙人享受优惠的办理手续进行了调整,明确按照国家税务总局公告2018年第23号的规定办理相关手续。此外,为进一步简政放权,减轻纳税人负担,《公告》不再要求合伙创投企业向税务机关报送《合伙创投企业法人合伙人所得分配情况明细表》,改由合伙创投企业直接提供给法人合伙人留存备查。

2. 个人所得税方面

(1)备案程序

① 合伙创投企业个人合伙人备案。合伙创投企业个人合伙人的备案环节的相关手续,主要由合伙创投企业办理,个人无须另行办理备案手续。合伙创投企业在投资初创科技型企业满2年的年度终了3个月内,向主管税务机关报送《合伙创投企业个人所得税投资抵扣备案表》,其他资料留存备查。留存备查资料同公司制创投企业和合伙创投企业法人合伙人,包

括发展改革或证监部门出具的符合创业投资企业条件的年度证明材料,初创科技型企业接受现金投资时的投资合同(协议)、章程、实际出资的相关证明材料,创业投资企业与其关联方持有初创科技型企业的股权比例的说明,被投资企业符合初创科技型企业条件的有关资料等。

② 天使投资个人备案。与合伙创投企业个人合伙人不同,天使投资个人需要与初创科技型企业共同在投资初创科技型企业满 24 个月的次月 15 日内,向初创科技型企业的主管税务机关办理备案,报送《天使投资个人所得税投资抵扣备案表》。被投资企业符合初创科技型企业条件的有关资料留存企业备查,备查资料包括初创科技型企业接受现金投资时的投资合同(协议)、章程、实际出资的相关证明材料,以及被投资企业符合初创科技型企业条件的有关资料。

(2) 个人享受投资抵扣政策的操作办法

① 合伙创投企业个人合伙人的申报抵扣

一是合伙创投企业按年报送投资抵扣情况。合伙创投企业应在投资初创科技型企业满 2 年后的每个年度终了 3 个月内,向合伙创投企业主管税务机关报送《合伙创投企业个人所得税投资抵扣情况表》。二是个人合伙人办理年度纳税申报时扣除。合伙创投企业个人合伙人只需正常办理年度纳税申报即可享受投资抵扣。填写申报表时,需要将当年允许抵扣的投资额,填至年度申报表《个人所得税生产经营所得纳税申报表(B表)》的"允许扣除的其他费用"栏。

② 天使投资个人的申报抵扣

一是转让未上市的初创科技型企业股权。天使投资个人可以在股权转让次月 15 日内办理投资抵扣。具体需要向主管税务机关报送《天使投资个人所得税投资抵扣情况表》和投资初创科技型企业后税务机关受理的《天使投资个人所得税投资抵扣备案表》。

二是转让投资后初创科技型企业在上交所、深交所上市的公司股票。天使投资个人在转让上市公司限售股税款清算时,办理投资抵扣。

(3) 天使投资个人投资的初创科技型企业注销清算的税务处理

天使投资个人投资的初创科技型企业注销清算的,其尚未抵扣完毕的投资额,可以在 36 个月内转让其他符合投资抵扣条件的初创科技型企业股权时进行抵扣。具体分两步进行:

① 初创科技型企业注销清算时,天使投资个人应持前期投资抵扣备案的《天使投资个人所得税投资抵扣备案表》,及时到原初创科技型企业主管税务机关办理情况登记。

② 转让其他初创科技型企业股权投资抵扣时,持税务机关登记后的已注销清算企业的《天使投资个人所得税投资抵扣备案表》和前期办理投资抵扣时税务机关受理的《天使投资个人所得税投资抵扣情况表》办理投资抵扣手续。

(三) 其他管理要求

一是明确转请机制。《公告》明确了税务机关在创业投资企业和合伙创投企业合伙人享受优惠政策后续管理中,对初创科技型企业是否符合规定条件有异议的,可以转请相应主管税务机关提供相关资料,主管税务机关应积极配合。

二是明确骗取抵扣的罚则。创业投资企业、合伙创投企业合伙人、天使投资个人、初创科技型企业提供虚假情况、故意隐瞒已投资抵扣情况或采取其他手段骗取投资抵扣,不缴或者少缴应纳税款的,按税收征管法有关规定处理。

上述两项要求与试点政策公告的规定保持一致。

（四）施行时间

施行时间与《通知》保持一致,天使投资个人所得税有关规定自 2018 年 7 月 1 日起施行,其他所得税规定自 2018 年 1 月 1 日起施行。原试点政策的执行时间为企业所得税政策自 2017 年 1 月 1 日起施行,个人所得税政策自 2017 年 7 月 1 日起施行。考虑到合伙制创投企业个人合伙人政策施行时间可与法人合伙人保持一致,因此《通知》对个人合伙人的施行时间进行了调整,明确天使投资个人所得税政策自 2018 年 7 月 1 日起施行,其他各项政策自 2018 年 1 月 1 日起施行。《公告》的施行时间据此进行了相应的调整。

（五）过渡条款

《公告》在全国范围内实施,已经涵盖了试点政策公告所实施的区域。为避免政策碎片化,便于纳税人准确查找、理解政策,需及时废止试点政策公告。考虑到天使投资个人所得税政策自 2018 年 7 月 1 日起实施,因此试点政策公告应自 2018 年 7 月 1 日起废止,保证政策无缝衔接。同时,按照政策规定,满 2 年当年不足抵扣的投资额,可向以后年度结转抵扣,为避免试点政策公告废止后引发执行歧义,统一政策执行口径,《公告》明确符合试点政策条件的投资额可按规定继续办理抵扣。比如某公司制创投企业于 2015 年 12 月以 100 万元投资了初创科技型企业,该笔投资符合试点政策的条件。2017 年度汇算清缴时,应纳税所得额（抵扣前）为 50 万元,可抵扣的投资额为 70 万元（100 万元×70%）,当年实际抵扣应纳税所得额 50 万元,剩余 20 万元可结转 2018 年及以后年度抵扣。

国家税务总局关于创业投资企业和天使投资个人税收政策有关问题的公告

国家税务总局公告 2018 年第 43 号

为贯彻落实《财政部税务总局关于创业投资企业和天使投资个人有关税收政策的通知》（财税〔2018〕55 号,以下简称《通知》）,现就创业投资企业和天使投资个人税收政策有关问题公告如下：

一、相关政策执行口径

（一）《通知》第一条所称满 2 年是指公司制创业投资企业（以下简称"公司制创投企业"）、有限合伙制创业投资企业（以下简称"合伙创投企业"）和天使投资个人投资于种子期、初创期科技型企业（以下简称"初创科技型企业"）的实缴投资满 2 年,投资时间从初创科技型企业接受投资并完成工商变更登记的日期算起。

（二）《通知》第二条第（一）项所称研发费用总额占成本费用支出的比例,是指企业接受投资当年及下一纳税年度的研发费用总额合计占同期成本费用总额合计的比例。

（三）《通知》第三条第（三）项所称出资比例,按投资满 2 年当年年末各合伙人对合伙创投企业的实缴出资额占所有合伙人全部实缴出资额的比例计算。

（四）《通知》所称从业人数及资产总额指标,按照初创科技型企业接受投资前连续 12 个月的平均数计算,不足 12 个月的,按实际月数平均计算。具体计算公式如下：

月平均数＝（月初数＋月末数）÷2

接受投资前连续 12 个月平均数＝接受投资前连续 12 个月平均数之和÷12

（五）法人合伙人投资于多个符合条件的合伙创投企业，可合并计算其可抵扣的投资额和分得的所得。当年不足抵扣的，可结转以后纳税年度继续抵扣；当年抵扣后有结余的，应按照企业所得税法的规定计算缴纳企业所得税。

所称符合条件的合伙创投企业既包括符合《通知》规定条件的合伙创投企业，也包括符合《国家税务总局关于有限合伙制创业投资企业法人合伙人企业所得税有关问题的公告》（国家税务总局公告2015年第81号）规定条件的合伙创投企业。

二、办理程序和资料

（一）企业所得税

1. 公司制创投企业和合伙创投企业法人合伙人在年度申报享受优惠时，按照《国家税务总局关于发布修订后的〈企业所得税优惠政策事项办理办法〉的公告》（国家税务总局公告2018年第23号）的规定办理有关手续。

2. 合伙创投企业的法人合伙人符合享受优惠条件的，合伙创投企业应在投资初创科技型企业满2年的年度以及分配所得的年度终了后及时向法人合伙人提供《合伙创投企业法人合伙人所得分配情况明细表》（附件1）。

（二）个人所得税

1. 合伙创投企业个人合伙人

（1）合伙创投企业的个人合伙人符合享受优惠条件的，合伙创投企业应在投资初创科技型企业满2年的年度终了后3个月内，向合伙创投企业主管税务机关办理备案手续，备案时应报送《合伙创投企业个人所得税投资抵扣备案表》（附件2），同时将有关资料留存备查（备查资料同公司制创投企业）。合伙企业多次投资同一初创科技型企业的，应按年度分别备案。

（2）合伙创投企业应在投资初创科技型企业满2年后的每个年度终了后3个月内，向合伙创投企业主管税务机关报送《合伙创投企业个人所得税投资抵扣情况表》（附件3）。

（3）个人合伙人在个人所得税年度申报时，应将当年允许抵扣的投资额填至《个人所得税生产经营所得纳税申报表（B表）》"允许扣除的其他费用"栏，并同时标明"投资抵扣"字样。

2. 天使投资个人

（1）投资抵扣备案

天使投资个人应在投资初创科技型企业满24个月的次月15日内，与初创科技型企业共同向初创科技型企业主管税务机关办理备案手续。备案时应报送《天使投资个人所得税投资抵扣备案表》（附件4）。被投资企业符合初创科技型企业条件的有关资料留存企业备查，备查资料包括初创科技型企业接受现金投资时的投资合同（协议）、章程、实际出资的相关证明材料，以及被投资企业符合初创科技型企业条件的有关资料。多次投资同一初创科技型企业的，应分次备案。

（2）投资抵扣申报

① 天使投资个人转让未上市的初创科技型企业股权，按照《通知》规定享受投资抵扣税收优惠时，应于股权转让次月15日内，向主管税务机关报送《天使投资个人所得税投资抵扣情况表》（附件5）。同时，天使投资个人还应一并提供投资初创科技型企业后税务机关受理的《天使投资个人所得税投资抵扣备案表》。

其中，天使投资个人转让初创科技型企业股权需同时抵扣前36个月内投资其他注销清算初创科技型企业尚未抵扣完毕的投资额的,申报时应一并提供注销清算企业主管税务机关受理并注明注销清算等情况的《天使投资个人所得税投资抵扣备案表》,以及前期享受投资抵扣政策后税务机关受理的《天使投资个人所得税投资抵扣情况表》。

接受投资的初创科技型企业,应在天使投资个人转让股权纳税申报时,向扣缴义务人提供相关信息。

② 天使投资个人投资初创科技型企业满足投资抵扣税收优惠条件后,初创科技型企业在上海证券交易所、深圳证券交易所上市的,天使投资个人在转让初创科技型企业股票时,有尚未抵扣完毕的投资额的,应向证券机构所在地主管税务机关办理限售股转让税款清算,抵扣尚未抵扣完毕的投资额。清算时,应提供投资初创科技型企业后税务机关受理的《天使投资个人所得税投资抵扣备案表》和《天使投资个人所得税投资抵扣情况表》。

(3) 被投资企业发生个人股东变动或者个人股东所持股权变动的,应在次月15日内向主管税务机关报送含有股东变动信息的《个人所得税基础信息表(A表)》。对天使投资个人,应在备注栏标明"天使投资个人"字样。

(4) 天使投资个人转让股权时,扣缴义务人、天使投资个人应将当年允许抵扣的投资额填至《扣缴个人所得税报告表》或《个人所得税自行纳税申报表(A表)》"税前扣除项目"的"其他"栏,并同时标明"投资抵扣"字样。

(5) 天使投资个人投资的初创科技型企业注销清算的,应及时持《天使投资个人所得税投资抵扣备案表》到主管税务机关办理情况登记。

三、其他事项

(一)税务机关在公司制创投企业、合伙创投企业合伙人享受优惠政策后续管理中,对初创科技型企业是否符合规定条件有异议的,可以转请初创科技型企业主管税务机关提供相关资料,主管税务机关应积极配合。

(二)创业投资企业、合伙创投企业合伙人、天使投资个人、初创科技型企业提供虚假情况、故意隐瞒已投资抵扣情况或采取其他手段骗取投资抵扣,不缴或者少缴应纳税款的,按税收征管法有关规定处理。

四、施行时间

本公告天使投资个人所得税有关规定自2018年7月1日起施行,其他所得税规定自2018年1月1日起施行。施行日期前2年内发生的投资,适用《通知》规定的税收政策的,按本公告规定执行。

《国家税务总局关于创业投资企业和天使投资个人税收试点政策有关问题的公告》(国家税务总局公告2017年第20号)自2018年7月1日起废止,符合试点政策条件的投资额可按本公告规定继续办理抵扣。

特此公告。

附件:1. 合伙创投企业法人合伙人所得分配情况明细表(略)
    2. 合伙创投企业个人所得税投资抵扣备案表(略)
    3. 合伙创投企业个人所得税投资抵扣情况表(略)
    4. 天使投资个人所得税投资抵扣备案表(略)
    5. 天使投资个人所得税投资抵扣情况表(略)

财政部 税务总局 证监会关于个人转让全国中小企业股份转让系统挂牌公司股票有关个人所得税政策的通知

财税〔2018〕137号

各省、自治区、直辖市、计划单列市财政厅（局），国家税务总局各省、自治区、直辖市、计划单列市税务局，新疆生产建设兵团财政局，全国中小企业股份转让系统有限责任公司，中国证券登记结算有限责任公司：

为促进全国中小企业股份转让系统（以下简称新三板）长期稳定发展，现就个人转让新三板挂牌公司股票有关个人所得税政策通知如下：

一、自2018年11月1日（含）起，对个人转让新三板挂牌公司非原始股取得的所得，暂免征收个人所得税。

本通知所称非原始股是指个人在新三板挂牌公司挂牌后取得的股票，以及由上述股票孳生的送、转股。

二、对个人转让新三板挂牌公司原始股取得的所得，按照"财产转让所得"，适用20%的比例税率征收个人所得税。

本通知所称原始股是指个人在新三板挂牌公司挂牌前取得的股票，以及在该公司挂牌前和挂牌后由上述股票孳生的送、转股。

三、2019年9月1日之前，个人转让新三板挂牌公司原始股的个人所得税，征收管理办法按照现行股权转让所得有关规定执行，以股票受让方为扣缴义务人，由被投资企业所在地税务机关负责征收管理。

自2019年9月1日（含）起，个人转让新三板挂牌公司原始股的个人所得税，以股票托管的证券机构为扣缴义务人，由股票托管的证券机构所在地主管税务机关负责征收管理。具体征收管理办法参照《财政部 国家税务总局 证监会关于个人转让上市公司限售股所得征收个人所得税有关问题的通知》（财税〔2009〕167号）和《财政部 国家税务总局 证监会关于个人转让上市公司限售股所得征收个人所得税有关问题的补充通知》（财税〔2010〕70号）有关规定执行。

四、2018年11月1日之前，个人转让新三板挂牌公司非原始股，尚未进行税收处理的，可比照本通知第一条规定执行，已经进行相关税收处理的，不再进行税收调整。

五、中国证券登记结算公司应当在登记结算系统内明确区分新三板原始股和非原始股。中国证券登记结算公司、证券公司及其分支机构应当积极配合财政、税务部门做好相关工作。

财政部 税务总局 证监会
2018年11月30日

财政部 税务总局 人力资源社会保障部 中国银行保险监督管理委员会 证监会关于开展个人税收递延型商业养老保险试点的通知

财税〔2018〕22号

上海市、江苏省、福建省、厦门市财政厅（局）、地方税务局、人力资源社会保障厅（局）、银监局、

证监局、保监局:

为贯彻落实党的十九大精神,推进多层次养老保险体系建设,对养老保险第三支柱进行有益探索,现就开展个人税收递延型商业养老保险试点有关问题通知如下:

一、关于试点政策

(一)试点地区及时间。

自2018年5月1日起,在上海市、福建省(含厦门市)和苏州工业园区实施个人税收递延型商业养老保险试点。试点期限暂定一年。

(二)试点政策内容。

对试点地区个人通过个人商业养老资金账户购买符合规定的商业养老保险产品的支出,允许在一定标准内税前扣除;计入个人商业养老资金账户的投资收益,暂不征收个人所得税;个人领取商业养老金时再征收个人所得税。具体规定如下:

1. 个人缴费税前扣除标准。取得工资薪金、连续性劳务报酬所得的个人,其缴纳的保费准予在申报扣除当月计算应纳税所得额时予以限额据实扣除,扣除限额按照当月工资薪金、连续性劳务报酬收入的6%和1000元孰低办法确定。取得个体工商户生产经营所得、对企事业单位的承包承租经营所得的个体工商户业主、个人独资企业投资者、合伙企业自然人合伙人和承包承租经营者,其缴纳的保费准予在申报扣除当年计算应纳税所得额时予以限额据实扣除,扣除限额按照不超过当年应税收入的6%和12000元孰低办法确定。

2. 账户资金收益暂不征税。计入个人商业养老资金账户的投资收益,在缴费期间暂不征收个人所得税。

3. 个人领取商业养老金征税。个人达到国家规定的退休年龄时,可按月或按年领取商业养老金,领取期限原则上为终身或不少于15年。个人身故、发生保险合同约定的全残或罹患重大疾病的,可以一次性领取商业养老金。

对个人达到规定条件时领取的商业养老金收入,其中25%部分予以免税,其余75%部分按照10%的比例税率计算缴纳个人所得税,税款计入"其他所得"项目。

(三)试点政策适用对象。

适用试点税收政策的纳税人,是指在试点地区取得工资薪金、连续性劳务报酬所得的个人,以及取得个体工商户生产经营所得、对企事业单位的承包承租经营所得的个体工商户业主、个人独资企业投资者、合伙企业自然人合伙人和承包承租经营者,其工资薪金、连续性劳务报酬的个人所得税扣缴单位,或者个体工商户、承包承租单位、个人独资企业、合伙企业的实际经营地均位于试点地区内。

取得连续性劳务报酬所得,是指纳税人连续6个月以上(含6个月)为同一单位提供劳务而取得的所得。

(四)试点期间个人商业养老资金账户和信息平台。

1. 个人商业养老资金账户是由纳税人指定的、用于归集税收递延型商业养老保险缴费、收益以及资金领取等的商业银行个人专用账户。该账户封闭运行,与居民身份证件绑定,具有唯一性。

2. 试点期间使用中国保险信息技术管理有限责任公司建立的信息平台(以下简称"中保信平台")。个人商业养老资金账户在中保信平台进行登记,校验其唯一性。个人商业养老资金账户变更银行须经中保信平台校验后,进行账户结转,每年允许结转一次。中保信平台与税务系统、商业保险机构和商业银行对接,提供账户管理、信息查询、税务稽核、外部监管等基础性服务。

(五)试点期间商业养老保险产品及管理。

个人商业养老保险产品按稳健型产品为主、风险型产品为辅的原则选择,采取名录方式确定。试点期间的产品是指由保险公司开发,符合"收益稳健、长期锁定、终身领取、精算平衡"原则,满足参保人对养老账户资金安全性、收益性和长期性管理要求的商业养老保险产品。具体商业养老保险产品指引由中国银行保险监督管理委员会提出,商财政部、人社部、税务总局后发布。

(六)试点期间税收征管。

1. 关于缴费税前扣除。个人购买符合规定的商业养老保险产品、享受递延纳税优惠时,以中保信平台出具的税延养老扣除凭证为扣税凭据。取得工资、薪金所得和连续性劳务报酬所得的个人,应及时将相关凭证提供给扣缴单位。扣缴单位应按照本通知有关要求,认真落实个人税收递延型商业养老保险试点政策,为纳税人办理税前扣除有关事项。

个人在试点地区范围内从两处或者两处以上取得所得的,只能选择在其中一处享受试点政策。

2. 关于领取商业养老金时的税款征收。个人按规定领取商业养老金时,由保险公司代扣代缴其应缴的个人所得税。

二、试点期间其他相关准备工作

试点期间,中国银行保险监督管理委员会、证监会做好相关准备工作,完善养老账户管理制度,制定银行、公募基金类产品指引等相关规定,指导相关金融机构产品开发。做好中国证券登记结算有限责任公司信息平台(以下简称"中登公司平台")与商业银行、税务等信息系统的对接准备工作。同时,由人社部、财政部牵头,联合税务总局、中国银行保险监督管理委员会、证监会等单位,共同研究建立第三支柱制度和管理服务信息平台。

试点结束后,根据试点情况,结合养老保险第三支柱制度建设的有关情况,有序扩大参与的金融机构和产品范围,将公募基金等产品纳入个人商业养老账户投资范围,相应将中登公司平台作为信息平台,与中保信平台同步运行。第三支柱制度和管理服务信息平台建成以后,中登公司平台、中保信平台与第三支柱制度和管理服务信息平台对接,实现养老保险第三支柱宏观监管。

三、部门协作

(一)信息平台应向税务机关提供个人税收递延型商业养老保险有关信息,并配合税务机关做好相关税收征管工作。

(二)保险公司在销售个人税收递延型商业养老保险产品时,应为购买商业养老保险产品的个人开具发票和保单凭证,载明产品名称及缴费金额等信息。保险公司与信息平台实时对接,保证信息真实准确。

(三)试点地区财政、人社、税务、金融监管等相关部门应各司其职,密切配合,认真组织落实本通知,并及时总结、动态评估试点经验。对实施过程中遇到的困难和问题,及时向财政部、人社部、税务总局和金融监管部门反映。

财政部　税务总局　人力资源社会保障部
中国银行保险监督管理委员会　证监会
2018 年 4 月 2 日

国家税务总局关于开展个人税收递延型商业养老保险试点有关征管问题的公告

国家税务总局公告2018年第21号

为贯彻落实《财政部 税务总局 人力资源社会保障部 中国银行保险监督管理委员会 证监会关于开展个人税收递延型商业养老保险试点的通知》(财税〔2018〕22号,以下简称《通知》),现就个人税收递延型商业养老保险(以下简称"税延养老保险")试点政策有关征管问题公告如下:

一、缴费税前扣除环节

按照《通知》规定,试点地区内可享受税延养老保险税前扣除优惠政策的个人,凭中国保险信息技术管理有限责任公司相关信息平台出具的《个人税收递延型商业养老保险扣除凭证》(以下简称"税延养老扣除凭证"),办理税前扣除。

(一)取得工资薪金所得、连续性劳务报酬所得的个人

取得工资薪金所得、连续性劳务报酬所得的个人,其购买符合规定商业养老保险产品的支出享受税前扣除优惠时,应及时将税延养老扣除凭证提供给扣缴单位。扣缴单位应当按照《通知》规定,在个人申报扣除当月计算扣除限额并办理税前扣除。扣缴单位在填报《扣缴个人所得税报告表》或《特定行业个人所得税年度申报表》时,应当将当期可扣除金额填至"税前扣除项目"或"年税前扣除项目"栏"其他"列中(需注明税延养老保险),并同时填报《个人税收递延型商业养老保险税前扣除情况明细表》(见附件)。

个人因未及时提供税延养老扣除凭证而造成往期未扣除的,扣缴单位可追补至应扣除月份扣除,并按《通知》规定重新计算应扣缴税款,在收到扣除凭证的当月办理抵扣或申请退税。个人缴费金额发生变化、未续保或退保的,应当及时告知扣缴义务人重新计算或终止税延养老保险税前扣除。除个人提供资料不全、信息不实等情形外,扣缴单位不得拒绝为纳税人办理税前扣除。

(二)取得个体工商户的生产经营所得、对企事业单位的承包承租经营所得的个人

取得个体工商户的生产经营所得、对企事业单位的承包承租经营所得的个体工商户业主、个人独资企业投资者、合伙企业自然人合伙人和承包承租经营者,其购买的符合规定的养老保险产品支出,在年度申报时,凭税延养老扣除凭证,在《通知》规定的扣除限额内据实扣除,并填报至《个人所得税生产经营所得纳税申报表(B表)》的"允许扣除的其他费用"行(需注明税延养老保险),同时填报《个人税收递延型商业养老保险税前扣除情况明细表》。

计算扣除限额时,个体工商户业主、个人独资企业投资者和承包承租经营者应税收入按照个体工商户、个人独资企业、承包承租的收入总额确定;合伙企业自然人合伙人应税收入按合伙企业收入总额乘以合伙人分配比例确定。

实行核定征收的,应当向主管税务机关报送《个人税收递延型商业养老保险税前扣除情况明细表》和税延养老扣除凭证,主管税务机关按程序相应调减其应纳税所得额或应纳税额。纳税人缴费金额发生变化、未续保或退保的,应当及时告知主管税务机关,重新核定应纳税所得额或应纳税额。

二、领取商业养老金征税环节

个人达到规定条件领取商业养老金时,保险公司按照《通知》规定代扣代缴"其他所得"项

目(需注明税延养老保险)个人所得税,并在个人购买税延养老保险的机构所在地办理全员全额扣缴申报。

三、施行时间

本公告自 2018 年 5 月 1 日起施行。

特此公告。

附件:个人税收递延型商业养老保险税前扣除情况明细表(略)

国家税务总局

2018 年 4 月 28 日

财政部 税务总局 科技部关于科技人员取得职务科技成果转化现金奖励有关个人所得税政策的通知

财税〔2018〕58 号

各省、自治区、直辖市、计划单列市财政厅(局)、地方税务局、科技厅(委、局),新疆生产建设兵团财政局、科技局:

为进一步支持国家大众创业、万众创新战略的实施,促进科技成果转化,现将科技人员取得职务科技成果转化现金奖励有关个人所得税政策通知如下:

一、依法批准设立的非营利性研究开发机构和高等学校(以下简称非营利性科研机构和高校)根据《中华人民共和国促进科技成果转化法》规定,从职务科技成果转化收入中给予科技人员的现金奖励,可减按 50% 计入科技人员当月"工资、薪金所得",依法缴纳个人所得税。

二、非营利性科研机构和高校包括国家设立的科研机构和高校、民办非营利性科研机构和高校。

三、国家设立的科研机构和高校是指利用财政性资金设立的、取得《事业单位法人证书》的科研机构和公办高校,包括中央和地方所属科研机构和高校。

四、民办非营利性科研机构和高校,是指同时满足以下条件的科研机构和高校:

(一)根据《民办非企业单位登记管理暂行条例》在民政部门登记,并取得《民办非企业单位登记证书》。

(二)对于民办非营利性科研机构,其《民办非企业单位登记证书》记载的业务范围应属于"科学研究与技术开发、成果转让、科技咨询与服务、科技成果评估"范围。对业务范围存在争议的,由税务机关转请县级(含)以上科技行政主管部门确认。

对于民办非营利性高校,应取得教育主管部门颁发的《民办学校办学许可证》,《民办学校办学许可证》记载学校类型为"高等学校"。

(三)经认定取得企业所得税非营利组织免税资格。

五、科技人员享受本通知规定税收优惠政策,须同时符合以下条件:

(一)科技人员是指非营利性科研机构和高校中对完成或转化职务科技成果作出重要贡献的人员。非营利性科研机构和高校应按规定公示有关科技人员名单及相关信息(国防专利转化除外),具体公示办法由科技部会同财政部、税务总局制定。

(二)科技成果是指专利技术(含国防专利)、计算机软件著作权、集成电路布图设计专有权、植物新品种权、生物医药新品种,以及科技部、财政部、税务总局确定的其他技术成果。

(三)科技成果转化是指非营利性科研机构和高校向他人转让科技成果或者许可他人使用科技成果。现金奖励是指非营利性科研机构和高校在取得科技成果转化收入三年(36个月)内奖励给科技人员的现金。

(四)非营利性科研机构和高校转化科技成果,应当签订技术合同,并根据《技术合同认定登记管理办法》,在技术合同登记机构进行审核登记,并取得技术合同认定登记证明。

非营利性科研机构和高校应健全科技成果转化的资金核算,不得将正常工资、奖金等收入列入科技人员职务科技成果转化现金奖励享受税收优惠。

六、非营利性科研机构和高校向科技人员发放现金奖励时,应按个人所得税法规定代扣代缴个人所得税,并按规定向税务机关履行备案手续。

七、本通知自2018年7月1日起施行。本通知施行前非营利性科研机构和高校取得的科技成果转化收入,自施行后36个月内给科技人员发放现金奖励,符合本通知规定的其他条件的,适用本通知。

财政部　税务总局　科技部
2018年5月29日

国家税务总局关于科技人员取得职务科技成果转化现金奖励有关个人所得税征管问题的公告

国家税务总局公告2018年第30号

为贯彻落实《财政部　税务总局　科技部关于科技人员取得职务科技成果转化现金奖励有关个人所得税政策的通知》(财税〔2018〕58号,以下简称《通知》),现就有关征管问题公告如下:

一、《通知》第五条第(三)项所称"三年(36个月)内",是指自非营利性科研机构和高校实际取得科技成果转化收入之日起36个月内。非营利性科研机构和高校分次取得科技成果转化收入的,以每次实际取得日期为准。

二、非营利性科研机构和高校向科技人员发放职务科技成果转化现金奖励(以下简称"现金奖励"),应于发放之日的次月15日内,向主管税务机关报送《科技人员取得职务科技成果转化现金奖励个人所得税备案表》(见附件)。单位资质材料(《事业单位法人证书》《民办学校办学许可证》《民办非企业单位登记证书》等)、科技成果转化技术合同、科技人员现金奖励公示材料、现金奖励公示结果文件等相关资料自行留存备查。

三、非营利性科研机构和高校向科技人员发放现金奖励,在填报《扣缴个人所得税报告表》时,应将当期现金奖励收入金额与当月工资、薪金合并,全额计入"收入额"列,同时将现金奖励的50%填至《扣缴个人所得税报告表》"免税所得"列,并在备注栏注明"科技人员现金奖励免税部分"字样,据此以"收入额"减除"免税所得"以及相关扣除后的余额计算缴纳个人所得税。

四、本公告自2018年7月1日起施行。

特此公告。

附件：科技人员取得职务科技成果转化现金奖励个人所得税备案表（略）

国家税务总局
2018年6月11日

关于《国家税务总局关于科技人员取得职务科技成果转化现金奖励有关个人所得税征管问题的公告》的解读

为贯彻落实《财政部 税务总局 科技部关于科技人员取得职务科技成果转化现金奖励有关个人所得税政策的通知》（财税〔2018〕58号，以下简称《通知》），国家税务总局发布了《关于科技人员取得职务科技成果转化现金奖励有关个人所得税征管问题的公告》，（以下简称《公告》）。为方便纳税人理解，现对《公告》中主要问题解读如下：

一、《公告》出台背景

为贯彻党的十九大报告提出的新发展理念，加快建设创新型国家，进一步促进科技创新和科技成果转化，经国务院批准，财政部、税务总局制发了《通知》，规定从职务科技成果转化收入中给予科技人员的现金奖励，可减按50%计入科技人员当月"工资、薪金所得"。为便于纳税人准确理解和及时享受政策、规范纳税申报，税务总局制发了《公告》，进一步明确了相关操作问题。

二、《公告》主要内容

（一）取得科技成果转化收入的起始计算时间

《通知》所称现金奖励是指非营利科研机构和高校在取得科技成果转化收入三年（36个月）内奖励给科技人员的现金。《公告》进一步明确，"三年（36个月）内"的起算时点为非营利科研机构和高校实际取得科技成果转化收入之日。非营利科研机构和高校分次取得科技成果转化收入的，以每次实际取得日期为准。

（二）备案申报的有关要求

依据《通知》规定，对符合税收优惠条件的单位向科技人员发放现金奖励时，实行备案管理。即在实际发放现金奖励的次月15日内，单位向主管税务机构报送《科技人员取得职务科技成果转化现金奖励个人所得税备案表》，相关证明材料留存备查。

（三）选择适用现金奖励的计算方法

为便于单位履行扣缴纳税申报，《公告》明确，单位为个人申报现金奖励、填报《扣缴个人所得税报告表》时，应将当期职务科技成果转化现金奖励收入金额与当月工资、薪金合并，全额计入"收入额"列，同时将现金奖励的50%填至《扣缴个人所得税报告表》申报表"免税所得"列，并在备注栏中注明"科技人员现金奖励免税部分"字样。这样，每名科技人员应缴纳的个人所得税，按"收入额"减除"免税所得"以及相关扣除后的余额计算。

三、施行时间

《公告》与《通知》一致，自2018年7月1日起施行。在2018年7月1日前非营利性科研机构和高校取得的科技成果转化收入，符合《通知》规定条件的，可按《公告》规定办理相关税收事宜。

第十二部分　社会保险费和非税收入篇

 国家税务总局办公厅关于稳妥有序做好社会保险费征管有关工作的通知

税总办发〔2018〕142号

国家税务总局各省、自治区、直辖市和计划单列市税务局,国家税务总局驻各地特派员办事处,局内各单位:

为深入贯彻落实9月6日国务院常务会议有关精神,在稳妥推进社会保险费征管职责划转改革的同时,确保改革前已由税务机关征收的地方一律保持现有征收政策不变,现就有关事项通知如下:

一、进行社会保险费征管职责划转的各级税务机关,要确保改革任务平稳如期落地

各省税务局要按照税务总局和当地政府统一部署,细化本省税务系统实施方案,逐项分解工作任务,明确责任单位和完成时限,确保2019年1月1日起由税务机关统一征收各项社会保险费。在征管职责划转工作中,要主动加强部门间沟通协商与协调配合,做到衔接有序。要做好数据分析评估和清洗迁移,按时完成信息系统升级对接和联调测试。要遵循弄清接好历史欠费账目,不得自行组织开展清欠工作的原则,稳妥处理好历史欠费问题。要建立部门间常态化信息共享和对账机制,为改革提供制度、机制、信息等系列保障。

二、已负责征收社会保险费的各级税务机关,要确保征收政策不变工作平稳

认真贯彻落实国务院常务会议精神,在社保征收机构改革到位前,各地要一律保持现有征收政策不变,确保征管有序,工作平稳。同时,要规范执法检查,不得自行组织开展以前年度的欠费清查。

三、优化缴费服务,确保营商环境不断改善

无论是已征收社会保险费还是正开展征管职责划转工作的各级税务机关,要按照"放管服"改革要求,从缴费人需求出发,根据本地实际评估办税服务、12366热线以及信息系统的承载能力,完善缴费窗口设置和网上税务局功能,为缴费人提供"实体、网上、掌上、自助"等多样化缴费渠道。要统一服务标准,整合税费缴纳流程,简并缴费报送资料,降低缴费成本,最大程度便利缴费人,不断优化营商环境。要建立疑难问题及时解答机制,完善12366知识库,确保答复咨询及时精准,切实维护缴费人权益。

四、加强舆论引导,确保社会预期稳定

各级税务机关要正确引导社会舆论,稳定改革预期,营造良好改革氛围。要积极主动向当地党委、政府汇报请示,争取将社会保险费征管职责划转及宣传工作纳入当地机构改革总体方案中统一开展。

五、加强业务学习,确保正确履职

各级税务机关应切实组织税务干部加强社会保险费政策和业务学习,既要会同人力资源社会保障部门、医疗保障部门实施联合培训,又要注重开展自身培训;既要加强对办税服务厅、12366服务热线等一线人员的业务培训,又要培养一批熟悉掌握社会保险费政策和管理知识的骨干人才。要丰富培训方式，提升税务人员履职能力，确保社会保险费各项政策和管理措施有效落地。

国家税务总局办公厅
2018年9月13日

国家税务总局关于贯彻落实降低残疾人就业保障金征收标准政策的通知

税总函〔2018〕175号

各省、自治区、直辖市和计划单列市国家税务局、地方税务局，国家税务总局驻各地特派员办事处：

为进一步减轻社会负担，支持实体经济发展，根据党中央、国务院决策部署，财政部印发了《关于降低部分政府性基金征收标准的通知》（财税〔2018〕39号，以下简称《通知》），明确自2018年4月1日起，将残疾人就业保障金（以下简称"残保金"）征收标准上限由当地社会平均工资的3倍降低至2倍。现就税务系统贯彻落实相关事项通知如下：

一、深刻领会中央精神，准确把握政策要义

继续降低残保金征收标准，是深入贯彻党的十九大、中央经济工作会议、《政府工作报告》关于降费减负决策部署的重要举措，也是党中央、国务院对社会关切的积极回应。各地税务机关要进一步学习《中华人民共和国残疾人保障法》《残疾人就业条例》等法律法规，充分认识征收残保金对促进残疾人就业的重要意义，深刻领会中央决策精神，准确把握《通知》要求，务求使降费减负政策落实到位，减轻用人单位负担，支持实体经济发展，保障残疾人合法就业权益。

二、认真学习宣传政策，促进政策顺利实施

负责征收残保金的税务机关要组织政策学习培训，促进征缴双方正确理解执行政策。要积极配合财政、残联部门通过互联网站、移动客户端、新闻媒体、12366纳税服务热线、办税服务厅等多种渠道广泛深入宣传政策，并结合征管解释辅导政策，力求使用人单位广为周知，从而保证政策顺利实施。

三、及时调整征管系统，确保征管有序高效

要严格按照《通知》要求做好政策衔接，及时调整征管系统参数配置，确保系统运行顺畅。对《通知》实施之日起已完成当月申报的用人单位，应及时告知其政策调整信息，并确认是否需要重新申报。对多缴费的用人单位，应按规定办理退抵手续，切实保障用人单位权益。要密切跟踪政策执行情况，关注舆情动态，对出现的问题要迅速果断处置，并及时报告上级税务机关和当地党委、政府。

国家税务总局
2018年5月11日